Dieter Wyss / Beziehung und Gestalt

DIETER WYSS

Beziehung und Gestalt

Entwurf einer anthropologischen
Psychologie und Psychopathologie

VANDENHOECK & RUPRECHT IN GÖTTINGEN

ISBN 3-525-45622-0

Druck: Maisch & Queck, Gerlingen; Einband: Hubert & Co., Göttingen.

Haben wir noch die Kraft, dem wissenschaftlich determinierenden Weltbild gegenüber ein Ich schöpferischer Freiheit zu behaupten, haben wir noch die Kraft, nicht aus ökonomischen Chiliasmen und politischen Mythologemen, sondern aus der Macht des alten abendländischen Denkens heraus die materialistisch-mechanische Formwelt zu durchstoßen und aus einer sich selbst setzenden Idealität und in einem sich selbst zügelnden Maß die Bilder tieferer Welten zu entwerfen? Also konstruktiver Geist als betontes und bewußtes Prinzip weitgehender Befreiung von jedem Materialismus, psychologischer, deszendenztheoretischer, physikalischer, ganz zu schweigen soziologischer Art – konstruktiver Geist als der eigentliche anthropologische Stil, als die eigentliche Hominidensubstanz, die, mythenbildend sich entfaltend, ewig metaphorisch überglänzt, den Menschheitsweg vollendete in der Irrealität des Lichts, in dem Phantomcharakter aller Dinge, in einer Art von weither betriebenem Spiel zwischen die Sterne ihren Raum und ihr Unendliches ergießend und die Genien der eigenen Brust mit den Himmeln und den Höllen weiter Schöpferscharen mischend.

Gottfried Benn

INHALT

II. Teil: Mißverhältnisse von In-der-Welt-Sein
Spezielle Psychopathologie

In der Psychologie sowohl wie in der Psychopathologie besteht die Tatsache, daß man nur wenig Behauptungen, ja vielleicht keine Behauptung aufstellen kann, die nicht irgendwie und irgendwo bestritten wird. *K. Jaspers*, Allg. Psychopathologie

VORWORT

Von der Unmöglichkeit und Notwendigkeit des geplanten Vorhabens

Der vorliegende Entwurf bemüht sich, über die Tatsachenfülle und derzeitige Detailkenntnis psychologischen und psychopathologischen Wissens hinaus die Erscheinungen menschlichen Mit-einander-Seins und des In-der-Welt-Seins erneut und naiv zu befragen. Es wird der Versuch gemacht, gesundes und krankes Verhalten in seinen Grundlagen als auf die Welt, den Menschen und die Gesellschaft bezogenes Sinnganzes zu erfassen, wobei dieses Sinnganze weder durch die Detailkenntnisse verbaut noch durch dic Methode phänomenologischer Reduktion zu einem abstrakten Schemen aufgelöst werden soll.

Psychologische Methodik und Theorien haben die Sichtbarkeit der sich darstellenden Welt, der Dinge und Personen in ihrem Verhältnis zueinander durch nicht mehr zu übersehende, fragwürdige Statistiken und eine Flut jährlich neuer Testmethoden verstellt und zugebaut. Das führt die einen[1] dazu, psychologischer Erkenntnis weitgehend jeden wissenschaftlichen Wert abzusprechen, die anderen – nach berechtigter Kritik der derzeitigen Psychologie – sich jedoch in die Arme politischer Systeme und deren Heilsversprechen[2] zu stürzen. Diesen extremen Möglichkeiten derzeitiger wissenschaftlicher Entwicklung sei mit dem vorliegenden Entwurf begegnet, der dem Menschen in seiner Bezogenheit auf Welt und den anderen (die Gesellschaft) fragend nachgeht. Zum Leitsatz der vorliegenden Untersuchung sollen jene bemerkenswerten Worte *Husserls* zählen, die dieser in das Gästebuch Ludwig *Binswangers* eintrug: „Ins ersehnte Himmelreich einer wahren Psychologie werden wir nicht kommen, es sei denn, daß wir werden wie die Kinder ...“[3]

Die Unmöglichkeit des Vorhabens liegt in der Notwendigkeit einerseits, das von der Einzelperson nicht mehr zu realisierendes Detailwissen verfügbar vorzuweisen – in der Notwendigkeit andererseits, dieses Detailwissen so adäquat zu „verdrängen“, beiseite zu stellen, daß eine erneute und naive Befragung der Erscheinungen wieder möglich ist.

Spezifischer gesagt: das Bemühen des Verfassers geht im Rahmen einer medizinischen Anthropologie um die Synthese von genetischer Entwicklungspsychologie (insbesondere der Psychoanalyse) mit den Ergebnissen einer phänomenologisch orientierten Gestaltspsychologie. Dabei ist menschliches Mit-einander-Sein (die Gesellschaft in ihrer Abhängigkeit auch von den jeweiligen Produktionsverhältnissen) selbstverständlich in die Auseinandersetzung miteinbezogen. Die Berücksichtigung der sog. „gesellschaftlichen Verhältnisse" ist immer schon das Anliegen der medizinischen Anthropologie gewesen. Die in dem vorliegenden Entwurf entwickelten Modelle, den Menschen in möglicher „Gesundheit" und „Krankheit" zu verstehen, sind realdialektisch und durchweg dynamisch auf Kreisprozesse und deren Wechselwirkung hin angelegt. Das „Mögliche" stellt das „Wirkliche" ebenso in Frage, wie beide als Bestandteil von In-der-Welt-Sein durch den Konflikt, der als „Motor des Werdens" angesehen wird, miteinander verschränkt sind. Darüber hinaus wird mit dem Phänomen des Perspektivismus ernst gemacht, die Einführung des Beobachters (Subjektes) in den Gang der Untersuchung wird diese ebenso relativieren (undeutlich erscheinen lassen) wie, sie verdeutlichend, auch bestätigen. Der zu diesem Zweck eingeschlagene Weg wird sich als ungewöhnlich erweisen und erheblich von analogen, fraglos bedeutsamen und verdienstvollen Bemühungen z. B. einer personalistischen Psychologie abweichen. Der im Buchtitel aufgeführte Begriff des „Entwurfs" weist auf den unvollständigen Charakter der Untersuchung hin, von der die Zukunft entscheiden wird, ob sie zu detaillierten Forschungen im Zusammenhang der hier entwickelten Denkmodelle Anlaß geben wird – und damit vielleicht über den „Entwurf" hinaus zum „Wurf" wird.*

Der Autor weiß sich in seinen Bemühungen dabei in prinzipiellem und dankbarem Einklang mit den Forschern, die anthropologische Medizin und Psychiatrie vertraten und noch vertreten, wie: *V. von Weizsäcker*, *E. Minkowski*, *V. E. von Gebsattel*, *E. Straus*, *L. Binswanger*, *J. Zutt*, *H. Kunz*, *F. J. J. Buytendijk*, *M. Boss*, *P. Christian* u. a. in der älteren Generation, mit *H. P. Kisker*, *C. Kulenkampff*, *P. Matussek*, *W. Janzarik*, *W. Bräutigam*, *W. Kretschmer* und *M. Schrenk* in der jüngeren Generation. Die fruchtbare Begegnung mit *Merleau-Ponty* und der französischen Hermeneutik (*P. Ricoeur*) wird auch in dieser Untersuchung wieder zum Tragen kommen.

Dankbar zugeeignet ist jedoch die vorliegende Untersuchung *Martin Heidegger*. Diese Zuneigung geschieht zwar im Bewußtsein, daß *Heidegger* wiederholt und entschieden die Existentialontologie anthropologischen Bemühungen gegenüber abgegrenzt und sich von ihr distanziert hat, die hier vertretene medizinische Anthropologie phänomenologischer Methodik jedoch

* Die in dem vorliegenden Buch aufgenommene Psychopathologie menschlicher Beziehungen wird in der in Vorbereitung befindlichen Untersuchung des Verf. „Kommunikation: Psychologie und Psychopathologie", die ab Frühjahr 1974 verfügbar sein sollte, detailliert fortgesetzt.

Heidegger die Orientierung auf eine Ontologie verdankt, die zu leugnen ihr nicht ansteht.

Die zentrale Frage darüber hinaus auch der medizinischen Anthropologie, ob der Mensch im Sinne Kants aus „so krummem Holze“[4] gemacht sei, daß keine „bessere Gesellschaftsordnung“ ihn verändern wird, erfährt in dieser Untersuchung eine Antwort, die von den bisherigen Stellungnahmen um einiges abweicht.

Die Literaturhinweise, die der Leser zum Schluß des Buches findet, sollen sowohl den notwendigen Rekurs auf die Detailkenntnisse vermitteln wie dem Leser als kritische Anregung dienen. Die zum Zeitpunkt der Niederlegung des Manuskriptes erschienenen Arbeiten von *G. Brandt*[5] und *M. Boss*,[6] obwohl in engstem Zusammenhang mit diesem Entwurf stehend, konnten leider nicht mehr berücksichtigt werden.

ERSTER TEIL

Die Verfassung von In-der-Welt-Sein

Allgemeine Psychologie

I. Das Mögliche

a) Das Mögliche als Alternative

Heute nachmittag um 16 Uhr erwarte ich meinen Bekannten, Herrn X. Es ist möglich, daß er nicht kommt, da er pünktlich zu sein pflegt und meine Uhr jetzt schon 16.10 anzeigt. Ebenso ist es möglich, daß er noch kommt, da er aufgehalten worden ist. Es stellt sich jedoch nur die Alternative: er kommt oder er kommt nicht. Eine Zwischenlösung, einen Kompromiß, der es ihm erlaubt gleichzeitig zu kommen und nicht zu kommen, leibhaft anwesend und abwesend zu sein, gibt es nicht. Es ist möglich, daß Herr X schläft, daß er wacht, daß er geht, daß er steht, auf die Straßenbahn wartet, sich in sein Auto setzt, vor dem Rotlicht der Ampel hält, eben den Griff des Gartentors in die Hand nimmt, eben ihn losläßt, eben den ersten Schritt auf die Treppe des Mietshauses, in dem ich wohne, setzt, jetzt vor der Wohnungstür steht. Aber es ist nicht möglich, daß er gleichzeitig schläft und wacht, geht und steht, auf die Straßenbahn wartet und in sie einsteigt, den Wagenschlag öffnet und ihn zuläßt, den Torgriff nimmt, ihn gleichzeitig aber nicht anfaßt, den ersten Schritt auf die Treppe setzt und nicht setzt, vor der Wohnungstüre steht und sich noch am Hauseingang befindet, d. h. eine bestimmte Handlung vollzieht und gleichzeitig nicht vollzieht.

Von Herrn X. und seinem Kommen oder Nichtkommen abgesehen, zeichnet sich jede Handlung[1] durch die Möglichkeit aus, sie zu unterlassen oder durchzuführen. Das gilt für das Tierreich, für die Arthropoden nicht weniger als für die Vertebraten.[2] Der Vogel schläft – oder fliegt, beides gleichzeitig zu tun, ist ihm ebenso wenig möglich, wie dem Raubtier die Beute zu packen und gleichzeitig loszulassen. Dabei nimmt der Spielraum und damit die Möglichkeit, eine Handlung zu tun oder zu unterlassen, im Tierreich mit zunehmender Entfernung von den höheren Tierarten ab, und die Instinkthandlung – insbesondere bei Anthropoden –[3] bekommt das Gepräge eines unaufschiebbaren Zwanges, dem keine Alternativen gegeben sind.

Die Alternative zwischen zwei oder mehreren Gegebenheiten,[4] die sich dem Menschen als Notwendigkeit der Entscheidung für eine gegen die andere darstellt, ist eine des Sich-Entscheidens überhaupt. Daß in der Entscheidung für oder gegen eine der möglichen Gegebenheiten in der Realität die Kompromißformen zwischen diesen überwiegen, sich nicht für die eine oder andere festzulegen, sondern eine vermittelnde Lösung zu finden, schließt nicht aus, daß die Entscheidung zumindest noch den Charakter der Wahl hat, der Einschränkung und Beschränkung. Entfällt dieser Charakter, dürfte von Entscheidung nicht mehr gesprochen werden. Wer die Möglichkeit hat, sich weder auf den einen noch auf den anderen Weg festzulegen, wer alle Wege gleichzeitig zu begehen vermag, steht nicht vor einer Entscheidung.

Der Alternativcharakter der Handlung macht es jedoch nicht unmöglich, mehrere voneinander unterschiedene Handlungen gleichzeitig auszuführen. Der Ruhende mag nachdenken, durch Hin- und Herdrehen sich eine bequemere Lage verschaffen, bemerken, daß es vom Fenster zieht, um dem Impuls nachzugeben, dieses zu schließen. Er mag sich mit der Hand durch die Haare streichen, sich kratzen und gleichzeitig noch eine Unterhaltung mit einer im Raum anwesenden Person führen. Jedoch bei aller Verschiedenheit gleichzeitig ausgeführter Handlungen ist es nicht möglich, mit derselben Hand sich zu kratzen und jemanden im gleichen Zeitmoment zu streicheln, gleichzeitig nachzudenken (einer bestimmten Thematik zu folgen) und zu träumen, sich zu unterhalten und zu schweigen.

Handlungen, die sich gegenseitig ausschließen, sind Alternativhandlungen. In diese legt die ausführende Person ihr ausschließliches oder überwiegendes Interesse hinein, mit der sie ihre Richtung im Raum (gehen, stehen) bestimmt, ihr Verhältnis zur Umwelt (reden, schweigen) oder zu sich selbst (denken, träumen). Die Alternativhandlung wird auch durch die organisch bedingten Grenzen des Leibes bestimmt: durch Skelett und Muskulatur im Gehen oder Stehen,[5] durch das Auge zum Fixieren oder In-die-Ferne-blicken, durch den Kehlkopf, Zunge, Lippen, Gaumen zum Reden, Singen, Summen oder Schweigen – aber nicht zur gleichzeitigen Ausführung aller mit der Sprache verbundenen Ausdrucksbewegungen.

M. a. W.: Die Grundsätze der Logik, der Satz der Identität, der Satz vom ausgeschlossenen Dritten werden an der Unmöglichkeit, zwei verschiedene Dinge gleichzeitig zu tun, evident. Ebensowenig wie ein Tisch ein Bett sein kann, kann Herr X. gleichzeitig stehen und laufen, wachen und schlafen. Der Unterschied zu der Sachwelt allerdings ist der, daß ein Tisch sich nie in ein Bett verwandeln wird – es sei denn im Traum –, Herr X. jedoch entweder schlafen oder wachen kann.

Der Charakter des Möglichen definiert sich in diesem Zusammenhang – von mir aus gesehen – als Ungewißheit, ob Herr X. kommt oder nicht. *Das Mögliche* aus der Sicht von Herrn X. *stellt ihn vor die Alternative zu gehen oder zu bleiben, in keinem der genannten Fälle gibt es einen Kompromiß.*

b) Das Mögliche und die menschliche Umwelt

Herr X. hat mehrere Möglichkeiten zu mir zu kommen: zu Fuß, mit der Straßenbahn, dem Bus, seinem Kraftwagen, mit einer Taxe, mit Fahrrad, Motorroller oder gar zu Pferde. Jedoch besteht nicht die Möglichkeit innerhalb derselben Stadt das Flugzeug oder ein Schiff als Verkehrsmittel, als Mittel der Fortbewegung zu benutzen – wobei jedoch die Benutzung eines Hubschraubers denkbar (möglich) wäre; die Möglichkeiten der Fortbewegung sind zwar im Vergleich zum Mittelalter oder Altertum[6] erheblich angewachsen, denn dort gab es außer dem Gehen nur die Fortbewegung mit dem Wagen oder auf dem Pferd, das Getragen-Werden in der Sänfte –, wird vom Schiff oder Boot abgesehen, das z. B. für Städte mit Kanälen als Mittel der Kommunikation ausschlaggebend ist.

Die Fortbewegungsmöglichkeiten[7] sind jedoch begrenzt. Ebensowenig wie Herr X. gleichzeitig schlafen und wachen kann, ebensowenig vermag er gleichzeitig verschiedene Mittel der Fortbewegung zu benutzen: Fahrrad, Straßenbahn und Auto. Gegenüber dem Entweder/Oder, der Alternative der Handlung, bietet die menschliche Umwelt mehrere Möglichkeiten an, für die sich festzulegen Entscheidung bedeutet: Ich will zu Dr. Y, wie komme ich am schnellsten hin?

Die menschliche Umwelt ist gegenüber der der höheren Tiere[8] bereits Gegenstand zahlreicher Untersuchungen geworden, so daß ihre Bedeutung im Vergleich zu der verschiedener Tierarten nur gestreift werden kann. Der Vierhufer, Zweihufer, der Vogel, der Fisch sind in ihrer Fortbewegung auf die zu diesem „Zweck" ausgebildeten Extremitäten oder Flossen angewiesen.[9] Es blieb dem Menschen überlassen, das Rad zu erfinden und das Pferd zu zähmen,[10] beide in Wagen und Lenker zum eindringlichen Symbol erster Siege pragmatisch-technischen Denkens und erster Naturbezwingung zu erheben. Der damit gewonnene Spielraum an Möglichkeiten der Fortbewegung, die Schnelligkeit mit Bequemlichkeit und Sicherheit verbinden soll, hat die Alternative des Frühmenschen, die sich auf die von Gehen, Laufen oder Bleiben reduzierte, wesentlich erweitert.

Der Spielraum ist nichtsdestoweniger ein begrenzter geblieben. Das Zeitalter, das den Mond erobert und andere Planeten in absehbarer Zeit erkunden und vielleicht auch durch direkte (leibhafte) mögliche Beobachtung erfassen wird, scheint durch die Technik die menschliche Umwelt in das Unbegrenzte auszudehnen.[11] Dabei zeichnet sich ein erster Umschlag dieser Entwicklung ab – wird unter Entwicklung Steigerung, Anamorphose[12] wirkender Gegebenheiten, Entfaltung derselben verstanden. Zunahme der Fortbewegungsmöglichkeiten bedeutet Zunahme menschlicher Abhängigkeiten, der Schritt in das Grenzenlose wird erkauft durch ein Instrumentarium, dem der Mensch in extrem eingrenzender Weise ausgeliefert ist. Der in der Kapsel einer Mondrakete schwerelos flottierende Mensch,[13] der die entsprechend artifiziell aufbereitete Nahrung nur noch durch einen Plastikhalm zu sich nehmen kann, der diese Reise angeschnallt, künstlich beatmet, liegend antreten muß, triumphiert zwar über die ihn seit Anbeginn an die Erde fesselnde Schwerkraft. Ob der gewonnene Spielraum den Preis lohnt, der ihm gezahlt wurde, der Preis extremster Einschränkungen und Abhängigkeiten vor dem technischen Instrumentarium, bleibt jedoch fraglich. Die Abweichung nur um eine Mikrosekunde oder um einen Mikromillimeter in der technischen Konzeption dieser Flugreise bedeutet möglicherweise die Vernichtung der Raumfahrer.

Es bedarf aber nicht der Beispiele von durch das Weltall auf genauestens berechneter Bahn rasenden Flugkörpern, um die Begrenzung mit dem Anwachsen technischer Möglichkeiten der Fortbewegung zu erweisen. Schon Pferd und Wagen, an Schnelligkeit, Kraft und Bequemlichkeit dem Fußgänger weit überlegen, sind an Pfade und Straßen gebunden, wieviel mehr die Eisenbahn, das Auto! Der Fußgänger muß sich nur auf seinem Absatz herumdrehen, um eine andere Himmelsrichtung einzuschlagen. Er meistert Gehölz, Berge, Sumpf oder Dschungel zu Fuß, wenn auch langsam, – die Technik muß sie auf Straßen durchschneiden oder überspringt sie oder beseitigt sie unter Zuhilfenahme von Maschinen. Sie hat mit den ersten wegweisenden Erfindungen, der Zähmung des Feuers, den Schlagsteinen, der Bekleidung, der Höhle, der Hütte, dem Zelt, dem Rad und dem Floß den Umraum und damit die Alternativen, bestimmte Handlungen durchzuführen, erweitert – aber unauflösbar mit der Erweiterung auch begrenzt.

Was für die Fortbewegungsmöglichkeiten des Herrn X. Im Vergleich zu seinen steinzeitlichen Vorfahren sich ergab, gilt für die menschliche Umwelt, die eine technisch geprägte von Anfang an ist, ganz allgemein. Gewinn und Verzicht, Entwicklung und neue Einschränkung, Fortschritt und neue Abhängigkeit, neuer Spielraum und neue Begrenzungen sind nicht voneinander zu trennen.[14]

Nichtsdestoweniger hat die menschliche Umwelt die Wahl der Möglichkeiten, sei es der Fortbewegung, der Wohnung, der Bekleidung, der industriellen Nutzbarmachung des Naturpotentials und der Produktion überhaupt, im Verlauf der Jahrtausende erheblich gesteigert[15] und damit die Alternativen der Handlung differenziert. Es geht jetzt nicht ausschließlich um die Frage, ob Herr X. kommt oder nicht kommt, daß es außer der einen Möglichkeit nur noch eine zweite gibt, sondern um das Wie des Kommens, seiner Fortbewegungsmöglichkeiten überhaupt. Das „Wie“ aber auch des Schlafens, Wohnens, Essens, Heizens usf. An diesem „Wie“ zeichnet sich im historischen Längsschnitt oder im ethnisch-geographisch-gesellschaftlichen Querschnitt die Auseinandersetzung zwischen der menschlichen Gattung und der Natur ab. Deren Resultat ist z. B. nicht formal das „Boot“ oder der „Wagen“, sondern, um nur bei diesen beiden Mitteln der Fortbewegung zu bleiben, eine unglaubhaft erscheinende Vielzahl von Boots- und Wagen*typen*. Diese wurden in jahrtausendelanger geschichtlicher Entwicklung von der menschlichen Gattung erfunden, variiert und benutzt. Für das Boot sei nur an folgende Formen gedacht: Einbaum, Kanu, Prau, Dschunke, Kutter, Schoner, Galeere, Trireme, Vergnügungsdampfer usf.,[16] für den Wagen analog an die Entwicklung handgezogener ein- oder zweirädriger Karren bis zu den Depeschenkutschen der napoleonischen Zeit oder der Maserati, Jaguar und Mercedes der Jetztzeit.[17]

Die industrielle Produktion allein dieser beiden Fahrzeuge in den letzten 4–5 Jahrzehnten geht in die Tausende verschiedenster Typen und Modelle. Auch wenn die Realität der Verkehrsverhältnisse Herrn X. in seiner Auswahl der Mittel zu kommen einschränkt, die Vorstellung erlaubt es, ihm alle die Wagen zum Zwecke des Kommens vorzuführen, die die Menschheit seit der Erfindung des Rades benutzt. M. a. W. das *Bild möglicher Fortbewegung auf Rädern*, wie und wann auch immer sie historisch entstanden ist, *umfaßt eine noch nicht zu Ende gekommene, kaum zu übersehende Mannigfaltigkeit der Möglichkeiten dieser Art von Fortbewegung.* In ihr wird das Bedürfnis nach schnellem, leichterem und bequemerem Ortswechsel gegenüber der Bewegung zu Fuß zum Ausdruck und Niederschlag vielfältiger historischer, gesellschaftlicher, ethnischer, artlicher, von der Phantasie und von der Lokalität bedingter Einflüsse.

Warum sich ein scheinbarer einfacher Entwurf der Fortbewegung – Wagen bleibt Wagen, aber Wagen nicht gleich Wagen – diese Steigerung von Möglichkeiten seiner Verwirklichung schafft, kann nur mit dem vorläufigen Hinweis auf die Verschiedenheit historischer, sozialer, geographischer, artlicher und anderer Faktoren beantwortet, jedoch damit noch nicht genügend verständlich gemacht werden. Eine weitere Antwort auf diese Frage liefert das Scheitern der menschlichen Gattung, den Raum und die Zeit mit Hilfe der Technik zu überwinden, und die Tatsache, daß dieses Scheitern zum Anlaß immer neuer Erfindungen wird.[18] Sich räumlich an einen bestimmten Ort gebunden zu fühlen, einen Weiler, einen Hof oder Dorf – diese Räumlichkeit zu überwinden, um zu anderen Weilern oder Dörfern zu gelangen, vielleicht zu anderen Jagdgebieten, die Notwendigkeit, Felder brach liegen zu lassen und sich nach anderen Äckern umzusehen, hat die Menschheit zumindest von der Jungsteinzeit an vor die Notwendigkeit der Ortsveränderung gestellt.[19]

Dabei wurde jedoch nur ein Ort mit einem anderen, ein Acker, ein Jagdgebiet oder ein Wald mit dem anderen vertauscht. Das gilt nicht weniger für die Zeit, die man zu sparen wähnt, wenn ein Ort nicht in einer Tagesreise, sondern schon in einer Stunde erreicht wird, die nun gewonnene Zeit an dem schon früher erreichten Ort ebenso vergeht, wie wenn eine Tagesreise benötigt worden wäre, ihn zu erreichen. Ortswechsel findet statt, aber keine Ortsüberwindung, Zeit wird zwar kürzer oder länger erlebt, aber am Maßstab der Zeit gemessen, läuft diese unabweislich weiter: gleichgültig ob Herr X. um 16 Uhr bei mir eintrifft oder schon um 15.30 Uhr. Das Unvermögen sich so zu verändern, wie es Wunsch, Wille oder Traum, wie es Märchen und Mythen „im Handumdrehen“ vermitteln, lieferte der Gattung

Mensch die „Reibungsfläche", die „Frustrierung", um immer wieder neue Möglichkeiten der Fortbewegung zu ersinnen, Möglichkeiten, die gemessen an dem eigentlichen Scheitern der Bemühungen, Raum und Zeit hinter sich zu lassen, symbolischen Charakter bekommen. Der assyrische Streitwagen, von geflügelten Dämonen geschmückt, das leichte, zum Sieg um die Säule in der Arena sich schwingende Zweigespann, der seine Pferde wechselnde Botenreiter, der über die Prärie galoppierende Indianer, das von zwei Pferden gezogene Kabriolett, endlich der Motorwagen und die Ferrari, Bugatti, Mercedes-Rennwagen: Sie alle versuchen Schwerelosigkeit mit größter Kraft zu verbinden, damit zum Symbol dessen zu werden, was sie aufheben sollen und es doch nicht vermögen: Raum und Zeit.[20]

Für die vorliegende Untersuchung sei zusammengefaßt: Am Beispiel des Fahrzeuges, das unter vielen Möglichkeiten gewählt wurde, um das Typische des menschlichen Umraumes zu charakterisieren, ergab sich, daß menschliche Fortbewegung der der Tierarten gegenüber an Spielraum gewonnen hat. Dieser Spielraum jedoch wird einerseits in seiner Entwicklung im historischen Längsschnitt durch neue Abhängigkeiten begrenzt, anderseits ist es gerade das Scheitern, Raum und Zeit zu überwinden, das die Möglichkeiten der Fortbewegung entwickelt, differenziert und steigert. M. a. W. die Grenze als neue Abhängigkeit und damit als ein Infrage-Stellen gewonnener Fähigkeiten dem Tier gegenüber, Grenze und Scheitern als Anstoß zur Ersinnung immer neuer Möglichkeiten der Umweltveränderung veranschaulichen jetzt den doppelten Aspekt des Negativen: den der Begrenzung schlechthin und den des sich immer wieder erneuernden Anstoßes, die Grenze zu überwinden.

c) Zufälle und Lebensweg

Vielleicht konnte Herr X. zur vereinbarten Stunde nicht kommen, da er in einen Verkehrsunfall verwickelt wurde. Dabei mag es sich um eine zwar lästige, aber problemlose Verkehrsstauung handeln, um einen Bagatellschaden mit Zeitverlust, im schlimmsten Fall jedoch um Verletzung oder Tod. Der rationalen Planung einer Begegnung, die das Funktionieren technischer Perfektion, vom Zuganschluß bis zur Berechnung der Start- und Landezeiten von Verkehrsmaschinen durch Computer, erstrebt, steht die Auslieferung an das sog. „menschliche Versagen", aber auch an das Versagen der Technik gegenüber.[21] Der Begriff „Zufall" deutet auf nicht voraussehbare Umstände in einer organisierten Umwelt, der z. B. Menschen ebenso für immer auseinanderzureißen vermag, wie er sie auch zusammenführt. Der Schritt aus der Haustür bedeutet keineswegs die sichere Durchführung eines im voraus geplanten Unternehmens. Er bedeutet, sich den ganz und gar unbestimmten Möglichkeiten, den Zufällen auszusetzen, die sich dem menschlichen Wollen, dem Entwurf seiner Handlung, seit historischen Zeiten entgegenstellen. Der Schritt aus der Haustür, das Ergreifen des Wagenschlages, das Anlassen des Motors sind Handlungen, die Herrn X. von einer Abhängigkeit in die andere geleiten – oder fallen lassen. Er ist nicht nur abhängig vom Zustand der Haustreppe, des Gartentors, Bürgersteigs, sondern vielmehr auch von dem komplikationslosen Funktionieren seines Automotors, bei dem bekanntlich das Staubkorn in der Benzinleitung genügt, ihn vorübergehend außer Betrieb zu setzen.

Ein Augenblick der Besinnung auf die Vielzahl von Abhängigkeiten, in denen sich Herr X. täglich bewegt, läßt die Möglichkeit des stets präsenten, jede Situation einschneidend verändernden Zufalls bewußt werden. Der Zustand der Haustreppe hängt nicht nur von der Laune des Hausbesitzers, seinem Profitstreben, seinem Bedürfnis nach Prestige anderen Hausbesitzern gegenüber ab; sie hängt auch ab von der Art des Holzes, seiner Verwertung, der Bauweise der Treppe, der Kalkulation von Schreinern und Architekten, von ihrer Pflege, möglicher Glätte – die zu Ausrutschern und Stürzen führen könnte –, von der ökonomischen Situation der am Hausbau Beteiligten nicht weniger als von der Stimmung der Mietpartei, die zum Zeitpunkt, da Herr X. seine Tür verläßt, gerade für das Bohnern und die Pflege der Haustreppe verantwortlich ist. Um wieviel mehr verdichtet sich das Netz der Abhängigkeiten, wenn Herr X. den Anlasser seines Wagens betätigt oder zur näschsten Straßenbahnhaltestelle geht! Was den Motor anbetrifft, die Fertigung seiner zahlreichen Teile, das aufeinander abgestimmte Funktionieren derselben – eine Kalkulation der an diesem Funktionieren beteiligten Personen, Gesellschaften, Zulieferfirmen, Arbeitsvorgängen und ihren Verzweigungen und erneuten Abhängigkeiten würde weit in die Millionen determinierender Faktoren gehen. Die gleiche Anzahl Determinanten sind für das pünktliche Eintreffen der Straßenbahn verantwortlich.

Dabei wurde der subjektive Zustand des Herrn X., seine Abhängigkeit von diesem noch nicht berücksichtigt. Wie wenn er an Migräne, Obstipation, vegetativer Dystonie, an Stimmungslabilität, Launenhaftigkeit und Reizbarkeit litte und, von diesem Befinden abhängig, die Straßenbahn versäumt, ein Taxi bestellt, das nicht erscheint. Kurzum, ob von den objektiven Gegebenheiten her gesehen, zwischen denen sich Herr X. bewegt, oder seine subjektive Zuständlichkeit erwägend – die Fahrt von einem Stadtteil in den anderen läßt für einen Augenblick die Abhängigkeiten erscheinen, in denen der Zivilisierte lebt. Je dichter und unübersehbarer die Maschen dieses Netzes werden, um so wahrscheinlicher wird das Versagen rationaler Planung, eröffnet sich der Bereich des Möglichen: vom Ausgleiten auf der Treppe und allen sich daraus ergebenden gerichtlichen, gesundheitlichen, persönlichen Folgen bis zur Verkehrsstauung und einer in dieser sich ergebenden Zufallsbekanntschaft, aus der eines Tages eine Ehe wird.

Daß innerhalb dieses Netzes technischer, von der Planung berechneter, persönlicher und subjektiver Abhängigkeiten[22] die Wahrscheinlichkeit ein relativ reibungsloses Ineinandergreifen nicht mehr zu übersehender Determinanten gewährleistet, verbleibt im Bereich eben des Wahrscheinlichen, der aber letzten Endes der rationalen Planung und Voraussicht immer wieder spottet.

Das „Mögliche", das jetzt als Zufall querschießt, ist die Negation, die Verneinung, das Infragestellen der allgemeinen Planung wie der auf einen oder mehrere Zwecke hinsteuernden Willenshandlung. Das Mögliche ist das ständige „Infragestellen" einer organisierten Umwelt, die vielleicht nur noch dann ihre humanen Züge verrät, wenn Zufall oder Katastrophen sie aufheben.

Oder: Planung, Voraussicht, Technik, Rationalisierung sind nur möglich, weil damit der Bereich des „Möglichen" eingezirkelt, dem querschießenden Zufall vorgebuegt werden soll. Die geplante Welt kann sich nur auf dem Hintergrund des „Alles ist möglich" verstehen – aber je mehr Planung, um so größer die gegenseitigen Abhängigkeiten, um so intensiver der Bereich und die ständige Präsenz des „Zufalls", des „Alles ist möglich". Das Mögliche, die Negation der Planung, ist von der Planung derart eingeplant worden, daß die geplante Welt jederzeit an diesem Explosivstoff zu scheitern droht. Das Mögliche ist eingeplant worden – indem man es nicht eingeplant hat.

d) Das Mögliche und der Lebensweg

Wie war es möglich, daß ich Herrn X. kennenlernte? Oohne dem Thema der Biographie[23] und dem Wie menschlicher Begegnung, der Begrenzung derselben durch Familie, Klassenzugehörigkeit, Milieu, Lebensumstände vorzugreifen, ohne die eine Beziehung determinierenden psychologischen Ponderabilien und Imponderabilien zu bestimmen, befindet sich der in der heutigen Industriegesellschaft auf die Welt kommende Säugling noch in der Lage, daß in seinem späteren, nicht vorausberechenbaren Lebensweg „alles möglich" ist.

Da „alles möglich" umschreibt sowohl die Entwicklung menschlicher Beziehungen, den beruflich-sozialen Werdegang mit seinen spezifischen Folgen, die Stellung und spätere soziale Rolle betreffen, es umschließt aber auch die Möglichkeiten der Erkrankung, des frühzeitigen oder späten Todes, die biologischen Determinanten des Lebenslaufes.

Je geschlossener eine Gesellschaft ist, je weniger Zutritt oder Austausch sie anderen erlaubt, um so vorbestimmter ist das Leben des Einzelnen. Ob dabei die ethnischen Verbände vermerkt werden, mit ihren durch strengste Kasten gegliederten Unterverbänden oder einfach ihrer ein- und geringfömigen Entwicklungsmöglichkeiten aufgrund einer reduzierten ökonomischen Lage[24] oder ob elitäre Gruppen innerhalb eines Staates[25] – z. B. mittelalterliche Zünfte,[26] geschlossene Sippenverbände,[27] Männerbünde[28] usf. – in Betracht gezogen werden: In diesen geboren, liegen die Möglichkeiten des Werdeganges der Einzelnen weitgehend fest. Die Vererbung des Besitzes an den Ältesten in den Nachfolgegruppen indogermanischer Nomaden[29] bestimmte dessen Lebensweg nicht weniger wie den des jüngsten Bruders, der sich entweder außer Hause verheiraten oder bei seinem ältesten Bruder als Knecht sich verdingen mußte. Den begrenzten Möglichkeiten der vorindustriellen Gesellschaft entsprechen begrenzte Möglichkeiten des Lebensweges der Einzelnen.

Nichtsdestoweniger „sorgten" auch dort Kriege, Epidemien, Handelsbeziehungen dafür, die von Generation zu Generation vorbestimmten sozialen Rollen zu erschüttern und damit „das Mögliche" der Entwicklungen vorbestimmter Lebenswege wie Furien durcheinander zu wirbeln. – Anders die zunehmend in Auflösung befindliche Gesellschaft des industriellen Zeitalters[30] (Auflösung im Sinne der Veränderung vorindustrieller, sozialer Rollen), die mit ihrem Ruf nach Chancengleichheit den Lebenslauf des Einzelnen in seiner frühen Kindheit zumindestens bis zur Absolvierung der Grundschule wieder in unmittelbare Nähe der „Märchensituation" gebracht hat. In dieser umstehen das Neugeborene eine Anzahl böser und guter Feen, und es bleibt dem Astrologen überlassen, die mögliche Zukunft desselben vorauszusagen. Das jetzt „ist alles möglich", von dem durch Krankheit schwachsinnig Verstümmelten bis zum Präsidenten der USA, vom „glücklich Verheirateten" bis zum fünfmal Geschiedenen, weist auf den Bezirk des „Möglichen" als einer amorphen, amöboiden Masse, in der sich durch Prägung, Gegenprägung, Einfluß, Widerstand und Nachgeben der Lebensweg ausdifferenziert.

Herrn X. lernte ich als Konsemester kennen, gleiche Interessen und eine gegenseitige Sympathie führten uns im Gespräch zusammen. Herrn X. begegnete ich als verwundetem Kriegsteilnehmer in einem Lazarett, in der Gefangenschaft, in einem Lager, während einer Eisenbahnfahrt. Im Warteraum eines Flugplatzes fiel mir ein Buch auf, das er las. Ich verwickelte ihn in ein Gespräch. Anläßlich eines Kongresses bewohnten wir nebeneinander liegende Zimmer und trafen uns regelmäßig beim Essen. Unsere Eltern kannten sich, wir besuchten die gleiche Volksschule, das gleiche Gymnasium in der gleichen Stadt, wir beschlossen, das gleiche Studium zu ergreifen.

Die Möglichkeiten, wie ich Herrn X. hätte kennenlernen können, dürften ebensowenig auszukombinieren sein wie die Situationen,[31] in denen längs eines Lebensweges dieser von einer Unzahl anderer Lebenswege gekreuzt wird. Keineswegs jedoch führen die Situationen, denen der Mensch des Industriezeitalters exponiert ist, immer zu einer Bekanntschaft, Freundschaft oder gar Begegnung. Das Kreuzen des Lebensweges durch andere verläuft meistens dem Treibsand vergleichbar, der in der Wüste über eine Autopiste geweht wird. Wo jedoch der Sand „hängen bleibt", sich Dünen, Vertiefungen, Kuhlen bilden, eine Reziprozität zwischen mir und dem anderen anklingt, treffen sich die Lebenswege u. U. zu gemeinsamen oder parallel verlaufenden Wegen oder zu solchen, die sich überkreuzen.

Die eben aufgeführten Situationen, die Beziehung und Begegnung, Bekanntschaft oder Freundschaft vermitteln, haben lediglich den Charakter des Ermöglichens von Begegnung. Sie haben, auf Begegnung hin angeblickt, ebenso die amöboid-hyle-artige Signatur des „Urstoffs“ wie die Situation des Kleinkindes den zu erwartenden Lebensmöglichkeiten gegenüber. Im letzteren Fall hat Zukunft den vielfältig bestimmbaren, proteushaften Charakter der undifferenzierten Situation, die sich in jeder möglichen Begegnung anfangs abzeichnet. Die Situation des Warteraums, der Schulbank, des Lazarettes, des Studiums, in der zwei Menschen plötzlich aufeinander zusteuern, ist anfänglich auf Aktualität, d. h. auf Gegenwart ausschließlich ausgerichtet. In dieser Aktualität ist sie diffus von vielfachen Strömungen der Zu- oder Abneigung durchkreuzt, von situativen Abhängigkeiten bestimmt, bis aus dieser diffusen, undifferenzierten Hyle sich die Partner „herausprofilieren“, die die Grundlage dann für eine mögliche zukünftige Beziehung bilden.[32]

Daß der Lebensweg des Herrn X. so verlaufen ist, um an einem der Kreuzungspunkte sich mit meinem zu überschneiden, daß aus diesem Überschneiden eine Beziehung wurde, erscheint rückblickend, nach stattgehabter Begegnung plötzlich „sinnvoll“, und „es mußte so kommen, es durfte nicht anders sein“. Der Lebenslauf des Anderen, von dem Moment seiner Geburt bis zu dem rencontre im Wartreaum eines Flughafens – labyrinthisch verschlungen und verknotet mit den alltäglichen, aber für das Zusammentreffen entscheidenden Vorkommnissen – erscheint jetzt wie von einem unsichtbaren telos geleitet, das selbst den Sekundenzeiger einer Uhr lenkte, damit Herr X. weder zu früh noch zu spät in dem Warteraum eintraf, sondern gerade so, daß ich ihn wahrnahm.

Hätte Herr X. in einem bestimmten Schuljahr nicht mehrere Klassenarbeiten versäumt, dadurch seine Noten verbessert, dadurch befähigt, unvorhergesehen die Klassen zu überspringen, dadurch ein Jahr früher sein Abitur zu bestehen, zu studieren usf. – er wäre heute nicht um eine bestimmte Zeit im Warteraum aufgetaucht. Das Versäumen der Klassenarbeiten war durch rezidivierende Anginen bedingt, die Herr X. u. a. im Zusammenhang mit erheblichen Konflikten im Elternhaus durchmachte. Während seiner Krankheit beschäftigte sich sein Vater mehr mit ihm als gewöhnlich, so daß er die Anginen und das Versäumen der Schule mit Absicht ausdehnte. Das spätere Unterlaufen des Unterrichts und seiner Anforderungen wiederum hing von den hereditären Faktoren der Intelligenzvererbung[33] ab, die wohl als erwiesen gelten dürfen. Ohne dieses konstitutionelle Moment wäre er jedenfalls nicht am 3. 5. 19... um 13.05 Uhr im Warteraum des Flughafens erschienen.

Daß er darüber hinaus ein bestimmtes Buch in der Rocktasche trug, dieses Buch zum Anlaß wurde, Herrn X. anzusprechen, ließe sich in seiner Vorgeschichte von Lebensminute zu Lebensminute aufschlüsseln, wenn es eine Methode gäbe, die verbindenden Momente im Gesamt des Lebensvorgangs samt und sonders zu erfassen. Da es diese Methode aber nicht gibt, bleibt lediglich die Möglichkeit, den Trend zu seinem Interessengebiet bis in die

Pubertät auf Anregungen durch andere und auf eigene Entdeckungen zurückzuverfolgen, die ihn zu der Auswahl des Buches veranlaßt haben, das er zu lesen beabsichtigte und das zum Anlaß wurde, ihn anzusprechen. Hier wäre der „Zufall“ wieder einzuschalten, der Herrn X. veranlaßte – er hatte eigentlich vor, eine andere Lektüre mitzunehmen –, das besagte Buch in Eile vom Tisch zu nehmen, um es schnell, „nebenbei“, in die Rocktasche zu stecken und damit als „Signal“ für unsere Begegnung mit sich zu führen. „Schicksal“? „Bestimmung“? – so hätte der Kenner menschlicher Beziehungen, vielleicht ein Dichter, noch um die Jahrhundertwende fabuliert. Unbewußte Absicht? Das Buch als „Köder“ um aufzufallen, exhibitionistische Tendenzen, verdrängte homoerotische Prostitution[34] würde vielleicht der Freudianischen Analytiker folgern, aber vielleicht zu schnell.

War schon die zu knapp bemessene Zeit, die den Griff zu diesem und nicht zu dem anderen Buch bedingte, „unbewußte Absicht“? War es unbewußte Absicht der Ehefrau, das Essen einige Minuten später auf den Tisch zu stellen, als vereinbart war, damit die Zeit zu knapp werden zu lassen, damit das in Eile gegriffene Buch zum ominösen homosexuellen „Aushänger“ zu machen und unbewußt ihren Ehemann „los zu werden“? Das Essen allerdings hatte sie nicht rechtzeitig bereiten können, weil sie in dem Laden, in dem sie sonst einzukaufen pflegt, länger als gewohnt warten mußte. Eine andere Kundin hielt den Verkäufer durch einen langen Bericht über eine unvorhergesehene Erkrankung ihrer Tochter auf. Sollte nicht diese Erkrankung, die Ausführungen der anderen Kundin mit der hypostasierten unbewußten Absicht der Ehefrau, ihren „latent homosexuellen“ Mann für immer zu verabschieden, koinzidieren?

Wie ersichtlich, läuft die Interpretation des „Zufalls“ auf die Schilderung eines sensitiven Beziehungswahns hinaus, an dem jedoch nicht Herr X., sondern der Interpret leidet, dessen System scheinbar alles „erklärt“.

Nichtsdestoweniger dürfte die Aufzählung einiger konkreter, alltäglicher, jedermann jederzeit aus eigenem Erleben nachprüfbarer, scheinbar banaler, aber doch immer komplexer Verknüpfungen es verdeutlicht haben, daß weder die gründlichste, psychiatrische Exploration noch die unübersehbaren Verknüpfungen des Lebens in ihren Tiefen nachforschende psychoanalytische Behandlung es vermögen, die außerordentlichen Komplikationsmöglichkeiten des einzelnen Lebensschicksals zu „analysieren“.

Das in einer Exploration gewonnene Destillat verhält sich zu der Faktizität der menschlichen Existenz wie die Besteigung eines Berges zu seiner geographischen Deskription oder, wie *E. Straus*[35] formulierte – es allerdings nicht auf die Lebensgeschichte bezog –, wie das Verhältnis von Geographie zu Landschaft.

Die situativ bedingten gegenseitigen Abhängigkeiten und Verflechtungen menschlicher Existenzen, das Offene des Lebensweges, der von dem Kleinkind noch unbeschritten, sich auftut, das „es ist alles möglich“ dieses Lebensweges, lassen das „Mögliche“ des Lebensweges als reines „Offen-Sein“

für Begegnung und Beziehung erscheinen. Hier entfallen noch die Einschränkungen und Alternativen, die die Handlungen oder den menschlichen Umraum bestimmten. Es entfällt Versuch und Scheitern, es entfällt der Gegensatz zwischen Möglich und Geplant und dessen unheilvolle Verschränkung in der realen Umwelt. Das Mögliche in dem jetzt aufgewiesenen Sinne ist vordialektisch, jenseits der Gegensätze, jenseits aber auch der erklärenden Logik, da die Logik erst nach Eintritt des real Möglichen, nach Eintritt der Möglichkeit einer Beziehung oder Begegnung rückblickend die Konstruktion aufzunehmen versucht: Es mußte so sein, die Begegnung mit Herrn X. oder mit Frau Y. zu dieser bestimmten Zeit lag in den notwendigen Bedingungen beider Existenzen. Eine Konstruktion, die, wie oben aufgezeigt, einfach an der Nicht-Übersehbarkeit der zu einer Beziehung oder Begegnung führender Determinanten scheitert.

Als das ganz einfach (schlicht) „Offene" wird das Mögliche des Lebensweges verstanden, das die Situation des Zusammentreffens mit anderen Menschen konstelliert, die ihn wiederum beeinflussen – oder nicht beeinflussen. Unter Situation sei beliebiges („zufälliges") oder beabsichtigtes Zusammenkommen von Menschen in bestimmter Umwelt verstanden, wie es täglich in Familien, Gruppen, Bünden, auf Kongressen, in Straßenbahnen, Warteräumen, Krankenhäusern, in Beruf und täglicher Arbeit stattfindet. Von unübersehbaren Determinanten geprägt, ist jede Situation der Knotenpunkt neuer, ebenso unabsehbarer Fakten, in denen „alles möglich" ist. Natürlich ist es nicht möglich, daß der Kongreßleiter gleichzeitig steht und läuft, redet und schweigt oder zu fliegen beginnt (im wörtlichen Sinne). Das Offene des „alles ist möglich" hebt die oben dargelegten biologischen, familiären, sozialen u. a. Einschränkungen nicht auf, sondern stellt die Verbindung zwischen den Lebenssituationen des auf die Zukunft hin offenen Kleinkindes und den alltäglichen Situationen her, in denen der Mensch von eben dieser Situation immer wieder zum „Offenen" hingeführt wird.

e) Hinweis auf *Husserl*

In einer Analyse und Abgrenzung der vorlogischen (vorprädikativen) Beziehung zwischen dem sich aufbauenden Ich und der Wahrnehmungswelt, der Ableitung logischer Kategorien aus der Primärerfahrung des Ich, unterscheidet *Husserl*[36] zwischen der „allgemeinen Unbestimmtheit", die über einen „Umfang freier Variabilität" verfügt, und den Unbestimmtheiten, die „dem Rahmen einpaßbar, aber darüber hinaus völlig ungewiß sind". Dies ist in seiner Terminologie die „offene Möglichkeit" gegenüber der „problematischen Möglichkeit", der der Zweifel – ist die Farbe grün oder blau – zugrunde liegt.

Die vorliegende Untersuchung geht über den von *Husserl* gesetzten Rahmen vorprädikativer und dann logischer Fundierung der Erfahrungswelt hinaus, in dem sie dem „Möglichen“ noch spezifischer in der „Lebenswelt“ (*Husserl*) nachgeht, in der Alltäglichkeit nicht weniger wie in der Psychopathologie. Das Offene der Möglichkeiten einander überkreuzender Lebenssituationen, das Offene der Zukunft eines Kleinkindes entspricht zwar *Husserls* „offener Möglichkeit“ und ihrer Variabilität. Bei letzterer jedoch handelt es sich um ein logisches Erkennen vorlogisch begründeter Kategorien, bei ersterer um das „In-den-Griff-Bekommen“ (*Husserl* eines Lebensvorganges in seiner auf das Offene – z. B. sich überkreuzender Lebenssituationen – hin gerichteten Bedeutung.

Das erste, vorlogische Erfassen des „Möglichen“ leitet *Husserl* aus dem Zweifel ab, der entsteht, wenn ein Kind einem Gegenstand gegenüber sich im Unklaren befindet, ob es z. B. eine Puppe oder ein Mensch sei. Das Schwanken zwischen der einen und der anderen Möglichkeit begründet hier auf vorlogischer Ebene die spätere Kategorie der Modalität (des Möglichen). Demgegenüber ist jedoch – über *Husserl* hinausgehend – zu fragen, ob das erste Gewahrwerden des Möglichen nicht mit der primären Wahrnehmung des Veränderlichen überhaupt zusammenfällt, die nach Auffassung einer Anzahl von Autoren[37] bereits sehr früh, in den ersten der Geburt folgenden Tagen, beim Kinde zu verzeichnen ist, zumindest vom Zeitpunkt der Koordination der Bewegung der Augenmuskulatur. Das Auftauchen von vertrauten Bezugsinhalten – z. B. der Brust bei Brustkindern –, das Verschwinden derselben, später das von unbestimmt wahrgenommenen Gesichtern, von Gegenständen der unmittelbaren Umgebung, das Erleben des Wechsels, der dem von Veränderungen gleichzusetzen ist, dürfte der von *Husserl* geschilderten Situation des Zweifels noch vorausgehen. Konstant ist dem Kleinkind nur die Erfahrung des eigenen Leibes,[38] zu dem es immer wieder „zurückkehrt“; mit diesem und durch ihn erlebt es sich immer wieder als daseiend bestätigt. Aber auch er ist Veränderungen unterworfen: Wärmeentzug, Kälte, Hunger, Nässe sind Empfindungen, die dem Säugling weiteres Erleben von Veränderlichkeit vermitteln. Veränderlichkeit begründet die Wahrnehmung des Möglichen und damit die Frage, wird das Vertraute, Gewohnte wieder auftauchen oder für immer fortbleiben? Wird sich die Einheit Mutter-Brust-Säugling wieder herstellen, wenn sie zerrissen wurde und sich im ersten Hungerschmerz nicht sogleich wieder schließt?

Zu dieser passiv erfahrenen Veränderlichkeit gesellt sich die der aktiv gezeugten Veränderung: sei es z. B. durch verschiedenes Umgreifen der Brust mit wechselndem Resultat, den Hunger rasch oder mühsam zu stillen, sei es durch die Einnahme der Bauchlage gegenüber der Rückenlage, der Veränderung der Hände beim Spiel oder bei Beobachtung derselben. Die Veränderbarkeit, die das Kleinkind dann zunehmend bei der Erwartung auch des Unvorhergesehenen, der Überraschung erfährt, umschließt das Mögliche, denn es ist möglich, daß Vater, Bruder, Schwester oder Mutter zur Tür hereinkommen oder gar ein Fremder.

Es ist möglich, die Stoffente zu „verlieren“, sie aus dem Gesichtskreis fallen zu lassen, wenn die Hand sie außerhalb des Bettchens bewegt. Es ist möglich, den Finger nicht sofort zu finden, der in den Mund gesteckt werden soll. Die Umwelt nicht weniger als der eigene Leib und seine Bedürfnisse werden in ihrer Wandelbarkeit als Ermöglichungsgrund immer weiterer Veränderungen erfahren, bis die Veränderungen sich wiederholen, die Bedürfnisse wechseln – aber nicht nennenswert neue sich einstellen –, die Grenzen der Bewegungsmöglichkeiten des eigenen Leibes und damit die Grenzen der Umwelt erlernt wurden.[39]

Lernen, Erfahren würden unter diesem Gesichtspunkt bedeuten: den Horizont des Möglichen durch das Unmögliche einzuschränken, durch die Erfahrung, nicht einen Stuhl erklimmen, einen Gegenstand heben zu können, die Wunsch und Wille bereits vorwegnehmend bezwangen. Die „Wirklichkeit“ (s. unten), jetzt als Grenze und Widerstand sowohl der Umwelt als auch der Begrenzungen des eigenen Handelns erlebt, verschließt zunehmend den offenen Horizont des Möglichen. Der Lebensweg formiert sich, Konstitution, Reagibilität des Individuums auf die Umgebung zeichnen sich ab, der nie beendete Lernprozeß, die Welt als begrenzte, unendliche zu akzeptieren, beginnt. Diesen Augenblick einsetzender Formierung zu determinieren, ist jedoch unmöglich, da er bereits mit dem Geboren-Werden, mit dem Eintritt in die Umwelt, mit dem Gewahr-Werden erster, eigener Bedüfnisse beginnt.

Zahlreiche Kenner der kindlichen Subjektivität[40] haben diesen Prozeß erforscht und in Einzelheiten dargestellt. Darüber hinaus sei an *Ferenczis*[41] Phasen der kindlichen Allmachtgefühle erinnert, an *Melanie Kleins*[42] Interpretationen des kindlichen Phantasielebens, in denen das Mögliche und der Glaube an die unbedingte Realität der Phantasie für das Kind weitgehend identisch sind.

Diese Phase setzt jedoch die vorausgehende Erfahrung schlichter Veränderbarkeit voraus, und wird die Veränderung der Bewegung gleichgesetzt, so ist der Schluß erlaubt, daß *das Erleben der Umwelt wie auch seiner selbst als Bewegliche oder Ruhende mit der primären Erfahrung des Möglichen zusammenfallen.* Dabei sind auch die Bedürfnisse, die Antriebe, die Gefühle beweglich: sie kommen und gehen, sie verändern sich. Beweglich ist die Phantasie, man selbst in der Phantasie nicht weniger als die bewegliche Umwelt, die bewegliche Innenwelt oder die durch Handeln veränderte, „beweglich gemachte“ Welt.

Zusammengefaßt sei, daß die vorlogische Erfahrung des Möglichen in den ersten Lebensmonaten im Zusammenhang mit der Erfahrung der Veränderung, der Bewegung und Beweglichkeit der von *Husserl* geschilderten noch vorangeht. Die erste Erfahrung von Wirklichkeit im Lernprozeß, der zunehmend Mögliches vom Unmöglichen scheidet, in der diese Wirklichkeit immer wieder neuen Horizonten des Möglichen zugeführt wird, ist die Erfahrung der möglichen Veränderung.

f) Das Mögliche in Phantasie und Traum

Das Verhältnis der Phantasie und des Traumes zum Möglichen kann im Rahmen dieser Untersuchung nicht beanspruchen, auch nur annähernd erschöpfend dargestellt zu werden. Die Realität, soweit sie mit den Kategorien des Raumes, der Zeit und der Kausalität erkannt wird, wird in der Phantasie und im Traum nicht nur in Frage gestellt, sondern schlechthin aufgehoben. Entgegen den Gesetzen der Schwerkraft fliegt der Träumer oder sieht er Flüsse bergan fließen. Entgegen der faktischen Unmöglichkeit einer Einheit von Viereck und Kreis, träumt der Träumer von Gebäuden, die gleichzeitig kreisrund und viereckig sind.[43] Räume werden unendlich ausgedehnt oder unendlich klein erfahren (Alice im Wunderland). Zeit drängt im Traum Jahre in Augenblicke, dehnt Augenblicke zu Jahren.[44] Die Kausalität wird absurd, da die Billardkugel einen Weltuntergang auslöst, beim Nasenschneuzen jemandem die Nase abfällt. Der Satz vom Widerspruch, wie Freud[45] feststellte, ist aufgehoben: Es ist möglich, daß Herr X. im Traum abwesend und gleichzeitig anwesend ist, wie auch längst Verstorbene das Gespräch mit dem Träumer fortsetzen, das sie vor Jahrzehnten mit ihm begonnen haben.

Entgegen der Grundrichtung des Raumes von oben nach unten erscheinen Häuser, die auf dem Kopf stehen, Menschen, die auf den Armen gehen, Tiere, die sich rückwärts aber mit dem Kopf am Hinterteil, d. h. vorwärtsrückwärts, nach vorne bewegen. Die alten Grundelemente von Erde, Feuer, Wasser und Luft werden in ihren Qualitäten austauschbar erlebt. Wasser, das brennt, sich mit Feuer zu waschen, Erde, die wie Luft eingeatmet wird, unter Duschen stehen, die Luft verströmen usf. werden von Träumen berichtet. Das Mineral-, Pflanzen- und Tierreich erlaubt alle Arten geologischer, botanischer, zoologischer Metamorphosen. Steine werden erblickt, die pflanzenartig sich um den Träumer emporranken, Pflanzen jeder Kombination gesehen wie Birken, auf denen Rosen wachsen, Kakteen, die Äpfel tragen. Sprechende Tiere, die sich mit menschlicher Stimme verständigen, sind häufige Vorkommnisse, abgesehen von den hier auch nur andeutungsweise aufzuzählenden Zwischenverbindungen von z. B. Raubtieren, Vögeln und Affen, Hippopocamen und Schmetterlingen, Insekten und Reptilien.[46]

Was die menschliche Gattung betrifft, ist das Phänomen der zahllosen unbekannten Personen und Gesichter, die jedem vertraut sind, der seine Träume beobachtet, noch nicht genügend aufgehellt. Daß darüber hinaus in den menschlichen Beziehungen der Träumer die Situationen verwirklicht werden, an die er am seltensten oder wenigsten gedacht hat, ist seit Freuds[47] Decouvrierung schon Bestandteil des allgemeinen Bewußtseins geworden. Dazu gehört nicht nur der Vollzug des Inzestes, sondern auch alle jenen aggressiven, destruktiven Handlungen, die bis zum Kannibalismus, bis zum Verzehren von Leichenteilen sich steigern.

Dabei vermag die dichterische Phantasie den Traum noch zu übertreffen, ohne daß sogleich der extremen Produktion der Surrealisten[48] gedacht werden muß. Die Götterwelt Homers, der griechische Mythos,[49] die Visionen der Apokalypse,[50] die Märchen der Brüder *Grimm*,[51] die sogenannten Klassiker und Romantiker in ihren weniger populären Darstellungen, wie z. B. die Märchen von *Goethe* oder *Novalis*,[52] müssen als Hinweis genügen, daß die von der Phantasie diktierte Gestaltung die Wirklichkeit ebenso in Frage stellt wie der Traum. Darüber hinaus stellt das Kunstwerk seine Aussage in einem transparenteren, durchsichtigeren, dem Bewußtsein näheren Bezug dar als der Traum. Es ist in seinen bedeutenden literarischen oder malerischen Gestaltungen weniger verschlüsselt.

Neben die in der Dichtung nicht weniger als auch im Alltag der zahllosen Tagträumer sich vollziehenden Verwirklichung des „Hier-ist-alles-möglich" tritt der Mythos,[53] nicht ein zu vernachlässigendes Nebenprodukt beider, sondern in der chronologischen Überlieferung der Vorgänger von Phantasie und Traum.

Dem Menschen der westlichen Zivilisation dürfte wohl seiner historischen Herkunft nach der griechische Mythos[54] am nächsten stehen, der auch von der Tiefenpsychologie noch keineswegs in seiner Bedeutungsgeladenheit ausreichend erschöpft worden ist. Er hat es kaum unterlassen, eine Situation menschlichen Zusammenlebens und menschlicher Entwicklung zu schildern, die nicht möglich wäre – weil sie so unmöglich erscheint. Dazu zählen nicht nur die Fabelwesen und ihre heroischen Bezwinger, die gnadenlosen Kämpfe zwischen Männern und Frauen um die Ordnung der menschlichen Welt – heute nicht weniger aktuell wie zur Zeit der Entstehung jener Mythen –, die Generationskämpfe, die immer wieder auftauchende Thematik des Inzestes, sondern überhaupt das Erleben der Götter in ihren konstanten, sich wandelnden Gestalten als treibende, menschliche, wie überhaupt Dasein prägende Mächte. *Ovid*,[55] der die Nachlese des griechischen Mythos hielt und sie in den „Metamorphosen" niederlegte, hat dabei in einer dem rationalen Bewußtsein zugänglicheren Sprache als die der Mythenerzähler das entscheidende Kennzeichen, das Hauptmerkmal von Traum, Phantasie und Mythos erfaßt: die Verwandlung.

Ob der Träumer fliegt, sich in einen Fliegenden wandelt, ob ein Haus gleichzeitig rund und quadratisch erscheint, ob das Ende eines Brunnenschachtes nicht ein dunkler Quell, sondern ein mit Sternen besäter Himmel ist, ob Gesteine zu Pflanzen werden, Blumen reden, Tiere Blätter treiben und Bekannte sich in Unbekannte verändern: ein Thema stellt Mythos, Dichtung und Traum durchgehend dar: die Verwandlung.

Die Aufhebung von Raum, Zeit, Kausalität, des Satzes vom Widerspruch, die Merkmale, die die Forschung dem Traum im Verlaufe der letzten Dezennien zuerkannte, sie lassen sich, ohne dabei aufgehoben oder in Frage gestellt zu werden, im Begriff der Verwandlung zusammenfassen.

Ob aus dem Tisch eine Schlange sich emporwindet, in einem Alpental plötzlich das Meer brandet, der Mond in Käsescheiben vom Himmel fällt, eine Bratpfanne voller Augen auf den Herd gestellt wird: die „Verzerrung“, „Verschiebung“, „Verdichtung“ *Freuds*,[56] die diese Geschehnisse, einem rationalen Konzept folgend, aufzulösen versuchen, setzen die Verwandlung immer schon voraus. Denn damit eine Person aus „vielen“ verdichtet erscheint, eine Handlung verzerrt, ein reales Vorkommnis verschoben, muß bereits die Verwandlung stattgefunden haben.

Die Augen in der Bratpfanne bedeuten nicht nur das Zusammenfallen heterogener Elemente, sondern Verwandlung der sonst im Kopf sich befindenden Augen zu Nahrungsmitteln, die wie Eier in die Pfanne geschlagen werden. Die aus dem Tisch sich ringelnde Schlange ist nicht mehr die Blindschleiche, die der Träumer am Vortage im Garten gesehen hat, sondern ein Geschöpf, das unerwartet aus dem Tisch kommt. Schlange zwar, aber aus ihrem natürlichen Zusammenhang herausgerissen, damit verwandelt und durch diese Verwandlung die Atmosphäre einer bürgerlichen Wohnung gefährdend und in Frage stellend. Dabei ergreift die Verwandlung nicht nur Personen, Gegenstände, Tiere, Pflanzen oder Landschaft. Die Handlung, die Szenerie, Kulissen und darstellende Akteure werden – mit Ausnahme jener Träume, die eine fade Replik des Alltags darstellen – von Anfang an verwandelt. Spezifisch: sie sind aus ihrem gewohnten Bedeutungszusammenhang in einen veränderten, erhöhten (symbolischen, s. unten), nicht ohne weiteres verständlichen versetzt worden.

Darüber hinaus kennen die Gestalten keine Grenzen mehr, sich untereinander zu den ungewöhnlichsten Figuren zu verbinden und auszutauschen. Die damit gegebene erste Definition der Verwandlung erlaubt jetzt eine präzisere Fassung des Möglichen: In der Verwandlung wird das Mögliche als aktives Agens sichtbar. Es erscheint in der Verwandlung tätig, ist nicht nur Alternative, Offen-Sein, diffuser auf die Zukunft gerichteter Ermöglichungsgrund, sondern die Verwandlungen von Traum, Phantasie oder Mythos lassen das Mögliche schöpferisch und einfallsreich erscheinen.

Die Tiefenpsychologie hat zwar über die Dynamik der den Traum motivierenden Kräfte versucht Aufklärung zu geben. Sie hat Einblick in die sog. „Mechanismen“ der Verdrängung vermittelt, sie hat sich bemüht, die Traumvorgänge auf unbewußte Wünsche oder entstellte, rationale Gedankengänge zurückzuführen. Aber hat sie das eigentliche Geschehen erfaßt, das das Unmögliche in Traum, Phantasie, Mythos möglich gemacht hat? Ein Vorgang der Verwandlung, der Aktivität impliziert, um die Welt des Faktischen und Alltäglichen, der Grenzen und des Widerstandes aufzuheben, zu zerstören, absolut in Frage zu stellen – um dann, nach der Zertrümmerung der geläufigen Umwelt, ein eigenes Reich unabsehbarer Möglichkeiten zu erstellen. Und dieses Geschehen findet im Schlaf statt; ohne daß der Schläfer mit einer Handbewegung sich darum bemühen muß, löst er die bestehende Welt auf, wird eine Welt ermöglicht, die bei aller Diskontinuität und Heterogenität eine Konstante aufweist: die Verwandlung.

g) Das Mögliche und das subjektive Befinden

Wenn ich auch Herrn X. als einen ruhigen und ausgeglichenen Menschen kenne, so besagt das nicht, daß ich weiß, in was für einer Verfassung er mir von Mal zu Mal begegnen wird. Diese Verfassung, unter der seine Gestimmtheit als „Befindlichkeit“ (*Heidegger*)[57] nicht weniger verstanden werden soll wie das Verhalten seiner Antriebe, Gefühle, seines Willens, der verschiedenen Formen des kognitiven Aufnehmens und Verarbeitens zueinander, wirkt zwar allgemein „ruhig“, „ausgeglichen“ – wer aber weiß, was in ihm, eben in diesem Augenblick, während des Gespräches mit mir, vor sich geht?

Was kann ich, Außenstehender, wenn auch einigermaßen mit Herrn X. Vertrauter, über seine Antriebs- und Willenslage, seine Aufmerksamkeit, seine Empfindungen sagen, wenn ich sie nicht unmittelbar von ihm erfahre oder sie mühsam aus seinem Verhalten – und selbst dann nur bruchstückhaft – erschließen muß? Ist ihm auf der Straße ein unangenehmes Erlebnis widerfahren, das seine Stimmung heute drückt, ohne daß er davon berichtet? Hat er zu Hause „schlechte“ oder „gute“ Nachrichten erhalten, die seine Gefühlslage aufhellen oder verdunkeln, Willen und Antrieb heben, Aufmerksamkeit, Kombinations- und Schlußfähigkeit seines Denkens anregen oder herabsetzen? Weiß ich so viel von ihm, um voraussagen zu können, ob nicht sein längeres Schweigen anläßlich unserer letzten Begegnung Vorbote einer möglicherweise schweren, langen Verstimmung sein könnte, u. U. der Beginn einer unheilbaren Geisteskrankheit? Läge diese Entwicklung nicht zumindest „theoretisch“ im Bereich des Möglichen? Oder war es nur der Ausdruck belastender Konflikte, häuslicher Schwierigkeiten oder einfach über mehrere Wochen sich hinziehende, körperlich bedingte Unpäßlichkeit?

Wie wenig, so muß ich mir eingestehen, weiß ich von ihm, viel weniger weiß ich von anderen, die ich nur flüchtig kenne! Was weiß ich von dem anderen, der mir fremd ist? Zwar kann ich mich auf mein psychologisch-psychiatrisches Vokabular, meine Erfahrungen, meine Beobachtungen zu einem gewissen Grade verlassen, aber vermag ich damit etwas Genaueres, Konkretes über die „Befindlichkeit“ des anderen, den ich nicht kenne, auszusagen? In diesem Sinne ist der andere fremd oder, je nach dem Grad meiner Vertrautheit mit ihm, immer derjenige, bei dem „alles möglich“ ist, wobei dieses „alles möglich“ sich ausschließlich auf sein Verhalten mir oder anderen gegenüber bezieht.

Gewiß hat die menschliche Gattung im Verlauf ihrer Entwicklung scheinbar untrügerische Beweise erbracht, nach denen ich mich zumindest in meiner Freund-Feind-Prüfung[58] richten kann, um damit den möglichen Freund vom Feind zu unterscheiden. Dazu zählen der Blick, der Händedruck, das Aufeinander-Zukommen und die Sprache.

Aber ebenso hat die menschliche Gattung die Möglichkeit der Täuschung, der bewußten Irreführung, der Lüge in der Sprache kultiviert und entwikkelt, daß Blick und Geste nicht mehr ausreichen, den Freund vom möglichen Gegner zu unterscheiden.

Wird jedoch von der primären, besonders in Ethnien noch ausschlaggebenden Notwendigkeit, den möglichen Feind vom möglichen Freund zu trennen,[59] abgesehen, so bleiben doch im „alles möglich“ des anderen entweder das Vertrauen, das dieser mir möglicherweise zu schenken bereit wäre, oder ebensolches Mißtrauen als Pole zweier Verhaltensmöglichkeiten, die ich nicht voraussetzen kann. Zwischen beiden Polen entfalten sich von der Seite des anderen wie von meiner jene Schattierungen der Zuneigung und Abneigung, der Sympathie und Antipathie, entfaltet sich die Skala möglicher menschlicher Regungen von dem Bedürfnis nach Freundschaft bis zu dem Herauswittern der „schwachen Punkte“, von dem ersten Gedanken, diesen in eigene Pläne einzubeziehen, ihn auszunutzen bis zu seiner Einordnung als „gefährlich“ oder „harmlos“. Dieser Horizont an Möglichkeiten steht um jede Beziehungsaufnahme, um die flüchtige Begegnung nicht weniger als um die Freundschaften und vertrauten Verbindungen, mit der Ausnahme, daß die letzteren in gemeinsamen Gewohnheiten heimisch geworden, die Möglichkeit unvorhersehbaren Verhaltens einschränken, ohne jedoch unser Wissen über den anderen restlos nachprüfbar zu machen. Es bleibt die Schranke, die zu überschreiten dem Gedankenleser vorbehalten bleibt, die uns nicht lückenlos wissen läßt, was in Stimmung, in Gedanken, Gefühlen und Einstellung des anderen vor sich geht.

Das Mögliche unbestimmbaren Verhaltens, das scheinbar Offene oder bewußt Verschlossene des anderen macht diesen zu einem nur begrenzt Vertrauten: der andere bleibt immer der Fremde.

Bezieht sich das auf die Verbindung zwischen mir und dem anderen, so ist darüber hinaus auch der Mensch, das Individuum, bei aller Vertrautheit, die es im Umgang mit sich selbst erworben hat, sich selbst gegenüber nicht weniger ein Fremdes. Die Kenntnis eigener Stimmungen, Launen, der Antriebspositionen, der Reaktionen auf äußere Ereignisse oder auf aus der Subjektivität des Innen auftauchender Gedanken, Einsichten, Erinnerungen, Phantasien und Träume hat zwar von Mal zu Mal Ähnlichkeit mit schon gehabten Erfahrungen dieser Art – aber wie sehr vermag allein schon die körperliche Disponibilität unsere Reaktionslage zu beeinflussen, unsere Schlagfertigkeit, Aufmerksamkeit zu erhöhen oder herabzusetzen und damit die Voraussagbarkeit eigenen Verhaltens zu verunsichern. Wem sind nicht die kritischen Situationen eines Examens, einer Begegnung, eines Todesfalles, einer Reisevorbereitung, das Eintreten unvoraussehbarer Vorkommnisse bekannt und Reaktionen darauf, die so gar keine Ähnlichkeit mit vorausgegangenen Antworten auf ähnliche Situationen hatten? Wer verbürgt vor sich, daß er mit automatenhafter Sicherheit nicht nur seine Stimmungen, sondern auch seine Antriebe und Gedanken „in der Hand hat“, sie beherrscht, sich und seine Ziele plant, kontrolliert – auch wenn diese Art Mensch das erstrebenswerte Ziel aufgeklärter Philosophie ist? Selbst „der erfolgreich Analysierte", mit vertiefter Kenntnis seiner selbst dem Leben gegenüber gewappnet, wird nicht die Stimmung voraussagen können, mit der er am nächsten Morgen erwacht.

So trägt das Individuum seinen „Doppelgänger" mit sich, sein „Es", seinen „Schatten",[60] Begriffe, die im Bereich des Möglichen die Unvorhersehbarkeit der Verfassung unserer Subjektivität kennzeichnen, Begriffe, die topographisch („Es") oder symbolisch („Doppelgänger") zu umreißen versuchen, daß der historische Mensch durch das Ausgeliefertsein an die Möglichkeiten eigenen Fremdseins sich selbst gegenüber ein Fremder war und noch ist.

In diesem Zusammenhang ergab sich das Mögliche: 1. als Verhüllung oder Verborgenheit des anderen, 2. als letzte Selbstverborgenheit der Person sich selbst gegenüber.

h) Das Mögliche als Abgrund und Transzendierung des Humanen

Die durchschnittliche Alltagserfahrung im Umgang mit den anderen, sei es mit diesen als Fremden, Bekannten oder Vertrauten, begründet sich auf dem gewohnheitsbedingten Ablauf „eingeschliffenen" Verhaltens. Dieses wird im Hinblick auf das jeweilige gesellschaftliche Ganze, das Kollektiv, unter gerontokratischen Ureinwohnern[61] Australiens anders eingeübt, gelehrt und gelernt als bei Angehörigen[62] einer Kleinstadt des mittelamerikanischen Westens der USA. Aber hier wie dort wird ein gewisses Ausmaß an Respekt vor den Erwachsenen, den Traditionen und Institutionen vermittelt und erwartet, werden soziale Rollen und Imagines[63] geprägt und weitergegeben, finden sich Individuen, die eher anpassungsbereit sind, und solche, die aggressiv agieren und reagieren.

Der Sinn des eingeübten Verhaltens[64] ist es u. a., den möglichst reibungslosen Ablauf der Alltagsexistenz zu sichern, die Gemeinschaft vor exzentrischen, ekstatischen, von der Gewohnheit abweichenden Individuen und ihren Erlebnissen zu schützen, bzw. diesen vom Alltag abweichenden Erfahrungen einen besonderen Raum zuzubilligen.

Die Alltagserfahrung im Bereich der Industrienationen bleibt Alltagserfahrung, variiert lediglich in ihrer Bestimmung durch die soziale Rolle, die Arbeit und die Reaktion der Partner.[65] Der Manager[66] in der sozialistischen oder marktwirtschaftlichen Gesellschaft ist durch die Wiederholung der auf ihn zukommenden Aufgaben, deren Bewältigung, seiner Abhängigkeit von Erfolg und Leistung höheren Instanzen gegenüber an ein Stereotyp gebunden, das zwar erheblich mehr Einzelverantwortung und Machtausübung im Vergleich zum Fließbandarbeiter impliziert, aber wie dieser folgt auch der Manager in seinem Alltag einem ritualisierten Klischee. Hier der tägliche Gang oder die Auffahrt zur Fabrik nach morgendlichem Aufstehen und Frühstückseinnahme; dort nicht weniger morgendliches Aufstehen, Betreten des Arbeitszimmers, Begrüßen der Sekretärin oder anderer Untergebener. Hier die Begrüßung der „Arbeitskumpel", Austausch von sich tagtäglich wiederholenden Redensarten, Floskeln, Banalitäten, Aufnahme der Arbeit, Gang an das Fließband, Bereitstellen der Bierflaschen, Anstellen des Radios. Dort Gang an den Schreibtisch, Lesen der Morgeneingänge, Telefonate, Blick auf den Terminkalender, der in vielen Jahren, bei Verschiedenheit aller Verabredungen, Konferenzen, immer ein Terminkalender bleibt.

Nicht weniger als der Mensch der Industriegesellschaft, gleichgültig welcher Ideologie, hatte der vorindustrielle Angehörige mittelalterlicher oder antiker Staatsgebilde, der Angehörige von Ethnien seinen Lebens- und Arbeitsalltag mit routinemäßigem Ablauf. Dieser erscheint rückblickend weniger angespannt und leistungsbestimmt; für die Werktätigen oder gar für die Sklaven und Leibeigenen jedoch war er durch Handarbeit erschwert und drückender,[67] für die „Herrschenden"[68] von einst wahrscheinlich abwechslungsreicher als für die von heute. Beiden Schichten dürfte der Alltag jedoch reicher durch die noch intensivere Vermittlung außeralltäglicher Erlebnisse, Feste, Spiele und Zeremonien gewesen sein.[69] Die alltägliche, jedem vertraute Norm, einerseits Fessel, andererseits Zuflucht und Sicherheit, die zu durchbrechen dem Abenteurer überlassen war, erfuhr jedoch ihre zeitweilige Aufhebung immer wieder in Kriegen, Revolutionen und Epidemien.

Im Gefolge dieser historischen Veränderungen, der Einsetzung neuer staatlicher Befugnisse, der Propagierung neuer Ideologien, haben besonders die letzten Dezennien dieses Jahrhunderts die Alltagsnorm menschlichen Umgangs durch die Möglichkeit technisch gezielter Massenvernichtung erschüttert. Die menschliche Gattung, die Gesellschaft, das Individuum realisierten Zerstörungspotentiale, die als „Abgrund menschlicher Möglichkeiten" zu bezeichnen noch euphemisch sein dürfte. Dabei wird nicht übersehen, daß Massenvernichtungen, Folterungen, sadistische Epidemien bekannt sind, seitdem die Menschheit sich historisch dokumentiert.[70] Neu ist die geplante, technisch raffinierte, ideologisch perfekt sich rechtfertigende Art entsprechender Vorgänge, in der sich „Rechte" und „Linke" in nichts nachstehen. Die menschliche Gattung öffnet hier den Ausblick in Möglichkeiten der Destruktion, die der Alltagsnorm fremd sind; es ist wohl zur Genüge bekannt, daß die Möglichkeit zur Planung, Durchführung und Teilnahme an Massenvernichtungen, Exekutionen, A-Bomben-Abwürfen usf. in jedem Individuum schlummert. Sie sei als Möglichkeit zur totalen Vernichtung bezeichnet – gleichgültig ob die der anderen oder der eigenen Person –, als nicht auslotbarer, verborgener Abgrund der menschlichen Gattung überhaupt.

Diesen Vorgängen geschichtlicher und gesellschaftlicher Art, bei der die Wechselwirkung pathologischer Individuen besonders in führenden Stellungen mit der von Massen oder bestimmten Gesellschaftsschichten die Regel ist,[71] stehen die isolierten und kollektiven Erfahrungen vor Individuen innerhalb der Alltagsnorm gegenüber, die von den visionären oder ekstatischen Erlebnissen religiös Verzückter bis zu den Faszinationen durch halluzinogene

Drogen reichen, in denen der Alltag durch ungeahnte Aufbrüche, Perspektiven, Bilder, numinose Erlebnisse transzendiert wird.

Selbst bei negativer Tönung dieser Erfahrungen, in der paranoiden Psychose z. B., bleibt es bei Grenzüberschreitungen des alltäglichen Erlebens, nur daß die letzteren vom Subjekt als Wertminderung, Bedrohung, Qual oder Schmerz registriert werden. Andererseits sind die Steigerung von Erlebnissen nach der Seite der Wertfülle, Erhöhung des Selbstgefühls, Intensivierung der Erlebnisfähigkeit, aber auch nach der Seite der Hingabe an eine Sache oder Person, die Erlebnisse von Opfer und Einsatzbereitschaft, von Mut und Selbstlosigkeit in diesem Zusammenhang immer wieder Gegenstand historischer Dokumentation[72] geworden. Sei es, daß der jüdischen oder christlichen Märtyrer gedacht, sei es, daß an die Gruppen von politisch Gleichgesinnten erinnert wird, die in den letzten Augenblicken ihres Lebens mit Enthusiasmus ihrer Vernichtung entgegen sahen und sich gegenseitig noch Mut und Zuversicht zusprachen.

Aus dieser Perspektive erscheint *das Mögliche* der menschlichen Gattung, zusammengefaßt, *als nicht zu erschöpfender und nicht auszulotender Abgrund, nach der Seite der Destruktion hin nicht weniger als nach der Seite positiver Wertsteigerung.*

i) Das Mögliche und die Geschichte

Wer an einen eschatologischen bestimmten Verlauf der Geschichte glaubt, sei es im jüdisch-christlichen Sinne, sei es in der metaphysischen Konzeption Hegels oder in der „Wissenschaftlichen" des dialektischen Materialismus, wird die Rolle des Zufalls schmälern, ignorieren oder den Ablauf geschichtlicher Ereignisse so umkonstruieren, daß zufällige Ereignisse sich als Folgen höherer Bestimmung oder systemimmanenter Auseinandersetzungen erweisen.

Nichtsdestoweniger mußte sogar *Marx* dem Zufall seinen Anteil an der Geschichtsbildung zugestehen und die Möglichkeit einräumen, daß sich jederzeit ein pathologischer Führer an der Spitze der Arbeiterbewegung setzen könnte.[73] Wird der Zufall, wie oben dargelegt, als nicht vorauszusehender Einbruch des Möglichen weniger in die Geschichte als in die Konzeptionen der Historiker definiert und dem Bedauern Ausdruck gegeben, daß noch kein Geschichtsforscher systematisch die Verkettung von Zufällen und daraus resultierenden Ereignissen untersucht hat, so soll dieser Abschnitt in erster Linie auch der Anregung dienen, zukünftigen Historikern die Erforschung der Rolle des Zufalls in der Geschichte anzuempfehlen.

Bände, ganze Enzyklopädien[74] könnten mit einer Ansammlung von „Zufällen" gefüllt werden, von denen kulturgeschichtliche Epochen, Austausch derselben untereinander, ökonomische Konflikte, individuelle, „geschichtemachende" Entscheidungen abhingen und noch heute abhängen. Den „Wirrwarr“ (Mischmasch von Irrtum und Gewalt nannte *Goethe* die Geschichte), der dem rückwärts gerichteten Blick erscheint, zu entfilzen, die Entfremdungen aufzuheben, die einen selbst schon von einer nur wenige Jahre zurückliegenden Lebensepoche trennen, das Absurde, Unlogische logisch erscheinen zu lassen, spricht entweder für die hybride oder die schöpferische Kraft des menschlichen Geistes, aus der Vergangenheit wie in einem Spiegel seine eigenen konstruktiven Möglichkeiten herauslesen zu wollen; d. h. sich selbst als von Aufgang, Blüte, Niedergang (*Spengler, Toynbee*), von Konflikten (Klassenkampftheorie) bestimmt zu sehen, aus der Identität mit der göttlichen Vernunft (*Hegel*) die Spuren des Weltgeistes zu verfolgen, um endlich die Wiederkehr des Gleichen in der Geschichte zu feiern (*Nietzsche*).

Diesen generalisierenden Konzeptionen steht die mühevolle Kleinarbeit der Generationen von Historikern gegenüber, die in der Nachzeichnung von Fakten zu dem Ergebnis kommen: Da X. und Y. zusammenwirkten, muß X 1 Y 1 entstehen. Die Rechnung mit zwei oder drei Unbekannten vermittelt zwar die Algebra, sie hat es jedoch mit spezifischen Daten zu tun, nicht mit dem Bereich menschlicher Unzulänglichkeiten: von der Magenverstimmung des Staatsmannes bis zu dem Verschwinden wichtiger Dokumente, von dem Abreißen einer Telefonverbindung bis zu der Einflüsterung irrationaler Psychopathie, der viele „Heroen“ der Geschichte unterlagen. Die Verschleierung jedoch, die selbst die sachlichste und nüchternste, scheinbar „konzeptionslose“ Geschichtsforschung über die Vergangenheit breitet, liegt in der Verrechnung angeblich historischer Fakten – einer Konferenz von Staatsmännern und ihrer Resultate – als Fakten, wobei der Zufall, der seine unabweisliche Rolle in allen „geschichtemachenden Entscheidungen“ spielt, übergangen wird.

Der Bezirk des Zufalls, der auch der des „Was wäre, wenn ...“ ist, der nach gefällter historischer Entscheidung nur noch der Spekulation zugänglich ist, würde, ausreichend in Betracht gezogen, die historische Perspektive um einiges verändern und geschichtliche Entscheidungen auf das Niveau von Lotteriegewinnen reduzieren. Als Beweis für diese These sei hier an die weittragende Konferenz von Jalta[75] erinnert, die mit ihren absurden Zufällen (von der widerspruchsvollen Dokumentation und Interpretation ganz abgesehen), ihren erschütternden Konsequenzen für ganze Nationen exemplarisch für viele Hunderte ähnlicher „weittragender“ Konferenzen steht.

Für die vorliegende Untersuchung sei im Auge behalten, *daß aus dem Offenen einer nachträglich nicht rekonstruierbaren, unübersehbaren Anzahl von Möglichkeiten sich das historische Ereignis herausschält:* die Überschreitung des Rubikon, der Gang nach Canossa, der Bau des Petersdomes, der Dreißigjährige Krieg, der Wiener Kongreß, die Russische Revolution usf. Die Faktizität der Ereignisse, daß diese stattgefunden haben, schließt jedoch nicht aus, daß Caesar oder Heinrich sich anders hätten entschließen können, noch daß die Unzahl anderer historischer Ereignisse auch hätten anders verlaufen können. Überspitzt gesagt: Wenn *Lenin* während seiner Fahrt im versiegelten Eisenbahnwagen durch Deutschland einen ihn chronisch schwächenden Brechdurchfall bekommen hätte, wäre Rußland heute ein wohlhabendes, kapitalistisches Land unter einer konstitutionellen Monarchie. M. a. W. Geschichte ist nicht allein die Folge logischer untereinander verbundener Fakten, die ausschließlich durch Machtpositionen, Rollen, Institutionen und deren Auseinandersetzung vorgegeben und damit berechenbar sind, sondern das geschichtliche Ereignis ist aus der geschichtlichen Position der Beteiligten nur bedingt voraussehbar und präsentiert sich als die weitgehend zufällige Auswahl aus einer größeren Anzahl von geschichtlichen Möglichkeiten, die einzutreffen eben der Zufall verhindert hat.

Der Rückblick in das „Wirrwarr" der Vergangenheit wird durch Verkettungen fasziniert, in denen sich nichts anderes ereignet hat, als daß das Mögliche eine unter vielen Möglichkeiten ergriffen und verwirklicht hat. Diese Verwirklichung wird durch den „Fluß der Zeit" wieder in Frage gestellt: Ganze Epochen der Geschichte sind dem Bewußtsein entschwunden, wer spricht heute noch von dem „Wiener Kongreß und seinen Folgen"? Die dem Bewußtsein entschwundene Vergangenheit wird zum anonymen Feld „aller möglichen, denkbaren Ereignisse", der Situation im Warteraum vergleichbar, in der aus einer Anzahl von Begegnungsmöglichkeiten eine, wenige oder gar keine resultieren: *Über, hinter den geschichtlichen Fakten konstituiert sich die anonyme geschichtslose, allen Möglichkeiten geschichtlichen Werdens offene Situation – von prähistorischen Jägern.*

k) Das Mögliche und die Natur

Die Naturforschung, wie sie zu Beginn der Neuzeit mit Kopernikus und Galilei begann, ging z. B. von der Fragestellung aus, wie es möglich sei, daß ein herabfallender Stein eine Höhe in einer bestimmten Zeit durchmißt. Die Fragestellung, wie „etwas möglich sei", führte später in der Physik und in den auf sie bezogenen Wissenschaften der Chemie, Geologie und Physiologie zu der Aufklärung der Faktoren, die an einem Naturvorgang beteiligt sind und dessen gesetzmäßigen Ablauf bedingen. Das Weltbild der mechanischen Physik und Chemie war streng determiniert, d. h. außer dem in Naturgesetzen aufgelöstem Möglichen konnte es keine „Lücke" im System geben, durch die der Zufall hätte einbrechen und es in Frage stellen können.

Der Sinn der Naturforschung war ausschließlich der, das „Unmögliche" zu eliminieren und das „Mögliche" aufzuklären, es darüber hinaus in jedermann nachprüfbare mathematische Formeln zu fassen (*Descartes*,[76] *Kant*)[77]

Diesen Determinismus war die Physik in den letzten Dezennien gezwungen – im Zusammenhang mit neuen Forschungsergebnissen – aufzugeben, und sich einer Naturauffassung zu nähern, die im Prinzip indeterministisch ist, wird den popularwissenschaftlichen Publikationen der bedeutenden Physiker der Jetztzeit gefolgt. Zu diesem Indeterminismus trugen folgende Forschungsergebnisse bei:

1. Die Quantentheorie und die Erkenntnis, daß Naturgesetze nur Gesetze statistischer Natur, bzw. nur als solche zu formulieren sind.
2. Die *Heisenberg*sche Unbestimmtheitsrelation, aus der hervorgeht, daß Ort und Geschwindigkeit eines atomaren Teilchens nicht gleichzeitig exakt angegeben werden können.
3. Die Relativitätstheorie, die für die Bestimmung von Raum und Zeit den Standort des Beobachters mit einbeziehen muß: d. h. zwischen einem stattgefundenen Ereignis und dem „Jetzt" seiner Feststellung liegt ein zeitlicher Abstand, der von dem räumlichen Abstand zwischen dem Ereignis und dem Beobachter abhängt.

Außer der Erkenntnis dieser Grundprinzipien und ihrer einschneidenden Veränderung des deterministischen Weltbildes hat die Physik noch eine außerordentliche Anzahl von Entdeckungen zu verzeichnen, die bestätigen, daß mit zunehmendem Erkenntnisfortschritt die Natur nicht nur unübersehbar komplex, sondern auch zunehmend „indeterminiert" erscheint. Das geht z. B. schon aus den heutigen Modellvorstellungen der Atomstruktur mit 30 verschiedenen Korpuskeln gegenüber nur 3 Korpuskeln vergangener Dezennien hervor. *Von Weizsäcker*[78] schildert diesen Sachverhalt in der Quantenphysik folgendermaßen:

Ontologisch bedeutet dies, daß der Begriff des Objekts nicht mehr ohne Bezugnahme auf das Subjekt der Erkenntnis verwendet werden kann. Freilich wird nicht das empirische Subjekt mit seinen Affekten und seinem persönlichen Schicksal in die Physik eingeführt, sondern es gehen nur zwei Grundfunktionen des Bewußtseins in jeden Satz der Naturbeschreibung ein: Wissen und Wollen. Dies wird vielleicht am deutlichsten aus dem Satz, daß die α-Funktiondie Wahrscheinlichkeit für jeden möglichen Ausfall jedes möglichen Experiments angibt. Das erste „möglich" drückt ein Nichtwissen aus; möglich ist ein Vorgang, von dem ich weder weiß, daß er eintreten wird, noch weiß, daß er nicht eintreten wird. Das zweite „möglich" ist ein Experiment, das ich entweder ausführen oder unterlassen kann. Es gehört zum quantenmechanischen „Nichtwissen", daß ich das Nichtgewußte grundsätzlich jederzeit wissen kann, wenn ich nur will. Die einzige Bedingung, welche die Komplementarität der verschiedenen Fragestellungen auferlegt, ist, daß ich, wenn ich etwas bestimmtes wissen will, auf das dazu komplementäre Wissen verzichte. Die Grenze zwischen dem Gewußten und dem Nichtgewußten ist also selbst nichts „Objektives", sondern ich kann sie nach meiner Willkür legen, wohin ich will; nur zum Verschwinden bringen kann ich sie nicht.

Heisenberg[79] äußert sich zu dieser Entwicklung:

Man erkennt daraus, daß die Atomphysik sich von den Vorstellungen des Determinismus immer weiter entfernt hat. Zunächst schon seit den Anfängen der Atomlehre dadurch, daß man die für die Vorgänge im Großen maßgebenden Gesetze als statistische Gesetze aufgefaßt hat. Man hat damals zwar prinzipiell den Determinismus aufrechterhalten, aber praktisch mit unserer unvollständigen Kenntnis der physikalischen Systeme gerechnet. Dann in der ersten Hälfte unseres Jahrhunderts dadurch, daß die unvollständige Kenntnis atomarer Systeme als ein prinzipieller Bestandteil der Theorie erkannt worden ist. Schließlich in den allerletzten Jahren noch dadurch, daß in den kleinsten Räumen und Zeiten der Begriff der zeitlichen Reihenfolge problematisch zu werden scheint, obwohl wir noch nicht sagen können, wie sich hier die Rätsel einmal lösen werden.

M. a. W.: Die Erkenntnis der Naturgrundlagen, die Aufhellung elementarer, mechanischer Gesetzmäßigkeiten, wie die der Schwerkraft, der Gravitationsgesetze, des Magnetismus, der Lichtgeschwindigkeit usf., ließ die Natur im Zuge ihrer Erforschung nur vorübergehend determiniert erscheinen. Diese veränderten Perspektiven ergaben sich aus veränderter Fragestellung, veränderter Methodik, mit der der Mensch seit der Formulierung der Quantentheorie Naturforschung getrieben hat.

Mit Änderung der Fragestellung, dem Prozeß auch der zunehmenden Präzisierung der Instrumente, erschien die Natur zunehmend indeterminiert, fand der Einbruch der Bereiche des Möglichen in das determinierte Weltbild statt. Mensch und Natur bewegen sich zunehmend in einem Wechselgespräch, einem Dialog, wie es *Heisenberg*[79] formulierte.

Die Problemlage in der Biologie, der Wissenschaft vom Lebendigen, sei durch vier Beispiele exemplarisch gekennzeichnet:

1. In der Humangenetik[80] wurde errechnet, daß die Kombinationsmöglichkeiten menschlicher Gene bei der Fortpflanzung die mögliche Anzahl von Atomen im Universum überschreitet. D. h. die Möglichkeit des Auftauchens vererbter Merkmale ist unübersehbar größer als die Verwirklichung einzelner, dominant vererbter Merkmale im Erbgang.
2. In der Entwicklungsgeschichte der Lebewesen[81] ist das plötzliche, „explosive“ Auftauchen neuer Arten, z. B. der Fische im Devon, die jeweils in die Vieltausende gehen, letzten Endes ungeklärt. Ob hier Mutationen durch vermutliche kosmische Strahlen ausgelöst wurden – oder was für Hypothesen auch immer ersonnen werden –, unerklärt, d. h. nicht auf bekannte, evidente Faktoren zurückzuführen, bleibt die Tatsache, daß nicht ein oder zwei Fischarten entstanden sind, sondern die Möglichkeit der Gattung „Fisch“ sich in einer außerordentlichen Vielzahl von Fischarten verwirklicht hat. Das impliziert die Frage: Wären theoretisch noch andere Arten von Fischen denkbar gewesen? Eine Frage, die wohl jeder Biologe positiv beantworten würde, um damit zuzugeben, daß die Realität wirkender und vorhanden gewesener Fischarten „das Mögliche“ dieser Gattung bei weitem nicht erschöpft. Dabei operiert die darwinistisch orientierte Biologie[82] recht handfest mit den Begriffen Zufall, Auslese, Mutation, um damit einem Indeterminismus des Möglichen das Wort zu reden, der ihrem wissenschaftlichen Konzept entgegengesetzt ist. Festzuhalten sei jedoch, daß die Aufhellung der Phylogenese nicht anders wie die Geschichtsforschung es mit Endprodukten von Entwicklungsmöglichkeiten zu tun hat, die latenten Mutationen im Keimplasma „unerweckt“ bleiben, d. h. die faktisch vorhanden gewesenen oder noch vorhandenen Tierarten nur ein Bruchteil des Möglichen von Tierarten überhaupt darstellen.

3. Am Beispiel der Fortbewegung wurde oben die menschliche Umwelt der der Tierarten gegenübergestellt. Größerer Spielraum wurde der menschlichen Bewegung, aber auch größere, neue Abhängigkeiten zugesprochen. Die Tierwelt hat das Problem „Fortbewegung“ mit einer außerordentlichen Variationsbreite gelöst,[83] die hinreichend erweist, welche Möglichkeiten der Natur zur räumlichen Veränderung zur Verfügung stehen (von Amöben bis zu Schwalben oder Affen). Jedoch muß auch hier im Auge behalten werden, daß die vorhandenen oder vorhanden gewesenen Fortbewegungsmöglichkeiten der Lebewesen bei weitem nicht das „Mögliche“ an Fortbewegung verwirklichen, was durch Kombination anderer Mutationen denkbar ist.
4. An die Möglichkeiten z. B. der Wasserspeicherung im Pflanzenreich[84] sei als weiteres Beispiel unter vielen erinnert, um sowohl die große Anzahl der von der Natur dargestellten Möglichkeiten des Themas „Wasserspeicherung“ zu veranschaulichen, wie auch zu wissen, daß die faktischen Möglichkeiten das „Mögliche“ von Wasserspeicherung unterbieten.

Zusammenfassend darf über das „Mögliche“ in seinem Verhältnis zur Natur gesagt werden:
1. Die Naturauffassung der modernen Physik ist zunehmend indeterminiert, d. h. die Möglichkeiten des Aufeinander- und Zusammenwirkens von Materie oder Energie, die der nicht abzusehende Gang der Forschung noch ergeben wird, ist nicht einmal statistisch ausreichend zu erfassen.
2. Die Lebenswelt vergangener, gegenwärtiger und zukünftiger Epochen stellt nur eine begrenzte Auswahl von Kombinationsmöglichkeiten der die Arten und Gatten mitbestimmenden Gene dar. Es ist nicht auszumachen, entzieht sich der Erkenntnis, was noch für Arten möglich gewesen wären und es noch sein werden. Das gilt auch für die menschliche Gattung, die kaum das Endglied einer Kette ist. Dazu tritt die in der Phylogenese sich in relativ kurzen Zeiträumen manifestierende Steigerung der Arten, die plötzlich einen Reichtum an Möglichkeiten etwa der Gattung „Fisch“ verwirklichen, die nicht mit herkömmlichen Erklärungen aufzuhellen sind, sondern auf ein außerordentliches „Potential“ der „Möglichkeiten Fisch zu sein“ hinweist.

l) Das Mögliche und die Möglichkeiten *

Aus dieser Übersicht lassen sich für das Mögliche und die Möglichkeiten folgende erste Schlüsse ziehen: *Das Mögliche ist das schlechthin Übergeordnete, Generelle, Diffus-Offene: das Mögliche eines Lebensweges, einer den*

* Zur existenzialontologischen Analyse des Möglichen s. *Heidegger, M.*: Sein u. Zeit, 7. Aufl., Tübingen 1953, S. 143–144.

Lebensweg durchkreuzenden Situation, das Mögliche der Alternative, das Mögliche der Vergangenheit, das Mögliche der Evolution, der Gattung „Fisch" usf. Es bestimmt sich im Gegensatz zum Begrenzten, Geschlossenen, „Unmöglichen", daß es in der Alternative zuläßt.

Die Möglichkeiten vermitteln zwischen dem diffus Möglichen und seiner spezifischen Verwirklichung. Herr X. hatte die Möglichkeit, mit dem Taxi, der Straßenbahn, dem Bus zu kommen. Die Möglichkeiten sind, gemessen am Möglichen, begrenzt, gemessen an der Alternative: Entweder-oder übersteigen sie das Mögliche um die Anzahl von Möglichkeiten, die eine Alternative enthält. So zeichnet sich die Gattung „Fisch" durch das Mögliche gegenüber den Möglichkeiten der Fischarten aus. Die Situation als das „Mögliche" gegenüber den Möglichkeiten, die sich konkret aus der Situation einer Begegnung z. B. ergeben. Die geschichtliche Möglichkeit stellt die Verwirklichung von geschichtlich „Möglichem" dar.

In den bisherigen Ausführungen erschien das Mögliche:

1. als mögliche Alternative von Handeln oder Nicht-Handeln, das Unmögliche war die Gleichzeitigkeit beider.
2. Die menschliche Umwelt erwies sich an technischen Möglichkeiten gegenüber der der einzelnen Tierarten als insgesamt überlegen. Die Möglichkeiten menschlich-technischer Umwelt („Zeug") entstanden im Widerstand gegen die räumlich-zeitlichen Begrenzungen, gegen die „Möglichkeiten" der den Menschen umgebenden Wirklichkeit. Das Mögliche realer technischer Möglichkeiten des Menschen stellte diese Wirklichkeit, die räumlich-zeitliche Begrenzung derselben, in Frage. Umwelt stellt das Mögliche ihrer Überwindung durch den Menschen ebenso in Frage, wie sie zu überwinden immer wieder den Menschen auffordert.
3. Die geplante Welt des Menschen des Industriezeitalters ist eine durch und durch von gegenseitigen Abhängigkeiten determinierte. Das Netz der Abhängigkeiten macht den Zufall zur ständigen Bedrohung, das Mögliche desselben erscheint als potentieller Einbruch in die geplante Welt mit ungewissem Ausgang.
4. Der Lebensweg des Menschen, insbesondere auch wieder unter den historisch-gesellschaftlichen Bedingungen des Industriezeitalters, erwies sich als unübersehbares Netz miteinander verwobener Zufälle, d. h. nicht voraussehbarer, aber den Lebensweg doch jeweils beeinflussender Momente. Die den Lebensweg ständig durchkreuzenden, ihn damit auch konstituierenden Situationen („Warteraum") erlauben potentiell jede einschneidende Veränderung des Lebensweges. Der Lebensweg erscheint bildlich als Wanderung am „Rand des Möglichen", wobei die Metapher „Rand" sinngemäß die Gleichzeitigkeit von möglichen, den Lebensweg von Augenblick zu Augenblick verändernden Situationen darstellt, wie auch den Versuch des Individuums, die möglichen Veränderungen mit

seiner Planung in Einklang zu bringen. Das Mögliche stellt die Planung ebenso in Frage, wie die Planung das Mögliche zu korrigieren sucht.

5. Für das Kleinkind im Industriezeitalter ist beruflich, sozial und in der Beziehung zu sich selbst noch „alles möglich". Umwelt und konstitutionelle Determinanten schränken die Perspektive auf die Zukunft zunehmend ein. Aus der diffus-offenen Struktur des Möglichen entwickelt sich die komplexe, verschlungene des Lebensweges und seiner ständigen Einbrüche.
6. In Abgrenzung zu *Husserl* wurde die Wahrnehmung (das Erleben) und die Durchführung von Veränderung (Bewegung, innere und äußere) als die eigentlich vorlogische Erfahrung des Möglichen herausgestellt.
7. In Traum, Phantasie, Mythos erwies sich die Verwandlung als der entscheidende Faktor, der die begrenzte Welt zu einer unbegrenzt verwandelbaren, damit alles ermöglichenden, zu einer möglichen Welt schlechthin macht.
8. und 9. Das Unvorhersehbare des eigenen subjektiven Befindens und Verhaltens wie das des anderen, damit die Ermöglichung von nicht voraussehbarem Tun, von „irrationalem" Verhalten, lassen die eigene Person wie auch den anderen als immer wieder dem Möglichen ausgeliefert erleben und erscheinen.
10. Dem durchschnittlichen Alltagserleben wurden die gesellschaftlich-historischen und individuellen Einbrüche gegenübergestellt, in denen sowohl das Destruktiv-Abgründige der Möglichkeiten der Gattung sichtbar wird als auch die Transzendierung derselben sich darzustellen vermag.
11. Geschichte wurde als nur sehr bedingte Folge notwendiger Verhältnisse und Ereignisse anerkannt. Die Ansicht wurde vertreten, daß die allgemeine Geschichte nicht weniger wie die des individuellen Lebensweges überwiegend zufälliger Niederschlag aus einem „Reservoir" vergangener Möglichkeiten darstellt.
12. In der Natur wurde der Indeterminismus der neuen physikalischen Forschung als Bestätigung des nicht auslotbaren „Möglichen" gewertet, das jetzt auch im Sinne eines die Natur begründenden „Grundes" gesehen wird. Dieses Mögliche ist im Dialog zwischen Forscher und Natur nur bedingt einkalkulierbar.
    Für die Lebenswelt, dem Forschungsgegenstand der Biologie, wurden analog nicht zu determinierende Zusammenhänge aufgewiesen.

Weitere Abbreviaturen des Möglichen sind folgende:

1. Das Mögliche als Potenz schlechthin. Dabei sei, um Mißverständnisse in bezug auf die aristotelische-scholastische Konzeption der Entelechie[85] auszuschließen, auf den griechischen Begriff derselben zurückgegriffen, der wesentlich umfassender als das lateinische der „Potenz" ist.[86] Die Zahl begrenzter Fischarten z. B. könnte, die Erbanlagen aller Arten berücksichtigend, theoretisch fast unendlich vermehrt werden. Nur ein Bruchteil wurde

in der Phylogenese realisiert. Er bestimmt sich aus der Alternative zu dem Möglichen „hätte Fisch werden können" und den konkreten Gegebenheiten „Fisch zu sein".

2. Das Mögliche als nicht abzusehender, vielleicht „unendlicher" Weg, die Möglichkeiten der physikalischen Welt und ihrer Bedingungen auszuloten. Es ist das Unbestimmbare schlechthin, das Grund und nicht abzusehender Horizont des Bestimmbaren ist.
3. Die festgefügte, d. h. durch Umwelt und Erbkoordinaten bestimmte Welt der Lebewesen, die zumindest ihrer Erscheinung nach durch Formgesetze relativ festgelegte Welt der Mineralien, die Atmosphäre, die materiellen Grundlagen von physikalischer und chemischer Naturforschung, wird und werden in Traum, Phantasie und Mythos in eine Welt möglicher Verwandlung aufgelöst. Das Mögliche, eben noch als nicht abzumessender Horizont, nicht auslotbarer Grund beschrieben, wird im Traum, in der Phantasie und im Mythos zu einer konkret erfahrbaren Kraft, die scheinbar „willkürlich" die festgefügten Dinge, Elemente, Pflanzen, Tiere, den Menschen in ein reines „Pragma" neuer Möglichkeiten zurückverwandelt. Oder in Traum, Phantasie, Mythos partizipiert die Person unmittelbar am „Möglichen" als einer die Möglichkeiten der Verwandlung immer wieder neu bestimmenden „Kraft".
4. Das Mögliche der kindlichen Lebenssituation erscheint als das dem Leben zugewandte Offene, das im Entwurf seines Lebens zunehmend sich zu schließen beginnt, d. h. wenn Umwelt, Erbanlagen und individuelle Reaktionen (s. unten) Grenzen setzen der Lebensweg eingeschränkt wird. Diese Begrenzung des Lebensweges ist jedoch wiederum indeterminiert, da er durch die Unvorhersehbarkeit der Lebenssituationen zum Möglichen hin geöffnet bleibt.
   Das Offene der Situation des Kleinkindes, das Sich-Entwerfen eines Lebensweges und das von der Umwelt Entworfen-Werden, stellen gegenüber dem allgemein Unbestimmbar-Möglichen – etwa des physikalischen Indeterminismus – die humane Limitierung dar. Diese wurde in gesellschaftlich geschlossenen Verbänden von Anfang an eingeschränkt gehalten, d. h. vorbestimmter entworfen.
5. Die biologischen und sozialen Limitierungen des Menschen (s. unten) durch die aufgewiesene Begrenztheit und Gebundenheit seiner Situation bedingt, der dabei das Mögliche im Lebensweg, im Traum oder in der Phantasie als Entgrenzung dieser Grenzen erfährt, dasselbe Mögliche erscheint in der „letzten" Fremdheit sich selbst und dem anderen gegenüber.
6. Darüber hinaus wird jede Begrenzung, insbesondere die alltägliche, fraglich durch das Abgündige geschichtlicher oder persönlicher Auf- und Durchbrüche, durch Perspektiven auf unfaßliche Absurditäten der jeweiligen Gesellschaft, der Geschichte des Individuums und seinen möglichen „Verstrickungen". Das Mögliche erscheint hier als ständiges In-Frage-Stellen von Existenz, sei es von Individuen, sei es ganzer Gruppen und Ge-

meinschaften, als permanente Bedrohung durch Vernichtung und Extrembelastungen, durch persönliche oder kollektive Ekstasen und Transzendierungen.

7. Die Abhängigkeiten des Menschen im Industriezeitalter werden ebenfalls zu einem ständigen In-Frage-Stellen von geplanten Entschlüssen, scheinbar rationalen Durchführungen von Projekten, um in der „verwalteten Welt" zu leben, zu arbeiten, zu wohnen, zu schlafen und zu sterben. Das Mögliche stellt diese Welt durch den Zufall in Frage. Es erscheint im Riß, der sich durch die Planungen zieht, im technischen oder menschlichen „Versagen", im harmlosen Kurzschluß mit allen daraus sich ergebenden Konsequenzen, die die rationale Welt von einem Augenblick zum anderen wie einen Handschuh umstülpen, und in der, dem Traum vergleichbar, plötzlich wieder „alles möglich" ist. Das Mögliche bestimmt sich hier als Alternative zur rationalen Planung und Verwaltung, aber auch als ständige Präsenz, als Unter- und Hintergrund der rationalen Welt, in diese einzubrechen, sie aus den „Fugen zu heben".
8. Das Mögliche als Ausdruck der handwerklich-technischen Kapazität des homo faber mit dem Widerstand räumlich und zeitlich bedingter Verhältnisse zu ringen, an diesen zu scheitern, sie zu übersteigen und wieder ihre Grenzen zu erfahren, weist, wie das Mögliche in Traum und Phantasie, auf jene prospektive Potenz des Möglichen hin, die neue Abhängigkeiten schafft, um sie aufzulösen, wieder zusammenzufügen, zu verwandeln, in der Verwandlung dann weit hinter sich zu lassen.
9. Die letzte Alternative: Handeln oder Nicht-Handeln, von der die Untersuchung ausging, läßt wie im Modell die primäre Alternative erscheinen, die zwischen dem Möglichen schlechthin und seinen Möglichkeiten besteht. Das Mögliche – zu kommen oder nicht zu kommen – ist nicht gleichzeitig mit den Möglichkeiten zu kommen oder nicht zu kommen. Herr X. kann vor dem Möglichen stehn; soll ich gehen oder nicht gehen, aber er kann nicht gehen und gleichzeitig vor dem Möglichen zu beiden Handlungen „stehenbleiben". So ist zu begreifen, daß aus dem schlechthin Unbestimmbaren etwas Bestimmbares wird, aus hundert möglichen Tierarten zehn bestimmte, aus dem Möglichen der Geschichte die folgenschweren Ereignisse, die „Geschichte machen", aus dem Möglichen der Lebenssituation des Kleinkindes die Möglichkeiten seines Lebensweges.

Dieses Alternativverhalten zwischen dem Möglichen und den Möglichkeiten umschließt in der Handlung den Augenblick der Spannung, in dem noch keine Möglichkeit ergriffen ist, wenn die Frage: Gehen oder Nicht-Gehen, offen vor der Entscheidung liegt. Die Spannung mag durch Zweifel, Bedenken, Entschlußschwierigkeiten sich verschärfen. Diese sind jedoch sekundär im Vergleich zu der der Handlung (Entscheidung) vorausgehenden Ungewißheit, in welcher Richtung die Entscheidung gefällt werden, *welche Möglichkeit* ergriffen werden soll. Wird die Handlung vollzogen, ist die Spannung abgeklungen – ein Vorgang, der analog ein der Befriedigung des Triebes: Hunger/Essen, eines Wunsches und seiner Erfüllung, im Gegensatz zwischen Spannung und Erschlaffung (Ruhe) betrachtet werden kann. Die Polarität dieser Vorgänge, die im Modell der Anpassung und Erschlaffung bis in die detaillierten physiologischen Vorgänge[87] nachgewiesen werden kann, wiederholt die Polarität von Möglichem und Möglichkeiten. Dem diffusen Trieb, als „Hunger" wahrgenommen (Mögliches), ist jede Speise (Möglichkeit) recht. Die Anspannung (Mögliches) vor einer Arbeitsaufnahme (einer unerwarteten Situation, einem unbestimmten Hinhorchen auf Geräusche, auf nicht zu klärendes Stimmengewirr) wird durch das Eintreten des Ereignisses in Erschlaffung (Möglichkeit) übergeführt. Umgekehrt birgt die Ruhe vor einer Tätigkeit das Mögliche verschiedener Tätigkeiten, bis zu der Entscheidung für eine – Möglichkeit.

Die Polarität zwischen Denken und Fühlen einerseits, Willen und Trieb andererseits – wie anderweitig bereits ausgeführt[88] – bringt ein analoges Verhältnis zwischen der abgezirkelten Begrifflichkeit des Denkens und dem diffus-verschwommenen Erleben wechselnder Gefühle zum Ausdruck. Die Polarität von werdendem Organismus – Embryo – und gealtertem, die Polarität von dem „offenen" durch Werden gekennzeichneten Leib des Kindes und dem Tod, die Polarität zwischen Empathie, auf den anderen bezogene Identifikation, und Haß, den anderen zum Ziel der Vernichtung zu machen, folgen auch dem Verhältnis von Möglichem zu Möglichkeiten. Dieses bietet sich jetzt als Modell für das Verstehen von Polaritäten überhaupt an, da es der Polarität vorgegeben ist.

Das Mögliche zusammengefaßt, stellt sich jetzt folgendermaßen dar:

Als Potenz schlechthin, z.B. alle nie verwirklichten Arten (Fisch) ermöglichend.

Als Mögliches im unendlichen Dialog zwischen Forscher und Natur, die „Möglichkeiten" der Natur auszuloten.

Als Mögliches, die „gegebene Welt" in Traum und Phantasie aufzulösen und zu verwandeln.

Als Mögliches der kindlichen Situation, für die Möglichkeiten des Lebensweges offen zu sein.

Als Mögliches des geschlossenen, sich schließenden Lebensweges, sich den Ereignissen des Lebens wieder zu öffnen.

Als Mögliches der eigenen Fremdheit sich selbst gegenüber, als Mögliches der Fremdheit von anderen.

Als Mögliches, das die Vergangenheit (Geschichte) nur als begrenzte, weitgehend zufällige Auswahl von real vorhanden gewesenen Möglichkeiten begreift.

Als Mögliches des Abgründigen (negativ und positiv gewertet), das die Alltagsnormen durchbricht und in Frage stellt.

Als Mögliches, das die rationale, geplante Welt bedroht.

Als Mögliches der Technik, Raum und Zeit zu überwinden, daran zu scheitern.

Als Mögliches der Alternative, das das Urverhältnis von Polaritäten zueinander bestimmt.

II. Beziehung und Bedeutung

a) Erstes Gewahrwerden des Deutlichen

Schon wenige Tage nach der Geburt vermag der Säugling zu fixieren, d. h. vermögen beide Augen einen Gegenstand zu erfassen und ihn wieder loszulassen.[1] Wird der Gegenstand erfaßt, später sogar mit Bewegungen des Kopfes verfolgt, findet die für das gezielte Wahrnehmen charakteristische Verengung der Pupillen statt. U. U. ist das Erfassen des Gegenstandes für den Säugling mit einer sichtbaren Anstrengung verbunden, die Augenmuskelbewegungen entgleiten der Kontrolle, das Kind beginnt „krampfhaft" zu schielen.[2]

Analoge Beobachtungen gelten für die anderen Sinnesorgane, wie z. B. das Betasten, Ergreifen und Wiedererkennen der mütterlichen Brust ebenfalls zu den frühesten Erfahrungen zählt, in denen Umwelt zum unmittelbaren Beziehungsfeld von Wahrnehmung wird.

Daß das Wahrnehmen des eigenen Leibes von dem der Umgebung nicht zu trennen ist, wurde an anderer Stelle ausgeführt,[3] wie auch insbesondere *Piaget*[4] die Kreisprozesse von Wahrnehmen und aktivem Bewegen beschrieb, die der frühkindlichen Erfahrung des eigenen Leibes und der Umwelt zugrunde liegen.

Bei dem ruhenden Auge, jenem, das ohne zu fixieren in die Ferne blickt, werden feinste Schwankungen der Pupillenverengerer und -erweiterer beobachtet,[5] als ob das Auge in Ruhe zwischen Fixieren und Entspannen oszilliert. Dem ruhenden Auge oder dem in die Ferne schweifenden Blick, der z. B. über das Meer geht, kann plötzlich ein Gegenstand erscheinen: ein Boot, eine Möwe, der den Blick veranlaßt, diesen Gegenstand genauer zu fassen, ihn zu fixieren. Dabei finden die charakteristischen Veränderungen der Pupille statt, die schon beim fixierenden Neugeborenen vermerkt wurden. Für den Beobachter der diffus-blau sich hinziehenden Meeresfläche beginnt sich das Boot oder die Möwe langsam abzuzeichnen, sie gewinnen Gestalt, sie werden *deutlich*. Das Deutlich-Werden eines Gegenstandes der Wahrnehmung setzt den undeutlichen Hintergrund voraus. Es sind Vorgänge, deren präzise Beschreibung der Gestaltpsychologie[6] zu verdanken sind.

Zwei von der Gestaltpsychologie aufgestellte Gesetze der Wahrnehmung sind für den oben geschilderten Vorgang verbindlich: 1. daß Wahrnehmungselemente sich strukturieren, d. h. von einem diffusen Haufen verstreuter

Reißnägel oder Nüsse sich bei Wahrnehmung derselben einzelne Figuren abheben; 2. der sog. Hintergrundeffekt, der besagt, daß eine Gestalt sich mit besonderer Prägnanz und Leichtigkeit von einem Hintergrund abhebt.

Es besteht berechtigter Grund zur Annahme, daß die Wahrnehmung zumindest bei höheren Tierarten, den Säugetieren und Vögeln, nicht nur analog verläuft, was die Innervation der Pupillen anbetrifft, sondern auch den Gegensatz des Gewahrwerdens von deutlichen und undeutlichen Gestalten miteinbezieht.[7]

Das Deutliche setzt, um wahrgenommen zu werden, das Undeutliche des Hintergrundes voraus – und es wiederholt sich hier die Polarität von Möglichem und Möglichkeiten. Der diffuse Hintergrund entspricht dem Möglichen, der sich abhebende Gegenstand den Möglichkeiten.

Bevor das Deutliche etwa einer Puppe vom Kind als Puppe erkannt wird, und die Zwischenstufen vom Wahrnehmen bis zum Erkennen derselben in der Entwicklung durchlaufen worden sind, sei auf die Relation zwischen den Bewegungen der Pupille, der Augenmuskulatur und der Umwelt verwiesen. Ohne die das Fixieren ermöglichenden Augenmuskeln würde sich das Deutliche nicht von seinem Hintergrund abzeichnen.[8] Das jedoch erst ermöglicht Beziehung zur Umwelt, bzw. das Auge als Teil der leibhaften Wahrnehmung begründet Beziehung durch seinen spezifischen Bau, insbesondere durch die Bewegungen der Augenmuskulatur, die Fixieren ermöglichen. Die gleiche Relation hieße umgekehrt: weil Lebendes nur durch Austausch lebt, durch Beziehung zu anderem Lebenden, ist das Auge in seinem spezifischen Bau so geartet, daß es nicht nur Gewahrwerden – Beziehungsaufnahme zur Umwelt – begründet, sondern darüber hinaus die Unterscheidung von deutlich und undeutlich ermöglicht.

Wahrnehmung und Welt, Organe der Wahrnehmung und wahrgenommene Umwelt sind demnach in ihrer leibhaften Fundierung aufeinander von Anfang an zugeordnet. Als Teil des lebendigen Leibes stiftet das Auge Wahrnehmung und Beziehung zu dieser, so daß Wahrgenommenes überhaupt deutlich wahrgenommen und erkannt wird.

Der Säugling[9] nimmt jedoch nicht nur durch Wahrnehmen vermittels des Gesichtssinnes und durch Tasten seine Umgebung wahr, sondern auch mit der ganzen Oberfläche seines Leibes: Wärme und Kälte, Feuchtigkeit oder Trockenheit, aber auch eine streichelnde, tätschelnde, beruhigende, liebevolle Hand wird erfahren, nicht weniger wie Lageveränderung: Hochheben, mit den ersten Versuchen den Kopf festzuhalten, Niederlegen, Sich-Zusammenrollen oder Sich-Ausstrecken. Die sog. erogenen Zonen[10] der Schleimhäute, des Mundes und des Afters vermitteln Wahrnehmung, das Wonnesaugen oder Schmatzen, das Bemerken unterschiedlich trockener oder nasser Windeln sind Wahrnehmungsvorgänge, in denen sich das Deutliche zwar nicht als sich konturierender Gegenstand, wie beim Gesichtssinn, abzeichnet, aber deutliche Intensitäten[11] wechselnder Art erlebt werden: Intensitäten des Genusses gegenüber einem Nachlassen desselben, deutliche Intensitäten von warm und kalt gegenüber undeutlichen – bis zur unerträglichen Steigerung beider. Deutliche oder undeutliche Intensitäten des Wohlbefindens bei unterschiedlicher Lage und Position des Körpers gehören zu den frühesten Wahrnehmungen des Lage- und Muskelsinnes.[12] Auch das Gehör unterscheidet das diffuse Geräusch etwa des Straßenlärms von den deutlichen Lauten der Mutter, die sich dem Säugling zuwendet. Kein Säugling, es sei denn ein schwerkranker, der beim Öffnen der Fenster zur Straße und ihrem Lärm sich so verhält, als ob die Mutter ihn zum Stillen anlegen wollte.[13]

Geschmack und Geruch,[14] weitgehend von Nahrung und Milieu abhängig, dürften jedoch erst in späteren Entwicklungsstadien, vom 24. bis 36. Monat ab, wenn die Nahrung abwechslungsreicher wird und das Kind verschiedene Umgebungen und ihre „Gerüche" wahrzunehmen und zu unterscheiden lernt, Deutliches von Undeutlichem trennen.

Bei diesen Vorgängen sind zwei Tatsachen für den weiteren Gang der Untersuchung wesentlich: 1. Das Deutliche hebt sich durch einen aktiven Akt der Fixierung, des Aufmerkens von dem undeutlichen Hintergrund ab. 2. Erfaßt wird das Deutliche primär durch leibhafte, vorgegebene Einstellungsmöglichkeiten: Augen- und Pupillenmuskulatur, die eine Vororientierung ermöglichen.

b) Das „objektiv" Deutliche

Die Frage stellt sich, ob es in der Natur oder auch in der menschlichen Umwelt ein „Deutliches An und für sich" gibt, das nicht nur durch den aktiven Akt des Gewahr-Werdens erfaßt wird, sondern unabhängig von diesem so geartet, gestaltet ist, daß es sich der Möglichkeit wahrgenommen zu werden aufdrängt. Die Verhaltensforscher bejahen dieses Vorkommen und haben es an zahlreichen Beispielen aufgezeigt.[15]

In der Tierwelt sprechen die sogen. Auslöser und Signale als Ausdrucksbewegungen innerhalb der artgleichen Kommunikation eine „deutliche" Sprache, da durch Gebärde, Geste, veränderte Physiognomie oder Farbigkeit ein von der Norm abweichendes Verhalten dem Artgenossen oder möglichen Feind vermittelt werden soll. Dazu gehören z. B. das (in seiner Bedeutung komplexe) Winken der Winkerkrabbe, die Rufe und anderen Lautgebärden von Vögeln bei Bedrohung oder in der Werbung, das Erschrecken auslösende Bild der Augen des Pfauenauges, das Rad des Pfaus, das Balzgebaren des Auerhahns, um nur einige wenige Beispiele aus der Fülle beobachteter Vorkommnisse zu nennen. Daß ein Fisch seine Stimmung von Neutralität oder Brutpflege bis zur Kampfstimmung durch acht Farbwandlungen der Schuppen[16] anzeigen kann, verdeutlicht die innere Einstellung dem Partner gegenüber nicht weniger als in „Werbestimmung" für den Stichling[17] der rote Bauch ein kampfauslösendes Merkmal ist. Schimpansen geben sich die Hände mit nach oben gewandter Fläche als Demutsgeste, die die Unterlegenheit des einen dem anderen Tier gegenüber ausdrückt.[18]

„Deutlich-Werden" als Ausdruck der Verdeutlichung der inneren Stimmung, der Bedürfnisse, der Antriebe, entstammt ferner dem volkstümlichen Sprachgebrauch und der Situation, in der sich jemand vergeblich verständlich zu machen sucht: „Jetzt muß ich aber deutlich werden“. Es entspricht der Möglichkeit, daß das „Deutliche“, die zu vermittelnde Stimmung oder die Warnung vor Aggression dem anderen aufgedrängt werden muß – analog der Mutter, die dem der Sprache noch nicht kundigen Kleinkind durch Heben des Zeigefingers und „Du, du“-Rufen eine Warnung zukommen läßt. Das Deutliche in diesem Sinne wird nicht erst durch den Akt der Wahrnehmung vom diffusen Hintergrund abgehoben, sondern ist bereits sichtbare Physiognomie, leibhaft gewordene Aggressionsvorbereitung, Brutstimmung oder einfach neutral – und damit unauffällig. Es ist darüber hinaus Träger affektiver Hinweise – die Physiognomie der Aggressionsstimmung beim Hund oder Wolf wurden eingehend erforscht und beschrieben[19] – und verdeutlicht die Leib-Seele-Einheit im Ausdrucksgeschehen.

Dieses „Deutliche“, das im Unterschied zu der menschlichen Sprache wiederum dem Partner oder Gegner im allgemeinen keine anderen „Deutungen“ zuläßt als die in den meisten Fällen unzweifelhafte der festgelegten Gebärde, der Geste, der Farbe, des Geruches ist jedoch Bestandteil einer erheblich weiter zu fassenden Physiognomie der Umwelt überhaupt:

Die enge Schlucht hat für die Gemse die Bedeutung, daß sie sie umklettern muß, wenn sie sich nicht hindurch zwängen kann. Das freie Feld zu durchqueren, ist für den Hasen oft mit tödlicher Bedrohung verbunden. Das Krokodil dürfte sehr wohl in seiner Umwelt um den Unterschied zwischen seichtem Wasser, einer Sandbank oder der Tiefe des Flusses „wissen“, der Vogel um den von Meeresriff oder tragendem Obstbaum. Das Wetter, die Extreme zu großer Hitze oder Kälte, von Überschwemmungen oder Dürre, stellen eingreifende Veränderungen der Umwelt,[20] Umwelteinbrüche dar, auf die die Lebewesen entsprechend reagieren müssen, wenn sie zu überleben versuchen und die sie schon in ihrem Verhalten antizipieren.[21] Auch hier vermittelt die Umwelt wie eine Physiognomie Warnungen, eröffnet Möglichkeiten rascher Fortbewegung, hemmt, bedroht und vernichtet hier, fördert, erleichtert, befreit dort.

Nicht anders erscheint auch dem Menschen, dem sich entwickelnden Kind die Umwelt. Diese Umwelt ist nicht nur die im Akt der Fixierung, der Aufmerksamkeit gewonnene, sondern auch eine von sich aus sich verdeutlichende, wobei das Deutliche dem Kind sowohl durch seine Pflegepersonen als auch durch seine Umwelt und die Verschränkungen beider vermittelt wird. Als Beispiel sich „deutlichmachender“ Verschränkung von Personen und Umweltbezogenheit diene das „Offene“: Das Offene ist für das Kind nicht nur das Zimmer, der Raum, durch den es krabbelt. Das Offene sind auch die geöffneten Arme, in die es beim Erlernen des Laufens hinein eilt, das Offene sind die gleichen Arme, die es aus der Wiege emporheben, es warm an sich drücken und umschließen. Das Offene ist das Gesicht, in das es hineinblickt und das seinen Blick offen wiedergibt. Das Offene ist die Art, wie es angeredet wird, das Offene ist die Zuneigung, in die es immer wieder zurückkehren kann. Das Offene ist aber auch die Welt hinter dem Zimmer, hinter dem Haus, hinter der Straße, hinter dem Fenster, das nie Auszuschließende, Verunsichernde, vielleicht Gefahrvolle.[22]

Das Verschlossene ist die abgeschlossene Schranktür, das verschlossene Zimmer, aus dem Stimmen dringen, die nicht deutlich zu verstehen sind. Das Verschlossene ist der eigene Raum, wenn es plötzlich diesen nicht mehr verlassen kann. Das Verschlossene sind die abweisenden Gesichter, in denen es nicht lesen („deuten“) kann, sind die Arme oder Hände, die sich nicht öffnen. Das Verschlossene ist die Umwelt, die „zeichenlos“ keine Erinnerungen weckt, keine Bilder vermittelt, fremd, stumm und teilnahmslos ist.

Das Verschlossene ist nicht das Umschlossene, das Geborgenheit, Zuneigung vermittelt, es ist nicht das Geschlossene eines Weges, der wieder zum Ausgangspunkt zurückkehrt, das eines logischen Satzes, der eine Erklärung abschließt, es ist nicht das Geschlossene eines Händedrucks oder das Geschlossene von sich küssenden Lippen oder eines sich vereinigenden Paares. Das Verschlossene vermittelt dem Geschlossenen und Umschlossenen gegenüber die Gebärde der Ausweglosigkeit und Abweisung, der Hoffnungslosigkeit des Endes.

Drohend ist für die Welt des Kindes die Gebärde des erhobenen Fingers nicht weniger als die der Faust. Drohend kann aber auch das Gewitter sein, die Fahrstraße mit dem starken Verkehr, der „große“ Vater, die „große“ Mutter, das Niederreißen eines Hauses, die Feuersbrunst, die Sturmflut, das schlingernde Schiff, das dem Steuer entgleitende Auto.

Versöhnlich ist das begütigende Streicheln nach überstandener Auseinandersetzung, die beruhigenden Worte nach dem Schreck, das Lächeln des Vaters oder der Mutter, im Fieber das gedämpfte Klavierspielen aus dem Nebenzimmer. Versöhnlich aber ist auch der klare Abend nach heftigem Regenguß, das geglättete Meer nach dem Sturm, versöhnlich ist die Handreichung nach dem Streit, die Brücke, die über den geschwollenen Wasserlauf von einem Ufer zum anderen leitet.

Die Physiogomie der Welt in ihrer Verschränkung mit dem Ausdrucksverhalten von Personen ist jedoch in konkreten Einzelfällen immer wieder vieldeutiger, d. h. nicht eindeutig-deutlich oder gar undeutlicher als diese idealtypischen Darstellungen des „Offenen“ und „Verschlossenen“. Die Schattierungen des Verhaltens zwischen „offen“ und „verschlossen“, zwischen „bedrohlich“ und „versöhnend“ werden in Wirklichkeit häufiger angetroffen als das eindeutig-deutliche Verhalten und werden damit zunehmend zu Hintergrundeffekten. Sie werden diffus und verschwommen, erlauben damit das Gewahren von „Gestalten“, die nicht unbedingt objektivierbar sind. Nichtsdestoweniger dringt die Wirklichkeit der Physiognomie immer wieder hindurch, kann ihre Faktizität nicht bezweifelt werden, auch wenn ihre Gestalt dem undeutlichen Hintergrund gegenüber sich nicht immer eindeutig abhebt.

Bett, Tisch oder Stuhl – alltäglichste Gegenstände – vermitteln ebenfalls deutliche Hinweise. Das Bett als Strafe: „weil Du nicht aufgegessen hast, mußt Du früh ins Bett“, als Ort der „Regression“, der Entspannung, des Traumes, der Phantasie, des Allein-Seins, der ersten erotischen Betätigungen. Der Stuhl als Kletterwerkzeug, als unsicher-sichere Plattform für weitere Eroberungen, Gegenstand veränderter Perspektiven, bis er eines Tages nur noch dem Sitzen dient, das Bett nur – oder überwiegend – dem Schlafen.

Deutlich-Werden von Gegenständen der menschlichen Umwelt, „Zeug“,[23] vom Tisch bis zur Schreibtafel, vom Federhalter bis zum Pkw, heißt in der Entwicklung des Kindes, im Übergang von der vorlogischen zur logischen Welt, daß *der mögliche Gebrauchshorizont der Dinge, mit dem das Kind die Gegenstände umgibt, sich zunehmned auf den tatsächlichen einschränkt.*

Dieser Verdeutlichung – Eindeutig-Werden – der Gegenstände, durch den Umgang mit ihnen, steht wiederum die relative Undeutlichkeit im Verhalten von Personen gegenüber, mit denen das Kind zusammenlebt. Es gibt keine Erziehungsperson, die idealiter gleichmäßig liebevoll, gleichmäßig verstehend und anteilnehmend sich dem Kind gegenüber verhält. Mutter und Vater sind den Schwankungen ihrer Befindlichkeit, aus was für Gründen auch immer, ausgeliefert, und diese Schwankungen werden vom Kind wahrgenommen.[24] Damit verändert sich das konkrete, relativ deutliche Bild der liebevollen Mutter, wie es vielleicht dem Säugling im ersten Lebenshalbjahr erschien. Es wird undeutlich. Andere Züge, wie die der Hast, der Unruhe, der Abweisung, treten in den Vordergrund. Die Mutter wird zunehmend zum undeutlichen Hintergrund möglichen Verhaltens, sie wird diffus, verschwimmt, wird fremder, je mehr auch das Kind sich selbst als überraschend veränderbar, von Stimmungen und Antrieben abhängig erlebt.

In dem Maße, in dem das Kind der Sprache mächtig wird, es aus dem vorgegebenen Verstehen von Verbot, Anordnung, Aufforderung, Zuwendung, Hinweisen, Zeigen zum Verständnis von Prädikaten, Subjekten, dann ganzer Satzteile und Sätze gelangt, werden ihm in der jeweiligen gesellschaftlichen Relevanz tradiierte Erziehungsinhalte vermittelt.[25] Diese haben, je einfacher und weniger komplex das gesellschaftliche Gefüge ist, die Tendenz, deutlich-eindeutig zu sein, je komplexer die Gesellschaft, um so vieldeutiger (undeutlicher) werden sie.[26] Was über das Aufwachsen von Kindern bei Jägern und Sammlern niedrigster Kulturstufe bekannt ist,[27] kennzeichnet deren Alltag durch frühe Arbeit und den Erwerb der lebensnotwendigen Dinge. Die Wertung bewegt sich in den eindeutig-deutlichen Erlebnissen von satt und hungrig, von Plackerei oder Ruhe, von gutem oder schlechtem Wetter. Das Verhalten der Erziehungspersonen und älterer Geschwister den jüngeren Kindern gegenüber ist durch diese „Lebensnot“ geprägt, die jedoch nicht allein durch Abstumpfung und Indifferenz charakterisiert ist, sondern auch mit Zuneigung verbunden ist.[28] Bei Völkern steinzeitlicher Kulturstufe, bei Jägern und Sammlern[29] ist dementsprechend die Erziehung in Gebot und Verbot eindeutiger.

Je komplexer nicht nur das soziale Gefühl, die Arbeits- und Klassenteilung wird, die ökonomischen Verbindungen differenzierter entwickelt sind, je ausgefeilter die mythologischen und religiösen Vorstellungen, je vieldeutiger wird die Übermittlung tradiierter Beziehungssysteme.

Dies wird auch in Ethnien sichtbar, in denen der Einfluß von Onkeln (avunkulat), Tanten, Vettern, Cousinen, Schwestern, Brüdern, Sippenfreunden usf. die Erziehung der Kinder und damit das Gewahrwerden des Deutlichen im Sinne der Befolgung von Meidungen oder dem Hinweis auf Erlaubtes nicht mehr problemlos, sondern konfliktreich erscheinen läßt.[30] Andererseits läßt z. B. die puritanische Erziehung, wie sie mit dem Calvinismus aufkam,[31] und die auf dem Boden einer vielschichtigen komplexen Gesellschaftsstruktur entstand, nichts an Deutlichkeit der Gebote und Verbote zu wünschen übrig.

M. a. W. Sprache als Vermittlerin von überlieferter Erziehung drückt, je nach ihrem einfachen oder komplexeren gesellschaftlichen Hintergrund, deutliche oder vieldeutig-undeutliche Anweisungen aus, wobei das Deutliche eines Verbotes oder eines Gebotes sich auf dem Hintergrund auch alltäglichen Verhaltens abzeichnet. Im täglichen und gewohnten Umgang mit Geräten, Spielsachen erhebt das Kind plötzlich den Stock, um auf ein anderes einzuschlagen. Da trifft es das Verbot, der Ausruf, die Strafe, die diese Handlung nicht gestattet, den Impuls zu schlagen unterdrückt. Das Markante von Handlung und Gegenhandlung (Verbot) ist eindeutig, es hebt sich von dem jetzt diffus erscheinenden Hintergrund alltäglicher, sonst zugelassener oder erwünschter Handlungen, die die Durchschnittsnorm prägen, deutlich ab. Das Deutliche hier von nicht zugelassenem Affekt, dort vom Verbot, bestimmt darüber hinaus jede Erziehung, die die Grundantriebe der Erotik oder Aggression unterdrückt oder selektiv fördert[32] und bei der die Deutlichkeit des Affektes mit Deutlichkeit von Verbot oder Gebot korrespondiert.

Dieser Grundregel folgen dann die spezifischen, je nach Kultur und Gesellschaftsniveau sich differenzierenden, je nach der Sprache formulierbaren, eindeutig-deutlichen oder vieldeutig-undeutlichen Erziehungsdeterminanten. (Ein deutliches Verbot in einer puritanischen Umgebung kann, je nach Art und Weise seiner Formulierung, undeutlich erscheinen. Umgekehrt vermag eine komplexere Erziehungsanweisung durch Sprache zum Ausdruck eines eindeutigen Gebotes werden. Daraus wird die Variabilität der Verbindungen von Sprache, Deutlichem und Undeutlichem und Erziehungsfunktionen sichtbar.)

Zu dem Verhalten der Erziehungspersonen, der Deutlichkeit oder Undeutlichkeit ihrer Anweisungen, tritt noch die Nachahmung[33] hinzu, die in der Entwicklung der kindlichen Welt von anerkannter und größter Bedeutung ist. (An anderer Stelle hat der Verfasser das Nachahmen und die Identifizierungsproblematik[34] untersucht, die für das Nachahmen notwendige Identifizierung als Grenzerfahrung zwischen Einfühlung und Gewahren eines Fremden – der Grenze – dargestellt, auf die in diesem Zusammenhang nicht mehr eingegangen werden soll.) Hier interessiert lediglich die Nachahmung als Identifizierung mit ausdrucksstarkem Verhalten und den u. U. damit verbundenen sozialen Rollen, wie sie unter Tieren nicht weniger als in menschlichen Sozietäten angetroffen wird.[35]

In der Tierwelt scheint das Vorfliegen der Vogeleltern notwendig zu sein, um analoge „Erbkoordinaten"[36] auszulösen. Eindrucksvoll ist die Beobachtung bei nicht in der gewohnten männlich/weiblich gemischten Gruppe aufwachsenden männlichen Affen,[37] die nicht in der Lage sind, den Geschlechtsverkehr partnergerecht durchzuführen, der weibliche Partner auch nicht in der Lage ist, die Fehlstellungen des Affen zu korrigieren, d. h. die Möglichkeit zur Nachahmung fehlt. Die Fülle an Beispielen, die die Bedeutung der Nachahmung für sozial ausgeprägtes Verhalten in Tiersozietäten unterstreicht, kann hier jedoch nicht zum Gegenstand der ins Einzelne gehenden Darstellung werden.

In der Erziehung des Kindes sei auch hier – insbesondere wieder in Ethnien und traditionsgebundenen, geschlossenen Gesellschaften – das eindeutige, nachahmensverpflichtende Rollenverhalten von dem vieldeutigen, problematischen Rollenverhalten unterschieden. Die mit ihrer Hausfrauen- und Mutterrolle sich identifizierende Frau vermittelt der aufwachsenden Tochter ein deutlich-eindeutiges Bild, das von dieser – zumindest so lange, bis andere Einflüsse aufgenommen werden – nachgeahmt wird: Spielen mit Puppen, Kochen mit Kindergeschirr usf. Nicht weniger kann sich der Knabe in der traditionsgebundenen Gesellschaft, z. B. der römischen Republik,[38] im englischen Bürgertum des 18. oder 19. Jahrhunderts,[39] bei Prärieindianern[40] wie auch bei den australischen Arjuntas[41] und in zahlreichen anderen traditionsgeschlossenen Sozietäten der eindeutig festgelegten Rolle des Vaters eher anpassen, sich mit ihr identifizieren, als in der zunehmend traditionslosen Industriegesellschaft, in der die Rollenidentifikation[42] immer fragwürdiger, d. h. vieldeutiger, damit undeutlicher wird.

Der Gang dieses Abschnittes ging von der Frage aus, ob das Deutliche nur ein Wahrnehmungsakt sei, das den Gegenstand der Wahrnehmung von seinen diffusen Hintergrund abhebt. Die Frage konnte verneint werden. Das Deutliche ist Bestandteil auch der Erscheinungswelt, es ist im Tierreich Grundlage der Kommunikation nicht weniger als unter den Menschen, es ist Bestandteil der Physiognomie der Welt, es ist Bestandteil der jeweils spezifischen Umwelt aufwachsender Kinder. D. h. nicht nur der Mensch, auch Welt ist intentional auf Beziehung gerichtet. Das Deutliche vermittelt sich durch Personen, durch Natur, durch Dinge und die Verschränkungen zwischen diesen, nicht zuletzt durch die Sprache und das normative Rollenverhalten der Erwachsenen.

In diesem Zusammenhang wurden die Begriffe eindeutig synonym mit deutlich, vieldeutig mit undeutlich angewandt, und der nächste Abschnitt wird die Frage klären, wie weit dieses Vorgehen statthaft war.

c) Das Eindeutige, Vieldeutige, Undeutliche, Deutliche

Das Eindeutige ist die in der Wut geballte Faust, der Schmerzensschrei, das verzweifelte Schütteln des Kopfes, das Aufbegehren oder Aufbäumen gegen ein Gebot. Eindeutig ist die rote Farbe auf dem blauen Hintergrund, der Berg am See, der Stuhl neben dem Tisch, der kreisende Raubvogel, das um die Kurve fegende Automobil. Eindeutig ist der Ablauf der Zeit, der Raum in seiner Tiefe und Höhe, in seiner Aufteilung nach vorn und hinten, nach links und rechts. Eindeutig ist die Handlung: Kommen oder Nichtkommen, das negative Nein, das positive Ja. Die Bezeichnung: die Sonne scheint oder es regnet, die Subjekt und Prädikat zu einer Aussage verbinden, sind ebenso eindeutig wie das Verbot, die Erlaubnis, das Gebot.

Eindeutigen Charakter haben auch die meisten Kommunikationsvermittler im Tierreich, d. h. sie sind so angelegt, daß sie im allgemeinen nicht zur Auslösung mißverständlichen Verhaltens beim Partner führen, obwohl hier auch Fehlregulationen im gegenseitigen Verhalten beobachtet worden sind.[43]

Vieldeutig jedoch ist die geballte Faust, wenn der so Drohende gleichzeitig lächelt, wenn der Schmerzensschrei von ersticktem Gelächter begleitet ist, wenn das Schütteln des Kopfes sich mit Achselzucken verbindet, wenn das wütende Aufbäumen von sofortiger Entspannung gefolgt ist. Vieldeutig ist das Rot, wenn es den Übergang zu Orange nimmt und auf grünem oder gelbem Hintergrund aufleuchtet, wenn es von anderen Farben übermalt oder mit ihnen vermischt wird, wenn es außer durch seine besondere Färbung auf komplexere Beziehungen, z. B. auf erotische Momente hinweist. Vieldeutig wird der Berg am See, wenn er von Wolken eingehüllt ist, der Stuhl, der nicht nur Stuhl, sondern auch Hocker und Sessel zugleich ist. Vieldeutig ist der Vogel, der nicht nur kreist, sondern unsicher hin- und herschwingt, der zu hoch fliegt, um ihn genau erkennen und identifizieren zu können. Vieldeutig ist das um die Kurve schlingernde Auto, der Gang desjenigen, der mit jedem Schritt vorwärts, einen wieder zur Seite oder wieder nach rückwärts setzt.

Im Sprachgebrauch ist das „Vielleicht" vieldeutig, „es ist möglich", „wahrscheinlich ja", „wahrscheinlich nicht", „wir wollen mal sehen", „im Prinzip ja, aber ..." usf. Vieldeutig sind Aussagen wie: obwohl die Sonne schien, regnete es, oder: ich wollte eigentlich nach Hause gehen, ging auch, aber da traf ich Z. und Y. Vieldeutig ist das gleichzeitig auf voneinander unterschiedene Situationen ausgedehnte Verbot oder Gebot, vieldeutig sind die einschränkende Erlaubnis, Anordnungen, die sich an Bedingungen knüpfen. Vieldeutig ist der Charakter zahlreicher niedergelegter Gesetze, die „Auslegesache" oder „Kann-Bestimmungen" sind. Vieldeutig ist in der Kommunikation der Tierarten das Schwanken zwischen Flucht oder Angriff, wie es beobachtet wurde.[44] Vieldeutig ist menschliches Verhalten überhaupt, wenn der andere fremd und verschlossen bleibt, die Anlässe oder Motivationen seines Handelns als „Horizont der Möglichkeiten von Verhalten" verhüllt ist.

In der Polarität zwischen eindeutig und vieldeutig kehrt die von möglich und Möglichkeiten wieder, allerdings weniger extrem gepolt. Denn die Vieldeutigkeit des Lächelns bei geballter Faust, der roten Farbe, die fast kein rot mehr ist, der verschleiernden oder einschränkenden Aussagen, Gebote und Verbote, die Vieldeutigkeit von Gesetzen und „Kann-Bestimmungen" läßt immer noch eine größere Anzahl von Auslegungs-, Deutungs- und damit Möglichkeiten zu, die sich nicht von vornherein auf eine begrenzte Möglichkeit festlegen lassen. Das Mögliche ist dagegen radikaler unbestimmbar.

Die gleiche Polarität wiederholt sich zwischen dem Deutlichen und dem Undeutlichen, die der von Eindeutig und Vieldeutig vorgegeben ist. Bevor eine Geste, ein Hinweis, ein Verweis, eine Aussage, ein Gebot, bevor ein Ding, eine Erscheinung als deutliche sich bestimmen lassen, müssen sie deutlich, d.h. konturiert sichtbar und entsprechend erfaßt worden sein. Um ein Segelboot auf der Meeresfläche eindeutig als solches zu erkennen (es zu identifizieren), muß es sich erst von der Meeresfläche deutlich abheben. Um eine Anordnung eindeutig zu verstehen, eine Farbe eindeutig wahrzunehmen, müssen Aussagen oder Farbe sich erst deutlich abgehoben, bzw. die ersteren aus einem Konglomerat von Lauten und Konsonanten verstanden worden sein.

Damit ist der Ausgangspunkt der Untersuchung wieder erreicht worden: Das Kind unterscheidet primär das Deutliche vom Undeutlichen, sei es, daß das Deutliche es versteht, sich deutlich zu machen, sei es, daß das Kind es durch die Wahrnehmungsfunktionen als *das* Deutliche erkennt, das sich vom Hof möglicher Vieldeutigkeit, vom Undeutlichen abhebt. Etwas jedoch als Eindeutiges oder Vieldeutiges zu erfassen, setzt bereits ein rudimentäres, präzisierendes Verständnisvermögen voraus, das Erscheinungen als eindeutige festzulegen vermag und von vieldeutigen unterscheidet.

Deutlich-Werden zeigt die „Subjektseite" des Vorganges an, Deutlich-Machen die „Objektseite", die beide im Vorgang der Verdeutlichung aufeinander angewiesen sind. Kein Deutlich-Werden ohne ein Sich-Zeigen desselben – auch für die latente Deutlichkeit der Figurenwahrnehmung aus einem scheinbar unbestimmten Feld gilt, daß die Deutlichkeit der Figuren nicht ohne objektivierbare Konfiguration im Feld erkannt werden kann.[45] Das Erkennen von Konfigurationen in einem undeutlichen Feld – Nüsse oder Reißnägel auf einer Tafel ausgestreut – ist nicht als ein ausschließlich subjektiver Vorgang zu bewerten, die gesehenen Gestalten sind auch objektive Gestalten.

Das Deutliche wird ebenso undeutlich durch Verschwinden aus dem Gesichtskreis, Nachlassen seiner Intensität, durch Untertauchen im unbestimmten Hintergrundfeld wie durch die Vorgänge der subjektiven Ermüdung, optischen Störung, psychischen Beeinflussung der Wahrnehmungsvorgänge.

d) Wahrnehmen und Sich-Zeigen als Fundamentalstruktur von „In-der-Welt-Sein"

Ist das Deutliche sowohl „psycho-physiologischer"[46] Vorgang der Wahrnehmung als auch ein objektives Deutlich-Werden von Umgebung, muß die Crux der erkenntnistheoretischen Diskussionen des Sensualismus/Spiritualismus-Problems erörtert werden. Die Überwindung der idealistischen (Wahrnehmung als Akt) oder sensualistischen (Wahrnehmung als Abbild) Lösung soll – allerdings vorwegnehmend gesagt – durch Einführung des Begriffes der Komplementarität[47] erstrebt werden.

Das Deutlich-Werden eines Dinges, die Umrisse eines Gesichtes, das sich über das Kinderbett beugt und wieder verschwindet, ist nicht zu trennen von der Tätigkeit der Pupillenverengerer, der Fixierung, der Zuwendung und Aufmerksamkeit. Es ist aber gleichzeitig das aktiv sich zeigende Gesicht der Mutter, die sich über das Bett beugt: eines Gesichtes, das durch Sich-Zeigen deutlich wird. In der zwischenmenschlichen Kommunikation oder der anderer Lebewesen sind Sich-Zeigen und Wahrgenommen-Werden reziproke, sich ergänzende Vorgänge, obwohl das Zeigen nicht immer wahrgenommen werden muß und dem Wahrnehmen nicht immer ein Zeigen vorangeht. Zeigen sei hier im schlichten Sinne des Vorzeigens, des Anschaulichmachens, des Zur-Schau-Stellens verstanden. Unter dem Zeigen und Auslösen bei den Tierarten gibt es kein Verdecken, Verhüllen oder Verbergen – das getarnte Tier zeigt sich getarnt –, sondern das Zeigen ist vielmehr bei diesen immer ein offenes Vorzeigen.[48] Die Personen – wie ausgeführt – zeigen sich dem Kind, sie tauchen in seinem Gesichtskreis auf, verschwinden wieder, sie haben sich dem Kind gegenüber als deutliche von der übrigen Umwelt abgegrenzt und sich ihm gezeigt.

Aber zeigen sich auch die Gegenstände, die menschliche Zweckwelt, die Natur, Pflanzen- oder Tierwelt, die Landschaft? Wer wollte diesen ein „Sich-Zeigen" – ein dem Menschen „Sich-Zeigen" – unterstellen, ohne nicht dem Anthropomorphismus zu verfallen? Zeigt sich der Schrank, der Schraubenschlüssel, die Lampe dem Menschen, der Berg, der Wald, die Stadt, der Flugplatz, die Fabrik, der Polizist, das Reh, das Wildschwein oder das Bürohaus?

Da alles Zeigen ein Sichtbarmachen ist, die Welt nur als sichtbare, d. h. wahrnehmbare im umfassenden Sinne – an der alle Sinne beteiligt sind, auch die der niederen Lebewesen, die „Welt" nur spüren, schmecken, tasten, riechen – dem Menschen und anderen Lebewesen entgegentritt, ist der Schluß erlaubt, daß die Welt als sichtbare, sich zeigende, auf Wahrnehmung hin geordnet ist, ohne Wahrnehmung die Welt unsichtbar, d. h. *nicht* wäre.

Das Gebirge ist als Behausung von Raubvögeln, Murmeltieren, Gemsen und zahlreichen Insekten für diese sichtbar. Wahrnehmbar ist es aber auch dem Menschen, der in ihm den Sitz der Götter glaubte, seine Ausblicke, es erklimmend, ästhetisch erlebt, oder es als Fundgrube für Uranerze entdeckt und ausbeutet. Alles Wahrnehmen der Welt, alles Erleben von Welt, die Unterscheidung von Deutlich und Undeutlich, von Eindeutig oder Vieldeutig, setzt die Wahrnehmbarkeit der Welt, ihr Sich-Zeigen voraus.

Das Sich-Zeigen der Welt ist ihrer vorlogischen Erfahrung vorgegeben, sie ist der nicht mehr zu reduzierende „Rest", den selbst die Epoché nicht verleugnen kann.[49] Ob die idealistische Philosophie die Wahrnehmung als Bewußtseinstat wegeskamotiert, ob der sensualistische Materialismus nur die Wahrnehmung als Abbild gelten läßt, beide müssen im vorlogischen Bereich von der sichtbaren, sich zeigenden Welt ausgehen.[50]

Die phylogenetisch ältesten Lebewesen, Viren, Mikroben, Amöben, sind durch den Stoffaustausch mit ihrer Umwelt als Vorform der Wahrnehmung bereits auf Wahrnehmbares sinnlich festgelegt; schon für diese trifft die Feststellung zu: *ohne sichtbare Welt keine Wahrnehmung der Welt oder Wahrnehmen und sichtbar-Sein sind komplementäre Pole eines einzigen Zusammenhanges der Welt als Welt konstituiert.* Die anorganische sog. leblose Natur hat sich zwar nicht sichtbar gezeigt wie die lebendige Gestalt, sondern sie war, wenn auch nicht in ihrer heutigen Sichtbarkeit, immer schon sichtbar. Der Ursprung aus dem Unsichtbaren kann von der modernen Physik[51] nicht belegt werden, auch sie muß mit letzter Wahrnehmbarkeit (wenn auch nur über theoretische Modellvorstellungen) mit Korpuskeln oder Energieteilchen rechnen.[52] In dem Augenblick jedoch, da das erste Lebewesen der Atmosphäre Stickstoff als möglicherweise anaerobes Virus entnahm, fand eine Gegenseitigkeit, eine Komplementarität des Austausches statt, der *aus einer sichtbar-vorhandenen Welt eine sich zeigende macht.* Das Zeigen bedeutet selbst auf der Ebene von Viren ein Deutlich-Machen, denn ohne das Deutliche kann Stickstoff nicht von Sauerstoff unterschieden werden. Einer von unabsehbar vielen, möglichen Aspekten der Welt hat sich gezeigt: Stickstoff und die Komplementarität von Sichtbar-Werden und Sichtbares aufnehmen, von Zeigen und Wahrnehmen ist begründet.

Die Phylogenese, die Naturgeschichte, ist die Geschichte der zu Möglichkeiten gewordenen Komplementaritäten, Gegenseitigkeiten zwischen Welt und Lebewesen und zwischen Lebewesen untereinander, die das Mögliche komplementärer Beziehungen jedoch, wie oben ausgeführt, bei weitem nicht erschöpfen.

Die Welt als eine Sich-Zeigende ist ferner dem Wahrnehmen der Angehörigen von Ethnien, dem Kinde und auch den sog. Geisteskranken durchaus vertraut, d.h. Personen, die der vorlogischen Auffassung der Welt aus entwicklungsbedingten oder pathologischen Gründen noch näher stehen. Die Umwelt der Papuas, der Weddas, der Bororos, der Pygmäen, der Aruntas oder Prärieindianer,[53] aber auch der antiken Griechen[54] und Römer[55] ist die von Dämonen, Geistern, Göttern beseelte und belebte, die sich in jeder Veränderung der Umwelt sowohl zeigen als auch auf Mögliches, Zukünftiges hinweisen.[56] Die auffallende Physiognomie eines Felsens, eines besonders großen Baumes, eines reißenden Gewässers wird vermerkt, diese werden zum Wohnsitz gutwilliger oder böser Mächte erhoben, u. U. zu Tabus – in jedem Fall als sich zeigende Physiognomie verstanden.[57]

Aber auch der für die Herstellung eines Speers sich eignende Baum, der Stein, der zum Beschlagen anderer Steine gebraucht werden kann, die Erzader, die zum Abbruch einlädt, wird als freundliches Zeigen der Welt empfunden, als Zuwendung derselben an den bedürftigen Menschen, nicht weniger wird gegenteiliges Erleben als feindliches Sich-Verschließen aufgefaßt. Dem Kind[58] – das heute allerdings immer früher durch rationale Aufklärungen diese Weltzuwendung verläßt – zeigt sich die Umwelt ebenfalls noch unvermittelt persönlich, wenn es mit Gegenständen, mit der Natur, mit Puppen und Spielzeugen Zwiesprache wie mit Personen hält. In Naturereignissen, bei Gewitter, Hagel, Sturmflut, an heiteren Sonnentagen oder beim Anblick eines sich durch ein Feld schlängelnden Baches, empfindet es das Sichtbarwerden bedrohlicher oder feindlicher Mächte.

Die für das Kind und den Wilden[59] noch nicht getroffene Unterscheidung zwischen belebten und toten Dingen trägt zu der unmittelbar-persönlichen Beziehung gegenüber der Umwelt bei. Aber auch nach zunehmend entwikkeltem Unterscheidungsvermögen bleibt für viele Kinder, bis in die ersten Schuljahre hinein, die Welt eine personale, die sich dem Kind ebenso zeigt wie die Personen seiner Umgebung.[60] – Die aufgeführten Beispiele könnten um viele vermehrt werden, wären sie nicht durch zahlreiche Autoren[61] schon eingehend berichtet und belegt worden.

Für den Geisteskranken, z. B. den Paranoiden, ist ferner die Bedeutung des Blickes, das Empfinden, von Menschen und Umwelt angeblickt zu werden, eindrucksvoll beschrieben worden.[62] Hier zeigt sich dem Kranken plötzlich die Welt in Hinweisen, Andeutungen, geheimnisvollen Symbolen, so daß er das Sich-Zeigen einer bedeutungsvollen Welt als Angeblickt-Werden empfindet. Die ihn anblickende Welt vermittelt ihm Botschaften, gibt ihm Hinweise für sein Verhalten. Erlebnisse der geschilderten Art psychologisch durch Projektion, participation mystique oder krankhafte, organische Veränderungen zu erklären und damit auflösen zu wollen, dürfte, ohne die Möglichkeit der sog. Projektion (s. unten) zu unterschätzen, das aufgewiesene Grundverhältnis zwischen Mensch und Umwelt, dem von Sich-Zeigen und Wahrnehmen nicht berühren.

Auch die der naturwissenschaftlichen Medizin vorausgegangene mittelalterliche oder antike Medizin hat in ihrer Signaturenlehre, wie sie besonders *Paracelsus*[63] darstellte, ein System entwickelt, das das Sich-Zeigen der Welt, mit dem sie auf ihre geheimnisvollen, der Gesundheit dienlichen Kräfte hinweist, immer wieder unterstreicht.[64]

Zeigt sich jedoch auch der tägliche Gebrauchsgegenstand, das Messer zum Brotschneiden, der Eisschrank, die Waschmaschine, zeigt sich der Anzug, das Haus, das Kraftfahrzeug, der Flugplatz oder die Stadt? Die Handhabung der einfachsten Gebrauchsgegenstände bis zu den kompliziertesten Düsenaggregaten neuzeitlicher Flugmaschinen setzt voraus, daß sich ihre Bedienung dem, der sie benutzt, zeigt. Bzw. muß der Gebrauchsgegenstand so hergestellt werden, daß seine Handhabung, seine Zugehörigkeit z. B. als Maschinenteil eines größeren Apparates, sichtbar gemacht worden ist, wenn dieser sichtbare Zusammenhang heute meist nur noch von dem Fachmann erkannt wird. Das Sich-Zeigen der Gebrauchsgegenstände wird jedoch an den einfachsten des alltäglichen Umganges besonders deutlich: Es zeigt sich nicht weniger in der Bedeutung, die der Griff des Messers zum Halten hat, wie in der Kurbel der Brotschneidemaschine, an der Drucktüre des Eisschrankes, seiner Fächer, seiner Einteilung, in der Bedeutung etwa der Hosen als männlicher (jetzt auch weiblicher) Beinbekleidung, des Flugplatzes und seiner Bedeutung zur Aufnahme von Flugzeugen. Es zeigt sich in der Uniform des Polizisten, die ihn als solchen kennzeichnet, dem Bau des Sessels, der zum Sitzen auffordert. Das „Zeug" der technischen Umwelt des Menschen ist von Menschen für Menschen gemacht, das sichtbare Sich-Zeigen seines Gebrauches, ob mit oder ohne Anleitung, ist von seiner Benutzung nicht zu trennen. Das Zeigen ist mit seinem Charakter als Zeug identisch.

Dabei unterliegen Zeug und Zeigen dem Wechsel modischer Stilrichtungen[65] – Sessel, die nicht mehr von Couchen zu unterscheiden sind, Heizapparate, die wie Fernsehgeräte getarnt sind usf. –, die damit eine Verschleierung des sonst offenkundigen Gebrauchszweckes der Gegenstände bedingen. Der eigentliche Gebrauch derselben wird durch die Einflüsse der Mode undeutlich, verschwommen, er läßt verschiedene Möglichkeiten offen: der Gegenstand erscheint auf den ersten Blick vieldeutig, insofern er u. U. ausschließende Gebrauchszwecke zu vereinen vorgibt. Das sind jedoch sekundäre Veränderungen der technischen Umwelt. Primär bleibt ihre Identität von „Zeug" und „Zeigen", d. h. diese Identität macht ihren Gebrauch eindeutig, zeigt diesen an und wird damit ebenfalls zum Bestandteil einer reziproken, auf Gegenseitigkeit von Zeigen, Wahrnehmen, Benutzen hinweisenden Beziehung.

Was sich zeigt, hat Eigenschaftscharakter – nur die Eigenschaft vermag sich zu zeigen, die Eigenschaft ist für den, der sie wahrnimmt, ein Sich-Zeigendes Etwas. Die Komplementarität von Eigenschaft und Wahrnehmen derselben soll die seit Parmenides anhaltende Diskussion, was an dem Ding sei und nicht sei, was Substanz oder Akzidenz ist, ausklammern und die vorliegende Untersuchung darauf beschränken, daß Sich-Zeigendes und Eigenschaft, Wahrnehmen der sich-zeigenden Eigenschaft einander bedingende Vorgänge sind. So sprechen wir von den Eigenschaften eines Menschen z. B., wenn wir sie in seiner Darstellung wahrnehmen, nicht weniger von den Eigenschaften anderer Lebewesen oder der von Dingen.

Das Sichtbar-Sein, Sichtbar-Machen, Sich-Zeigen, Deutlich- und Eindeutig-Werden der Welt wird als letzten Endes aktiver, komplementärer Vorgang verstanden, indem die Welt – Umwelt – auf ihren Gesprächspartner, den Menschen zukommt, sich ihm zeigt, wie der Mensch sich der Umwelt darstellt, sich ihr verständlich zu machen sucht. Mit dieser Konzeption wird der Boden der bisherigen erkenntnistheoretischen Diskussion zwischen Sensualismus und Spiritualismus verlassen, die *Merleau-Ponty* bereits in ihrer Problematik aufgewiesen und diskutiert hat. *Heidegger*s „In-der-Welt-Sein" sei durch die komplementäre Fundamentalstruktur von Sich-Zeigen und Wahrnehmen ergänzt.

e) Einzelheiten zu dem Gesprächsmodell Mensch/Erde

Das Modell eines Gespräches,[66] deren es inhaltlich wie formal sehr viele verschiedene gibt und deren sehr viele verschiedene möglich sind, setzt, wenn es kein Monolog ist, die Antwort des Partners voraus. Zeigt sich die Welt den Lebewesen und dem Menschen, antworten diese auf das Sichtbar-Werden von Welt durch eine Veränderung ihres Verhaltens ihr gegenüber oder durch ein reines Anschauen, ein verständnissuchendes Sich-Vertiefen in das, was sich zeigt. Die Antwort kann jedoch auch Handlung, aktives Eingreifen in die Welt lauten: Rodung eines Waldfleckens, Hineintreiben von Schächten oder Bohrtürmen in die Erde, Stauen der Gewässer, Abbau, Raubbau, Umbau, Errichtung der menschlichen Umwelt – während das Tier immer mit dem Sich-Zeigenden lebt, selbst in der Destruktion des sich zeigenden Gegners. Die Gemse paßt sich dem Felsvorsprung an, der Lachs der Flußströmung, der Maulwurf weicht Gesteinen aus, die Schwalbe nutzt im Flug die Luftströmung. Die Tierart ist mit ihrer jeweiligen Umwelt – trotz aller Bedrohung durch sie – vertraut, ihr Unterschlupf, Nest, Höhle, ihr Versteck ist immer Teil der sich zeigenden Welt, in die das Tier sich, an ihr teilnehmend, einfügt.[67]

Menschliche Umwelt wird jedoch auf Kosten der vorhandenen errichtet, der Mensch geht nicht so sehr mit der Natur als gegen sie. Seine Antwort in dem Dialog von Sich-Zeigen und Wahrnehmen zielt auf Veränderung des Sich-Zeigenden ab, er macht das Zeigende zum „Zeug“ seiner Umwelt. Aus der veränderten Umwelt zeigt sich ihm das Antlitz seiner eigenen technischen Möglichkeiten, seine eigene Welt, zeigen sich die Möglichkeiten, Welt zu verändern und zu entwerfen. Die Sprache, die dann gesprochen wird, ist die von Probieren, Ergründen, Entwerfen und Gewaltanwendung. Der Welt muß, um sie gefügig und veränderbar zu machen, erst einmal Gewalt angetan werden. Dabei wird sie sich selbst entfremdet, ist nicht mehr von der Atmosphäre bestimmte Luft, sondern beherrschter Luftraum, Abraum für Gase, nicht mehr Fluß, sondern Abwasserkanal, nicht mehr Wald, sondern Industrielandschaft.

In dem Maße, in dem die Erde aus dem ihren verstoßen, ausgestoßen, ausgesetzt ist, wird der Mensch in seiner Welt heimisch. Das Gespräch mit der Erde wird von der Seite den Menscehn so geführt, wie es nur in untermenschlichen Bereichen, zwischen Gangstern oder KZ-Kapos, sich abspielt. Wer sich in den Händen von Verbrechern befindet, mit dem wird experimentiert, herumprobiert, Schindluder getrieben, er wird erpreßt, bis nichts mehr zu erpressen ist, und er, einmal ausgestoßen, endgültig zur Vernichtung „frei“ gegeben wird. Das Schlagen der Axt, das Knistern der Feuer, das Knirschen des Spatens waren in vortechnischer Zeit die Laute, die das Gespräch zwischen Mensch und Erde begleiteten. Heute ist es der Lärm des Traktors, der den Wald in wenigen Minuten rodet, das Rasseln und Sausen der Bohrmaschinen, die Detonation der Sprengung, das Rollen der Straßenwalzen, das Gurgeln der gestauten Gewässer, das Summen der Elektromotoren des Kraftwerks, das Dröhnen der Stahlessen, in denen die Erze geschmolzen werden, mit dem der Dialog Mensch/Erde geführt wird. Die Sprache[68] hat an Gewalttätigkeit und Anonymität zugenommen, die verstoßene Natur kehrt als nicht zu bewältigender Abfall von Plastikresten, als Atommüll, als Smog zurück, um sich erstickend auf das noch verbleibende Leben zu legen. Das Gespräch wird damit Ausdruck der Verfremdung des Partners, der sich zwar noch zeigt, aber nur als ganz entstellter in der Antwort sich vernehmen läßt.

Der Dialog hat jedoch auch die Gegenseite: Das gerodete Land wird zur Grundlage ausgedehnter Pflanzungen. Viele Millionen von Hektar sind mit Weizen, Baumwolle, Reis usf. bepflanzt. Obstbäume reihen sich an Obstbäume, Weinpflanzungen dehnen sich von Mitteleuropa bis an das Mittelmeer aus: die Erde – wird ihr das Geheimnis des Werdens der Fruchtbarkeit abgelauscht, versteht die Chemie den Boden mit Nitraten fruchtbar zu halten – kehrt als spendende, vielfach bereichernde wieder. In diesen Bezirken, den der extremen Verfremdung der Erde und den ebenso extermer Nutzbarmachung möglichen Reichtums, sind das Zeigen und das Wahrnehmen in den Bereich der Handlung, der Praxis übergegangen. Dieser Dialog kann nur noch annähernd mit einer von Lauten begleiteten Signalisierung verglichen werden.

Die Erde, ihre Atmosphäre, ihre Natur zeigen stumm an: Hier ist ein Fluß, der überschritten werden muß, der gestaut werden soll, hier eine Erzader, dort ein noch unbestiegener Gebirgsgipfel. Der Mensch lernt die Sprache dieser Signale und Zeichen (Signaturen), er handelt, sie verstehend, entsprechend und beutet Erzader oder Flußlauf aus. Dabei verschränken sich die beiden Möglichkeiten, hier die Erde gewalttätig auszubeuten, dort ihr Potential pflegend zu nutzen, zu einem dritten Schritt des Dialogs. Der gerodete Wald liefert den Boden für das Weizenfeld, der Stollen fördert das Erz, der Bohrturm das Öl, die durch die technische Prozedur verfremdete Erde kehrt zwar als Schlackenberg oder als mit Phenolen vergiftetes Gewässer zurück – sie bleibt einerseits verarmt, ausgeplündert übrig. Aber in Roden und Säen ist die Zerstörung die Grundlage des Weizenfeldes, die Zertrümmerung des Gesteins die Grundlage der Kohlen- oder Erz-Produktion. Bemächtigung, Vergewaltigung, Zerschlagung hier, Produktivität und Errichtung der Industrie dort sind Verfremdung hier, Spenden und Reichtum dort, sind Ausstoßung hier, Fülle dort.

Bleibt das Gespräch zwischen Mensch und Erde auf dieser Ebene stehen, so ist es wie in einem Mißverständnis, das „trotzdem“ Früchte trägt. „Trotzdem“, weil der eine der Partner (die Erde) der stärkere, großzügigere im Geben ist, das Mißverstehen seine Absicht und Fähigkeit zu geben nicht einschränkt. Er gibt, gleichgültig ob er mißhandelt oder ausgebeutet wird, denn das Geben ist sein eigentliches Tun: die Eigenschaft von Erde und Natur, über das Sich-Zeigen hinaus noch zu spenden, in ihrer technisch verfremdetsten Form nicht nur Rückkehr von Müll, unvernichtbarem Plastikstoff und Phenolgiften,[69] sondern auch Produktion in Millionen zu beziffernder Volkseinkommen darzustellen. Der nehmende Partner, der von dem Mißverständnis profitiert, zahlt für das Mißverständnis durch den Verlust seines Aufenthaltes in einer ehemals lebendigen, selbst bei aller Bedrohung noch sich zeigenden und gewährenden Umwelt. Die beherrschte, ausgebeutete, entfremdete Natur kehr einerseits in der Produktion vervielfacht zurück, andererseits ist sie in der Rückkehr auch die Verstoßene, Entfremdete und Tote. Die Gleichzeitigkeit beider Vorgänge ist der oben bezeichnete dritte Schritt dieses Dialogs.

Die Auseinandersetzung zwischen Mensch und Natur (Erde) ist allerdings im historischen Prozeß seit der Wende zum Industriezeitalter eine so intensive geworden, daß die Vernichtung des einen Gesprächspartners (der Erde) die des anderen mit sich ziehen würde (des Menschen). Das Mögliche der Vernichtung beider wäre als weiteres Mögliches unter die aufgeführten Möglichkeiten des Möglichen oben einzureihen.

Ein vierter Schritt in dem Gespräch zwischen Mensch und Erde zeichnet sich wie folgt ab: Im Handeln ergreift das Subjekt die Umwelt, im Wahrnehmen „läßt es sie los". In der Distanzierung durch die Wahrnehmung, später durch die Erkenntnis, tritt die Umwelt hervor, zeigt sie sich. Im Handeln ist die Welt primär passives Objekt: das Kind, das sein Kopfkissen erkundet, es herumstößt, an ihm herumzerrt, an sich drückt, es in den Mund zu stecken versucht, ist in diesem Vorgang aktiv, das Kissen passiv, ihm „widerfährt" das Tun des Kindes. Dem Handeln ausgesetzt ist die Welt jedoch nicht nur passives Objekt, sondern auch Grenze, Widerstand, zu formendes Pragma. Mit zunehmender Erkenntnis der Grenzen seines Handelns und Eingreifens in die Welt muß sich das Subjekt den Gesetzen dieser Welt, seiner Umwelt beugen. Es ist kein Entwurf eines Hauses noch dessen Durchführung möglich, wenn der Bau nicht die Gesetze der Schwerkraft berücksichtigt.

Der Idealismus konzipierte einseitig die Entwurfsseite des Subjektes, das seine technisch-entfremdete Welt „aus dem Ich heraussetzt" und der Natur aufoktroyiert, bzw. die Natur, wie eben ausgeführt, zum Bestandteil der menschlichen Produktivität macht. Die menschliche Umwelt wird zur Konstruktion des menschlichen Geistes: das ist die idealistische Erkenntnisposition. Im Wahrnehmen und Erkennen jedoch signalisiert sich Umwelt und Welt dem Subjekt, das Subjekt muß sich den Gesetzen der Umwelt fügen, um überhaupt in sie eingreifen zu können: das wäre die sensualistische Position.

Auf das Modell eines von beiden Seiten aktiv geführten Gespräches bezogen, überwältige ich im Handeln den Gesprächspartner, gleichzeitig diktiert er mir durch Widerstand und Grenze seines „Materials", wie ich ihn behandeln muß. Er gibt mir die Gesetze seiner Behandlung. Diesen Gesetzen wiederum beuge ich mich – ich bin der Gefangene seiner Gesetze, benutze aber die Gesetze, um meinen Gesprächsgegner an die „Kandare zu nehmen".

Wobei die „Kandare“ die Gesetze sind, nach denen ich mein Handeln richten muß, die wiederum die Grundlage der Errichtung meiner menschlichen Umwelt sind. So ist die Natur mein Gefangener, ich jedoch nicht weniger der Gefangene ihrer Gesetze. Das Erkennen der Gesetze, unter die ich meine Gesprächspartner dann wieder zwinge, erfolgt über das Sich-Zeigen des Partners, indem er mich „überwältigt“, er mir die Gesetze kenntlich macht, nach denen ich ihn dann „vergewaltige“.

Der Erkenntnisvorgang ist soweit doppelbödig. Jeder der Partner steht auf einem doppelten Boden, denn jeder Schritt (Handeln) führt mich in neue Abhängigkeiten von meinem Gegenüber, mit jeder Distanzierung (Wahrnehmen, Erkennen) zwingt der Partner mir seine Gesetze auf, zeigt sich die unauflösbare Verstrickung beider Gesprächspartner an. Daß sich hier eine fundamentale Struktur für Beziehung überhaupt abzeichnet, wird im Verlaufe der Untersuchung noch im einzelnen aufgeklärt werden.[70]

Zusammengefaßt ergibt das Gesprächsmodell Mensch/Umwelt oder Mensch/Natur folgende Schritte:

1. Die Beziehung zwischen Mensch und Erde erscheint primär als Ausbeutung derselben, die Natur kehrt entfremdet zurück.
2. Die Beziehung beruht auf einem Mißverständnis: der Mensch beutet die Natur aus, sie spendet und gibt ihm.
3. Die Beziehung zwischen Mensch und Erde ist die einer gegenseitigen Abhängigkeit, die sich über „Kampf“ und Handeln konsolidiert. Ich bin abhängig von der Gesetzmäßigkeit der Erde, die diese mir, sie wahrnehmend, aufoktroyiert, und ich unterwerfe die Erde nach den Gesetzen, die sie mir zu verstehen gegeben hat. Die Erde ist nicht weniger die unterworfene und abhängige wie ich, der sie unterwirft und von mir abhängig gemacht hat.

f) Die Beziehung und das Deutliche

Ob in der Umwelt des Säuglings sich das Kissen, die Flasche oder das Lächeln der Mutter abhebt, deutlich wird, wieder verblaßt oder ob der schon 3 bis 4 Wochen alte Säugling die weiße Pappscheibe mit den Augen verfolgt,[71] das leuchtende Blau der Gardine vor einem rötlichen Hintergrund wahrnimmt – *im Sich-Zeigen der Umwelt, im Wahrnehmen des Sich-Zeigenden treten Sich-Zeigendes und Wahrnehmendes zueinander in Beziehung.* Die Komplementarität von sichtbarer Welt und wahrnehmendem Subjekt setzt Beziehung ebenso voraus, wie Beziehung durch sie begründet wird, ohne daß die Doppelbödigkeit der Beziehung „Mensch/Erde“ auf dieser Ebene vorlogischen „Abtastens“ bereits Manifest wird. „In-der-Welt-Sein“ heißt jetzt, *sich ebenso auf etwas beziehen, wie auf etwas bezogen werden.* Das weiße Pappschild taucht im Gesichtskreis des Säuglings auf, es bezieht als

Sich-Zeigendes den Säugling auf sich, insofern es dessen Aufmerksamkeit erregt, der Säugling es aufmerksam verfolgt. Das gleiche wäre der Fall beim Auftauchen der Mutter oder eines Geschwisterchens, eines Hundes oder eines beliebigen Gegenstandes. Sie treten in den Umkreis des Kindes und beziehen es auf sich, nicht im psychologisch wertenden, egozentrischen Sinne, sondern ihr schlichtes Dasein vor den Augen des Säuglings impliziert, daß sie ihn auf sich beziehen, um seine Anwesenheit (sein Da-Sein) wissend.

Befinde ich mich in einem Raum, beziehe ich, ob ich will oder nicht, durch meine Präsenz alle Gegenstände in demselben auf mich, da sie mir innerlich anwesend, im Umkreis meines Bewußtseins (meines „Wachens", s. unten) sind. Im Bewußtsein meiner selbst ist auch die Umwelt gegeben, sie ist mir inne, sofern ich mit offenen Augen wahrnehmend durch ein Zimmer, einen Raum, eine Straße, ein Geschäft gehe.

Trete ich jedoch zu einem Buch in Beziehung, ergreift ein Gedanke intensiv von mir Besitz, gehe ich im Gespräch mit einem anderen auf, vergesse ich mich in einem Genuß, kann ich vorübergehend davon absehen, daß außer mir noch „andere Welt" da ist. Diese „Verdrängungen" meines Inneseins von Welt schließen jedoch nicht aus, daß ich, wo immer ich auch bin, gleichzeitig auf anderes bezogen werde.

Als sich vorweisendes menschliches „Zeug", Experimentiertafel oder zufällig weißes Schild, bezieht mich – und das Kind nicht weniger – das Ding auf sich. dessen Erstellung ja überhaupt auf Beziehung hin geordnet ist. Beide sind sie in der Gegenseitigkeit von Bezogensein und Sich-Beziehen verbunden. Wo bleibt jetzt das Deutliche, das Undeutliche, das Ein- und Vieldeutige? *Es ist von dem Stand der Beziehung zwischen dem Ding, der Person und mir, zwischen mir und dem Ding oder der Person abhängig.*

Ist die weiße Pappscheibe wenig kenntlich, unterscheidet sie kein helles Weiß vom grauen Hintergrund, ist die Mutter durch einen anderen, sie stärker in Anspruch nehmenden Gedanken nicht in diesem Augenblick auf das Kind bezogen, so ist die Beziehung vom anderen nicht „anvisiert", zwar vorhanden, aber „undeutlich". Sie kann dabei vom Kind durchaus aktiviert sein, im Sinne von fragendem, begehrendem, erwartendem Fixieren, ohne daß es auf ein Echo stößt. M. a. W. das Kind nimmt die Mutter deutlich wahr, bezieht sich auf diese, sieht sie eindeutig, erfährt jedoch keine Antwort. Der analoge Vorgang würde für die Pappscheibe des Experimentators zutreffen. Obwohl sich diese kaum als weiße aktiv vorweist, bezieht sich das Kind auf sie, indem es sie trotz geringerer Auffälligkeit bemerkt, diese vom Hintergrund sich abhebt.

Die Formulierung des Schlusses, das Deutliche oder das Undeutliche sind die Variablen der Beziehung zwischen Wahrnehmendem und Sich-Zeigendem, oder die *Beziehung bestimmt, was deutlich oder undeutlich ist,* liegt auf der Hand.

Dieser Satz läßt sich auch auf das Eindeutige oder Vieldeutige übertragen. Oben wurde die Eindeutigkeit einer Geste – etwa der geballten Faust -- als Beispiel aufgeführt, den Vorgang des Eindeutigen zu veranschaulichen. Die

Eindeutigkeit wird sofort in Frage gestellt, wenn der, auf den sich die geballte Faust beziehen soll, sie nicht auf sich bezieht. Die Eindeutigkeit einer Gebärde, einer Darstellung, eines Wortes, eines Satzes von Verbot oder Gebot setzt dic Bereitschaft der oder des anderen voraus, die „Botschaft zu hören". Ist diese Bereitschaft nicht vorhanden, erreicht das Eindeutige nicht seinen Gegenüber, wird es zum Undeutlichen oder Vieldeutigen. Der andere, dem die geballte Faust gilt, hat sie nur flüchtig wahrgenommen, er glaubt, daß der Drohende vielleicht gähnt und sich die Hand vor den Mund hält, oder er gewahrt nur eine vieldeutige, viele Möglichkeiten implizierende Bewegung des Armes. Er fühlt sich in keiner Weise betroffen, eine mögliche Komplementarität der Beziehung existiert nicht.

Zu analogen Mißverständnissen kann im Prinzip jede Ausdrucksbewegung führen, insbesondere das Erotische darf in der westlichen Erdhälfte als häufiges Beispiel von Mißdeutungen benutzt werden: ein entblößtes Bein oder ein entblößter Arm hätten keine andere Bedeutung als dieser Extremität Kühlung zuzuführen, was von der Umgebung durchaus anders aufgefaßt zu werden vermag.

Ebenso würde das Wahrnehmen von Figuren im (scheinbar) unkonfigurierten Haufen nicht stattfinden, wenn der Wahrnehmende nicht eine Beziehung zu den auf dem Tisch liegenden Nüssen oder Reißnägeln konstelliert, er sich z. B. als Teil eines Experimentes weiß. Das Sich-Zeigende der Natur oder des Zeugs kann entweder nicht oder nur flüchtig zur Kenntnis genommen werden, damit erscheint Undeutliches oder Vieldeutiges. Aber das Sich-Zeigende vermag wiederum, obwohl nicht „Persönlich" oder „Subjektzentriert", durchaus die Person zur Kenntnisnahme zwingen: ein Gestrüpp, das den Weg verbaut, ein Staubsplitter, der das Ingangsetzen des Pkw verhindert, ein Bach, der das Überqueren verhindert, ein Bergsturz, der vorbeirollt, sind nur wenige Beispiele, wie die sich-zeigenden Dinge den anderen zur Kenntnisnahme zwingen.

g) Die Bedeutung (Konstanten und Variablen)

Bedeutung hat primär, was *Beziehung deutlich macht.* Die Bedeutung des Undeutlich-Vieldeutigen tritt gegenüber der Bedeutung des Deutlichen zurück, sie wird zum Hintergrund von Bedeutung.

Die Bedeutung des Armes erlerne ich durch den Gebrauch desselben, durch den tätigen Umgang mit ihm. Der Gebrauch des Armes ist, bei aller Vielzahl der Möglichkeiten ihn zu benutzen, durch seine anatomische Struktur begrenzt. Im allgemeinen kann ich den Arm nicht zum Gehen benutzen. Mit ihm, seiner Beweglichkeit in den drei Dimensionen des Raumes, insbesondere durch seine Verbindung mit der Hand, erschließe ich mir Personen und Umwelt durch Berühren, Tasten, Fassen, Halten, Greifen, Heben, Senken, Zupacken, Loslassen, Ausschwenken, Einwärtsdrehen, Nachhintendrehen,

Nachvornestrecken. In der Verlängerung des Armes und der Hand durch Werkzeuge, wie Hammer, Axt, Schaufel, endlich einfach durch die Bedienung eines Knopfes oder Hebels, vermag ich die Umwelt meinen Erwartungen entsprechend zu verändern. Die Armlosigkeit, sei es durch Unfall oder angeboren, dürfte neben der Blindheit und Taubstummheit zu den gravierendsten Verstümmelungen des Menschen gehören. Bei der Vielzahl lebenswichtiger Funktionen, die der Arm und die Hand ausführen, sei es in Beziehung zum Mitmenschen: von der Handreichung bis zur Umarmung, vom Faustschlag bis zur Betätigung eines Gewehrabzuges, sei es in Beziehung zum Zeug: vom Essen bis zum Sich-Anziehen, Schreiben, Autofahren, Lastenschleppen usf., scheint die spezifische Bedeutung des Armes undeutlich zu werden. Und doch liegt sie generell in seiner Fähigkeit zur aktiven, motorischen Beziehungsaufnahme der Umwelt gegenüber, die in dieser spezifischen Weise weder von den Sinnesorganen, noch von der Sprache, noch von den Beinen gewährleistet wird. Unter der Bedeutungskonstante „Beziehungsaufnahme" lassen sich die Variablen seiner zahlreichen Funktionen verstehen; sie ist den Teilfunktionen: Tasten, Greifen, Fassen, Halten übergeordnet.

Von anderer, jedoch ebenfalls elementarer, lebensnotwendiger Bedeutung, sind die biologisch-leibhaften Funktionen des Essens, Ausscheidens, Atmens. Der Blutkreislauf, die Versorgung der Organe mit Sauerstoff, der Abtransport von Schlacken und Kohlendioxyd, in der Natur der Sauerstoff- und Stickstoffgehalt der Luft sind nicht weniger lebensnotwendig als das Vorhandensein von Wasser und Sonnenbestrahlung, von Mineralien und Vitaminen in der menschlichen Nahrung. Bei aller Verschiedenheit spezifischer Körperfunktionen oder chemisch-physiologischer Reaktionen des Organismus auf die Stoffe der Umwelt, liegt die Bedeutungskonstante dieser Funktionen für den Organismus in leben und Leben erhalten. Geringste Schwankungen, ein Mangel oder ein Zuviel des einen oder anderen Stoffes können zu schwersten Schäden oder gar zum Tode führen, nicht weniger als die gestörte Versorgung von Niere oder Gehirn durch mit dem Blut mangelhaft herangeführte Stoffe. Das Erfüllen dieser elementaren Abläufe im Stoffaustausch zwischen Lebewesen und Umwelt ist der konstanten Bedeutung „Am Leben-Bleiben" untergeordnet – wobei das „Am-Leben-Bleiben" nur möglich ist durch die kontiunierliche Beziehung zwischen Organismus und Umwelt, die auch im Schlaf (Ausscheiden) nicht unterbrochen wird.[72]

Die leibhafte Verwurzelung der Person in einer wechselnden Umwelt stiftet ferner konstante Bedeutungen, die durch das „Zeug" der Umwelt, durch die im Wechsel relative Konstanz der Natur nicht weniger als durch die wiederkehrende Erfahrung von Emotionen, Antrieben, Affekten und endlich durch die Konstanz der mit sich identischen, gleichbleibenden Begriffe gewährleistet wird. Durch die Leibhaftigkeit der menschlichen Existenz werden bestimmte Erfahrungen, die durch den Leib vermittelt sind, konstant (z.B. die Benutzung des Armes). In diesen Erfahrungen, die über die Kreisprozesse von Wahrnehmen und Bewegung gemacht werden, erschließt sich der Bedeutungscharakter von einfachsten Handlungen, die das Leben hindurch in gleicher Weise wiederholt werden und nur geringe Variabilität aufweisen. Dazu zählen die Orientierung im Raum,[73] in der Zeit, das Erfahren von Wirkzusammenhängen – Kausalität –, das Erlernen von Gehen, Stehen, Laufen, der Sprache, das Erlernen auch der Wahrnehmung von nah und entfernt, der Perspektive. Es sind die Grunderfahrungen des Menschen, gleichgültig ob diese in einem Slum oder in einer herrschaftlichen Villa gemacht werden. Dem Erfahren der Bedeutung von Raum oder Zeit, der Sprache oder des Laufens gehen allerdings die Stadien voraus, in denen die spezifische Bedeutung konstanter Funktionen noch nicht voll erfaßt werden, diese undeutlich erscheinen.

Erst durch Üben und Probieren (Aktivität), dann durch Koordination von äußeren und inneren Merkmalen, die z.B. der Bedeutungseinheit „Greifen" zugrunde liegen, entsteht die entsprechende Bedeutungseinheit: Wenn das Kind „begriffen" hat, was es alles greifen und mit dem Gegriffenen tun kann, ist das Greifen in seiner Bedeutung erschlossen und zu einer konstanten Erfahrung geworden. Das Greifen wird zum Bestandteil einer spezifischen Beziehungsaufnahme, denn im Vergleich mit der allgemeinen „aktiven Beziehungsaufnahme" des Armes zeichnet sich das Greifen durch die besondere Art der Umklammerung von Gegenständen mit der Hand aus. Das Ergriffene wird wenigstens für einige Momente festgehalten, „man hat es bei sich". Das Greifen ist als Bedeutungskonstante – eine spezifische Beziehung durch Greifen herzustellen – der konstanten „Beziehungs-Aufnahme" des Armes untergeordnet, es ist eine Variable von Beziehungs-Aufnehmen.

Die Hierarchie über- und untergeordneter, aber konstanter leibhafter Funktionen[74] erschließt sich primär im Erlernen der Möglichkeiten des eigenen Leibes, dann in der Bedeutung der übergeordneten Kategorien vom Raum, Zeit und Wirkzusammenhängen.

Diese Hierarchie tritt dem Menschen im Zeug nicht weniger entgegen wie in der Natur und endlich in der Begriffsbildung. Die Bedeutung des Stuhles ist das Sitzen, die des Schemels, des Hockers, des Sessels, des Schaukelstuhls, der Couch nicht weniger. Die spezifizierten Weisen zu sitzen – ob auf Hokker, Sessel oder Couch –, die realen Möglichkeiten von „möglichem Sitzen" stellen die untergeordneten Konstanten gegenüber den übergeordneten des „Sitzens" dar. Das Mögliche des Aufbewahrens von Dingen z.B. wiederholt das gleiche Verhältnis von Möglichem zu den Möglichkeiten, wenn die spezifische Art und Weise von Aufbewahren in Regalen, Schränken, Tischen, Schubladen, Kommoden, Nachttischen usf. in Betracht gezogen wird.

Die Konstanz des Zeugs liegt jedoch nicht nur in hierarchisch geordneten Bedeutungen – durch die Beziehung ermittelt –, sondern in der Möglichkeit, regelmäßig bestimmte Bedürfnisse, auch Gewohnheiten durch vorhandenes Zeug abzusättigen: sich zu setzen, etwas aufzubewahren, zu schreiben, etwas hinzulegen oder mit etwas sich fortzubewegen.

Die oben aufgezeigte fundamentale Polarität von Möglichem („Sitzen") und den Möglichkeiten („Sessel“) wird hier erneut sichtbar. Sie ergibt sich aus den konkreten Beziehungen zwischen dem Subjekt und seiner Umwelt. So bedeutet „Berg“: groß, hoch, ansteigen, sich anstrengen, schöne Aussicht, gute Luft usf., wobei für den Berg (oder das Gebirge) die Vorstellungen „hoch“, „groß“, „massiv“, „gewaltig“ entscheidend sind, dem sich Mittelgebirge, Hügel, vulkanische Hochebenen und endlich die Tiefebene unterordnen, wie sie meine Beziehung konstelliert hat.

Für die „Luft“ wäre das Bewegte, Veränderliche, Umgreifende, Unsichtbare, aber doch Spürbare als übergeordnete Konstante charakteristisch. Einmal ist sie warm, dann kalt, dann verbraucht, stickig, rein, klar, zugig, trokken, feucht usf. Das Mögliche des Veränderlichen, Beweglichen, Unsichtbaren spezifiziert sich in den gegensätzlichen Möglichkeiten von heiß, kalt, trocken, feucht, stehend oder zugig.[75]

Der Bereich des Emotionalen mit seiner über- und untergeordneten Konstanten, der hier die Gestimmtheit des Menschen, seine Antriebe und Gefühle (Definition s. unten) mit einbeziehen soll, ist durch Widerfahrnis und Aktivität gekennzeichnet. Jemand erfreut mich, ich erfreue jemanden, jemand liebt mich, ich liebe jemanden, jemand verläßt mich, ich verlasse jemanden, jemand lobt mich, ich lobe jemanden. Die damit verstandenen, grundlegenden Erlebnisse und Widerfahrnisse des Leidens, des Schmerzes, der Beglükkung, der Freude (Lust und Unslust wie sie die physiologische Psychologie nennt), die in ihren spezifischen Varianten der Bedrohung, Unterdrückung, des Verlassen-Werdens, der Ablehnung, des Verkennens nach der negativen Seite der Unwerte sich spezifizieren, nach der positiven Seite durch Akzeptiert-Werden, Zuneigung, Gefördert-Werden, durch Toleranz oder Anerkannt-Werden, stellen wie die leibhafte Zuordnung, wie die Welt des Zeugs, wie die Natur Bedeutungskonstanten dar. Wenn auch ihre Erfahrung nicht ubiquitär ist, nicht jeder Mensch das Verlassen-Werden erlebt hat, nicht jeder Mensch geliebt hat oder geliebt wurde, so sind ihm diese Erfahrungen und die mit ihnen verbundenen Begriffe zumindest aus den Erlebnissen anderer, aus zweiter oder dritter Hand vermittelt worden. Sie gehören zu den menschliches Dasein und seine Wertskala fundierenden Erlebnissen, deren lebenslängliche Bedeutung die Psychoanalyse zum Gegenstand ihrer Untersuchungen gemacht hat. Was Lieben oder Geliebt-Werden, was Verstoßen oder Akzeptiert-Werden bedeutet, ist jenseits der Verschiedenheit sprachlicher Idiome und soziologischer Abkunft jedem Menschen evident. In seiner Bedeutung „deutlich“ ist es Bestandteil der alltäglichen Erfahrung im Umgang zwischen Menschen.

Die Konstanz der Begriffe, die einmal erlernt, formal lebenslänglich die gleichen bleiben, auch wenn sich ihre Inhalte und Relationen ändern, zählt zu den weiteren fundamentalen Bedeutungskonstanten. Die Begriffe „greifen“, „festhalten“, „gehen“, „essen“, „ausscheiden“, „hören“, „sehen“, „schmecken“, „tasten“, die dem leibhaften In-der-Welt-Sein zugeordnet sind, werden sich, einmal erworben, ebensowenig ändern wie die Begriffe, die sich auf die menschliche Umwelt, das Zeug beziehen: „Sitzen", „Wohnen", „Treppensteigen", „Türenöffnen", „Fensterschließen", „Hammer gebrauchen", „Maschine anstellen", „Pkw", „Straßenbahn", „Flugzeug" usf. Die letzteren mögen zwar inhaltliche Veränderungen erfahren, denn ein Flugzeug aus dem Jahre 1923 erscheint anders als eines aus dem Jahre 1975. Aber es bleibt ein der Fortbewegung dienendes Zeug. Die mit diesen Begriffen verknüpften Oberbegriffe der Fortbewegung, des Schlagens (Hammer), der Behausung (Wohnen), werden in ihrer Bedeutung identisch bleiben, solange der Mensch noch auf Fortbewegung durch andere Möglichkeiten als vermittels seiner Beine Wert legt, solange er noch eines Wohnens, eines Zusammenfügens von Gegenständen bedarf, solange er noch ißt, wahrnimmt oder schläft.

Die Konstanz dieser Begriffe läßt sich im Umgang mit der Natur ebenfalls erweisen: Das Meer, auch wenn verschieden gesehen, erfahren, erlebt und beurteilt, wird wie der Stein oder das Holz dasselbe bleiben, solange es Meer, Stein, Holz noch gibt und sie nicht in Vergessenheit geraten sind.

Anders ist es jedoch mit den Begriffen, sie sich auf Personen, Institutionen, auf den Bereich der sozialen Kommunikation, aber auch auf Tiere und andere Lebewesen beziehen, auf Ereignisse, die mit dem Lebensweg des Menschen, der Gesellschaft, seiner und ihrer Vergangenheit zusammenhängen. Hier erfahren die Begriffe häufig einen entscheidenden inhaltlichen und dann auch formalen Bedeutungswandel. Der „Vater" wird zwar in seiner leibhaften Eigenschaft als Erzeuger immer der „biologische" Vater bleiben, aber sein Verhalten wie auch die Beziehung zu ihm mögen im Verlaufe des Lebens sich so tiefgreifend verändern, daß von einem „Vater" keine Rede mehr sein kann, wird unter diesem jetzt nicht nur der leibliche Erzeuger, sondern auch dessen familiär-soziale Rolle, die emotionelle Beziehung zu ihm verstanden. Der seiner Bedeutung entleerte Begriff beginnt sich aufzuheben.

Der Umgang mit einem senilen Vater vermag sich so grundlegend zu ändern, daß dieser Umgang nicht mehr dem „Vater", wie man ihn von früher kannte, gilt, sondern einer Person, der gegenüber man weitgehend gleichgültig, indifferent geworden ist, d. h. der formale Begriff „Vater" wird hinfällig.

Die Entfremdung unter Personen, das Aufhören einer Beziehung nicht weniger wie das Beginnen einer anderen, das Entdecken eines oder mehrerer „Väter" im Leben lassen die Begriffe Vater, Mutter, Bruder, Schwester, Freund, Ehefrau usf. bestenfalls wie Orientierungs- oder Erinnerungsmarkierungen erscheinen, die eines Tages jeden Inhaltes bar, damit auch formal in Frage gestellt sind, was nicht von „Arm", „Stuhl", „Haus", „Baum" oder den Gefühlen der Zuneigung und Abneigung gesagt werden kann. Diese Vorgänge treffen auch für Institutionen, Gesellschaften, Gruppen von Personen wie auch für die Beziehung zu Tieren oder anderen Lebewesen zu. Die Institution z. B. einer Partei oder einer religiösen Gemeinschaft, zu der ein Mensch eine Zeitspanne seines Lebensweges in lebhafter Beziehung stand, wird vielleicht als Begriff dieser Institution bis an das Lebensende des ehemaligen Mitglieds existieren. Die Bedeutung des Begriffs „Partei" vermag jedoch einem derartigen Wandel unterliegen, daß nach 10 oder 20 verflossenen Jahren der Begriff inhaltslos für das ehemalige Mitglied, damit bedeutungslos geworden ist. Das trifft für die Institution der Ehe nicht weniger zu – was seit Jahren geschiedene Partner wissen – als beim Beamten für die Institution seiner Beamtenhierarchie. Hat er letztere verlassen, wird sie möglicherweise irrelevant für ihn.

Die mangelnde Konstanz von ominösen Begriffen wie dem der „Gesellschaft", die beliebig, wie zu mästende Gänse, mit heterogensten Ideologien vollgestopft werden können, schließt jedoch nicht aus, daß der Mensch konstant gesellschaftsbezogen ist. Die Konstanz der Bedeutung von Begriffen, die aus dem Bereich des Personalen, Geschichtlichen und Institutionellen abgeleitet zu werden vermag, ist jedenfalls durch ihren stärkeren inhaltlichen Wandel fragwürdig.

Was die Bedeutung der Normen anbetrifft, die als moralische oder ethische das Zusammenleben der Menschen mitbestimmen, so ist ihre komplexe Entstehung, ihre Vermischung mit institutionellen und ökonomischen Momenten, mit Machtansprüchen und Repression einerseits, mit Antrieben aus der sozialen Sphäre andererseits so problembeladen und damit vieldeutig, daß ihre Erörterung hier noch einmal zurückgestellt werden soll.[76]

h) Beziehung und Bedeutung

Wenn das Deutliche und das Undeutliche sich als Variablen der Beziehung zwischen Sich-Zeigendem und Wahrnehmendem ergaben, dann gilt für die Beziehung, daß sie zum Entstehen eines oder mindestens zweier Bedeutungspole bedarf: Einem, der der Subjektseite entspricht, einem anderen, der die sog. Objektseite repräsentiert.

Bedeutung entstünde zwischen Beziehungsfeldern und auf diese Sich-Beziehendes. Die Bedeutung des Armes liegt in seiner aktiven Beziehungsaufnahme, die des Greifens in der spezifischen Art der Beziehungsaufnahme. In der Leibhaftigkeit menschlichen In-der-Welt-Seins gibt es keinen Anteil des Leibes, der nicht bedeutungsvoll auf Beziehung hingeordnet wäre: Sei es, um Beziehung aktiv zu ermöglichen (Motorik); sei es, um Beziehung wahrzunehmen (Sensorik), sich gegen Beziehung zu schützen (Haut); sei es, um Beziehung zu steigern (Erotik); sei es, Beziehung herabzumindern (Schlaf).

Der Leib als biologische Lebensgrundlage ist gleichzeitig Ausdruck der Lebenserhaltung, die ohne Beziehung nicht denkbar ist – damit Bedeutungen ermöglicht. Die menschliche (technische) Umwelt steht ausschließlich im Dienst der Beziehung zum Menschen, was nicht ausschließt, daß die fortschreitende Technik und Planung der Welt die Beziehungslosigkeit zunehmend steigern.

Die Natur wird zum Anlaß von Beziehungen, damit zu Bedeutungen, solange der Mensch in ihr, wenn auch nur rudimentär, lebt. Die Emotionalität, noch in ihren krankhaften Formen der Manie oder Depression, bestimmt die Art der Beziehung, damit das „wie“ und „was“ ihr etwas bedeutet: ob ablehnend, zugewandt, sachlich, indifferent, wohlwollend usf. Die Normen, Institutionen, die Gesellschaft sind Selbstdarstellungen von menschlichen Beziehungen, in denen sich diese, wie auch immer motiviert, in ihren Möglichkeiten von Verschränkungen des Sollens, des Verbietens und Erlaubens manifestieren und damit zu Bedeutungen werden.

Auch der Begriff, selbst wenn er die Beziehung zur Leibhaftigkeit, zur menschlichen Umwelt, Natur, Emotionalität abgestreift hat, ist er Epoché, reines „Für-sich- und An-sich-Sein“, intellektuelle Anschauung oder formale Mathematik, ist noch in seiner reinen Beziehungslosigkeit durch die Logik oder durch die mathematischen Ordnungen bestimmte Beziehung, damit Bedeutung.

Die Verknüpfung der Verhältnisse von Bedeutung und Beziehung stellt sich ferner, wie folgt, dar: Bedeutet mir etwas, habe oder bekomme ich eine Beziehung zu diesem. Oder: Etwas kann nur eine Beziehung zu Etwas haben, wenn es diesem Etwas etwas bedeutet. Der Kraftwagen wird für mich in dem Augenblick bedeutungsvoll, in dem ich eine Beziehung zu ihm habe, was für jedes Ding aus der menschlichen Umwelt, aber auch für den Umgang mit Institutionen, Gruppen, nicht zuletzt auch für den Umgang mit der Natur zutrifft. Bedeutung hat für mich nur, zu dem ich Beziehung habe.

Gesättigt bedeutet mir die üppige Tafel nichts, es sei, daß sie Erinnerungen oder ein vages Interesse weckt. Mit einem Problem aus einem spezifischen Bereich beschäftigt, bedeuten mir Probleme aus anderen Bereichen nichts oder nur wenig. Wer vom Fußballsport nicht affiziert ist, wird der Lederkugel wenig Aufmerksamkeit schenken. Wer Frauen nicht liebt, sondern Männer, dem wird der Eros in Bezug auf Frauen nur abstrakte, unlebendige Vorstellung bleiben. Die Beispiele ließen sich durch eine Überzahl, vor allem auch aus dem Bereich der Verhaltensforschung fortsetzen, die z. B. gelegentlich „blindes“ Verhalten von Tierarten beobachtet hat,[77] die auf eine erhebliche Anzahl von gewohnten Signalen in keiner Weise reagierten bzw. die Reaktion von den Imponderabilien der Gestimmtheit abhing. Je einfacher die Tierart ist, um so enger ist ihre Affizierbarkeit durch möglcihe Bedeutungsinhalte (Signale), je höher sie in der stammesgeschichtlichen Entwicklung steht, um so relativ größer wird der durch „Signale“ erreichbare Horizont. Dabei fallen jedoch die Einschränkungen nicht fort, die selbst das Schimpansenbaby gegenüber dem Kleinkind der menschlichen Gattung noch aufweist.[78]

Damit etwas Bedeutung für uns oder für ein Lebewesen erhält, muß es in erster Linie vorhanden, sichtbar sein, es muß sich zeigen, im erweiterten Sinne auch des Tastens, Schmeckens, Gehört-Werdens. Das Sich-Zeigen darf nicht nur verschleiert, diffus erscheinen, es wird sich von seinem jeweiligen Hintergrund abgrenzen und Bildcharakter annehmen müssen. M. a. W. es wird eine wie auch immer zu objektivierende Wirkung von dem auszugehen haben, was an Bedeutung gewinnt.

Sichtbarkeit, Sich-Zeigen, Wirkung und Wirksamkeit sind die Grundvoraussetzungen dafür, daß etwas Bedeutung bekommt, wobei die Beispiele, die oben in Bezug auf das „Deutliche" dargestellt wurden, auf die Bedeutung sinngemäß übertragen werden können: Die in Wut erhobene Faust, die Gebärde, der gehörte Satz – Verbot, Gebot –, Personen, Vater, Mutter, Geschwister, soweit sie sich deutlich abheben, vermögen von Bedeutung zu werden. *Das Deutliche und die Bedeutung sind jedoch nicht dasselbe.* Der Vater kann ein- oder zweimal in der frühen Kindheit deutlich im Gesichtskreis eines Kindes aufgetaucht sein, dann nie wieder und ist damit ohne Bedeutung geblieben. Die umgekehrte Reaktion ist jedoch auch möglich, der Vater wird „überdeutlich", da sein einmaliges Auftreten, aus was für Gründen immer, nachhaltigsten Eindruck bei dem Kinde hinterlassen hat. Die faktische Nichterreichbarkeit des Vaters verändert dessen Bild zunehmend, wenn auch phantasievoll, seine Figur wird für das aufwachsende Kind intensiviert, verdeutlicht.

Damit etwas aus dem Bezirk des Deutlichen in den der Bedeutung überwechselt, bedarf es von der Objektseite her in den meisten Fällen der Wiederholung: Wird die Pappscheibe das erstemal nicht beachtet, dann beim zweiten- oder dritten Mal. *Von der Subjektseite her muß die Zuwendung oder die Abwendung in besonderer, das Individuum treffender Weise erfahren worden sein.*

Sei unter Zuwendung die noch unspezifische, diffuse Weise allgemeiner Weltzuwendung verstanden (s. unten), die sowohl ein unbestimmtes Interesse (mental) wie auch eine positive emotionelle Färbung (Zuwendung) auszeichnet, so ist sie von der bereits selektiven, auf einen oder mehrere Gegenstände hin ausgerichteten Aufmerksamkeit zu unterscheiden (s. unten), über die das Deutliche bereits fixiert wird. Analog gilt für die Abwendung, in der das Subjekt, durch was für eine äußere oder innere Bedingung auch ausgelöst, sich von der Umwelt zurückzieht, ihr gegenüber sich verschließt, Beziehungen abbricht (Indifferenz) oder nur die beeinträchtigend erlebte Angst fortbesteht.

Auf das Deutliche der Bedeutung antwortet das Subjekt mit wechselnder Beziehung: Zuwendung oder Abwendung.

Die überwiegend intellektuelle, von Neugier bestimmte Zuwendung, die nicht zufällig in der Fixierung durch die Augen sich abzeichnet, wird durch die Arten von Zuwendung erweitert, in der das leibhaft-emotionelle Engagement an Intensität (Definition s. unten) zunimmt oder das intellektuelle Interesse sich schrittweise selektiv der Gegenstände bemächtigt, deren Bedeutung entsprechend sich anreichert.

Zahlreiche Versuche aus dem Bereich der Psychologie des Kleinkindes und der Verhaltensforschung[79] haben diese Vorgänge erwiesen. Ein gezeigter Gegenstand, der wieder entfernt, dann wieder vorgezeigt wird – dem Kind jedoch dann vorenthalten bleibt –, gewinnt an Bedeutung, je größer der dem Kind entgegengesetzte Widerstand ist, sich des Gegenstandes zu bemächtigen. Auch hier gibt es erhebliche Unterschiede: Ob die Milchflasche im Hungerstadium oder bei Sättigung auftaucht, wird ihre jeweilige Bedeutung relativieren, ohne jedoch ihre prinzipielle, einmal erfahrene Kennzeichnung (Bedeutung) einzubüßen, die sie als Gegenstand wiederholter emotioneller Befriedigung erhalten hat.

Die Entfaltung des intellektuellen Interesses wird durch jene Vorkommnisse illustriert, in denen das Kind durch den Gegenstand angeleitet, diesen Schritt für Schritt untersucht, ausprobiert, möglicherweise in seiner faktischen Bedeutung erkennt. Die Vorgänge aus der Entwicklung des Lernens[80] implizieren eine Beziehung zum Gegenstand, die primär Zuwendung beinhaltet, sekundär aber auch Abwendung bedeuten kann, in denen in jedem Fall Bedeutungen Beziehungen stiften und, umgekehrt, aus Beziehungen Bedeutungen entstehen.

Aus der emotionellen Sphäre erwächst die Welt der Gegenständlichkeit, des Zeugs, die das Kind von Anfang an schon umgibt. Das Erlernen ihrer Bedeutung heißt: „Wozu, in bezug auf was?“. In welcher Beziehung stehen Stuhl, Bett, Schrank, Haus, Fahrzeuge zu mir und zueinander, wie hängen sie miteinander zusammen?

Zu der subjektiv-emotionellen Bedeutung der Personen tritt die der Sachbeziehungen, die im Verlaufe des Lebens, besonders in der industrialisierten Umwelt, die erstere mehr und mehr in den Hintergrund drängten, wobei dieser Lernvorgang nicht ohne die entsprechend beeinflußte Aktivität des Kindes möglich ist. Der Mensch erfährt, daß die Dinge nicht nur auf ihn – sog. kindlicher Egozentrismus[81] –, sondern auch unter sich und untereinander bezogen sind: Voraussetzung für das Verständnis auch der Institutionen und Traditionen, die ihm durch die Erziehung überliefert werden. Diesem Lernvorgang unterworfen, ersetzt der Begriff der Sachbedeutung, z. B. eines Stuhles, zunehmend den der emotionellen Beziehung zu diesem. M. a. W., daß der Stuhl ausschließlich in seiner Sachbeziehung zum Sitzen, nicht mehr zum Klettern oder als Anlaß für die Betätigung phantastischer Wünsche aus der magischen Welt stammender Willensimpulse dient.

In der Sachbeziehung werden Bedeutung und Beziehung identisch. Das Fahrzeug bezieht sich auf das Fahren, seine Bedeutung ist das Fahren, der Hammer auf das Einschlagen von Nägeln oder anderen Gegenständen. Seine Bedeutung ist das Schlagen. Mit dem Druckknopf wird die elektrische Eisenbahn in Gang gesetzt, seine Bedeutung ist: Ingangsetzen der Eisenbahn, das ist aber auch seine Beziehung. Ist ein Zeug auf mehrere Zwecke bezogen, ein Transporter mit Hebekran auf Fahren, Heben und Abschleppen, so sind die Sachbeziehungen derselben ebenfalls immer eindeutig. *Die Eindeutigkeit bestimmt die Identität von Bedeutung und Beziehung, die in den personalen Verbindungen, in der Beziehung zum Leib, zu den Emotionen fehlt.* Der Beziehungs- und Bedeutungscharakter ist bei letzteren von der Antriebslage, Befindlichkeit, der Emotionalität abhängig und damit vieldeutig. Die Eindeutigkeit der Sachwelt findet jedoch ihre Parallele in der Eindeutigkeit der Begriffe, die keine Verwechslung, keine Vieldeutigkeit zulassen, werden sie formal auf ihre Vermittlung zu Umwelt und erkennendem Subjekt angesehen. Die Begriffe „Buch“, „Haus“, „Brot“, „Zündkerze“, „Partner“ sind als Begriffe eindeutig. Die Wissenschaft strebt danach, die Vieldeutigkeit der lebendigen oder psychischen Erscheinungen auf die Eindeutigkeit von Begriffen zurückzuführen. Das Vorhandensein von Begriffen ist, unabhängig von ihrer Bedeutung für die „Wissenschaft“, in der zwischenmenschlichen sprachlichen Kommunikation fundamental, da letztlich die begriffliche Eindeutigkeit das Eindeutige vom Vieldeutigen und damit auch Zwiespältigen trennt, das das Mißverständnis fördert (s. unten).

Die Bedeutung des Armes wird zwar durch seine aktive Beziehungsaufnahme als Bedeutungskonstante charakterisiert, Bedeutung und Beziehung sind jedoch hier nicht eindeutig sichtbar wie beim Zeug, da an dem ruhenden Arm nicht ohne weiteres auf die Möglichkeiten seiner Aktivität geschlossen werden kann. Die Vieldeutigkeit seiner möglichen Beziehungsaufnahme wird erst sichtbar, wenn er sich betätigt: ob er schlägt, packt, hebt, stößt oder dem Streicheln dient. Die Bedeutung des Daumens z. B. als Vermittler des eigentlichen Umgreifens – einer Beziehung – erschöpft sich nicht in dieser Funktion, da er auch zu stützen, zu drehen, abzuspreizen vermag, beim Klavierspielen nicht weniger von Bedeutung ist wie beim Schreiben oder beim Händeschütteln. Funktionen, die ihn zu einem vieldeutigen Körperteil machen, das für die anderen Extremitäten ebenso zutrifft – aber erst unter oder nach ihrer Betätigung sichtbar wird.

Die Vieldeutigkeit dagegen von Werkzeugen, die sowohl zum Bohren, zum Schneiden oder Brennen dienen, sind jedoch eindeutig aus dem Werkzeug bzw. seiner Gebrauchsanweisung zu erschließen.

Diese Eindeutigkeit des Zeugs schließt jedoch nicht seine unsachgemäße Verwendung aus, die die Dinge des Alltags z. B. in den Dienst der spielerischen Phantasie bei Kindern stellt: Aus Teppichen, Kissen, Schemeln und Kisten wird eine Burg gebaut, der Stuhl wird zur Kommandobrücke eines Segelschiffes, der Tisch ist das feindliche Boot usf.

Vom Leib und seinen vieldeutigen Beziehungen zur Umwelt abgesehen, gilt diese Vieldeutigkeit der Bedeutung auch von Personen unseres täglichen Umgangs (Beziehungen), die, als letzten Endes fremde, immer eine mögliche Vieldeutigkeit des Verhaltens aufweisen. Wir kennen diese Vieldeutigkeit auch von uns selbst, soweit wir z. B. von der Vieldeutigkeit unserer wechselnden Emotionalität abhängen. Je mehr wir uns von der Sachwelt und ihren eindeutigen Möglichkeiten (Bedeutungen) der Welt der Personen, Lebewesen, der Natur, aber auch den Institutionen zuwenden, um so größer wird der Bereich der Möglichkeiten, um so vieldeutiger wird die Bedeutung, die sie für uns haben, umso vieldeutiger auch unsere Beziehung zu dieser. Die Eindeutigkeit der Sachwelt, in der Beziehung und Bedeutung identisch sind, ist von einem Horizont – Leib, Person, Natur – möglicher Vieldeutigkeiten umgeben, der durch Beziehungs- und Bedeutungswandel, beständigen Wechsel von Bedeutung und Beziehung gekennzeichnet ist.

Die Beziehung von Kindern zu ihren Eltern, der Eltern zu ihren Kindern, von einer Fülle psychoanalytyscher Untersuchungen erhellt, beweist die Vieldeutigkeit dieser Verbindungen: von der elementaren Ambivalenz der Gefühle zu der ganzen Skala sich differenzierender Reaktionen der Kinder den Eltern gegenüber und, umgekehrt, der Eltern dem Kind gegenüber. Eine eindeutige Beziehung des Kindes zu seinen frühesten Bezugspersonen, des Erwachsenen zu seinen Freunden oder Bekannten, die so eindeutig ist wie die Beziehung zu einem Stuhl oder Begriff desselben, gibt es in dieser Sphäre nicht.[82]

Die Vieldeutigkeit der Beziehung eines Kindes zu seinem Bruder oder seinem Hund – bei der Vieldeutigkeit der Bedeutung beider für das Kind: Der Bruder als Beschützer, als Rivale, als Vorbild, als Spielgefährte, als Begleiter erotischer Unternehmungen usf., der Hund als Prügel- und Sündenbock, als Kamerad, als Reit- und Lasttier – läßt es nicht zu, auszusagen: „Mein Bruder hatte diese ... Bedeutung für mich, ich hatte diese ... Beziehung zu ihm". Feststellungen derart sind summarisch und letzten Endes falsche Abstraktionen, wie sie zahlreich die Krankengeschichten der psychoanalytischen Literatur prägen. Es sind Abstraktionen, deren differenzierte Aufschlüsselung die Vieldeutigkeit von Beziehung und Bedeutung ergeben würden.

Wenn eine Bedeutung ohne Beziehung, eine Beziehung ohne Bedeutung nicht denkbar ist, so kann ich nichtsdestoweniger von der Bedeutung eines Bruders, einer Mutter, eines Vorgesetzten, einer Ehefrau sperchen, einer Bedeutung, die diese in meinem Leben haben oder hatten. Der Begriff der Bedeutung in diesem, im ärztlichen oder psychoanalytischen Gespräch durchaus bekannten Vorkommnis dürfte jedoch nur als „gering" oder „groß", mit wechselnden verkleinernden oder vergrößernden Adjektiven charakterisiert werden. Wird in die präzisere Schilderung der Bedeutung eingetreten, will ich erklären, was ein Freund oder ein Verwandter bedeutet, müssen Ereignisse oder Erlebnisse, Einflüsse geschildert werden, d. h. die konkreten Beziehungen und ihre entsprechenden Bedeutungen. In diesem Sinne hat der Begriff Bedeutung nur einen Hinweischarakter, der anzeigt, daß sogleich über Einzelheiten der Bedeutung, der Beziehung gesprochen werden sollte. Mit anderen Worten: Bedeutung schildert pauschal die Objektseite und Gleichheit eines Vorgangs, einer Person oder eines Dinges und gleichzeitig meine Beziehung zu ihr. Der Begriff Bedeutung ist der Lupe vergleichbar, die die Strahlen im Brennpunkt sammelt, die Strahlen sind die vieldeutigen Beziehungen. Stellt die Beziehung die „Subjektseite" des Vorgangs dar, so ist diese Subjektseite aber bereits von der Objektseite der Bedeutung bestimmt, geprägt und eingenommen.

Hinter der Vieldeutigkeit „Bruder", „Vater", „Mutter", „Ehefrau" stehen jedoch als konstante Hintergrunderfahrungen die zur Gewohnheit werdenden gegenseitigen Einstellungen: „das ist mein Bruder", „das ist meine Mutter", getragen von einem Gefühlsunterton der Zu- oder Abwendung oder stärkeren Ambivalenz. Sie sind um eine Schattierung eindeutiger als die Vieldeutigkeit der durch den persönlichen Umgang bedingten Deutung des Bruders als Spielgefährten oder Rivalen. Die relative konstante Hintergrunderfahrung einer Person, ihres So-Seins, adjektivisch gemeint, kristallisiert aus den Möglichkeiten ihres sonstigen Verhaltens eine Grundeinstellung: notwendig für die Identifikation auch mit ihr. Durch diese Identifikation z. B. mit dem Bruder, der Mutter oder dem Vater, wird diese Person zu einer sich wiederholenden emotionellen Erfahrung mit einer konstanten Wirkungsintensität auf denjenigen, der sich möglicherweise mit ihr identifiziert, sich ihr zuwendet, aber auch von ihr abwendet (d. h. sie ablehnt, sich nicht mit ihr identifiziert). Wenn die Bedeutung meines Bruders oder meiner Mutter durch die Beziehung zu ihnen wechselnd bestimmt wird, Vieldeutigkeit der Beziehungen mit Vieldeutigkeit der Bedeutungen sich wandelt, so vermag nichtsdestoweniger eine konstante Hintergrunderfahrung aufzutauchen, die sich als permanent gegenüber der Inkonsistenz möglicher Beziehungen zu Mutter oder Bruder darstellt. Diese Konstante umschließt vorprädikative, der sprachlichen Formulierung sich entziehende, undeutliche Andeutungen, die auf die genannten Personen wie auf diffuse Bilder hinweisen, von denen eine „Ausstrahlung“ (s. unten), eine Wirkung, ausgeht, aus denen sich die Begriffe[83] entwickeln.

Ob dieser Grundkonstanten habitualisierter Beziehungen dem leibhaften Bereich konstitutioneller (familiärer) Zugehörigkeiten zukommen, der Ähnlichkeit vererbter Reaktionen[84] und Einstellungen, ist ungeklärt. Jedenfalls deutet sie in den animalisch-leibhaften Bereich personaler Verbindungen.

In der Beziehung wendet sich das Subjekt der sich zeigenden Welt zu. *In der Zuwendung wird Beziehung aufgenommen, damit die „Objektseite“ der Welt bereits verändert,* je nachdem sie mit Gleichgültigkeit oder Interesse, mit lebhafter Anteilnahme, mit Emphatie oder Zuneigung wahrgenommen wird. Von der diffusen Zuwendung bis zu der Aufmerksamkeit oder dem stärkeren Engagement an den sichtbaren Dingen bleibt Beziehung latent im Bereich des Undeutlichen, des Vorstellens, der Wünsche, diffusen Antriebe, des Planens, Hoffens, Erwägens, aber auch in dem des Beobachtens, des vorsichtigen Abwartens, Abtastens, der möglichen Abwehr, des Rückzuges, bis sie zum Eingriff in die Umwelt, zum Bewirken wird und damit Gegenwirkungen auslöst.

Bewirken umfaßt dabei alle denkbaren Arten menschlicher Tätigkeit der Umwelt gegenüber: Von der neugierigen Erkundung, vom Provozieren, Basteln oder Probieren bis zum planvoll durchgeführten Eingriff, von dem aus Emphatie oder Identifikation entspringenden Handeln bis zu den Handlungen der ego-, allozentrischen und sozialen Antriebe (s. unten). Sie reicht von dem kontemplativen Erkennen möglicher Zusammenhänge bis zum blinden, leidenschaftlich-pathischen Verfallensein an eine Person oder eine Sache. Die Bedeutung einer Person oder eines Dinges wird jetzt durch Einwirken auf jene oder diese erschlossen. D. h. die sich zeigende, wirkende Umwelt antwortet auf das Einwirken eines auf sie gelenkten aktiven „Beziehungsstrahles“.

Das Kind testet den Spielgefährten, was er z. B. sich alles gefallen läßt, und erschließt ihn damit in seiner möglichen Bedeutung, wie es durch Einwirken auf ein Spielzeug, Auseinandernehmen desselben, dessen Wirkungen, d. h. Bedeutungen erfährt.

In der Beziehung zur Welt zeigt sich das Subjekt als Wirkendes der Welt gegenüber, gleichgültig ob es wahrnimmt, aktiv sich der Umwelt zuwendet oder sich abwendet; es wirkt in jedem Fall, denn auch scheinbar passive Wahrnehmung ist bereits aktive Selektion (vgl. oben). Auch der sich von einer Bedeutung – der erhobenen Faust – Abwendende wirkt durch den Rückzug auf das oder den ihn Bedrohenden. In der Auseinandersetzung mit einer Wolke oder der Natur ist das Ausbleiben einer aktiven Wirkung – Zurückweichen vor einem Gewitter – Widerstands- oder Bemächtigungsaufgabe, die vielleicht bei Wiederholung des Erlebnisses nicht mehr erfolgt und anderem Verhalten weicht.

Die Bedeutung des mir Begegnenden hängt von meiner Beziehung zu diesem, die Beziehung hängt von seiner Bedeutung für mich ab. Während ich mich auf das mir etwas Bedeutende beziehe, ändert sich schon dessen Bedeutung für mich und damit ändere ich mich bereits als derjenige, der sich auf das „Es" des Bedeutenden bezieht. Die Beziehung von mir zu einer Person, Herrn X., hängt von seiner Bedeutung ab, die er für mich hat:

Herr X. ist mir deutlich, d. h. im Warteraum des Flughafens aufgefallen. Ich trat – durch Ansprechen – in Beziehung zu ihm. Im Verlauf des Gespräches hob er sich mehr und mehr von der anonym erscheinenden Menge ab, der Eindruck „deutlich" wiederholte und bestätigte sich. Emotionell und mental erweckte er in mir das Bedürfnis nach Wiederholung der Begegnung, da er mir sympathisch (Identifikation) erschien, sich gemeinsame Interessen, wenn auch noch diffus und undeutlich, zeigten. Er „wirkte" auf mich, ich wohl auch auf ihn, denn er empfand, wie er mir später berichtete, ähnlich. Seine Bedeutung für mich wechselte von Minute zu Minute während des Gesprächs, nicht zu trennen von meiner Beziehung zu ihm. Plötzlich erschien er mir banal, selbstgefällig, oberflächlich – ich distanzierte mich von ihm. In zunehmender Distanzierung wollte ich bereits das Gespräch abbrechen. Er war mehr und mehr zu einem diffusen Vertreter des Allgemeinen geworden, seine Bedeutung ließ nach, schien unbedeutend. Dann jedoch sagte er einige Dinge, die meine Aufmerksamkeit erneut erregten, er konfigurierte sich wieder, gewann an Bedeutung, weckte mein Bedürfnis, ihn näher kennenzulernen.

Das Beispiel, das leicht um andere vermehrt werden könnte, zeigt die enge Verschränkung von Beziehung und Bedeutung, wie mit dem Wechsel der Beziehung sich die Bedeutung verändert und umgekehrt. Durch mein Gespräch veränderte ich die Bedeutung des anderen laufend, wie sich durch das Gespräch auch die Beziehung zu ihm laufend veränderte. Nichtsdestoweniger bleiben bestimmte, oben aufgezeigte Bedeutungen und Beziehungen – auf Grund der ihr durch Beziehung zukommenden, „idealen Bedeutungskonstanten" – bei allem Wandel konstant.

Es läßt sich zusammenfassen: *Beziehung und Bedeutung sind Variablen eines austauschbaren Vorgangs, der Beziehungsaufnahme und Bedeutungswahrnehmung.* Einmal gewonnene „Bedeutungskonstanten" bleiben, bei aller Variabilität der Beziehung selbst, konstant.

i) Das Mögliche und sein Einfluß auf Bedeutungs- und Beziehungswandel

Es ist möglich, daß das Kind die durch das Zimmer gehende Mutter nicht wahrnimmt, daß die Mutter das Kind nicht sieht, daß ich Herrn X. nicht beobachtet hatte, daß der Vater den Sohn nie gefördert hat, die Schwester den Bruder nicht liebt, dieser Mensch nie im Leben Glück haben wird, viel Leid erfährt, jene Frau immer sie drückende Schuhe trägt, dieses Auto schwer anspringt, der Berg alle Ferienwochen von Wolken verhüllt ist, ich die Partei XY nicht mehr schätze, austrete usf. *Der gesamte Wirkungsbereich von Beziehung und Bedeutung, auch der von konstanten Bedeutungen, kann durch das „Mögliche" in Frage gestellt werden.*

Der Verlust des Armes macht seine konstant erfahrene Bedeutung der Beziehungsaufnahme nichtig. Bei Mangel von O_2 in der Luft wird die Aufrechterhaltung des Lebens unmöglich, bzw. der Tod möglich. Ein heißgeliebter Mann kann zum meistgehaßten Partner werden; es ist möglich, daß eine konstante Liebesbeziehung sich auflöst. Es ist möglich, daß Gemeinschaften sich untereinander zerstreiten, eine „Wahrheit" plötzlich in eine Vielzahl von „Wahrheiten" zersplittert.

Der Bereich der Beziehungen zum Leib, zu den Emotionen, zur Natur, zum Zeug, zu Normen und Institutionen unterliegt durch das „Mögliche" einem nicht voraussehbaren Wandel. Oder: Die Bedeutung von Leib, Emotionen, Natur, Zeug, von der Beziehung zu diesen abhängig, verändert sich in einer nicht voraussehbaren Weise. Zwar scheint die Bedeutung „Auto" allgemein als Fortbewegungsmittel (ideale Konstante) festgelegt, die Beziehung zu ihm ist variabler als die zu Hammer oder Stuhl, denn, in dem Augenblick, in dem ein anderes Fortbewegungsmittel erfunden wird, kann auch die allgemeine Bedeutung des Autos in Vergessenheit geraten, wie zahllose längst historisch gewordene und vergessene, damit bedeutungslose Dinge des täglichen Umganges beweisen. Das „Fortbewegungsmittel" (die Bedeutungskonstante) kann möglicherweise durch nicht auszumalende, vielleicht telepathisch-radioartige Informationenvermittlung einer zukünftigen Menschheit in Vergessenheit geraten. Damit wird selbst der Wegfall oder die kaum vorzustellende Wandlung der menschlichen Fortbewegung möglich. Das Bedürfnis zum Sitzen, sein eindeutiger Ausdruck im Stuhl oder Sessel, wird vielleicht eines Tages „überflüssig" und der Bezirk des selbstverständlichen „Zur-Handen-Seins" des Zeugs wird problematisch oder gar in Vergessenheit geraten.

Es bedarf jedoch nicht phantastischer Exkurse in die Zukunft, um sich die Möglichkeiten des Möglichen von Beziehung und Bedeutung auszumalen. Der Alltag lehrt, daß Menschen ohne voneinander ablassen zu können, sich bis zur Vernichtung „lieben“, daß Menschen Menschen buchstäblich auffressen, daß Menschen sich für andere selbst verbrennen, daß die Konstanten, die auf regelmäßiger Wiederholung von Erlebnissen, Emotionen, der Befriedigung derselben durch den Partner, den Leib, das Zeug beruhen, von einem Augenblick zum anderen in Frage gestellt werden können.

Auf diesem Hintergrund des „möglichen“ radikalen, nicht voraussehbaren Beziehungs- und Bedeutungswandels erscheint jede Bezeihung und Bedeutung als Versuch, das Mögliche ihrer Aufhebung zu verhindern, konstante Bedeutungen und Beziehungen zu schaffen. In der Tierwelt sind Bedeutung und Beziehung durch Vermittlung von Gesten, Gebärden, Signalen und Reaktionen auf sich zeigende Umwelteinflüsse in einer Weise festgelegt, die den Bestand von Tierarten über Jahrmillionen gewährleistet hat. Aber diese relativ festgeknüpften Verbindungen von Bedeutungen und Beziehungen sind in sich schon eine Auswahl (Auslese) von möglichen Verbindungen; die Einbeziehung des Zeitfaktors läßt weitere mögliche Veränderungen als sicher erscheinen. Bedeutungen und Beziehungen innerhalb der anorganischen Materie, die Beziehung zwischen den Korpuskeln eines Atoms untereinander, ihre Beziehung und Bedeutung dem „Atom“ gegenüber, sind nach den Ergebnissen von Quantenphysik und Unbestimmtheitsrelation in ständiger, möglicher Veränderung begriffen (s. oben).

Es ist möglich, daß die Sonne erlöscht und damit die Grundlage des Lebens, seine zentrale Bedeutung für die Komplementarität von Beziehung und Bedeutung überhaupt, wegfällt. Dieses Ereignis wird sogar vorausberechnet. Es ist möglich, daß die Sonne alle organische Materie verbrennt, auch das bejaht die Physik. Beziehung und Bedeutung in der scheinbar festgefügten anorganischen Welt sind dem Möglichen nicht voraussehbarer Veränderungen ausgesetzt. Aber werden von diesen Veränderungen Beziehung und Bedeutung letzten Endes betroffen? Die Konstanten einer menschlichen Beziehung, der Beziehung und Bedeutung von Personen zu Leib, Leben, Emotionen, Zeug oder Natur werden von dem „Möglichen“ in Frage gestellt. Aber selbst in der wie ein loser Handschuh umgestülpten Welt, in der Beziehung und Bedeutung sich einer halben Drehung um die Achse vergleichbar gewandelt haben, wird es noch Beziehung und Bedeutung geben, wird Etwas auf Etwas gerichtet sein. Noch umfassender kann gesagt werden, solange es noch Energien im Weltall gibt, werden diese sich dem universalen Prinzip von Beziehung und Bedeutung entsprechend formieren, keine Energie, die sich qua Energie nicht auf etwas bezieht, kein „Etwas“, das nicht Bedeutung für die Energie hat. Solange es noch Sichtbares gibt, wird es sich durch Zeigen dokumentieren, sind Bedeutungen und Beziehungen dem „Sich-Zeigen“ immanent.

Das Mögliche erscheint aus dieser Perspektive nicht nur Beziehung und Bedeutung erst ermöglichend – wäre keine Beziehung, wäre keine Bedeutung möglich und umgekehrt –, nicht nur Beziehung und Bedeutung, einmal aufeinander bezogen, wieder in Frage stellend, *sondern überhaupt als der ständige Vermittler zwischen beiden:* Weil X. diese Bedeutung für mich hat, ist eine Beziehung zu ihm möglich. Weil eine Beziehung zu ihm möglich war, hat er diese Bedeutung für mich gewonnen.

Der undeutliche Punkt auf dem Meer kann „alles Mögliche", vom treibenden Stück Holz bis zur Möwe, sein. Er entpuppt sich dann als Segelboot. Das eindeutig sich markierende Boot entschwindet wieder, wird undeutlich, kann wieder zu „allem Möglichen" werden, hätte ich es nicht im Begriff festgehalten. Die Bedeutung des Segelbootes für mich hängt, wie ausgeführt, von meiner Beziehung zu ihm, zu Segelbooten überhaupt, ab. Hier ist vieles möglich: Persönliche Erfahrung, Umgang mit Segeln und Seglern, leibhafte Beziehung zum Segeln oder nur eine distanzierte. Vielleicht kenne ich den Segler persönlich, entziffere die Kennummer des Bootes – es gelingt mir nicht – war er es, war er es nicht? Es ist möglich – unmöglich.

Meine Beziehung zum Zeug, dem Stuhl oder Kochtopf, ist zwar heute eine eindeutige, aber als Kind war noch vieles oder „alles" möglich, ehe ich beide Gegenstände als eindeutig durch Gebrauch begrenzte begriff. Dem Erlernen meines Armes als eines universalen Mittels zur Aufnahme von Beziehungen ging ein Stadium voraus, in dem ich diesen im Umgang noch unbegrenzter erlebte, als er es heute ist, ein Stadium, in dem der Arm im Dienst der Phantasie, des „Greifens bis zum Mond" stand. Ebenso entstehen Beziehung und Bedeutung im Umgang mit Emotionen, Stimmungen, Affekten, mit Personen und Institutionen, mit der Natur *aus dem diffus-undeutlichen Bereich des Möglichen,* des gegenseitigen Sich-Abtastens, des Wahrnehmens, Sich-Zeigens, Im-Blick-Behaltens, Sich-Abwendens, Sich-Zuwendens, um sich zu dem Markanteren, Konkreteren einer festgelegten Beziehung mit konstanten Bedeutungs- und Beziehungsgehalten zu entwikkeln. In der Entdeckung „neuer Möglichkeiten" der Beziehung zu Personen, Zeug oder Natur, aber auch zu den eigenen Emotionen – denen gegenüber ich mich wechselnd zu verhalten vermag – entwirft das Mögliche ständig neue Möglichkeiten im Werden von Beziehungen – und damit neue Bedeutungen. Im Werden von Beziehungen und Bedeutungen stellt das Mögliche erworbene, konstante Beziehungen ebenso wieder in Frage, wie sich neue Beziehungen und Bedeutungen verklammern, da das Mögliche zwischen ihnen vermittelt.

k) Deuten, Denken und Zeigen
(Zur Anthropologie des Erkennens)

In dem Augenblick, in dem ich das Segelboot als Segelboot erkannt habe, der Begriff desselben im Urteil: Es ist ein Segelboot, feste Form angenommen hat, dieses nicht mehr mit einem treibenden Holz, einer Möwe oder einer Boje verwechselt werden kann, ist das Segelboot zum unverrückbaren Besitz meines eben auf das Meer gerichteten Begriffshorizontes geworden.

Nach über zweitausend Jahren philosophischer Diskussion um das Wesen des Begriffs und des Urteils: „Es ist" soll das Mögliche oder Eigentliche So-Sein desselben hier nicht weiterer Gegenstand der Untersuchung werden, sondern es sci lediglich die Rolle aufgeklärt, die der Begriff (das Urteil) im Verhältnis von Beziehung zu Bedeutung einnimmt. Die sich zeigende Umwelt, die Welt überhaupt ist stumm, solange ich ihr Zeigen nicht vernommen, nicht verstanden habe, solange – vom Subjekt aus – die Beziehung zu ihr nicht aufgenommen ist, die aus der sich darstellenden Welt die bedeutungsvolle, beziehungsreiche entläßt. Der Begriff stellt sich in der Entwicklung der Beziehungen zwischen Subjekt und Umwelt als die chronologisch späteste Folge der Auseinandersetzung dar, über seine Entstehung aus vorlogischen Bezügen, seine Verschränkung mit der Handlung wurde anderenorts ausführlich berichtet.[85]

Hier sei lediglich auf die Verstehungsstruktur der Welt verwiesen, wie sie *Husserl* und *Heidegger* herausarbeiteten.[86] D.h. nur weil die Welt auf das Verstehen hingeordnet ist, bezogen ist, kann sie verstanden werden, zeigt sie eine Verstehensstruktur, die auch in der vorlogischen Vermittlung zwischen Umwelt und Subjekt sich ausdrückt (s. unten).

Das Erlernen der Begriffe[87] – Vater, Mutter, Haus, Kirche, Schuh, Buch usf. – über den Umgang mit Personen, Dingen, der Natur, nicht weniger als mit Emotionen – heute fühle ich mich schlecht, jetzt wieder besser – überläßt dem Subjekt einen festen Schatz an Begriffen, die ihm, wenn es nicht durch Krankheit oder „mögliche Veränderungen" beeinträchtigt wird, zeitlebens zur Verfügung stehen. Es kann auf diesen „Schatz von Begriffen" zurückgreifen, wie der Wissenschaftler auf seinen Zettelkatalog, es kann mit diesem „Zettelkatalog" die es umgebenden Dinge „begreifen", „erkennen". Dem ständigen Wechsel der Verbindungen zwischen Bedeutungen und Beziehungen – trotz aufgewiesener Grundkonstanten – steht das sich nicht nennenswert verändernde, für die meisten Menschen bereits in der Pubertät abgeschlossene Gefüge der Begriffe gegenüber, die jedoch erst im erkennenden Urteil des „es ist" Beziehungen und Bedeutungen erstellen. Das Urteil vermittelt generell zwischen Sich-Zeigendem und dem Begriff; es stiftet damit Beziehungen zum Sich-Zeigenden und legt dessen Bedeutungen fest. Urteile fixieren, was in der flüchtigen Erscheinung, im flüchtigen, sich ständig wandelnden Zeigen der Umwelt und ihrer Bedeutungen sich zu entziehen scheint. Der Begriff „Stuhl" impliziert lediglich seine allgemeine Bedeutung als Sitzmöglichkeit, im Urteil „es ist ein Stuhl" wird dagegen bereits meine Beziehung zu diesem festgelegt. Ich stelle fest, daß es „ein Stuhl ist", damit stelle ich auch generell den Stuhl als auf mich bezogen fest. Diese Beziehung – und damit die Bedeutung des Stuhles für mich – wird präzisiert, wenn ich ihn als „bequem", „unbequem", „weich", „hart" erkenne, wenn sich sein Zeigen mit meinem Beziehungen aufnehmendem, Bedeutungen festlegendem Urteilen, d.h. Erkennen deckt.

Die Begriffe „Kirche", „Flugzeug", „Krankenhaus", „mein Körper", „Lachen“, „Weinen“, „Trauer“, „Freude“, „Vater“, „Freund“, „Vorgesetzter“, „Parteigenosse“ usf. repräsentieren allgemein verständliche „Zeichen“ (Definition s. unten). Meine persönliche Beziehung zu den bezeichneten Dingen, ihre Bedeutung, tritt dagegen erst im Urteil zutage. Mit dem Begriff „Krankenhaus“ als einem überpersönlichen Kommunikationsmittel vermag ich mich mit jedermann über diesen Gebäudekomplex verständigen, ohne daß ich meine persönliche Beziehung zu Krankenhäusern dabei erörtern muß. Die persönliche Bedeutung, die das Krankenhaus oder der Berg für mich haben, treten hinter der allgemeinen des Veständigungsmittels, das der Begriff darstellt, zurück. Erst im Urteil „dieses Krankenhaus ist ...“ oder „dieser Berg ist ...“ tritt neben der allgemeinen Bedeutung von „Krankenhaus“ die spezifische hervor, die es oder der Berg für mich haben. Der anonyme Zeichencharakter des Begriffes ermöglicht seine Übersetzung in andere Sprachen, ohne seine Bedeutung nennenswert zu verändern, die das Urteil dagegen individuell unendlich zu variieren vermag.

Kehre ich zu dem Segelboot zurück, erkenne ich es erst als solches, nachdem es sich mir deutlich gezeigt hat. Solange es noch undeutlich war, wog ich eine Möglichkeit gegen die andere ab; was es sein könnte: Ich deutete die Erscheinung als Möwe, als Holzstück oder Boje. Im Deuten bewege ich mich im Bereich mehrerer Möglichkeiten, halte eine für wahrscheinlich, verwerfe sie, nehme eine andere auf, bis ich eine für richtig erkenne. Analog verfährt das erteilende Denken in jedem Erkenntnisakt: Nicht nur in seiner bei dem Kinde zu beobachtenden Entwicklung von der vorlogischen Auffassung zur logischen.

Auch das Denken der sog. Wilden baut sich, wie die jüngsten Untersuchungen[88] erwiesen, experimentierend, mögliche Bedeutungen von Dingen, Ereignissen, Personen miteinander vergleichend, auf Ähnlichkeiten von Beziehungen und Bedeutungen zueinander auf. Die Deutung läßt dem Ding nicht weniger als der Person die Möglichkeit, sich in bestimmter, vorher nicht festgelegter Weise zu zeigen, offen. Einmal begrifflich fixiert, in einen größeren Zusammenhang eingeordnet, ist die Deutung abgeschlossen, tritt an ihre Stelle das Urteil, die Erkenntnis.

Ich beziehe mich auf das Ding dort über dem Meer, mit jeder Deutung, die ich ihm gebe, verändert sich meine Beziehung zu ihm.

Erst mit dem gelungenen Sich-Zeigen desselben muß ich meine Beziehung im Begriff festlegen, der beide, Bedeutung und Beziehung, umschließt. Ist das Segelboot erkannt, kann ich den Oberbegriff Segelboot präzisieren, differenzieren: Ist es eine Yacht, ein Kutter, ein Schoner, eine Schaluppe, ein Fischerboot, eine Jolle, ein Katamaran usf., die alle für mich neue Bedeutungsbeziehungen darstellen. In der fortschreitenden Aufgliederung des Erkenntnisprozesses, meinen Möglichkeiten entsprechend, leibhaft das undeutliche Ding zu fixieren, zeigt es sich mir endeutig. *Die sich mir lebhaft zeigende, sichtbare Welt zeigt sich mir im Begriff unsichtbar als eindeutige. Die Bezogenheit des Begriffes auf Welt im Urteil stellt sich im Erkenntnisakt, den der Begriff zum Eindeutigen gegenüber der Vieldeutigkeit des Deutbaren prägt, als ein inneres Zeigen dar.*

Während ich das Meer beobachte und die Möglichkeiten abwäge, die dieses schaukelnde Ding dort sein könnte, taste ich innerlich wählend, annehmend oder verwerfend, d. h. urteilend und verurteilend von Begriff zu Begriff, bis ich im Urteil „es ist" einen Begriff endlich akzeptiere. In diesem Vorgang der Begriffsbildung *zeigt sich mir die Umwelt innerlich nicht weniger, als wenn ich versuche, mit den Augen das Gebilde dort draußen auf dem Meer deutlich wahrzunehmen*, um diesen Vorgang zu beschleunigen, vielleicht nach dem Feldstecher greife. Nach innen blicke ich dabei nicht weniger als nach außen, bis ich den Augenblick für gekommen halte, äußeres und inneres Suchen und Tasten mit dem eindeutigen Urteil (Segelboot) abzuschließen. Die Welt, die sich mir – auf Grund ihres Verstehenscharakters – als eine zu verstehende innerlich im Begriff präsentiert, ist jedoch nicht die naiv in Physiognomie, Zeug, offener oder verhüllter Gebärde sich darstellende, sondern es ist die Welt, in der Beziehung und Bedeutung sich im Begriff persönlich und gleichzeitig anonym (sachlich) verbunden haben.

In meinem Durchgang durch die sich zeigende Welt habe nicht nur ich mich der Welt gezeigt und zeige mich ihr jeden Tag durch mein sichtbares In-ihr-Sein, sondern hat sich mein Umgang mit ihr (Beziehung und Bedeutung) in mir niedergeschlagen, wie ich mich im Umgang mit ihr in ihr niederschlug: Ich befahre sie auf dem Schiff, ich verbrenne ihr Öl, ich esse ihre Früchte. Jeden Tag hinterlasse ich eine Spur in der Physiognomie der Welt, wie sie eine in mir hinterläßt. Meine Spur ist – zumindest vorübergehend – sichtbar, ihre Spur ist unsichtbarer Niederschlag aus Beziehung und Bedeutung gewonnen: der Begriff, der nur im Urteil das Erkennen von Bedeutungskonstanten vermittelt. Im Begriff zeigt sich die Welt als durch mich hindurchgegangene, als „je-meinige", aber gleichzeitig weist sie über das „Je-Meinige" im Urteil des „es ist" hinaus. Sie weist im Urteil auf das Allgemeine, Sachliche, Unpersönliche des Begriffs, auf seine Funktion auch als Zeichen, das sich in Wort und Schrift darzustellen vermag.

Es würde den Rahmen der vorliegenden Untersuchung weit überschreiten, die vieldiskutierte Beziehung zwischen Begriffen, Sprache und Zeichen, Gegenstand der Semantik, zu referieren und dieser Beziehung neue Facetten aufzusetzen. Das Thema, das auch Gegenstand des 4. Kapitels ist, sei nur soweit erörtert, als es unbedingt in den Zusammenhang dieses Entwurfes gehört. Der Begriff Segelboot, die Lautverbindung des Wortes, das Segelboot meint, und die Schriftzeichen, die den Begriff einfassen, sind von dem konkreten, wahrnehmbaren, mit dem Meer dahingleitenden Boot durch einen Abgrund getrennt – den Abgrund, der die lebendige Erscheinung von dem ihr radikal entfremdeten Begriff abhebt. Die Sichtbarkeit der Welt, meine wie auch immer emotional gefärbte Beziehung zu ihr, ist im Begriff ausgelöscht. Die Welt zeigt sich mir innerlich in einer Weise, die sie selbst nicht mehr ist. Dafür kann ich konstant in Begriff und Urteil über diese

Welt verfügen, das „Segelboot“ vermag ich in jeder Lebenssituation zu denken, ohne daß ich darauf angewiesen bin, es wahrzunehmen.

Verfügbarkeit einerseits, Entfremdung andererseits sind für die „Zeichen“ charakteristisch, mit denen Welt sich mir innerlich signalisiert. Andererseits haben die Zeichen Eigengesetzlichkeit, die, wenn auch im vorlogischen und leibhaften Umgang mit der Welt entwickelt, nicht auf diese zu reduzieren ist, was seit *Kant*[89] und *Husserl*[90] nicht mehr belegt zu werden braucht.

In-der-Welt-Sein würde, auf Wahrnehmen und Erkennen bezogen und konkretisiert, die Gleichzeitigkeit des Wahrnehmens der sich zeigenden, wie auch *das Lesen der Begriffe der in mir durch Zeichen sich vermittelnden Welt heißen.* Erkennen des Segelbootes, der entscheidende Akt, es als Segelboot eindeutig im „es ist“ von Urteil und Begriff festzuhalten, hieße aus dieser Perspektive, daß das Zeichen (Begriff) „Segelboot“ im Konkreten des dort sichtbaren Bootes vergeht, sich im Konkreten aufhebt, ebenso wie die Konkretheit des einmaligen Segelbootes im Augenblick des Erkennens (Urteilens) seine Einmaligkeit aufgibt, verliert, sie im allgemeinen Begriff „Segelboot“ untergeht. Erkenntnis (Urteil) hebt Verfremdung des Begriffes durch seine Vermählung mit dem Konkreten auf, erzeugt gleichzeitig Verfremdung und Verfügbarkeit der je einmaligen Erscheinung, da sie diese durch den Begriff absorbiert, feststellt, als Zeichen greifbar macht. D. h. Erkenntnis ist der Schnittpunkt, in dem sich die sichtbare Welt konkreter Erscheinung und die unsichtbare der sich in Zeichen kundgebenden Welt treffen, überkreuzen und sich nach vollzogener Überkreuzung wieder trennen. Treff- und Schnittpunkt ist das Subjekt, das diesen Akt gleichzeitiger Aufhebung der Verfremdung wie auch gleichzeitiger Konstituierung von Verfremdung herbeiführt.

Für den Zusammenhang von Beziehung und Bedeutung stellt dieser Vorgang – Erkennen – die gleichzeitig erfolgende Verknüpfung von Beziehung zu Bedeutung, von Bedeutung zu Beziehung im urteilenden Erkenntnisakt dar. Dort ist das Segelboot, das mir dies bedeutet, zu dem ich jene Beziehung habe, und umgekehrt bedeutet mir das Segelboot dieses, weil ich eine bestimmte Beziehung zu ihm habe. Wird unter Verknüpfung (Verknotung) das Zusammenführen von zwei Enden verstanden, so wäre das eine Ende die sichtbare Welt, das andere die unsichtbare der Begriffe, die Verknotung beider fände im Erkenntnisakt statt. Diese Verknüpfung kann jedoch nur stattfinden, weil ich in einer Welt von Beziehungen und Bedeutung lebe, die durch mein „In-der-Welt-Sein“ in besonderer Weise auf mich bezogen und damit bedeutsam geworden ist.

Die im Begriff bereits aufgezeigte Zweiseitigkeit persönlicher und sachlich allgemeiner Beziehung und Bedeutung wird durch jeden Erkenntnisakt auseinandergelegt und wieder verbunden, da jeder Erkenntnisakt wiederum neue Beziehung und Bedeutung begründet, wie er alte bestätigt. Im Erkenntnisakt beziehe ich mich auf das mir etwas Bedeutende und deute es als das auf mich Bezogene, dabei verknüpfe ich das „Ende“ des Konkreten mit dem

Begriffszeichen. Im „Knoten“ habe ich das Konkrete begrifflich, den Begriff konkret gemacht: Ich wende mich von dem Segelboot ab, der Erkenntnisakt ist abgeschlossen, der Knoten wird wieder aufgezogen, konkrete Welt (Segelbott) und Begriff („Scgelboot“) haben sich getrennt bis zum nächsten Erkenntnisakt. Dieser kann dem stattgefundenen sofort folgen, denn dort am Meereshorizont taucht wieder ein „Ding“ auf. Jetzt ist es aber tatsächlich nur eine Möwe.

So bin ich als Erkennender in der Welt nicht nur im Schnittpunkt von Sichtbarkeit und Unsichtbarkeit, von Beziehung und Bedeutung, sondern ich bestimme diesen Schnittpunkt, indem ich mich auf das Erscheinende als das mir etwas Bedeutende beziehe, es deute, es erfasse, begreife, erkenne. Es vermittelt mir seine Bedeutung im Erkennen, weil ich ihm eine bestimmte Beziehung erteile, eine Beziehung im Schnittpunkt von Innen und Außen. Oder: Das „Etwas“, auf das ich mich beziehe, mußte mir vor jeder Beziehungsaufnahme schon etwas bedeuten, sonst hätte ich mich nicht auf es bezogen. Im Erkenntnisakt wird demnach das Sichtbare nicht nur in seiner Bedeutung erfaßt, weil ich mich erkennend auf es beziehe, sondern weil es mir seine Bedeutung von Anfang an zeigt; vielleicht erst undeutlich, dann aber deutlich kann ich mich auf es beziehen und es in das Bezugsystem meiner Begriffe einordnen, oder ich kann ihm eine Beziehung in der Welt erteilen, deren Bedeutung mir innerlich in Zeichen präsent ist.

l) Vieldeutigkeit und Symbol

Der vorlogische Bereich des Wahrnehmens und Erkennens zeichnet sich durch seine Vieldeutigkeit und Bildhaftigkeit (s. unten) aus. Auch die vom Säugling fixierte und damit deutlich gewordene Pappscheibe bleibt, solange sie noch nicht als solche begriffen ist, bei aller Deutlichkeit des Erscheinens ein in ihren Bedeutungen vieldeutiges Bild, da sie Anlaß zu einer erheblichen Anzahl affektiv-emotionaler Beziehungen zu werden vermag. Sie kann Furcht erzeugen, für etwas anderes gehalten werden, sie erregt vielleicht Hunger, weckt eine erste Erinnerung. Wieviel mehr vermag eine flatternde Gardine dem schon etwas älteren Kinde bedeuten, das sich im Zentrum „allmächtiger“ magischer Beziehungen und Bedeutungen fühlt. Erst die „begriffene“, d. h. erkannte Gardine wird als Sachgegenstand gewertet und durch den entfremdeten Begriff zum Zeichen erhoben. Dieser Vorgang schließt jedoch nicht aus, daß die Gardine z. B. im Traum in der vieldeutigen Bedeutung und Beziehung wieder auftaucht, die sie einmal in der Kindheit gehabt hat.

Die Symbolentstehung[91] (etwas wird zum Symbol für etwas) folgt der Entwicklung, in der die Subjektseite einer Beziehung die Sachbeziehung übertönt. Personen, Gegenstände, Umwelt werden nicht in ihrer „sachlichen“ Relevanz erkannt, sondern die Emotion, das Gefühl, in ihren Anlässen zu

„Furcht" und „Hoffen", Zuneigung oder Abneigung, erotischer Spannung oder Indifferenz bestimmt die Wahrnehmung[92] derart, daß das Bild zum Symbol für affektive Beziehungen, seine Bedeutung damit primär emotionell, vieldeutig wird.

Das Ineinander von Emotion und Bild, ihre entsprechende Vieldeutigkeit wird besonders im Traum sichtbar (vgl. unten), der nicht erst seit *Freud* das Feld vielfältiger Deutungsversuche ist, wobei die Deutung den Schritt von der vorprädikativen Struktur zu der prädikativen so vollzieht, wie er sich auch in der Ontogenese des Kindes von der vorlogischen zur logischen Stufe darstellt. Mit der Deutung wird der (vieldeutige) Bildcharakter des Gedeuteten zerstört, an seine Stelle tritt der Begriff – und das System. Das „Symbol" ist kein vorgegebenes Apriori. Vorgegeben ist lediglich der Bildcharakter des vorlogischen In-der-Welt-Seins und seine Vieldeutigkeit, die das eine Bild an Stelle des anderen treten läßt: den Thron an Stelle des Stuhls, den Mond an Stelle der Frau, den Speer an Stelle des Kriegers, den Säulenschaft an Stelle des Phallus usf., die ein Bild das andere stellvertreten läßt. Erst der begrifflichen Erkenntnis wird das Bild zum Symbol für eine andere Beziehungs-Bedeutung, womit jedoch schon Deutung innerhalb eines Systems erfolgt ist. In der Säule *gleichzeitig* den Phallus zu sehen, im Mond die Frau entspricht der vorprädikativen Erkenntnis, die den Satz des Widerspruches noch nicht kennt und bei der emotionelle und Sachbezüge synchron ineinander übergehen. Wird die Säule zum Symbol für den Phallus oder der Phallus zum Symbol für die Säule, der Mond zum Symbol für die Frau, ist bereits der Begriff gesetzt, der unterscheidend aussagt: dies ist ein Symbol für jenes, und der damit Gleichzeitigkeit der alogisch ineinandergreifender Blider des Vorprädikativen aufgehoben und getrennt hat. *In der vorlogischen Bilderwelt kann alles für alles stehen.* Erst mit der Entwicklung von Bedeutungskonstanten, dann von Begriffen erfährt die allgemein fluktuierende Bilderwelt des Kleinkindes ihre ersten Einschränkungen: Der Stuhl kann nicht mehr ohne weiteres für den Thron oder den Vater stehen, die Lampe nicht mehr für die Mutter, der Topf nicht mehr für ein Geschwisterkind. Die Bilderwelt (s. unten) konfiguriert sich ihren sich zeigenden Gegebenheiten entsprechend, ist aber innerhalb derselben noch vieldeutig. *Das begriffliche Denken sieht dann in der Vieldeutigkeit das Symbol, das im Vorprädikativen als vieldeutiger Lebensbezug gelebt, aber nicht gedeutet wird. Das Symbol ist ein Erzeugnis des deutenden Denkens, in der vorprädikativen Lebenswelt ist es Bestandteil der das Kind umgebenden Vieldeutigkeit von Bezeihungen und Bedeutungen.*

Die symbolische Vieldeutigkeit der kindlichen Umwelt, präsent in der Bewußtseinsstufe auch von Naturvölkern, verzerrt, aber analog nachweisbar in der von schwerkranken „Neurotikern" oder in der Psychose,[93] ist von den Symbolen zu unterscheiden, die Religionen, magische Weltauffassungen, Bünde oder Gesellschaften, endlich Staaten und Nationen sich geschaffen haben. Diese sind bedeutungsgeladene, vieldeutige, aber auch bedeutsame

Bilder, im historischen Prozeß gelegentlich zu Zeichen verdichtet, deren Verstehen die zumindest erahnte, esoterisch vermittelte Kenntnis der Zusammenhänge verlangt, auf die sie hinweisen. Sie werden für begrifflich „systemimmanente" Anschauungen gesetzt, sie fußen bereits auf der Trennung von Bilderleben und Begriff.

Die benutzten Symbole können der schöpferischen Phantasie entspringen, Naturvorgänge wiedergeben, sich auf Sachbezüge berufen („Hammer und Sichel"), astronomische Figuren darstellen, die möglichen Bilder und Zeichen darüber hinaus phantastisch verändern.

Cassirer[94], *Eliade*[95] und *C. G. Jung* haben den vieldeutigen Symbol-(Bild-)reichtum der Welt ausführlich untersucht und dargestellt, der Hinweis auf ihre Untersuchungen muß genügen. So ist das Licht z. B. in der vorlogisch-mythologischen Welt nicht Korpuskel oder Welle, sondern ein vielfach abgestuftes Symbol für Wahrheit, Reinheit, Erkenntnis, Ausdruck höchster Sittlichkeit und höchster (männlicher) Gottheiten. Nicht weniger ist die Dunkelheit Symbol für die alles verschlingende Zeit,[96] für das Weibliche, das Unbewußte, das Bedrohliche oder Abgründige. Die Mondphasen[97] stehen in Beziehung zu Fruchtbarkeit, zum Zyklus der Frau, zum Wasser, zum Traum usf.

Der Vieldeutigkeit der mythischen Bilder-Welt gegenüber ist die begrifflich erfaßte Welt eindeutig. Die Eindeutigkeit erwies sich als Verknotung und Lösung von Entfremdung und Konkretisierung, Voraussetzung der zwar verarmten sachlichen Auseinandersetzung, Voraussetzung aber von Erkenntnis überhaupt. Die Vieldeutigkeit der vorlogischen Welterfahrung dürfte Erkenntnis im Sinne eines einmal vollzogenen, immer wieder verfügbaren Aktes, den ich als das Je-Meinige erfahre, nicht zulassen. Erkenntnis in der vorlogischen Welt ist jedoch in weit größerem Maße, als es schon *Husserl* wahrnahm, an das Kollektiv gebunden, es ist Teilhabe an, wie unten angeführt wird. Nicht nur im Sinne des erheblichen Einflusses von tradiertem mythischen und religiösen Gut in den Ethnien und frühen Kulturen auf Wahrnehmungs- und Bewußtseinsvorgänge, sondern Denken und Erkennen werden und wurden dort wesentlich stärker als Fremdbeeinflussung erlebt.[98] Das Kollektiv empfand gemeinsam vorlogisch, daher auch die große Bedeutung der Symbole in Ethnien und frühen Kulturen.

Die vorlogische Erkenntnis mag das Segelboot gleichzeitig als Schwan, Verkörperung des Winddämons, eingefangener Wolke usf. wahrnehmen. Um jedoch zu erkennen, was es faktisch ist, *müssen nicht nur alle anderen Möglichkeiten vernichtet werden,* sondern das Ding muß in seiner Begrifflichkeit sich selbst völlig verfremdet sein, um dann als „Sachding" erfahrbar zu werden. Diese dem Satz vom Widerspruch folgende Erkenntnis des Segelbootes qua Segelboot, wie sie täglich milliardenfach vollzogen wird und die keine Dialektik in den Windgott zurückverwandeln kann, erscheint aus der Perspektive des vorlogischen, symbolträchtigen Erlebens wie eine Opferung des Begriffes an das Konkrete, des Konkreten an den Begriff. Im Mittel-, Schnitt- und Kreuzpunkt dieses Vorganges steht das im Konkreten Verlöschende und im Begriff Wiederauferstehende, das im Begriff Vergehende und im Konkreten sich wiederfindende Ich. Tod und Leben, die beiden wohl bedeutungs- und beziehungsreichsten Ereignisse menschlichen Daseins, Grundthemen vorlogischer Symbolik, haben sich im Erkenntnisakt verknotet und wieder gelöst, in der Vereinigung des Begriffes mit der Erscheinung, der Erscheinung mit dem Begriff.

Damit wären Bedeutungsfindung und Beziehungsaufnahme, Beziehungsfindung und Bedeutungswahrnehmung im erkennenden Ich, das sich von seinem vorlogischen Grund gelöst hat, einem ständigen Oszillieren gleichzusetzen, einem ständigen Durchgang und Frontenwechsel von Konkretem zu Abstraktem, von Nähe zu Entfremdung, von Entfremdung zu Nähe, von lebendiger Erscheinung zu abstraktem Begriff, von Leben zu Tod, von Tod zu Leben.[99]

m) Das Bedeutsame

Bedeutsam kann mir jede Person und jedes Ding erscheinen, wenn ich so gestimmt bin, im Sichtbaren etwas Bedeutsames zu sehen. Wer unter Einwirkung von Drogen steht, wer euphorisch oder gar manisch gestimmt ist, sieht im banalsten Alltagszeug bedeutungsgeladene, ihn ergreifende oder verzückende Erscheinungen. Umgekehrt zeigt sich im Bedeutsamen die Welt in einer von der Alltäglichkeit sich abhebenden Weise, ohne daß wir uns in der Verfassung befinden müssen, es als etwas Bedeutsames wahrzunehmen oder zu erkennen. Stimmen unsere innere Bereitschaft, Bedeutsames wahrzunehmen, und die Erscheinung des Bedeutsamen – z. B. ein bedeutender Mensch, eine großartige Landschaft, ein Kunstwerk, ein wichtiges Buch, eine überragend konstruierte Maschine, ein wichtiges Reformgesetz – überein, berührt uns die Erscheinung, bevor wir sie erkennen oder verstehen, dann zeigt sich uns etwas *Besonderes, aus dem Fluß der dahinterströmenden Erscheinungen Ausgesondertes* an.

Dieses mag aus einer Anzahl von Kieselsteinen ein auffallend bunter, schön geformter sein, aus einer Herde von Kühen eine mit besonders großen Hörnern, aus einer Anzahl von Büchern eines, das uns etwas Besonderes sagt, etwas Bedeutsames mitteilt, zu dem unsere Beziehung sich im Vergleich zu anderen Büchern als besonders herausstellen wird. Es kann von Stühlen und Sesseln einer sein, der uns besonders bequem ist, es kann von Fahrzeugen eins sein, das sich als besonders sicher und schnell von anderen abhebt. Das Besondere markiert sich wie das Deutliche von einem Hintergrund ähnlicher Dinge, Naturerscheinungen, Personen.

Im Unterschied jedoch zur bloßen Gestaltkonfigurierung zum Deutlichen und Eindeutigen spricht das Bedeutsame unserer Emotionalität, unsere Interessen, unsere Präsenz in der Welt, unser Engagement, unsere Antriebe an. Das vorlogische „Wissen“,[100] die Empathie[101] der Welt gegenüber, die noch unverbaute Wahrnehmung machen sich darüber hinaus in der Konfrontierung mit dem Besonderen bemerkbar, wir „wittern" es, dem Tier vergleichbar, daß auch das Ungewöhnliche innerhalb seiner Umwelt, z.B. die Gefahr, bemerkt.

Im Besonderen gewinnt das Mögliche als Nichtgeplantes, als Zufall, als Einbruch in die Alltagsnorm Gestalt, es differenziert sich in das Auffällige, das Ungewöhnliche, das Einmalige. Das gilt nicht nur vom Kieselstein und seiner auffälligen Farbigkeit, sondern auch von dem Kunstwerk, das, wenn von Rang, als Besonderes und Bedeutsames unsere affektive Zuwendung, unser Engagement in ungewöhnlicher Weise anspricht und weckt. Bedeutsam ist der prächtige Kieselstein oder die Kuh mit den geschwungenen Hörnern nicht. Sie markieren sich, über das Deutliche hinausgehend, lediglich in auffallender Weise, daß sie unsere Neugier, unsere Aufmerksamkeit ansprechen. Kieselstein, Hörner oder bequeme Sessel sind besonders, jedoch nicht bedeutsam. Es ist jedoch denkbar, daß sie, zumindestens der Kieselstein und die Kuh, in einer Welt intensiv gelebter religiöser Vorstellungen als Ausdruck höherer Mächte gewertet würden, dann vielleicht zu etwas „Bedeutsamen" werden. Dem Menschen des Industriezeitalters erscheint das über das Besondere hinausgehende Bedeutsame nicht nur als das wider Erwarten Mögliche, sich einmal oder nur selten Ereignende, nicht nur als das, was unsere Emotionalität berührt, ergreift und packt, sondern *das Bedeutsame enthält einen über seine Erscheinung hinausgehenden Hinweis, der in seiner Vieldeutigkeit nicht auszuschöpfen ist*. Das trifft für das Kunstwerk von Rang – die Plastik, das Gemälde, das Musikwerk, die Dichtung – nicht weniger zu als für ein Naturereignis, die Begegnung mit einem bedeutsamen Menschen oder die Lektüre eines wichtigen Buches. Dazu gehört vielleicht das letzte Wort eines Sterbenden, die über sich hinausweisende Einsicht eines Kranken. Die Vieldeutigkeit des bedeutenden Kunstwerkes heißt, daß wir vielerlei Beziehung sehr verschiedener Ansprechbarkeit zu ihm entfalten können. In der antiken (klassischen) Kunst wird die erotisch-harmonische, die distanziert-leibhafte, die anmutig-herablassende, die heiter-erhabene Beziehung durch die entsprechende bedeutungsreiche, auf diese vielfachen Beziehungen verweisende Gestalt angesprochen. Das Kunstwerk erschöpft sich jedoch nicht in seinen Bedeutungen und seinem Beziehungsreichtum, denn seine Bedeutsamkeit liegt nicht nur in der Vieldeutigkeit dieser Beziehungen, sondern vor allem in dem Hinweis auf Sinnzusammenhänge exstential-transzendentaler Natur. Es sind Hinweise, die auf die wesentlichen bedeutsamen Ereignisse menschlicher Existenz sich beziehen: auf Tod, Liebe, Erlösung und Leid. Sie entziehen sich in ihrer Vieldeutigkeit meistens der sprachlichen Formulierung und werden so zum nicht ausschöpfbaren Gegenstand der Betrachtung, des Zuhörens, des Lesens, des Umgangs mit diesem.

Jene vielfältigen Momente der angesprochenen Beziehungen, damit des Bedeutungsreichtums und der nicht auszuschöpfenden Hinweise auf Transzendenz lassen uns Personen, Gegenstände, Kunstwerke bedeutsam erscheinen, aber auch Ereignisse, in deren Strudel wir gezogen werden oder in die wir uns hineinbegeben. Jede menschliche Begegnung kann sich durch Vieldeutigkeit, durch das Ansprechen zahlreicher Beziehungen und Bedeutungsfelder auszuzeichnen.

Herr X. erinnert mich an meinen Bruder, dieser an einen verstorbenen Klassenkameraden, dieser an eine Romantikerzeichnung, die ich dann und dort gesehen habe: Durch Bedeutungsreichtum, Bedeutungsgeladenheit (erotische Begegnungen) und den ebenfalls oft fragmentarischen, nicht zum Abschluß zu bringenden Charakter, der hinweisend bleibt und angedeutete, aber nicht ausgestaltete Möglichkeiten umschließt, beginnt sich das Bedeutsame abzuheben. Erst der Hinweis jedoch auf übergeordnete Sinnzusammenhänge läßt aus der Vielschichtigkeit einer Beziehung, einer Person, eines Gegenstandes und dessen z. B. durch mancherlei Erinnerungen angereicherten Horizontes das Bedeutsame hervortreten, das, von dem Hinweis auf Transzendenz abgesehen, sich als Dauerhaftes einprägt.

„Das Mögliche, hier wird's Ereignis", wäre mit *Goethe* das Bedeutsame zu paraphrasieren, das möglicherweise dem sich ereignet, der „Unmögliches begehrt".

III. Das Wirkliche

a) Das Wirkliche und die Gestalt

Das Wirkliche wurde in den bisherigen Ausführungen naiv als sich zeigende und wahrnehmende Welt, als Widerstand, Wirken und Gegenwirken, als Grundlage von Beziehung und Bedeutung dargestellt. Dieser Begriff der Wirklichkeit soll in den weiteren Ausführungen auf seinen konkreten „Wirklichkeitsgehalt" untersucht werden.

Das Wirkliche zeigt sich als sichtbare Gestalt. Dem seine Augen erstmalig aufschlagenden Säugling bietet sich gestaltete Welt, gleichgültig ob er im Slum, in einer Höhle, einer Hütte oder in dem Kreißsaal einer modernen Klinik geboren wird. Die gestaltete Welt ist die der ihn umgebenden Personen und des Zeugs: Zimmerwände, Betten, Instrumente, Tragen, Stühle, die in bestimmter Farbigkeit aufglänzen.

Gestalt soll hier im ausschließlich morphologischen Sinne verstanden werden oder, wie *Merleau-Ponty*[1] definiert:

Gewiß, der Psychologismus ist überwunden, Sinn und Struktur des Wahrgenommenen sind für uns nicht mehr nur bloße Resultate psycho-physiologischer Abläufe, Rationalität nicht bloß ein glücklicher Zufall, dem zerstreute Empfindungen ihren Zusammenklang danken, die Ursprünglichkeit der Gestalt ist offenbar geworden. Doch wenn nun auch die Gestalt in Form eines inneren Gesetzes ihren Ausdruck finden kann, so ist doch ein solches Gesetz nie als so etwas wie ein Modell zu betrachten, nach dem die Strukturphänomene sich realisierten. Ihr Erscheinen ist nicht die äußere Entfaltung einer präexistenten Vernunft. Der Gestalt eignet ihr Privileg in der Wahrnehmung nicht etwa, *weil* sie einen gewissen Gleichgewichtszustand verwirklicht, die Lösung eines Maximum-Problems darstellt und im Sinne Kants eine Welt ermöglicht; sie ist nicht Bedingung der Möglichkeit der Welt, sondern Entstehung einer Norm, nicht Projektion eines Inneren ins Äußere, sondern Identität des Inneren und Äußeren. Sie resultiert nicht aus einem Umlauf psychischer Zustände an sich, doch ebensowenig ist sie eine Idee. Die Gestalt eines Kreises ist nicht dessen mathematische Formel, sondern seine Physiognomie.

Gestalt ist in jedem Fall das den einzelnen Teilen jeweils übergeordnete Ganze. Die Erkenntnisse der Gestaltspsychologie für die Bedeutung des Ganzen fortsetzend, sei jedoch die Distanzierung von ihrem wertindifferenten Konzept (Isomorphismus) und der Eliminierung des Subjektes bei *W. Köhler* (Gestalt als Hirnstruktur) betont.[2] Ferner werden hier im Unterschied zur Gestaltpsychologie Normen, Gedanken, Begriffe, Gefühle oder Stimmungen nicht primär als Gestalten[3] im Sinne sichtbar aufgewiesener (morphologischer) Qualitäten betrachtet, sondern lediglich als übergeordnete Ganzheiten, die sich im ständig fluktuierenden Wandel befinden (s. unten Kap VI). Über die Gestaltpsychologie hinausgehend wird die gegenseitige Abhängigkeit der Ganzheit von ihren untergeordneten Teilen, dieser wiederum von der Ganzheit (Gestalt) betont. *Gestalt selbst ist das Ganze, in dem sich Beziehungen und Bedeutungen als aufeinander bezogene, von einander abhängige, sichtbare Qualitäten darstellen.*

Es wird kein in den Funktionen seines Nervensystems gesunder Mensch bezweifeln, daß die greifende Hand etwas Wirkliches im Sinne des Vor- und Zuhandenseins faßt, daß die Zunge Wirkliches schmeckt, das Ohr Wirkliches vernimmt und das Auge Wirkliches sieht. Sichtbarkeit und gestaltete Wirklichkeit scheinen auf den ersten Blick identisch zu sein, aber bereits der Wahrnehmung präsentiert sich Umwelt als undeutlich und vieldeutig, dann, wie aufgewiesen, als deutlich und eindeutig, wobei die Subjektivität von Anfang an „im Spiel ist". Erst wenn das Sichtbare deutlich geworden ist, zeigt es sich als Gestaltetes an. Wobei dieses Gestaltete primär als Einheit imponiert, ohne daß es sich in konstante Gestalten (Zeug), entstehende und vergehende (Natur) oder überhaupt wechselnde (Personen, Emotionen, Subjektivität des Innen usf.) differenziert. Damit wird jedoch die Naivität der primären Erfahrung bereits problematisch. Ist das Undeutliche, das der Säugling vor aller Gestalt wahrnimmt, wirklich? Ist das Segelboot, undeutlich wahrgenommen, wirklich oder erst das eindeutig erkannte? Ist die vom Säugling undeutlich wahrgenommene Person wirklich? Wenn sich die undeutlich wahrgenommene Erhöhung auf dem Wasser plötzlich auflöst, sei es, daß es ein Wellenberg, sei es, daß es eine optische Täuschung[4] war, was war dann wirklich? Vorläufig nur der Vorgang meines aufmerkenden Beobachtens, das jedoch zu keinem Schluß gelangen konnte, was soeben war – oder was wirklich ist. Wird die nach wie vor undeutliche Kontur am Horizont, wenn sie sichtbar bleibt, im allgemeinen für wirklich gehalten, impliziert dies die nächste Frage: Was ist wirklich, das Deutliche oder das Undeutliche? *Wirklichkeit erscheint unter diesem Gesichtspunkt jetzt als (dynamischer) Austausch zwischen mir und dem Undeutlichen, dann dem Deutlichen.*

Ein anderes Wort für Austausch (Kommunikation, s. unten) wäre: Beziehung zu dem Undeutlichen und Deutlichen, zu der sich abhebenden, formierenden Sichtbarkeit der Gestalt entscheidet, was eigentlich wirkliche Gestalt ist.

So bewege ich mich täglich zwar in einer Welt gestalteter Wirklichkeit, sich zeigender Wirklichkeit, bestimme aber durch meine Beziehung, was eigentlich wirklich ist, was nicht. Gehe ich in das Zimmer, um meine Schreibmaschine zu holen, so ist zwar kein Zweifel, daß die Diele, auf der ich mich fortbewege, wirklich ist wie auch der Raum, den ich durchquere, das Fenster, durch das das Licht einfällt. Aber Schränke, Bücher, Regale, Bilder, Personen sind undeutlich, da ich ausschließlich auf die Schreibmaschine eingestellt, diese als deutlichen Gegenstand (Gestalt) dort im hintersten Winkel des Zimmers wahrnehme: Wirklichkeit wäre demnach nicht nur die naiv wahrgenommenen Gestalten meiner Umwelt, sondern meine Beziehung bestimmt, was wirklich ist, und wirklich ist, was mir etwas bedeutet.

Das Undeutliche des noch nicht konturierten Segelbootes bedeutet mir nur etwas, weil ich nicht weiß, was es sein könnte, was sich hinter dieser diffusen, einem Wellenkamm ähnlichen Bewegung verbirgt. Die Bedeutung des Undeutlichen wird durch meine Neugier und meine Ungewißheit, was es eigentlich ist, vorläufig bestimmt. Meine Beziehung zu diesem über das Meer gleitenden Ding wird durch mein Interesse geprägt. Beziehung und Bedeutung sind auch hier wieder vertauschbar, die eine legt die Funktion des anderen fest und umgekehrt. *Wirklichkeit wäre damit die ständige Korrespondenz von Beziehung und Bedeutung;* im Schema eines Parallelogramms der Kräfte abstrahiert (und damit bereits verfälscht) wäre sie die aus beiden Vektoren abzuleitende Resultante, bzw. da ich durch meine Beziehung zur Welt und deren Bedeutung für mich entscheide, was wirklich ist, stehe ich im Zentrum der beiden „Kräfte“ als deren Resultante.

Aber ob Segelboot oder Schreibmaschine deutlich und damit wirklich sind, ich weiß darüberhinaus, daß ich hier auf einem Stein sitze und das Meer beobachte. M. a. W. meine gesamten Sinne, einschließlich des Optischen, der sich auf ein Bestimmtes, mir etwas Bedeutendes konzentriert, stehen in ständigem periodischem und damit rhythmischen Austausch, in ständiger Beziehung mit der Umwelt. Dazu gehört der Lage-, der Muskel- und Raumsinn und ihre Wahrnehmung von Stein oder Diele nicht weniger wie die Empfindung meiner Schwere, die hier ruht, dort durch den Raum bewegt wird.[5] Es gehört das Wissen dazu, daß ich nicht einen Augenblick den „Boden unter den Füßen“ verliere und sich das Nichts auftut, sondern daß ich mich in einer Welt bewege, die mich ebenso wenig entläßt, wie ich sie – sei es im Schlaf oder Tod – verlasse. Dieses Bewußtsein gründet in dem unerschütterlichen Vertrauen in die Anwesenheit der Welt, meiner Anwesenheit in ihr. Das Vertrauen erwarb ich mir durch aktives In-die-Welt-Hineingehen und durch das Widerfahren von der Welt im Widerstand. Diese Erfahrungen stellen im Wachzustand die pausenlose Orchestrierung des Themas meiner Anwesenheit in der Welt dar.

Zusammengefaßt: Ausgehend von der Geburt des Kindes in der Welt, von der naiven Annahme, daß sie in einer gestalteten Welt stattfindet, Gestalt das primär Sichtbare und Wirkliche ist, wurde diese als Wirklichkeit gestaltete Welt durch die Thematik von „Undeutlich und Deutlich“ in Frage gestellt. Wirklichkeit erschien jetzt als „Resultante“ von Beziehung und Bedeutung, in deren Mittelpunkt ich stehe, ich derjenige bin, der entscheidet, was wirklich ist. Darüber hinaus ist Wirklichkeit durch den ständigen Austausch meiner Sinne mit der Umwelt, mit der Welt im Sinne eines daraus sich entwickelnden unerschütterlichen Vertrauens von „In-der-Welt-Sein“.

b) Vertrauen und Wirklichkeit

An anderer Stelle[6] wurde ausgeführt, wie die Fundierung des Erlebnisses von Wirklichkeit durch Vertrauen erfolgt, Vertrauen, das Welt *ist* und nach der Geburt nicht „nichts“ das Neugeborene erwartet. Aller Wahrnehmung von Welt, aller Bewegung in Welt hinein ist Vertrauen in diese vorgegeben. *Die fundamentale, primäre Beziehung des Neugeborenen zur Umwelt ist Vertrauen,* das es hier, nach dem Durchgang durch die Enge und Dunkelheit der die Geburt ermöglichenden Organe, „etwas“ gibt. Die Umwelt antwortet auf diese absolute, auf „nichts“ gesetzte Vertrauen (da das Neugeborene ja noch keine Erfahrung von Welt mitbringt, aber auf Welt hin orientiert ist) ganz schlicht durch ihr Da-Sein. Bedeutung der Welt als reine Anwesenheit, die dort Vertrauen in die Anwesenheit als Anwesenheit konstelliert, wird durch das Vertrauen des Säuglings in Dasein als Anwesenheit zu dieser Anwesenheit in erste, unmittelbare, allem anderen vorgegebene Beziehung gesetzt. Oder: Vertrauen konstituiert über seinen Beziehungscharakter die Bedeutung der Welt als vorhandener, anwesender, bzw. die Welt als vorhandene fordert den Beziehungscharakter des Vertrauens. Beide sind in dieser „Urbeziehung“ und „Urbedeutung“ unauflösbar verknüpft.

Die unmittelbare, naturgegebene und fast ausschließliche Bezogenheit des Neugeborenen oder nur wenige Wochen alten Kindes auf die Mutter, das erwartungsvolle, auch aus seiner biologisch bedingten Hilflosigkeit abzuleitende Vertrauen[7] in dieselbe als Vermittlerin von Nahrung, Geborgenheit und Wärme dürften von dem Wirklichkeit begründenden Vertrauen in die Welt überhaupt nicht zu trennen sein. Die Umwelt, die Welt des Kleinkindes, ist in den ersten Lebenswochen die Mutter,[8] die sich, idealtypisch, dem Kind spendend erweist, wie, um im vorlogischen Vergleich zu bleiben, die Erde von den Menschen immer wieder als spendende erfahren und beschrieben wurde.

Vertrauen bedeutet: Sich jemandem oder etwas (Zeug, Institution, Natur usf.) anzuvertrauen, sich dem anderen, gleichgültig ob Person oder Ding, in die Hand zu geben, sich zu öffnen, sich ihm zu erschließen, sich ihm auszuliefern. In diesem Offen-Sein liegt nicht nur, wie oben ausgeführt, die Geöffnetheit für das Mögliche, sondern das Mögliche selbst ist so offen für seine Möglichkeiten, wie das Vertrauen in die Leibhaftigkeit des Daseins, in die leibhafte Anwesenheit einer Mutter offen für das auf es Zukommende, das Geschehende ist. Dieses auf das Neugeborene Zukommende, das, was ihm geschieht, ist nicht nur die jeweilige Umwelt, in die es hineingeboren wird, sondern die auf es zukommende Mutter oder deren Ersatzperson.

Die lebensprägende Auswirkung dessen, was in der Person seiner Mutter dem Kind geschieht, ist Gegenstand der psychoanalytischen Forschung, die, bei aller inhärenter Diskrepanz, doch darin übereinstimmt, daß späteres, naiv-ungebrochenes Selbstvertrauen, Grundlage der psychischen Gesundheit und relativen personalen Intaktheit, auf die relative Erfüllung des Urvertrauens durch die Umwelt, insbesondere durch die Mutter zurückzuführen ist.

Dieses fundamentale wirklichkeits- und daseinsbedingende Vertrauen erweitert seine Grundlage über die Anwesenheit von Umwelt, über die Beziehung zur Mutter hinaus durch die Selbsterfahrung, die im Umgang mit dem eigenen Leib, dann mit den Dingen sich entwickelt. Die primären und sekundären Kreisprozesse, über die das Kind seinen Leib und seine Funktionen erfährt, dienen ihm dazu, in der Welt vertrauensvoll Fuß zu fassen bis zum Erlernen des Laufens oder der Sprache. Daß dieses Erlernen beim psychisch und physisch „gesunden" Kind über Mißgeschicke, Enttäuschungen und erneutem Versuchen und Probieren geht, kann schon bei der einfachsten Aufrichtung des Oberkörpers im Bett beobachtet werden, dessen Gelingen im Kind triumphierende Freude auslöst. Die Koordination des Leibes, von Nervensystem, Bewegungs- und Stützapparat setzt die primäre Vertrauensbeziehung zur Umwelt fort. Ihr Garant ist das intakte Funktionieren der erlernten Koordination. Ein organisch durch eine Hirnläsion in seiner Koordination beeinträchtigtes oder geschädigtes Kind,[9] dem die Körperbeherrschung zu erlernen verwehrt ist, kann naturgemäß nur schwer eine Vertrauensbasis für seinen späteren Lebensweg gewinnen.

Ist der Umgang mit dem Leib gekonnt, erschließen sich dem Kind Personen und Sachwelt durch seine aktive Betätigung, wird es in erhöhtem Maße dem Risiko einer zunehmend das Grundvertrauen beeinträchtigenden Welt ausgesetzt. Dies geschieht nicht nur durch Verbote und Gebote der Erziehungspersonen, sondern *die Konstituierung der Wirklichkeit selbst stellt das Urvertrauen in diese in Frage.* Können, Wünschen oder Wollen noch nicht unterscheidend, möchte das Kind vom Fensterbrett in die Luft springen, um einen Vogel am Horizont zu erhaschen. Der Sturz, selbst wenn er nicht tödlich wäre, müßte das Urvertrauen erschüttern, findet doch das Kind jetzt eine gegebene „fertige" Welt vor, die mit seinen Wünschen nicht korrespondiert. Die vielbeschriebene „Anpassung an die Realität" bedeutet hier Einschränkung des Urvertrauens – die Wirklichkeit, auch wenn es nur der Tisch ist, an dem man sich stößt, ist „böse", da sie nicht so will, wie man wünscht oder will.

Die Widerstandserfahrung findet zunehmend statt, wenn die Umwelt vom zweiten Lebensjahr ab „erobert" wird.[10] Es ist eine durch keine Utopie aufzulösende Erfahrung, daß vorgefundene Welt nur begrenzt veränderbar, d. h. nur begrenzt den eigenen Wünschen und Phantasien (kindlicher Egozentrismus, kindliche Allmachtswünsche) unterworfen werden kann. Die anwesende Welt, die da ist und da war, weil Vertrauen zu ihrer Auffindung führte, beginnt sich dem Anspruch auf Vertrauenswürdigkeit zu entziehen. *Aus dem ontogenetisch Sich und Dasein konstituierenden Vertrauen, wird das psychologisch „allzu menschliche" Vertrauen des Kindes in „was nicht sein darf, kann nicht sein"*. Dieser Vertrauenserwartung entzieht sich die Umwelt, indem sie Widerstand und Grenzen zeigt, die das Kind allerdings nicht ganz unvorbereitet treffen, lernte es doch bereits in der Beherrschung der leiblichen Koordination die Grenzen und Widerstände auch des eigenen Leibes kennen. Der Leib „konspiriert" scheinbar mit der Umwelt, indem sie beide dem grenzenlosen Urvertrauen Grenzen weisen, bzw. besteht der Lernprozeß[11] in einer jeder Affekt- oder Emotionspsychologie vorgegebenen Erlernung der eigenen und der Grenzen der Umwelt. Er ist Bestandteil naturgemäßer „Frustrierung“, die in dieser Auseinandersetzung das „blinde Urvertrauen“ durch das Vertrauen ersetzt, das eigene (leibhafte) und umweltgegebene Widerstände oder Grenzen einbezieht, „einkalkuliert“.

Daß der Arm mehr zum Gehen benutzt werden kann, nachdem er zum Krabbeln durch das Zimmer sich eignete, gehört zu diesem Lernprozeß ebenso, wie das Laufen kein Fliegen ist, das Haus durch die Treppe, nicht durch das Dachgeschoß betreten werden muß, daß schwere Dinge, z.B. Bücher, nicht ohne weiteres emporgehoben werden können. Anpassung hat stattgefunden, wenn „Zeug“, „Natur“, aber auch Personen in ihrem relativ sich wiederholenden Verhalten das gestörte Urvertrauen durch ein *Vertrauen* ersetzen, *das auf der graduellen Erfahrung des Könnens beruht.*

Können würde sich definieren: *Mit den eigenen leibhaften Grenzen und den Widerständen der Umwelt umzugehen, innerhalb dieser zu handeln.*

Wenn das Buch emporgehoben werden kann, wenn aus dem Türenschlagen des nachhause kommenden Vaters dessen Laune erschlossen wird, aus dem Klappern der Töpfe in der Küche, daß die Mahlzeit herannaht, wenn der Stuhl oder der Tisch selbständig erklommen werden, ohne daß man umfällt, der Schrank geöffnet und geschlossen werden kann – dann entwickelt sich Vertrauen in das eigene Können dem Zeug gegenüber, ferner in Voraussicht – Mahlzeit zu gegebener Zeit –, in ein entsprechendes Verhalten auch dem Vater gegenüber, die den Umgang mit der Wirklichkeit zu einem das Selbstvertrauen bestätigenden machen.

Wirklichkeit wird jetzt zur Alltäglichkeit des Könnens, Probierens, des Erlernens neuer Fähigkeiten, des Sich-mit-ihr-Auseinandersetzens, wobei diese Auseinandersetzung unmittelbar zur Technik und ihr Bemühen, Wirklichkeit zu verändern, führt. Das Bestreben der Technik ist bekanntlich,[12] Wirklichkeit immer näher an die der eigenen Wünsche, Pläne und Vorstellungen heranzurücken. Diese Auseinandesetzung bekommt dabei, wie angeführt, sowohl was die Vergangenheit der menschlichen Gattung als auch ihre Zukunft anbetrifft, das Gepräge endlosen Bemühens, das sich im Dunkel vergangener wie auch zukünftiger Geschichte verloren hat und verlieren wird. Die Anpassung an die Wirklichkeit, das Können, führt zu der möglichen Veränderung von Wirklichkeit, diese mit Hilfe der Technik in die des (primären) Urvertrauens zurückzuverwandeln, zu der Wirklichkeit, die mit dem innersten Wünschen, Trachten und Wollen des Subjektes korrespondiert, mit dieser identisch ist – ein Bestreben das zu scheitern bestimmt ist.

Die Beziehung zwischen Wirklichkeit und Vertrauen würde demnach in drei Schritten verlaufen: Urvertrauen und Wirklichkeit konstituieren sich gegenseitig. Das Urvertrauen wird durch das Vertrauen in das eigene Können ersetzt, das im Umgang mit Grenzen und Widerständen erfahren und erlernt wird. Dieses Können wiederum dient dazu, die Wirklichkeit zu verändern und sie dem Zustand des Urvertrauens anzunähern.

Können und Grenzen des Könnens, Wirken und Gegenwirken zu erfahren, sind nicht von der Leistung zu trennen, die das Kind erfolgreich oder enttäuscht durchzuführen lernt.

Die Leistung[13] zeigt sich dabei jenseits aller gesellschaftlichen Bedingtheit und Relevanz von Leistungsmaßstäben im Umgang mit den einfachsten Gegenständen des Alltags, ihrer erfolgreichen Handhabung, aber u.U. auch in der Manipulation von Personen, die als „Erfolg“, d.h. „Leistung“ verbucht wird oder sich als erfolglos herausstellt. Daß hier bei wiederholtem Mißlingen, z.B. einen Stuhl beiseite zu rücken, weil er zu schwer ist, Vertrauenskrisen auftreten können, die durch ein entsprechend nicht unbedingt aufmunterndes Verhalten der Erwachsenen den weiteren Lebensweg ungünstig beeinflussen, liegt auf der Hand. Umgekehrt vermag Ermunterung und Zuspruch das gestörte Vertrauen, durch die Diskrepanz zwischen Können und Widerstand bedingt, heben. Hier sei nur im Auge behalten, daß das Erlernen von Können, von Grenzen, von Wirken und Gegenwirken zu Erschütterungen, Krisen, aber auch Stabilisierungen des Vertrauens führen, damit in die Leistungsproblematik, die sich sekundär über die Ablösung von Urvertrauen entwickelt.

Erschließt das Kind durch eigene, schon im Liegen begonnene Aktivität sich die Umwelt, erfährt es Antwort von Personen und Dingen auf seine Aktivität. Es erfährt unauflöslich damit verbunden Raum, Zeit und Kausalität.[14] Raum erlebt es als endlose Ausdehnung eines Weges oder einer Straße, als offene Fläche, als Zimmer, die von einem zum anderen führen, als gewölbter Himmel, der keine Grenzen aufweist, oder als sich schließenden begrenzten Raum, in dem es seine Dinge, sein Spielzeug, sein Bett hat. Es erlebt ihn als Zaun um den Garten, als Orte, in denen es beheimatet ist und zu denen die Kommode, das Regal, der Tisch mit den Spielsachen gehören. Zu Orten werden das benachbarte Zimmer, die Etage auf der anderen Seite der Treppe, ein Laden, ein Kiosk, später die Schule, eine benachbarte Stadt oder ein entferntes Land. Orte stellen bereits Bedeutungszentren vielfältiger Beziehungen dar, zu denen, wie im Raum überhaupt, immer wieder zurückgekehrt werden kann.

Dieser sich öffnende oder schließende Raum, zu dessen Orten das Kind den Weg findet, ist nicht von dem Erfühlten zu trennen, der sich im Erlaubten eröffnet, im Verbotenen schließt (s. oben). Räume, in denen als Wirkender im Zusammenhang von Beziehung und Bedeutung der andere, die Person, immer anwesend ist, gleichgültig ob real oder ersetzt durch eine Photographie, ein Bild. Den beziehungslosen Raum gibt es nicht für das Lebewesen, selbst der abstrakte Raum des Büros oder einer technischen Institution ist durch die Abstrahierung von jeder Beziehung entstanden: seine Beziehungslosigkeit ist seine Beziehung. *Wirklichkeit als räumlich wirkende* wird durch das dem Raum sich vertrauensvoll ausliefernde Kind erfahren. Es kann jedoch der offene Raum eines weiten Feldes das Vertrauen in den Raum zu Angst vor dessen Grenzenlosigkeit umschlagen lassen. Der geschlossene Raum vermag nicht mehr Sicherheit oder Behaustheit zu vermitteln, sondern wird plötzlich eng und beklemmend empfunden, er wird zum

Anlaß von Angst vor Vernichtung, Erdrückung, vor Tod und Ersticken. M. a. W. die Erschließung des Raumes, auch unabhängig von den ihn bewohnenden Personen, birgt latent die Störung der Vertrauensbeziehung zur räumlichen Wirklichkeit.

Nicht weniger erfährt das Kind durch sein Tun, wie es Wirkung und Gegenwirkung[15] erzeugt, d. h. wie Wirklichkeit, wird auf sie eingewirkt, antwortet. Diese Erfahrung ist für das sich entwickelnde Verhältnis zur Kausalität von besonderer Bedeutung: 1. Provozieren und Bewirken bedingen den Wirklichkeitscharakter des Daseins, 2. wird durch Wirken und Gegenwirken ein ständiger Beziehungs- und Bedeutungswandel herbeigeführt. Das Provozieren der Wirklichkeit (s. oben) besteht nicht nur im erwartungsvollen Abtasten der Reaktion nächster Erziehungspersonen, ob weiter getrotzt oder nachgegeben wird, ob möglicherweise Strafe, Verweis, Mahnung oder Lohn, Zuwendung und Lob geerntet werden, sondern ebenso im Spiel mit dem Baukasten, dem Aufbauen oder Zertrümmern von Aufgebautem, zeigt sich die Wirkung auf Wirkliches, die Antwort derselben ebenso. Im Umgang mit den Gegenständen des täglichen Gebrauchs werden diese ebenfalls „provoziert", abgetastet, aufgehoben, werden sie wieder fortgelegt, wird ihr Gebrauch in der Nachahmung des Tuns Erwachsener erprobt. So zeigen die Dinge sich in ihren Eigenschaften analog zu den Personen, die, provoziert, sich von nicht immer der angenehmsten Seite erweisen. Durch das Provozieren der Umwelt wechselt die Beziehung zu ihr nicht weniger als ihre Bedeutung. Der zertrümmerte Turm aus Bauklötzen ist kein Turm mehr, die Beziehung die zu einem Haufen von Klötzen. Der verärgerte Vater ist nicht der Vertraute, er ist verändert, mit seiner Veränderung wandelt sich die Beziehung zu ihm wie auch seine Bedeutung. M. a. W. durch Wirken und das Erleben von Gegenwirken (Kausalität) wird die mögliche Antwort des Wirklichen provoziert, das in der Antwort seine konkreten Möglichkeiten vorweist.

Nicht zuletzt wird die Zeit[16] vom Kind, das noch in den Bereichen grenzenloser Dauer beheimatet ist, schrittweise über *eigene* (innere) Veränderungen, z. B. der Gestimmtheit, der Gemütsbewegungen und über Veränderungen der *Umwelt* als vergehende erlebt. Die Wirklichkeit der Zeit liegt in ihrer Aufhebung des Wirklichen, in dessen augenblickshaftem Jetzt-und-Hier-Charakter. Diese Aufhebung wird durch das sich entwickelnde Zeitbewußtsein begründet, das sich über Sich-Verändern erfährt, bzw. Wahrnehmungen von Veränderungen sind unauflösbar mit Zeiterfahrung verschränkt.

Erlebnisse wie die Ekstase, der Rausch, der pathologische Dämmerzustand und auch der Traum wissen nicht um Anfang, Ende oder Augenblick, sie sind Erfahrungen von Dauer. Das Zeitbewußtsein ist Bewußtsein nicht nur der Vergänglichkeit des Daseins, sondern seiner konstanten Wandlung, Wandlung damit auch der sich wandelnden Zuordnung von Bedeutung und Beziehung. Die Zeit stellt die Rückkehr zur Wirklichkeit als Möglichkeit der Rückkehr an gleiche Orte im Raum in Frage. Der Mensch und schon das Kind werden der Erfahrung nicht ausweichen, daß ihre Rückkehr an gleiche

Orte nicht mehr die gleichen Orte wiederfindet. Anstelle des Kinderbettes steht plötzlich eines für Erwachsene da, ein Umzug macht die Rückkehr zu den gewohnten Bezirken des Alltags, zu Läden, Straße, Schule, unmöglich. Einige Jahre abwesend von „zuhause“ – und beides, man selbst wie auch der Ort und die ihn bewohnenden Menschen, sind verändert, vielleicht schon gestorben. Durch die Zeit wird der vertraute Raum zu einem unvertrauten, das Haus zu einem unbehausten, der Ort zu einem fast schon unbekannten.

Das Vertrauen, im Können wiedergewonnen, wird durch Weniges so radikal in Frage gestellt wie durch die Zeit, die unaufhaltsam, wenn vielleicht auch unmerklich Beziehung und Bedeutung verändert, das Gewohnte des Alltags zum Ungewohnten werden läßt. Sie erweist sich als die Nahtstelle im schon jetzt sich als äußerst komplex abzeichnenden „Gefüge der Wirklichkeit“, in die das Mögliche jederzeit einbrechen kann.

c) Das Wachen

Grundvoraussetzung, daß die Welt vom Wahrnehmenden und handelnden Menschen, vom empfindenden Tier als sichtbare erfahren wird, daß sie sich über Vertrauen als wirkliche konstituiert, ist das Wachen, der Wachzustand.[17]

Weniges hat die Anthropologie bis jetzt über das Wachen ausgesagt, wenn auch sein Gegensatz zum Schlaf von *E. Straus* untersucht wurde. Dies dürfte mit der relativen Schwierigkeit des Themas im Zusammenhang stehen, da das Wachen einerseits eine selbstverständliche Alltagserfahrung ist, andererseits sich jedoch der Deskription gegenüber eigentümlich verschlossen zeigt.

Jedermann weiß Wachen vom Schlaf zu unterscheiden, gleichgültig ob ein Zivilisierter oder ein „Wilder“, gleichgültig auch in Bezug auf das mögliche Herkommen, die Klasse, die Begabung der Person, die über den Unterschied zwischen Wachen und Schlafen etwas auszusagen vermöchte. Voraussetzung dafür ist allerdings, daß derjenige, der sich über Wachen oder Schlaf äußert, „gesund ist“, d. h. Schlafen und Wachen unterscheiden kann.

Der Gegensatz von Schlafen und Wachen ist nicht nur auf den Menschen beschränkt, auch für die Tierwelt und vergleichsweise die Pflanzenwelt ist er relevant. Der Zusammenhang von Wachen und Schlafen mit der Periodizität von Tag und Nacht, von Aufbau und Abbau, dürfte von der Naturforschung als gesichert angesehen werden, wobei die Nacht, die Ruhe und der Schlaf von besonderer Wichtigkeit für den Abbau, für die Ausscheidung von Stoffwechselprodukten notwendig sind (s. unten).

Nach den Merkmalen des Schlafes befragt, antworten Individuen verschiedenster Herkunft und Ausbildung, daß sie „nicht da seien“, „im Schlaf bin ich abgetreten“, „bin ich nicht zurechnungsfähig“, „bin ich weg“, „bin ich vorübergehend im Jenseits“. Werden sie darauf angesprochen, daß sie doch auch im Schlaf ihre Träume erleben, d. h. nicht bewußtlos sind, wird man auf die Irrealität des Traumlebens verwiesen, mit Worten wie „das ist alles Quatsch", „Spinnereien", „hat nichts mit dem Leben zu tun". Worte, die in krasser Weise die Entfremdung des modernen Menschen den Phänomenen des Traumes und des Schlafes gegenüber dokumentieren.

Nichtsdestoweniger wird kein „Gesunder" die Vorgänge des Traumes für Handlungen halten, die er im Wachen ausgeführt hat, wird der Schläfer in der Umwelt für jemand gehalten, der nicht „da ist", es sei, er wird geweckt und schildert selbst im Wachen rückblickend den Schlaf als Abwesenheit. Es stellt sich die Frage, was im Wachen „da" und im Schlaf „abwesend" ist. Das Bewußtsein? Läßt sich dies nach Belieben wie die Birne einer Lampe ein- und ausschalten, ausgeschaltet ist es abwesend, eingeschaltet da? Auch ist das Bewußtsein im Schlaf, wie die jüngsten EEG-Untersuchungen erwiesen, nur in den seltensten Fällen erloschen. Der Träumer träumt ja mit Bewußtsein, es dürfte hier also nicht das Erlöschen oder „Sich-Entzünden" von Bewußtsein maßgeblich für den Unterschied zwischen Wachen und Schlaf sein, sondern die Richtung, die das Bewußtsein nimmt. Bzw. um nicht einer idealisierenden Bewußtseinsinterpretation anheim zu fallen, *die Richtung, die die Personen mit ihrer Zuwendung auf die Welt hin oder von der Welt fort einnimmt,* ist für das Wachen oder Schlafen, für ihre „An- oder Abwesenheit" ausschlaggebend. (Dabei ist das Einnehmen von Richtung im Sinne einer gerichteten Zuwendung nur bedingt ein Willensakt, vielmehr wird die Person nicht weniger wie fast jedes Lebewesen periodisch gezwungen, sich von der Welt abzukehren und sich ihr wieder entsprechend „gestärkt" zuzuwenden.)

Das populäre „ich bin im Schlaf von der Bühne abgetreten" kennzeichnet, daß die Person in ihrem sonst auf die Umwelt gewandten Handeln, Denken, Planen, Fühlen, in ihrer Aktivität wie auch in ihrem pathischen Widerfahren von Umwelt als nicht anwesend gilt. Der Schäfer wirkt in keiner der gewohnten Weisen auf die Umwelt ein, noch widerfährt ihm Umwelt.

Eine erste Erörterung der Problematik von An- und Abwesenheit in Wachen und Schlaf weist auf Probleme der psychischen Struktur. Wohin „verschwinden" jene Anteile der Person, die sich in Denken, Fühlen, Wollen, in der Verantwortung z. B. äußern im Schlaf? Was führt dazu, daß, plötzlich vom Schlaf übermannt, der als verantwortungsvoll bekannte Flugkapitän XY die Landung fast verschlafen hätte, er mit seiner ganzen zielgerichteten, weltzugewandten Energie nicht mehr verantwortungsvoll, zurechnungsfähig war? (Sieht man von einer rein physiologischen Erklärung der Überschwemmung des Schlafzentrums mit Abbauprodukten des Stoffwechsels ab.) Wo war der Flugkapitän XY in dem Augenblick, da er „von der Bühne trat", mit seinem Denken, Planen, Wollen, seiner Verantwortung?

Ohne diese Frage jetzt und hier zu beantworten, soll es bei der ersten Feststellung bleiben, daß in Wachen und Schlafen die Person in zwei verschiedene Weisen der Zuwendung anwesend, d. h. da ist. (Das fundamentale In-der-Welt-Sein wird durch den Schlaf nur vorübergehend, erst durch den Tod ganz aufgehoben.)

Wird das Wachen mit Zuwendung gleichgesetzt, so kann die Beschreibung des Erwachens aus dem Schlaf Zuwendung verdeutlichen: Ich erwache aus scheinbar traumlosem Schlaf. Ich bin da, meine Präsenz streckt sich bereits über das Zimmer, über vertraute Gegenstände, bekannte Bilder, die ich, wach, wahrnehme, *aber noch nicht einzeln erkenne,* da ich im Augenblick noch nicht weiß, wo ich eigentlich bin. D. h. zwar erwacht in einem Zustand, der sich mir deutlich vom Schlaf unterscheidet, kann ich mich im Raum noch nicht „orten". Die Bedeutung der Gegenstände und Personen, meine Beziehung zu ihnen ist noch nicht wieder die gewohnte, obwohl ich wach bin, die Augen geöffnet habe, das Gehör bereit, alle Sinne sich der Umwelt öffnen, ich „da bin". Analog dürfte sich dem Neugeborenen und Säugling die Welt darbieten. Er ist wach, er ist ihr zugewandt, er ist da – und doch vermag er nicht die Umwelt eindeutig zu erkennen, noch nicht seinen Standort in ihr beziehen, den er erst im Verlauf kommender Lebensmonate zu bestimmen erlernt.

Die *reine Zuwendung* stellt sich in dieser Verfassung des Wach-Seins dar, für die es nicht nur nicht vertraute Gegenstände oder Personen gibt, sondern auch das Deutliche vom Undeutlichen sich noch nicht abhebt. Weder ist es möglich zu sagen, dem Erwachenden erscheint die Umwelt diffus-undeutlich, noch klar und eindeutig. Zweifellos nimmt der Erwachende wahr, hört er, riecht er, aber die Zuwendung der Sinne geht nicht über den Charakter offener Hingewandtheit hinaus, dem jede Spezifität mangelt. Das Wachen wäre somit als ein Sich-Aufschlagen, ein Sich-Auftun der Sinne (Zuwendung) zu bezeichnen, in und durch diese die Person leibhaft der Welt entgegentritt, die Welt sich ihr im Öffnen der Sinne zeigt. Erwacht ist das Wachen Beziehung auf eine Welt vorhandener, aber eine Welt noch unerweckter Bedeutungen, ein Sich-Zuwenden auf „ungetrübtes" Dasein. Ungetrübt: Durch keinerlei spezifische Bedeutung und Beziehung verändert, nur daseiend, dem die Welt ebenso ungetrübt daseiend sich zeigt. Beide, Wachen wie Wirklichkeit, sind in ihrer ersten Begegnung des Erwachens – eines Wieder-zur-Welt-Kommens – die allgemeinste Voraussetzung dafür, daß Wachen und Welt überhaupt aufeinander zukommen. Ist das Erwachen damit charakterisiert, ergibt sich für das Wachen – die Grundbefindlichkeit oder der Grundzustand, in dem wir zumindest die Hälfte unseres Lebens verbringen – eine weitere Möglichkeit der Präzisierung. Das Wachen ist nicht eine zufällige Begleiterscheinung unseres Lebens, sondern Ausdruck unserer einmaligen Präsenz in der Welt, die jedoch Schattierungen von der morgendlichen Verschlafenheit bis zu pathologischen Trübungen des Wachens, bis zur nüchternen Durchführung eines Planes mit gespannten Sinnen aufweist. Wachend sind wir in der Welt anwesend, ermöglicht das Wachen die Welt. Im Wachen stellen wir uns der Welt darüber hinaus dar.

Nur weil ich wach bin, kann ich den Löffel zum Munde führen, den anderen ansprechen, mich ankleiden, ein Buch lesen, Einkäufe tätigen, mich verschiedenen Emotionen überlassen, ihnen nachgeben oder sie unterdrücken.

Nur weil ich wach bin, kann ich mich über Denken, Fühlen, Wollen äußern und dadurch mit der Welt kommunizieren – was im Schlaf unterbleibt. Um mich der Welt verständlich zu machen, bedarf es der das Verstehen ermöglichenden Wachheit, wie ich mich aber auch der Welt nur als Wachender zu vermitteln vermag.

Gibt es ohne das Wachen keine Welt, sind die Wirklichkeit der Welt und das Erwachen zu dieser aufeinander bezogen, so bleiben auch nach dem vollzogenen Erwachen Wirklichkeit und Wachen aufeinander abgestimmt. Meine Präsenz in der Welt durch das Wachen ist, wie das Wachen selbst, jedoch allgemein. Jeder wachende Mensch, obwohl vielfach verschieden vom anderen, wacht – der Afrikaner nicht anders als der Chinese, der Kirgise nicht anders als der Amerikaner – sie wachen alle, wenn sie nicht schlafen, denn nur als Wachende können sie sich der Welt darstellen, mit dieser kommunizieren, sich in Beziehungen und Bedeutungen hineinbegeben.

Im Wachen bin ich kein spezifisches, sondern allgemeines Individuum, oder wie *Heraklit* die Allgemeinheit des Wachens bereits charakterisierte: „Die Erwachten haben eine und eine gemeinsame Welt; bei den Schlafenden aber wendet sich jeder seiner eigenen zu."

Wachend reicht der Horizont meiner allgemeinen Präsenz bis zu den Sternen, vermittels des Fernrohrs noch weiter, über die Grenzen des Sichtbaren hinaus, reicht mein Wachen bis zu den nur noch elektronenmikroskopisch sichtbaren Teilchen der Materie. Wachend wird mein bloßes Dasein grenzenlos, denn ich werde zum Möglichen, das alles ermöglicht: Kann ich mich doch durch das Wachen in jede mögliche Situation, soweit sie denk- und phantasierbar ist, hineinbegeben, ohne daß ich als Individuum in sie verwickelt werden muß. Dabei vermag ich die Welt begrenzter Möglichkeiten so zu verändern, wie das Kind im Glauben an die Allmacht seiner Phantasie die Welt umzugestalten versucht, d. h. wachend reicht mein Dasein nicht nur von den Molekülen bis zu den fernsten Galaxien, sondern wachend schüttle ich den Würfelbecher des Möglichen über die Welt, die Lose imaginierend, die sie ziehen soll – wie Welt sein könnte.

Wachend registriere ich alles, was durch mein Wachen zieht, ohne daß ich mich ausdrücklich antwortend darauf beziehen muß. Wie ein unendlicher Horizont bin ich wachend über die Welt ausgedehnt, soweit meine Sinne reichen und lasse diese durch mein Wachen ziehen. Ich kontempliere, ohne daß ich das Betrachtete als besonders Erkanntes präzisieren muß: Personen oder Dinge gehen unbeteiligt, wie ich an ihnen unbeteiligt bin, durch mein waches Dasein.

Das deutsche Verb wachen, im militärischen Gebrauch zu „Wache stehen", „auf Wache gehen" benutzt, kennzeichnet das Wachen als reines wahrnehmendes, beobachtendes Dasein, das „aufpaßt", alles registriert, bemerkt, feststellt, beobachtet, ohne in diese spezifischen Tätigkeiten ein- oder in ihnen aufzugehen. Wie im Wachen „alles möglich" und imaginierbar ist, verhält sich das Wachen zu den aus dem Wachen entspringenden spezifischen Tätigkeiten des Beobachtens, Bemerkens, Handelns usf., wie das Mögliche zu den Möglichkeiten. *Das Wachen ist Dasein „als mögliches" noch vor jeder Spezifizierung in Tätigkeiten,* die dann das Dasein zum „In-der-Welt-Sein" konkretisieren.

Mit „frei-schwebender-Aufmerksamkeit" charakterisierte Freud das Zuhören, Beobachten und Gewährenlassen des Therapeuten in der Behandlung. Wenige Begriffe betreffen das Wachsein, seine indifferente Präsenz, seinen distanziert-beobachtenden Charakter, sein „Merken" im Sinne etwa des Eintrages einer kurzen mentalen Notiz: „Aha, X. ging eben aus der Haustür", so genau wie diese Formulierung. Allerdings macht in dieser das „Aufmerken" oder „Merken" der Aufmerksamkeit bereits den Schritt in die Spezifität von Beziehung und Bedeutung.

Es sei resümiert: *Wachen definiert sich als allgemeine Anwesenheit von Dasein (dem je-meinigen) bei Dasein (Welt), die beide Wachsein wechselseitig ermöglichen. Es ist die Grundvoraussetzung überhaupt des Erfahrens von Wirklichkeit.* Wachsein entsteht im Gefolge von Zuwendung zur Welt, denn im Schlaf ist die Person abgewandt. Dasein als Meiniges und Dasein als Welt sind füreinander da. Es gibt kein Dasein für den Schläfer – auch wenn er leibhaft präsent ist – im Sinne der Vorgegebenheit überhaupt von Beziehung und Bedeutungswahrnehmung, keine Wirklichkeit ohne Wachsein zu dieser, kein Wachsein, was nicht ständig auf Wirklichkeit hingeordnet ist. Das Wachsein ist dem Urvertrauen ebenso vorgegeben wie der Differenzierung der Welt in Bedeutung und Beziehung, wie der Erfahrung von Welt über Können, Wünschen, Planen. Im Wachsein sind wir wirklich, weil wir nur wachend wirken, oder wirklich ist nur das Daseiende, Anwesende, das sich dem zwar durch die Sinne begrenzten Kreis des Wachseins zeigt, aber in diesem begrenzten Kreis Teil unseres Wachseins, unserer aufmerkenden anwesenden Zuwendung ist.

d) Wirken und Gestalt

Seit den Vorsokratikern,[18] seit mittelalterlichen Adepten und Alchimisten,[19] seit *Nietzsche*[20] und in seiner Nachfolge *Scheler*[21] und der philosophischen Anthropologie[22] wurde Wirklichkeit mit Wirken gleichgesetzt. Was wirkt ist wirklich, ob ein Gedanke, eine Norm, eine Person, eine Physiognomie, eine Landschaft oder ein Haus, sie wirken auf das Subjekt und sind damit wirklich, das Subjekt wirkt auf sie zurück. Dieser Grundgedanke der philosophischen Anthropologie – nicht auf Wirken als ausschließlichem Ausdruck von Willen zur Macht eingeschränkt – wird auch in der vorliegenden Untersuchung wieder aufgenommen und fortgeführt, über die allgemeine Thematik jedoch hinaus differenziert und spezifiziert werden.

Wie wirkt das Wirkliche der Wirklichkeit? Es kann nur über Beziehung und Bedeutung wirken, die in ihrer gegenseitigen Abhängigkeit, Verknüpfung und Verschränkung oben aufgewiesen wurden. Die Wirklichkeit wird von Beziehungen und Bedeutungen bestimmt, sie wirkt nur, weil in beiden sich das eine dem anderen zu- oder abwendet, diese Zu- oder Abwendung vielfach spezifiziert und gegliedert ist. Für den weltabgewandten Schläfer zählt reale Beziehung und Bedeutung des Wachens nicht mehr. *Wirken heißt Beziehung haben und um Bedeutung wissen, heißt Bedeutungen finden, weil Beziehungen zu diesen entstehen oder entstanden sind.* So sind Zuwendung und das Wachen allgemein Beziehungsaufnahme: „Ich bin da", wie die Wirklichkeit nicht weniger ihr „Ich bin da" vermeldet. Spezifischer ist bereits das Urvertrauen, das dem vertrauensvoll sich öffnenden Kind die Wirklichkeit aufgliedert, über das Vertrauen sich die Personen und Dingwahrnehmung, das Undeutliche vom Deutlichen sondert, weil das wirkende Vertrauen erste Beziehungen und Bedeutungen konstelliert, die diesem Vertrauen zu „Fixpunkten" der Orientierung in der Umwelt werden.

Im weiteren Verlauf der Entwicklung des Kleinkindes in dem Maße, in dem die Personen ihre Bedeutung aufgrund der Beziehung zu ihnen differenzieren, die Dinge zu Lehrmeistern der Unterscheidung zwischen Wünschen und Wollen und Widerstand (Grenzen) werden, gliedert sich die Wirklichkeit zunehmend in das Netz von Bedeutung und Beziehungen auf, die den Erwachsenen umgeben. Die unmittelbare Erfahrung der Kausalität durch Wirken und Gegenwirken „schaltet" dabei das Kind in das Bedeutungs- und Beziehungssystem der Welt ein, bzw. durch den aktiven Akt des Eingreifens, Reagierens, Antwortens macht sich das Kind über die Erfahrung von Wirken und Gegenwirken zum Teilhaber am allgemeinen „In-der-Welt-Sein".

Sichtbar sind nur die Folgen von Wirken und Gegenwirken, nicht jedoch die Augenblicke, in denen Beziehung zu einem Möglicherweise einem etwas Bedeutenden aufgenommen, die Person z. B. von einer anderen affiziert wird und Bedeutungen entstehen. Erst die Folge, die Ansprache, Geste, Bewegung, Antwort, zeigen sichtbar, daß Wirken und Gegenwirken stattgefunden haben. Wie soll dieser entscheidende, aber unsichtbar verlaufende Vorgang erfaßt werden, will man nicht auf die Vorstellungswelt physikalischer Wirkungen zurückgreifen, die selber als Modell letzten Endes wiederum unbekannten, physikalischen Kräften dienen? Wie ist das Wirken, das Wirklichkeit differenziert, zu verstehen? Was geschieht im oben auseinandergelegten Erkenntnisakt des Segelbootes als Segelboot unter der Perspektive jetzt von Wirken und Gegenwirken? Was erfolgte, als ich Herrn X. im Warteraum sah und mich entschloß, ihn anzusprechen? Wie ist es möglich, daß jener Berg dort mir etwas bedeutet, er auf mich wirkt, ich mich auf ihn beziehe?

Der Berg bedeutet mir etwas, weil ich ihn unter besonders schwierigen, gefährlichen Umständen mit einem Freunde bestiegen habe, und sein Anblick in mir auch die Momente in Erinnerung ruft, in denen wir fast ums Leben gekommen wären. Warum habe ich ihn bestiegen? Weil mich Gefahr lockt, Leistung anspornt, weil ich die Bergeinsamkeit liebe, weil ich die Ausblicke, die auf andere Gipfel und Täler gehen, hier besonders hinreißend finde. Ein ganzes Netzwerk von Beziehungen und Bedeutungen, wie ersichtlich, erweckt dieser Gipfel in mir, bewirkt seine Erscheinung.

Liegt dem physikalischen Modell der Kausalität vergleichbare Wirkung und Gegenwirkung möglicherweise vor, wenn ich in der Galerie z. B. ein Bild betrachte, das ich auf Grund seiner Wirkung als „besonders" oder „bedeutsam" bezeichne? Das Bild wirkt jedoch nicht auf mich wie eine auf meine Großhirnrezeptoren aufprallende Billardkugel. Aber ich kann feststellen, daß von dem Bild eine „Kraft" ausgeht, die in mir eine „Gegenkraft", eine Gegenwirkung auslöst, eine Antwort erweckt. Die Wirkung des Berges, des Bildes, einer Person, einer Gebots- oder Verbotsform sind durch die Antwort, die Gegenantwort gekennzeichnet, die sie in mir erwecken und konstellieren. Eine Antwort ist kein Echo, sondern eine aktive Beziehungsaufnahme, mit der ich mich dem zu Beantwortenden als ihm etwas Bedeutendes darstelle.

Das Sichtbare des Berges oder der Person wird von mir innerlich durch die Fülle – oder den Mangel – möglicher Bedeutungen und Beziehungen beantwortet. Von Bewirkendem „gewirkt" (getroffen) worden sein, heißt, das Bewirkende, die Bedeutungen/Beziehungen zu einer innerlich präsenten „Bedeutungs- und Beziehungskonfiguration" (Gestalt) in Beziehung zu setzen: Der Berg bedeutet für mich spezifisch etwas, weil ich auf ihm Spezifisches erlebt habe. *Wirken und Gegenwirken,* das Netz von Wirkungen und Gegenwirkungen, in denen sich der Lebensweg eines Menschen bewegt, *finden hier in dem unsichtbaren Innenraum der Subjektivität statt, die auf das Sichtbare antwortet.* Diese antwortet nicht allein auf den Begriff „Berg" oder „Bild" oder „Herrn X.", sondern sie antwortet mit dem Ganzen meiner Person und dem Beziehungs- und Bedeutungsspektrum vergangener Erlebnisse, Erfahrungen, deren emotionalem und mentalem Hintergrund, und nicht nach dem physikalischen Modell von Kraft und Gegenkraft, das dem Behaviorismus z. B. zugrunde liegt.

Die Bedeutung des Berges vermag ich weiter aufzuschlüsseln: Mein Vater bestieg gern Berge, schon mein Großvater tat es; von Kindheit an wurde ich auf Bergwanderungen mitgenommen, mein Zuhause ist von Schneegipfeln umgeben, die an klaren Sommer- oder Wintertagen hervortreten. Daß hier tradierte Bindungen, Freundschaft, Suche nach Gefahr, Leistungsstreben, Bergeinsamkeit und Landschaftserleben außer vielen anderen Beziehungs- und Bedeutungspunkten auftauchen, liegt auf der Hand.

Ausschlaggebend für das Verständnis von Wirken und Gegenwirken, damit für das, was Beziehung und Bedeutung bewirkt, wird jetzt die *Korrespondenz,* die *Übereinstimmung* zwischen dem ausschließlich Sichtbaren („Berg") und dem Inneren, das unsichtbar auf Beziehung und Bedeutung antwortet.

Diese Antwort kann bei einer Unzahl anderer Berggipfel, Personen oder Büchern ausbleiben, sich auf den bloßen Begriff beschränken, aber nicht so bei dem *einen* Berg, dem *einen* Buch, *jener* bestimmten Person. Die sichtbare Welt, das sichtbare In-der-Welt-Sein, in der Perspektive von Wirken und Gegenwirken, von Bedeutung und Beziehung, wird jetzt in den Personen, in den Dingen, zu denen ich eine Beziehung habe, die für mich eine Bedeutung entwickeln, zu *einem Markierungs- oder Fixpunkt in jedem Fall von gestalthafter Qualität.* Der Lebensweg des Menschen ist durch solche gestalteten „Marken" gekennzeichnet, die für ihn Zusammenballungen von Bedeutungen, damit von Beziehungen sind – und wenn auch diese im Fortschreiten des Lebensalters verblassen mögen, andere sich erhalten, neue hinzukommen. *Die je-meinige Welt ist in ihrer Sichtbarkeit, sofern sie mir etwas bedeutet, gestalthafte Markierung, sichtbare Gestalt.*

Wirken würde jetzt heißen: Die Sichtbarkeit der Welt taucht in meinem Gesichtskreis auf, gleichzeitig damit, abhängig von meiner jeweiligen Einstellung oder Stimmung, klingt die unsichtbare „Antwortseite" in mir an. Erst undeutlich, kaum vernehmbar, dann deutlicher, bis sie sich konfiguriert, sich von Alltagsgedanken oder von einer bestimmten, mich beschäftigenden Tätigkeit abhebt, ich mich auf sie einstelle, und so lange bei ihr verweile, bis sie wieder aus meinem Gesichtskreis entschwindet und versinkt.

Wirken und Gegenwirken, Beziehung und Bedeutung finden und setzen, heißt Korrespondenzen wahrnehmen zwischen der sichtbaren Gestalt und unserer unsichtbaren Antwort. Korrespondenzen, die sich nicht etwa aufgrund objektiver Ähnlichkeiten zwischen unserem Innen und dem sichtbaren Außen ergeben müssen, sondern die in erster Linie von unserem je-meinigen In-der-Welt-Sein bestimmt sind.

Die uns umgebende Wirklichkeit ist demnach spezifiziert in eine von Korrespondenzen zwischen äußerer Gestalt und innerer Antwort – über die von Sich-Zeigen und Wahrnehmen jetzt hinausgehend. Wie aber steht es mit der Wirkung von Gedanken zu Gedanken, von Emotion zu Emotion, von Unsichtbarem zu Unsichtbarem? Der Gedanke des anderen kann von uns über das zum Laut (Gestalt) gewordene Wort, über den Buchstaben, das Zeichen wahrgenommen werden – von Fällen auf Einfühlung beruhender „Telepathie" abgesehen –, wie auch die Emotion des anderen uns aus dessen Gestalt, Gebärde, Verhalten übermittelt wird. Die Bedeutung und Beziehung, die wir zu unseren eigenen Gedanken und Emotionen haben, denen wir als reflektierende Menschen kritisch gegenüber zu stehen vermögen, werden durch unser ständiges Inne-Sein unserer selbst bestimmt. (Ihre Beziehung zu Gestalthaftigkeit und Sichtbarkeit wird im folgenden Kapitel zur Sprache kommen.)

Ferner verändert das aktive, durch Handeln bedingte Wirken des Menschen in die Welt hinein, es von dieser auf ihn zurück, die Umwelt läßt ihn seine Erfahrung von Kausalität über das Handeln gewinnen und setzt damit Beziehungen und neue Bedeutungen, ermöglicht neue, innere Antworten auf die veränderte Umwelt. D.h. der Mensch setzt „Marken", gestaltete Beziehungen und Bedeutungspunkte, die ihn und sein Handeln auch nach dem oben beschriebenen Gesprächsmodell „Erde/Mensch" festlegen.

Wirken als Erwecken einer Beziehung und Bedeutungsantwort, Wirken als äußeres Aufeinanderwirken von Sichtbarem auf Sichtbares, Wirken und Gegenwirken im Sinne der sich verändernden Beziehung und Bedeutung zwischen sichtbarer Welt und dem unsichtbaren Subjekt, hervorgerufen durch das handelnde Subjekt oder die sich in der Folge des Handelns wandelnde Welt, sind die Facetten, unter denen sich die Wirklichkeit als Wirkende gezeigt hat. Ist damit jedoch das Wirken des Wirkenden inzwischen aufgehellt, ist es nicht noch präziser zu bestimmen, festzulegen?

e) Wirken, Geben und Nehmen und Sich-Begegnen

Ist der Vorgang des Wirkens z. B. durch psychologisch-psychoanalytische Begriffe aufzuhellen, warum ein Bild in der Gemäldeausstellung, eine Person, ja selbst ein Werkzeug des täglichen Umgangs „besonders" wirkt, nicht nur auf mich, sondern auch auf andere? Die Psychoanalyse[23] sieht die besondere Wirkung, die von einem Bilde oder einer Person ausgeht, entweder in der Evozierung archetypischer Gehalte,[24] in der Übertragung, Erweckung von Kindheitserinnerungen, möglicherweise in der „Assoziierung" von sexuellen Symbolen,[25] in der Identifizierung nach dem eigenen (narzißtischen) oder Gegenbild.[26] Diese Erklärungen sind jedoch, je nach der Schulmeinung wechselnd, Umschreibungen des Wirkens, ohne das Wirken selbst in den Griff zu bekommen. Was geht vor sich, wenn der Betrachter des Bildes gesteht: Der Eindruck ist überwältigend, ich bin wie erschlagen, ich komme davon nicht los. Warum unter tausend Berggipfeln entschloß ich mich, gerade diesen einen zu erklimmen? Aufgrund seiner Wirkung, d. h. der primär undeutlichen Beziehung die ich zu ihm hatte, seiner anfänglich ebenso undeutlichen Bedeutung für mich. „Er zog mich an" – vielleicht waren es bestimmte skurrile Felsgebilde, ein zu erspähendes, großes Plateau, das gewaltige Aussicht versprach, die mich bewogen, ihn zu besteigen. Aber ob Bild, ob Gebirge, ob Werkzeug oder Person, die sich zeigende Welt, undeutlich bedeutungsgeladen, zunehmend deutlicher werdend, wirkt auf den Wahrnehmenden, wie wenn sie auf ihn zukäme, dieses Mal weniger ausgeprägt, jedesmal deutlich. In diesem undeutlichen, diffusen Angezogen- und wieder Abgestoßen-Werden, in der möglichen Überwältigung durch ein Sichtbares oder der Indifferenz ihm gegenüber, liegt ein Aufeinander-Zukommen, ein Messen der Kräfte, ein Ringen zwischen Wirkung – Abwehr – und Gegenwirkung. Ich schätze den Berg ab, ob ich ihn besteigen kann, ich schätze die Qualität des Bildes im Vergleich mit anderen, des Werkzeuges, aber auch die von Personen, die ich untereinander messe, sie vergleiche, um zu einem Urteil zu gelangen. Handelndes Eingreifen in die sichtbare Welt erweist sich aus dieser *Perspektive* als ein gegenseitiges Sich-Bemeistern, Unterliegen, Wieder-zu-Kräften-Kommen, um endlich den anderen „im Griff zu haben". Diese Bestimmung des Wirkens scheint Nietzsches Interpretation des

Wirkens als Machtkampf, wenn auch von anderer Problemlage her, vorläufig zu rechtfertigen.

Aber ist das Aufeinander-Zukommen von sich zeigender Welt und wahrnehmendem Subjekt nur ein „Machtkampf“, der in der Beherrschung des anderen oder vom anderen zu Ende gelangt? Das Verhalten des Stärke-Messens, des Kraft- und Gewaltaustausches, die Beurteilung nach Sieg und Niederlage, die die Terminologie des Willens zur Macht impliziert, die Vorstellung überhaupt eines wirkenden Willens und Gegenwillens läßt sich nicht mit den derzeitigen psychologischen Kenntnissen über die Willens- und Machtproblematik vereinen. Nietzsches und Schopenhauers Verwechslung eines auf Macht gerichteten (egozentrischen) Antriebs (s. unten) mit dem Vermögen zum Wollen, d. h. zu richtungsbestimmten Plänen, bewußt durchzuführender Absichten, liegt an der Wurzel der ungelösten Probleme der Metaphysik des Willens zur Macht, auf die jedoch hier nicht weiter eingegangen werden soll. Die Einseitigkeit der Konzeption Nietzsches kommt darüber hinaus in der Tatsache zum Vorschein, daß Wirken und Gegenwirken im Sinne der wechselseitigen Aufnahme von Beziehungen und Bedeutungen sehr viel mehr Bedeutungen und Beziehungen aufzeigen, als die, die sich in der Rubrik eines „Machtkampfes“ erschöpfen.

Natürlich habe ich den Berg, wenn auch mit knapper Not „bezwungen“, aber was hat die grandiose Aussicht, die er mir bietet, mit meinem ihn „bezwingen“ gemeinsam? Wieweit läßt sich der leibhafte Genuß von Anstieg, Abstieg, Anspannung, Entspannung, Aussicht, Ruhe auf einen Machtkampf zwischen mir und dem Gelände, dem Berg reduzieren? Wieweit ist das Betrachten eines Bildes, das Erfahren des Bedeutsamen, auf einen Machtkampf zurückzuführen, zu dem er mindestens zwei Gegnern bedarf, ich aber von vornherein gar nicht gewillt bin, mich mit dem Bild in der Galerie als Gegner einzulassen. Wer wollte die Bedeutung, die das Fahrzeug für mich hat, aufgrund meiner Beziehungen zu ihm, auf die eines Machtkampfes oder eines Mittels zum Machtkampf einschränken?

Diese Einwände ließen sich noch erheblich erweitern, um die Problematik einer Auffassung, die in Wirken und Gegenwirken ausschließlich Machtkämpfe wahrzunehmen glaubt, ad absurdum zu führen. Wirken und Gegenwirken: ob ich an Beziehungen zu Personen, ihre Bedeutung für mich denke, an die zu Dingen oder meine Beziehung zur Natur, zu meinen eigenen Emotionen, scheint Geben und Nehmen auf *Begegnen* hinzuzielen. Der Berg *gibt* mir die Möglichkeit ihn zu ersteigen, er bietet mir die Aussicht, er verhüllt sich, er gefährdet mich, kann mir meinen Leben nehmen, wenn ich ungeschickt mich in kritischer Lage benehme. Ich *„nehme“* ihn mir, um an ihm mein Leistungsbedürfnis zu trainieren, er dient mir als Sprungbrett für weitere Bergbesteigungen, andere Aussichten zu genießen usf.

Es bieten sich jedoch wesentlich einfachere, fundamentalere Beispiele an, als die einer Bergbesteigung, um die These, Wirken und Gegenwirken sei Geben und Nehmen, dieses wiederum sei Begegnen, zu veranschaulichen. Die gesamte belebte Natur ist nach den übergeordneten Prinzipien von Aufbau und Abbau,[27] d.h. Stoffaustausch gebildet – ein Grundmerkmal des Lebendigen überhaupt, dem zwar die personale Relation von Geben und Nehmen fehlt, das aber nichtsdestoweniger unter der Kategorie des Austausches zu fassen ist. Über den Stoffaustausch hinaus sind die Relationen der einzelnen Lebewesen zueinander, ihre Beziehung auch zur unbelebten Natur, zur Atmosphäre, Bestrahlung, zum Wasser ebenfalls nach dem Prinzip des Austausches geordnet.

Die Tierarten[28] kennen zwar Geben und Nehmen im spezifisch humanen, Institutionen begründeten Austausch nicht, aber auch sie stehen in ständiger Wechselwirkung mit ihrer Umwelt, sei es mit ihren Artgenossen, sei es mit den anorganischen Anteilen der sie umgebenden Natur. „Nimmt" das Einzeltier einer der Tierarten,[29] fühlt es sich jedoch nicht bewogen, dafür etwas zu geben, was aber Fürsorglichkeit, Kooperation, u. U. sogar Hilfsbereitschaft unter Tierarten keineswegs ausschließt.[30] Austausch in der Lebenswelt darf als Wirken und Gegenwirken, als Geben und Nehmen bezeichnet werden.

Der Umgang des Menschen mit der belebten oder unbelebten Natur ist dagegen auf Nehmen und Geben fundiert. Es ist eine dialogische Beziehung (s. oben), in der er der Natur einerseits Verhalten ablauscht, sie nachahmt, andererseits Natur schützt, hegt, kultiviert, ausbeutet, ihre Ertragsmöglichkeiten steigert, er sie sich unterwirft, wie sie ihn zur Anpassung an ihre „Gesetze" zwingt (vgl. oben).

Erst im humanen Bereich jedoch gewinnt Geben und Nehmen die Bedeutung, die es zu einem gemeinschaftsbildenden Faktor allerersten Ranges erhoben hat. Dies gilt, wie Ethnologen[31] aufwiesen, nicht nur für die Entstehung einfachster gemeinschaftlicher Organisationen, sondern jede Gesellschaft konstituiert die wechselseitige Abhängigkeit ihrer Individuen untereinander durch Geben und Nehmen, gleichgültig ob Geben und Nehmen „gerecht" oder „ungerecht" verteilt sind. Geben und Nehmen er- und bewirkt Gemeinschaft, indem die Wirkung des Gebens die Gegenwirkung des Nehmens provoziert und (idealiter) aufhebt.

Im Zusammenhang der zunehmenden Arbeitsteilung hat die menschliche Gesellschaft das indirekte Tauschprinzip, die Einführung des Geldes entwickelt.[32] Der Städter geht nicht auf das Land, um beim Bauern die Milch zu holen und ihm vielleicht dafür das Lesen beizubringen, sondern das Geld hat, von der Arbeitsteilung jetzt abgesehen, den Tauschvorgang zu einem indirekten, anonymen Verfahren mit allen daraus sich ergebenden Konsequenzen, auch der Verfremdung, gemacht.

Die primäre Beziehung des Kindes zu seiner Mutter schon beruht auf Geben und Nehmen.[33] Der Säugling nimmt von der Mutter Nahrung, Wärme, Geborgenheit, er gibt der Mutter sein Dasein, das, mag er noch unter wie auch immer schwierigsten sozialen Bedingungen stehen, mit dem ersten Lächeln an die Mutter hin Begegnung begründet, in der der Säugling sich der Mutter gibt. Wirkung und Gegenwirkung stellen auch hier sich als Geben und Nehmen dar.

Unterliegt der Stoffaustausch in der Natur und das Verhalten der Lebewesen dem Prinzip von Geben und Nehmen und darüber hinaus der Erhaltung eines Gleichgewichtes,[34], ist Austausch, Geben und Nehmen, meistens über Zwischenstufen vermittelt: der Fisch verzehrt im Tümpel nicht mehr „kleine Fische" als zur Aufrechterhaltung *ihrer* Art tragbar ist. Der große Fisch „nimmt" die kleinen Fische, er gibt über seine Ausscheidungsprodukte den Kleinstlebewesen Nahrung, die wiederum von den nächstgrößeren Lebewesen vertilgt werden und damit den einem Gleichgewicht zustrebenden Kreislauf innerhalb der Natur schließen.

Konstituieren Geben und Nehmen die Wirklichkeit von Wirken und Gegenwirken, so müßte sich dieses Wirken auch in den Verschränkungen von Beziehungen und Bedeutungen nachweisen lassen, müßten Beziehung und Bedeutung dem Prinzip von Geben und Nehmen nachkommen. Beziehe ich micht auf etwas, bezieht sich die Mutter auf das Kind, ein Parteigenosse auf seine Partei, ein Ingenieur auf seine Maschine, dann liegt in der Beziehungsaufnahme des Sich-Richtens auf etwas ein potentielles Nehmen, auch wenn der Vorgang der Beziehungsaufnahme im Gedanklichen oder Emotionellen verbleibt. Das oder der andere werden mit dem Blick „genommen", „wahrgenommen", die Beziehungsaufnahme nimmt den oder das andere in den Umkreis ihres möglichen Verhaltens hinein. Nicht zufällig liegt im Wort „Beziehungsaufnahme" wie in dem „Wahrnehmen" das „Nehmen".

Umgekehrt zeigt sich in der Bedeutung eines Etwas das Geben, das im „Zeigen" des einem etwas Bedeutenden, dem Entgegenkommen desselben das potentiell Gebende zum Vorschein kommen läßt. Das Sich-Zeigen impliziert ein Sich-Geben.

Im Unterschied jedoch zum konkreten Geben und Nehmen, das Tätigkeit mit einbezieht, bewegen sich das auf etwas Sich-Beziehen und einem etwas Bedeuten auf der Ebene kognitiv-emotionell bestimmter Wahrnehmung (deutlich/undeutlich usf.). Sie sind ein Sich-Kundgeben, ein Aufnehmen, ein Signalisieren und ein Erkennen. Das Wirken von Beziehung und Bedeutung erhält demnach den Charakter von „Ausstrahlen" und „Empfangen", von „Senden" und „Aufnehmen", von „Kommunikation", die zwar dann ständig durch Handeln beeinflußt und verändert wird, jedoch bei aller Veränderung den Charakter von „Ausstrahlung" (Bedeuten) und „den Empfangsstrahl auf die Ausstrahlung richten" (Sich-Beziehen) beibehält.

Das Modell des „Ausstrahlens" und „den Empfangsstrahl auf den Sender richten" kann auf Wirkung und Gegenwirkung, auf Geben und Nehmen im lebendigen Bereich, insbesondere auch im Personalen angewandt werden, wenn das Sich-Zeigen von Personen, Dingen oder Kunstwerken mit „Ausstrahlung" oder „Wirkung" bezeichnet wird. D. h. wenn Bedeutungsgeladenheit in Verbindung mit Intensität der Übermittlung zusammenfallen.

Begegnung mit einem Kunstwerk z. B. oder einer Persönlichkeit „mit Ausstrahlung" bedeutet, sich in den Umkreis von Wirkung zu begeben, die das Wirkende „aussendet" oder gibt. Wirkung wäre jetzt über den Aspekt des

Machtkampfes, über den von Austausch hinaus, einem Stück glühender Kohle zu vergleichen, das Wärmestrahlung verbreitet, die derjenige wahrnimmt, der sich in dem Umkreis derselben aufhält. Zu dieser Art von Wirkung, die auch für die anderen Bereiche der Lebewelt und des In-der-Welt-Seins zutrifft, gehört jedoch, daß sie nicht nur wahrgenommen, sondern daß der sie Wahrnehmende auch von ihr durchdrungen wird, wie er von der Wärme der Glut an einem kalten Tag erfaßt, durchdrungen und gewärmt wird.

Die „Ausstrahlung" etwa eines Cézanne unter vielen, ähnlichen, ebenfalls berühmten Zeitgenossen in einer Galerie oder die „Ausstrahlung" von einem Musikwerk, dem sich der Betrachter oder Zuhörende öffnet, sich ihm erschließt, ist in Analogie zu der Wärmeausstrahlung zu setzen, die den, der sich in ihren Umkreis begibt, ähnlich umschließt, umfängt und durchwärmt, wie in den eben aufgezeigten Beispielen. Es ist ein Geben, das „einnimmt", das auf dieser Stufe wieder ein Nehmen ist.

Wirkung geht aber nicht minder von einem Kühlhaus aus, das nicht im Sommer, sondern im Winter aufgesucht werden muß und wo man danach trachtet, sich gegen die Einwirkung der Kälte zu schützen – analog der Begegnung mit einem uns unsympathischen Menschen, auf die wir mit Abwehr oder innerlichem Rückzug antworten. Die negative Wirkung, die nicht weniger auf „Ausstrahlung" beruht als die positive, ist Wirkung, wenn unsere Antwort auch die einer verstärkten Gegenwirkung, die von Sich-Verschließen, Sich-Schützen, von *Abwehr* ist. Auch sie ist ein Geben, auch sie ist ein Geben, das uns z. B. „Freiheit" nimmt, einfach davon zu gehen.

Wer wollte sich nicht an die „Wirkung" von Geschütz- oder Gewehrfeuer im Krieg erinnern, an die des Straßenlärms, an penetrante Gerüche usf., die jedenfalls, was die Wirkung von Kugeln anbetrifft, von durchdringender Kraft sind, gegen die es meistens keinen Schutz gibt? Für diese handfeste Wirklichkeit wäre „Ausstrahlung" ein Euphemismus – obwohl auch die tödliche Strahlung hinlänglich bekannt ist und das Gewehr- oder Geschützfeuer, nach Ansicht der Physiker, nur eine andere Form von Energietransport darstellt wie die der radioaktiven Strahlung. Welche formulierten Gedanken, dargestellten Gefühle hätten darüber hinaus nicht auch eine vernichtende, durchdringende Gewalt, die in ihrer Wirkung sich wenig von einer MG-Salve unterscheiden? Hier wird das Geben zum das Leben nehmenden Töten.

Ausstrahlen, Durchdringen, sich dem Ausstrahlenden öffnen, sich ihm verschließen, sich von ihm abwenden, vor ihm Schutz suchen, von ihm betroffen, tödlich getroffen zu werden, umschreiben das Wirken als Dasein, das sich ständig an seinen Umkreis entäußert (Glut, die Wärme ausstrahlt), sich in dieser Entäußerung-Emanation an den Umkreis verliert. *Sich der Wirkung aussetzen heißt, im Umkreis von Dasein sich aufzuhalten, das im Umkreis seiner selbst sich an dieses entäußernd verliert.* Entäußerung ist mit Sich-Zeigen und Etwas-Bedeuten gleichzusetzen, aber auch mit Geben, das u. U. nimmt.

M. a. W. die sich zeigende Welt wirkt als sich zeigende. *Das Zeigen oder*

Etwas-Bedeuten ist Wirken, d.h. *im unmittelbaren Umkreis eines Zeigenden zu sein, heißt, sich der Wirkung desselben auszusetzen.* Der Kreis schließt sich: Bedeuten heißt, in der Bedeutung sich zu entäußern, zu verströmen, im Umkreis von Etwas-Bedeutendem zu wirken. Sich beziehen wäre dem Umkreis des Wirkenden-Bedeutenden sich auszusetzen. Beziehung und Bedeutung, oben noch als Antwort/Gegenwirkung auf eine markante Gestalt angesprochen, sind jetzt dahingehend konkretisiert, daß sie nach dem Modell von „Ausstrahlung" und „Strahlungsempfang" verständlich gemacht wurden, das über das von Geben und Nehmen, Wirken und Gegenwirken hinausgeht, indem das Wirkende von Beziehung und Bedeutung Geben und Nehmen ausgleicht.

Damit sind die Voraussetzungen geschaffen, Wirkendes endlich als Begegnendes zu fassen und die eingangs aufgestellte These, Wirken sei ein Sich-Begegnen zu verifizieren. In der Begegnung[35] ereignet sich für die Sich-Begegnenden etwas Bedeutsames, etwas, das über den Augenblick des Kennenlernens, des Wahrnehmens, Sich-Ausforschens hinausweist in Dimensionen der Tiefe, vielleicht der Dauer, der Zuneigung, des Sich-Verstehens. Diese Momente sind in der Begegnung möglich. Ihre Realisierung hängt von der Bereitschaft zur Begegnung, aber auch von den relativierenden Umständen ab.

Begegnung ist aber darüber hinaus Machtkampf, da ein Partner oft der Begegnung sich nicht stellen möchte, Abwehr, Angst, mangelndes Vertrauen ihn veranlaßt, die Begegnung zu meiden. Auf diese Weise erhält Begegnung anfänglich den Charakter gegenseitigen Bezwingens. Begegnen ist ferner ständiges Geben und Nehmen, Austausch von Gedanken, Emotionen, gegenseitige Anteilnahme an Lebensproblemen, Wirkung auf den einen, Gegenwirkung auf den anderen, bis in die leibhaften (erotischen) oder materiell-ökonomischen Belange hinein.

Begegnung ist aber auch sich der Wirkung oder „Ausstrahlung" des anderen auszusetzen, sich von dieser durchdringen zu lassen, sich ihr zu öffnen, ihr standzuhalten, „zurückzustrahlen", in der wechselseitigen Durchdringung der Wirkung des einen auf den anderen, des anderen auf den einen, keinen Anlaß zur Abwehr oder Sich-Verschließen, sondern zu gegenseitiger Bestätigung zu erleben. So rückt die Beschreibung der Begegnung in unmittelbare Nähe des Geschlechtsaktes, der ein Sich-Bemächtigen nicht weniger wie Geben und Nehmen, ein Sich-Durchdringen nicht weniger wie ständiges sich der Wirkung des anderen auszusetzen ist. Bis im „idealtypischen Fall" Wirkung und Gegenwirkung, Geben und Nehmen in der gegenseitigen Durchdringung des Orgasmus ebenso ausgelöscht wie auf ihren Höhepunkt zugetrieben werden.

M. a. W. Wirkung im entscheidenden personalen Bezug von Mensch zu Mensch, zielt auf ein gegenseitiges Sich-Durchdringen als zu erstrebende, gemeinsame Idealgestalt hin, die im gemeinsam erlebten Orgasmus ihre Verwirklichung finden kann.

Ist jedoch Begegnung mit einem Berg, einem Tisch, einer Institution möglich? Wenn bei diesen Bezirken aus Welt und menschlicher Umwelt die personale Begegnung entfällt, der von mir erstiegene Berg kaum sich einer Begegnung mit mir bewußt ist, so bin ich nichtsdestoweniger der Wirkung dieser Dinge ausgesetzt, die entsprechend meiner Beziehung zu ihnen und ihrer Bedeutung für mich, meine Gesinnung, mein Verhalten, meine Person u. U. lebenslänglich beeinflussen und verändern können. Sei es, daß ich mir beim Ersteigen des Berges eine Verkrüppelung zuziehe, bei der Begegnung mit einer mir neuartigen Institution, Ideologie oder Gruppe meinen Lebensweg grundlegend verändere, das Bewohnen eines Hauses (Ding) mich an dieses so bindet, daß ich mich nicht mehr von ihm zu trennen vermag. Darüber hinaus wirke ich verändernd auf Dinge und Umwelt ein, wenn ich handelnd, nicht nur wahrnehmend mich diesen Bezirken aussetze und damit eine Gegenwirkung ausübe, die zwar keine personale Durchdringung ist, jedoch auch ihre Spur in der Außenwelt hinterläßt, wie diese in mir.

Wirklichkeit jedoch als umfassend sich-durchdringende, begegnende Wirklichkeit bleibt als Möglichkeit auf den humanen Bereich beschränkt.

In der Aufdeckung von Fundamentalstrukturen des Wirklichen erweist sich Wirklichkeit in ihrer durchgängigen Gegenseitigkeit von Sich-Zeigen und Wahrnehmen, von Wirken und Gegenwirken, Geben und Nehmen, „Ausstrahlen" und „Strahlung empfangen" als Geflecht gegenseitiger Abhängigkeiten schlechthin. Das zur Welt kommende Kind ist in seinem Urvertrauen auf Welt hin von dieser abhängig – das Wachen nicht weniger in seiner Zuwendung auf das „Etwas" hin, dem es sich zuwendet, von diesem „Etwas" abhängig.

Wer aus dem Schlaf erwacht, die Umgebung als Altvertraute wieder erkennt, den ersten Schritt aus dem Bett macht, in das Badezimmer tritt, begibt sich nicht nur mit diesem, sondern schon mit der ersten Zuwendung zur Welt in die Abhängigkeit von Beziehung und Bedeutungsaufnahme, ohne die er nicht sein kann. Abhängig ist er darüber hinaus von dem O_2-Gehalt der Luft, der Schwerkraft, die ihm gezielte Bewegungen ermöglicht, von der soliden Bauweise seiner Wohnung, seines Bettes, von der Machart der Laken und Decken bis zu dem in der Wasserleitung vorhandenen Wasser.

Das unübersehbare Netz von Abhängigkeiten, in dem sich jedes Lebewesen und auch die anorganische Materie befindet und bewegt, stellt sich durch Beziehung und Bedeutung dar. Beziehung und Bedeutung fundieren gegenseitige Abhängigkeit, wie gegenseitige Abhängigkeit sich durch Beziehung und Bedeutung als Fundamentalstruktur des sichtbaren-unsichtbaren Daseins ausweist. Wirken und Gegenwirken, Austausch, Begegnen, Durchdringen und Durchdrungen-Werden versinnbildlichen in ihrer Gegenseitigkeit, Abhängigkeit in verschiedener Weise.

Wirken und Gegenwirken bedeuten, sich in die Abhängigkeit von Wirkendem zu begeben. Die Abhängigkeit entsteht als Antwort auf Wirken, gleichgültig ob abwehrend oder zuwendend, gleichgültig, ob ich mich der

Wärme, der Glut eröffne oder mich gegen die Kälte verschließe. In beiden Fällen antworte ich auf Wirkung, da ich von ihr betroffen, von ihr abhängig bin. Im Tauschprinzip wird die gegenseitige Abhängigkeit institutionalisiert, um zu einer für die Partner – idealiter – tragbaren Einrichtung zu werden. Im Begegnen und Sich-Durchdringen vermag die gegenseitige Abhängigkeit als fundamentales Daseins- und Lebensprinzip wertsteigernd erlebt zu werden.

Ausgehend davon, daß Bedeutung und Beziehung Wirklichkeit begründen, Wirklichkeit sich über Bedeutung und Beziehung fundiert, wurde in dem letzten Abschnitt versucht, das Wesen des Wirkens und der Wirklichkeit einzukreisen und zu erfassen. Dabei ergab sich, daß Wirkung nur über Sichtbares sich vollzieht, gleichgültig ob über die Gestalt eines Werkzeuges, eines Wortes oder die von Buchstaben. Das sichtbar Gestaltete erhält dabei den Charakter der Bedeutungs- und Beziehungs-„Marke“ (Gestalt), die in dem auf sie Zukommenden eine Beziehungs- und Bedeutungsantwort erweckt. Auf diese Weise entstehen Korrespondenzen zwischen bedeutungsgeladenen und beziehungsreichen Gestalten und Bilder, die aufeinander wirken. Die nähere Spezifizierung dessen, was eigentlich Wirken ist, ließ dieses als eine Gleichzeitigkeit verschiedener Faktoren erscheinen: Machtkampf, Austausch von Geben und Nehmen, Ausstrahlung und „Strahlungsempfang“, Begegnen und Sich-Durchdringen im humanen Bereich. Der aus der Begegnung erwachsende Orgasmus wurde als idealtypisch für die Gegenseitigkeit von Einander-Durchdringen in Wirken und Gegenwirken aufgefaßt.

f) Sichtbar und unsichtbar Wirkendes[36]

Jede sichtbare Gestalt entsteht und vergeht, lediglich die Dauer ihrer Erscheinung variiert zwischen Sekunden und mehreren Millionen von Jahren, Milliarden Jahren für die der Mineralien.[37] Sichtbare Gestalt ist damit nur ein Durchgang, der die wirkenden Kräfte organischer Prozesse bannt, die sich nach dem Verfall der Gestalt wieder lösen. Jedes werdende und vergehende Lebewesen veranschaulicht diesen Vorgang. Wie die Gestalt als übergeordnetes Ganzes, als Regulationsprinzip[38] des Organismus es zustande bringt, aus den anorganischen Bestandteilen des Aufbaus organische zu bilden, die ihrem Regulationsprinzip unterstehen, ist bis jetzt nicht erfahrbar geworden, wenn auch, vom Vitalismus bis zur Molekularbiologie, zahlreiche Hypothesen zur Erklärung dieses Vorgangs aufgestellt worden sind.[39]

Für unsere Untersuchung wird das Problem, wie Gestalt Wirkendes sichtbar werden läßt und mit ihrem Vergehen auch das Wirkende nicht mehr zu fassen ist, eine Wendung nehmen, die es möglicherweise zu einem Scheinproblem macht.

Lebendige Gestalt ist Beziehung und Bedeutungsmarke für andere Lebewesen und Anorganisches, zumindest weist das Zier mit dem Auftauchen von zentralen Regulationsmechanismen eine (unsichtbar wirkende) Subjektivität auf, die ihm die Umwelt über Beziehungen zu Bedeutungen gliedert,[40] d. h. auch beim Tier die Wirklichkeit von Bildern, Signalen, Gesten, Gebärden gestaltete Beziehungs- und Bedeutungsmarken darstellen, über die es in seine Umwelt hineinwirkt und von seiner Umwelt zu Antworten veranlaßt wird, „unsichtbare“ Subjektivität sichtbar über Beziehungs- und Bedeutungsmarken wirkt.

Ob die höheren Tiere Emotionen, Affekte, Stimmungen erleben, aber sie nicht, wie z. B. der Mensch, gleichzeitig als Ausdrucksgeschehen sichtbar vermitteln, erscheint unwahrscheinlich.[41] M. a. W. bei den verschiedensten Tierarten werden auftauchende Emotionen, Stimmungen, Antriebe gleichzeitig leibhaft vermittelt – analog zum Kind. Erst der Mensch versteht es, sich als Subjekt zu erleben, ohne dieses Erleben gleichzeitig als Ausdrucksgeschehen darzustellen. Er kann sich beherrschen, sich verstellen, Emotionen vortäuschen, seine Subjektivität kann sich dem jeweils adäquaten Ausdruck entziehen.

Diese Gebrochenheit des menschlichen Ausdrucksverhaltens ist fraglos das Erzeugnis einer bis in die frühesten Menschheitsanfänge zurückgehenden Entwicklung, dort gesetzter Hemmungen.[42] Mit ihr hebt sich das menschliche Subjekt, ganz abgesehen von dem Vermögen zur Reflexion, grundsätzlich von dem der Tiere ab.

Die Frage, wie aus wirkenden Kräften Gestalt wird, diese verfallend die Kräfte wieder entläßt, stellt sich nicht nur im organischen Wachstum, sondern in jedem Ausdrucksgeschehen, in jeder Handlung, in jeder Bewegung, in der Subjektivität von Stimmung, Emotion und Antrieb sich kundgibt. Aus einem Wirkenden, das z. B. in der Appetenz auf ein Ziel, eine Beute oder einen Partner erlebt wird, entsteht eine Ausdrucksgestalt der Gebärde, der Bewegung, des Antriebs, die nicht nur bei Hunger oder Kampflust entsprechend mit hormonalen und nervösen Vorgängen verbunden ist. Die Kampfgestalt des angriffslustigen Hundes mit gefletschten Zähnen, gesträubtem Fell wird sichtbar, eine Hunger-, Flucht- oder Angstgestalt,[43] die, wie sie entstanden, wieder vergeht und damit analog das Entstehen und Vergehen der Lebewesen veranschaulicht.

Fragwürdig jedoch an dieser Betrachtungsweise und damit zu einem Kardinalirrtum der Forschung[44] geworden ist die Diskrepanz von unsichtbar wirkenden Kräften, Antrieben, Emotionen, die subjektiv entsprechend unsichtbar erlebt werden, und ihre sekundäre, äußere Gestaltwerdung. Die Gleichzeitigkeit beider beim Tier, die Unterbrechung dieser Gleichzeitigkeit beim Menschen im Gefolge seiner Entwicklung zu einem Kulturwesen – vgl. oben „Verstellung“ – läßt die Forschung übersehen, daß Gestaltetes für jedes Lebewesen nur ist, weil es ihm etwas bedeutet, es zu diesem in Beziehung zu treten vermag. Die Übereinstimmung zwischen innerer Verfassung und äußerer Gebärde beim Tier, macht diese anderen Tieren in bestimmter Weise, d. h. als etwas Bedeutsames oder ihnen etwas Bedeutendes kenntlich. Die Frage ist hier nicht, wie setzt sich unsichtbares Wirken von Antrieben oder Stimmungen in äußerer Gestalt fort, sondern äußere Gestalt ist nur, weil sie dem, der sie bemerkt, etwas bedeutet, er eine bestimmte Beziehung zu ihr hat oder nicht, sie ist „Bedeutungsmarke" eigener Antworten und Gegenantworten. Oder: *Äußere Gestalt ist nur, weil das Subjekt dem anderen sich in seiner leibhaften Ganzheit als eines, das dem anderen etwas bedeutet, auf das es sich beziehen kann, zeigt.*

Gestalten sind die sichtbaren Glieder, vergehend und entstehend in einer nicht abreißenden Kette von Beziehungs- und Bedeutungsaustausch, von Korrespondenzen und Kombinationen. *Wo Beziehung und Bedeutung sind, sind auch Gestalten, wo Gestalt ist, sind auch Beziehungen und Bedeutungen.* Sie sind Worte, Satzzeichen, Sätze einer gemeinsamen Sprache, die sich durch Gestik[45] gemeinverständlich zu machen sucht, sich aber über das Wort und die spezifisch humane Subjektivität, die „Sprachverwirrung", der unmittelbaren Verständlichkeit entzogen hat. *Gestaltwandel, Gestaltentstehung und Gestaltvergehen sind Beziehungs- und Bedeutungsentstehung in einer sich im Zeigen zuwendenden und im Vergehen sich abwendenden Welt.* Deshalb ist auch das Wachen Grundvoraussetzung des Erfahrens von Wirklichkeit, weil es fundamentale Zuwendung, Beziehungsaufnahme zu der Welt, damit Gestalt, bedeutet, Abwendung jedoch Beziehungs- und Gestaltlosigkeit.

Das Problem wäre demnach nicht, wie von unsichtbarer Subjektivität aus wirkende Antriebe, Stimmungen, Wünsche, aber nicht gestalteten Ganzheiten sichtbare Gestalt werden, dem aristotelischen Schema von Potenz und Akt vergleichbar. Denn diese Fragestellung setzt die nur für die humane Subjektivität typische Zweiteilung in Unsichtbares und Sichtbares voraus. Gestalt wahrnehmen und Gestalt zeigen heißt vielmehr, immer Beziehung und Bedeutung setzen, begonnen mit der fundamentalen Beziehung des daseienden Wachens zu einer daseienden Welt bis in die oben aufgewiesenen Gliederungen der Wirklichkeit. *Weil Wirken und Wirklichkeit sich über Beziehung und Bedeutung fundieren, ist Gestalt, aber sichtbare Gestalt ist nicht, weil sich unsichtbar Wirkendes „materialisiert".* Die Ganzeit des Urteils im Erkenntnisakt ist nur, weil sie sich selbst in der radikalen Weltabgelöstheit der Epoché noch (negativ) auf sich zeigende Welt bezieht.

Die weitere Folge dieser Ergebnisse wäre: In der Kette von Beziehungen und Bedeutungen ist jede Gestalt als Beziehungs- oder Bedeutungsgestalt wertvoll oder wertlos, positiv, negativ oder indifferent getönt. M. a. W.: Die Gestalttheorie,[46] die zwar die Gestalthaftigkeit der Subjektivität von Emotionen, Affekten, Gedanken aufzeigte, aber die Frage nach den Werten dabei – nach naturwissenschaftlichem Vorbild – übersah, übersah auch, daß Gestalten nur sind, weil sie letzten Endes auf die Subjektivität wertender Bedeutung und Beziehung fußen. Oder: Wertende Beziehung und Bedeutung sind nur, weil Gestalt ist.

Was wäre der zentrale Begriff der Ordnung[47] in der Gestalttheorie, der aus der Physik unmittelbar abgeleitet ist, wenn er nicht einen Wert der Unordnung dem Chaos gegenüber darstellte? Was besagt die Gestalttheorie mit ihrem Fundamentalansatz: Die Teile sind dem Ganzen untergeordnet, den sie erfolgreich auf die Psychologie, Biologie, Semantik, Ethnologie und Kulturmorphologie anwandte, als daß sie damit ein allgemeines Ordnungsprinzip feststellte, das möglicherweise als oberster Wert in einer Hierarchie von Werten des Kosmos, der Natur, des Menschen und seiner Institutionen, vielleicht gar das Universum bstimmt?[48] Diesem Ordnungsprinzip untersteht auch Gestaltverfall in Krankheit oder Tod, wenn die Teile des Organismus dem Ganzen gegenüber sich selbständig machen und doch mit diesem Vorgang nur eine Zwischenstufe zu neuen Übergängen, in denen die Teile eines verwesenden Organismus z. B. zu Teilen eines neuen Ganzen werden, darstellen. Selbst die Krebszelle untersteht dem Ordnungsprinzip der Gestaltpsychologie, den Gesetzen des Stoffaustausches und der Zellteilung als dem übergeordneten Ganzen. Diesem übergeordneten Prinzip, das einen als sinnvoll zu definierenden Wert verkörpert, sind die einzelnen Gestaltqualitäten als Vermittler Marken von Bedeutung und Beziehung untergeordnet.

Die Berufung auf das wertfreie Experiment der Gestaltpsychologie, dessen Bedeutung etwa der pawlowschen und behavioristischen Konzeption gegenüber nur unterstrichen werden kann, läuft Gefahr, selber zu einem Experiment unter Ausschluß der Subjektivität zu werden, wenn die Wertfrage in der bisherigen Weise ausgeklammert wird, die konkreten Beziehungen und Bedeutungen des lebendigen Umgangs wegfallen. Die hier vorgetragene Auffassung bemüht sich, die Krise – die der Gestaltpsychologie nicht nur droht, sondern in der sie sich befindet, wenn sie in ihren Laboratorien nach den gleichen Prinzipien verfährt wie die pawlowsche und behavioristische Psychologie – aufzuzeigen und ihr vorzubeugen, indem sie über Beziehung und Bedeutung die Wertfrage aktualisiert und damit die Beziehung und Bedeutung immer als Werte erlebende Subjektivität in den Griff bekommt.

Wenn eingangs dieses Kapitels darauf verwiesen wurde, daß bei Gestaltentstehung wirkende Kräfte gebunden, diese bei Gestaltverfall wieder frei werden, so bedürfte diese Formulierung jetzt einer einschneidenden Veränderung. *Gestaltentstehung vermittelt Beziehung und Bedeutung, die die alternde oder verfallende Gestalt nur noch begrenzt darzustellen vermögen.* Bei der letzteren tritt in Verfall und Tod ein Beziehungs- und Bedeutungswandel der Gestalt und der Gestaltanteile ein: Knochen, die vorher der Stützung und Bewegung dienten, werden zu Bestandteilen anorganischer Mineralien. Eiweiße werden auf Stick- und Kohlenstoffmoleküle reduziert, die als Bestandteile anderer Gestalten sich wieder zusammenschließen. An die Stelle des verendeten Tieres, der Rolle die es in seiner Art oder Familie innehatte, tritt ein anderes, das die des Gestorbenen nahtlos fortsetzt.

Analoges ereignet sich beim Tod oder beim allmählichen Verfall eines Menschen, dessen Beziehung zur Umwelt sich schrittweise mit zunehmendem Alter wandelt und dessen Umwelt sich in ihrer vielfachen Bedeutung auf wenige „Markierungen“ einschränkt: Nahrungsaufnahme, ein Spaziergang, Vor-sich-Hindösen, zunehmender Interessenverlust. Ebenso verändert die Umgebung ihre Beziehung zu dem Kranken oder dem Sterbenden: er wird bemitleidet, fortgewünscht, bestohlen, liebevoll gepflegt, getröstet, aber im allgemeinen nicht mehr wie in einer der vorausgehenden Lebensphasen als für seine Handlungen und Worte verantwortungsvolles Subjekt angesehen. M. a. W.: *Gestaltentstehung, Gestaltverfall sind besonders auffällige Markie-*

rungspunkte sich entwickelnder Bedeutungs-Beziehungen, verfallender Bedeutungs-Beziehungen, aber in jedem Fall sich wandelnder Bedeutungs-Beziehungen, die nicht ohne Wertung adäquat verstanden werden können.

g) Wirklichkeit und Vergangenheit

Die Vergangenheit ist nicht mehr – und doch wirkt sie noch. Aus versinterten Wäldern des Karbon haben sich die Kohlenflöze gebildet, die heute abgebaut werden und Energien für die Wirtschaft liefern. Aus wahrscheinlich unübersehbar großen Massengräbern von Sauriern entstand das Petroleum.[49] Verschiebung der Kantinente vor Jahrmillionen bestimmen das heutige Aussehen der Erde nicht weniger, als der Untergang des Römischen Reiches und die Völkerwanderung die staatlich-politische Struktur des Mittelalters und damit der Neuzeit prägten, nicht weniger als der Codex Justinian den Codex Napoleon und das Recht der Neuzeit formten. Eine Generation fußt auf den Erfahrungen der anderen, übernimmt sie, verwirft sie, entwickelt neue Institutionen, die nicht wären, hätte die ältere Generation sie nicht, wiederum auf der vorausgehenden fußend, geplant und in die Tat umgesetzt.

Der Lebensweg des Menschen zeichnet sich durch das ständige, im einzelnen nicht zu übersehende Ineinanderwirken von sozialer Herkunft, Konstitution, Erziehung aus, als leibhaft-überlieferte Vergangenheit. Der Mensch „ohne Vergangenheit“[50] ist ohne Identität. Die Vergangenheit wirkt sich in der Geschichte nicht weniger als bei Gruppen oder Individuen als nicht abzuschüttelnde Last aus, gegen die vergeblich revoltiert wird, aber ihre Präsenz ist unauslöschbar. Die Revolution, die ein komplettes ökonomisch-mentales Trümmerfeld erstellen will, um „endlich und gründlich“ von vorne zu beginnen, wird auch alle Individuen und ihre in der Vergangenheit wurzelnden Erfahrungen ausrotten müssen.

Wie wirkt das Vergangene? Es wirkt wie jede Wirklichkeit über gestalthaft Sichtbares, es zeigt sich, wie sich Zeug, Institutionen oder Naturhaftes vorweisen. Der Juraberg ist anwesend, wie ihn die Vergangenheit der Erdgeschichte gemeißelt und hinterlassen hat. Die Eidechse, der Leguan, der Axolotl sind die lebendige Hinterlassenschaft ihrer um vieles größeren Vorfahren, die als Art oder Individuen längst ausgestorben sind, wohl aber ihre Gestalt, wenn auch einschneidend verändert, überliefert haben. – Was von der Naturgeschichte gilt, gilt nicht weniger auch von der Geschichte des Menschen, bei dem Überlieferung, Fortwirken der Vergangenheit durch sichtbare staatlich-politische Tradition[51] und ihre Institutionen gewährleistet ist, durch die Überlieferung von Zeug und den Mitteln, die Umwelt zu beherrschen und zu verändern, durch das sichtbare (hörbare) Wort, durch Zeichen oder Buchstaben, durch die Vermittlung von Einstellungen, Haltungen, Gesinnungen und Gewohnheiten,[52] durch die Erziehung,[53] die die tradierten Faktoren mit denen der Vererbung koordiniert.

Das Vergangene hat sich lediglich gewandelt. Die Gestalten, in denen es anwesend war, wie z. B. die Gestalt des Römischen Reiches oder des Reiches Karls des Großen, sind nicht mehr die Gestalten, in denen sich heute die Gesellschaft bewegt. Die Wandlungen der Geschichte sind durch die Konflikte bedingt, die Beziehung, Bedeutung und Gestalt beeinflussen und wandeln.

Zu den hauptsächlichen Konflikten, die historische Wandlungen bedingen, zählen exogene, die durch klimatische oder geologische Veränderungen Völker und Staaten zu anderen Lebenssituationen zwingen und Überlagerungen durch Eroberervölker[54] mit allen daraus sich ergebenden Konsequenzen wirtschaftlicher, politischer und kultureller Art. Endogene Konflikte[55] wären durch Ideenaustausch bedingt, durch weltanschaulich-kulturelle Veränderungen, ökonomische Umwälzungen, Erfindungen, Auftauchen von „Führer-Persönlichkeiten" und ihr historisches Dasein eingreifend umwandelndes Handeln. Die Veränderungen des Römischen Reiches z. B., die zu seinem Untergang[56], aber auch zu seinem Fortleben in bestimmten Institutionen der römisch-katholischen Kirche geführt haben, waren durch exogene Faktoren, dem Zwang zur Expansion, durch wirtschaftliche und ökonomische Einflüsse bedingt, die mit zahllosen Konflikten der einzelnen wie ganzer Gruppen und Verbände, ganzer Völker einhergingen. Als eine bis zum heutigen Tage sich erhaltende, aus diesen Konflikten herauskristallisierte Gestalt gilt die römisch-katholische Kirche,[57] als eine andere das römische Recht,[58] als eine weitere die römischen Straßen,[59] die bis in die jüngste Zeit Grundlage für die Verkehrswege Europas waren.

Erhalten hat sich der „römische Geist", das Abstraktions- und Formgefühl lateinisch-romanischer Völker bis zum heutigen Tage in deren Lebensformen, Kunst, Literatur, Rechtsprechung und Ingenieurwesen. Erhalten hat sich die lateinische Sprache in denselben romanischen Völkern – und doch, wie verwandelt ist gerade die Sprache! Daß Determinanten aus Konflikten und Zufällen der Geschichte eine vergangene Gestalt so einschneidend verändern, daß sie dem Laien kaum kenntlich, aber doch in gewandelter Form anwesend ist – diese Vorgänge zu erkennen, ist Aufgabe der Kulturmorphologie und der Ideengeschichte. Hier interessiert nur, daß Geschichte als ständiger Übergang von Gegenwart in Vergangenheit und Zukunft nicht ohne Konflikt im soeben ausgeführten Sinne denkbar ist. Werden und Vergehen von Gestalten erscheint als Antwort auf Konflikte, wobei weder hier noch dort Gestalt aus dem Nichts kommt, um im Nichts zu vergehen. Sondern, sich wandelnde Gestalt würde, auf die Geschichte bezogen, heißen: Die Zeit, die das daseiende, das gewordene jeder Gestalt in Frage stellt, geht durch diese Gestalt, ohne sie zu vernichten oder aufzulösen, vielmehr erschafft sie in ihrem Durchgang neue Gestalten, die Material und Form der vergehenden verwandeln und doch kontinuierlich fortsetzen.

Der im vorausgegangenen Abschnitt dargelegte Zusammenhang zwischen Gestaltentstehung, Gestaltverfall als Marken, an die sich veränderte Bedeutungen und Beziehungen anknüpfen, gilt auch für das Fortwirken der Vergangenheit in die Gegenwart, das Hineinwirken der Gegenwart als prospektiver Vergangenheit in die Zukunft: Bedeutung und Beziehung verändern sich, mit diesen verändert sich die Gestalt von Lebewesen, historischen Institutionen, Werkzeugen, Traditionen, Worten und Begriffen, verändert sich leibhafte Vermittlung von vererbter Konstitution und Disposition.

Leibhaft ist die Vergangenheit immer gegenwärtig: Die Bewegungen, mit denen meine Vorfahren über die Erde gingen, waren meine Bewegungen, wie sie Bücher zur Hand nahmen, Spaten oder Axt betätigten, Kühe melkten oder die Treppen erstiegen, wie sie sich die Hände zum Gruß reichten, im Bett ruhten oder vor dem Tisch saßen. Auch wenn der Druck auf den Knopf, das Ziehen eines Hebels, das Drehen eines Schalters den mühsamen Umgang mit dem Zeug von einst überflüssig gemacht hat – auch unsere Vorfahren wußten schon Hebel, Schalter und Knöpfe zu betätigen, da die rigoros vereinfachende Tendenz der Technik zumindestens seit den antiken Hochkulturen[60] bekannt war.

Es sind die Bewegungen[61] in den Raum, des durch den Stütz- und Bewegungsapparat von Knochen, Knorpeln, Sehnen, Bändern und Muskeln erschlossenen Bewegungsraumes, die seit der Gattung Homo sapiens unverändert geblieben und damit die sinnvolle Gestalt menschlicher Bewegung im Umgang mit Personen, Zeug und Lebewelt über die Jahrtausende als Bedeutungseinheiten bewahrt haben. Dies gilt auch von der menschlichen Emotionalität, den Affekt- und Grundantrieben, die bei aller umwelt- und situationsbedingter Variabilität sich über Jahrtausende identisch geblieben sind. Der Zorn des Achilles, in der Intensität wohl nicht mit dem Wutanfall eines Zeitgenossen vergleichbar, war nichtsdestoweniger ein uns nachfühlbarer „Zorn“, sonst wäre das Gedicht Homers unverständlich. So wiederholen wir in unserer Zuneigung, in unserer Ablehnung, in unserer Gestimmtheit, was Generationen versunkener Menschen analog erlebt und empfunden haben.

Wirklichkeit, in ihrer oben auseinandergelegten Verflochtenheit, greift deshalb immer aus der Vergangenheit und Urvergangenheit in die Gegenwart hinein; über Bedeutung und Beziehung ist sie Gestalt, über Bedeutung und Beziehung hebt sie ihre Gestalt in der Verwandlung zu neuen Gestalten wieder auf.

h) Wirklichkeit und Konflikt

Der Realitätsbegriff *Freuds*,[62] der sowohl der komplexen Wirklichkeit gegenüber unzureichend ist, als er auch überwiegend von neuro-physiologischen Erwägungen bestimmt war, hier jedoch nicht weiter diskutiert werden soll, sieht Realität im Prinzip als Ursache von Konflikten zwischen Trieben und ihren biologischen und gesellschaftlichen Grenzen. Der Konflikt wird dann zur Ursache von krankhaften Störungen.[63] Das Kleinkind, das die Bedeutung des zum Sitzen bestimmten Stuhles erfaßt hat, ihn versucht zu ersteigen, befindet sich im Konflikt zwischen Wünschen und Wollen einerseits, Können andererseits. Es befindet sich zwischen der Versuchung, das Besteigen des Stuhles aufzugeben oder es hartnäckig fortzusetzen. Konflikt[64] sei hier definiert als *das Aufeinanderprallen von zwei verschiedenen Beziehungs- und Bedeutungseinheiten.* Z. B. verschiedenen Beziehungs- und Bedeutungseinheiten, die sich in den Antrieben von Liebe und Haß darstellen, in gegensätzlichen Gefühlen und Stimmungen, in den Strukturgegensätzen von Denken und Wollen einerseits gegen Gefühle oder Antriebe andererseits. Ferner: als *das Erleiden verschiedener Möglichkeiten* (Bedeutungs/Beziehungen) *mit der Notwendigkeit zwischen ihnen zu wählen, sich zu entscheiden.*

Dieser Definition entsprechend befindet sich z. B. das Kind dem Stuhl gegenüber im Antriebs- und Willenskonflikt, entweder ihn wieder zu besteigen oder aus Angst vor erneuter Niederlage es zu unterlassen. Das Kind befindet sich ferner im Alternativkonflikt, den Stuhl zu erklimmen oder auf einen anderen, z. B. kleineren, zu klettern. Der Stuhl wird vorübergehend zum Symbol der Niederlage oder des Triumphes, der Furcht, die Niederlage zu wiederholen, oder dem Wunsch, den Erfolg noch einmal auszukosten. Den Vorgängen entsprechend verändert sich jedesmal die Beziehung des Kindes zum Stuhl, wie sich dessen Bedeutung aus dem Konflikt heraus verändert: einmal ist es der gefürchtete Stuhl, einmal der herbeigewünschte.

Aus Wirken und Gegenwirken entsteht über den Konflikt ein Beziehungs- und ein Bedeutungswandel: eine neue Gestalt. Dieses Beispiel kann als paradigmatisch für das Entstehen von Beziehungs- und Bedeutungswandel gelten, an die sich ein *faktischer* Gestaltwandel anschließt: Wenn z. B. die Eltern des Kindes sich dazu bewegen lassen, ein geeigneteres (kleineres) Stühlchen zu besorgen, das ohne Schwierigkeiten von dem Kind erklommen werden kann, oder das Kind kurzerhand einen anderen Stuhl zum Gegenstand seiner Übungen macht. Durch diese Veränderung hat sich die Gestalt des Stuhles für das Kind gewandelt, der Konflikt zwischen dem größeren und kleineren Stuhl war mit dem Gestaltwandel desselben in seiner Bedeutung für das Kind maßgeblich verbunden. Nichtsdestoweniger kann der Stuhl aber auch der „Große“, „Gefürchtete“ bleiben, er kann zum „Kleinen“, „Beherrschten“ werden, wie auch das Kind im Konflikt – oder danach – seine Gestalt verändert, es wird wütend, es weint, es lacht oder es ist stolz.

Gestaltwandel des Stuhles und Gestaltwandel des Kindes sind, zumindest vorübergehend, in diesem Konflikt zu beobachten.

Ein analoger Konflikt kann sich jeder Bezugsperson des Kindes gegenüber entwickeln, die nicht den Wünschen desselben entspricht, Widerstand leistet, wobei in der Entwicklung des Kindes Personen hier „gewähren“, d. h. relativ konfliktfrei sich verhalten können (obwohl auch damit sekundäre Konflikte auslösend), oder „verbieten“, konfliktverstärkend wirken. Im Schema des Ödipus-Konfliktes setzt die biologische Unmöglichkeit des Sohnes, mit der Mutter geschlechtlich zu verkehren, und die körperliche Überlegenheit des

Vaters dem Willen und Wünschen des Sohnes Grenzen (nach Freud). Ausschlaggebend für diesen Konflikt ist jedenfalls die innere Diskrepanz zwischen Wollen und Können des Kindes. D. h. im Wünschen und Wollen übersteigt das Subjekt die leibhaften, biologischen Grenzen der Umwelt. So vermag sich im Konflikt die vorher habitualisierte Gestalt des Vaters aus dem „geliebten" zum „gefürchteten" zu wandeln, die Gestalt der Mutter nicht weniger – wie die des Kindes sich gegenüber den Eltern verändert.

Konflikte, die unter Tierarten künstlich erzeugt werden, führen zu analogen Folgen.[65] Dem Affen, dem an einer bestimmten Stelle des Käfigs anstatt der gewohnten Banane eine Schlange entgegenspringt, reagiert bei Wiederholung des Experimentes mit einer erheblichen psychischen Beeinträchtigung, die einer Phobie oder Depression vergleichbar ist. Er befindet sich im Konflikt, entweder die Klappe des Käfigs wieder hochzuziehen, seinem Hunger nachzugeben oder es nicht zu riskieren. Dabei verändert sich die Bedeutung der Klappe am Käfig, die zu der Banane führt, u. U. sogar die der Banane, die zum Objekt nicht mehr des Hungers, sondern der Angst wird. Die Bedeutung der Banane hat sich dementsprechend gewandelt, wie sich die Beziehung zu ihr verändert hat – und damit auch die Gestalt der Banane, da an ihrer Stelle die der Schlange befürchtet wird.

In der Natur lebende Tierarten erfahren, von Gestimmtheit und Appetenz (Antrieb) beeinflußt, analoge Wandlungen von Bedeutungen und Beziehungen, wobei jedoch die Konflikte primär durch Umwelteinflüsse bedingt sind. („Struktur-Konflikte" [s. Teil IV] dürften beim Tier entfallen. S. Anm. 65.) So stellt in der Brunftzeit[66] der männliche Artgenosse für den männlichen Hirsch eine andere *Bedeutungsgestalt* dar als außerhalb der Brunft, nicht weniger wird für die weiblichen Tiere das männliche in der Brunftzeit von anderer Bedeutung als außerhalb dieser; die Beziehung verändert sich entsprechend. Die aus dem Bedeutungswandel entstehenden Konflikte unter männlichen Tieren, aber auch unter weiblichen, unmittelbar bevor es zur Begattung kommt, sind als mögliche Gegenantwort auf die veränderte Bedeutung einer gewohnten Gestalt zu bewerten und stellen den Versuch dar, zu der neuen Gestalt eine veränderte Beziehung zu konstellieren. Dabei dürfte von einem Konflikt: „Dieser war mein friedlicher Artgenosse, jetzt ist er mein Rivale", kaum die Rede sein, jedoch wohl von einem Konflikt zwischen dem Drang, mit dem Rivalen zu kämpfen, und der Furcht vor diesem.

Während jedoch beim Kleinkind sich die Bedeutung des Stuhles in der aktiven Beziehung zu diesem, aus der Diskrepanz zwischen Wünschen, Wollen und Können entwickelt, wandelt sich beim brunftigen Hirsch der Artgenosse in den Rivalen aufgrund innerorganismisch bedingter Veränderungen der „Stimmung". Hier führt eine veränderte Bedeutung und Beziehung des Artgenossen zum Konflikt mit demselben, dort wandelt sich die Bedeutung und Beziehung des Subjektes zum Gegenstand (Stuhl) durch einen Konflikt.

Eine Landschaft verändert sich im Verlaufe von geologischen Zeitaltern grundlegend. Klimatische und atmosphärische Bedingungen, zu denen heute zivilisatorische Einflüsse hinzutreten, können z. B. einen tropischen Urwald in kurzer Zeit in eine Wüste[67] verwandeln. Die dort lebenden Tierarten wie auch die Pflanzen sehen sich einer in ihrer Bedeutung grundlegend veränderten Umwelt (Gestalt) gegenüber, die ihr Weiterleben gefährdet und in Frage stellt, da die gewohnten, lebensnotwendigen Beziehungen nicht mehr auffindbar sind. Die Tierarten werden Konflikten ausgesetzt, zu deren Bewältigung die vorhandenen Regulationsvorgänge nicht immer ausreichen. So mögen die einen neue, urwaldartige Gebiete aufsuchen, auf dem Weg dorthin verdursten oder sich in Gegenden ansiedeln, die ähnliche, aber nicht die gleichen Lebensbedingungen wie die vorausgegangenen aufweisen. Die anderen versuchen in der sich verändernden Umwelt zu bleiben, sich dieser anzupassen und zu überleben, d. h. ihre Gestalt bei diesem Prozeß graduell zu verändern. In jedem Fall führt hier Veränderung von Gestalt – Landschaft – zu veränderter Beziehung und Bedeutung derselben für die Lebewesen. Die Aufnahme veränderter Beziehung zu einer sich wandelnden Umwelt ist nicht ohne Konflikt denkbar.

Das bedeutsame Bild in der Ausstellung vermag mein momentanes oder bereits durch Gewohnheit festgelegtes Verhalten, meine Einstellung oder Gesinnung zu wandeln, indem mir Zusammenhänge plötzlich in das Bewußtsein gerufen werden, die ich bisher verkannte. Auch kann mir die Gestalt des Bildes, das mir bereits bekannt war, plötzlich anders erscheinen. Indem ich eine neue Beziehung zu ihm gewinne, verändert es sich, wie ich mich verändert habe, um eine neue Beziehung zu erleben. Konflikt, Gestaltwandel als Beziehungs- und Bedeutungswandel sind auch hier miteinander verschränkt.

Eine neue Ideologie – Weltanschauung – oder eine neue naturwissenwissenschaftliche Erkenntnis kommen auf mich zu. Sie beeinflussen, verändern mich nicht weniger als die Begegnung mit einem Menschen – beide werden in der Begegnung gegen- und miteinander verändert, d. h. beide erfahren einen, wenn auch gelegentlich nur vorübergehenden, Gestaltswandel. Die entstandene Beziehung zwischen zwei Menschen wird auch weiterhin Konflikte nicht ausschließen. Dabei muß nicht nur der gravierenden Bindungsproblematik gedacht werden, wenn z. B. der „andere" in eine bereits bestehende Bedeutungs/Beziehung (Bindung) eintritt, sondern die beruflichen, sachlichen, die freundschaftlichen oder die erotischen Begegnungen, führen sie zu Veränderungen der Lebensgewohnheiten, zur Erschließung neuer beruflicher oder personaler Bereiche; ändern sie das Verhalten des Partners – ihre „Verhaltensgestalt" –, so sind die Veränderungen nicht ohne Konflikte denkbar.

Die Modelle des Stoffaustauschs und die von Geben und Nehmen bieten sich ferner an, den Vorgang von sich wandelnden Bedeutungen und Beziehungen, von Gestaltveränderungen aufzuzeigen, für die jeweils der „treibende Motor" der Konflikt ist. Die Kulturpflanze[68] verfügt über eine vergleichbar geringere Kapazität der Selbstregulation als die wildwachsende, um Veränderungen klimatischer, atmosphärischer oder der Bodenzusammensetzung ohne einschneidende Wandlungen ihrer Gestalt zu verkraften. Ein Zuviel oder Zuwenig eines Stoffes, der vom Organismus oft selektiv beansprucht wird, kann zu einer Dysregulation im Stoffhaushalt der Pflanze führen, in der sich die bisherige Bedeutung der Substanz, z. B. Stickstoff, ebenso wandelt wie die Beziehung zu dieser. Die veränderte Beziehung zu dem Stoff, seine veränderte Bedeutung für den Organismus, vermögen zu einem tiefgreifenden Gestaltwandel desselben führen, wovon die Mutationsforschung Gebrauch macht. Was Nahrung für den Organismus war, kann unter veränderten Bedingungen zu Gift werden, wie der Leberkranke auf bestimmte Stoffe sensibel oder allergisch reagiert, die er vorher zum Aufbau und zur Erhaltung seines Organismus benötigte.

Die Wandlungen, denen Lebewesen durch erdgeschichtliche Vorgänge oder durch Experimente der Züchtung ausgesetzt waren oder sind, sind nicht ohne einschneidende innerorganische Veränderungen, d. h. Konflikte im Sinne von Fehlregulationen, Fehlreaktionen und der Entwicklung neuer Regulationsvorgänge, neuer Gestalten vorzustellen.

Geben und Nehmen, institutionalisierte Einrichtungen zwischen z. B. befreundeten Stämmen zweier Naturvölker,[69] verbunden mit Frauenaustausch, Austausch von Gütern, Lebensmitteln, religiösen Gebräuchen, Anweisungen zum Ausüben handwerklicher oder kriegerischer Tätigkeiten, Verantwortungen usf., können plötzlich in ihr Gegenteil, in eine negative Bedeutung und entsprechend negative Beziehung für die Stammesangehörigen umschlagen. Dies vermag einzutreten, wenn die abgesprochenen Regeln eine Unterbrechung erfahren, die die Stammesangehörigen beider Völker besonders betrifft. (Durchbrechung von Meidungen, Vorschriften, Tabus, Mißbrauch von Geheimnissen usf.) Dann wird das Gegebene zum Geraubten, das Genommene zur Rache für das Geraubte, der Austausch von Geheimnissen wird zur „Spionage", der von handwerklichen Fähigkeiten zum „geistigen Diebstahl", zum Einbruch in die sorgfältig beschützte Intimsphäre[70] der Gruppe. Diese Geschehnisse sind nicht ohne die sie auslösenden Konflikte zu denken, wie sie auch wiederum Konflikte bedingen und damit einen allgemeinen Bedeutungs- und Beziehungswandel, einen soziologischen und kulturmorphologischen Gestaltwandel hervorrufen.[71]

Die aufgezeigten Beispiele für den Einfluß von Konflikten auf die Veränderungen von Bedeutungen/Beziehungen können ohne Schwierigkeit auf die Bezirke des Normativen, der Institutionen, des Leibes und der leibhaften Vorgänge (sich wandelnde Beziehung zum eigenen Leib, wenn dieser z. B krank ist) und des Emotionalen übertragen werden. (S. Teil II.)

Zusammengefaßt stellt sich die Verschränkung zwischen Wirklichkeit, Konflikt, Beziehungen, Bedeutungen und Gestaltwandel wie folgt dar:

1. Eine Gestalt wandelt sich: Exogene Einflüsse auf Landschaft. Konflikte

entstehen, um zu überleben, d. h. neue Beziehungen und Bedeutungen zu entwickeln. Evolution nicht weniger wie Geschichte der menschlichen Gattung dokumentieren diese Vorgänge.

2. Im Umgang mit der Welt, sei es aktiv (handelnd) in diese eingreifend oder passiv sie widerfahrend, entstehen Konflikte (Beispiel: Kind und Stuhl, Ödipus-Konflikt, artifizielle Konflikte im Tierreich, Begegnungen mit Personen, Institutionen, Kunstwerken, Ideologien usf.). Aus dem Konflikt – gleichgültig welchen Ausgangs – entstehen neue Beziehungen und Bedeutungen, zu der im und nach dem Konflikt sich verwandelnden (verändernden) Gestalt. Die Gestalt der im Konflikt sich Befindenden ändert sich ebenfalls.
3. „Endogene" Gestaltveränderungen: Durch hormonelle leibhaft bedingte Gestaltveränderungen (Kindheit, Pubertät, Alter, Brunftstimmung im Tierreich) entstehen veränderte Beziehungen und Bedeutungen der Umwelt gegenüber. Die Umwelt verhält sich zu der verwandelten Gestalt ebenfalls verändert. Gestaltwandel induziert Gestaltwandel oder Gestaltveränderung.
4. Für die Struktur der Wirklichkeit bedeutet dies: Sich wandelnde Wirklichkeit ist nur möglich, solange Konflikte Veränderungen fundieren, oder Wirklichkeit als sich wandelnde Wirklichkeit ist Ausdruck von die Wirklichkeit verändernden Konflikten.

i) Selbständigkeit und Abhängigkeit als Bedingungen von Gestalt

Der die Natur, ihre Entwicklung in der Vergangenheit und in die Zukunft hinein bedingende Wandel wie auch der Wandel, dem die Gattung Mensch unterliegt, ist nicht ohne Konflikte denkbar. *Der Konflikt ist die Voraussetzung für geschichtliche und naturgeschichtliche Veränderungen.* Jedoch verfügen die Lebewesen, wie die Biologie[72] erwies, über sog. Steuer- und Regulationsvorgänge, die bei Belastung (Konflikt) durch Umweltveränderungen oder durch Veränderungen der inneren Befindlichkeit – bis zu einem gewissen Grad – das Ganze der morphologischen Gestalt zu bewahren vermögen (s. unten Teil II). Die morphologische, durch Erbkoordination begrenzt und festgelegt, aber auch die variable Gestalt erhält sich innerhalb der geprägten Form trotz sich verändernder Umweltbedingungen – wenn diese nicht zum Aussterben der Art führen – im allgemeinen über mehrere Millionen von Jahren.[73]

Mit der Bedeutung, die der Konflikt für die sich wandelnde Wirklichkeit von Beziehung und Bedeutung, von Wirken und Gegenwirken, von Austausch, Begegnen und Sich-Durchdringen gewonnen hat, erhebt sich noch einmal die Frage, ob nicht Wirken und Wirklichkeit Konflikt, d. h. Kampf („der Streit ist der Vater aller Dinge") in ihrer letztmöglichen Bestimmung sind.

Oben wurde dargelegt, daß Wirklichkeit, ob sie über Beziehen und Bedeuten, ob über Wirken und Gegenwirken sich darstellt, in ihrer Grundstruktur gegenseitiger Abhängigkeit keine Veränderung erfährt. *Auch der Konflikt,* die Auseinandersetzung von z. B. Belebtem mit Anorganischem, Belebtem untereinander, Beseeltem mit Belebtem und Anorganischem, *hebt die Fundamentalstruktur gegenseitiger Abhängigkeit nicht auf. Sie ist damit jeder auf Konflikt oder Kampf verschiedener Wirkungszentren sich festlegenden Konzeption von Wirklichkeit vorgegeben.* Gegen wen Gegenwirkung sich in der Auseinandersetzung des Belebten auch immer richtet, *die Abhängigkeit von dem, gegen den sich die Gegenwirkung richtet, wird nicht aufgehoben.* Wenn die Pflanzenwurzel in jahrelangem Kampf endlich den Stein durchdringt, um an die Wasserader zu kommen, ist sie nicht nur in ihrer Gestaltqualität auf „Überwindung“ des Steines, seine Vernichtung und Auflösung hin ausgerichtet, sondern sie bestimmt sich auch in der Gestaltqualität durch die Auseinandersetzung mit anorganischen Mineralien, ist sie in ihrem gestalteten So-Sein von der festen Gesteins- oder Erdmasse, mit der sie sich im Konflikt befindet, abhängig.

Dieses Modell gilt grundsätzlich für jeden Konflikt. Der brunftige Hirsch ist in seiner leibhaft determinierten Aggressionsstimmung auf den Rivalen hin angelegt, d. h. von ihm abhängig. Das Kind, das endlich den Stuhl erklommen hat, um auf diesem zu sitzen, ist in seiner Diskrepanz zwischen Wünschen und Wollen einerseits, Können andererseits auf Konflikt mit der Umwelt angelegt, ohne die es nie das Können, sei es der einfachsten Bewegungen seiner Extremitäten gegen den Widerstand noch nicht koordinierter Motorik erlernen würde. D. h. das sich entwickelnde Kind ist vom Konflikt und den Inhalten der möglichen Konflikte für sein Werden abhängig.

Damit wäre die Konzeption des „Streites als Vater aller Dinge“ (*Heraklit*) zwar nicht widerlegt, aber doch um eine Dimension erweitert: Nur weil die daseienden Dinge (Welt und ihr welthaftes So-Sein) in gegenseitiger Abhängigkeit sind, können sie aufeinander wirken, miteinander „kämpfen“. Oder: Der Konflikt ist die Variante der gegenseitigen Abhängigkeit in der So-Seiendes Dasein – von den Viren und ihrer Bemächtigung anorganischer Materie bis zu den geschichtlichen Konflikten der Gattung Mensch oder denen der Lebenswege einzelner Individuen – sich als scheinbar selbständig Wirkendes gegen selbständig Gegenwirkendes erfährt, in dieser Auseinandersetzung die gegenseitige Abhängigkeit des einen Wirkenden vom anderen Wirkenden aber verborgen ist.

Ohne der Pflanzenwurzel in ihrer Auseinandersetzung mit anorganischer Erde ein Erleben von „Selbständigkeit“ zuzusprechen, stellt sie jedoch im Gesamt von so-seiendem Dasein, nicht anders wie die von Mikroben lebende Amöbe, ein Modell von Abhängigkeit und (scheinbarer) Selbständigkeit dem zu Bewältigenden gegenüber dar. Dieses Modell läßt sich analog auf jeden Konflikt anwenden, bis zu den Konflikten in der Wert- und Normensphäre, in der die Person zwischen zwei Möglichkeiten stehend, von beiden abhängig, in der Entscheidung die eine, *von der sie letztlich weniger als von der anderen abhängig ist,* wählt. Die gegenseitige Abhängigkeit gewinnt damit den Charakter eines übergeordneten Regulators, indem sowohl durch Wirken und Gegenwirken wie auch trotz Wirken und Gegewirken eine sichtbare Markierung, eine Gestalt sich aus dem Konflikt „herauskristallisiert“. Entweder behauptet sich die Gestalt, oder sie wird aufgelöst. Die den Stein auflösende Wurzel durchdringt diesen oder sie verdorrt, da sie es nicht vermochte, den Stein zu vernichten.

Bei der Auseinandersetzung zwischen kämpfenden Lebewesen gleicher Art behauptet sich die Gestalt des Überlegenen; bei der des Kindes mit Dingen oder Personen zeichnet sich entweder die prospektive Gestalt des Kindes, seines Lebensweges ab, oder das Ding und dessen Gestalt blockiert dem Kind die Entwicklung. *In der gegenseitigen Abhängigkeit des einen vom anderen,* des jeweiligen So-Seins vom jeweiligen „Anders-Sein“ *entwickelt sich durch Wirken und Gegenwirken die Gestalt,* wobei Sich-Durchsetzen oder Nachgeben – Wachsen oder Verdorren der Wurzel –, die Grundabhängigkeit des einen vom anderen in keiner Weise aufheben, die Grundabhängigkeit vielmehr die eine oder andere Möglichkeit des Konfliktes und seines Ausgangs überhaupt erst bedingt.

Das Tauschprinzip, Geben und Nehmen, die „Ausstrahlung“ und die Antwort auf diese, Sich-Durchdringen und Sich-Begegnen, sind jedoch nicht mit einer Bestimmung der Wirklichkeit als Konflikt identisch, wird jetzt von der Struktur fundamentaler Abhängigkeit abgesehen. Das Tauschprinzip setzt die Überwindung des Konfliktes nicht weniger voraus wie das gegenseitige leibhaftige Sich-Durchdringen in einer Begegnung nicht Konflikt, Kampf, Abwehr bedeutet, sondern sich dem anderen zu eröffnen und zu erschließen. Aber keine der genannten Facetten von Wirklichkeit kann sich ohne Durchgang durch ein Stadium, eine Phase der konflikthaften Auseinandersetzung realisieren. Geben und Nehmen als idealtypisches Gleichmaß von Austausch auf allen Ebenen menschlichen Miteinander-Seins[74] hat sich als dem Konflikt überlegene Möglichkeit des Wirkens ergeben, da sie den oder das andere nicht als Gegner besiegen und vernichten will, sondern ihn gleichberechtigt als Partner zu akzeptieren versucht. Das Wahrnehmen einer „Ausstrahlung“, gleichgültig ob positiver oder negativer Art, setzt das Sich-Eröffnen der Ausstrahlung gegenüber voraus, d. h. einen Zustand, der den Konflikt: „Soll ich mich dem ‚Ausstrahlenden‘ aussetzen oder nicht“, bereits überwunden hat.

M. a. W. Wirklichkeit, wenn überhaupt im „letzten“ fundiert, ist nicht mit den Mitteln der das Prinzip vom ausgeschlossenen Dritten begründenden Logik zu fassen, sie ist alogisch oder antilogisch,[75] da sie sowohl Konflikte wie auch konfliktlose Phasen, Regulierung und Überwindung von Konflikten gleichzeitig nebeneinander bietet.

Der zu einer Begegnung Aufgeschlossene kann nichtsdestoweniger plötzlich den anderen in einen nicht vorauszusehenden Machtkampf verwickeln, gleichzeitig ihm gegenüber jedoch aufgeschlossen bleiben. Das Tauschprinzip vermag, entsprechend institutionalisiert und manipuliert, der Unterdrükkung und Beherrschung anderer dienen – und doch ein Tauschprinzip bleiben. Der in seiner Entwicklung abgeschlossene Organismus durchläuft konfliktreiche Phasen, wie z. B. die Umstellung nach der Geburt, der Beginn einer veränderten Atmung oder die Zyklen im Tierreich (Würmer, Coelenteraten, Anthropoden usf.), bei denen eine Gestalt erst weitgehend verfallen muß, bevor sie sich erneuert.[76] Die Gleichzeitigkeit antilogischer, dem Satz vom ausgeschlossenen Dritten nicht folgender Sachverhalte wird auch nicht durch die gegenseitige Abhängigkeit, als fundamentaler Struktur der aufgezeigten verschiedenen Weisen von Wirken und Gegenwirken relativiert.

Andererseits schließt die gegenseitige Abhängigkeit der auf Gestalt bezogenen Vorgänge nicht die Bewertung derselben aus: Bedrohung, Untergang, Niederlage, Verfall, Vertrocknen, Verdörren, Sich-Auflösen hier, Behauptung, Aufgang, Sieg, Entwicklung, Stabilisierung, Differenzierung und Wachstum der einzelnen Gestalt dort. Der individuelle Charakter von Gestalt – Gestalten ist typisch, es wiederholt keine die andere in der Natur, lediglich im menschlichen Zeug wird die Gestalt stereotyp – resultiert aus der relativen Selbständigkeit der Gestalt der Struktur gegenseitiger Abhängigkeit gegenüber. Daß Gestalt sich von Gestalt unterscheidet, absondert, eine individuelle wird, ist als Ausdruck einer permanenten Konfliktbewältigung zu verstehen, da sich Gestalt exogenen und endogenen Stör- und Bedrohungsfaktoren gegenüber verwirklicht, ohne diese Faktoren Gestalt jedoch nicht sein kann.

Der individuelle Charakter ist Ausdruck von Konflikt und Regulation (Kompensation) einerseits, gegenseitiger Abhängigkeit andererseits. *Die Abhängigkeit von Auseinandersetzung (Konflikt), von dem „anderen“, stofflich, lebendig oder psychisch, ist in der Gestalt im Gleichgewicht gehalten. Das Gleichgewicht (Homöostase),*[77] *das das für die Gestalt jeweils richtige Maß zur Erhaltung derselben aus exogenen und endogenen Faktoren zu bestimmen weiß, ist für den individuellen Charakter, die relative morphologische Selbständigkeit ausschlaggebend.*

Gestalt, so darf zusammengefaßt werden, ist im letzten durch die geglückte „Selbständigkeit“ der Umwelt gegenüber, durch das Gleichgewicht zwischen Selbständigkeit und gegenseitiger Abhängigkeit bestimmt. Die gelungene oder geglückte Gestalt ist in der Wertung gekennzeichnet durch Entwicklung, Steigerung, Differenzierung, durch Fülle, Verschwendung, Reife, durch Kraft, „gebändigte Energie“, durch Sensibilität, verschärfte Wahrnehmung, gesteigerte Kommunikationsfähigkeit (Austausch mit der Umgebung). Die verfallende Gestalt stellt sich durch Stillstand, Stagnation, generelle Herabminderung, Welken, Entdifferenzierung, Entsensibilisierung, Dürre, Sklerotisierung, Früh- oder Unreife, Schwäche, Energielosigkeit (Avital), durch abgestumpfte Wahrnehmung, begrenzte Kommunikationsfähigkeit dar.

k) Das Mögliche, die Zeit und die Gestalt

In dem ersten Abschnitt der Untersuchung wurde auf das „Mögliche" der Evolution verwiesen, sein Verhältnis zu den sich realisierenden Möglichkeiten der Lebewesen in der aufgezeigten polaren Spannung von Entwurf auf Möglichkeiten hin und deren endgültiger Realisierung. In den Ausführungen, die das Mögliche zwischen Bedeutung und Beziehung vermitteln ließen, wie es diese auch in Frage stellten – es ist möglich daß Y. für X. etwas bedeutet, weil X. zu Y. eine bestimmte Beziehung hat –, erschien das Mögliche ebenso „ermöglichend" wie negierend. Die Wirklichkeit, wird auf den ersten Abschnitt zurückgegangen, ist nur wirkend, weil sie möglich ist.

Aber die aufgezeigte Begrenzung ihrer Möglichkeiten gegenüber der „Totalität" des Möglichen, läßt die Wirklichkeit unmöglich erscheinen, da sie nicht das Mögliche, sondern das Ermöglichte oder die Begrenzung der Möglichkeiten, das Notwendige, m. a. W. eigentlich das Un-Mögliche ist. Gäbe es nicht im Gefüge der begrenzten Möglichkeiten, die Wirklichkeit ausmachen, „Nahtstellen", in die das Mögliche eindringt und die festgelegte, gewordene Wirklichkeit in Frage stellt, das Mögliche könnte sich nicht ereignen. Diese „Nahtstelle", im Bilde bleibend, ist die Zeit.

Ob der individuelle Lebensweg eines Menschen und seine ständige Durchkreuzung durch ihn öffnende Situationen, die ihn zu einem Möglichen machen, ob die auf Mögliches hin orientierte Ausgangssituation des Kindes in Betracht gezogen wird, die Vergangenheit als Selektion unter möglichen Zufällen, es ist in jedem Falle die Zeit, die dies ermöglicht. *Weil die für das subjektive Erleben anhebende, daseiende, vergehende Zeit in der unendlich fernen Zukunft die gegenwärtige Wirklichkeit aufhebt und damit andere Wirklichkeiten, denkbare und undenkbare, sich abzeichnen, ist die Zeit das „alles Ermöglichende"*. Das Aufheben der Wirklichkeit muß sich jedoch nicht in fernster Zukunft abspielen. Mit dieser Vorstellung wird lediglich das festgelegte Jetzt und Hier von Evolution, Alltag, Lebensweg, Vergangenheit, Handeln, deren Aufhebung nur schwer zu vollziehen ist, subjektiv leichter in Frage gestellt. Zukunft kann jedoch von einem Augenblick zum anderen eintreten, der nächste Schritt, den wir handelnd, wahrnehmend oder nur planend vollziehen, ist dem Möglichen als dem Horizont ständiger uns umgebender Möglichkeiten ebenso nahe – oder noch näher – als die Vorstellung, daß in Millionen von Jahren der Mensch flachköpfig oder dreinasig sein wird. Mit dem Einbruch des Möglichen in die Alltagsnormen (s. oben) bricht Zeit in die Nahtstellen der Wirklichkeit ein und entpuppt sich als die „alle Möglichkeiten" enthaltende Zukunft.

Das Mögliche ist jedoch gekennzeichnet durch das „es kann möglich, aber es muß nicht möglich sein", da dem Möglichen Richtung auf die Notwendigkeit fehlt. Dies impliziert die Frage: „Soll dieses oder sollte nicht jenes möglich sein" – und damit *den Konflikt der Wahl im Entwurf vieler Möglichkeiten aus einem Möglichen:* Es ist möglich, daß es noch tausend andere Fischgattungen neben den bekannten hätte geben können oder diese noch geben wird, es sie vielleicht auf anderen Sternen gibt. Es ist möglich, daß die Konferenz von Jalta anders verlaufen wäre, wenn Roosevelt nicht vorher einen Schlaganfall erlitten hätte. Es ist möglich, daß ich Herrn X. im Warteraum nicht angesprochen hätte, wenn er das Buch nicht aus seiner Tasche hätte hervorblicken lassen.

Der Konflikt liegt in den Möglichkeiten ihn aufzuheben oder aufzulösen, aber er entwirft diese auch, er „konstelliert" sie. Herr X. kann bleiben oder er kann kommen, er kann in dem Konflikt, entweder zu bleiben oder zu kommen, verharren, bis er sich zu einer der beiden Möglichkeiten durchgerungen hat. Aber es ist ihm nicht möglich, gleichzeitig zu kommen und zu gehen (vgl. oben). Der Konflikt ist auf bestimmte Möglichkeiten der Lösung oder Entscheidung hingeordnet, innerhalb derer derjenige sich bewegt, der vor den Möglichkeiten steht. Es gibt keinen Konflikt „an und für sich", allgemeiner und unspezifischer Natur, da der Konflikt immer auf konkrete Möglichkeiten sich bezieht.

Das Mögliche ist auf keine spezifische Möglichkeit festgelegt, zwischen denen es „wählt", sondern es ist nichts anderes als der Ermöglichungsgrund von Möglichkeiten: dies kann eintreten, dies hätte eintreten können. *Vorgegeben ist es jedoch der Struktur von Konflikten überhaupt* durch die polare Spannung zwischen „möglicherweise Hierbleiben oder Kommen", in der sich das polare Verhältnis von Möglichem zu Möglichkeiten auf der Ebene spezifischer Situationen der Wahl wiederholt.

Dem Möglichen oder der alles ermöglichenden Zeit gegenüber muß sich die einzelne, individuelle, konkrete Gestalt als von ungeheurer Macht zur Konkretisierung auszeichnen. Oder: In der konkreten Gestalt gelingt es der individuellen, begrenzten, beschränkten, einmaligen Möglichkeit dem Möglichen der Zeit gegenüber sich zu behaupten. Bzw. in der Gestalt gelingt es dem Raum, gegen die totale Möglichkeit der Zeit sich zu orten, sich der Zeit als „Marke" zu „stellen". *Die Polarität von Möglichem und Möglichkeit kehrt hier als die zwischen begrenztem, umgrenzten, Widerstand leistendem, sich über Bedeutung und Beziehung ortendem, wirkendem Raum und der Totalität des in der Zukunft möglicherweise sich ermöglichendem Möglichen, der Zeit, wieder.* Die Gestalt erscheint jetzt als dem Möglichen, der Zeit „abgetrutzt". Aber durch den Konflikt und seine zeitliche Strukturierung, seine Bedeutung für die Wirklichkeit der Gestalt ist diese selbst in der Dauer räumlicher Ortung wieder flüchtig.

Die zeitliche Strukturierung des Konfliktes ist vorgegeben a) von der (letzten Endes wahrscheinlich überhaupt ontologisch) Zeit begründeden Polarität von Möglichem und Möglichkeiten; b) durch das im Konflikt tragende Moment des Zwanges zur Veränderung, sei es im Triebkonflikt oder im Konflikt der Wahl zwischen verschiedenen Möglichkeiten; c) durch in Konflikt eintretende Veränderung. Diese bedeutet Zeit zu setzen, sich zu zeitigen, zu beginnen, gegenwärtig zu sein, Vergangenheit zu bilden, indem in die Zukunft gegangen wird. Der Konflikt ist die Grundlage von Veränderung – von Zeit in der Polarität zwischen Möglichem und Möglichkeiten.

l) Wachen und Mögliches (Das Problem des Unbewußten)

Das Wachen wurde oben als Voraussetzung und Grund dargestellt, daß sich überhaupt Sichtbares – Wirklichkeit – dem handelnden oder wahrnehmendem Subjekt darstellt. Alles, was sich außerhalb des Wachens ereignet, die organischen Vorgänge von Auf- und Abbau, das Aufeinanderbezogensein der Stoffe, das Wirken molekularer Vorgänge in der Materie oder in lebenden Zellen, die Vorgänge innerhalb technischer Apparaturen, folgt dem Wirklichkeit fundierenden Austausch von Beziehungen und Bedeutungen, von Konflikten, ohne daß uns bekannt ist, ob diese Vorgänge voneinander wissen. Sie können jedoch in der Forschung Gegenstand unseres Wissens, unseres Wachseins werden und werden damit für uns sichtbare, zu beobachtende Vorgänge.

Das Mögliche, dem in seinem In-Frage-Stellen von Planung, Einbruch in die Alltäglichkeit, in Lebenssituationen nachgegangen wurde, ermöglicht Beziehungen und Bedeutungen und deren Wandel durch den Konflikt. Der Konflikt ist Fundierung und Ermöglichung von Wandel, über ihn greift die alles ermöglichende Zeit in das scheinbar festgefügte „In-der-Welt-Sein“ ein. Aber dieses Mögliche und die Wandlungen Ermöglichende ist auf konkrete Beziehungen und Bedeutungen, auf gestaltete Wirklichkeit bezogen, es ist kein deus ex machina, kein Finger, der aus der unsichtbaren Wolke in das Weltgetriebe sich streckt, um es einmal kurz durcheinander zu wirbeln. Oder: Das Mögliche fügt dem vorhandenen „Weltstoff“ nicht neue Substanz hinzu, sondern verwandelt diese, konfiguriert vorhandene Substanzen, Elemente, um neue Figuren zu erstellen.

Diese ständige Neukonfiguration vorhandener Elemente des Sichtbaren ereignet sich am deutlichsten in Traum, Phantasie und Mythos. Sie sind in den gängigen Theorien der Psychoanalyse und Komplexpsychologie nicht im Wachen konzipiert (Bewußtsein), sondern Ausdruck des Unbewußten, eines unmittelbar Wirkenden, das nicht als ebenso unmittelbar Sichtbares dem Wachen erfahrbar ist, da es sich auf gelebte, erlebte Erfahrungen bezieht, die letzten Endes allerdings auch auf Sichtbares zurückgehen. Auf der Annahme dieses normalerweise dem Wachen unzugänglichen Unbewußten fußt die gesamte psychoanalytische Theorie. Unbewußte, sog. verdrängte Wünsche Vorstellungen, Antriebe motivieren das Leben des einzelnen oder das ganzer Völker. Unbewußte Komplexe und Archetypen sind es nach *C. G. Jung,* die die Vorgänge des Wachens determinieren.

In beiden Konzeptionen, in der *Freuds* nicht weniger als in der *C. G. Jungs,* ist das Wachen, wird es dem „System Bewußtsein“ gleichgesetzt, eine ephemere, dem unbewußten Wirkenden gegenüber sekundäre Erscheinung.[78] Was wirkt, ist in erster Linie nicht im Wachen anwesend.

In der Kritik der Bewußtseinskonzeption beider Inauguratoren der Tiefenpsychologie, sei hier nur auf zwei Ausgangspunkte hingewiesen, die *Freud* und nicht weniger *Jung* in ihrer Theorie maßgeblich beeinflußten: 1. die von der Spaltung des *Descartes* ausgehende Trennung von Bewußtsein und Körper mit ihrer über Sensualismus und Materialismus zum Epiphänomenalismus der Psyche, d. h. des Bewußtseins führenden Konsequenz, die bei Freud wie bei Jung zu einer einseitigen Unterschätzung und Unterbewertung des Bewußtseins, des Wachens geführt haben. 2. ist von beiden die Kategorie „Wachen" in der oben profilierten und definierten Weise als Grundstruktur des Daseins nicht bemerkt worden. Aus der epiphänomenalistischen Ausgangsposition beider – Bewußtsein entsteht für Freud aus der Abwehr des Organismus gegen die Unlust des Lebens – ergibt sich, daß bei beiden die begrenzte Konzeptionen des Bewußtseins dazu geführt haben, ihre Systeme durch hermeneutischen Zirkelschluß zu gefährden. D. h.: Die Interpretation des sog. Unbewußten wird zu einer Selbstauslegung des Bewußtseins, zumal ja das „eigentliche" Unbewußte nach *Freud* nicht erfahrbar ist, nur über das System Vorbewußtes wirkt. In der Konzeption *Jung*s ist das kollektive Unbewußte ebenfalls nur begrenzt erleb- und wahrnehmbar.

Die Auslegung der Träume, unbewußter Fehlhandlungen oder von Symptomen erfolgt bei *Freud* nach dem Schema, daß der unbewußt gewordene Gedanke – oder Wunsch – der im Unbewußten seinen rationalen Sinn durch eine Art Zerstückelungsprozeß verloren hat, sich im Traum oder in der Fehlhandlung entstellt ausspricht. Die Aufgabe des Analytikers besteht darin, den verzerrten, ursprünglich rationalen Sinn oder Gedanken oder Wunsch wiederherzustellen. Die Wiederherstellung dieses Sinnes kann nur dem entsprechen, was die Theorie – das Bewußtsein – schon über diesen entstellten Sinn antizipiert hat, was es bereits weiß.

Jung hat Bewußtsein weitgehend mit Rationalität und Verstand gleichgesetzt. Diese Konzeption wird der Vielfältigkeit des Bewußtseins ebensowenig gerecht, wie *Freud*s Sensualismus. Das Bewußtsein gebe nur wieder, was in der Wahrnehmung ist. *Jung* hat in seinem System vor allem die schädigenden Wirkungen einseitig auf Bewußtsein ausgerichteter Konzeptionen betont, dem rationalen Verhalten die profundere Kenntnis derjenigen gegenübergestellt, die mit ihrem Unbewußtsein sinnvoll leben. Wirkung geht aber auch hier letzten Endes von unsichtbaren Kraftzentren, den Archetypen[79] aus, die die Existenz der Menschheit weitestgehend determinieren. Allerdings können die Archetypen sich bildhaft (damit sichtbar) niederschlagen. Ihre Interpretation ist jedoch nicht weinger als bei *Freud* eine Selbstauslegung des Bewußtseins, bewußter Bestätigung von vorweggenommener Theorie. Wobei die Frage offen bleibt: Ist ein Unbewußtes nur wirksam, weil es ein Bewußtsein davon gibt (wie sollten wir um seine Wirkung wissen, wenn wir sie nicht wüßten? Damit ist es aber bewußt!), d. h. Bewußtsein, nicht Unbewußtes primär wäre – oder ist nicht überhaupt und vielmehr die Struktur des Bewußtseins, die ja in jeder Interpretation unbewußter Inhalte wiedergefunden wird, in beiden Bereichen, im Unbewußten und im Bewußten, dieselbe?

Was besagt denn der Irrationalismus* in den Systemen *Freud*s und *Jung*s anderes, als daß das anscheinend Rationale, Logische des Bewußtseins nur eine vorübergehende Trübung durch das Unbewußte erfährt, bevor es sich in der Deutung einer Fehlhandlung z. B. wiederherstellt – eine zeitlich begrenzte Entfremdung? Irrationale Antriebe und Wünsche, „Libido" (später

---

* Zur Diskussion von „rational" und irrational" s. auch *Landshut, S.*: Kritik der Soziologie, Neuwied 1969 und *Heidegger, M*: Sein und Zeit, 7. Aufl. 1953: „Der Irrationalismus – als der Gegenspieler des Rationalismus – redet nur schielend von dem, wofür dieser blind ist."

auch Aggression), bei *Freud* auf Sexualität und ihre realitätsfremden Ansprüche, wie sie der Ödipuskomplex veranschaulicht, beschränkt, Libido, bei *C. G. Jung* dagegen zu einem weltweiten, sinnvollen (d. h. letzten Endes vernünftig bestimmbaren „Élan Vital" ausgedehnt, der von den Instinkten der Arthropoden bis zu den Weisheiten des *Lao-tse* reicht, ist es, die das rationale Bewußtsein verunsichert und zu jenem „Scheinwerferkegel" reduziert, der von dem großen Ozean des Unbewußten umgeben ist.

Damit sind in beiden Theorien zwei Elemente zu unterscheiden: Die Selbstauslegung des Bewußtseins in der Interpretation des sog. Unbewußten und die reale Erfahrung irrationaler Einbrüche in die logische Struktur des Bewußtseins, wie sie sich in neurotischen Symptomen, Träumen und Fehlleistungen dokumentiert. Der Versuch, das Irrationale „in den Griff" zu bekommen", es bewußt zu machen und damit aufzuheben, führte in der Theorie und Praxis *Freuds* zu einer Selbstauslegung des Bewußtseins, bei der die Faktizität des Irrationalen einerseits wegeskamotiert wird, es aber andererseits unerforschliches „Es" bleibt. Die Forschung bewegt sich stets im Bereich des Bewußten, das nur dem Patienten, dem Forschungsobjekt, nicht bewußt ist.

In *C. G. Jungs* System ist das Irrationale zwar „Wandlungen und Symbolen der Libido" gleichgesetzt, aber es erscheint nur irrational, da die logisch orientierte Bewußtseinsstruktur nicht ausreicht, den letzten Endes doch sinnvoll (vernünftig) erfahrbaren Gang der Libido nachzuvollziehen. Irrational wäre der Libido gegenüber nur die Ratio, und das „Unglück" stammt in *Jungs* System im wesentlichen von der Ratio und ihrem mangelnden Umgang mit den bedeutsamen, bedeutungsgeladenen Symbolen des kollektiven Unbewußten. Das Irrationale liegt im Mißverhältnis zwischen Ratio und dem kollektiven Unbewußten, seinen Archetypen, die ständig unbewußt wirksam sind.

Um den Gegensatz in der Konzeption des Irrationalen bei *Freud* und *C. G. Jung* aufzuzeigen, genügt ein Beispiel: Für *Freud* gilt im Es nicht der Satz vom Widerspruch, vom ausgeschlossenen Dritten, d. h. A kann auch B sein. *C. G. Jung* beschreibt den Archetypus der Conjunctio oppositorum, der Vereinigung der sich ausschließenden Gegensätze von A und B zu einer Synthese „C". *Freud* ist das Irrationale „radikaler" irrational, das Es ist letzten Endes dem Bewußten *nicht zugänglich*, für *C. G. Jung* hat das kollektive Unbewußte nur den *Anschein* des Irrationalen, es ist vernünftig. *Freuds* Konzeption des Irrationalen ist in seinem System widerspruchsvoll. Einerseits ist es nur Trübung des Rationalen, Entstellung; unbewußte Vorgänge sind verzerrte, entstellte rationale Gedanken und Wünsche –, andererseits ist es in „Es" „ganz" irrational, dem Bewußten unzugänglich. Für *C. G. Jung* ist der Charakter des Irrationalen durch die Begrenzung des Rationalen dem Irrationalen gegenüber gegeben, aber wird das Irrationale erschlossen, erscheint es sinnvoll-rational.

Die Erfahrung des Irrationalen im Werk *Freuds* und *Jungs*, ihre beiden verschiedenen Versuche, es zu bewältigen und der Forschung zugänglich zu machen, wies in der Konzeption der vorliegenden Untersuchung dem Wachen (Bewußtsein) seine Grenzen. Die allgemeinste Form der Zuwendung zur Welt, der gegenüber sich das Wachen als Beziehungsaufnahme und Bedeutungswahrnehmung darstellt, ist zugleich seine Begrenztheit. Da das Wachen keinen spezifischen Gegenstand, kein So-Sein im Dasein, sondern nur Dasein meint, sagt es nichts über die Konkretheit von So-Sein oder von Dasein aus. Seine allgemeine Leere ist die Begrenztheit eines Zustandes, in dem sich nichts ereignet außer Zuwendung: Die Augen aufschlagen, dasein. Erst in der Konkretisierung von Beziehungsaufnahme und Bedeutungswahrnehmung, erst mit dem schrittweise sich vollziehenden Eintritt in die Bereiche von Wirkung und Gegenwirkung wird das Dasein als So-Sein erfahren und die Begrenztheit des Wachens weicht dem Erleben konkreter Grenzen, wie sie der Lernprozeß vermittelt.

Das Mögliche zeichnet sich demgegenüber ab als Veränderung (Bewegung, s. oben), dann als reales Widerfahrnis von nicht Voraussehbarem, endlich als Aufhebung der kausalen Verknüpfung von Dingen und Personen in Phantasie und Traum. Zu der Grenzerfahrung des Wachens zählt nicht allein das Mögliche von Antrieb, Stimmung und Emotion, zählt nicht allein, daß das Mögliche durch Veränderung sich ständig ereignet, nicht allein die Erfahrung, daß es schon in der Vergangenheit sich als Mögliches wiederholt ereignet hat, sondern vor allem auch der Umgang mit dem anderen, wie mit sich selbst als einem im letzten Verborgenem. Diese Erfahrungen weisen dem Wachen seine Grenzen auf.

Die Grenzerfahrung des Wachens wäre demnach dreierlei: Erstens zeigt sich das Wachen reiner Zuwendung in der Gleichzeitigkeit von Dasein zu So-Sein als allgemeine Begrenztheit. Zweitens erfährt das Wachen, das in seiner leeren Allgemeinheit sich bis zu den letzten wahrnehmbaren Himmelskörpern zu dehnen vermag, durch die konkrete Grenze des Umgangs mit Welthaftem sich als begrenzt. Es lernt Grenzen, Rationalität, Logik im Lernprozeß wahrzunehmen und zu setzen, es lernt Grenzen im Rahmen der leibhaften Gegebenheiten als Widerfahrnisse durchzustehen. Drittens erfährt es seine Grenzen durch die Begegnung mit dem Möglichen, das seine im zweiten Schritt erlernten Grenzen erneut in Frage stellt und es mit dem grenzenlos Möglichen konfrontiert: mit der alles ermöglichenden Zeit. Dabei ist das Wachen immer gleichzeitige Präsenz dieser drei Schritte, mit geringen Schwankungen nach der „einen oder anderen Seite“. Es bleibt generelle Weltzuwendung, es ist gelebte, gewußte Erfahrung, Präsenz, Inne-Sein von konkreten Grenzen des Daseins, und es ist in seiner Orientierung auf Welt hin der Konfrontation mit dem Möglichen ständig ausgesetzt.

Zu der dritten Grenzerfahrung gehört das sog. Unbewußte, das vorläufig als *allgemeinste Möglichkeit von Erfahrungen des anderen, von anderem und von Selbsterfahrung gesetzt werden soll.* Es ist nicht zu unterscheiden von den Möglichkeiten des Möglichen, die im ersten Abschnitt aufgewiesen wurden. Ob das Mögliche in den dargestellten Situationen sich ereignet, einbricht, Vorhandenes oder Vergangenes in Frage stellt, ob es in Traum, Phantasie oder Mythos schlechthin als Verwandlung sich zeigt, es wird von dem der Welt und seiner selbst inne-seienden Wachen als Negation dessen erlebt, was es bisher für möglich hielt. Es ist immer wieder sich ereignender Überstieg des Wachens in Bereiche, die es in seinem eigentlichen Wachen in Frage stellen. Das dokumentiert der Traum nicht weniger als die Phantasie oder der Mythos, die nicht aus dem Wachzustand unmittelbar abzuleiten sind.

Diese (vorläufige) Umschreibung des „Unbewußten" ist gegenüber der genannten von *Freud* und *Jung* von doppeltem Vorteil: Erstens durch die Vorgegebenheit des Möglichen gegenüber jeder Aussage unbewußte Prozesse betreffend, diesen ihren eigentümlichen Charakter des „Irrationalen" zu belassen. D. h.: *Jede Aussage über sog. Unbewußtes ist möglich, jedoch nicht sicher* im Sinne naturwissenschaftlicher Verifikation, die in ihrem Wachen auf exaktem Nachweis und Vorausplanung des rational Erfaßbaren angelegt ist. Damit wird einer Auslegung des Unbewußten im Sinne der Selbstauslegung des rational eingestellten Wachens vorgebeugt: Über Mögliches kann keine sichere Aussage gemacht werden. Jede Aussage als Aussage wird nur als eine unter vielen gewertet, womit der „Irrationalität" des Möglichen (s. oben) Rechnung getragen wird.

Zweitens wird von jeder Topographie des Unbewußten in „tiefere und flachere Schichten" in Vorbewußtes, Instanzen, Zensuren, in persönliches und kollektives Unbewußtes abgesehen, soweit diese mechanischen Modellen folgen oder als Selbstauslegung einer Theorie sich anzeigen, die z. B. persönliches Unbewußtes von Kollektivem trennt, weil sie wertend die weniger bedeutsamen Ereignisse des persönlichen Daseins dem Bedeutsamen des Kollektiven gegenüberstellt.

Nicht zuletzt wird durch die Vorgegebenheit des Möglichen als Negation des Wirklichen das sog. Unbewußte über seine im Verhältnis zum Bewußtsein antipodische Struktur in den allgemeinen Zusammenhang von „In-der-Welt-Sein" gerückt – *es wird mögliches „In-der-Welt-Sein"*.

m) Exkurs über den Traum

Wird das Wachen als dreifache Grenzerfahrung aufgehoben, wird „alles möglich". Dieses „alles möglich" findet nicht nur in den pathologischen Veränderungen des Wachens, vom Rausch bis zu organisch bedingten Dämmerzuständen, sondern auch in der nicht unbedingt krankhaften Herabminderung von nach außen gerichteter Zuwendung und Konzentration statt, wie sie das Tagträumen, Phantasieren und nicht zuletzt der Traum im Schlaf darstellen. Die gestaltete Welt von Natur und „Zeug", Personen und Institutionen entschwindet, läßt das Wachen nach; wobei dieses Entschwinden ein Verblassen, ein Undeutlichwerden auch der wahrgenommenen Umwelt mit einer Defiguration derselben verbunden ist, es sind Vorgänge, die jedermann nachzuprüfen vermag, der z. B. im schlaftrunkenen Zustand die Umwelt wahrzunehmen versucht.[80] Die leibhafte Wirklichkeit des In-der-Welt-Seins, das zu erfahren, daß Wachen die Grundvoraussetzung ist, wieweit ist sie möglicherweise Funktion des Wachens? Welt ist auch anwesend, wenn wir abwesend sind, waren oder es im Tode sein werden. Aber das Wissen darum ist durch das Wachen vermittelt, das sich in die Vergangenheit nicht weniger wie in die Zukunft dehnt und damit meine oder unsere wachende Anwesenheit von Dasein macht. Bzw. das Wissen um von unserem Wachen unabhängige Vorgänge in der Welt, von Wirklichkeit, die ohne oder außerhalb des Wachens ist, ist selbst Bestandteil des Wachens – deshalb dürfte die Beziehung zwischen Wachen und Wirklichkeit auf gegenseitigem Sich-Begründen beruhen. Das Wachen vermittelt die Wirklichkeit und begründet sie damit dem wachenden In-der-Welt-Sein, die Wirklichkeit ist durch das Wachen, wie das Wachen sich als wirklich und wachend erst durch die Wirklichkeit erfährt. In dem Augenblick, in dem das Wachen nicht mehr bei der Wirklichkeit anwest, wird „alles möglich", womit dem Wachen die Eigenschaft der Grenzerfahrung nicht nur im oben ausgeführten, allgemeinen Sinne, nicht nur im Sinne des Widerfahrens von Grenze zugesprochen werden muß, sondern in einem noch fundamentaleren Sinne: Wachen ist Grenze. Grenze, die im Prozeß des Aufwachens aus dem Schlaf, im Prozeß des graduellen Erwachens des Kindes zum Erwachsenen, im Prozeß des Erwachens der Gattung Mensch aus ihren prähistorischen Vorstufen und dem dabei schrittweise sich vollziehenden In- oder Zu-der-Welt-Sein diesem und sich selbst Grenze ist.

Fällt diese Grenze fort, wird „alles möglich". Grenze ist somit nicht nur der Versuch, das Mögliche unmöglich zu machen, sie ist die elementare Selbstbehauptung des Wachens dem Einbruch des Möglichen gegenüber, als das „Ich bin da" des So-Seins dem Dasein gegenüber.

Gegensetzung und Grenzerfahrung zugleich entschwinden im Schlaf. Die Entgrenzung des Wachens ist die fundamentale Voraussetzung des Traumes, sie ermöglicht den ständigen Erscheinungswandel (s. oben), den ständigen Wandel der Figuren, der Trauminhalte. Denn Wachen und Grenzsetzung gebieten der sichtbaren, sich zeigenden, im Fluß der Erscheinungen und Bilder dahinströmenden Welt durch die Aufmerksamkeit, die zu den frühesten Willensakten[81] des Kleinkindes gehört, ein „Halt". Die außerordentliche Anstrengung, die Leistung des Wachens wird verständlich, dem Fluß der Außenwelt und seiner Erscheinungen nicht weniger als dem Fluß der Innenwelt und seiner Fluktuation Grenze und Einhalt, Richtung und Festlegung vermitteln zu können. Eine Anstrengung, die allerdings über die Jahrmillionen der Phylogenese vollzogen, in der Ontogenese wiederholt, nicht mehr als solche empfunden wird, sondern Bestandteil leibhafter, biologisch begründeter Rhythmen von Wachen und Schlafen geworden ist.

Wie stellt sich die „alles ermöglichende" Traumwelt im Unterschied zum begrenzten Wachen dar?

Im Traum wird die Anwesenheit des Subjektes, sein Da-Sein von diesem real als solches erlebt. Es weiß zwar nicht, daß es träumt, es hält sich sogar für wachend, ist anscheinend wachend präsent. Jedoch fehlt ihm primär die dem Wachen immanente Grenzerfahrung. Es fehlt ihm die entsprechende

Konfrontation mit der Negierung dieser Grenzerfahrung durch das Mögliche, da es selber Teil der alles ermöglichenden Traumverwandlung geworden ist, die kühnste Verwandlung das träumende Subjekt nicht mehr überrascht. Position, sich selbst setzende, konstituierende leibhafte Grenzerfahrung, Negation derselben durch das „Mögliche" sind jedoch nicht allein Bestandteil des wachen Lebens, des Gegensatzes zwischen dem Wachen und dem Traum, sondern sind Grundlage für die Anwesenheit des Subjektes in der Wirklichkeit des In-der-Welt-Seins. Das Subjekt erlebt sich im Traum als in Wirklichkeit anwesend, ohne jedoch Position und Negation, die es über Aktivität (Handeln) und Widerfahrnis (Passivität) erfährt, vollziehen zu können. *Seine Anwesenheit ist nicht An-Wesenheit in der Welt, sondern nur „Wesenheit", ohne das „An" bedingende Vermögen von leibhafter Position und Negation setzen zu können.* Von den die Wirklichkeit des Wachens begründenden Faktoren der Beziehung und Bedeutung, der gegenseitigen Abhängigkeit, der Wirkung und Gegenwirkung, des Konfliktes, der von Geben und Nehmen, Begegnen und Sich-Durchdringen, sind ferner nur die im Traum nachweisbar, die nicht unauflösbar mit dem bei der Welt anwesenden Wachen verbunden sind. So fehlt dem Traum die leibhafte Gestalt des Erlebens, Grundlage des Wirkens von Wirklichem. *An die Stelle der leibhaften Gestalt* – der Träumer fliegt in Wirklichkeit nicht durch das Fenster – *tritt das Bild und sein spezifischer Bildcharakter,* der weiter unten präzisiert wird.

Der Träumer ist von seinem Handeln im Traum ebenso abhängig wie der Wachende (Struktur gegenseitiger Abhängigkeit). Er lädt ein Gewehr, um zu schießen, anstatt der Kugeln fliegen jedoch Bonbons aus dem Lauf, die nicht den Gegner treffen, sondern zur Überwältigung des Träumers durch diesen führen. Dem Handeln fehlt – in zahlreichen Träumen – die Gegenwirkungen vorwegnehmende Kenntnis der Kausalität, und das Handeln wird zu einem Scheinhandeln, das letzten Endes unverbindlich ist. Es impliziert „alle möglichen" Konsequenzen. Aus dem Gewehr können ebenso tödliche Kugeln geschossen werden, die plötzlich eine ganz andere Person treffen usf.

D. h *die gegenseitige Abhängigkeit vom Träumer und seinem Geträumten ist eine unverbindliche Scheinabhängigkeit,* da sie jederzeit eine andere Möglichkeit gegenseitiger Abhängigkeit wieder zu konstellieren vermag.

Der Träumer ist Konflikten schmerzhaft ausgesetzt (Konflikt als Struktur der Wirklichkeit), wenn er im Traum vor der Wahl steht, entweder ein brennendes Schiff sofort zu verlassen, um sein Leben zu retten, oder bei der Bergung der Passagiere mitzuhelfen, d. h. der Träumer ist zwar im Traum in Konflikte verstrickt, ihre Lösung wird jedoch als passives Widerfahrnis, nicht als bewußt herbeigeführte Entscheidung erlebt. Dem Konflikt fehlt die Dimension der Entscheidungsmöglichkeit: Die Situation verändert sich im Traum, das untergehende Schiff verwandelt sich in ein Hotel, alle Passagiere entkommen durch Notausgänge. Es verändert sich ferner nicht das Subjekt des Träumers durch den Konflikt, sondern nur die Situation – im Vergleich auch zu real erfahrbaren Konflikten.

Gestalten oder Gesichter tauchen im Traum auf, zu denen eine Verbindung besteht, die auf Begegnen und Sich-Durchdringen zurückzuführen ist, die auch dem Träumer noch tagelang nachgehen können (Struktur von Sich-Durchdringen). Sich-Durchdringen und Begegnen werden im Traum nicht weniger intensiv, ja mitunter noch intensiver als im Wachen erlebt. M. a. W.: *Die pathisch-emotionelle Weise zu erleben ist im Traum mit der Wirklichkeit nicht nur (gelegentlich) identisch, sondern übertrifft sie noch an Intensität.*

Die von Geben und Nehmen strukturierte Wirklichkeit ist ebenfalls im Traum, wenn auch einschneidend verändert, nachweisbar. Es gibt Träume, in denen der Träumer seine Einkäufe tätigt wie in der realen Welt des Wachens. Er zahlt, gibt, bekommt Ware dafür. Er kann von einer beglückenden, durchaus gegenseitig (Austausch) erscheinenden Liebeserfahrung träumen, er mag sich als Held sehen, der für große Verdienste belohnt wird. Aber die generell nachweisbare Tendenz des Traumes geht über das Gleichmaß von Geben und Nehmen hinaus. Sei es, daß nur und maßlos genommen, zugegriffen, eingepackt und eingesteckt wird, sei es, daß die Überschüttung durch Gebendes ebenso maßlos, zweifelhaft, überwältigend oder betrügerisch erscheint. Endlich ist das Verhältnis von Wirken und Gegenwirken ständiger, unvorhersehbarer Verwandlung ausgesetzt, die einen Austausch, ein nach Gleichgewicht strebendes Geben und Nehmen ausschließt. Wer im Zorn auf den Tisch schlägt, um jemandem die Meinung zu sagen, aber plötzlich einen Kugelstift in der Hand hält, wer einen Flugschein nimmt, um nach Konstantinopel zu fliegen, diesen bezahlt, dann jedoch mit den Füßen im Morast steckenbleibt, wer sich einem geliebten Menschen nähert, ihn anstatt zu umarmen, wie es seine Absicht war, ohrfeigt, der sieht sich keiner Welt gegenüber, die nach den Regeln von Geben und Nehmen konstituiert ist.

Dieses der Wirklichkeit nicht entsprechende Verhältnis von Geben und Nehmen ist nicht von dem entscheidenden Beziehungs- und Bedeutungswandel zu trennen, den der Traum, soweit er nicht nur eine Reproduktion von Alltagserlebnissen ist, mit dem anwesenden Wachen bei Wirklichkeit gemeinsam hat. Innerhalb der Wirklichkeit sind Beziehungen und Bedeutungen weitgehend durch die oben aufgezeigten Konstanten festgelegt, Konstanten, die sich aus der Beziehung zu Dingen, Personen, Natur, Zeug und Institutionen ergeben und die von der Sachbedeutung auch der Dinge geprägt sind. Diese Relationen, die durch mein leibhaftes In-der-Welt-Sein fundiert sind, werden im Traum grundsätzlich in Frage gestellt. Der Charakter des Möglichen bringt sich damit in besonderer Weise zur Geltung.

Gegenstände, Personen, Natur, Dinge des täglichen Gebrauches sind im Traum in ihrer Verwandlungsfähigkeit vieldeutig und damit undeutlich, nur in den seltensten Fällen eindeutig, bzw. wenn sie eindeutig erscheinen, kann die Beziehung zu ihnen vieldeutig oder undeutlich oder auch gelegentlich eindeutig sich darstellen. Die Vieldeutigkeit oder der Beziehungsreichtum, in dem sich der Träumer befindet, entspricht dem Umkreis (Horizont), den Personen oder Dinge für uns in den Erfahrungen und den Erlebnissen des Lebensweges gewonnen haben. Träume ich von jenem Berg, den ich einmal bestieg und der auf Grund der Vielfältigkeit meiner Beziehungen und Erlebnisse für mich bedeutungsvoll geworden ist, so durchlebe ich im Traum einen Teil der Augenblicke wieder, die mich mit ihm verbanden, aber ich träume das nicht nur in abbildhaft-eindeutiger, sondern in vieldeutiger Weise. Der Berg gleicht im Traum einer schwebenden Wolke, auf die ich vermittels einer wackligen Strickleiter heraufzuklettern versuche. Oben befindet sich mein Großvater, der mich mit Kübeln von Dreckwasser begießt und auf diese Weise versucht, mich am Emporsteigen zu hindern, mich gefährdet. Das Erleben der Gefahr, das Klettern, die Unsicherheit des Standortes, die Erinnerung, daß Vater und Großvater gute Bergsteiger waren, klingen in diesem Traumbild an. Die Konstante „Berg", konstant durch sein Sich-Zeigen und meine Beziehung zu ihm, ist vielfältig im Traum aufgegliedert. Die Beziehung zu ihm weist weit über das hinaus, was mein Wachen, wenn ich den Berg erblicke, mir vermittelt. Nicht anders wäre es, wenn mir mein Bruder im Traum als Kameltreiber begegnen würde, dessen Kamel ich am Schwanz packe und mich, trotz seines Protestes, von diesem durch eine öde Gegend schleppen lasse. Mein Bruder, als der eindeutig in der Erinnerung Überlegene, verwandelt sich in einen orientalischen Gauner.

Das Segelboot (s. oben), im Erkenntnisakt als dieses begriffen, ist im Traum zugleich Wolke, Möve, Boje oder Delphin. Es taucht im Bildgeschehen als Segelboot vielleicht kurz auf, um sogleich wieder sein begriffliches und sachliches So-Sein gegen die Vieldeutigkeit anderer Figuren einzutauschen.

Die erwähnten Wesensmerkmale des Traumes, die ihn von der Wirklichkeit grundsätzlich trennen, stellen sich nicht gestaltet-leibhaft dar, sondern im Bild.

Was bedingt den Mangel dreidimensionaler Leibhaftigkeit der Traumerscheinungen? Die leibhafte Wahrnehmung raumhafter Gestalten erfolgt, wie zahlreiche psychologische Untersuchungen[81] erwiesen, über Wahrnehmen, Bewegen, Tasten Handeln. Sie erfolgt über die Kreisprozesse von Bewegung und Wahrnehmung, durch die die spezifisch dreidimensionale Leibhaftigkeit und Räumlichkeit des Gestalteten erschlossen wird. Die Tiefe des Raumes, deren Verlust bei Beeinträchtigung der dem perspektivischen Sehen zugeordneten Hirnzentren[82] beobachtet werden kann, ist nicht zuletzt auch eine Erfahrung des sich in die Tiefe des Raumes hineinbewegenden Kindes, das den Raum durch Krabbeln, Laufen oder Gehen sich eröffnet.

Der bildhafte Charakter der Welt – die Welt als Bild,[83] „Gesamteindruck" –, im Gegensatz zu ihrer leibhaften Figur, zeigt sich z. B. demjenigen, der die Morgendämmerung über dem Feld oder das Treiben eines Bahnhofsplatzes betrachtet, beobachtet, ohne in dasselbe handelnd einzugreifen. Leibhafte Gestalt erschließt sich erst im Handeln dem Handelnden, der aktiv in die Umwelt eingreift, diese „ergreift", „umgreift", dabei ihre leibhafte Schwere erfaßt und umfaßt. Fraglos erscheint auch dem Betrachtenden das Bild des Bahnhofsplatzes räumlich nicht zweidimensional wie das eingerahmte Bild der Ausstellung, aber im Gesamteindruck des Bildes tritt die gestaltete, leibhafte Einzelheit, die Figur zurück.

Der Träumer dagegen handelt in Wirklichkeit nicht. *Er geht nicht mit der Umwelt durch Sich-Bewegen und Wahrnehmen um, damit entfällt für ihn die Leibhaftigkeit. Das Traumbild ist zwar gestaltetes Bild, aber räumlich gestaltloses Bild.* Der Mangel an aktiver Beziehung zur Welt, die das Schlafen kennzeichnet, dürfte ein wichtiger Grund dafür sein, daß dem Traumbild die Dreidimensionalität der Gestalt fehlt. *Fortfall des eingrenzenden Wachens und des faktischen Handelns bedingen damit die Bildhaftigkeit der Traumwelt.*

Die Räumlichkeit der Gestalt, die in der Folge von Handeln und perspektivischer Wahrnehmung sich erschließt, gibt der Gestalt den vollen Raum nach oben, unten, vorne, hinten, rechts, links, die das Bild nur vortäuschen kann. Das Bild ist flach. Dies gilt für das Bild „an der Wand", das die naive Anschauung zutreffend „Bild" nennt. Bildcharakter hat jedoch auch eine Landschaft, ein Zimmer, haben Tiere, Pflanzen, Werkräume, Städte aus der Vogelperspektive. Die sichtbar gestaltete, leibhafte Welt kann für das Subjekt überall zum Bild werden, wobei die dem Bild zugrunde liegenden unterschiedlichen Qualitäten – ob Landschaft oder Bahnhofsplatz – gleichgültig sind. Entscheidend ist die Sicht des Subjekts, aus der das Sichtbare, Sich-Zeigende gesehen und dann als Bild festgehalten wird. Sichtbar Sich-Zeigendes und die Sicht, wie es gesehen wird, bedingen den Bildcharakter des Sichtbaren. Dabei stellt sich die Polarität und Verknüpfung von Sich-Zeigendem, der Ansicht, und wie diese gesehen wird, der Sicht (dem Wahrnehmen), wieder dar.

Der Bildcharakter z. B. einer Landschaft oder eines Bahnhofsplatzes wird von der sich zeigenden Welt her durch Farbigkeit (intensive, gegensätzliche Akzentuierte) oder Farblosigkeit (Eintönigkeit, Spannungslosigkeit), durch sichtbare Verteilung der Massen (sei es nach harmonischen oder disharmonisch-expressiven Gesichtspunkten) und endlich durch die Linienführung (klare, abgewogene oder wirre, unausgeglichene Linien) mitbestimmt. Die Farbe spricht insbesondere die Emotionalität, das Fühlen an, dic Massen das Empfinden für dynamische Kräftewirkung, die Linie weist auf mentale, übergeordnete Zusammenhänge. Sie ist nicht nur die „persönliche Handschrift" des Künstlers, sondern zeigt das „Eigentliche", das „Wesentliche" z. B. einer Landschaft in ihrer typischen Konfiguration aus der Sicht desjenigen, der sie abbildet.

Diese drei Grundkomponenten (Farbe, Masse, Linie) bestimmen das Bild, zu der sich die entscheidende seiner Flüchtigkeit hinzugesellt, wenn es nicht durch die Photographie oder die Palette festgehalten wird. Flüchtigkeit bedeutet ständig durch Bewegung der Personen, der Dinge, der Atmosphäre, durch Licht und wechselnde Schatten, durch Farbigkeit und wechselnde Massen bedingte Fluktuation, die auch die Befindlichkeit des Betrachters, seine Sicht, räumliche und zeitliche Komponenten in der Beziehung zwischen ihm und dem Gesehenen einbezieht.

Kein Abend über dem Weizenfeld ist derselbe, kein Mittag vor dem Hauptbahnhof einer Großstadt gleicht dem eines anderen, vergangenen Tages. Die Flüchtigkeit des Bildes, durch das bei aller Inkonsistenz jedoch die Gestalten von Bäumen, Häusern, Lebewesen hindurchschimmern, kann auch seiner extremen Wandelbarkeit gleichgesetzt werden. Im Bild zeigt sich die Welt und damit die Wirklichkeit als von einem Augenblick zum andern sich verändernde, wandelnde, vergängliche, obwohl die aufgeführten Strukturen der Wirklichkeit, von Beziehung und Bedeutung, von Wirken und Gegenwirken usf. für das Bild alle zutreffen. Sie treten jedoch zurück, da sie nicht befragt werden, wie das Wachen nach den Ursachen von Veränderungen und Bewegungen zu fragen gewohnt ist. Der Betrachter des Bahnhofsplatzes oder einer Landschaft überlegt sich nicht in dem Augenblick, was durch etwas bedingt wird, sondern er nimmt „wahr", er beobachtet, er *schaut*, er betrachtet, er sieht.

Der Rahmen, der das Bild hier an der Wand einrahmt, es damit als Besonderes von anderen Gegenständen abhebt, ist dort am Bahnhofsplatz das unausgesprochen in der Schwebe bleibende Gespräch zwischen Sich-Zeigendem und Wahrnehmendem. Das In-der-Schwebe-Bleiben heißt dem Sich-Zeigenden an der Schwelle des zugewandten Wach-Seins, unter einer Vielzahl von Bedeutungsbezügen antworten, die jedoch nicht vom Wach-Sein aufgegriffen werden, die lediglich wie ein fernes Stimmengewirr anklingen. Das Bild wird damit zum Bedeutsamen, Über-Sich-Hinausweisenden, aber auch zum Vieldeutig-Undeutlichen. Das Bild des Platzes vor dem Hauptbahnhof, einer zerfallenen Wohnbarracke, eines Kornfeldes in der Abenddämmerung sprechen zu dem Betrachter ihre Bedeutungen hin: Wirrwarr von Menschen, Straßenbahnen, graue Häuserfronten, die gläserne, grau-blaue Kuppel des Bahnhofs, die große Uhr vor dem Haupteingang usf., sie werden gleichzeitig wahrgenommen, ohne daß die einzelnen Bedeutungen auseinandergelegt und wie im Erkenntnisakt (Urteil) durchschaut werden. Sie werden vielmehr in ihrer Vieldeutigkeit erschaut, aber nicht durchschaut.

Der Betrachter bezieht sich vielfältig auf diese Bedeutungen, er ist in seinem Horizont möglicher Beziehungen undeutlich auf das deutlich-undeutliche Geschehen des vor ihm sich aufrollenden Bildes bezogen. Aber es bleibt bei einem gegenseitigen Sich-Anrühren, das vorbegrifflichen Charakter hat, denn es geht ja nicht darum, die Zeit auf der Uhr an der Bahnhofskuppel festzustellen, sondern um den Gesamteindruck „Bahnhof". Dieser zeigt sich und wird innerlich erwidert. Den Charakter des Offenen, da noch nichts durch Handeln, Begreifen, Planen entschieden ist, sondern nur Beziehungen und Bedeutungen anklingen, damit noch „alles möglich" erscheint, hat das Bild mit dem Offenen, einer den Lebensweg durchkreuzenden Situation gemeinsam, mit dem Offen-Sein für die Zukunft des Kleinkindes, mit dem Morgen, der über einer Stadt aufgeht und in dem die Möglichkeiten des vielfältigen Tuns ihrer Einwohner sich abzuzeichnen beginnen.

Damit ist das Bild in seinen diffusen, flüchtigen, vieldeutig-undeutlichen Beziehungen, seine Bedeutungen vielfältig anklingen lassenden, transzendierenden, auf symbolhafte Ver-Bindungen hinweisenden Charakter gekennzeichnet. *Das Bild ist Erscheinung, in der sich sich zeigende Welt und antwortendes Subjekt nicht in der Eindeutigkeit des Begreifens (Urteil) begegnen und durchdringen, sondern in der beide, Subjekt und Welt, aneinander anklingen, sich zur Kenntnis nehmen, aneinander teilhaben* (s. unten).

Der Hintergrund von Erscheinung bleibt aber die gestaltete Welt – hier der Platz, die Häuserfronten, die Glaskuppeln, Fahrzeuge und Ampeln.

Um den Begriff des „Gesamteindrucks" des Bildes noch weiter zu spezifizieren, sei präzisiert, daß Aufmerksamkeit und Konzentration zugunsten des Betrachtens, des Schauens zurücktreten, das Deutliche zugunsten des Undeutlichen zur Hintergrundserfahrung wird, der Betrachter sich „freischwebend" dem Eindruck öffnet (der sich zeigenden Welt). Wahrnehmend die Flüchtigkeit von Veränderungen oder das Ruhen von Bewegungen zu betrachten, das Undeutlich-Deutliche im Schwanken zwischen Fixieren oder Nachlassen nachzuvollziehen, wird das Wachen dem Gesamteindruck gegenüber nicht als Eingrenzen der Erscheinung erfahren, sondern als mit der Erscheinung fließendes, in ihr sich vergessendes, dem Eindruck sich hingebendes, mit seiner Flüchtigkeit vergehendes.

Das Wachen kommt damit an die Grenze des Möglichen von Tagtraum, Phantasie und Schlaf, selbst an die des Traumes, wie das hypnotische Anstarren von Vorgängen – etwa aus der Perspektive eines Turmes hinunter in das alltägliche Treiben der Großstadt – jenen „kataleptischen"[84] Zustand zu wecken vermag, der dem Einschlafen kurz vorausgeht. Das Wachen erfährt im freischwebenden Betrachten des Bildhaften der sich zeigenden Welt die Grenze seiner Grenze im Sich-dem-Eindruck-Überlassen, mit ihm zu verschwimmen, in ihm sich und seine Grenzen aufzuheben.

Da sich im Traumzustand, im Unterschied zum Wachen, Gefühle, Antriebe, Stimmungen, Impulse und Gedanken im Bild darstellen, Bilder sind – z.B. im Traum der Gedanke: „Dort im Stuhl sitzt ja der Weihnachtsmann" –, mit dem Wahrnehmen und Erzeugen dieses Bildes identisch sind, ist der Schluß ferner erlaubt, daß *der Wegfall der Funktion des Wachens und des Handelns innersubjektiven Vorgängen ihren bildhaften Charakter überhaupt erst wiedergibt.* Leitet das sich einem Gesamteindruck-Überlassen zum Traumzustand über, werden Gedanken, Wünsche, Gefühle, Willensimpulse in der Hingabe an den „Gesamteindruck" (Bild) undeutlich, entdifferenzieren sich diese zugunsten des Bildes. Im erinnerten Traum ist eine Trennung einzelner psychischer Funktionen nicht mehr nachweisbar, sie werden höchstens „verschwommen", „undeutlich" bemerkt.

Erst das Wachen und das durch das Wachen ermöglichte Handeln läßt Antriebe, Gefühle, Stimmungen, Gedanken, „Bewußtes und Unbewußtes" als „unsichtbare Kräfte" registrieren, die in der Psychologie dann zu Motivationen des Handelns werden. Die Anstrengung der Weltzuwendung vernichtet oder „verdrängt“ die spezifische Bildhaftigkeit der Psyche, des innersubjektiven Geschehens, das sich dann im Schlaf wieder zeigt. Grenze, wachende Zuwendung, Leibhaftigkeit, Handeln verhindern ihre bildhafte Selbstdarstellung, wobei „Darstellung“ nur ein umschreibender Begriff ist, der bereits falsch, da er eine Unterscheidung zwischen dem zur Darstellung-Kommen-Sollenden und dem Dargestellten impliziert, das für die „Psyche“ nicht zutrifft.

Die Differenzierung des Subjektes (der Psyche) in einzelne „Funktionen“ (Denken, Fühlen, Wollen) ist nicht „absolut“, sondern erscheint, als auf den Hintergrund des Schlafes, des Traumes bezogen, relativ. Erst die im Wachen nachvollzogene Interpretation des Traumes deutet ein aggressives Bild als auf einen aggressiven Antrieb bezogen aus, entsprechend ein erotisches oder neugieriges auf die ihm zugesprochenen Wünsche.

Der jetzt zum erstenmal eingeführte Unterschied zwischen Subjekt und „Psyche“ besagt vorläufig, daß das Subjekt *die übergeordnete Totalität ist, die Wachen und Schlafen (Traum), Mögliches und Möglichkeiten umgreift und als übergeordnetes Ganzes zwischen Wachen und Schlafen vermittelt.* Ein und dasselbe Subjekt lebt im Wachen und im Schlafen, trotz Abwendung des Subjektes von der Umwelt im Schlaf, löscht dieser das In-der-Welt-Sein des Subjektes nicht aus. Psyche sei der Anteil des Subjektes genannt, der auftaucht, wenn die Person sich von den spezifisch mit dem Wachen verbundenen Funktionen löst, sie sich von der Welt zurückzieht, abwendet, und ihr bildhafter Hintergrund dominiert.

Der Exkurs über den Traum, ausgehend von der Erfahrung des Wachens, seinen Grenzen, dem Bereich des Möglichen – bei Diskussion der Bedeutung des Irrationalen in den Systemen von Freud und Jung –, wies die *Psyche als ständig sich verwandelndes Bildgeschehen* auf. Psyche *ist und wird durch die Abwendung des Subjektes vom Wachen und seiner Wirklichkeit,* Hinwendung derselben zum Bereich des Möglichen schlechthin, das die gestaltete leibhafte Wirklichkeit nicht nur in Frage stellt, sondern den vieldeutig, dem Wachen verborgenen Hintergrund von Wirklichkiet sichtbar macht. Der Wegfall der die leibhafte Wirklichkeit konstituierenden Faktoren (Handeln) läßt Psyche maßlos* und irrational erscheinen, da die begrenzte, gestaltete Leibhaftigkeit im Ausgleich von Geben und Nehmen entfällt, Psyche im Traum als maßlos über jede bindenden Ordnungsfaktoren, prägende Leibhaftigkeit sich hinwegsetzend erlebt wird.

---

* Die von *C. G. Jung* aufgeworfene Frage der unbewußten Kompensation (gegen das „Maßlose“ der Psyche) wird im folgenden Abschnitt diskutiert werden, ferner in: „Kommunikation: Psychologie und Psychopathologie“, das im Frühjahr 1974 erscheinen soll.

n) Homogenität und Heterogenität des Wirklichen. Zum Problem von Ordnung, Gleichgewicht und Maß

Daß Wirklichkeit sich in der dargestellten Weise als außerordentlich komplexes Geschehen erwies, lag nicht zuletzt an dem Gang der Untersuchung selbst, der von der möglichen zu der sich zeigenden und wahrgenommenen Welt, zu einer von Bedeutungen und Beziehungen, von Wirkungen, Gegenwirkungen, von Konflikten und gegenseitiger Abhängigkeit verlief, und in dem die wahrgenommene und im Handeln erfaßte Wirklichkeit denkend zergliedert wurde.

Die Einheit der Wirklichkeit, von In-der-Welt-Sein, wie sie möglicherweise nur der betrachtende, die Umwelt erschauende Säugling erfährt, wird durch das Handeln, das Erleben von Widerstand, Grenze und Veränderung schon beim ersten Umgang mit dem eigenen Leib in Frage gestellt. Die Einheit der Welt ist eine geschaute, wahrgenommene – das Bild des Bahnhofsplatzes oder des Kornfeldes in der Morgendämmerung erscheint als Bild homogen –, es wird nicht nach dem Zusammenhang des Treibens, nach den Beweggründen der Passanten gefragt, nicht das mögliche Wetter aus dem Morgen über dem Kornfeld herauskalkuliert, die Ernte nicht abgeschätzt. *Die sich naiv zeigende Welt,* die ebenso naiv, vielleicht erstaunt wahrgenommen wird, *ist homogenes Bild,* solange nicht handelnd in dieses Bild eingegriffen oder es denkend befragt wird. Denkend und handelnd wird Wirklichkeit als heterogen erfahren, wobei das Denken im Erkenntnisakt (s. oben) die Heterogenität der Erfahrung in dem homogenen Begriff wieder aufhebt.

Das Bestreben des Menschen, heterogen Erfahrenes und Erlebtes durch die Regeln der Logik in homogenes, den Satz vom Widerspruch nicht ausschließendes, sondern auf ihm fundiertes Denken aufzuheben, das allem Erkenntnisstreben als Streben nach Identität zugrunde liegt, dürfte nicht nur im Dienst des Bemächtigungsstrebens stehen, um das Erkannte entsprechend zu manipulieren und technisch auszubeuten. Die begrifflich erlebte Homogenität der Welt, die in der dialektischen Logik[85] zwar das Moment der Veränderung und Negierung (Bewegung) mit einbezogen hat, um, jedenfalls bei Hegel, doch wieder in die Versöhnung von Für-Sich-Sein und Absolutem, d. h. Identität auszumünden, ist Bestandteil vielmehr auch der Verstehensstruktur[86] der Welt, des „In-der-Welt-Seins".

Damit soll nicht einem Dualismus der Weg gebahnt werden, der Erleben und Erfahren von Welt einerseits als durch den Konflikt bestimmt sieht, Erkennen der Welt andererseits sich monistisch-homogen im Begriff zeigt. In-der-Welt-Sein ist Gleichzeitigkeit beider, dies ist ihre antilogische Struktur, in deren Mittel- und Kreuzpunkt, im Erkenntnisakt, das Subjekt steht, das sich im Erkennen gleichzeitig homogen, erfahrend und erlebend jedoch heterogen weiß. Homogen in der Fixierung des Begrifflichen, heterogen in der Widersprüchlichkeit, in der es an das „In-der-Welt-Sein" ausgeliefert ist. Die Gleichzeitigkeit beider, des Homogenen und Heterogenen, ist jedoch nicht im Erkennen nachzuvollziehen, aus diesem Grunde kann die „Totalität“ des Wirklichen als *Gleichzeitigkeit heterogener Vorgänge* nie als Totalität erfaßt (begriffen) werden. Die Homogenität des Bildes – des Bahnhofsplatzes oder einer Landschaft – ist die Homogenität der sich zeigenden, der sich darstellenden Welt, die nicht befragt, nicht verändert, sondern nur wahrgenommen, erschaut wird. Die Homogenität des Gedankens ist die einer durch die radikale Entfremdung der Begriffsbildung hindurchgegangenen, konkreten Welt, die, wie ein Destillat, sich aller einzelner lebendiger Eigenschaften entledigt hat, um sich der Gleichförmigkeit logischer Begriffe zu überlassen.

Wird die Welt, die Umwelt, als Bild wahrgenommen, befindet sich der Beobachter ihr gegenüber weder nahe noch distanziert, sondern in einem Gleichgewicht von Nähe und Ferne. Die Nähe wird durch das Sich-Auflösen und Zerfließen des Wachens und seiner Grenzsetzungen vermittelt, durch die im Betrachten anklingende Vereinigung erlebnisbedingter Empathie und möglicher Identifizierung (Eins-Fühlung) mit dem Sich-Zeigenden. Die Distanz, die die Nähe wieder aufhebt, wird bedingt durch die dem Gesichtssinn[87] eigentümliche Auffassung des Wahrgenommenen, das nicht wie bei den anderen Sinnen mit Tasten, Schmecken, Spüren, Bemerken verschiedener Intensitäten von Wärme oder Kälte verbunden ist, nicht mit dem eindringlichen, an Berührung erinnernden Auffassen des Gehörsinnes, sondern auf Distanz zielt,[88] bei der unmittelbares Empfinden körperlicher Nähe wegfällt. Der Betrachter sieht das Bild des Bahnhofsplatzes mit jener „freischwebender Aufmerksamkeit“, die das Wachen charakterisiert, der Zuwendung, durch deren aufmerkenden Horizont das Sich-Zeigende hindurchzieht. Er engagiert sich nicht mit dem Gesehenen, er „schaut“ fast unbeteiligt „zu“ und schwingt in der Oszillation zwischen Eins-Fühlung und Sich-Distanzieren.

Im Begriff dagegen durchdringen sich Nähe und Distanz. Nähe ist gegeben durch die unmittelbare Beziehung des Begriffs zum Konkreten im Erkenntnisakt. Der Begriff erfährt sich jedoch am Konkreten in seiner spezifischen, anonymen, eben nicht konkreten, sondern allgemeinen Art. Die Distanz wird in der Entfremdung des konkreten, erlebten Dinges durch den Begriff, der Absorption des Dinges durch den letzteren hergestellt, die Nähe im Unvermögen des Begriffs, seine konkrete Bezogenheit zum Gegenstand aufzugeben.

Demgegenüber gehen Erleben und Handeln unmittelbar auf Nähe, die Distanzierung tritt zurück, wird undeutlich. Das emotional-gefühlsbestimmte Erleben zeichnet sich durch partiellen Distanzverlust dem Erlebten gegenüber aus, dessen die Urteils- und Denkfähigkeit herabsetzende Wirkung zur Genüge bekannt ist. Das Handeln, verläuft es nicht blind, sondern gezielt, setzt zwar im Umgang mit den Objekten seines Tuns kritische Urteilsfähigkeit voraus, ist jedoch im Vollzug unmittelbar und ganz handgreiflich auf den einzelnen Gegenstand oder seinen (des Handelns) in die Umwelt eingreifenden Plan bezogen.

Die Wirklichkeit des Traumerlebens, die in der Psyche sich als Bildgeschehen erfährt, ist auch durch die Erlebnisqualitäten von Nah und Fern charakterisiert: Der im Traum als fern empfundene Wald ist entweder Hintergrund einer Handlung oder es wird die Anstrengung erlitten, ihn zu erreichen oder zu fliehen. Die im Traum erfahrene Ferne ist jedoch nicht die Distanz radikaler Entfremdung, die der Gedanke dem Ding oder der Person gegenüber setzt, noch die, die das Sich-Zeigende der Welt vom wahrnehmenden Betrachten trennt. Gedankliche Distanz wird im Traum bestenfalls erfahren, wenn das Geschehnis sich einer kritischen Wende zum Wachen hin nähert, wenn der Träumer sich erinnert, daß er „nur träumt". Ansätze zu kritischem, unterscheidendem Urteilsvermögen werden zwar gelegentlich im Traum beobachtet – damit zur Distanz –, sie haben jedoch nicht die Fundamentalstruktur des Traumes: erlebte, erlittene Nähe oder Ferne.

Die Nähe wiederum z. B. eines erotischen Kontaktes vermag alle Erlebnisintensitäten der realen Umarmung zu beinhalten bis zu dem im Traum erfolgenden Orgasmus, ohne daß leibhafte Nähe wirklich wäre. Der Nähe im Traum entspricht die zunehmende Identifizierung, das Erleben des Sich-Einfühlens, der Ferne, die zunehmende Lösung der Identifizierung. Es ist die Gleichzeitigkeit von Schauen, Erleben und geträumter, aber doch entgrenzter, damit alles mit allem verbindenden Leibhaftigkeit, die die Qualität der Nähe bedingt, die den Träumer in das Geschehen zieht wie der Sog den Schwimmer in das den Körper umspannende Naß. Ferne wird über die Identitätslösung hinaus als Verlassenheit – fern von dem anderen –, als vergebliches Bemühen, ein Ziel zu erreichen, als Abschied, Einsamkeit oder Verzweiflung erlebt.

Die Wirklichkeit des In-der-Welt-Seins stellt sich dem Subjekt in seinem Bezogen-Sein auf Welt als zyklischer Kreisbewegung dar, die hier Nähe erfährt, dort Distanz begründet und wieder aufhebt. Im schauenden Betrachten (Bild, Bahnhofsplatz) halten sich Nähe und Distanz die Waage. Im Erkennen durchdringen sich beide und verwandeln sich in Gegensätzliches: Das Konkrete (die Nähe) wird allgemein, das Allgemeine (die Distanz) konkret. Erlebend und handelnd tritt die Distanz zurück, im Traumgeschehen ist der Träumer in Nähe verstrickt, ist selbst die Ferne erlitten und damit „nah".

Der Lebens- oder Tageslauf eines Menschen, mit der Geburt oder dem morgendlichen Aufwachen anhebend, beginnt mit der erwachenden Zuwendung, der sich Welt als Bild zeigt. Handelnd oder erlebend begibt er sich in die konkrete, „handgreifliche" Auseinandersetzung mit der Welt, die ihm zur Nähe wird, von der er sich jedoch erkennend, denkend wieder distanziert, sie entfremdet im Begriff erfaßt, um im Schlaf in der unmittelbaren Nähe eigenen Traumerlebens, eigenen Welterlebens aufzugehen. Homogen erscheint die Welt als Bild reiner Zuwendung, homogen ist sie im Begriff, heterogen im Erleben, Handeln und Träumen.

Die Unmöglichkeit, die Totalität des Wirklichen in ihrer antilogischen subjektbezogenen Struktur als Vorgänge hetero- und homogener Art *gleichzeitig* zu verstehen, schließt jedoch nicht aus, daß sichtbares Geschehen in der sich zeigenden Welt primär geordnet erscheint. Nicht nur in der Mikrostruktur[89] der Materie, nicht allein in der Selbstregulation z. B. atmosphärischer Vorgänge,[90] von Strahleneinwirkungen, Schutz gegen dieselben, Wärmedämmungen und Niederschlagsmengen, sondern bis in die komplexen physiologischen Regulationsmechanismen der Organismen, dem Aufeinander-Bezogensein der Tier- und Pflanzenarten, der Lebewelt wiederum auf die atmosphärisch-meteorologisch-geologischen Vorgänge überwiegen stabilisierende ordnungsstiftende Gleichgewichtsfaktoren. Die Ökologie (s. Anm. 28, 34) hat diese Prozesse eingehend untersucht und beschrieben und ist zu der Überzeugung gelangt, daß sie selbst die Lehre von den Gleichgewichtsvorgängen in der Natur ist. Beim Menschen sind die das Gleichgewicht erhaltenden Vorgänge nicht weniger wie bei den anderen Lebewesen nachweisbare Grundlage seiner leibhaften Existenz. Aufrechte Haltung und aufrechter Gang haben es dem Menschen in spezifischer Weise ermöglicht, sich verschiedensten Umwelten anzupassen, insbesondere durch die Entwicklung der Hand, der Hirnrinde und der freien Beweglichkeit des Kopfes. (Die Entwicklungen der zunehmend aufrechten Haltung des Menschen in der Evolution ist nicht von der Bedeutung der Gesichtssinne, des Gesichtes überhaupt, damit des Großhirns, der freien Beweglichkeit des Kopfes, der freien Verfügbarkeit der Hand zu trennen.) Die Folgen dieser Entwicklung für die spezifische Ausnahmestellung des Menschen unter den Lebewesen wurden von zahlreichen Autoren,[91] aber auch vom Verfasser dargestellt, so daß es hier nur des Hinweises auf diese anthropologischen Grundvoraussetzungen von Mensch-Sein bedarf.

Für den Begriff der *Ordnung – als ein die Gleichgewichtsvorgänge innerhalb der Natur bestimmender Faktor* – bedeutet die Aufrichtung der menschlichen Gestalt das Sichtbar-Werden eines harmonischen Maßes, das den Proportionen des Leibes zugrunde liegt. Das Verhältnis der Glieder desselben zueinander, das Verhältnis derselben zum Rumpf, zur Brust, zum Bauch, zum Schädel, ihre Beweglichkeit in den Dimensionen des Raumes, ihr sich ergänzendes Auf-Einander-Abgestimmt- und Zugeordnet-Sein, das wiederum von der ständigen harmonischen Koordination zu den Organen der Wahrnehmung abhängt, ist nicht nur antiken, mittelalterlichen, Renaissance-Künstlern oder Architekten für die Ausführung ihrer Werke Vorbild[92] gewesen. Auch die moderne anthropologische Forschung[93] konnte nicht umhin, um bei aller Variabilität der menschlichen Gestalt (Rassen) vergleichend arbeiten zu können, die Proportionen des menschlichen Leibes, des Gesichtes nach idealtypisch erfaß- und errechenbaren Maßen zu bestimmen. *Das Maß*, nach dem der *menschliche Leib sich gestaltet und entwickelt hat, weist dem Menschen seine leibhaften Grenzen in der Welt wie auch die Möglichkeit, sich diesen anzupassen.*

Zu diesen Grenzen gehört, daß der Mensch sich eine Treppe oder Leiter, einen Fahrstuhl zu konstruieren vermag, um auf höhere Gebäude oder Anhöhen zu gelangen, aber nicht seine Arme zum Fliegen benutzen kann. Zu den Grenzen seiner Leibhaftigkeit gehört die Bindung an die Schwerkraft nicht weniger wie das Ausgeliefertsein an die anderen Naturgesetze. Nichtsdestowengier ist es z. B. die Schwerkraft,[94] die die harmonische Bewegung mit den Beinen, das Gehen, Laufen, Springen bedingt, ohne deren Überwindung der Mensch sich nur mühsam durch Hinken, Sich-Schleppen, Kriechen usf. vorwärtsbewegen müßte. Erst in der Krankheit ist die Schwerkraft nicht mehr Anlaß harmonischer Bewegungen – der Kranke unterliegt ihr, die jetzt „selbständig", nicht mehr im Gesamt des Organismus aufgefangen, auf die Bewegung wirkt.

Den auf Gleichgewicht hingeordneten Prozessen in der Natur sei das Maß als Inbegriff harmonisch einander zugeordneter Proportionen, Bewegungs- und Wahrnehmungsvorgänge gegenübergestellt.

Die gegenseitige Abhängigkeit, Fundamentalstruktur von Wirklichkeit, *bedingt das Gleichmaß anorganischer und organischer Vorgänge.* Ob in der Natur Wirken und Gegenwirken, Konflikt, gegenseitige Abhängigkeit oder Streben nach Gleichgewicht primär sind, vermag das auf Homogenität ausgehende Erkennen nicht zu entscheiden. Es muß sich mit der Feststellung begnügen, daß die Fundamentalstruktur z. B. der gegenseitigen Abhängigkeit Gleichgewicht impliziert und umgekehrt, Gleichgewicht ohne gegenseitige Abhängigkeit nicht denkbar ist. Ohne Wirken und Gegenwirken, ohne den Konflikt ist ebenfalls kein Gleichgewicht zu verwirklichen, da sich das Gleichgewicht nur über das Un-Gleichgewicht (den Konflikt z. B.) wieder herzustellen vermag. *Wirklichkeit erscheint jetzt als Geordnete des Gleichgewichtes.* Die Welt als bewegte, sich verändernde, im Wechsel verharrende, strebt im Wechsel nach Ausgleich und Gleichgewicht.

Dem Bild des Gleichgewichtes liegen die Waagschalen zugrunde, die, solange noch ungleich belastet, sich bewegen, erst gleichmäßig von Gewichten niedergehalten, stehenbleiben. Stehen die Waagschalen still, ist die eine mit der anderen im „Gleichgewicht". Nicht nur daß zwei im Ungleichgewicht befindliche Schalen notwendig sind, um, als Minimum der Belastung, zu einem Gleichgewicht zu gelangen – es der Gegensätze verschiedener Gewichte, des Gegensatzes von Ruhe und Bewegung, der Abhängigkeit des einen von dem anderen bedarf –, sondern Gleichgewicht impliziert prinzipiell dynamisches Kräftespiel, Wirken von einer Kraft auf die Gegenkraft, um sich darzustellen.

Maß wird erreicht, wenn die Kräfte gleichmäßig verteilt sind, ihre Intensitäten, „Ausstrahlungen" so aufeinander abgestimmt sind, daß die eine die andere aufhebt und Ruhe erreicht ist. *Das Maß ist bereits ein Gleichmaß ausgewogener Kräfte,* es ist statisch-ruhend, es beginnt sich darzustellen, wenn die Waagschalen ausgeglichen, in ihrer Bewegung einhalten.

Von den Maßen der menschlichen Gestalt oder von denen eines Anthropoiden, eines Reptils oder Fisches zu sprechen, von den durch Maße bestimmten morphologischen Gestaltqualitäten der Lebewesen, ist nur möglich, wenn diese im Sinne verschiebbarer, geometrisch-trigonometrischer oder sphärischer Flächen und Körper gegeneinander abgestimmt werden können: Vom Maß der Arme im Vergleich zu dem der Beine, vom Einhalten einer bestimmten Proportion beider zueinander im Wachstum, einer Proportion auch zu den anderen Teilen der menschlichen Gestalt. Die Geometrie *Euklids* und *Py-*

thagoras,[95] die die statischen Proportionen von Flächen zueinander bestimmen, die Trigonometrie oder sphärische Geometrie von Gestalten, lassen sich anwenden, um Proportionen, um das Maß des menschlichen Leibes, seine idealtypische Ausgewogenheit zu fixieren. Das idealtypische, letzten Endes geometrisch zu berechnende Verhältnis der Proportionen zueinander ist die Ausgewogenheit zur Ruhe gekommener, nicht mehr miteinander ringender gegensätzlicher Kräfte, die homogen, im Gegensatz zu Heterogenität noch im Konflikt stehender Kräfte, geworden sind. Die Homogenität der Fläche nicht weniger wie die der dreidimensionalen Proportionen wird durch ihre im numerisch berechenbaren Begriff aufzulösende, damit in sich einheitliche, mit sich identische Transparenz verwirklicht.

Diese Homogenität hat die statische Ruhe mit der Betrachtung der sich zeigenden Welt, mit dem Bild, aber auch mit der im Erkenntnisakt aufgehobenen Konkretheit des Einzelnen, des Details, gemeinsam. Die Heterogenität des Kräftespiels, wie sie im Konflikt als Voraussetzung von Veränderung verdeutlicht wurde, die Heterogenität der antilogischen Wirklichkeit, der Unmöglichkeit, diese als antilogische zu begreifen, kehrt im Gegensatz von Gleichgewicht und Maß wieder, obwohl beiden das Aufhören von Bewegung gemeinsam ist – ihre Voraussetzungen jedoch gegensätzlicher Natur sind.

Der Begriff des Gleichgewichtes dient dazu, heterogene, widersprüchliche Kräfte in ihrem Ablauf, ihrer Entwicklung zu verfolgen und zu verstehen; der Begriff des Konflikts ist nicht ohne seine Negation, seine Aufhebung im Gleichgewicht zu verstehen. Das Gleichgewicht ist faktische Aufhebung von Kräftespiel, von Kampf, das nicht nur einen Kompromiß zwischen widersprüchlichen Kräften realisiert (Freud) (s. Teil II./I.!), sondern ein echtes, auf Aufhebung beruhendes, wenn auch in der lebendigen Wirklichkeit immer wieder in Frage gestelltes Gleichmaß ungleicher Kräfte ist.

Dem Gleichgewicht gegenüber ist das Maß die ausgewogene Proportionalität der lebendigen Gestalt, die dem Gleichgewicht vorgegeben ist – das Gleichgewicht erscheint nur als dynamischer Umweg, um über die Heterogenität der im Konflikt wirkenden Kräfte wieder zur Homogenität des Maßes, der Gestalt zu gelangen.

Für menschliches Handeln, soweit es auf pragmatisch-technischer Umweltveränderung beruht, auf diese abzielt, von der primitiven Werkzeugerstellung[96] bis zu den kompliziertesten Maschinen, ist das Maß als diesem Handeln immanentes Telos ausschlaggebend. Nicht nur für das handelnde, ergreifende Tun ist die abgestimmte Proportionalität der Bewegungen zueinander Voraussetzung dafür, daß ein Steinbeil mühsam durch Abschlagen und Schleifen seine Form gewinnt, sondern das Übereinstimmen aller an dieser Arbeit beteiligten Muskeln, Bänder, Sehnen und Knochen von Händen, Armen, Oberkörper, Wirbelsäule mit dem pragmatischen Ziel der Arbeit ist für das Gelingen derselben notwendig.[97] Der Ausfall eines oder mehrerer Muskeln durch Verletzung oder Lähmung macht die Ausführung gezielter Tätigkeit bereits unmöglich oder erschwert sie erheblich.[98]

Die durch die leibhaften Proportionen vorgegebenen Grenzen der Bewegung, die in Koordination und ständigem Kreisprozeß mit der Wahrnehmung und dem zu bearbeitenden Gegenstand stehen, sind Ausdruck des Maßes, das den Umgang mit Welt in der Arbeit elementar bestimmt. Das Probieren, Experimentieren, spielerische Verändern und Wiederherrichten von Umwelt, Voraussetzung für ihre Verwandlung in menschliche Umwelt, wird heute im Unterschied zur Frühmenschheit am Reißbrett der Ingenieure vorweggenommen. Dieses dient u. a. dazu, die durch die Bewegung bedingten Proportionen des Handelns mit den faktischen Gegebenheiten der zu konstruierenden Maschinen abzustimmen. Das über diese Vorgänge gewonnene, erstellte Zeug weist, selbst in den abstraktesten Formen des Industriezeitalters, noch auf das primäre Maß des die Umwelt verändernden Handelns zurück. Das Beil, der Hammer, das Haus, der Sessel, das Bett bis zum Fahrrad oder Pkw sind das Resultat einstmals überwiegend pragmatisch gewonnener Gegenstände. Diese waren *fertig* erstellt, *wenn über probierenden Umgang mit dem Rohstoff* – Holz, Eisen, Stein – *das Gleichgewicht antithetischer Bewegungen mit dem Gleichgewicht (Maß) den spezifischen, der Bewegungen immanenten Grenzen diese mit den Grenzen (dem Maß) der zu erstellenden Dinge, dem Zeug, zusammenfiel.* Oder: Das Anfertigen eines Werkzeuges ist im Probier- und Experimentierstadium einem antithetischen, gegensätzlichen Bewegungs- und Kräftespiel ausgesetzt, das jedoch bereits durch die Koordination von Bewegen, Wahrnehmen und Gegenstand maßvoll begrenzt ist, solange noch ein ungefähres Telos (Zielvorstellung: Werkzeug) dem Handwerker vorschwebt. (Bei Verlust desselben, wie bei organischen Hirnstörungen nachweisbar,[99] wird die Bewegung zunehmend unkoordiniert, sinnlos, ist nicht in der Lage, die nur undeutlich wahrgenommene Zielvorstellung auszuführen.) Das antithetische Bewegungs- und Kräftespiel wird durch die maßvolle Proportionalität der Bewegungsmöglichkeiten einerseits begrenzt, andererseits durch die des zu erstellenden Dinges: aus einem faustgroßen Stein kann kein Bettgestell gemacht werden. Bei Beendigung des Vorgangs, wenn aus dem Experimentierstadium die zielgerichteten Bewegungen, das planvolle Handeln sich entwickelt hat, haben sich das Maß (Telos) des zu erstellenden Zeugs, die Proportionen von Werkzeug, Maschinenteil, mit den proportionierten Bewegungen des Arbeitsvorganges in der Einheit des hergestellten Zeugs gefunden. (In der Industriegesellschaft mit ihren hochgradig rationalisierten Arbeitsvorgängen stellt die Fließbandarbeit das Endprodukt einer langen Reihe von „proportionierten" Arbeitsprozessen dar, in denen die Ökonomie mathematischer Kalkulation sich mit einem Minimum an menschlicher Bewegung noch verbindet. Das Maß von Arbeitsvorgang und Bewegung ist hier weitgehend durch das mathematische Maß technischer und ökonomischer Berechnungen ersetzt. Das „Gestell"[100] hat die Führung übernommen.)

Das Bewegungs- und Kräftespiel, das dem auf Umweltveränderung abzielenden Tun zugrunde liegt, wird in seinem gegensätzlichen (heterogenen) Charakter – z. B. ein Ding biegen, es gleichzeitig festhalten, es hochstemmen und dann drehen – immer 1. durch das Maß der leibhaften Gestalt, dem des herzustellenden Zeugs und 2. durch das dem Bewegungsablauf inhärente Ziel bestimmt. Es ist bei aller Heterogenität von z. B. stoßenden und ziehenden Kräften von Anfang an auf Maß und Ausgleich heterogener Kräfte angelegt.

Menschliches Handeln, soweit es auf Veränderung der Umwelt abzielt, erweist sich damit als besonders geeignet, die *Gleichzeitigkeit von Homogenität und Heterogenität in dem die Umwelt veränderndem Tun aufzuweisen.* Homogenität ist im Entwurf des Handelns, der Zielidee, im Telos, das damit bereits Maß, Proportion und Grenzen setzt. Heterogenität wird über Probieren und Experimentieren mit dem Ding, dem damit verbundenen Bewegungs- und Kräftespiel des Arbeiters sichtbar, bis sie in dem Abschluß des erstellten Zeugs das Maß desselben mit dem Bewegungsablauf der Handlung zu einem Gleichgewicht im Sinne des Sich-Durchdringens hetero- und homogener Kräfte vereint hat.

Der Zyklus, der menschliches Subjekt über Zuwendung die sich zeigende Welt wahrnehmen läßt, durch Erleben und Handeln Nähe vermittelt, durch Denken Distanzierung, der die verschiedenen Abschattungen von Nähe und Distanz zum Ausdruck bringt, erfährt eine weitere Unterteilung in dem Zyklus, der pragmatisches Handeln bestimmt. In dem letzteren ist das Subjekt durch das Maß seiner Bewegungen und die Koordination derselben mit Wahrnehmen und Sachbezogenheit auf die Welt hin orientiert. Homogenes Maß durchdringt sich mit der Heterogenität von Bewegungen in der Fertigung des Zeugs, die Beziehung ist zur unmittelbaren, handgreiflichen Nähe im Arbeitsvorgang von Anfang an maßvoll entworfen – sie wird durch die maschinelle Fertigung Bestandteil eines mathematisch-ökonomischen Kalküls.

Es wurde davon ausgegangen, daß, trotz der Unmöglichkeit, die homogen erschaute oder begriffene, heterogen im Handeln und Erleben erfahrene Welt als eine Welt, als ein „In-der-Welt-Sein“ zu erfassen, Welt dennoch als geordnete (Bild) erscheint, das Geordnete der Welt auf die Fundamentalstrukturen von gegenseitiger Abhängigkeit und Gleichgewicht verweist.

Gleichgewicht ergab sich demnach als adäquater Begriff, diese Fundamentalstrukturen im Wechsel von Gegensatz (heterogen) und Gleichgewicht (homogen) zu erfassen. Das Maß erwies sich als notwendig, die Proportionalität des menschlichen Leibes und seiner harmonischen Beweglichkeit zu bestimmen. Das Zusammenwirken beider im menschlichen Handeln, sofern dieses auf pragmatische Umweltveränderungen abzielt, auf Erstellung von Zeug, zeigte, wie das handelnde Subjekt sich über die harmonische Proportionalität seiner Bewegungen maßvoll in die Umwelt entwirft. Die Einheit des Maßes, seine Homogenität, weicht im Handeln der Heterogenität aufeinanderprallender Kräfte die im erstellten oder bezwungenen Ding zu einer erneuten Einheit sich finden.

Der Zyklus (Spiralbewegung), der von der einheitlichen Schau (Bild) der sich zeigenden Welt ausgeht, bis zu der heterogenen Erfahrung derselben, *gibt über Homogenität und Heterogenität die widersprüchliche Einheit des Subjektes und seines widersprüchlichen In-derWelt-Seins wieder.* Der Zyklus, in dem das Subjekt sich maßvoll in die durch Handeln veränderte Welt entwirft, spiegelt Einheit des Entwurfs, Konflikt derselben an und mit der Umwelt und neuerstellte Einheit von Umwelt und Handeln wider. Der erste Zyklus legt das Schwergewicht auf den Gegensatz von Homogenität und Distanzierung zwischen Subjekt und Welt im Wahrnehmungs- und Erkenntnisvorgang, Heterogenität im Erleben und Handeln. Der zweite Zyklus betrifft das handelnde Subjekt selbst, nachdem die Begriffe der Ordnung, des Gleichgewichtes, des Maßes in ihrer Bedeutung für das Subjekt eingeführt wurden. Diese Begriffe wurden jedoch nicht als a priori kategoriale Strukturen an die Wirklichkeit angelegt, sondern ergaben sich einerseits als Ergänzungen, die fundamentale Struktur gegenseitiger Abhängigkeit zu verstehen, die sich im Wechsel von Gleichgewicht und Konflikt konstituiert, andererseits sind sie heuristisch geeignet, *die Gleichzeitigkeit von Einheit und Zweiheit (die antilogische Struktur) im Handlungsablauf darzustellen.*

Diese Bestimmung des Handelns, die sich auf die Herstellung von Zeug, Umgang mit demselben und auch die Veränderung von Umwelt zum Zwecke der Erstellung von Zeug beschränkt, steht weder im Gegensatz zu den oben dargelegten Ausführungen über den Dialog „Mensch/Erde“, noch besagt sie etwas über das emotional gesteuerte Handeln (z. B. des hemmungslos Manischen), in der die Möglichkeit des Menschen, alle vorgegebenen Grenzen seines Tuns zu sprengen, maßlos erscheint – dies wird jedoch zum Gegenstand der Psychopathologie (II. Teil).

IV. Innen und Außen
(Struktur und Dynamik der Kommunikation)

a) Das Innen, erste Deskription

Die Selbsterfahrung des Menschen, zumindest wenn er im Umkreis der Industrienationen lebt, läßt ihn generell ein „Innen" registrieren, einen Bereich, aus dem seine Gedanken, seine Impulse zum Handeln, seine Gefühle, Stimmungen und Antriebe aufsteigen, diese als drängende, treibende „Kräfte", als „Zustände" (Gefühle), Stimmungen, Befindlichkeiten oder ablaufende Gedankenfolgen wahrgenommen werden. Die alltägliche Wahrnehmung dieser entweder sein Befinden beeinflussenden Faktoren, die ihn zum Handeln oder Nicht-Handeln drängen oder von Gedanken, mit Hilfe derer er registriert: „Die Ampel ist rot", und fortfährt: „Heute muß ich an jeder Ampel halten", hat meist schattenhaften Charakter, ist halbbewußt, nur in den seltensten Fällen Gegenstand weiterer Explikationen.

Es bedurfte der phänomenologischen Schule *Husserls*,[1] um den Bereich des „Innen" über kritische Selbstbeobachtung in seiner ganzen Vielgliederigkeit aufzuhellen – obwohl schon seit der abendländischen Mystik,[2] seit *Descartes*[3] und dann auch der idealistischen Philosophie[4] das „Innen" zum Feld introspektiver Forschung geworden ist. Jedoch hat *Husserl* im Begriff der Epoché[5] die transparente, von jeder Außenwelt unabhängige Selbstgenügsamkeit des Begriffes, der nur noch Wesensschau ist, dargestellt, eines Innen, das aller Außenwelt vorgegeben, Voraussetzung ihres Verstehens ist.

C. G. Jung[6] erhob in Anlehnung an die Philosophie *Bergsons*[7] und in der Folge von dessen Konzeptionen das Innen zum Schauplatz, zur Bühne des Unbewußten, insbesondere des kollektiven Unbewußten und seiner Symbolik. Die Konzeption des Introvertierten, dem Innen und dem Unbewußten Zugewandten – im Unterschied zum Extrovertierten, der seine Zuwendung ausschließlich auf die Außenwelt richtet – war das praktisch-typologische Resultat der Trennung des Innen vom Außen.

Innen stellt sich, von der Alltagserfahrung ausgehend, als *Inne-Sein*, Selbstwahrnehmung von Gedanken, Antrieben, Impulsen dar, die nicht in der Außenwelt vorzufinden sind. Es ist zum Raum phänomenologischer und überhaupt philosophischer Untersuchungen seit der mittelalterlichen Mystik geworden, als Selbstdarstellung des élan vital (*Bergson*) oder der archetypischen, aus dem „kollektiven Innen" stammenden Symbolik.

b) Gegenseitige Abhängigkeit von Innen und Außen

In den vorausgegangenen Abschnitten (II) wurde ausgeführt, daß Beziehung zu ... und Bedeutung von ... sich nur über sichtbare Gestalt äußern können. So vermittelt die Wahrnehmung zwischen dem Segelboot, seiner Bedeutung für mich und meiner Beziehung zu ihm. Gestalt in ihrer Beziehung zu sichtbar und unsichtbar Wirkendem wurde als Beziehungs- und Bedeutungsmarke bestimmt, ohne die weder Beziehung noch Bedeutung sind.

Ob sich das Kind auf den zu erklimmenden Stuhl bezieht, dieser ihm als Gegenstand der Bewährung etwas bedeutet, ob ich Herrn X. im Wartesaal anspreche, weil er mit einem bestimmten, mich interessierenden Buch in der Rocktasche „signalisierte", dieses Buch für mich von Bedeutung war und ich deshalb eine Beziehung zu Herrn X. entwickelte, ob die in Wut erhobene Faust Bedrohung oder Scherz bedeutet, in jedem Fall ist es sichtbare Welt, die sich mir sichtbarlich aufdrängt, zu der ich in Beziehung trete.

Was bedeutet es, in Beziehung zu etwas zu treten? Es heißt, daß mir Sichtbares etwas bedeutet. Wobei dieses Sichtbare nicht nur die konkrete, handgreifliche Form von Stuhl, Boot oder einem Buch aufweisen muß, sondern Sichtbarkeit ist auch der Buchstabe des gedruckten, Beziehung und Bedeutung vermittelnden Wortes nicht weniger als eine gehörte Melodie oder ein sich verändernder, von mir wahrgenommener Gesichtsausdruck. Die gesamte, bedeutungs- und beziehungsgeladene Sichtbarkeit verharrt jedoch stumm, mitteilungslos, unterscheidet sich nicht von einer wahrgenommenen weissen Fläche, wenn ich nicht in Beziehung zu ihr trete. Sie bleibt unerwecktes Bild reiner, aber indifferenter Anschauung, wie es der ersten Zuwendung des morgendlichen Erwachens oder dem Neugeborenen sich präsentiert.

In der Entwicklung und Ausdifferenzierung seines Innen zu der Welt hin, tritt das Kind oder der Erwachsene zu ihr in Beziehung, *da das Innen nur ist, sofern es sich auf etwas beziehen kann, das Telos des Sich-Beziehens sichtbare Welt ist.* In dem Maß, in dem sich das Kind oder der Erwachsene auf Umwelt beziehen, wird diese aus einer stummen, mitteilungslosen zu einer sprechenden, sich mitteilenden, zu einer verständlichen. Daß Umwelt, Welt verstehbar werden, ist im Zusammenhang ihrer Bedeutung zu sehen, die sie für ein Innen, ein Subjekt gewinnen. Bzw. dadurch, daß Innen sich auf Welt bezieht, wird sich zeigende Welt zu einer über Beziehung gewonnener Bedeutungen verstehbar.

Das Thema der sich undeutlich/deutlich zeigenden Welt, deren Bedeutung über Beziehungen aufgeschlüsselt bleibt, bestimmt auch als Leitthema die Beziehung zwischen Innen und Außen, Außen und Innen.

Z.B. wird der von mir erstiegene oder bewunderte Berg aus einem stummen, nur als Bild wahrgenommenen zu einem spezifisch erkannten: „Aha, das ist der so und so Berg, auf dem ich das und das erlebte", und einem bedeutungsvollen durch die Beziehungen, die mein Inneres zu ihm herstellt, indem meine Vergangenheit – Bergsteigen der Väter, sportlicher Ehrgeiz, ästhetische Momente usf. – sich zu ihm in Beziehung setzt.

Die Bezugnahme der Welt auf ein Innen, der Bezug des Innen auf Welt ermöglichen Verständnis von Welt und Umgang mit dieser. Das Innen ist somit vom Außen abhängig, weil es erst durch seine Bezugnahme auf Sichtbares, Äußeres erfährt, was es eigentlich ist, will und wünscht.

Der erstiegene Berg in seiner besonderen Bedeutung gestalteter Beziehungs- und Bedeutungsmarke ist die Grundlage dafür, daß ich über ihn die Vielfältigkeit meiner Beziehung „Berg" entwickeln und erfahren kann. Erst durch den Umgang, durch das Experimentieren und Probieren mit dem Stuhl erfährt das Kind, wenn es endlich allein auf den Stuhl geklettert ist und auf ihm „Platz genommen hat", daß es sitzen kann. Dann ist aus dem diffusen Möglichen, den Stuhl zu verschiedenen Zwecken zu benutzen, aus dem Bedürfnis, die sich setzenden Erwachsenen nachzuahmen, die eine konkrete Möglichkeit und das Erfolgserlebnis „Sitzen" entstanden. Die Bedeutung des Stuhles zum Sitzen ist als Konstante errungen – zukünftige Versuche mit Stühlen oder Sesseln, Spiel mit denselben, werden die einmal gewonnene Konstante: Stuhl = Sitzen nicht mehr aufgeben (es sei denn, eine organische Hirnerkrankung verlöscht diese Bedeutungs- und Beziehungskonstanten). Durch den Umgang mit dem Ding, die Beziehung zu diesem erfährt das Innen, daß es auch die Bedeutung „Sitzen" (Intentionalität) birgt, die spezifische Bedeutung eine permanent verfügbare geworden ist, wenn es einmal zum „Sitzen" gekommen ist.

Dieser Modellvorgang läßt sich auf die übrigen Formen cognitiven, volitiven, emotionellen Umgangs mit der Umwelt übertragen. Der Vater wird Vater in der Vielfältigkeit dieser Rolle – vom gehaßten Rivalen aus der ödipalen Situation bis zum geliebten Beschützer – immer wieder durch das konkrete Erfahren seiner leibhaften Gegenwart, durch Vergessen oder Wiedererinnern derselben. Das bedeutet bereits eine von der leibhaften Nähe des Vaters unabhängige Verfügbarkeit seiner Person, durch reales Auftauchen oder Verschwinden derselben und der wechselnden Beziehung ihr gegenüber bestätigt. D. h., das Innen des Kindes erfährt die Vielfältigkeit seiner Beziehung zum Vater durch das sichtbare Vorhandensein desselben, weil es in Beziehung zu ihm tritt und weil sich der Vater in seinen wechselnden Bedeutungen durch diese Beziehungen konstituiert.

Das Innen, im Umgang mit „sichtbarem Vater", ist je nach der Konkretheit seiner Person, seiner Art und Weise um die Erfahrung „Vater" erweitert und bereichert worden. Es weiß um die Bedeutung von Vater und Vätern, weil es Beziehungen zu diesem gestiftet hat, bzw. *die Erfahrung Vater ist nur möglich, weil ein Innen auf die sichtbare Gestalt Vater antwortet.*

Ist das Innen in seiner Erleb- und Erfahrbarkeit nur, weil es auf ein Außen sich richtet, bedarf es das Außen, weil es über dieses sich selbst erfährt, bereichert, differenziert und entwickelt, so *ist umgekehrt das Außen nur ein Aufeinanderbezogenes, Einander-etwas-Bedeutendes, weil es auf ein Innen zentriert ist.* Das gilt zumindest von dem Augenblick an, in dem subjektzentrierte, wahrnehmende und sich bewegende Lebewesen in der Phylogenese auftauchen, für die die Außenwelt aus einem Konglomerat von „Vorhanden-Seiendem" zu einem sinnvollen Gefüge von aufgenommenen und wieder ausgeschiedenen Stoffen sich verwandelt. Gilt dies von den niedersten Lebewesen, so wird mit zunehmender Reife und Anamorphose der Wirbeltiere, aber auch der Arthropoden, die Außenwelt zu einer beziehungsreichen und bedeutungsgeladenen, zu einer von Partnern, Freunden und Feinen, zu einer von Beziehungen, zu einer von Physiognomien der Bedrohung, Gefahr und Entbehrung, der Verlockung, Geborgenheit und Befriedigung.

Erst durch die Bezugnahme auf ein Innen kann sich über das Wachen Außenwelt sinnvoll konstituieren. Wissen von Außenwelt ist, wie oben ausgeführt, nur über Wachen möglich, denn alle Aussagen, daß Außenwelt auch ohne Wachen da ist, da war und da sein wird, setzen das Wachen und seine Zuwendung voraus.

Zusammengefaßt sei, daß Innen- und Außenwelt zueinander im Verhältnis gegenseitiger Abhängigkeit stehen – Innen sich nur über das Außen als Innen begreifen und begründen kann, umgekehrt Außenwelt nur durch das Innen sinnvoll aufeinander bezogen ist.

c) Wahrnehmung als Vermittlung zwischen Außen und Innen[8]

In der wachen Wahrnehmung des Berges, eines Musiksatzes, der Wärme eines Sonnentages, der Kälte eines Getränkes, des Geruchs einer Orange, ihrem Geschmack, in den unterschwelligen Wahrnehmungen meines Stands oder meiner Lage, gehend, sitzend, liegend orientiere ich mich nach der Physiognomie meiner Umwelt. Dabei evoziert jedoch meine, aus meinem subjekthaften Innen stammende Beziehung der Zuwendung Umwelt zu einer sprechenden, bedeutungs- und beziehungsgeladenen. Meine leibhafte Ausrüstung oder Zurüstung auf Sichtbares und Wahrnehmbares der Welt durch meine Sinnesorgane vermittelt mir die Umwelt – wie ich mich ohne Sinnesorgane ihr nicht vermitteln könnte. Selbst der Blinde oder der Taubstumme verstehen es noch, sich über andere Sinnesorgane und dann durch Bewegen ihrer Extremitäten der Umwelt darzustellen.

Was aber heißt vermitteln? Ich vermittle ein Gespräch zwischen X und Y, indem ich mich in die Mitte, zwischen beide begebe, den Standpunkt des einen und des anderen aufnehme und sie jeweils weiterleite. Der Vermittler in den Religionen ist der Heros,[9] der zwischen Göttern und Menschen hin und her trägt, die Botschaften der einen zu jenen und umgekehrt weiterleitet. Der Vermittler im Streit vermittelt zwischen den Parteien, um diese zu einem Kompromiß zu bewegen. Das Telefon vermittelt zwischen räumlich voneinander entfernten Personen, es ermöglicht das Gespräch zwischen diesen – trotz ihrer räumlichen Entfernung. Dem Vermitteln kommt die Eigenschaft zu, Botschaften, Gesagtes, Sichtbares, Meldungen von dem einen zum anderen zu bringen – aber darüber hinaus auch zwischen Streitenden zu vermitteln und zu versöhnen, Kompromisse, Friedensbedingungen auszuhandeln, den im Konflikt befindlichen Parteien zu unterbreiten.

Zum Vermitteln bedarf es nicht nur der Bereitschaft zur Vermittlung, sondern auch Geschicks, die Streitbaren umzustimmen, was die Wahrnehmung und auch Vertretung ihrer beiden Interessen voraussetzt. Wer einseitig Interessen übernimmt und diese zum Gegenstand seines Einsatzes macht, macht sich nicht zum Vermittler, sondern zur Partei. Der Vermittler bedarf des u. U. heroischen Mutes in aussichtsloser Lage zu vermitteln. Aber da er die Standpunkte, Belange beider oder mehrerer Gegner sowohl subsumieren als auch für jeden wiederum so verändern muß, daß sie der jeweiligen Partei annehmbar erscheinen, setzt seine Aktivität ebenso wie seine Durchlässigkeit (für Botschaften) Transparenz und Neutralität voraus, den Standpunkt des anderen zu verstehen und im Einvernehmen mit diesem ihn verändert weiterzugeben, unter Umständen einen Kompromiß zu erzielen.

Die Eigenschaften der Vermittlung können, dem Modell entsprechend, auf die Wahrnehmungsvorgänge[10] übertragen werden. Diese vermitteln zwischen Innen und Außen, indem sie die Botschaften der sichtbaren Welt vom Bild, das der Gesichtssinn aufnimmt, bis zu der Wahrnehmung der Bodenbeschaffenheit eines ansteigenden Weges durch den Muskel- und Lagesinn dem Subjekt unter Benutzung der entsprechenden Nervenbahnen zukommen lassen, wobei Vermittlung auch Veränderung des Wahrgenommenen miteinbezieht.

Ebenso vermitteln sie das Innen an die Außenwelt. Über die auf Wahrnehmen erfolgenden Bewegungen antwortet das Subjekt auf die Einwirkungen der sichtbaren Welt. *Die Wahrnehmungsorgane „versöhnen" mit ihrer Vermittlungsfunktion das intensive, auf gegenseitigem Sich-Durchdringen angelegte Innen, das Inne-Sein mit dem extensiven, räumlichen auseinandergelegten Außen.*

Die Vermittlung im Sinne der Übermittlung von Botschaften des Außen nach innen und umgekehrt, wie auch der Versöhnung von Innen und Außen können die Sinnesorgane nur durchführen, weil sie entsprechend leibhaft[11] gebaut sind, um in der Vermittlung eine eigene Aktivität[12] zu entfalten. Diese bietet die Botschaften von außen in der Weise dem Innen an, daß es nicht durch „äußere Reizüberflutung" (*Freud*)[13] ausgelöscht und reaktionsunfähig wird, sondern auf die Botschaften der sichtbaren Welt sinnvoll zu antworten vermag. Die Eigenaktivität der Sinnesorgane ist erwiesen, nicht nur durch die Forschungen der Gestaltspsychologie, sondern die Sinnesphysiologie hat während vieler Dezennien, seit *J. v. Müllers* Theorie der spezifischen Sinnesenergien, die Auffassung vertreten, daß Wahrnehmen Folge der aktiven, eigenen Nerventätigkeit der Sinnesorgane sei, diese dem Innen ihre eigenen Zustände vermitteln, die dann als Wahrnehmung aufgefaßt werden.

Die Entfaltung eigener Aktivität ist für die Vermittlung von Botschaften ebenso notwendig wie die Transparenz, Durchlässigkeit der Vermittler fremden, weiterzugebenden Nachrichten gegenüber. Der spezifische Bau der Sinnesorgane, des Auges oder des Gehörs, stellen bis in die submikroskopischen Details Aufnahmeorgane für Licht, Farben oder Töne, für Geschmack, Wärme oder Kälte dar, sie sind „durchlässig" für die Botschaften der Außenwelt. Aber diese Durchlässigkeit wird sogleich wieder verhüllt. Denn *wie* das „kleine Bild“ der Außenwelt, das die Sinnesphysiologie[14] auf die Netzhaut projiziert, zustandekommt und dann als Bild bis zu den Rezeptoren des Gehirns weitergeleitet wird, ist unerklärlich, es sei denn, es werden Hilfshypothesen verschiedenster, insbesondere auch mechanistischer Theorien konstruiert, die dann jedoch den eigentlichen Bildcharakter der Wahrnehmung aufheben. Wie darüber hinaus die Aktivität der Sinnesorgane die Nachrichten der Außenwelt verändert an das „Innen“ weitergibt, ist ebenfalls Gegenstand der Spekulation. Da die Grenzen dieser Aktivität nur bedingt bekannt sind, hat die Sinnesphysiologie sie in erster Linie über die Untersuchung der Sinnestäuschungen und Funktionsstörungen aufzuklären versucht. Wie – nicht zuletzt – die von der Physik postulierten Schall- oder Lichtwellen nicht als solche, sondern als Bilder oder Melodien wahrgenommen werden, ist ebenfalls Gegenstand komplizierter Hypothesen geworden, auf die hier nicht weiter eingegangen werden soll.[15]

Demzufolge kann vorläufig nur bei der globalen Feststellung verblieben werden, daß die Sinnesorgane in ihrem leibhaften Vermögen zur Vermittlung zwischen Innen und Außen beide Welten „versöhnen“, d. h. das wahrnehmende Subjekt die Gleichzeitigkeit von subjekthafter Innerlichkeit und objekthaftem Außen erfährt.

d) Die Gleichzeitigkeit von Innen und Außen in der Wahrnehmung

Was bedeutet die Gleichzeitigkeit von „Innen und Außen“ in der Wahrnehmung, nachdem im vorausgegangenen Abschnitt die gegenseitige Abhängigkeit zweier, anscheinend grundverschiedener Welten, der von Innen und Außen, herausgestellt wurde? Der Wahrnehmungsakt, um die Gleichzeitigkeit von Innen und Außen in demselben annähernd zu verstehen, sei in folgenden Stufen aufgeteilt, die im Prinzip nur eine Zusammenfassung bereits ausgeführter Beobachtungen sind:

1. Wahrnehmung als erste, z. B. im Aufwachen erfolgende Weise von Zuwendung, der spezifischen Erkenntnis und Wahrnehmung einzelner Dinge vorgegeben.
2. Wahrnehmung im vorlogischen Bereich: durch stärkeres Ineinander-Übergehen von Subjekt- und Objektseite gekennzeichnet (undeutlich-vieldeutige Subjekt- und Objektseite). Dieses Stadium der Wahrnehmung entspricht der Entwicklung des 18–36 Monate alten Kindes, es vermag sich jedoch bis in das Schulalter zu erstrecken und beruht auch auf illusionärer-phantasievoller Umdeutung, Verkennung des real Wahrgenommenen.
3. Wahrnehmung als integrierter Bestandteil des Erkenntnisaktes, wie sie oben am Beispiel des Segelbootes ausgeführt wurde. Sie unterscheidet das einzelne Ding von anderen und vermittelt die Erkenntnis desselben.

In allen drei Stufen begegnen sich das Innen und das Außen gleichzeitig, durch die leibhaften Organe des Wahrnehmens vermittelt. Die erste Stufe entspricht dem oben dargelegten Bildcharakter des Wahrgenommenen;

dieses präsentiert sich über eine noch nicht die Einzelheiten trennende Zuwendung. (Das Einzelne ist undeutlicher Bestandteil des Gesamtbildes, der Aufwachende erblickt das Schlafzimmer als Ganzes, aber unterscheidet noch nicht die Einzelheiten von Spiegel, Bett, Kommode, Nachttisch usf.) Das Innen ist zuwendendes Schauen, Betrachten, es ist „anwesend bei Welt", ohne sich über die Welt aufzufächern.

In der zweiten Stufe hat sich das Innen bereits über die sich darbietende Welt aufgegliedert, die sich zeigende Welt wirkt jedoch als Anreger, „Katalysator", um mehr zu sehen als zumindest die in der weiteren Entwicklung sich limitierende Wahrnehmung und Wirklichkeitserfahrung zulassen. Der Stuhl ist noch vieldeutig, nicht weniger sind es Haus, Fahrrad, Wolken oder Personen; sie sind in ihrer Vieldeutigkeit symbolträchtig und partizipieren an der magisch-allmächtigen Konzeption des Kindes (s. unten).

Erst in der dritten Stufe vollzieht sich „objektives" Wahrnehmen, jetzt Bestandteil des Erkenntnisaktes (vgl. Segelboot), in der Vermittlung zwischen dem sich zeigenden Ding und dem Begriff.

In allen drei Stufen ist das Innen bei dem Außen, bei der sich darbietenden Welt, und das Außen bei oder im Innen, ohne daß eine Analyse des Vorganges zu unterscheiden in der Lage wäre, was primär ist: sich nach außen wendendes Innen oder auf das Innen zukommendes „Außen".

Die Gleichzeitigkeit des Vorgangs bedeutet für die erste Stufe der Wahrnehmung: Zuwendung und sich zeigende Welt sind im Bild des Sich-Zeigenden und in der Aufnahme desselben identisch. Es gibt noch kein fragendes, unterscheidendes, zergliederndes Innen, sondern nur ein Innen, das bei Welt „anwest" und in diesem Anwesen bei Welt in ihr ebenso aufgeht wie Welt in ihm. Welt und Subjekt, Innen und Außen sind auf dieser Stufe des im Bild Sich-Einander-Zeigens identische, nicht zu trennende Einheit.

In der zweiten Stufe, nachdem sich das Innen über das Außen bereits zu differenzieren begonnen hat, das Außen sich als Aufeinander-Bezogenes durch das Innen erfährt, erlebt sich das Innen in seiner Zuwendung auf Welt ebenso undeutlich-vieldeutig, wie Welt diesem Innen faktisch vieldeutig erscheint. Der einheitliche-schlichte Bildcharakter der sich zeigenden, aber noch weitgehend stummen, mitteilungslosen Welt – in der einfachen Zuwendung des Wachens erfahren – verwandelt sich zugunsten einer Vieldeutigkeit von Beziehungen, in der Wahrgenommenes und Inneres trotz ihrer Unterschiedlichkeit auf Identität hinstreben.

D.h., der zum Sitzen dienende Stuhl ist für das Laufen lernende Kind noch vieldeutig wahrgenommen und entsprechend erlebt. Er ist „Thron" der Erwachsenen, von dem aus diese die Welt regieren, Anweisungen erlassen, erlauben, verbieten – Gott ähnlich sind. Er ist, einmal bezwungen, Plattform zu neuen Bereichen: dem Schrank, dem Bücherregal, die sonst nicht erreichbar sind. Er vermittelt damit zwischen unten und oben, wird zum Freund und Helfer des Kindes, z.B. an Dinge zu gelangen, die sonst nur den Erwachsenen zugänglich sind. Nicht zuletzt kann er auch als Puffer benutzt werden, wenn er durch das Zimmer geschoben wird und andere, z.B.

auf dem Boden liegende Gegenstände wie ein Schneepflug wegdrückt. Diese Vieldeutigkeit seiner Bedeutungen – aus der Vieldeutigkeit des sich im Umgang mit ihm selbsterfahrenden Innen – kann nur auf Übereinstimmung zwischen Wahrgenommenem und Innen beruhen. Weil der Stuhl als „Thron" oder „Schneepflug" erlebt wird, ist er es auch.

Die mangelnde Identität einerseits, das Nicht-Korrespondieren andererseits von Stuhl, Thron, Vermittler zwischen oben und unten, Schneepflug usf., wird durch die konstante Sachbedeutung des Zeugs: „Stuhl zum Sitzen, kein Thron, kein Schneepflug usf." bedingt. Sie tritt zwar im Umgang mit dem Stuhl als „Schneepflug" zurück, in dem Augenblick, da dieser „wie" ein Pflug gebraucht wird, der „Pflug" jedoch über die Sachbezogenheit des Dinges, dessen faktischer Eindeutigkeit, wieder in Frage gestellt wird. Das Vieldeutige ist darüber hinaus nie das Identische – beide schließen sich aus, und das Streben nach Identität von Thron, Stuhl, Pflug usf. bleibt ein Streben, das die undeutliche Vieldeutigkeit der Dinge in dieser Phase als Identität erlebt – und mißversteht. Außen- und Innenwelt wären demnach in dieser Phase des „Auf-Einander-Bezogen-Seins" nicht mehr identisch wie in der ersten Phase ihres Auf-Einander-Zukommens.

Erst in der dritten Phase wird auf der Ebene *cognitiver Erkenntnis,* nachdem die Entfremdung zwischen Begriff und dem Gegenstand der Wahrnehmung zum Zweck der Erkenntnis vollzogen ist, im Erkenntnisakt selber die Identität des Nicht-Identischen, die von Gegenstand und Begriff, vollzogen. *Damit erfolgt sowohl die radikale Trennung des Innen (Begriff) vom Außen (Wahrnehmen) als auch die gleichzeitige Aufhebung dieser Trennung im Begriff.* Die inzwischen durch die Entwicklung des Subjekts, durch die zunehmenden Anamorphose seines Innen über das Außen bedingte Scheidung von Innen und Außen, wird dabei ebenso aufgehoben, wie in der Aufhebung der Unterschied erhalten bleibt: Der erkannte Stuhl ist Stuhl, einmaliger Gegenstand zugleich und allgemeiner Begriff „Stuhl". Bei dem grundlegenden Wandel, der sich in der Beziehung zwischen Innen und Außen, Subjekt und Welt in dieser dritten Phase abzeichnet, bleibt doch bestehen, daß in der vermittelnden Wahrnehmung Innen und Außen gleichzeitig erfahren werden. Ob in der ersten Phase des Auf-einander-Zukommens von Innen und Außen, ob in der Phase vorlogischer-vieldeutiger Beziehungen von Außen zu Innen und umgekehrt, ob schließlich im Erkenntnisakt, in dem eindeutig Wahrgenommenes mit eindeutigem Begriff sich verbindet, in allen Phasen ist das sich unterschieden, verschieden erfahrene Subjekt, das Innen ebenso außen bei der Welt, wie Welt im Innen anwest. Bei der Gleichzeitigkeit von Innen und Außen in der Wahrnehmung erfährt das Subjekt über die Art seiner Zuwendung und die Weise, wie sich die Welt ihm zeigt, diese als homogenes Bild, als heterogen-vieldeutiges, als vorlogisches Bei- und In-der-Welt-Sein, endlich als Erkenntnisakt, der den radikal entfremdeten Begriff mit der konkreten Erscheinung vereint.

Verschiedenheit des sich jeweils anders erfahrenden Innen – Subjektes – ist nicht von der Verschiedenheit zu trennen, in der Welt sich zeigt, so daß *die Gleichzeitigkeit von Innen und Außen in der Wahrnehmung mit der Gleichzeitigkeit der jeweils verschieden aufeinander zukommenden Außen-*

und Innenwelten korrespondiert. M. a. W.: *Innen und Außen,* denen ein „a priori" des Getrenntseins von subjekthaftem Dasein der Welt gegenüber, wahrscheinlich von den niedrigsten Lebewesen bis zu der reflektierten Selbsterfahrung des Menschen, vorgegeben ist, *hebt sich in der Wahrnehmung auf.* In ihr, durch die leibhaften Sinnesorgane vermittelt, in verschiedenen Phasen des Sich-Begegnens und damit auch des Sich-Durchdringens beobachtbar, entfällt die Grenze zwischen Innen und Außen. Es ist nicht festzustellen, wo das eine oder das andere beginnt. Innen und Außen sind nicht Innen noch Außen, sondern sind „Außen-bei-der-sich-zeigenden-Welt-Sein" und „Sich-Zeigende-Welt-im Innen-Sein" oder *in der Wahrnehmung ist das Subjekt, das Innen, welthaft, die Welt subjekthaft.*

In der wachenden Wahrnehmung, über die mein Dasein bis an die Grenze des grenzenlosen Weltalls oder der ultramikroskopischen Strukturen reicht, *definiert sich Wahrnehmung als durch leibhafte Organe vermittelte Aufhebung von Außen und Innen in einem Raum des Auf-Einander-Zukommens von Sich-Zeigendem-Außen und wahrnehmendem Innen.*

e) Weitere Deskription des Innen

Trotz Abhängigkeit des Innen vom Außen, trotz Aufhebung der Gegensätze von Außen und Innen in der Wahrnehmung ist das Innen weder auf Außen zurückzuführen, noch das Außen auf das Innen. Qualitativ nicht aufeinander reduzierbar, sind beide ganz „sie selbst". Jedoch schon die Deskription des Innen bedarf des Vergleichs mit dem Außen, wie die Beschreibung des Außen, die Erforschung seiner Wirk-Zusammenhänge (z. B. der Kausalität) nicht ohne Rückgang auf Innen möglich ist. Damit wird die gegenseitige Abhängigkeit beider, in noch fundamentalerer Weise als oben ausgeführt, sichtbar – die sich vor allem auch in der Sprache äußert. Für diese sind eine Fülle von Worten nachweisbar, die gleichzeitig inneres wie äußeres Geschehen bezeichnen,[16] wie sie *Klages* allein für das Wort „Herz" zusammengestellt hat:

Herzenskälte, Herzenswärme, Herzensangst, Herzeleid, Herzweh, Herzensfreude, Herzlichkeit, Herzensgüte, Herzensruhe; herzlich, herzinnig, herzig, herzlos, hartherzig, weichherzig, mildherzig, gutherzig, offenherzig, hochherzig, kleinherzig, weitherzig, engherzig, leichtherzig, mattherzig, herzhaft, beherzt, etwas beherzigen, von Herzen kommend, herzbewegend, herzbeklemmend, herzzerreißend, herzbrechend; Mutterherz, Männerherz, Weiberherz, Hasenherz, Herzenskind, Herzblatt, Herzensfreund, Herzbruder, Herzliebste; gebrochenes Herz; Stimme des Herzens; Herzenstrost.

Für das Innen sind ferner folgende „Grundstrukturen" zutreffend: Es ist, wie schon zahlreiche andere Autoren[17] feststellten, wenn auch anders formulierten, ein In-Einander-Sein, in dem „alles mit allem zusammenhängt". Das In-Einander-Sein steht im Gegensatz zum räumlichen Aus-Einander-Sein, das die Außenwelt kennzeichnet, die bis in die Modelle des Aufbaus der

Materie das Prinzip räumlichen Aus-Einander-Seins selbst noch in der Quantenform der Energie postuliert. Das Wirken und Gegenwirken von Kräften wird demnach, wie es insbesondere die Chemie und Physik in ihren Konstruktionen der Materie aufweisen, stets als räumliches Aus-Einander-Sein und Auf-Einander-Aufprallen beschrieben.

Für das Innen ist demgegenüber das Sich-Durchdringen von Gedanken, Gefühlen, Stimmungen, Willensimpulsen wesentlich. Der „Gedanke", Herrn X. sei unterwegs etwas zugestoßen, ergreift von mir Besitz: er lähmt meinen Willen, drückt meine Stimmung, verlangsamt meine Gefühle, die sich verdüstern, verdunkeln, meine ganze Person ist von diesen Gedanken ergriffen, durchdrungen. Nicht weniger kann eine grundlos niedergeschlagene Stimmung meine Gedanken, Gefühle, meinen Willen beeinflussen. Das Leben erscheint mir sinnlos, ich fühle mich leer, „entleert". Aber eine zufällige, am Rande meines Wachens aufgetauchte Wahrnehmung vermag ein oder zwei Stunden später mich in meiner gesamten Befindlichkeit zu beeinflussen, ohne daß ich zunächst weiß, warum.

Die gegenseitige Durchdringung von Gedanken, Gefühlen oder Willensimpulsen kann jedoch gestört, blockiert oder mit Absicht herbeigeführt werden (s. unten). Auch dafür liefert die Beobachtung der Alltagserfahrung eine große Anzahl von Beispielen: Dem Gedanken an eine belastende Verpflichtung folgt keine Niedergeschlagenheit, sondern unbegründbare Euphorie, auf die wiederum eine Fülle von Einfällen einsetzt, die bevorstehende Verpflichtung „vergessen" wird. Inzwischen hat ein Gespräch mit einem Bekannten stattgefunden, dessen Nachricht, er hätte einen Sohn bekommen, ich nicht mit freudigen, sondern mit gemischten Gefühlen aufnehme, gleichzeitig denke ich an ein auszuführendes Diktat, was mich ohne Grund verstimmt, erst dann fällt mir meine bevorstehende Verpflichtung ein, die jetzt, wenn auch aus anderen Anlässen, zu einer Niedergeschlagenheit führt.

Hier sei nur festgehalten, daß dem gegenseitigen Sich-Durchdringen des Innen auch ein Abschirmen, Blockieren, Abwehren zwischen Befindlichkeiten, Antrieben, Gefühlen, Willensimpulsen und Gedanken gegenübersteht. Nichtsdestoweniger sind voneinander abgeschirmte „Funktionen" der Psyche im In-Einander-Sein des Innen „beisammen".

Daß „alles mit allem" im Innen untereinander in Beziehung steht, ergibt sich nicht nur aus der spezifischen Form des Sich-Durchdringens psychischer Inhalte, sondern die Fundamentalkategorie des In-Einander-Seins von Innen erlaubt generell keine Trennungen, da selbst die Abschirmung und Abkapselung einzelner Funktionen voneinander das In-Einander-Sein nicht aufhebt (s. unten).

Das Bild eines Wasserglases, in das verschiedene lösliche Substanzen und Flüssigkeiten gegossen werden, die alle untereinander jetzt in Verbindung stehen, verdeutlicht den Zusammenhang, der, auf das Subjekt übertragen, es ermöglicht, daß z. B. der Gedanke „an den Aufbau des Ameisenstaates" dem der Erinnerung „an den Tod der Großmutter" folgt, ohne daß kausale oder diese Verbindung motivierende Zwischenglieder nachweisbar sein müssen oder nachgewiesen werden können. „Zusammenhang“ bedeutet im Bereich des Innen nur bedingt einen logisch nachvollziehbaren oder durch „Assoziationen“ rekonstruierbaren, der gerade das In-Einander-Sein von heterogensten Gedanken, Impulsen, Stimmungen, den Zusammenhang aller denk- und undenkbaren Verbindungen ermöglicht. (Vgl. die im Wasserglas aufgelösten Substanzen.)

Das Mögliche als der nicht rational auslotbare Grund des eigenen Innen ist durch das In-Einander-Sein psychischer Inhalte ebenso bedingt, wie das In-Einander-Sein „alle möglichen“ Verbindungen ermöglicht. Diese sind im Traum nicht weniger wie im einfachen Beobachten des sog. Bewußtseinsstromes im „Bildern“ oder im Halbschlaf nachprüfbar.

Konflikt, Sich-Begegnen, „Ausstrahlen“, den „Empfangsstrahl auf den Sender richten“, Austausch im Sinne von Geben und Nehmen, gegenseitige Abhängigkeit und Gleichgewicht, die als Fundamentalstrukturen der Wirklichkeit dargestellt wurden, *treffen als solche auch die Wesensart, die Spezifität des „Innen“.*

Wirken und Gegenwirken wird in der Logik der Denkvorgänge sichtbar, wenn z. B. der Satz vom ausgeschlossenen Dritten das Dritte derart ausschließt, daß seine Wirkung die Gegenwirkung des Ausgeschlossenen unmöglich macht. Aber Wirken und Gegenwirken liegt dem Gegeneinander-Wirken antagonistischer Gefühle wie z. B. der von Liebe und Haß, von Sympathie und Antipathie nicht weniger zugrunde als einem Willens- oder Wertkonflikt. M. a. W.: Wirken und Gegenwirken im Sinne des Konfliktes aufeinander und gegeneinander wirkender „Kräfte“ gehört zu einer fundamentalen Weise psychischer Existenz.

Dazu zählen auch die Wirkungen und Gegenwirkungen, die in der unterschiedlichsten Art von Gedankenbewegungen einerseits, Gefühls- und Antriebsimpulsen andererseits beobachtet werden. Der in der Konzentration des Aufmerkens sich darlegende Gedankengang erlaubt keine gleichzeitig intensiven Gefühlsregungen von Freude oder hoffnungsvoller Erwartung, von Trieben des Hungers oder erotischen Bedürfnissen. Er wirkt „repressiv“, wie der in sich durchsichtige, völlig durchschaubare Begriff, in dem sich das Denken des Subjektes und sein Gedachtes (der Begriff) eins wissen, der im Gegensatz steht zu der undeutlich-verschwommenen Art, in der sich Gefühle, Antriebe oder Stimmungen manifestieren. Nicht nur, daß konzentrierter Gedankenablauf repressiv auf Antriebs- oder Gefühlszuständen wirkt, sondern auch die Art und Weise ihres Erscheinens, des durchsichtigen Gedankens gegen das undeutliche Gefühl, charakterisieren die Gegensätzlichkeit sog. „psychischer Funktionen“.

Willensimpulse,[18] die, um eine zielgerichtete Handlung auszuführen, sich in das Wachen heben, stehen ebenfalls im Gegensatz zu Stimmungen oder Antrieben, z. B. einen Stapel Akten durchsehen zu müssen und dem Bedürfnis, vorher eine Tasse Kaffee zu trinken. Beides gleichzeitig durchzuführen ist nur unter Schwierigkeiten möglich. Aber auch Antriebe vermögen sich gegen Gefühle zu richten: Ein erotisches Bedürfnis verbindet sich mit Mitleid der Person gegenüber, auf die sich das erotische Bedürfnis richtet, das Mitleid vermag den erotischen Trieb in den Hintergrund zu „drängen“, u. U. aber auch verstärken, nicht weniger als der erotische Trieb das Gefühl des Mitleids aufhebt oder intensiviert. Eine Stimmung kann nicht weniger in Gegensatz zu einem Antrieb, einem Gedanken oder einem Gefühl treten, als daß sich beide gegeneinander verstärken oder daß z. B. der Gedanke in Gegensatz zu der Stimmung tritt.

Daraus läßt sich folgern: *Kein sog. psychischer Inhalt könnte nicht gegen einen anderen in Wirkung treten, ebenso wie er mit einem anderen zusammenzuwirken vermag.*

Wie das In-Einander des Innen die Grundlage dafür ist, daß „alles mit allem zusammenhängt“, so ist es nicht weniger die Grundlage dafür, daß „alles mit allem“ im Konflikt steht, in den Gegensatz von Wirken und Gegenwirken tritt.

Gegenüber der (relativen) Konstanz sichtbarer, leibhafter Gestalten, ihrer Bedeutung für das Subjekt, der Beziehung zu denselben zeichnet sich das Verhältnis von Bedeutung zu Beziehung im Innen durch außerordentliche *Fluktuation* aus. Der wiederholt angeführte Berg, seine Bedeutung, die er für mich hat, meine Beziehung zu ihm, meine Beziehung zu dem Pkw, zu einer Wohnung, Herrn X., meinem Bruder, meinem Chef oder einem Buch bleiben je nach ihrer Bedeutung, die sie für mich haben, innerhalb längerer oder kürzerer Zeitabschnitte für mich „konstant“ (s. oben). Jedoch schon im Traum, in der Phantasie, in den frei auftauchenden und wieder verschwindenden Gedanken werden Berg, Bruder, Buch, Chef usf. mit einem Horizont möglicher Beziehungen und Verbindungen umgeben, die ihre Konstanz für mich abschwächt, verändert, verwandelt, in Frage stellt, zu ihrem Vergessen möglicherweise beiträgt. Der Bereich des „Möglichen“, den das Innen dokumentiert, wird bei Beobachtung dieser Gegebenheiten aus einem Undeutlich-Möglichen zu einem Deutlich-Sich-Abzeichnenden, der vielerlei Beziehungen und damit verbundenen Bedeutungswandel ermöglicht.

Austausch im Sinne innerer Bewegung von Gedanken zu Willensimpulsen, von Willensimpulsen zu Stimmungen, zu Gefühlen oder wieder zu Gedanken zurück sind nicht weniger Bestandteil alltäglicher Beobachtung des Innen wie die Wiekung eines Gedankens, eines Bildes (Erinnerung an den Großvater z. B.) auf eine entsprechend sich einstellende Stimmung der Sehnsucht, der Trauer, des Beglückt-Seins. Auf das Innen bezogen ist der Begriff des „Austausches“ nicht von dem von Wirken und Gegenwirken zu differenzieren, da im Innen alles mit allem im Austausch steht.

Die „gegenseitige Abhängigkeit“ ist die fundamentale Verfassung des Innen, die das In-Einander-Sein, das gegenseitige Durchdringen der „psychischen Anteile“, der Arten ihrer Selbstdarstellung verstehbar erscheinen läßt. Sie ist gekennzeichnet durch das In-Einander-Sein von Wirken und Gegenwirken, ihrer damit bestimmten Abhängigkeit voneinander, der Abhängigkeit z. B. von Gedankenabläufen von einem bestimmten affektiven Hintergrund, des affektiven Hintergrunds wiederum von den Gedanken, den Stimmungen, Willensimpulsen oder der Antriebslage.

Dieses In-Einander des Innen zeigt sich in der Selbstbeobachtung des Wachens als bewegt, ständig sich wandelnd, sich verändernd, nur selten ruhend. Das über längere Zeiträume sich erstreckende Ruhen oder Nicht-Stattfinden von Austausch und Bewegung zwischen den verschiedenen „Anteilen" des Innen weist auf krankhafte Prozesse, auf Depressionen, Autismus, Gehemmtheiten hin, nicht weniger wie eine zu starke, andauernde Bewegung der Gedanken, extreme Fluktuation der Gefühle, Affekte oder Antrieb einen Verdacht auf Krankheit (Manie, beginnende Psychose, Arzneimittel-Abhängigkeit, Alkoholismus usf.) nahelegt.

Gleichgewicht des Innen und seiner Vorgänge, in Frage gestellt durch Konflikte der „Funktionen des Innen" einerseits (z. B. Gedanken gegen Antrieb und umgekehrt), innere Abhängigkeit des einen von dem anderen andererseits, stellt sich jedoch als Wechsel zwischen Ruhe und Bewegung dar, wie er auch den Organismus im Wechsel zwischen Erschöpfung und Aktivität kennzeichnet.

Dem Innen ein ausschließliches Streben nach Ruhe zuzuschreiben – Nirwana-Prinzip (Freud) – ist die nicht ausbleibende Folge einseitiger, theoretischer Spekulationen, die durch konkrete Beobachtungen jederzeit widerlegt werden.

Zusammengefaßt seien die Wesensmerkmale des Innen: *In seiner Fundamentalstruktur von In-Einander-Sein im Gegensatz zum Aus-Einander-Sein ermöglicht es das „jedes kann sich mit jedem durchdringen", „alles steht mit allem in Verbindung", „jedes kann mit jedem in Konflikt geraten" und „Ruhe und Bewegung bestimmen als Extreme sein Gleichmaß oder Ungleichmaß".*

f) Das Verstehen und das innere Gleichgewicht

Das In-Einander-Sein des Innen ist die Voraussetzung und Grundlage für das Verstehen, d. h. es ermöglicht Beziehung zur Um-Welt aufzunehmen, die Bedeutung desjenigen zu erkennen, zu dem die Beziehung aufgenommen wurde – Beziehung und Bedeutung in einem Verstehensakt zueinander in Beziehung zu setzen. *Heidegger*[19] schildert das Verstehen als Aus-Einander- und Wieder-Zusammen-Setzen: „Der Geist waltet als die nüchterne aber kühne Aus-Einandersetzung, die alles Anwesende in die wohlgeschiedenen Grenzen und Gefüge seiner Anwesung einsetzt. Solches Aus-Einander-Setzen ist das wesentliche Denken. Das eigenste des ‚Geistes' sind die ‚Gedanken', durch die alles, weil auseinandergesetzt, gerade zusammengehört. Der Geist ist die einigende Einheit."

Dem „Aus-Einander-Setzen“ entsprechen auf der pragmatisch-experimentellen Ebene jener Versuche des Kleinkindes – aber auch des sog. Wilden, nicht zuletzt des Beginns von Naturforschung überhaupt[20] –, bei denen im handgreiflichen Umgang mit den Dingen diese „aus-einander-genommen“ und wieder „zusammen-gesetzt“ werden. Dabei findet über die Beziehung der einzelnen Teile zueinander, ihre spezifische Bedeutung und nicht zuletzt ihre Bedeutung für das Ganze, eine erste Orientierung statt. Über diesen pragmatisch-technischen Umgang mit „Zu-Handenem“ erfährt sich der „Geist“ – oder die „mentale“ Tätigkeit des Innen – als zerlegendes, analysierendes, aber ebenso als einigendes Element, das nur auseinanderzulegen vermag, weil sein vorgegebenes In-Einander-Sein das räumlich-praktisch Aus-Einander-Gelegte von vornherein im Inne-Sein von Beziehung und Bedeutung erfaßt.

M. a. W.: Das Kind, das den Kasten mit Bauklötzen ausschüttet, dann allmählich die Klötze sucht, die zueinander passen, um aus diesen einen Turm zu errichten, erfährt über das spielerische Probieren mit den Klötzen das Aus-Einander- und Wieder-Zusammen-Legen derselben innerlich, welcher Klotz in Beziehung zu welchem steht, welche Bedeutung für den Turm seine Dicke, Länge oder Größe haben mag. Das Aus-Einander der räumlich-dreidimensionalen Klötze wird im Umgang mit diesen zu einem In-Einander ihrer möglichen Verbindungen, bzw. nur weil ein In-Einander dem Spiel mit den Klötzen vorgegeben ist, können die Beziehungen der Klötze und ihre jeweiligen Bedeutungen erfaßt und sinnvoll gehandhabt werden. Wer demgegenüber das hirngeschädigte Kind[21] beobachtet, das mit den Bauklötzen zu spielen versucht, dem aber die Beziehung und Bedeutung der einzelnen Klötze nicht „aufgehen“, es das Zu-Einander nicht verstehen kann, wird im Vergleich beider Kinder die Bedeutung des „Innen“ in seiner Vorgegebenheit für das Verstehen erfassen.

Wenn das Kind nach einigem Experimentieren verstanden hat, daß der Arm nicht zum Laufen, sondern zum Greifen dient, der Stuhl zum Sitzen, dann ist ihm dieser Zusammenhang „durchsichtig“, „durchschaubar“, „einleuchtend“, es hat ihn „begriffen“, „erfaßt“, „verstanden“. In diesen Eigenschafts- und Tätigkeitsworten kommt sowohl das Moment des „Durch-Sehens“ zum Ausdruck als auch das des „Be-Greifens“, wobei der Zusammenhang zwischen Greifen, Be-Greifen, Begriff schon von zahlreichen anderen Autoren[22] aufgezeigt wurde. Im „Durch-Sehen“, „Hindurch-Sehen“, „Durch-Schauen“, „Einleuchten“ dagegen wird der Gegenstand, die Gegenstände oder das Verhalten von Personen zueinander aus einem vorher undurchsichtigen, festen, dunklen oder trüben zu einem aufgehellten, durchleuchteten, beleuchteten, erhellten, durchsichtigen, d. h. *verstandenen.* Der Haufen Bauklötze war für das Kind ein Haufen beziehungsloser Dinge – von einem Stein- oder Dreckhaufen nicht zu unterscheiden –, bis sie in ihrer Bedeutung als Bauklötze durchschaubar wurden, d. h. Beziehung und Bedeutung derselben, auch auf ein mögliches, übergeordnetes Ziel (Bauen) hin, ihm innerlich gegenwärtig und transparent wurden.

Etwas verstehen heißt, das Undurchsichtige des Gegenstandes, der Natur, des Verhaltens von Menschen oder Tieren zueinander in die Durchschau- und Durchsichtigkeit der urteilenden Begriffe zu heben, die dann in ihrer Transparenz als jederzeit Durchschaubare zur Verfügung stehen. Das Außen wird zum durchschau- und verfügbaren Innen, zwar über den Umgang mit den Dingen der Außenwelt, aber letzten Endes nur, weil die Möglichkeit, undurchsichtiges Außen innerlich aufzuhellen, zu durchleuchten, in der Verwandlungsfähigkeit der Dinge zu durchsichtigen Begriffen beruht, d. h. in ihrem begrifflichen, durch-leuchtbaren Zu-Einander-Sein. Das mit dem Gegenstand operierende Handeln und Denken „erhellt", „durchleuchtet" diesen, indem es von Beziehung zu Bedeutung gehend, immer wieder neue Bedeutungen und Beziehungen knüpft, das Subjekt dabei über das Außen in der oben dargestellten Weise sich ausdifferenziert, sich selber durchsichtig, verständlich wird. Bzw. der Gegenstand dann „durchleuchtet", d. h. begriffen ist, wenn das Subjekt sich in diesem selbst begreift. *Begreifen des anderen ist deshalb immer auch ein „Selbst-Begreifen".*

Aus dem bloßen, sinnlosen Aus-Einander von Bauklötzen wird durch die Begegnung mit dem Innen, durch Probieren und Experimentieren das Zu-Einander von Beziehungen und Bedeutungen, aus diesen wiederum entsteht das In-Einander der Durchsichtig-verfügbaren Begriffe, so daß die Abfolge: Aus-Einander, Zu-Einander, In-Einander festzuhalten ist.

Durchsichtig, völlig durchschaubar, eindeutig-deutlich und damit verständlich, da das Undurchsichtige des Unbekannten-Undeutlichen unverständlich ist, *ist allein das im Urteil Begriffene.* Im Innern aufsteigende Impulse, Bilder, Gefühle, Antriebe sind bereits in ihrer Richtung (Intentionalität) auf Außenwelt – Hunger auf Speise, Impuls zum Laufen – durchsichtig, ihr Sinn zeigt sich im Erleben unmittelbar verständlich an. Die Außenwelt wird jedoch durch die geschilderte Vermittlung, durch die Intentionalität des Subjektes erst transparent. Die Frage stellt sich, ob das Gleichgewicht psychischer Vorgänge, die in ihrem widersprüchlichen Wirken oben dargestellt wurden, auch in einem über Ruhe und Aktivität hinausgehenden Sinne von dem Selbstverständnis des Subjektes, d. h. von den durchsichtig-verständlichen In-Einander- und Zu-Einander-Sein psychischer „Anteile" abhängt. Die Psychoanalyse *Freuds* und ihre Lehre von den Verdrängungen, deren krankheitsfördernde Wirkung, impliziert, daß Verdrängtes, Unbewußtes, Nicht-Verstandenes zu Krankheit führen kann – die Bewußt-Werdung der verdrängten Inhalte, ihr Verständlich-Werden Heilung bedingt. Dies würde bedeuten, daß mit zunehmender Verborgenheit, Undeutlich-Undurchsichtig-Werden des Innen das psychische Gleichgewicht gestört ist, Krankheit entsteht – je umfassender dagegen Selbstverständnis[23] wäre, je weiter der Horizont des eigenen Innen vom Verstehen durchleuchtet ist, desto stabiler würde das Gleichgewicht.

Diese, vom seelisch Kranken abgeleitete These, dürfte jedoch kaum einer Verallgemeinerung standhalten. Nicht nur, daß bereits die Problematik der Begriffe von gesund und krank hätte aufgehellt werden müssen, das Selbstverständnis der Unzahl von Menschen, die ohne „Problembewußtsein" leben, bei denen „Verdrängung" einen nicht zu umgehenden Bestandteil des Lebensprozesses ausmacht, ist als Grundbestand menschlicher Existenz nicht mit psychoanalytischen Kategorien der Verdrängung zu erschöpfen. Das „Selbstverständnis" als Gespräch zwischen der beobachteten Reflexion und dem sich darstellenden Innen, als Dialog zwischen aufsteigenden Stimmungen, sich anmeldenden Begehrlichkeiten, Trieben, Gefühlen, ihrer Wahrnehmung, dann folgender Reaktion, sei es der „Unterdrückung" oder der „Befriedigung", muß auf das Gleichgewicht zwischen diesen Vorgängen beschränkt bleiben. D. h. nicht das „Ausmaß an Verborgenheit (Verdrängung)" und die Diskrepanz zwischen diesem und dem Verstehen seiner Selbst sind Kriterien des Selbst-Verständnisses, sondern das Vorhandensein einer *wertenden* Spannung zwischen Reflexion, Selbstbeobachtung einerseits und dem sich darstellenden Innen andererseits.

Erlischt die Reflexion z. B. weitgehend, zeichnet sich die sog. „triebhafte Persönlichkeit" ab, würde Selbstverständnis auf dem mehr oder weniger blinden Befolgen der aus dem Innen stammenden Impulse beruhen. Ist die Reflexion überstark, kann keine Tat mehr spontan, sondern nur unter Zweifeln und Skrupeln ausgeführt werden, stellt sich der sog. „Zwangscharakter" dar, dessen Selbstkritik auf Kosten der Antriebe, Gefühle und Impulse sich pathologisch gesteigert hat. Diesen Extremfällen psychopathologischen Verhaltens steht jene Überzahl an Personen gegenüber, die, wenn auch statistisch nicht erfaßbar, zwischen Selbstbeobachtung und dem sich zeigenden Innen ein relatives Gleichmaß bewahrt haben, d. h. deren Selbstverständnis zwischen sich darstellendem Innen und der Wahrnehmung desselben ausgleicht, bei denen Übermaß weder nach der Richtung der Reflexion noch nach der des andrängenden Innen sich ergibt.

Nichtsdestoweniger würde das Verstehen im Sinne von Selbstverständnis, dem Triebe, Gefühle und Impulse durchsichtig in ihrem Aufdrängen und ihren Erwartungen sind, ausgleichend auf das konflikt-strukturierte Innen wirken. D. h. Verstehen ist nicht nur ein mentaler Vorgang des Durchleuchtens des Undeutlichen, sondern gleichzeitig aktives, Gleichmaß stiftendes Geschehen. Diese fundamentale Wirkung und Bedeutung von Verstehen ist der psychoanalytischen Therapie vorgegeben.

Die ausgleichende Funktion des Verstehens läßt sich auch an anderen Phänomenen aufzeigen. Dazu gehört das „Verstanden-Werden" durch den anderen nach einer Aussprache, nicht weniger als ein Hilferuf, auf den ein anderer antwortet. Sich verständlich zu machen, einen Gedanken durch Sprache darzustellen, sich durch Ausdruck, Geste, dem anderen mitzuteilen, von diesem verstanden zu werden, ist Bestandteil alltäglicher Kommunikation. Wie das Nicht-Verstanden-Werden zur Enttäuschung, Abwendung, Verbitterung und Feindseligkeit, zu Absinken des Selbstwertgefühls führt, in Notsituationen zur Verzweiflung, so folgt umgekehrt dem Verstanden-Werden Erleichterung, Freude, Zuwendung, Zuneigung, Hebung des Selbstwertgefühls. Verstanden-Werden wirkt ausgleichend und harmonisierend auf die Befindlichkeit des Innen, Unverstanden-Sein führt zu einer Störung des Gleichgewichts, zur Disharmonisierung, womit die Verstehensvorgänge und ihre fundamentale Bedeutung auch für das Arzt/Patient-Verhältnis als gegenseitig Gleichgewicht erzeugende oder erschütternde Prozesse sich ausweisen.

Der Umgang mit dem Zeug nicht weniger als mit der Natur, wenn dieser aufgrund mangelnden Verständnisses, wie z. B. ein Werkzeug funktioniert oder ein Berg erklommen werden kann, zum Scheitern führt, resultiert in analoger gestörter Befindlichkeit des Innen und den daraus sich abzeichnenden Folgen der Abkapselung, Senkung des Selbstwertgefühls usf. Umgekehrt wirkt das Verstehen der täglichen Gebrauchsgegenstände, aber auch komplizierterer Machinen, deren Zusammenhänge erlernt werden, auf das Innen befreiend, hebt das Selbstwertgefühl über das Bewußtsein geglückter Leistung (s. oben).

In der menschlichen Welt ist die Sprache zum unmittelbaren, deutlichen Mittel von Kommunikation geworden, die Gestik zur mittelbaren, undeutlichen. Die sich zeigende Welt jedoch ist bei aller Hinordnung auf Verstehen nicht primär durchsichtig, verständlich. Sie erschließt ihren Verstehenscharakter schrittweise und behält sich, selbst im Begriff transparent geworden, einen „undurchsichtigen" Rest vor (s. Teil I, Kap. I). Demgegenüber ist menschliches, durch Sprache oder vorsprachliche Gesten Sich-Verständlich-Machen und Verstehen auf Unmittelbarkeit desselben angelegt, da die Sprache über den Begriff als Mittel der Kommunikation verfügt. Das wiederum schließt nicht aus, daß Sprache in den Dienst der bewußten oder unbewußten Täuschung und Fälschung gestellt wird, d. h. bei Unmittelbarkeit ihrer Verstehensmöglichkeit Verstehen verhindert.

In der Hinordnung der Welt auf Sich-Verstehen liegt ein Hinweis auf Gleichgewichtsvorgänge zwischen dem sich, die Welt und den anderen verstehenden Menschen und, umgekehrt, zwischen der den Menschen und den anderen verstehenden Welt, die die Möglichkeit einer heilen, weil sich verstehenden Welt implizieren.

g) Das Innen als Grundlage des perspektivischen Raumes. Der perspektivische Entwurf in die Welt

Der Selbstwahrnehmung erscheint das Innen primär dunkel. Wer, wie auch Experimente erwiesen, die Augen schließt, um abwartend zu beobachten, was an Gedanken, Gefühlen, Bildern, Impulsen, Erinnerungen auftaucht, wird in zahlreichen Fällen „nichts" wahrnehmen, Dunkelheit beschreiben, bis nach wiederholten Versuchen Photismen oder erste sog. eidetische Bilder sich darstellen. Sei es, daß sich schlängelnde Linien zeigen, geometrische Figuren, Farbflächen, bis dann Lanschaften, Gesichter oder Köpfe vorbeihuschen. Die Abstufung dieser Formen von zur inneren Wahrnehmung gelangenden Bildinhalten verläuft auch hier von undeutlich zu deutlich, analog der Wahrnehmung von Außenwelt, obwohl kein Fixieren durch die Pupille stattfindet (höchstens Augapfelbewegung).[24]

Das Registrieren von Gefühlen, von Erinnerungsbildern, Gedanken oder Willensimpulsen vermag unmittelbar, „blitzartig", „wie eine plöztliche Erleuchtung" geschehen, oder es entwickelt sich über das undeutlich, verschwommen Wahrgenommene zum Deutlich-Sich-Abzeichnenden. Aus der Parallelität zwischen Außen- und Innenwahrnehmung läßt sich schließen, daß *Wahrnehmung*, sofern sie immer Zuwendung zu dem Sich-Zeigenden ist, *in ihrer Undeutlichkeit oder Schärfe von der Intensität der Zuwendung*, der in sie „investierten" Aufmerksamkeit, Konzentration *abhängt*.

Das Segelboot auf dem Meer kann ich als solches erkennen, auch wenn es sich noch nicht deutlich zeigt, indem ich meine Zuwendung über ein Fernglas verschärfe. Je intensiver ich mich dem im Halbdunkel meines Inneren auftauchenden Bilde oder der Erinnerung zuwende, um so klarer wird es sich abheben, um so deutlicher erscheint es. M. a. W.: Deutlich/undeutlich, oben sowohl als Ausdruck der Physiognomie von Welt wie auch der subjektiven Wahrnehmung von Welt aufgefaßt, sind von dem Grad an Zuwendung abhängig, den das Subjekt den Inhalten der äußeren oder inneren Wahrnehmung zukommen läßt.

Um Intensitätssteigerungen („Grade") der Zuwendung aufzuzeigen, wäre primär das Wachen zu nennen. Es ist Voraussetzung von Zuwendung überhaupt, wenn auch von dieser nicht zu trennen. Die Weisen der Zuwendung verliefen von „freischwebender Aufmerksamkeit" bis zum Registrieren, Bemerken, Aufmerken, bis zur Aufmerksamkeit und Konzentration. In der offenen Zuwendung ist noch „alles möglich". In der Aufmerksamkeit ist das Mögliche auf die Möglichkeiten der Aufmerksamkeit eingeschränkt: die Gegenstände derselben.

Sind jedoch innere – Selbstwahrnehmung – und äußere Wahrnehmung ohne weiteres gleichzusetzen? Ist nicht schon allein der Gegenstand der äußeren Wahrnehmung die sich zeigende Welt, der der inneren Wahrnehmung dagegen das Subjekt selbst? Ist nicht die äußere Wahrnehmung durch die Leibhaftigkeit von Auge, Nervenbahnen und Rezeptoren des Gehirns, die des inneren durch keinerlei Leibhaftigkeit ausgezeichnet?

Grundlage der Wahrnehmung und dieser vorgegeben ist das sich über Wahrnehmung zuwendende Innen, das Subjekt. Die auf undeutlich/deutlich angelegte Leibhaftigkeit des Auges bleibt stumm, wenn nicht ein Innen sich über das Auge der Welt zuwendet, über Zuwendung sich selbst differenziert, vom Außen als ein Innen sich unterschieden erfährt. Bei der Selbstwahrnehmung zeigt es sich dagegen und nimmt sich gleichzeitig wahr. Sich zu zeigen, sich selbst in Gedanken, Gefühlen, Stimmungen, Willensimpulsen, in Bildern und Erinnerungsbruchstücken darzustellen und sich gleichzeitig dem *Dargestellten zuwenden zu können, es wahrzunehmen, dürfte eine (vorläufig) nicht weiter aufzulösende Struktur des Innen, von Subjektivität sein.* Im Wachen wie im Schlafen zeigt sich, stellt sich Inneres kontinuierlich dar, unterbrochen nur in den Zuständen tiefster, organisch bedingter Bewußtlosigkeit.

Diese Selbstdarstellung ist gleichzeitig Selbst-Zuwendung, da sie ohne Zuwendung als Sich-Darstellende sich nicht darstellen könnte. Nicht nur nicht, weil Darstellung immer einen Zuschauer impliziert, sondern weil von Darstellung nur gewußt werden kann, wenn gleichzeitig ein Zuwenden stattfindet.

In der Zu- und Hinwendung auf die Außenwelt tritt die Selbstdarstellung des Innen gegenüber dem sich von außen Beeindrucken-Lassen zurück. Nichtsdestoweniger wird auf äußerlich Sichtbares innerlich geantwortet, sind, wie ausgeführt, im Wahrnehmungsvorgang Außenwelt und Innenwelt nicht zu trennen, bin ich außer mir, bei der Welt, wie diese in mir ist. Wende ich mich jedoch von der Außenwelt ab, *blicke ich mich selbstbeobachtend nach innen, stelle ich mich – oder das Innen sich – gleichzeitig dar.* Bei diesem Vorgang tritt die in der Selbstdarstellung zum Ausdruck kommende Eigenaktivität des Innen im Vergleich zu der mehr rezeptiv getönten Wahrnehmung des Außen (bei aller Aktivität des Subjektes auch hier, vgl. oben) in den Vordergrund. Die Außenwelt wird zum undeutlichen Hintergrund, oder sie verschwindet, wie im Schlaf ganz, während umgekehrt, bin ich der Außenwelt zugewandt, das Innen zum undeutlichen Hintergrund wird, die Außenwelt sich präzisiert. *Abwendung oder Zuwendung bestimmen die Richtung meines Wachens,* Vordergrund oder Hintergrund den Wechsel von im Vordergrund oder Hintergrund stehender Außen- oder Innenwelt. Ausschlaggebend für das zum Vorder- oder Hintergrund-Werden der Außen- oder Innenwelt ist die Richtung oder Wende (Zuwendung), die mein Wachen nimmt.

Rein deskriptiv, von der Selbstbeobachtung ausgehend, wende ich mich mit jedem morgendlichen Erwachen von Innen, aus der Abwendung kommend, nach Außen, zeigt sich mir das Außen, auf mich zukommend, wird es über die Wahrnehmung Anteil meines Innen.

Damit jedoch ein Zu- oder Abwenden überhaupt stattfinden kann, damit meine Zuwendung die Richtung zu der sich zeigenden Welt oder die zu dem sich darstellenden Innen einschlägt, muß ein Raumgefüge eine Perspektive der Blickrichtung vorgegeben sein, oder sich entwickeln. Die Vorgegebenheit von äußerem Raum ohne ein diesem Raum sich zuwendendes Innen, würde die Ausschaltung des bei diesem Gedankenexperiment vorausgesetzten Wachens (Bewußtsein) bedeuten (was jedoch, wie ausgeführt, unmöglich ist). Sichtbar sich zeigende, räumliche Welt ist nicht ohne das den Raum erfahrende, ihn entwerfende Subjekt zu denken, das den Raum schrittweise über den aktiven Umgang mit demselben konstituiert.[25] Diese Konstituierung des Raumes – über die Kreisprozesse von Wahrnehmen und Bewegen gewonnen – weist jedoch auf den diesen Kreisprozessen auch zeitlich vorausgehenden, fundamentaleren Vorgang der Zuwendung hin.

In der Zuwendung entwirft sich über das Wachen das Subjekt auf die Welt hin, wobei Entwurf im Sinne von Skizze, von noch nicht durchgeführtem Plan zu verstehen ist. Es entwirft sich, heißt ferner, daß es seine Bereitschaft, Welt wahrzunehmen, auf Wahrgenommenes zu antworten, anzeigt, ohne jedoch bereits tätig, aktiv in die Welt einzugreifen. Es ist im Zustand „freischwebender Aufmerksamkeit" da, und es ist „auf die Welt hin" da. Dieses „Auf-Welt-hin" bedeutet die Festlegung einer allgemeinen Richtung durch eine diffuse Intentionalität, die jedoch nicht wie im Tagtraum oder im Schlaf von der Welt sich abwendet, sondern auf diese zukommt. Aus dem undeutlich-diffusen Sich-auf-Welt-Entwerfen entsteht dann der deutliche, zielgerichtete Blick,[26] mit dem über die Aufmerksamkeit etwas Bestimmtes erfaßt, festgelegt, festgehalten wird. Damit ist eine von vielen möglichen Richtungen im Raum, ein Bezugspunkt von oben nach unten, von links nach rechts, von vorne nach hinten ergriffen und zum Fixpunkt gemacht worden. Dieser ist jedoch vertauschbar mit jedem Wandel des Aufmerkens, mit jedem Sich-in-der-Welt-Festsetzen oder Sich-innerhalb-derselben-Festzustellen wird er verändert.

Bezugspunkt sei dieser Punkt genannt, wenn er auf das sich in die Welt entwerfende Subjekt bezogen ist, Fixpunkt, wenn die perspektivische Blickrichtung vom Gegenstand auf das Subjekt hin festgelegt wird. Dieser Fix- oder Bezugspunkt, mit dem über die Wahrnehmung Dinge oder Personen in den Griff bekommen werden, ist der jeweilige, in der Tiefe des Raumes durch meine Aufmerksamkeit konstituierte perspektivische Endpunkt. Als Endpunkt der Perspektive, den ich von meinem Blick auf das Bild an der Wand bis auf die ferne Wolke verlagern kann, setzt er die ganze Tiefe des perspektivischen Raumes voraus. Er ist von dem Bezugspunkt ebenso abhängig, wie er mit seiner Abhängigkeit von ihm die Tiefe des Raumes bedingt. Im durch den Blick fixierten Endpunkt, mit dessen Hilfe ich das Sich-Zeigende ergreife, kommt meine freischwebende Aufmerksamkeit, meine wachende Zuwendung zu Ende. Hier ist durch die konzentrierte Aufmerksamkeit das Ding festgehalten, festgestellt, die sich entwerfende Perspektive abgeschlossen.

Entwerfende Perspektive bedeutet jetzt, daß im Entwurf auf Welt hin ich im morgendlichen Erwachen, aus der Tiefe meines Innen kommend, den Fix- und Beziehungspunkt des Sich-Zeigenden ergreife und damit Perspektive und mich selbst festlege.

Tiefe des Innen wird ferner durch folgende, jederzeit der Selbsterfahrung zugängliche Momente charakterisiert:

1. Durch das als Dunkel erlebte Innen, bei Augenschluß, das sich erst allmählich mit Bildern oder Gedanken belebt.
2. Durch das Gefühl des Absinkens, Versinkens, Verschwindens vor dem Einschlafen, wenn das Wachen sich von der sichtbaren Welt abgekehrt hat (vgl. die Selbsterfahrung im autogenen Training).
3. Wenn der Verlust des Wachens mit einer Bewegung nach unten, in „bo-

denlose Tiefe herab", wie ein Sturz bei plötzlichem Einschlafen erlebt wird.

4. Zur Dunkelheit, zum Erleben der Tiefe treten in der Selbstbeobachtung noch die Phänomene der „aus der Tiefe" auftauchenden Erinnerungen, Bilder, Gedanken, Stimmungen, die durch den Horizont des Wachens gehen und wieder verschwinden (Bewußtseinsstrom).
5. Das Aufwachen wird analog registriert als „aus der Tiefe emporsteigend", „von weither zurückkommend".
6. Die Abwesenheit im Schlaf (s. oben) als Absinken in „unbekannte Tiefen" wird entsprechend beobachtet und berichtet (Ich habe tief geschlafen, Tiefschlaf, ich war weg, ich war wie weggetreten usf.).

Zu diesen Beobachtungen kommen eine Fülle von Dokumenten der Introspektion aus der Mystik, der religiösen Selbsterfahrung, der Meditationspraxis, der Erfahrung von aus Narkose erwachten oder schon durch einen akuten Herzstillstand „verstorbenen", dann aber wieder zum Leben erweckten Personen, die von dem vorübergehenden Zustand des „Verstorbenseins" als Entschwinden in unauslotbare Tiefen berichteten.[27]

In der wachen Zuwendung des Subjekts auf Welt hin, die sich jeden Morgen wiederholt, die aber auch der Inhalt der Entwicklung des Kindes nicht weniger als der der Gattung Mensch über die Jahrtausende ihres Werdens ist, entwirft sich ein aus der Tiefe des Innen Kommendes in die sichtbare Welt hinein, das in der Fixierung des Sichtbaren den Raum, seine Perspektive und damit die Tiefe desselben konstituiert. Der uns umgebende Raum ist nur perspektivisch tief, weil das menschliche Innen, das sich im Wachen nach außen entwirft, unauslotbar tief ist.

Das Sich-Entwerfen des Innen nach Außen ist die Fundierung von wie auch die Ermöglichung der Gleichzeitigkeit von Innen und Außen im Wahrnehmungsakt. Wahrnehmend, aus der Tiefe meines Innen zur sichtbaren Welt aufsteigend, bin ich im Raum meines Innen nicht weniger als in dem des Außen, erfahre ich die Tiefe des Raumes nur, weil ich aus der Tiefe komme. Das Wachen umfaßt, sich nach außen oder nach innen wendend, den einen Raum, der Innen- und Außenraum zugleich ist.

Durch die perspektivische Festlegung meines Entwurfs in die Welt, mit dem ich mich durch jede Wahrnehmung, aber auch durch den Erkenntnisakt festlege, fixiere ich im Hier des Raumes auch das Jetzt der Zeit, um die Voraussetzung, Veränderung meiner selbst und der Umwelt als zeitliches Nacheinander zu erleben. Die gelebte Zeit meiner auf mich bezogenen, vergangenen und möglichen zukünftigen Erfahrungen setzt meine Festlegung im Hier und Jetzt des In-der-Welt-Seins ebenso voraus, wie auch die lineare, physikalische Zeitlinie das Jetzt verlangt. Beide, gelebte und mathematische Zeit sind ohne meine perspektivische Fixierung in der Welt, ohne die Errichtung der perspektivischen Fix- und Bezugspunkte nicht möglich, was reziprok auch für den Raum und seine Ordnung gilt. Diese Fixierung meiner selbst in der Perspektive ist aber auch die Ermöglichung und Voraussetzung des logischen Denkens und seines den Sätzen der Logik folgenden Nacheinanders. Sie ist die Festlegung meiner selbst und der sich zeigenden Welt im Urteil und Erkenntnisakt, deren „Es ist“ räumliche Ordnung und zeitliches Jetzt miteinander verschränkt – was ohne meine vorausgegangene perspektivische Festlegung nicht möglich wäre.

Die Zuwendung nach außen, das Gerichtetsein auf sichtbare Welt, die Wende hin oder weg von, die Richtung auf, zu oder fort von, implizieren ebenfalls die Tiefe. Denn Richtung bedeutet nicht Linie auf einem Blatt Papier, sondern primär sich auf eine Richtung im Raum zu beziehen, sich auf eine Richtung hin zu entwerfen, sich einer Richtung – Norden, Süden, Westen, Osten – zuzuwenden, auf diese hinzugehen: nach links oder rechts, nach vorn oder hinten. Wie der Mensch, auf Welt sich zuwendend, eine Richtung einnimmt – morgens im Bett liegend auf das Zimmer zu –, so entwirft er mit dem Einnehmen von Richtung gleichzeitig die Tiefe derselben: die Tiefe, aus der Richtung kommt und in die sie wieder einmündet. Er bezieht sich in dieser primären Zuwendung auf Sichtbares.

In jeder Beziehungsaufnahme richte ich mich auf das mir etwas Bedeutende. *Richtung ist der am Raumerleben konkretisierte Bezug, die in den Raum entworfene Beziehungs- und damit sich verräumlichende Bedeutungsaufnahme, Voraussetzung des feststellenden Urteils „Es ist“. Äußerer Raum der sichtbaren Welt ist demnach nur, weil innere Tiefe ihn entwirft, der sich aus der Tiefe des Innen mit dem Wachen, mit dem „Zur-Welt-Kommen“ abhebt.* Es ist jedoch die Tiefe, in der das Ineinander, das Sich-Durchdringen, das Inne-Sein des Innen ist.

Indem ich mich erwachend in die Sichtbarkeit entwerfe, verliere ich mich an das Außen. Die Tiefe des Außen, von meiner Tiefe des Innen erst ermöglicht und dadurch als Tiefe erfaßt, zieht mich von innen nach außen in das Auseinander der Dinge hinein. Die Unendlichkeit des Raumes, den ich immer wieder durch die Fixpunkte der Dinge, meine Bezugspunkte zu diesen, durch die Perspektive begrenze, droht mich in meinem Wachen ebenso zu überwältigen und zu vernichten, wie mein Wachen, von der Außenwelt sich abwendend, im Tiefschlaf oder in der Narkose aufgehoben wird. So stehe ich, meine Subjektivität im Schnittpunkt, wie im Erkenntnisakt (vgl. oben), einer von innen nach außen drängenden Tiefe und einer von außen mich bedrohenden Weite, die ich durch meine perspektivische Festlegung banne.

Die eigentliche Leistung des Subjekts ist es hier wieder, sich in Raum und Zeit begründend, Grenze im Hier und Jetzt zu finden. Es gebietet der Flucht der Erscheinungen im äußeren Raum durch die fixierenden Wahrnehmungen, durch das Erkennen und In-den-Griff-Bekommen des Deutlichen ebenso Einhalt, wie es der Flucht innerer Gedanken und Bilder durch den Akt beschreibender Feststellung, die Reflexion, Einhalt gebietet. Dies vollbracht zu haben, ist letzten Endes Leistung des Begriffs oder der totalen Entfremdung, die das Subjekt mit eben dem Begriff geleistet hat – die aber wiederum nur durch die perspektivische Festlegung des Subjektes ermöglicht wurde.

h) Das aperspektivische Innen und die Psyche

Im Wachen wendet sich das Subjekt der Welt zu, im Schlafen von ihr ab. Die im Schlaf erfolgende Abwendung ist jedoch kein Willkürakt, ebensowenig wie das Aufwachen und die aus ihm folgende Zuwendung zur Welt. In beiden Vorgängen unterliegt das Subjekt leibhaft-biologischen Rhythmen, die es mit den anderen Lebewesen teilt und die mit der Periodizität sowohl kosmischer Rhythmen, dem Wechsel insbesondere von Tag und Nacht zusammenhängen wie auch mit den Ab- und Aufbau-Vorgängen des Stoffwechsels. Zuwendung und Abwendung, Wachen und Schlaf sind demnach letztlich Teil der kosmisch-biologischen Periodizität, in denen Tag, Wachen und Aktivität, Ruhe mit Schlaf und Nacht wechselnd verbunden sind, was jedoch eine Variabilität des Verhaltens der Lebewesen dem Rhythmus von Tag und Nacht gegenüber nicht ausschließt.

Wachen, Bewußtsein, Denkprozesse, Handeln, menschliches Dasein als biologisch-leibhaft fundiertes In-der-Welt-Sein bekundet hier seine Abhängigkeit von transsubjektiven Vorgängen. Zuwendung und Abwendung, Wachen und Schlafen sind eingeordnet in biologisch-kosmische Rhythmen, in Bedeutungszusammenhänge, die in ihrem „Warum" ebenso verborgen sind (von naiven teleologischen Interpretationen abgesehen) wie das Innen der Subjektivität selbst.

Die spezifische Aktivität: Hin-Zu-Etwas oder Weg-Von-Etwas, von Zu-Neigung nicht zu trennen, die in ihren emotionellen Gestimmtheiten die Zuwendung nicht weniger implizieren wie die Ab-Wendung, Abneigung, Ab-Lehnung, sind beide als Zu- oder Abwendung welthaft vorgegeben. Als ob „Liebe" (Zuwendung, Zuneigung) oder „Haß" (Abwendung, Abneigung), „Eros" und „Thanatos" von der kosmisch-biologischen Periodizität von Schlaf, Ruhe, Abwendung und Wachen, Tätigkeit und Zuwendung bestimmt wären.

Das Einschlafen kann zwar künstlich eingeleitet werden, bedarf aber dann einer Technik wie z. B. der des autogenen Trainings, die auf Abschaltung der Bewußtseinsvorgänge, sog. „Sinnesreize" und Willensimpulse abzielt. Es erfolgt jedoch normalerweise auf Ermüdung,[28] die wiederum auf die Ansammlung nicht abgebauter Stoffwechselprodukte zurückzuführen ist, auf „latente Vergiftung". Die subjektiven Erscheinungen von Er- oder Übermüdung, die mit erhöhter Reizbarkeit, Nachlassen der Aufmerksamkeit und der Koordination von Wahrnehmen und Bewegung, Überempfindlichkeit gegen „Außenreize", Abgeschlagenheit, Glieder- und Kopfschmerzen einhergehen, beruhen auf Störungen der hormonellen und vegetativen Regulation der inneren Organe, insbesondere auch des Kreislaufs, in elektroenzephalographisch nachweisbaren, an der Grenze des Pathologischen sich bewegenden Veränderungen der Hirntätigkeit. Die künstlich erzwungene Übermüdung, wie sie in Foltermethoden des 20. Jahrhunderts erfolgreich angewandt wird, führt zu u. U. irreversiblen Schäden des Kreislaufs (Kollaps), des Gehirns, aber auch der Verdauungsorgane. M. a. W. ein die natürlichen Grenzen (Rhythmik) durchbrechendes, erzwungenes Wachsein ist Krankheit gleichzusetzen – oder andauernde, wahrnehmende Weltzuwendung würde den Organismus zugrunde richten.

Das Gegenexperiment anhaltender Schlafzustände durchzuführen, ist biologisch nicht möglich. Künstliches, über Tage oder Wochen sich hinziehendes Schlafen ist entweder bereits die Folge pathologischer Veränderungen (z. B. Hirnblutungen) oder durch Medikamenteneinnahme erzwungen, deren schädigende Wirkung schwer gegen die Regenerationsmöglichkeit verlängerten Schlafes aufzurechnen sind. Nichtsdestoweniger ist die heilsame Wirkung sog. Schlafkuren, der Hibernisation in der Tierwelt vergleichbar, heute nicht fortzudenkender Bestandteil des psychiatrischen Heilplans.[29] Die Schlafkuren weisen auf die fundamental regenerierenden Aufbauprozesse des Schlafes hin, wie sie selbst unter der Einwirkung von Medikamenten noch nachprüfbar sind.

Die daraus sich ergebende Folgerung, daß Zuwendung, Wachen, Bewußtsein, über längere Zeit durchgehalten, die biologischen Aufbauvorgänge schädigt und zu Vergiftungserscheinungen führt, ist gerechtfertigt. Wiederholt ist sie auch von anderen Autoren,[30] unter anderen Voraussetzungen, bestätigt worden. Es ist jedoch nicht nur der Wachzustand, der über das individuelle Maß verlängert, schädigend wirkt, sondern vor allem auch die motorische Aktivität des Skelettmuskelapparates, die die Abbauvorgänge krankheitsfördernd verstärkt. „Stress“[31] und seine destruktive Auswirkung ist die Verbindung von Wachen, Aktivität, Belastung und mangelnder Regeneration im Schlaf.

D. h. Abwendung von der Welt ist lebensnotwendig, da sonst der Organismus an der Zuwendung zur Welt erkrankt, an ihr zugrunde gehen würde. *Zuwendung ereignet sich auf Kosten der leibhaft-biologischen Fundierung des In-der-Welt-Seins.* Das bedeutet nicht, daß „Bewußtsein Verhängnis“[32] ist. Jedoch sind wachende Zuwendung und Leibhaftigkeit bei aller gegenseitigen Abhängigkeit, die sie aufweisen – jede aktive Zuwendung zur Welt, jede Beziehungs- und Bedeutungsaufnahme ist nicht ohne gestaltete Leibhaftigkeit möglich –, gegensätzlich strukturiert, besteht der Gegensatz „Bewußtsein“ (Geist) „Leben“ zurecht. M. a. W.: Die Lebensvorgänge werden durch ihre zum Leben notwendige, wachende Zuwendung immer an den Rand der Krankheit und Destruktion gehalten, bis sie an dem ihnen einwohnenden Gegenpol, dem Wachen, dessen zunehmend nicht mehr reversiblen organischen Folgen, zerfallen. Da ohne Zuwendung, ohne Beziehung und Bedeutung Welt und In-der-Welt-Sein nicht wären, geht das Leben nichtsdestoweniger an wachender Zuwendung und an der aus ihr folgenden Weltbewältigung zugrunde.

Die periodische Abwendung des Subjektes von der Welt im Schlaf, die auch als Folge eines leibhaften, innerlich entsprechend erlebten „Überdrusses“ an der „Reizüberflutung“ (in der Sprache der mechanistischen Psychologie) durch die Außenwelt aufgefaßt werden kann, wird von dem Traumbewußtsein abgelöst, das oben „substraktiv“ aller derer Eigenschaften beschrieben wurde, die die konkrete Wirklichkeit determinieren.

Die Zuwendung, die aus der Tiefe kommend, den perspektivischen Raum konstituiert, im Wachen Gegenpol der leibhaft-biologischen Vorgänge ist, erlischt im Traum, wie – entzieht sich noch jeder Erkenntnis. Mit ihrem Verlöschen, dem Verlöschen eben des Lichtstrahles vergleichbar, „leuchtet" das Innen auf, das sich als Stätte aller nur denkbaren Verwandlungen, als Verwirklichung des Möglichen auswies. Was heißt die Metapher „aufleuchten"? Nichts anderes, als daß ein So-Sein, das sonst unter der alltäglichen Weltzuwendung nicht sichtbar ist, sich jetzt, nach Erlöschen der nach außen gerichteten Zuwendung darstellt. „Leuchten" verweist auf die noch in keiner Weise, von mechanistischen Deutungen abgesehen, aufgehellte, eigentümliche Licht- und Farbigkeit der Traumwelt, ohne daß eine Licht- und damit Farbquellen nachzuweisen wären. Dieses aufleuchtende Innen, dessen Rekonstruktion über die Erinnerung an den Traum bereits eine Verfälschung bedeutet, verfügt, wie oben dargelegt, nicht über die Beziehungs- und Bedeutungskonstanten, die die wachende Zuwendung sich erarbeitet hat.

Der Arm im Traum ist zugleich Flügel und Flosse oder bewegt sich kreisend wie ein Rad, er ist jedoch nicht mehr das durch das Skelett und die Muskulatur in seinen Bewegungsmöglichkeiten, in seiner Beziehungsaufnahme begrenzte und auf diese hin festgelegte Instrument. Der Stuhl im Traum ist Thron und Pflug zugleich, die Konstante „Sitzen" verbunden mit dem spezifischen Bau des Zeugs, hebt sich in ihrer Eigentümlichkeit durch die nicht den Regeln der Logik folgende Bilddarstellung des Traumes auf. Nichtsdestoweniger sind Beziehung und Bedeutung im Traum nicht erloschen.

Ihre universelle Variabilität leitet sich letzten Endes davon ab, daß der perspektivische Bezugspunkt, in dem sich das Subjekt in der räumlichen Außenwelt fixiert, im Traum entrückt ist, das Traumgeschehen aperspektivisch verläuft.[33] Der Begriff des Bezugspunktes sei jetzt sowohl im räumlich-perspektivischen (von innen nach außen und reziprok verlaufenden) als auch im Sinne der Beziehungs- und Bedeutungsaufnahme angewandt, als die entscheidende Konstante, über die sich das Innen in die leibhaft-sichtbare Welt entwirft.

Mangelnde Leibhaftigkeit (Gestalt, „Marke"), mangelnde Perspektive, mangelnder Bezugspunkt bedingen – in Ergänzung zu dem oben Ausgeführten – das „flache Traumbild" im Unterschied zum perspektivischen, dreidimensionalen Bild der Wahrnehmung. Der Verlust der Perspektive durch den Wegfall von Gerichtetheit des Subjekts von Innen nach Außen, durch Verlust des Erlebens der die Perspektive begründenden Tiefe schildert mit anderen Begriffen den gleichen Sachverhlat.

Der Verlust des perspektivischen Bezugspunktes und mit diesen der Außenwelt im Traum nimmt Beziehungen und Bedeutungen, ferner jene Gliederungen in Sach-, Personen-, Natur- oder sonstige Bereiche (Konstanten), die sich im aktiven Umgang mit der Umwelt für den aufwachsenden Menschen schrittweise ausdifferenzieren. Damit entfällt die Möglichkeit zu bestimmen und aufzugliedern, zu unterscheiden etwa zwischen Mutter, Puppe, Berg, Felsenriff, Stuhl, Bauklötzen usf., die räumliches Gerichtetsein voraussetzen. Träumend begebe ich mich scheinbar in meine Wohnung: Doch der Verlust der räumlichen Gliederung läßt die Wohnung ebenso als Höhle für den Aufenthalt von Krokodilen erscheinen wie als Familiengruft.

Die räumliche Gliederung ist auch nicht zu trennen von der zeitlichen, die ebenfalls Perspektive, Richtung von der Vergangenheit über die Gegenwart in die Zukunft gibt. Sie weicht im Traum der „aperspektivischen" Zeit, in der Zukunft, Gegenwart und Vergangenheit aufgehoben sind. (Unbewußte Vorgänge sind zeitlos, wie schon Freud feststellte.)

Der Aperspektivismus des Bildgeschehens liefert auch den Schlüssel zum Verständnis des Ineinander, des Innen, des gegenseitigen Sich-Durchdringens, des „Eines-steht-in-Verbindung-mit-dem-Anderen". Da die leibhafte Gestalt, die „Endmarke" von Beziehung und Bedeutung fehlt, erscheint die aus der Tiefe kommende räumliche Gerichtetheit jetzt als aperspektivisches In- und Durch-Einander des Innen primär ausgerichtet. Es erscheint jedoch in dieser Weise nur vom Standpunkt räumlicher, damit logisch-rationaler Erklärung aus gesehen.

Aperspektivismus bedeutet ferner die Darstellung des Möglichen in seiner Spannung zu den Möglichkeiten. Denn das Mögliche als ständige Präsenz nicht verwirklichter Geschehensabläufe ist nur deshalb aperspektivisch zu begreifen, weil die Möglichkeit als Verwirklichung von Möglichem räumlich-zeitliche Präsenz, damit Perspektive voraussetzt. Das Mögliche des Innen, soweit dieses sich in aperspektivischen Bildvorgängen gibt, ist die Verwandlung der einen Möglichkeit in die andere, der die begrenzten Möglichkeiten der perspektivischen Welt gegenüberstehen.

Der Träumer erlebt die „Frau" als Hexe, Fee, Mutter, Geliebte, Herrin, Göttin, Insekt, Tier oder Pflanze. Diesem Möglichen, „Frau" im Traum vielfältigst zu erleben, stehen die begrenzten Möglichkeiten der Realität gegenüber, in der die Frau weder Göttin, noch Tier, noch Pflanze ist. Das aperspektivische Innen ist Mögliches und Ermöglichungsgrund dieser Möglichkeiten, die der Träumer nicht weniger wie der Mythen- oder Geschichtenerzähler durchläuft, die wiederum nur möglich sind, da das dieses Mögliche begrenzende, einschränkende Außen Differenzierung von „Hexe" zur „Geliebten", von „Göttin" zu „Insekt" des „Möglichen, Frau zu sein" ermöglicht. *Unterscheidung der einen Figur von der anderen setzt den Satz des Widerspruchs voraus, damit die perspektivische Welt.* Träumt der Träumer von der Frau als Hexe, Reh, Blume usf., so ist in dem Unterschied der Gestalten zueinander die reale Außenwelt als Verschiedenheit von Gestalten, als Möglichkeiten von Figuren begründende Korrektur des Innen und seinem In-Einander präsent.

D.h. vor dem Entwurf in die perspektivische Realität konfiguriert sich die aperspektivische Psyche. Über die Realität, die Außenwelt, gewinnt sie in der Zuwendung die Tiefe, die Perspektive konstituiert und damit die sich unterscheidende Gestalt. Die gegenseitige Abhängigkeit der aperspektivischen Psyche von dem perspektivischen Entwurf in die Welt wird jetzt ebenso sichtbar, *wie Perspektive und Aus-Einander von Dingen und Sachbereichen nur über dem Boden des aperspektivischen In-Einander möglich sind. Aperspektivische Psyche (Bildgeschehen und In-Einander des Innen) entwirft sich, aus der Tiefe kommend, über das Bezugs- und Fixpunkt konstituierende „Innen“ nach Außen. Dieser Vorgang ist Zuwendung.*

Die Folgen dieser Konzeption für die Psychologie von bestimmten psychischen Funktionen oder Anteilen des Subjekts, wie Wollen, Denken, Fühlen, wurden bereits oben diskutiert. Dort wurde die These vertreten, daß die psychischen Funktionen Abstrahierungen des rationalen Erkennens sind, auch wenn Denken, Fühlen, Wollen qualitativ unterschiedlich erlebt und in ihrem Weltbezug nachprüfbar verschieden sind.[34] Diese These läßt sich jetzt dahingehend verifizieren, daß *über die oben dargestellte Ausgliederung und Differenzierung des Innen an der Außenwelt in wacher Zuwendung die sog. psychischen Funktionen der Antriebe des Wollens, Denkens erst manifest werden. „An und für sich“, als sog. „letzte Entitäten“* (Triebe in der Psychoanalyse), *sind sie nicht nur nicht, sondern sie „sind“ nur, weil das Innen über das Wachen sich auf Außen bezieht.* Alle Interpretationen, dieses Innen, insbesondere auch den Traum, nach psychischen Funktionen aufzugliedern, die sich rückschließend aus der wachenden Zuwendung des Innen nach Außen ergeben, unterstellen dem Innen Kräfte, die erst Folgen der Zuwendung sind.

Zuwendung und Abwendung sind darüber hinaus – wie ausgeführt – nicht weiter reduzierbare, fundamentale Vorgänge von „In-der-Welt-Sein“, die von der biologisch-kosmischen Periodizität des Wachens und Schlafens abhängen, an biologischen Rhythmen teilhaben. Dieser Periodizität bedarf es, um die sog. „Verdrängung“, die perspektivisch entwerfende, wache Zuwendung dem aperspektivischen Innen (Psyche) gegenüber in dem ihr zustehenden, sie fundierenden Rahmen zu verstehen. Die Verdrängung weist sich damit als nicht ausschließlich von psychologischen Momenten (Lust und Unlust) bestimmt aus, sondern bedarf der Einordnung in die übergeordneten kosmo-biologischen Vorgänge.

i) Das Apriori der Kommunikation* und die Weisen der Zuwendung (Antriebe, Triebe, Fühlen, Befindlichkeiten, Wollen, Denken)

Aus dem Wachen differenzieren sich die Weisen der Weltzuwendung: Antriebe, Wünsche, Begehren, Fühlen, Befindlichkeiten, Wollen und das auf Erkennen gerichtete Denken. Scheinbar qualitativ verschiedene Funktionen der „Seele“ sind sie von der wachen Zuwendung ebenso abhängig wie von ihr erzeugt und konstelliert.

Sie sind bereits spezifische Darstellungen der Kommunikation, die, Zuwendung und Abwendung fundierend, jeder spezifischen Art zu kommunizieren – ob über Antriebe, Triebe, Fühlen, Wollen oder Denken, ob über Wirken/Gegenwirken, Austausch, Konflikt oder Sich-Durchdringen – vor-

* Es sei auf die umfassende, in Vorbereitung befindliche Publikation des Verf. über Kommunikation verwiesen (s. Vorwort).

gegeben ist. Stellt sich z. B. die Psychoanalyse die Kommunikation des Säuglings mit seiner Mutter sexuell-libidinös vor, so setzt diese Art spezifischer Beziehung Kommunikation schon voraus. M. a. W. Kommunikation, elementar in den biologischen Rhythmen von Zu- und Abwendung begründet, ist als menschliche und allen Lebewesen gemeinsame Weise des Austauschs mit der Welt jeder spezifischen Kommunikation vorgegeben. Sie ist ein lebendiges „Apriori".[35]

Im Unterschied zu der Beziehungsaufnahme Bedeutungen gegenüber (Gegenstand des II. Kap.s), die zwar auch immer ein reziprokes Geschehen ist, in der Beziehung und Bedeutung sich zu einem Vorgang vereinen, sei *die Kommunikation in ihren möglichen Weisen auf subjektzentrierte Beziehungen, deren jeweilige Bedeutungen beschränkt.* Wurde der Begriff der Kommunikation schon benutzt, dann ausschließlich im Sinne von Austausch. M. a. W.: *Kommunikation ist Gemeinsamkeit des Austauschs,* wobei dieser, den jetzt darzustellenden Weisen der Zuwendung entsprechend, über Antriebe, Triebe, Fühlen, Befindlichkeiten, Wollen oder Denken sich vollzieht, sei es daß eine dieser Weisen von Zuwendung zum ausschließlichen „Vehikel" der Kommunikation wird, sei es, daß Kommunikation gleichzeitig auf mehreren „Ebenen" sich ereignet. Wirklichkeit in ihren verschiedenen Arten wirklich zu sein, ist über das Netz von Beziehungen und Bedeutungen – Kommunikation jedoch findet erst statt, wenn sich ein Innen dem Außen oder ein Außen dem Innen mitteilt, beide in den Arten der Wirklichkeit über gegenseitige Abhängigkeit, Wirken/Gegenwirken, Konflikt, Sich-Durchdringen in Austausch treten. Austausch, eine Weise, in der Wirklichkeit wirklich ist, ist die Wirklichkeit wiederum, auf die Kommunikation angelegt ist. So entspricht dem leibhaft-antriebsbestimmten In-der-Welt-Sein Kommunikation über Antriebe und Triebe, über Sympathie oder Antipathie, über vorsprachliche Gestik, Mimik, Gebärde, über Sich-Berühren, Ertasten, An- und Erblicken, aber auch über Stoffaustausch: Atmung, Ernährung. Wirken und Gegenwirken korrespondieren in der Kommunikation dem willensgesteuerten, rational planenden Umgang mit der Welt, mit dem anderen nicht weniger als mit sich selbst. Hier wird Können erprobt, Handeln entworfen und Leistung vollbracht. Die „Ebenen" der Konflikte in der Kommunikation umschließen nicht nur die leib- und triebbestimmten, die von Wirkung und Gegenwirkung, die mentralreflexiven und personalen des Sich-Durchdringens, sondern sind fundamentaler Bestandteil des Werdens und Vergehens menschlicher Beziehungen überhaupt (s. unten). Über und in Konflikten manifestieren sich menschliche Beziehungen als dem einzelnen übergeordnete Gestalten (s. Teil II), deren Entwicklung, Differenzierung oder Verfall von Art und Weise sowohl der Zuwendung wie vor allem auch vom Austausch bestimmt wird: Ob der Konflikt zu Abkapselung, Isolierung, Gestaltschrumpfung oder Zersplitterung führt (s. Teil II) oder zur weiteren Steigerung oder Differenzierung, zu einem Gleichgewicht im Mit-einander-Sein.

In der einfühlend-wahrnehmenden Durchdringung des anderen haben leibhaft-antriebsbestimmte, willens- und konfliktbezogene Weisen der Zuwendung in „hellsichtiger“ Art den anderen in der Gegenseitigkeit des Austausches evoziert, erschlossen, eröffnet. Es ist ein Vorgang, der sowohl im Orgasmus bei gegenseitiger Zuneigung als auch in der ausschließlich mental-einfühlenden Wahrnehmung des anderen sich ereignet. Diese Wahrnehmung des anderen ist bildhafte Anteilnahme (s. unten): Ich bekomme ein Bild von Herrn X., das sich in seinen Schattierungen, Tönungen und Konturen im Umgang mit ihm entwickelt (personale Kommunikation).

Kommunikation wäre demnach:

a) Sie ist in jeder Weise der Zuwendung austauschend, anteilnehmend auf den anderen bezogen. Austausch ist das der Kommunikation übergeordnete Regulans. Entfällt der Austausch, seine Gegenseitigkeit, wird nicht mehr kommuniziert.

b) Jede „Ebene“ (Weise) der Kommunikation umschließt latent die nächst „höhere“, wie die höhere das in der „tieferen“ verborgen Anwesende erscheinen läßt. Die „Ebene“ der Kommunikation z. B. über den Konflikt zeigt Wirken/Gegenwirken nicht weniger auf als leibhaft-antriebsbestimmtes Miteinander-Sein. Wirken und Gegenwirken weisen auf die leibhaft-antriebsbestimmte Kommunikation spezifisch als eine von Geben und Nehmen wie sie auch in physiologischen Stoffaustausch sich darstellt. Gegenseitiges Sich-Durchdringen umschließt die anderen vorgegebenen Weisen der Kommunikation und erschließt dabei den anderen als wesenhaft bestimmtes Bild, obwohl der andere auch in der leibhaft-antriebsbestimmten Begegnung „voll“ erfaßt werden kann, jedoch in seinen Möglichkeiten noch nicht ausdifferenziert und erschlossen ist.

c) Der Fluktuation und Bewegtheit des Innen entsprechend (s. unten Abschnitt VI) sollten in der Kommunikation die Weisen der Zuwendung mit den ihnen entsprechenden „Ebenen“ in wechselwirkendem Austausch stehen: Über Wirken und Gegenwirken: Kommunikation im sachbezogenen Arbeitsprozeß, über leibhaft-antriebsbestimmte Verbindung: Kommunikation z. B. beim Tanzen oder gemeinsamen Essen. Der andere würde einmal bildhaft erfaßt und erkannt: „Ebene“ des Sich-Durchdringen, dann wieder leibhaft-antriebsbestimmt wahrgenommen werden. Die Reduzierung der Weisen zu kommunizieren, ihrer korrespondierenden „Ebenen“ wäre Ausdruck bereits pathologischer Gestörtheit, die im II. Teil zur Darstellung gelangen wird. Oder:

d) „Gesunde“ Kommunikation ereignet sich, wenn die Weisen der Kommunikation über die ihnen zukommenden „Ebenen“ sich ausdifferenzieren.

Im folgenden werden Antriebe, Triebe, Fühlen, Wollen und Denken sowohl phänomenologisch in ihrer Bezogenheit auf Kommunikation als auch in ihrer Wechselwirkung untereinander und auf die Welt bezogen untersucht und dargestellt. Zusammenfassendes Schema s. S. 185.

Im Antrieb[36] der Einkörperung erlebt der Mensch sich der Welt gegenüber entweder als in diese eindringend, sich ihrer bemächtigend, sie ergreifend, an sich ziehend, erlebt er sich die Umwelt prägend: Körpert er sich ihr ein, hinterläßt er eine Spur, die Folgen seiner Anwesenheit in der Umwelt, wenn er sie verändernd ergreift und umgestaltet. (Nachweisbar bei Kindern wie auch bei Angehörigen von Ethnien geht z. B. das Besitzstreben[37] auf das Bewußtsein der Verlängerung und Erweiterung des eigenen Lebens zurück. Im Besitz empfindet das Kind wie der „Wilde", daß sie sich über die Welt ausdehnen. Hier dürfte die Wurzel des sog. „Besitzstrebens" liegen, das auch eine Weise der Einkörperung über und in die Welt ist.) Die Veränderung von Umwelt durch die Antriebe der Einkörperung kann ebenso aufbauend wie destruktiv sein: Die Bauklötze werden durch das Zimmer gefeuert oder zu einem Haus zusammengefügt. In jedem Fall wird die Umwelt verwandelt, hinterläßt das Subjekt seine „Marke" in dieser, körpert es sich ihr ein in dem Maße, wie es sie umgestaltet. Einkörperung ist aber auch „An-Sich-Raffen", „Aufnehmen" (sog. orale Triebe, z. B. Essen und Trinken), „Anhäufen" (Sammeln), d. h. *die Spezifität von „Raffen", „Aufnehmen", „Anhäufen" stellen die einzelnen Möglichkeiten des Möglichen von Einkörperung dar. Das letztere ist der übergeordnete Antrieb, die ersteren sind die spezifischen Weisen dieses Antriebes, die Triebe.* Die Triebe der Einkörperung sind stark subjektzentriert, egozentrisch (die der Entkörperung, auf den oder das andere zentriert, dagegen allozentrisch).

In der Entkörperung geht das Subjekt über Einfühlung, Emphatie oder Identifizierung mit dem Gegenstand oder der Person in diesem/dieser ein und auf. Hier überwiegt nicht das „An-sich-Raffen", sondern das einfühlend-hingebende Wahrnehmen des anderen, ein Vorgang, der, wie die Beobachtung vor allem an Kindern lehrt, auf Gegenstände, Personen, Natur, Tiere oder Ereignisse universell angewandt werden kann. Es gibt keine Person, kein Ding, mit der der Mensch sich nicht identifizieren könnte, in die er sich nicht einzufühlen vermag[38] (bei noch erhaltenem Einfühlungsvermögen).

Die Triebe der Entkörperung zeigen sich ferner in Zuneigung, Mitleid, in der sog. „Agape" (Liebe), aber auch in erotischer Zuwendung, in Fürsorge, im Bedürfnis zu helfen, zu schützen, für den anderen dazusein, sich für ihn aufzuopfern. In der karitativen Selbstauslöschung, im Extrem der masochistischen Zuneigung wird die Tendenz zur Selbstdestruktion im Antrieb der Entkörperung ebenfalls sichtbar. *Einkörperung* und *Entkörperung* nehmen in ihren Extremen destruktive Formen an. Im Beschützen, Umsorgen, im Vermitteln von Sicherheit, Zutrauen und Geborgenheit, im spontanen Bedürfnis zu helfen oder zu behüten wird der soziale Charakter der Antriebe der Entkörperung sichtbar. Um jedoch die sog. *„sozialen Antriebe"* von denen der Ein- und Entkörperung zu unterscheiden, genügt es, auf die Tendenz auch der Einkörperung in den sozialen Antrieben, etwa des Beschützens oder Helfens, des Fürsorgens oder der karitativen Tätigkeit hinzuweisen. So wird im Beschützen die Identifizierung mit dem zu beschützenden Kind z. B. ebenso sichtbar wie das Bewußtsein der Überlegenheit (Einkörperung) dem zu Beschützenden gegenüber; Einkörperung und Entkörperung verbinden sich im Beschützen. Analoges geschieht im Helfen, im „solidarischen Verhalten" oder überhaupt in der Zuneigung, wenn diese über Einfühlung hinausgehend zu einer Aktivität wird, z. B. „dem anderen Essen zu bringen", sich dabei sowohl mitleidig, helfend als auch überlegen und stärker zu wissen.

In der erotischen Zuwendung vereinigen sich die einkörpernden Tendenzen des Sich-Bemächtigens mit denen der emphatischen Einkörperung, der Zuneigung. Der Liebesakt ist nicht weniger Vorgang gegenseitiger Sympathie und Hingabe wie auch der eines den anderen Ergreifen, ihn Umgreifen, ihn in sich halten zu wollen, in der Umfangung zu besitzen.

Dabei wird der Antrieb[39] wahrgenommen als

1. Gleichzeitigkeit von Mangelerleben,
2. Drang, den Mangel zu beheben,
3. Bildvorstellung, die dem Drang als Mittel ihn aufzuheben, innewohnt. (Dem Durst das Bild des Wassers, Durst zeigt sich durch Mangel an, ferner durch das Bedürfnis, den Mangel aufzuheben.)

Dieses Modell darf auf die anderen Antriebe und Triebe analog übertragen werden. Die außerordentlich große, kaum noch zu übersehende Zahl von Triebklassifizierungen,[40] von der der mentalen Aktivität zugezählten „Neugier" bis zu der „Sexualität", lassen sich auf die ihnen übergeordneten Antriebe der Ein- und Entkörperung des sozialen Mit-Einander-Seins (soziale Antriebe) reduzieren, wobei *der Antrieb als das unspezifische Drangerleben dem Trieb vorgegeben ist.* Er ist als Antriebsunruhe[41] mit noch nicht klarer Triebvorstellung bei Tieren nicht weniger als bei Kleinkindern zu beobachten. Aus dieser differenziert sich der spezifische Trieb, der beim Menschen der engen Bild(Auslöser)-Koppelung, wie sie für das seiner spezifischen Umwelt verhaftete Tier bestimmend ist, weitgehend entbunden wurde. *Alles aus der sich zeigenden Umwelt kann für den Menschen zum Gegenstand (Bild) von Trieberfüllung werden. Das Mögliche des Antriebs spezifiziert sich in den Möglichkeiten, die dem menschlichen Antrieb durch die Umwelt dargeboten werden.* Zu diesen Möglichkeiten zählen von Triebpsychologen gemachte Unterscheidungen etwa zwischen einem „Lesetrieb" oder einem „Sammeltrieb" für Bücher, einem „Flugtrieb" für Flugzeuge, einem „Haustrieb", einem „Besitz-, Autofahr-, Pistolen-Schießen-"Trieb bis zum Trieb mit „mehreren Frauen gleichzeitig zu schlafen"; vom Trieb, Kaviar zu essen oder sich mit Parteigenossen solidarisch zu fühlen, bis zum Trieb zur Orthodoxie oder zur Oralität usf. wurden die Triebe nach den jeweiligen Gegenständen ihrer Befriedigung aufgeteilt. Gegenüber einer solchen uferlos sich ausweitenden Triebaufteilung, der eine ebenso einseitige Triebvereinfachung bei Freud gegenübergestellt werden kann, erscheint eine immanente Aufschlüsselung der Triebe nach Anreicherung und Kommunikation (Austausch) des Subjektes mit der Welt über Ein- und Entkörperung sinnvoll. Aber bereits die Unterscheidung der einen Antriebskomponente von der anderen wird durch die jede Unterscheidung als artifiziell decouvrierende „Mischung" der Triebe untereinander erschwert und in Frage gestellt. Wer gerne liest, einem „Trieb zum Lesen" sich überläßt, eignet sich im Lesen nicht nur Wissen an, bereichert nicht nur seine Identität, körpert sich nicht nur in der Welt über das Gelesene ein, sondern könnte nicht lesen, wenn er sich dem Gelesenen nicht hingäbe, selbstvergessen (entkörpert) sich in das Gelesene einfühlt. Wer sich zu einem Partner hingezogen weiß, mit diesem gemeinsam leben möchte, körpert sich dem Partner ein, verwandelt ihn in einen Bestandteil der eigenen Existenz. Wie er nicht weniger dem Partner sich entkörpernd zugeneigt ist, seine Identität zugunsten des anderen in der Zuneigung zurücktritt, sich auflöst, undeutlich wird. Eine Speise zu essen, ein Haus zu bauen, ein Königreich zu erobern, eine Partie Schach zu gewinnen, sind Vorgänge, in denen Speise, Haus, Königreich oder gewonnenes Spiel die Identität über die Umwelt, sich in diese einkörpernd, ausdehnen. Sie sind jedoch auch nicht weniger Vorgänge der „Entkörperung", da sie Hingabe an das Geschehen, an Erobern, Spiel oder Liebe voraussetzen, Einfühlung (Entkörperung) verlangen. Diese Doppelbödigkeit der Antriebe und der von ihnen sich ableitenden Triebe wird auch bei denen sichtbar, die überwiegend von der Entkörperung akzentuiert sind: Sich liebevoll in den anderen einzufühlen, bedeutet zwar Zurück- und Hintanstellung der eigenen Egozentrizität. Jedoch welche Einfühlung in den oder das andere wäre nicht von einer Einkörperung auch im Sinne des Identitätszuwachses betroffen? Die sozialen Antriebe des Mit-Einander-Seins, zwischen denen der Ein- und Entkörperung befunden, weisen deutlich auf die Doppelstruktur des sich einkörpernden Bemächtigens wie die des entkörpernden Sich-Zuneigens hin, die der Liebesakt im wechselnden Unterschied seiner Komponenten verdeutlicht (bis in die physische Rhythmik von Hingabe und Bemächtigung, Aktivität und Passivität, Aggression und Aufnahmebereitschaft).

Die polare, gegensätzliche Strukturierung der Antriebe und Triebe einerseits, die Tatsache, daß ferner alles zum Gegenstand z.B. des sog. „Sexualtriebes" zu werden vermag (wie auch die sexuellen Perversionen und die Gegenstände ihrer Abirrung erweisen), soll jedoch nicht den Blick von der Ausdifferenzierung der Antriebe und Triebe durch den Akt der Zuwendung selbst ablenken: Der Umgang mit der sichtbar sich zeigenden Welt, mit ihrer Bedeutungs- und Beziehungsfülle ermöglicht sowohl die außerordentliche Variabilität menschlicher Triebe, bedingt sie, wie umgekehrt diese Ausdifferenzierung nur stattfinden kann, weil ein subjektives Innen als Mögliches menschlicher Triebe diese zunehmend differenziert, es auf gestaltete Welt durch Beziehungsentfaltung und Bedeutungsstiftung antwortet.

Rückblickend dürfte die hier durchgeführte Einteilung der Antriebe/ Triebe in solche der Ein- und Entkörperung und der sozialen Antriebe sowohl in bezug auf den fundamentalen Vorgang von Zu- und Abwendung* als auch auf ihren leibhaften Ursprung hin (-„körperung“) gegenüber anderen Klassifizierungen gerechtfertigt erscheinen. In der Zu- oder Abwendung transzendiert der Trieb den Leib, wendet sich das Innen über den Trieb nach Außen, differenziert sich dieses, um in der Vielzahl möglicher, sich entwickelnder Triebe auf das Innen und die Konstellierung, Evozierung neuer Triebe zurückzuwirken. Auf diesen Vorgang von Bedeutungsaufnahme über Beziehungen und seine leibhafte Herkunft weisen die Begriffe der Ein- oder Entkörperung. Nicht weniger als die Vielzahl der sog. Triebe Folgen sich zu- oder abwendender Einkörperung sind, damit jede Klassifizierung, die dieses Grundphänomen menschlichen Daseins nicht berücksichtigt, Gefahr läuft, in die Irre zu gehen, macht in der hier vorgeschlagenen Einteilung die Außenwelt den Schrittmacher von möglichen Trieben, die, wie aus psychologischen Fachbüchern entnommen werden kann, in die Tausende differenziert werden können.

Mit der vorliegenden Einteilung wird auch von der Differenzierung der Triebe nach Schichten der Persönlichkeit[42] – von vitalen zu geistigen – Abstand genommen, da dieser Konzeption der vorliegenden Untersuchung eine andere entgegengestellt wird: Im „Sexualtrieb“ ist sog. „mentale“ Wahrnehmung des anderen z. B. als Geschlechtspartner ebenso enthalten wie „vitaler“ Drang, d. h. „geistige“ Zur-Kenntnisnahme wie animalischer Wunsch zur Besitzergreifung. Nicht weniger hat die Neugier als „mentaler“ (geistiger) Trieb sexuelle Komponenten – wie die Psychoanalyse aufwies –, d. h. ein sog. geistiger Trieb verweist auch auf animalisch-vitale „Schichten“. Sexualtrieb oder Neugier sind als Ausdruck von Einkörperung (damit auch von Entkörperung) bestenfalls mit verschiedenen Akzenten zu versehen. Die Neugier wäre dem Wahrnehmungs- und „Schau Pol“ des Menschen zuzuordnen, die Sexualität tendiert eher zur Aktivität und zum Handeln, die Zuneigung (Sympathie)[43] käme dem „Gemütspol“ von Sympathie und Antipathie zu. In der Neugier würde die einfühlende Hingabe überwiegen (Entkörperung), in der Sexualität die sich bemächtigende Tendenz zur Aktivität und zum Handeln, die Einkörperung. In der Zuneigung würden sich Ein- und Entkörperung die Waage halten, hier überwiegt zwar die Sympathie – aber wird die Zuneigung mit kritischer Zurkenntnisnahme des anderen begleitet, ist sie von Antipathie nicht entfernt.

Hinter dem Vorgang eines über Antrieb/Trieb mit der Welt sich verbindenden oder sich von ihr abwendenden, sie u. U. zerstörenden Subjektes steht, *daß Zuwendung überhaupt Grundstreben nach Identität mit der Welt ist.* Dieses geht über die Ausweitung der eigenen Identität hinaus, die bereits

---

* Abwendung erfolgt aus biologisch-leibhaften Gründen: Schlaf oder Sättigung oder als Antwort auf Widerstandserfahrung und Bedrohung. Nicht weniger wie Zuwendung führt Abwendung als Antwort auf Umwelteinwirkung zu einer Ausdifferenzierung der Triebe selbst (Selbsterleben) wie auch zu einer spezifischen Umwelterfahrung.

gespalten und getrennt erfahren wurde (s. unten). Daß auch die Destruktion von Welt Identität mit derselben herstellt, beweist nicht nur die Anonymisierung des Zerstörten, das keine Unterscheidung (Identifizierung) mehr ermöglicht, damit totale Identität wird, sondern die Abhängigkeit des Lebens von Untergang überhaupt: D. h. *eigene Identität kann sich nur erhalten, wenn anderes in Frage gestellt, vielleicht zerstört, einverleibt wird, wenn die Identität des Aufnehmenden sich über das Aufgenommene verwirklicht.*[44]

Im Wollen,[45] das der Verfasser an anderer Stelle als durch menschliche Umwelt im Verlauf der Geschichte sozialisierten Antrieb analysierte, werden Personen oder Dinge in erster Linie rational, d. h. zu bestimmten, meistens technisch/praktischen Zwecken manipuliert. Es wird gebraucht, benutzt, verwandt, dem Zeugcharakter der menschlichen Umwelt folgend. Der Umgang mit dem Zeug hat den menschlichen Willen als spezifisch ziel- und zweckverfolgende, qualitativ indifferente, neutral erlebte Zuwendung geprägt, auf dem heute „Technik und Fortschritt“ nicht weniger beruhen als die Verwendung von Menschen zu Zwecken. Der Wille weist sich ferner als Kraft aus, die repressiv (unterdrückend) Antrieben nicht weniger als Gedanken, Gefühlen oder Stimmungen Richtung innerhalb der Zu- oder Abwendung der Welt gegenüber erteilt.

Ein Vorgang, der nicht ohne den Entwurf der Handlung (Plan) seine, sei es systematische, sei es spielerisch-probierende Durchführung im Verfolgen von Zwecken ermöglicht. D. h. Wille übermittelt spezifisch der diffus undeutlichen Orientierung des Antriebs: „Haben-Wollen“ (besitzen, kaptatives Streben, Einkörperung) die eindeutig-deutliche Richtung, wie das Haben-Wollen z. B. der Puppe praktisch zu bewerkstelligen ist.

Dieses Modell einer vom Antrieb angestoßenen, aber durch den Willen zu einer zweck- und zielverfolgenden Handlung gewordenen Richtung in den Raum hinein ist generell auf das In-Einander-Übergehen von Antrieb und Willen in jeder Handlung übertragbar. Ob es sich um die Annäherung von zwei Partnern zum „Zwecke des Geschlechtsverkehrs“ handelt, ob um die Sättigung durch Speisen bei Hunger, ob um die Fortbewegung im Pkw, ob es darum geht, einen Flug durchzuführen, die „direkte“ unvermittelte Antriebshandlung, die Steuerung der Handlung ausschließlich durch Antrieb oder Trieb ist beim Menschen nicht zu beobachten, wird von der spontanen Ausdrucksbewegung abgesehen. *Alles Tun bedarf der Vermittlung durch den Willen, der aus dem Möglichen eines Antriebes, eines Triebes, die spezifischen Möglichkeiten der Befriedigung erstellt.* Die Vermittlung der menschlichen Handlung durch den Willen dürfte – wie anderswo ausgeführt – wiederum nicht ohne die spezifische menschliche Umwelt des Zeugs zustandegekommen sein, das sich zwischen die unmittelbare (weitgehend nicht durch den Willen vermittelte) Instinkthandlung der Tierarten, insbesondere auch der höheren, und dem menschlichen Handeln „eingeschoben“ hat. (Obwohl Ansätze zu einem der menschlichen Willenshandlung vergleichbaren Tun bei höheren Wirbeltieren nachweisbar sind, so z. B. bei dem nach

Termiten angelnden oder sich mit einem Stock bewaffnenden Schimpansen).[46]

Das Kleinkind, selbst bei primitivster, noch auf steinzeitlicher Stufe stehender Ethnie, wächst in einer Umgebung auf, in der das Werkzeug zur Bewältigung dieser Umwelt, zum Schutz vor ihr, nicht wegzudenkender Bestandteil der Existenz und ihrer Aufrechterhaltung geworden ist. Wie die Herstellung eines Werkzeuges nicht ohne die Unterdrückung und Kontrolle der bei der Herstellung störenden Triebe von z. B. Hunger, Sexualität, allgemeiner Antriebsunruhe vollziehbar ist, so erfordert auch der Umgang mit dem Zeug eine Anpassung an dieses, d. h. eine Unterdrückung spontan auftauchender Triebe zugunsten der Art und Weise, wie das Zeug zu benutzen oder zu beherrschen ist.

Der historische Mensch lebt immer schon in einer künstlichen, auf Unterdrückung spontaner Triebe fundierten menschlichen Umwelt,[47] die die Vermittlung des Willens zu ihrer Realisierung benötigt. Dies bedeutet, daß das Tun im Sinne des oben dargestellten Modells erst über die Brechung und Kanalisierung der Antriebe und Triebe durch den Willen für den Menschen möglich ist. In dieser „Aufbrechung und Kanalisierung" wurde der Zeugcharakter der menschlichen Umwelt nach pragmatisch-technischen Gesichtspunkten errichtet, die das menschliche Antriebsleben tiefgehend geprägt oder „deformiert" hat.

Für die Anthropologie der Triebe sei, im Rekurs auf andere Publikationen,[48] erinnert, daß dem menschlichen Triebleben, abgesehen von seiner Lösung an die enge Bindung Signal-Antrieb, im Vergleich zu den höheren Tierarten, die

a) Periodizität der Antriebe (z. B. der Brunft) weitgehend fehlt,
b) „Triebhemmer", z. b. der Aggression, nicht „automatisch" wirken.

Das menschliche Triebleben neigt aufgrund dieser Mängel dem Tier gegenüber zur Maßlosigkeit und zu Dysregulationen: Eine Triebrichtung vermag als bildbezogene Antriebsgestalt das gesamte Leben zu beherrschen. (Vgl. unten Teil II, z. B. der Geltungstrieb, der Ehrgeiz oder die selbstauslöschende Hingabe.)

In Gefühl und Stimmung,[49] ihrem weitgehend unberechenbaren Auftreten und Verschwinden vermittelt sich das Innen in seiner Befindlichkeit, seinem Zustand, dem Wachen und damit der Welt, wie sich die Welt dem Gefühl oder einer Stimmung mitteilt. Über Gefühl und Stimmung (Befindlichkeit) vermittelt sich Welt: Wir nehmen die Atmosphäre eines Tanzlokals nicht weniger als die eines gotischen Domes, einer kleinbürgerlichen „guten Stube" wahr oder die Stimmung, die über einem verlassenen, von Unkraut und Baumbestand überwucherten Gräberfeld liegt.

Wie in der Wahrnehmung die Gleichzeitigkeit von Innen und Außen sich ereignet, so sprechen in Stimmung und Gefühl das Innen oder die Welt in der spezifischen Tönung des Erlebens,[50] d. h. des sich innerlich lebendig erfahrenden Lebens, an: Zu-Einander, Mit-Einander, Gegen-Einander. Zu-Einander: wenn sich unser Gefühl und die Stimmung auf das Außen richtet, dieses atmosphärisch über Empathie erfühlt wird, wenn Außen und Innen „zu einander sprechen". Mit-Einander: wenn zwischen Außen und Innen Wechselwirkungen sich bilden, die Stimmung des Sommertages uns heiter stimmt oder sich eine Niedergeschlagenheit bei Regenwetter einstellt. Gegen-Einander: wenn das uns beherrschende Gefühl z. B. der Niedergeschlagenheit in keinem Verhältnis zu einer soeben eingetroffenen, angenehmen Nachricht steht.

Der Affekt[51] würde in diesem Zusammenhang (vgl. unten) die *Intensitätszunahme* der empfundenen, gefühlten, in Stimmung und Fühlen ausgedrückten Zu- oder Abwendung der Außenwelt, Dingen oder Personen gegenüber bedeuten. Darüber hinaus weist der Affekt auf die spezifische Intensitätszunahme von Gefühl oder Stimmung, aber auch Trieberleben, die in der Gefangen- und Befangenheit des Subjektes ausschließlich durch die Steigerung derselben begründet ist. Im Affekt stürzt sich das Subjekt mit seinem Inne-Sein gänzlich in diesen oder der Affekt überwältigt es.

Erleben – ob in Gefühl, Stimmung oder Affekt – hieße jetzt: *Unmittelbare, nicht primär durch Gedanken (Erkenntnis oder Handlung) vermittelte Teilhabe über Empathie*[52] *am Leben des eigenen und fremden Lebens. Empathie ist Erleben seiner selbst und der Welt, ist Selbst- und Welterleben.* Oder: *Wachend der Welt zugewandt sind wir gleichzeitig in Stimmung, Gefühl oder Affekt in ihr, wie sie in unserem Innen anwest.* Wachende Zuwendung zur Welt als Streben nach Identität mit dieser würde sich demnach in folgenden Weisen der Zuwendung aufgliedern:

1. Wahrnehmung: Gleichzeitigkeit von Innen und Außen im Akt der Wahrnehmung. (Welt erscheint homogen als Bild, Identität und Verfremdung halten sich – bei physischer und psychischer Gesundheit – im Gleichgewicht.)
2. Stimmung, Gefühl und Erleben: Gegenseitige Teilhabe des Innen an der Welt, der Welt am subjektiven Innen. In-der-Welt-Sein als Inne-Sein von Welt über Erleben, Stimmung und Gefühl, wie auch die Welt unserem Erleben, Stimmung und Gefühl inne ist. (Welt wird heterogen erlebt. Identität wird im In- und Mit-Einander mit der erlebten Welt erfahren, im Gegen-Einander gefährdet (verfremdet) oder gegen die Welt als Behauptung der Identität vollzogen.)
3. Im Antrieb und seinen spezifischen, dem Antrieb untergeordneten „einzelnen" Trieben, in Einkörperung, Entkörperung und den sozialen Antrieben wird in der Art ihrer Weltzuwendung über das Bild (Signal) vorübergehend Identität zwischen dem Subjekt und der Welt hergestellt. Im Nachlassen dies Triebes auf Welt zu wird die Identität wieder aufgehoben. (Identität als Identität z. B. zwischen Subjekt und dem Wasser im Löschen des Durstes, zwischen dem Subjekt, das Tier oder Pflanze verzehrt, zwischen dem Subjekt und dem Partner im Liebesakt.) Dabei ist die Form der Iden-

tätserstellung über Bemächtigung, Einkörperung u. U. Destruktion oder über Einfühlung und Empathie irrelevant: In jedem Fall wird Identität hergestellt. In der Destruktion wird das oder der andere zerstört, damit die eigene Identität „ausgedehnt", sie bestätigt sich „grenzenlos", es gibt nur die eigene Identität (s. oben). In der Zuneigung dagegen strebt die eigene Identitätssuche im anderen („Du", „Es") aufzugehen, neue Identität im Verlust und in der Bestätigung der eigenen zu finden. So wird die Welt im Mangelempfinden des Antriebes heterogen (gespalten) erlebt, in der Aufhebung des Mangelempfindens – Befriedigung – dagegen homogen und identisch.

4. Im Handeln wird das Außen über den zweckgerichteten Entwurf zum manipulierbaren Zeug, die Außenwelt als menschliche Umwelt reflektiert die zweckbestimmte, pragmatische Einstellung des Subjektes. Außenwelt ist in Zeug umgewandelt, ihrem natürlichen So-Sein (Natur) entfremdet, aber die Identität des homo faber mit der Zeug-Welt ist seine Welt, der gegenüber Identität mit der Natur immer schon eine romantische Chimäre war und ist.

5. Im Denken ist die Welt als durch den Begriff verfremdete – Zeichen – dem Subjekt immanent, ihm durchsichtig-transparent. (Welt ist im Begriff wieder homogen-identisch, das Subjekt kann denkend Identität herstellen und auflösen.)

Die dargestellten Weisen der Weltzuwendung stellen Varianten der Verfremdung und *Identitätsfindung* zwischen Subjekt und Welt dar. Von der Gleichzeitigkeit von Subjekt und Welt im Wahrnehmungsvorgang, vom Erleben der Welt im Inne-Sein des Gefühls, der Stimmung bis zum manipulierenden Handeln, bis zum Erkennen von Welt im Begriff erfolgt schrittweise die Entfremdung, steigert sich Entfremdung zwischen Welt und Subjekt bei verschiedener Identität mit dieser. Totale Identität, durch Erleben, Reflexion oder Handeln nicht getrennt, Subjekt/Welteinheit stellt allein der aperspektivische Traum dar, der der Wirklichkeit wiederum – anders als der Begriff – entfremdet ist.

Für die Kommunikationsproblematik bedeuten die Zusammenhänge von Identiät und Verfremdung, wie sie hier aus den Weisen der Weltzuwendung (-abwendung), d. h. der Kommunikation selbst, entwickelt wurden, folgendes:

In der leibhaften Kommunikation über Stoffaustausch und Antrieb/Trieberleben wird z. B. die begriffliche Kommunikation im Modus der Entfremdung hier, der Durchsichtigkeit und Verfügbarkeit dort, zugunsten des leibhaften Sich-Durchdringens weitgehend aufgehoben. D. h. die begriffliche Identität/Nicht-Identität im Urteil verfällt, wohingegen erlebte Identitätsaufhebung in der Hingabe, z. B. Identitätsfindung in aggressiver Selbstbehauptung – und umgekehrt (das Gegenteil trifft auch zu) – beobachtet wird. In der Sphäre der Emotionalität, von Befindlichkeit und Fühlen, tritt begriffliche Identität ebenfalls zugunsten der Identitäts- und Verfremdungsvorgänge des In-, Mit- und Gegen-Einander von Stimmung, Fühlen und Welt (die immer den/die anderen miteinbeziehen) zurück. Emotionalität und triebhaft bestimmtes Verhalten weichen im zweckbezogenen Handeln (Wirken und Gegenwirken), das in der verfremdeten menschlichen Umwelt sich ergeht, zurück, hingegen nimmt begriffliches Denken in dem das zweckbestimmte Handeln bestimmenden Plan (Entwurf) den „Vordergrund" kommunikativer Zuwendung ein. In Wirken und Gegenwirken, ist es partnerbezogen, wird dieser zum Gegenstand des Machtkampfes, des pragmatisch-zweckbestimmten Handelns, das sich mit den Antrieben der Einkörperung verbindet. Die gegenseitige Abhängigkeit der Kommunikation zwischen Personen wird dann deutlich, wenn der eine vom anderen als „Zweck" benutzt, sich dabei außerhalb seiner Identität begibt, verfremdet – der andere Identität in der Ausnutzung des ersteren konstituiert. Da er aber in dieser Identität sich auch an einen Zweck (Verfremdung) verloren hat – den Zweck, den anderen zu benutzen –, unterliegt er nicht weniger der Verfremdung, wohingegen der andere im Erleiden von Verfremdung zu „sich selbst" kommen kann, Identität findet. Eine Kommunikation über triebhafte, emotionale, pragmatisch-sachbezogene und personale (Durchdringen) Weisen, die sich auf eine oder mehrere Partner (s. unten) bezieht, würde als Gleichgewicht zwischen Verfremdungsprozessen – in der Zuwendung und Hingabe schon an den anderen – und Identität der Selbstbehauptung (auch Einkörperung) sich darstellen:

Den anderen zwar selbstaufgebend zu lieben, aber doch ihn erotisch „haben" (einkörpern) zu wollen. Die Emotionalität des anderen wahrzunehmen, zu erleben, in ihr aber nicht durch „Gefühlsansteckung" zu vergehen, sondern sich gegen diese abschirmen zu können. In Wirken/Gegenwirken (Handeln) ebensowenig sich „ausnutzen" zu lassen, wie etwa jede Hilfeleistung abzuschlagen. Im Austausch cognitiver Informationen die Verfremdung seiner selbst wie auch des anderen (im Versuch z. B., diesem seine Meinung „aufzuoktroyieren") zu vermeiden, um im *Gleichgewicht* zwischen Verfremdung an den anderen (nicht weniger wie an die Sache) und Bewahrung der eignen Meinung Identität erst zu finden. Mit dieser Identitätsfindung ist „echte" oder „gesunde" Kommunikation gewährleistet – da diese die Negation ihrer selbst, die Verfremdung und das In-Frage-Stellen durch das Nicht-Identische miteinbezieht. M. a. W.: Das Suchen nach Identität (Identitätsstreben s. unten Teil I, Kap. V) führt von dem Mit-sich-Identischen in die Verfremdung, in der Verfremdung jedoch kann Identität gefunden werden (wie in der technischen Umwelt des homo faber), wenn, Gleichgewicht erzeugend, das Fremde identisch, das Identische fremd wird. Dieser antilogische Sachverhalt wird im handelnden Einfühlen z. B. sichtbar: das Kind fühlt sich wahrnehmend in einen Gegenstand (Puppe, Stuhl) ein, dabei erfühlt es das andere, verliert sich selbst dabei, „findet" sich wieder, wenn das andere als Fremdes die eigene Identität in der Aufnahme, Integrierung desselben (durch das Vermögen, mit ihm lernend umzugehen) *verfremdet*, aber dabei die Identität „festigt", „bestätigt", „erweitert", das Fremde in der Verfremdung zur Grundlage der Identität geworden und ein Gleichgewicht erreicht ist.

Im Konflikt zwischen Identischem und Fremdem in allen Weisen der Kommunikation wird Heterogenität sichtbar, die im Gleichgewichtszustand der der jeweiligen Weise der Kommunikation korrespondierenden Homogenität weicht (s. oben). *Der Konflikt als Modus der Wirklichkeit erweist sich als Durchgang zur Identitätsfindung.*

Das folgende Schema soll – wie jedes Schema die komplexen Vorgänge vereinfachend, damit verfälschend – zur Orientierung über a) die Weisen der Kommunikation und ihr Verhältnis zur Wirklichkeit, b) über Verfremdung und Identität in der Kommunikation dienen.

Schema: Weisen der Zuwendung und Modi der Wirklichkeit

Weisen der Zuwendung (Kommunikations-„Ebenen")	Modi der Wirklichkeit (Gegenseitige Abhängigkeit, Austausch und Konflikt ist in allen Weisen von Kommunikation verbindlich)
Leibhaft	
a) Wahrnehmen	Gleichgewicht von Außen (fremd) und Innen (identisch) im Wahrnehmen selbst
b) Stoffaustausch (Atmung, Ernährung, Assimilation/Dissimilation)	Nehmen: Stoffaufnahme – Geben: Stoffabgabe
	Gleichgewicht endokrin-vegetativ-diencephal reguliert
Antriebe/Triebe	
	Nehmen: Einkörperung – Geben: Entkörperung
	Gleichgewicht beider in sozialen Antrieben
	Wirken/Gegenwirken im triebbezogenen Handeln
Emotionalität	
(Befindlichkeit, Fühlen, Affektivität)	In der Stimmung sich mitzuteilen, im Fühlen erlebend wahrzunehmen
	Mit der Welt im Einklang, gegen die Welt im Mißklang
	Gleichgewicht, wenn Welt und Stimmung, Stimmung und Welt fühlend übereinstimmen
	Im Affekt „vergibt" man sich nehmend (kein Gleichgewicht)

Handeln (willensbezogen, pragmatisch-sachlich)	Wirken/Gegenwirken als Widerstandserfahrung des Nicht-Identischen. Im „Zeug“ wird das Nicht-Identische (Fremde) zum Eigenen. Dann Gleichgewicht
Mental/Cognitiv In der Weise des verfremdeten Begriffs	Informations-/Meinungsaustausch. Wirken, Gegenwirken. Geben, Nehmen Gleichgewicht in dialogisch du-bezogener Wechselwirkung
Personales „Wahrnehmen“	Einfühlendes Durchdringen Gleichgewicht im gegenseitigen Sich-Wahrnehmen und Annehmen (z. B. Orgasmus bei Wirksamkeit aller Weisen von Kommunikation)

k) Innen und Außen in zyklischer Verbindung

Die aufgezeigten Stufen der Verfremdung sind zugleich Steigerungen des Wachens bis zu der kritisch, distanzierten Reflexion der Außenwelt gegenüber. Um das Außen begifflich-intentional zu erfassen, ist seine Verfremdung im Wachen, seine Destruktion auf der vorlogischen Ebene notwendig. Erst über das verfremdete Außen kann sich der Begriff in seiner von der Außenwelt unabhängigen Weise als Zeichen entfalten, wie das eindrucksvoll die Entwicklung der Schrift aus der Bilderschrift,[53] der Sprache aus Lauten wiedergibt. Was auf der vorlogischen Ebene konkreten Mit- und In-Einander-Seins verloren wird, ist die Voraussetzung für das Erkennen.

Der Kreisprozeß (Spirale) des Erkennens, der erkennenden Zuwendung auf Welt hin, beginnt auf der vorlogischen Ebene. Der Destruktion des vorlogisch-magischen Erlebens durch das Handeln und seine Grenzerfahrung folgt der Aufbau der rationalen Welt als Abwendung (Verdrängung, Destruktion) von der vorlogischen Stufe. Die nächste Steigerung wäre nach Ablösung der vorlogisch-magischen Welt durch die Weltzuwendung auf der rational-begrifflichen Ebene: Inne-Sein der Welt im Begriff, d. h. Inne-Sein als Sich-Verstehendes, sich durchsichtig gewordenes Außen im Innen. Damit wäre die zyklische (Spiral-) Bewegung abgeschlossen. Im Antrieb/Trieb erfährt sich das Innen als Mangel, gleichzeitig als Drang zum Aufheben des Mangels (Bedürfnisses). In der Vereinigung mit dem „Gegenstand“ des Triebes wird das Bedürfnis nach diesem aufgehoben, um sich, von den leibhaften, subjektiven Rhythmen und Stimmungsschwankungen abhängig, wieder jeweils neu zu konstituieren. Auf dieser Stufe verläuft der Zyklus von Mangel zu Vereinigung, Aufhebung des Mangels durch Vereinigung, neues Auftreten von Mangelempfindung. Hier findet – im Unterschied zum Erkennen – keine Entwicklung, keine Spiralbewegung statt. Der Verlust der „Ebene“ der Triebbefriedigung durch diese selbst, des „Gegenstandes des Triebes“, wenn dieser z.B. aufgezehrt ist, wird abgelöst durch Inne-Sein des „Gegenstandes der Befriedigung“ z.B. als innerlich präsentes Bild desselben: Partner, Speise, Flüssigkeit usf. Inne-Sein des Bildes nach Wegfall des konkreten „Gegenstandes der Befriedigung“ steht hier im gleichgewichtigen, zyklischen Verhältnis von Gewinn auf der Ebene des bildhaften Inne-Seins und Verlust auf der realen Ebene. Dieser Kreisprozeß zwischen Inne-Sein des Bildes, Verlust desselben, Gewinn des Bildes auf der Bild-Vorstellungs-Ebene, unterscheidet sich von dem Erkenntnisprozeß durch seine periodisch bestimmte Gleichförmigkeit. Der Erkenntnisprozeß stellt eine progressiv-zyklische Entwicklung dar, von der vorlogischen Ebene zur logischen, er wird „regressiv“, wenn die logische Ebene im Tagtraum, Halbschlaf oder im aperspektivischen Traum sich aufhebt, das vorlogische Erleben wieder in den Vordergrund rückt.

In Stimmung und Fühlen, durch die das Wachen dem Gegenstand seiner fühlenden Zuwendung nur undeutlich zugekehrt ist, wird folgende, zyklisch verschiedene Akzentuierung oder Gewichtsverteilung beobachtet: Bin ich mit meinem Fühlen auf das Außen eingestellt, z.B. Atmosphäre in einem Tanzlokal, tritt das Innen entsprechend zurück und, umgekehrt, erfahre ich eine mich erschütternde Nachricht, bin ich verzweifelt, gibt sich mein Innen dem Außen entsprechend kund.

Bei den geschilderten Kreisprozessen ist die Gleichzeitigkeit einer emotional-vorlogischen, vom Antrieb bestimmten Weltzuwendung mit einer rational-logischen durchaus beobachtbar. Wenn der Wilde den Ast für den Speer vom Baum schlägt, führt er diesen Vorgang einerseits logisch-pragmatisch durch, andererseits wird das Geschehen mit einem Hof (Horizont) vorlogisch-mythischer Vorstellungen, Emotionen und Schuldgefühlen begleitet.

Die Kreisprozesse zwischen Innen und Außen setzen das Wachen ebenso voraus wie die durch diese Prozesse bedingte, sich steigernde Verfremdung des aperspektivischen Innen, seines Bildcharakters, gegenüber der logisch-rationalen Weltauffassung. Im Wahrnehmen, in schauender Zuwendung, in Erleben, Stimmung, Fühlen ist zwar das Bildgeschehen des Innen durch das Wachen bereits weitgehend aufgelöst, aber diese Weisen der Zuwendung sind – wie erwähnt – bei Kindern, bei Angehörigen von Ethnien und in krankhafter Form bei Geistesgestörten noch stark von Bilderleben übertönt.

Bildhaft denkt nicht nur das Kind. Es ist darüber hinaus auch wiederholt und ausführlich erwiesen worden, daß Angehörige vorindustrieller Völker und Kulturen überwiegend bildhaft erleben, fühlen und denken, mythisch-traumhaftes Innen nicht von nach Außen gewandtem Wahrnehmen und Erleben zu trennen sind.[54] Diese Trennung erfolgt über den zunehmend rationalen Umgang mit dem Zeug, einschneidend und drastisch erfolgt sie jedoch erst durch Aufklärung und Industrialisierung.

Das aperspektivische Innen, sich in der Zuwendung nach außen entwerfend, verliert seine bildhafte Physiognomie über die wache Weltzuwendung, über Handeln und Antrieb.

Die vorlogische Stufe der Erfahrung jedoch, in der die Welt noch bildhaft wie ein In-Einander emotioneller, wechselnd einander zugeordneter Gesten, Hinweise, Gesichter erlebt wird, hat sich die vorlogische und alogische Verfassung des aperspektivischen Innen bewahrt.

Zusammenfassend läßt sich über die Beziehung zwischen Innen und Außen sagen:

1. Innen und Außen ergeben sich der beschreibenden Beobachtung als voneinander grundsätzlich verschiedene Weisen von „In-der-Welt-Sein“: Das eine ist In-Einander-Sein, das andere Aus-Einander-Sein.
2. Gleichzeitig jedoch sind Innen und Außen voneinander abhängig, das Innen gliedert sich über das Außen zu einem in sich verschiedenen Inne-Sein verschiedener Intentionalitäten. Das Außen wird über das Innen zu einem Versteh- und Erfahrbaren. Die Grundverschiedenheiten von Innen und Außen sind in der Wahrnehmung aufgehoben.
3. Das Innen erscheint der wachen Zuwendung als In-Einander von sich durchdringenden Gedanken, Willensimpulsen, Stimmungen, Bildern, Gefühlen, die nicht nur voneinander abhängig sind, sondern in denen „alles mit allem zusammenhängt“ – aufgrund der aperspektivischen Struktur von In-Einander-Sein des Möglichen.
4. Das Innen ergab sich als nicht auslotbare Tiefe, aus der sich über die Zuwendung perspektivischer Raum und Zeit konstituieren. Der subjektive Bezugspunkt wird zum perspektivischen Fixpunkt, über den sich das Subjekt der Welt räumlich ordnet und zeitlich bestimmt, damit auch die Ordnung der Logik ermöglichend.
5. Das Innen, nach erloschener Zuwendung im Schlaf, erscheint als aperspektivisches Bildgeschehen, für das die Unterschiede einzelner psychischer „Funktionen“ irrelevant sind. Es ist Psyche.
6. Die sog. psychischen Funktionen sind Folgen der wachen Weltzuwendung, der vorgegebenen Kommunikation. Folgen der wachen Zuwendung sind die ein- und entkörpernden, die sozialen Antriebe, das willensgerichtete Handeln, das Fühlen, das Wünschen, das Gestimmt-Sein (Befindlichkeit), das Erleben, der Affekt und die Reflexion.
7. Kommunikation wurde den Weisen der Zuwendung entsprechend beschrieben, Identität und Verfremdung aus der Kommunikation entwickelt, Identität dort konstatiert, wo diese sich im Gleichgewicht (nicht aufzuhebender) Verfremdung bildet –, bei Kommunikation in allen Weisen möglicher Zuwendung.
8. Die Verbindung dieser einzelnen Weisen der Zuwendung zu der Außenwelt erfolgt zyklisch, wobei sich Außen und Innen über den Verlust je einer Ebene im Verlauf ihrer Zuwendung einander entweder im Gleichgewicht bleibend ergänzen oder sich von einander fortentwickeln. Dabei

sind Verluste der einen Ebene durch Wiedererlangung des Verlorenen auf der anderen Ebene zu beobachten.

9. Das aperspektivische Innen entwirft sich in der Weltzuwendung primär über die vorlogisch-bildhafte Welterfahrung. Es verliert dabei seinen bildhaften Grundzug, der durch die Rationalisierung ersetzt wird. Diese erst ermöglicht das Verstehen im oben ausgeführten Sinne des Durchsichtig-Werdens von Welt im Begriff. Auf das Verstehen in seiner innerseelisches Gleichgewicht fördernden Eigenschaft wurde verwiesen.

V. Die antilogische Grundverfassung des Subjektes und seine Entwicklung

a) Grenzen der Aussagen über innerseelische Vorgänge

Selbst- und Fremdbeobachtung bildete bisher die Gundlage für Aussagen über innerseelische Vorgänge. Begrenzt werden diese Aussagen durch aus den vorausgegangenen Abschnitten sich ergebende Faktoren:

1. Unauslotbarkeit der Tiefe des Innen, aperspektivisches, sich wandelndes Bildgeschehen setzen jedem rationalen Erklärungsbemühen psychischer Zusammenhänge eine Grenze. „Rationale“ Erklärungsversuche, insbesondere auch der empirischen Psychologie, führen zum nicht ausbleibenden Zirkelschluß des Denkens: Es wird vermerkt, was vorher angenommen wurde.
2. Das „Irrationale“ psychischen Geschehens wurde mit den Dimensionen des Möglichen umschrieben. *Aussagen über die Psyche,* ihr „Verhalten“, ihre „Selbstdarstellung“, ihr „Sich-Entwerfen“ in der Zuwendung *haben alle durchweg den Charakter des Möglichen, des Wahrscheinlichen, aber nicht den exakter, naturwissenschaftlicher Voraussagbarkeit.*
3. Exakte Aussagen können nur dort erfolgen, wo es gelingt, das Objekt der Aussage eindeutig und damit verfremdend zu fixieren. Psychisches Geschehen entzieht sich bereits in seinen Ansätzen dieser Eindeutigkeit. Ein Blick über die Art und Weise, wie z. B. der „Trieb“ oder der „Gedanke“ in den letzten Dekaden psychologischer und psychoanalytischer Forschung definiert wurden,[1] läßt die Fragwürdigkeit jeder eindeutigen Aussagen sichtbar werden.
4. Psychische Vorgänge, aufgrund ihres In-Einander-Seins, in dem „alles mit allem zusammenhängt“, erlauben aus diesen Gründen keine eindeutige Fixierung, da sie immer vieldeutig, undeutlich sich darstellen, sowohl aus Ursache ihrer ständigen Fluktuation (Bewegung) als auch durch Einbeziehung der Subjektivität des Beobachters in der Beobachtung psychischer Vorgänge. Letzteres trifft sowohl für die Subjektivität jeder Selbstbeobachtung als auch die von Fremdbeobachtung zu.
5. Je enger das Bezugssystem gespannt ist, um innerhalb desselben psychisches Geschehen versuchsweise adäquat zu erfassen, je mehr entgeht diesem Bezugssystem psychische Wirklichkeit, wie das die sog. naturwissen-

schaftlich-experimentelle, insbesondere behaviouristische Psychologie erwiesen hat. (Deren Kritik[2] an anderer Stelle und von maßgeblichen Autoren wiederholt präzise durchgeführt wurde, so daß sie hier nicht Gegenstand der Darstellung werden soll.)

6. Je vieldeutiger dagegen ein Bezugssystem erscheint, je fundamentalere Begriffe es durch die phänomenologische Reduktion entwickelt, um Vieldeutigkeit psychischen Geschehens verständlich zu machen und gegen das (konstruiert) Eindeutige abzugrenzen, um so mehr wird es der psychisch-umfassenden Realität gewachsen sein. Je deutlicher ein Bezugssystem Subjekt und Welt in ihren vielfältigen Bezogenheiten auf- und zueinander darzustellen vermag, gleichzeitig aber unter dem Umgang mit psychischen Vorgängen vieldeutiger wird, um so adäquater erfaßt es psychische Realität. Diese wird aber auch dann dem totalen Anspruch auf „Begriffen-Werden" durch den Menschen dank ihrer bildhaft-antilogischen Verfassung sich entziehen.
7. Ist psychisches Geschehen determiniert? Als Wirklichkeit ist es wie alle Wirklichkeit Wirken und Gegenwirken ausgesetzt. Aber Wirken und Gegenwirken lassen nur unter künstlichen Bedingungen des Experimentes, unter besonderen Anlässen die lineare Folge naturwisschaftlicher Kausalität beobachten. Die naive Übertragung des mechanischen Modells auf psychische Vorgänge ist nicht statthaft und führt zumeist zu falschen Rückschlüssen. Auf diesen falschen Rückschlüssen beruhen die Systeme des Behaviorismus und Pawlowismus, die die Mentalität ihrer Erfinder und ihre gesellschaftliche Determinierung widergeben, aber nicht subjekthaftes Geschehen. Im Psychischen ist Wirken und Gegenwirken durch die Art des psychischen In-Einander-Seins grundsätzlich von jedem mechanischen Modell unterschieden, so daß sowohl die Voraussetzung der „linearen Folge" nur unter besonderen, konstruierten Bedingungen zu erzielen ist, wie auch die Annahme der Determination bereits den Weisen psychischen So-Seins und In-Einander-Seins widerspricht. M. a. W.: *Der Determinismus im Sinne der mechanischen Naturwissenschaft gilt nicht für psychisches Geschehen.*

b) Reflektiertes, zuwendendes, aperspektivisches In-Einander-Sein (Die Definition des Subjekts, des Inne-Seins, der Psyche)

Reflektiert vermag ich ein Gefühl der Freude oder der Trauer zu beschreiben, indem ich es anderen, ähnlichen Zuständen angleiche: „Er freut sich wie ein König". Obwohl niemand weiß, wie ein König sich eigentlich freut, wird durch diesen volkstümlichen Vergleich eine bestimmte, sehr intensive Freude verständlich vermittelt. Das Gefühl der Freude – das Erlebnis – kann jedoch der Begriff allein (das Urteil) ebensowenig nachvollziehen wie das der Niedergeschlagenheit oder Wehmut. In der Beschreibung dieser

Zustände muß der Vergleich herangezogen werden: Niedergeschlagen wie eine Bauersfrau, die ihre Äpfel nicht verkaufen konnte, wehmütig wie ein alternder Mann, der seiner Jugend nachtrauert. D. h. es werden mit diesen Vergleichen, die bereits konkreter sind als der „sich freuende König" Lebenssituationen veranschaulicht, in deren Gefolge bestimmte Gefühlsregungen auftauchen, die dem naiven Bewußtsein vertraut sind. Die Darstellung und Beschreibung des Gefühls der Niedergeschlagenheit oder der Wehmut bedarf des dieses Gefühl veranschaulichenden Bildes, einer Handlung (aktiv/passiv) oder einer Lebenssituation (pathisch, Widerfahrnis).

Um ein Gefühl oder eine Stimmung jemand anderem zu vermitteln, genügt zwar die allgemeine Formulierung des „Ich bin niedergeschlagen", ohne daß diese Darstellung das Eigentliche des Gefühls oder der Stimmung, sie durchleuchtend, zu fassen vermag. Unmittelbar verstehen, d. h. einfühlend nachvollziehen, kann ich jedoch lediglich Ausdruck und Gestik dessen, der sich freut oder niedergeschlagen ist, ohne daß es dabei der begrifflichen Formulierung, der begrifflichen Vermittlung bedarf. M. a. W. der reflektierte Begriff, das Urteil, können Aussagen des Gefühls, aber auch der Triebe und der Stimmungen in ihrem eigentlichen „Was und Wie" nicht vermitteln, sie geben nur allgemein verbindliche Korrelationen wieder. Ich muß vielmehr, um die Einzelheiten, die Spezifität einer Stimmung darzustellen, zu Situationen, zu Bildern, zu Handlungsschilderungen greifen, um mit diesen mein Anliegen dem anderen zu veranschaulichen. Wird der Begriff dagegen fallengelassen, beobachte ich den Gesichtsausdruck z. B. der niedergeschlagenen Bauersfrau oder des wehmütig trauernden Mannes, erfühle ich unmittelbar auf der vorlogischen Ebene ihren Zustand.

Die Unfähigkeit des Begriffs, ‚psychische Inhalte' explikativ aufzugliedern, was er bei Zeug, Dingeigenschaften oder Normen vermag, zeigt die Distanz zwischen dem Begriff und seinem durch ihn zu vermittelnden Inhalt an. Die Entfremdung von Erleben der „Niedergeschlagenheit", der „Freude" bis zum Begriff derselben mißt sich an der Unfähigkeit des Begriffs, Erleben zu vermitteln, wie er z. B. Aufgabe, Funktion und Bau eines Maschinenteils oder einer ethischen Norm erklärend aufzuweisen vermag.

Was erfolgt jedoch, wenn ich mich freue oder niedergeschlagen bin und gleichzeitig formuliere: „Ich freue mich" oder „ich bin bedrückt"? *Die Gleichzeitigkeit von entfremdeter Reflexion und Erleben in einem Subjekt* – ein Vorgang, der in seiner antilogischen Struktur tagtäglich sich ereignet, aber nicht dem Satz vom ausgeschlossenen Dritten folgt – charakterisiert das Innen an diesem einfachen Beispiel als In-Einander-Sein, das in der Einheit des subjektiven Erlebens zugleich Zweiheit ist. Zweiheit von sich erlebender Einheit: Ich bin, fühle mich niedergeschlagen – und im Begriff sich verfremdet darstellender Äußerung: „Ich bin heute niedergeschlagen".

Wende ich mich Herrn X. zu, der nun, wider Erwarten, mit erheblicher Verspätung eingetroffen ist, so sind in meiner Zuwendung – begrüße ich ihn mit Handschlag – *gleichzeitig* folgende heterogene Momente anwesend: Ich stelle, reflektiert, seinen gehetzten Gesichtsausdruck fest. Diesen vollziehe ich sowohl einfühlend-mitleidig nach, wie der Ausdruck auch leichte Antipathie erregt, d. h. zwiespältig auf mich wirkt. Während ich mich freue, ihn wohlbehalten zu sehen, denke ich gleichzeitig, daß ich im Begriff war, eine andere Arbeit aufzunehmen, diesen Vorsatz nun aber nicht mehr durchführen kann. Ich registriere einen Augenblick sogar den Wunsch: „Wäre ihm doch etwas zugestoßen, dann hätte ich den Nachmittag für mich". Darüber hinaus erinnert mich sein Handschlag an einen anderen Bekannten Y., mit dem ich kürzlich eine unerfreuliche Debatte führen mußte, die einen Bruch unserer Verbindung nach sich zog – Y. war mir eben, in dieser Erinnerung, völlig präsent.

Alltägliche Vorkommnisse dieser Art machen die Wirklichkeit des Lebens aus. *In der Zuwendung zu Herrn X. ist meine Beziehung alles andere als eindeutig. Sie ist nicht eindeutig, weil ich selber ihm vieldeutig-undeutlich zugewandt bin.* Beziehung und Bedeutung verändern, fluktuieren von einem Augenblick zum anderen, was sich auch während des nun folgenden, längeren Gespräches nicht ändert.

Trotz dieses Wechsels heterogenster Momente, trotz der Diskrepanz zwischen meiner Reflexion über Herrn X. und seinem Aussehen, der Diskrepanz zwischen dieser Reflexion und meinem Erleben seiner Person, trotz der Zwiespältigkeit meiner Gefühle ihm gegenüber, *verbleibe ich in der Zuwendung zu ihm hin derselbe.* Ich erfahre mich in der Zuwendung, in der Begegnung, im Gespräch als ein und derselbe. Die Gleichzeitigkeit heterogener Beziehungen und Bedeutungen in meinem Verhältnis zu Herrn X. wird durch die konstante Zuwendung zu ihm „übertönt", die ich leiste, weil ich derselbe bin, der ihm die Tür öffnet und sich mit ihm jetzt unterhält. M. a. W. in der Zuwendung bin ich zwar ein und derselbe Sich-Zuwendende, aber vor dem Hintergrund meiner gleichzeitig sich ereignenden Gedanken und Gefühle ihm gegenüber auch teilweise und gleichzeitig abgewandt. In der Zuwendung zu ihm bin ich dem Hintergrund meiner Stimmungen, meines Fühlens, meiner Erinnerungen gegenüber entfremdet, in der Auslieferung an Zuwendung bin ich wiederum meinem Hintergrund, mir selbst, meinen Stimmungen, Wünschen, Gefühlen, Gedanken gegenüber entfremdet.

Diese *Selbstentfremdung der Zuwendung* vor dem Hintergrund meiner fluktuierenden Empfindungen, die in jedem Fall Abwendung von Ihnen ist, unterscheidet sich von der dargestellten Entfremdung des Begriffes dadurch, daß ich in letzterer im Durchgang durch das Außen über dieses im Begriff innerlich verfüge. In der Zuwendung dagegen bin ich dem ganzen, diese Zuwendung umgebenden Horizont von Empfindungen und von Gefühlen, von Erinnerungen und Gedanken in der Totalität meines Subjekts entfremdet, bewege ich mich von mir selbst weg – nach Außen hin, zu Herrn X. Im Gegensatz zu dieser Beobachtung steht jene, daß erst über Zuwendung nach Außen das Innen sich differenziert, m. a. W. dieses differenziert sich über Selbstentfremdung. Das gilt nicht weniger von der Durchführung einer Handlung: sich in das Auto setzen und abfahren, von der Befriedigung eines

Triebes oder eines Wunsches: den Apfel sehen und essen. Vorgänge, in denen ich bei der Sache „außen" bin, jedoch nicht mehr bei mir selbst, im Horizont meines Inne-Seins, das jede Handlung, jede Trieberfüllung begleitet.

Anders wiederum erlebe ich mich im Traum: Dort sind Wunsch und Wunscherfüllung gleichzeitig, findet keine Entäußerung an das Außen statt, ist die geträumte Außenwelt meinem Innen innerlich präsent. Ich bin diese Außenwelt, die sich mit mir von Haus zu Treppe, Schornstein, Höhle, Schwimmbad, Terrasse oder Hütte verwandelt. Im aperspektivischen Innen (Psyche), in Traum und Tagtraum, in Phantasie, Mythos und Bildgeschehen bin ich mit meiner Heterogenität identisch, da ich sie nicht mehr reflektiert wahrnehme. Dafür ist mir das Außen, die sichtbar sich zeigende Welt nicht nur total entfremdet, sondern ganz abhanden gekommen. Bewege ich mich im Traum, dann nur durch die aperspektivische Welt, die nicht leibhaftgestaltete Wirklichkeit ist, sondern flaches Bild, bzw. bin ich in der Bild-Wirklichkeit, für die die sich darstellende Welt erloschen ist. Und doch bin ich auch hier, in der Traumwelt, der Je-Meinige und, wie schon *Heraklit*[3] wußte, ist jeder Träumer allein in seiner nur ihm einzig gehörenden Welt.

Lassen sich aus diesen heterogenen, antilogischen Geschehnissen, die gleichzeitig ablaufen, das Subjekt, das Innen, die Psyche, Antriebe, Wünsche, eindeutig erfassen? *Das Subjekt ist die Gleichzeitigkeit von Entfremdung und Erleben des Erlebnisses (Fühlen) und des dieses formulierenden Begriffs. Das Subjekt ist die Gleichzeitigkeit von sich-selbst-entfremdender Zuwendung durch die* (in der Zuwendung erfolgte) *Abwendung von dem Hof seiner inneren Gestimmtheit, seiner Triebe, seiner Gefühle und undeutlich-diffusen Gedanken. Das Subjekt ist zugleich eindeutig in der Zuwendung und undeutlich im Hintergrund seiner Zuwendung.* Es differenziert sich in der Zuwendung in psychische Funktion (s. oben), wie es sich gleichzeitig in diesen von seiner Psyche entfremdet. Es ist dasselbe, das aperspektivisch im Traum sich von der Außenwelt abgewandt hat und doch diese Außenwelt innerlich im Traumerleben bildet, nachvollzieht, als ob sie perspektivisch wäre. Es ist dasselbe, das im Erwachen die Kontinuität der Gegenwart der Zeit wiederfindet, die es im Traum verlor. Das Subjekt ist gleichzeitig pathisch: Herr X. kommt zur Türe herein, ich nehme ihn wahr, sein Kommen ist für mich Widerfahrnis, und aktiv: Ich gebe ihm die Hand, wende mich ihm zu.

Subjekt sei deshalb als die Einheit in antilogischen, heterogenen, psyshischen Akten (aktiv: Zuwendung) und Widerfahrnissen (pathisch: Traum) bestimmt. Es ist die Gleichzeitigkeit von Entfremdung (Begriff, Zuwendung, Verlust der Außenwelt im Traum), Inne-Sein (Erleben) von Außenwelt und seiner selbst.

Stellt sich das Subjekt in dieser Widersprüchlichkeit dar, so wird es ersichtlich, daß jede Psychologie, die das widersprüchliche So-Sein des Subjekts aufzulösen sich bemüht, ihm Konstruktionen unterstellen muß, die es verfälschen. Eine Aufgliederung, Unterteilung des Subjektes in Instanzen, Schichten, Funktionen, die diese „Struktur" nicht berücksichtigen, bewegt sich im Zirkelschluß des perspektivischen, räumlich-logisch orientierten Denkens.

Subjekt ist in jedem Fall die übergeordnete, umfassende Bezeichnung für menschliches Inne-Sein, das sich in der soeben dargestellten, antilogischen Weise äußert. Innen oder Inne-Sein von Außenwelt und seiner selbst sei als erste Einschränkung des Begriffs des Subjekts definiert (vgl. oben). Im Inne-Sein wendet sich das Subjekt von der Außenwelt ab und erlebt die aus der eigenen Tiefe qualitativ verschieden empfundenen Impulse und Zustände des Triebhaften, des Fühlens, des Denkens, des Wollens und der Gestimmtheit, die bereits auf Außenwelt bezogen sind. Das Subjekt erfährt sich ferner durch Selbstwahrnehmung und Selbstbeobachtung als Innen, es sieht und erzeugt sich als Feld seiner eigenen Wahrnehmung. *Dabei ist es in der Einheit des Erlebens gleichzeitig Zweiheit von Selbstwahrnehmung und Erleben.*

Das Subjekt beobachtet Bewegungen in seinem Innen, obwohl keine Bewegung im Sinne räumlicher Fortbewegung stattfindet, sondern Bewegung gibt sich kund, indem Inhalte des Innen auftauchen und wieder entschwinden. Das Subjekt erfährt die Tiefe des „unauslotbaren Innen", obwohl die äußeren Voraussetzungen für Tiefenwahrnehmung nicht nur nicht gegeben sind, sondern lediglich die „Zuwendung" nach außen von innen kommend das Erleben der Tiefe vermittelt.

Wie soll darüber hinaus der Akt der „Zuwendung nach innen" (Selbstwahrnehmung) verstanden werden, wenn nicht in dem Sinne, daß das in der Zuwendung nach außen in den perspektivischen Raum sich entwerfende Subjekt in der Zuwendung nach innen *sich selbst darstellt*? In Zuwendung Entwurf, Selbstdarstellung ereignet sich wieder die Gleichzeitigkeit heterogener Vorgänge: Sich der Außenwelt zuwendend, entwirft das Subjekt die Tiefe seines Grundes in das Außen, stellt sich jedoch dabei nicht dar, sondern nimmt die sich darstellende Außenwelt zur Kenntnis. Nach innen „blikkend", entwirft es sich in der Zuwendung als Inne-Sein von Stimmungen, Gedanken, Antrieben – wie es gleichzeitig sich selbst zeigt.

Inne-Sein sei demnach abschließend definiert als *Innesein seiner selbst, als eines sich entwerfenden, sich selbst darstellenden So-Seins, das sich von der Außenwelt ab-, dem Innen zugewandt hat, dem aber die Außenwelt präsent ist.*

Da Zuwendung nach innen gleichzeitig mit Sich-selbst-Entwerfen und Sich-selbst-Darstellen sich ereignet, wird hier die antilogische Struktur des Innen besonders deutlich.

„Psyche" (vgl. oben) sei jetzt in der Blickrichtung auf das Innen als jene Selbstdarstellung desselben beschrieben, in der es im Tagtraum, Phantasie oder im Nachttraum aperspektivisch erscheint und die weitgehend die Identität von Bild und Erleben verwirklicht. Psyche ist unmittelbare Präsenz des Möglichen, der Verwandlung von „allem in alles".

Die Aufteilung: *Subjekt, Innen, Psyche,* wird jedoch durch das In-Einander-Sein von aperspektivischem Bildgeschehen, nach innen gerichteter Zuwendung und nach außen sich entwerfendem Subjekt sogleich wieder in Frage gestellt. Sie entspricht dem Gang der Beobachtung, die, von außen nach innen gehend, Zusammenhänge aufgliedert, die nicht auseinandergelegt werden können, ohne sie verfälschend zu verändern, deren Aufteilung die Beschränktheit des Aufteilenden verrät. Erst die Beobachtung der Gleichzeitigkeit und des Sich-Durchdringens von aperspektivischem Bildgeschehen, sich selbst entwerfendem und darstellendem Innen des Subjekts, das sich in der Zuwendung nach außen seines Innen entfremdet, dessen Innen sich jedoch über Zuwendung nach außen differenziert, in der Einheit nicht nur die Zweiheit, sondern die Vielheit verwirklicht, entbindet den Beobachter seiner habitualisierten oder wissenschaftlich begründeten Beschränkungen.

Aber diese Entbindung wird mit Vollzug des Kreisgeschehens, das hier von außen nach innen gehend scheinbar räumliche „Aufteilungen" vornimmt, dann seiner Beschränkungen inne wird, um endlich in der Wahrnehmung der Gleichzeitigkeit von aperspektivischen und perspektivischen (Erkenntnis-) Vorgängen diese Grenzen wieder aufgehoben.

c) Einheit und Spaltung

Über die Zuwendung, so wurde ausgeführt, differenziert sich das Subjekt in den verschiedenen Weisen seiner Zuwendung aus. Wenn auch das Subjekt in den verschiedenen Weisen seiner Zuwendung dasselbe bleibt, so folgt doch aus der wachenden Zuwendung, wie sie im morgendlichen Aufwachen beobachtet werden kann, das Undeutlich-Werden, In-den-Hintergrund-Treten der aperspektivischen Bilderwelt, der Psyche. Das Innen, auf das Außen bezogen, beginnt sich in den qualitativen Verschiedenheiten von Wollen, Antrieben, Gefühlen, Stimmungen und Denken zu erfahren. Das Subjekt differenziert sich in die weitgehend verlöschende, nur noch gelegentlich in der Erinnerung – an Träume z.B. – auftauchenden Psyche, ferner in das Innen, das über seine zunehmende Hinwendung zum Außen sich derart veräußerlicht, daß auch die qualitativ erlebten Unterschiede der sog. psychischen Funktionen zunehmend verschwimmen. Das nach Außen gewandte Denken wird schrittweise von dieser Wendung nach Außen vereinnahmt, es erkennt nicht mehr, sondern konstatiert nur noch: Das ist ein Wagen, das ist eine Ampel, hier muß ich aussteigen usf. Das Innen, überwiegend außen zentriert, wird erst in der von außen wiederum abgewandten Selbstbeobachtung als sich von dem Außen unterscheidendes Innen erfahren.

Zuwendung ist jedoch kein blinder Vorgang, der ausschließlich in die Periodizität von Schlafen und Wachen eingegliedert ist, aus dem diese sich letzten Endes „von selbst" ergebe. Die Ausdifferenzierung der Weisen von Zuwendung (Entwicklung des Subjekts) ist ein komplexer Prozeß mannigfaltiger, gegenseitiger Abhängigkeiten, der sich vorläufig folgendermaßen darstellt (die scheinbare Chronologie des Ablaufs wird durch die weitgehende

Gleichzeitigkeit der Vorgänge, ihrer gegenseitigen Abhängigkeit wieder aufgehoben, bzw. auf die ersten sechs bis zwölf Lebensmonate des Menschen reduziert):

1. Spaltung des Subjekts durch Verlust des primären Vertrauens (primärer Identitätsverlust)
2. Aufmerken
3. Greifen
4. Das Erleben von Widerfahrnissen (Frustrierung)
5. Das Erleben von Konflikten
6. Die Entstehung der Reflexion und des Gedächtnisses
7. Die Ausdifferenzierung sog. psychischer Funktionen (Antriebe, Fühlen, Stimmungen, Wollen, Denken).

Der graduelle Verlust des primären Vertrauens über den Umgang mit dem eigenen Leib, den Dingen, den Personen und seinen Folgen wurden bereits oben aufgezeigt. Sekundär konstituiert sich das über das Können erworbene Selbstvertrauen. Diese eingreifende Veränderung in der Beziehung zwischen dem Kleinkind und seiner Umwelt ist nicht zu trennen von der primären Enttäuschung,[4] die es erfahren muß, ganz gleichgültig, in was für einer Umwelt es aufwächst. Im primären, über Zuwendung und Wachen Da-Sein konstituierendem Vertrauen liegt *die Erwartung, daß diesem Vertrauen nichts zu widerfahren vermag*, was es zu erschüttern oder in Frage stellen möchte. Vertrauen erheischt kontinuierliches Wohlbefinden.

Das sich im Vertrauen der Umwelt bedingungslos hingebende, zuwendende Kleinkind erwartet in dieser Haltung, daß ihm naturgemäß dasselbe widerfährt, d. h. ebenfalls schrankenlos-hingebende Zuneigung. Dieser Erwartung kann die Umwelt nur zu einem gewissen Grade entsprechen. Die Einheit, die das Kind im Mutterleib als Bestandteil eines Organismus „erlebte" – wenn auch noch nicht wachend –, setzt sich im primären Vertrauen fort, da Vertrauen Identität mit dem, dem vertraut wird, erheischt. Diese Intentionalität des Vertrauens auf gegenseitiges Vertrauen, Offen-Sein, Sich-Überlassen-Können wird nicht nur durch die das Vertrauen erschütternden Widerfahrnisse im täglichen Umgang mit den Gegenständen der Umwelt, mit dem eigenen Leib und dem Erlernen seiner Koordination belegt, sondern vor allem auch durch die grundlegende Erfahrung des Getrennt-Seins von der nächsten Bezugsperson, in den meisten Fällen von der Mutter. Dem Faktum der Trennung[5] wird in Mythen und Märchen immer wieder als dem grundlegenden Übel begegnet, das der Menschheit widerfahren ist. Trennung wird als das Böse schlechthin dargestellt.[6]
Die Psychoanalyse hat in einigen ihrer Vertreter[7] auf die Bedeutung des primären Getrennt-Seins hingewiesen, jedoch weder die fundamentale Bedeutung dieses Geschehnisses für die Ausdifferenzierungen der Weisen der Zuwendung genügend erforscht, noch es ausreichend in Beziehung zu dem primären Vertrauensverlust und seinen Folgen gesetzt.

Die primäre Vertrauenserschütterung liegt in dem kontinuierlich sich wiederholenden Verlust der Pflegeperson, auch wenn dieser durch Schlaf, Halb-Wachen, Sich-Wohlfühlen ausgeglichen wird. Die vorübergehende Anwesenheit der Mutter kommt der auf grenzenloses Vertrauen angelegten Erwartung des Kindes, die Nähe der Mutter ständig zu erleben, entgegen – um diese Erwartung jedoch sogleich wieder zu enttäuschen. Für die enttäuschte Erwartung ist das Fortbestehen von Erwartung – trotz Enttäuschung – ebenso wichtig wie das Erfahren der Enttäuschung: Daß „man" im grenzenlosen Vertrauen sich getäuscht hat, die unmittelbare Nähe der Pflegeperson nicht kontinuierlich war, sondern statt ihrer plötzlich „*Allein-Sein*" erlebt wird. *Die Gleichzeitigkeit beider Einstellungen, das Persistieren der Erwartung auf Vertrauen herstellende Identität und der Enttäuschungsschmerz (über die ausbleibende Identität) dürften das erste Erleben des Subjekts als Einheit und sich gleichzeitig in Frage stellender Einheit, damit als Zweiheit – trotz Einheit – umfassen.*[8]

Das Mögliche der Einheit, die das Vertrauen erwartet und erheischt, teilt sich in die Möglichkeiten, diese nach eingetretener Enttäuschung wieder zu erwarten – und gleichzeitig den Schmerz zu erleben. Der irrationale, d.h. die Tatsache der Trennung nicht akzeptierende Charakter der Erwartung auf Wiederherstellung von Einheit manifestiert sich hier bereits als typisch humanes, den Tierarten in dieser Weise nicht bekanntes Verhalten.[9] Ein anthropologisches Grundfaktum wird sichtbar, das sich konstant durch die historische Menschheit zieht.[10] Die Bedeutung der Einheit wird über *das Kontinuität von Identität erwartende Vertrauen* durch die faktische Beziehung zu der Person, die Identität ermöglicht, aber auch wieder nimmt, ebenso bestimmt wie in Frage gestellt. Beziehung zur Umwelt, zu der Mutter liegt in der Intentionalität des Vertrauens, der Gerichtetheit des Vertrauens auf dem zu Vertrauenden. Die Bedeutung des Vertrauens wird durch die Beziehung ebenso gegeben, wie auch wieder negiert (in Frage gestellt).

Das vertrauensvoll auf Identität sich eröffnende Subjekt erfährt sich in der Enttäuschung, diese nicht total zu verwirklichen, nicht nur gespalten, sondern auch in dem Widerfahrnis von „Nein",[11] in jeder Abweisung.

Diese Ab- und Zurückweisung erlebt es analog, wenn es beim ersten Anlauf den Stuhl nicht erklettern kann, wenn der Oberkörper beim ersten Versuch nicht aufgerichtet wird. Es erlebt den Widerstand der Außenwelt, die „Macht der Negation". Ob Mutter, Vater, Bruder, ob Spielzeug oder Stuhl, sie sind alle sichtbare Bedeutungs- und Beziehungsmarken. Sie sind Gestalten, deren konkretes Auftauchen und Entschwinden, Widerstand-Leisten oder Nachgeben, Sich-verfügbar-Machen oder Sich-Versagen Beziehungen und Bedeutungen des sich differenzierenden Innen stiften – und gleichzeitig der sich in Bedeutungen signalisierenden, zeigenden Welt inne sind.

Erleben als „Inne-Sein" des Außen wäre nicht möglich, wenn nicht die volle Macht von Trennung, Abweisung oder Scheitern innerlich mitvollzogen, das Negative als Widerstand, Schmerz, Enttäuschung, Allein-Sein, Verlassenheit, Ausstoßung aus der Identität, Vertrauensbruch erfahren wurde. Die diffus-undeutliche Erlebnisskala des Kleinkindes differenziert sich unter diesen Vorgängen zu einer Skala von analog negativ getönten Gefühlsantworten. Widerfahrnis von Abweisung, die ihm die erste Grundlage geben, sich analog anderem und anderen gegenüber abweisend, trotzig, widerborstig, ablehnend zu verhalten – den Bauklotz wutentbrannt durch das Zimmer zu schleudern, weil er sich nicht in den Bau fügt, die Puppe aus dem Bett zu werfen, weil sie nicht in den Mund gesteckt werden kann, die Brust zu beißen, weil sie Milch verweigert –, um damit sofort Trennung zu provozieren. M. a. W. *die unausweichbare, unausbleibliche Erfahrung der primären Vertrauens- und Identitätserschütterung wird zur Grundlage, sich selbst trennend, abweisend, isolierend der Umwelt gegenüber zu erfahren.* Sie wird damit zur Grundlage von Selbstbehauptung, sie wird aber auch zur nicht weniger entscheidenden Erfahrung, sich selbst verfremdet, anders, „gespalten" im Vergleich zu dem vorherigen Zustand offener Vertrauenszuwendung zu erleben. Die Zweiheit in der Einheit erfährt jetzt eine Bestätigung und weitere Begründung, indem man sich hier abweisend erlebt, dort zuwendend-vertrauensvoll.

Das Erleben von Widerfahrnis, das zur Selbstbehauptung entscheidend beiträgt führt damit über den Identitätsverlust zum Erleben seiner selbst als eines „Selbst", dem Widerfahrnis zustößt.

Das Subjekt erfährt sich jedoch in dieser Entwicklung nicht nur pathisch, passiv als Gegenstand von Widerfahrnis, dem etwas zustößt, sondern auch aktiv, Widerfahrnis anderen oder anderem zukommen zu lassen.

Die genannten für die Konstitution eines antilogischen (in der Einheit doppelt und vielfältigen) Subjekts notwendigen Erfahrungen sind gleichzeitig mit dem beginnenden Aufmerken des Kleinkindes, seinem ersten Zugreifen und Zupacken. Sie sind gleichzeitig mit weiteren, dem Kind widerfahrenden Veränderungen und seinen Antworten. Die Aufmerksamkeit des Kindes wurde an anderer Stelle[12] – siehe auch oben – in seiner zentralen Bedeutung für die Konstituierung des Zeit- und Raumbewußtseins und für die Manifestierung eines ersten Willensaktes untersuchend dargestellt. Es soll hier nur im Rekurs darauf zurückgegriffen werden.

Die Aufmerksamkeit ermöglicht es, das Undeutliche vom Eindeutigen zu unterscheiden, das Eindeutige in seiner Bedeutung zu fixieren, festzuhalten, festzustellen – was nicht ohne eine primäre Zurückdrängung, Verdrängung der fluktuierenden Stimmungen, Triebe, Emotionen, nicht ohne eine die Neugier kanalisierende „Kraft" (Willen) denkbar ist. Hier wird durch den „Strahl" einer spezifisch mental gefärbten Zuwendung festgehalten, nicht mehr mit den Händen ergriffen, aber doch in den Blick gefaßt, wie der Ring den Stein „umfaßt", ihn festhält. D. h. das Ding wird aus dem Fluß der ständig wechselnden Erscheinungen ebenso herausgegriffen und festgestellt, wie die Aufmerksamkeit gleichzeitig die innere Fluktuation „abstellt", oder zumindest stark in den Hintergrund drängt. Durch das Fsethalten des Deutlich-Eindeutigen, des diffus-bildhaften Eindrucks der sich zeigenden Welt in der Aufmerksamkeit, wird diese ebenso eingezirkelt, wie der diffus-bildhaft-gefühlsbezogene Charakter des Innen auf etwas hin spezifisch gelenkt wird. Ohne daß sich bereits, – beim Kleinkind und Säugling, – dieser Vorgang als Erkennen und Begreifen dokumentieren muß, wird dort die Voraussetzung für den Begriff geschaffen: die präzise-fixierende Umschreibung eines Bezirkes der Außenwelt (s. oben Segelboot) und einer Reduzierung des bewegten

Innen auf Bestimmtes-Eindeutiges hin. Aus dem fluktuierenden Fluß der Erscheinungen wird durch die aufmerkende, konzentrierte Wahrnehmung eines Dinges, dieses aus dem Geschehenszusammenhang herausgerissen, im Verhalten zum Ganzen entfremdet, vereinzelt, isoliert.

Ebenso wird der Akt der Konzentration für die Selbsterfahrung des Subjekts zu einer Verfremdung sich selbst gegenüber: Diffuse Innenwelt, vertrauter „Ort" des Inne-Seins von Erleben, wird unterdrückt und in den Hintergrund gedrängt. An seiner Stelle beherrscht „die Richtung", die Intention auf das Ding, die Person oder auf das Innen selbst, das Innen, das sich jetzt, im Vergleich zum vorausgegangenen, nicht aufmerkenden Befinden anders, verfremdet im Verhältnis zu dem aufmerkenden „Strahl" der Aufmerksamkeit erfährt. Die Richtung fragt: „Was ist das", sie fixiert, aber ist noch ohne Antwort, bis später die Antwort durch den Begriff, durch das begriffene Aussen, im Erkenntnisakt sich ereignet.

Auch hier, in einer äußeren Fremderfahrung und der Veränderung einer Einstellung dem Außen gegenüber, erlebt sich das Subjekt zweigeteilt: jetzt verfremdet und vorhin noch mit sich selbst vertraut, da in der Aufmerksamkeit die Identität von diffuser Weltwahrnehmung und diffuser Innen-Fluktuation zugunsten des Eindeutigen aufgehoben ist.

Nicht anders dürften die ersten Greifbewegungen, die ersten rudimentären Handlungen interpretiert werden. Auf ihre Verschränkungen mit den Kreisprozessen von Wahrnehmen und Bewegungen wurde wiederholt hingewiesen. Hier interessiert nur, daß Anfassen, Betasten, Umgreifen, Loslassen, Wieder-Anfassen sowohl aktive Bewegungsvorgänge des Skelettapparates sind, wie auch Wahrnehmungsvorgänge (Tasten), die sich gegenseitig bedingen, damit die Vollständigkeit einer Handlung – z. B. sich aus dem Bett aufrichten – ermöglicht wird. Aber das Greifen und Wahrnehmen, das anfänglich im Erfahren des eigenen Leibes sich übt, dem andere Gegenstände noch als Fortsetzung des eigenen Leibes, als Fortsetzung von Identität, inne sind, stößt bald an die Grenze einer die Identität aufhebenden Wirklichkeit. Der aus dem Kinderbett geworfene Schnuller wird vermißt: Das Kontinuität erwartende Identitätsstreben ist unterbrochen. Der Kopf und Oberkörper können noch nicht über den Bettrand gehoben werden, Leib erweist sich als Widerstand.

Zu diesen Erlebnissen, die die Einheit zwischen Subjekt und Umwelt immer wieder in Frage stellen, das Handeln dann jedoch erneut ansetzt, um diese Identität zwischen Entwurf und Realität in der Bemeisterung der letzteren herzustellen, zählen ferner die Widerfahrnisse, die dem Subjekt allgemein zustoßen und die der sogenannten „Frustrierung" vorgegeben sind.

Der Säugling der hochgehoben, umgedreht, eingewickelt, aufgesetzt, hingestellt oder hingelegt, der an Plätze getragen wird, zu denen es ihn nicht hinzieht, aber dieser Verfremdung durch Ortsveränderung ausgeliefert ist, muß sich als „transportable Entität" erleben, als Gegenstand. Insbesondere dann, wenn das Widerfahren von körperlicher Veränderung nicht mit dem Kind sich zuneigender Wärme verbunden ist, so daß hier das primäre Vertrauen nicht nur immer wieder erschüttert wird, sondern das Kind sich durch die Behandlung des anderen verfremdet, vergegenständlicht erlebt.

Sich selbst dem anderen entfremdet zu wissen, wie ein Ding hin und hergeschoben zu werden, muß im Selbsterleben, in der Erfahrung des Innen über Abweisung, Trennung, Aufhebung der Identität hinaus sich als Erfahrung eigener Fremdheit niederschlagen, *als sich mit sich selbst unvertraut zu erleben.* sich „wie ein Gegenstand“ behandelt zu wissen. Die damit verbundene „Frustrierung“, d. h. die schmerzvolle Erfahrung, sich nicht dementsprechend zu erleben, wie man gewünscht (erwartet) oder gewollt hat, daß man sich dem Entwurf in die Umwelt hinein versagen (verzichten) muß, betont darüber hinaus *das Gefühl der Fremdheit eigenen Antrieben und Erwartungen gegenüber, die nicht verwirklicht werden können.* Besteht das ganz elementar, diffus wahrgenommene Bedürfnis „nicht aus dem warmen Bett auf die kalte Wickelkommode“, dem jedoch nicht nachgegeben werden kann, man vielmehr aufgehoben und auf die Kommode gelegt wird – dann erlaubt die Gewaltsamkeit dieses Vorgangs nicht, daß das Bedürfnis, im warmen, weichen Bett zu verbleiben, sich gegen den Eingriff von außen durchsetzen kann. Das Bedürfnis erfährt eine Abweisung, ein Widerfahrnis, durch die nicht veränderbaren Bedinguungen der Außenwelt, denen das Kleinkind ausgeliefert ist.

Das unausgelebte Bedürfnis erscheint jetzt zunehmend verfremdet, es erlaubt nicht mehr, sich mit ihm identisch zu fühlen, da es keine Verwirklichungsmöglichkeit hat. Einmal auf der Wickelkommode, der Prozedur der Reinigung und des Anlegen neuer Windeln unterworfen, ist die Voraussetzung geschaffen, das Bedürfnis (den Trieb) im Bett bleiben zu können, aus der Perspektive der gewaltsam eingetretenen Veränderung als ein distanziert „betrachtetes“, entfremdetes erscheinen zu lassen. Das Modell läßt sich auf jede sog. Verzichtsituation übertragen, in der der auftauchende Antrieb, nicht vollziehbar, als verfremdet wahrgenommen und damit der Selbstbeobachtung erst zunehmend sichtbar gemacht wird.

Werden Hunger oder das Bedürfnis sich aufzurichten sogleich und ohne irgendeine Zwischenstufe des Abwartens erfüllt, verläuft der Vorgang von Erwartung auf Triebefüllung und Erfüllung in einer geschlossenen Handlung, wird die Identität mit dem Trieb nicht unmittelbar in Frage gestellt. Er erfährt keine Verfremdung. Erst der sog. „Aufschub“ der Erfüllung, den zu akzeptieren auch Freud als einen Bestandteil der Realitätserfahrung[13] ansah, bedingt die Verfremdung einem innerlich mit sich identisch erlebten Antrieb gegenüber, mit dieser Verfremdung auch die erste Möglichkeit, den als „anders“ empfundenen Trieb zu beherrschen, zu kontrollieren, u. U. zu „verdrängen“.

Die ausgeführten, durch die Entwicklungspsychologie[14] erwiesenen – allerdings nicht in diesem Zusammenhang dargelegten Fakten – lassen sich dahingehend resümieren, daß über Zuwendung Konflikt entsteht. Der Konflikt hebt die erstrebte Identität des Subjekts mit der Umwelt auf. Durch diesen Vorgang gliedern sich die wachende Zuwendung und die Weisen der Zuwendung in Anteile unterschiedlicher Deutlichkeit (Psyche = der undeutliche, aperspektivische Hintergrund). Der Konflikt[15] besteht hier im Verlust des primären Vertrauens, dem Bedürfnis, dieses wieder herzustellen – gegen die Faktizität des Wirklichen. Er besteht ferner in dem Bedürfnis (Trieb, z. B. Neugier) einerseits, ein „Etwas" zu fixieren (festzustellen), und der Beobachtung andererseits, daß dieses Feststellen sich gegen die andrängende Fluktuation des Innen und des Außen behaupten muß. Der Konflikt wiederholt sich nach analogem Modell mit Personen, wenn diese Widerstand leisten, wenn Erfahrung von Grenze, Verlust (Entschwinden) der Personen dem Subjekt Schranken aufweisen und damit Verzichtleistungen fordern, die ihm eigene Bedürfnisse und Antriebe zunehmend entfremdet erscheinen lassen.

Der Konflikt besteht nicht nur zwischen äußerem Widerstand einem Wunsch oder Trieb gegenüber, sondern auch zwischen Ohnmacht und Sich-Aufbäumen im Widerfahren von Grenzen, zwischen dem zunehmend verfremdet erfahrenen Trieb und der Möglichkeit diesen, „gegen sich selbst" zu kontrollieren, zu unterdrücken. Damit bestätigt sich die *fundamentale*, oben bereits aufgewiesene *Bedeutung des Konflikts als Vermittler zwischen dem Möglichen* – hier dem undeutlich-undifferenzierten *Innen – und den Möglichkeiten der Außenwelt*. Der Konflikt bewirkt Differenzierung, Werden, Entwicklung, er schafft Veränderungen, indem sich nicht zuletzt (s. oben) *durch ihn die Erfahrung der Zeit konstituiert. Das Bewußtsein der Veränderung – durch Konflikt bedingt – im Vergleich zwischen dem Vorher, Jetzt und Nachher z. B. eines Widerfahrnisses oder einer Handlung begründet das Zeiterleben.*

Über diesen dargestellten Vorgängen, in denen Einheit sich als Zweiheit erlebt, der Konflikt zur existentialen Grunderfahrung des Subjektes wird – existential, weil sein Da-Sein als aktives und pathisches Lebewesen begründendes –, bildet sich die Reflexion:[16] das Vermögen – nur des Menschen – sich selbst als über sich denkendes, sich betrachtendes und *gleichzeitig* handelndes, fühlendes, angetriebenes Subjekt zu erfahren. Die Reflexion wird im Umgang mit der Welt gewonnen.

Ihre Grundlage ist das Erleben eigener Verfremdung im Verlust des primären Vertrauens, in der Verfremdung ferner des fluktuierenden Innen dem aufmerkenden Beobachter gegenüber, in der Verfremdung letztlich auch eigener Bedürfnisse und Antriebe über das Widerfahrnis von Versagen (Frustration).[17]

Diese Vorgänge können durch analoge ergänzt werden: das Erleiden von Schmerz, Hunger, Nässe, Kälte, das Bedürfnis, diese aufzuheben, nach geglückter Aufhebung sich selbst wieder als Einheit, anders als im Schmerz leidend und zerrissen, zu erfahren.

Das Hören der eigenen Stimme, das Vermögen, mit Hilfe des stimmlichen Ausdrucks Wirkungen auf die Umgebung auszulösen (Schreien) trägt, insbesondere dann über die Erfahrung, die Stimme zum willkürlich zu handhabenden Organ von Ausdruck zu benutzen, ebenfalls zur Reflexion bei.

In der Reflexion hat der Mensch aus der Not – des Zerrissen-Werdens – die Tugend gemacht, sich von diesem Vorgang zu distanzieren, ihn als verfremdet, damit weniger verletzend und schmerzhaft zu erleben und über diesen Vorgang hinaus den die Identität wiederherstellenden Begriff zu formen, d. h. im Konflikt des Zerrissen-Werdens durch Selbstbeobachtung, Distanzierung, Verfremdung die Einheit des Subjektes in der Reflexion, im Erkenntnisakt wiederzugewinnen. Das Subjekt erlebt in der Konstituierung der Außenwelt über die Aufmerksamkeit und die Reflexion sich selbst zwar als gespalten, aber diese Spaltung, dieser Leidenszustand eines nicht mehr mit sich identischen Seins wird durch die Entwicklung ausgeglichen, die Außenwelt im Erkennen innerlich verfügbar zu machen. Der Verlust der Identität im Handeln, im Widerfahren von Grenze und Widerstand wird durch die Hoffnung, durch den Wunsch und zuletzt durch die Möglichkeit erneuter Ausführung eines einmal begonnenen Handlungsaktes, damit in Zukunft zu erwartender Identität, immer wieder kurzfristig aufgehoben. *Einheit des Subjektes mit sich selbst, Aufhebung dieser Einheit durch Zuwendung zur Welt, durch Zuwendung bedingten Konflikt mit dieser werden zur Grundlage der sich von der Unmittelbarkeit des Wahrnehmens oder des Erlebens distanzierenden Reflexion.* Reflexion und Handeln dienen neuer Identitätsfindung mit der Umwelt. *Identitätsverlust und Streben nach neuer Identität erscheinen jetzt als zwei fundamentale Weisen, über die das Subjekt der Welt sich zuwendet oder von ihr sich abwendet.* Über diese und im Dienst derselben stehen die spezifischen Weisen der Zuwendung, die wie Antriebe, Triebe, Wünsche (s. unten), Erleben, Denken oder Wollen oben erörtert wurden.

d) Begriff und Bild, Erkennen und Teilhaben

In der Auseinandersetzung mit der Umwelt differenziert sich das Innen, findet Umwelt im Subjekt ein beziehungs- und bedeutungsbestimmtes In-Einander.

Es ist jedoch nicht möglich – wie wiederholt dargelegt wurde –, die eine Welt auf die andere zurückzuführen. Daß die Begriffsbildung, Denken und Verstehen, mit Greifen, d. h. Bewegen der Extremitäten, Betasten von Gegenständen, mit Wahrnehmen, mit Aufmerksamkeit und Entwicklung des Sprachvermögens verschränkt ist, bei Ausfallen des einen Faktors (z. B. bewegungs- oder wahrnehmungsgestörte Kinder) eine erhebliche Erschwerung oder Störung des Denkvermögens beobachtet wird, ist vielfach belegt und diskutiert worden.[18] (Aber selbst bei von Geburt an gelähmten Kindern oder Blinden und Taubstummen findet kein völliger Ausfall des Denkvermögens statt.[19]) Das Denken jedoch ausschließlich als „transponiertes" Bewegen, Tasten, Greifen zu interpretieren, zielt am Wesen des Denkens und des Verstehens vorbei, an seiner spezifischen Fähigkeit der Einsichtnahme (vgl. oben), des Erkennens und Wiedererkennens, des Durchsichtig-Machens von undurchsichtigen Zusammenhängen. Voraussetzung für die absolute (radikale) Entfremdung, die das Sichtbare im Begriff erfährt, ist die Selbstentfremdung, die Entzweiung der ursprünglichen Identität des Subjekts mit der Welt, die es in der Zuwendung des primären Vertrauens erlebt (s. oben).

Konfrontierung mit der Umwelt als einem Aus-Einander, einem Sich-Bewegenden, in der Bewegung sich Verändernden hebt die Einheit des Subjektes auf und schafft damit die Grundlage für die der Reflexion notwendigem Entfremdungsvorgänge, wie sie oben aufgezeigt wurden. Ferner ist noch einmal daran zu erinnern, daß das abstrakt-logische Begriffsvermögen in der Entwicklung des Kindes, nicht weniger als in der ganzer Völker, zwar über Aufmerken, Betasten, Begreifen erfolgt, aber ihm primär das bildhafte Erfassen von Welt vorausgeht (vgl. oben). Dieses „Bild-Erfassen" beruht auf der weitgehend Koinzidenz von äußerem und innerem Bildgeschehen.

Hat das Kind einen Gegenstand verloren, sucht es diesen unter Schrank oder Stuhl, so folgt es zwar auch hier schon dem Gesetz der Kausalität, indem es das Verlieren überhaupt mit zielgerichtetem Suchen verbindet, jedoch hat das Kind, wie Untersuchungen erwiesen,[20] in erster Linie eine bildhafte Konzeption des gesamten Vorganges, in dem der fehlende Gegenstand als Lücke innerhalb eines Ganzen empfunden wird. Nicht der logisch-abstrakte Gedanke überwiegt, daß der Gegenstand z. B. als eckiger, nur bestimmten Bewegungen folgen, z. B. nicht rollen kann, in jedem Fall der „Schwerkraft" gehorcht, sondern die sichtbar sich zeigende Außenwelt wird primär als Ganze erfaßt. In dieser „bildhaften Schau" wird der Verlust des verlorenen Gegenstandes *emotionell als Mangel innerhalb einer Ganzheit vermer*kt: z. B. wenn im Bild des Wohraumes plötzlich der Tisch fehlt, oder der Puppe der Kopf abgefallen ist. *Bei der Suche nach dem Verlorenen geht es darum, die in dem Bild entstandene Lücke zu schließen.*

In was für einem Verhältnis stehen äußeres und inneres Bild zueinander? Wie kann das innere Bild, die sog. Vorstellung, zu einem Verständnis des äußeren führen? Was bedeutet die Prevalenz des inneren Bildes über das äußere in der Kindheit und in den frühen Stadien der Menschheitsentwicklung?

Ebenso wenig wie der Begriff in seiner Spezifität auf den pragmatischen Umgang mit der Außenwelt sich reduzieren läßt, ebenso wenig läßt das innere Bild, sei es als Vorstellung, als Phantasie- oder Traumbild konzipiert, auf „Abbildung von Wahrnehmungsvorgängen" sich zurückführen. Das innere Bild – die Vorstellung z. B. meines Hundes oder des Schloßplatzes in N. N. – zeichnen sich nicht nur durch die nicht auf Äußeres reduzierbaren Eigenschaften des In-Einander-Sein des Bildes aus, sondern darüber hinaus durch seine willkürliche Verfügbarkeit im Wachen, seine unwillkürliche Präsenz im Traum.

Im Wachen kann ich mir, wann auch immer ich will, meinen Hund oder den Schloßplatz in N. N. vorstellen, im Traum bin ich dem Auftauchen oder Entschwinden dieser Bilder ausgeliefert. Ich vermag darüber hinaus Hund oder Schloßplatz willkürlich zu verändern. Kraft meiner Phantasie erscheint mir jetzt der Hund mit drei Kalbsköpfen, der Schloßplatz in N. N. mit Zukkertüten besät. Ich kann die Proportionen der Dinge ebenso verwandeln, den Hund mir stecknadelkopfklein oder groß wie ein Haus vorstellen, den Schloßplatz auseinanderlegen, in Lego-Bausteine transformieren und ihn in die Tasche praktizieren.

Dieses universelle Vermögen der „Vorstellungskraft“, sowohl die Außenwelt im Erinnerungsbild präzise wiederzugeben, wie sie auch nach Belieben zu verändern, ihre willkürliche Verfügbarkeit, trennt sich zeigende Welt, das wahrgenommene Bild, durch einen „unüberbrückbaren Abgrund“ von dem innerlich präsenten Bild. Wird inneres Bild von äußerem durch diese nach keiner von beiden Richtungen hin zu reduzierenden Qualitäten getrennt (Innen oder Außen), so haben doch beide den oben aufgeführten Bildcharakter gemeinsam: Sichtbares präsentiert in zusammenhängender, vorgegebener Weise Innen wie Außen, nur ist der Zusammenhang ihrer Darstellung ein anderer. *Das innere Bild ist Ausdruck der Wirkzusammenhänge des In-Einander-Seins, des unbegrenzt Möglichen* – von der „Abbildung“ des Schloßplatzes bis zur Verwandlung desselben –, *das äußere Bild ist Wirkzusammenhang raum-zeitlichen Aus-Einander-Seins, von begrenzten Möglichkeiten.*

Wenn ich mir auch den Schloßplatz von N. N. annähernd präzise vorstellen kann, so wird das Vorstellungsvermögen schon weniger genau, wenn Vorgänge, Geschehen, Bewegungen festgehalten, wenn Worte erinnert, Aussagen von Passanten wiederholt werden sollen.

(Nicht zufällig haben die Tätigkeitsworte „feststellen“, „vorstellen“ das „Stellen“ gemeinsam, stellt der Begriff „fest“, „hält“ das vorgestellte Bild „fest“, wird es aus der ständigen Bewegtheit der Erscheinungen, aus der Bewegtheit und Fluktuation des Innen „herausgegriffen“ und bewahrt.)

Wieviel schwieriger, fast unmöglich dagegen ist es, die über den Schloßplatz eilenden Menschen, an und abfahrenden Pkws, Straßenbahnen sich vorzustellen, laufende Kinder oder auffliegende Tauben „innerlich zu sehen“. Geschehen als Bewegtes, sichtbar sich zeigende Welt, von Augenblick zu Augenblick sich verändernd, entzieht sich dem „Fest- und Vorstellen“, da die zum „Feststellen“ notwendige Aufmerksamkeit sich nur über Herauslösen und Herausstellen eines einzelnen Bildes konstituieren kann. Damit wird zwar die Unabhängigkeit, Verfügbarkeit, Verwandlungsfähigkeit des inneren Bildes über die Außenwelt ersichtlich, jedoch auch seine Begrenztheit, bewegtes Geschehen zu erfassen, damit seine grundsätzlich andere Artung dem äußeren Bild gegenüber.

Wenn ich in dem Augenblick jedoch, in dem ich den Griff der wachenden Zuwendung auf die Außenwelt lockere, mir nicht vornehme, den Schloßplatz von N. N. mit allen Einzelheiten mir vorzustellen, ich in Tagträume, Halbschlaf versinke, beginnen sich Menschen, Kinder, Autos, Hunde usf. über den Schloßplatz „von alleine“ zu bewegen, – wenn auch gewiss nicht in der Weise, wie ich sie alltäglich beobachte. Denn eben sehe ich auch einen Zirkuselefanten über das Pflaster trotten, der dort von mir noch nie beobachtet wurde. Es kann sein, „es ist möglich“, daß sich an irgendeinem Tag in der Woche Personen, Autos und vielleicht sogar ein Zirkuselefant in der von mir eben vorgestellten Weise über den Platz bewegt haben oder sich einmal dort bewegen werden. *Mit meinem Vorstellungsvermögen gerate ich in den Bereich des Möglichen, in dem Maße, in dem meine wachende Aufmerksamkeit, meine Zuwendung nachläßt.* Ferner bemerke ich, daß das selbständig sich bewegende, nicht willkürlich von mir gesteuerte Bild zum Bildgeschehen wird in dem Augenblick, in dem ich anfange tagzuträumen.

Das Mögliche, das das Innen auszeichnet, wenn das Wachen sich diesem zuwendet, zum „Halbwachen" wird, stellt sich im Bildgeschehen ebenso dar, wie äußere Welt sich primär über das erscheinende Bild zeigt.

Im Traum wird das Bildgeschehen zur Selbstdarstellung des Subjekts, dort entfällt Differenzierung in Antrieb, Willen, Denken, Wünschen – wie oben ausgeführt – zugunsten der Identität von Bildgeschehen und Erlebtem. Im Halbwachen, in Tagtraum und Phantasie kontrolliert die wachende Zuwendung das Bildgeschehen zu einem gewissen Grad, d. h. die wachende Zuwendung und ihr Bewußtsein von Außenwelt ist nicht erloschen, sie oszilliert zwischen Zuwendung und Verlöschen, das Innen als aperspektivisches Bildgeschehen ist noch relativ verhüllt.

Ist das Verstehen von Außenwelt durch das innere Bild, das dem begrifflichen Verstehen vorgegeben ist, nach diesen Ausführungen noch präziser erhellt? Die, bereits von anderen Autoren[21] untersuchte und erwiesene Bildfremd- und Feindlichkeit des Begriffs (vgl. oben), des logischen Denkens macht dieses zu einem Instrument des Erkennens, das bildhaftes Verstehen als ihm ganz und gar nicht mehr entsprechend, nicht mehr nachvollziehen kann. Der Begriff ist „ikonoklastisch",[21] d. h. bildzerstörend.

Um Verstehen von Welt vom Bild her sich zu vergegenwärtigen, muß der Beobachter seine durch Deskription und rationale Erkenntnis fixierte Position hinter sich lassen und sich der „atmosphärisch" bestimmten Fluktuation eines bildhaften Eindrucks hingeben, seiner inneren Antwort auf diesen: Bahnhofsplatz, Kornfeld, Tanzlokal. Der undeutlich-diffus-globalen Wahrnehmung des Ganzen eines Bildgeschehens – das Ganze wird durch den jeweiligen Horizont geprägt, den der Standpunkt des Beobachters festlegt – erweckt, evoziert über das Fühlen bestimmter Regungen, Antworten auf den äußeren Eindruck, dessen rein bildhafter Charakter evident wird, sobald die Zuwendung sich dem Fühlen überläßt: Ich betrachte das Treiben des Bahnhofsplatzes, es erweckt die oben dargestellten Gefühle, die mit Abreise, Ankunft, Hast oder Warten verbunden sind, und die die entsprechenden Bilder evozieren. Schließe ich die Augen einen Augenblick vor dem Beobachteten, dieses jedoch bei Abwendung als Thema meiner inneren Zuwendung beibehaltend, sehe ich z. B. nicht allein diesen besonderen Bahnhofsplatz, sondern fahrende Züge, Gleise, den Stationsvorsteher, wie er das Abfahrtssignal hebt, zum Zug eilende Reisende usf. D. h. *auf das äußere Bildgeschehen antworten innere Bilder*, die die bildhaften Themen von Abreise, Ferien, Gepäckabgabe, Koffern, Geschäfts- oder Vortragsreisen, Ankunft und Abschied variieren. (Die innere Thematisierung und Variierung einer Beobachtung ist fraglos selbst wiederum von größerer Variabilität, d. h. auch von der sog. eidetischen Begabung abhängig.)

Was atomsphärisch-undeutlich im Hintergrund meines Innen mit der Stimmung des Bahnhofsplatzes, des Kornfeldes oder des Tanzlokals über einfühlendes Anschauen sich vereint, wird bildhafter Vorgang, der meine subjektive Erlebnis- und Erfahrensbreite (inneren Horizont) „Bahnhofsplatz" der des wahrgenommenen Bahnhofsplatzes angleicht. *In diesem Prozess stimmen sich äußeres und inneres Bildgeschehen aufeinander ab.* Es findet kein begriffliches Erkennen: das ist der Bahnhofsplatz von N.N., statt, sondern *wahrgenommenes Bild und inneres Bild begegnen sich auf einer Ebene des gegenseitigen „Sich-Abstimmens", Über-Einstimmens, des „Stimmens"* – der Stimmung, die als Unterton nachschwingt.

Analog zu diesem Beispiel dürfte das dem begrifflichen Verstehen in der Entwicklung der einzelnen wie auch der menschlichen Gattung vorausgehende Erfassen der Außenwelt über bildhafte Prozesse verlaufen. Das Innen nimmt bis an die Grenze seines aperspektivischen Bildgeschehens an der bildhaft wahrgenommenen Außenwelt teil, es partizipiert an dieser über Einfühlung, Antipathie, Zuwendung, Abwendung über Sich-gegenseitig-Abstimmen, über sich von der Außenwelt „stimmen" zu lassen, dieser dann zuzustimmen oder sich abzuwenden.

Verstehen von Außenwelt über inneres Bildgeschehen ist Teilhabe an dieser, im Unterschied zum Verstehen von Außenwelt über Entfremdung (Begriff). Wie der Begriff über Aufmerksamkeit und Entfremdung sich konstituiert, so wird das Bild im Unterschied zu diesem durch die bildhafte sich darstellende Außenwelt *evoziert.*

Das Kind wird in den verschiedenen Phasen seiner Entwicklung, z. B. in der magisch-bildhaften, von Allmachtsphantasien beflügelten Schau der Umwelt, sowohl durch seine vorprädikative Verfassung wie auch durch die Außenwelt selbst zu diesem Stadium angeregt. Über die Außenwelt lernt es Trennung, Identitätsverlust, Konstellierung von Außen und Innen durch den Begriff sowohl auszugleichen, wie es sich auch bemüht in der Handlung real die Subjekt-Objekt-Einheit von innerem und äußerem Bild wiederherzustellen.

Dieses Stadium – das jedoch weniger ein Stadium als eine häufig bis in das hohe Lebensalter sich fortsetzende Verfassung von In-der-Welt-Sein ist – ist durch die oben dargestellte Pluralität von Bedeutungen und Beziehungen gekennzeichnet, in der z. B. der Stuhl ebenso Thron, Pflug, Unterschlupf wie Vermittler zwischen Oben und Unten, zwischen Tisch und Boden ist. Teilhabe von innerem Bildgeschehen an Äußerem, mit dem Stuhl umzugehen, als ob er ein lebendiges, sich verwandelndes Ding ist, das hier als „Pflug" dort als „Thron" wirkt, dort pragmatisch erfaßt wird, um an den Tisch zu gelangen, ist nur möglich, wenn ein von Anfang an mit dem Erscheinen des Subjekts in der Welt vorgegebenes Innen durch Konstellierung von bildhaften Bedeutungen und Beziehungen sich bildhaft erweist.

Nicht die logische Erkenntnis und die von dort her ausgelegte Konstitution der Bilder nach z. B. teleologischen Gesichtspunkten begründet diese, sondern umgekehrt ist die vorlogische, auf *Teilhabe* orientierte Artung des

Bildes der Logik sowohl in der Stammes- als auch in der Individualentwicklung und von der Sinnganzheit (Bedeutungskonstante) „Stuhl“ her vorgegeben. (Sinnganzheit Stuhl: Sie ist als mögliche Bedeutungskonstante ihren realen Möglichkeiten übergeordnet, bis im Verlauf der Entwicklung des Kindes der Stuhl nur noch dem Sitzen dient, es dessen sachbezogene Konstante realisiert hat.)

Daß das Kind den Stuhl sowohl als „Thron“ wie auch als „Pflug“ erlebt, ist jedoch weder auf einen „Archetypus Stuhl“, der diese Möglichkeiten, der platonischen Idee vergleichbar, alle umschließt, noch auf den „abstrahierten“ Wahrnehmungseindruck „Stuhl“ zurückzuführen (Nativismus- oder Empirismus-Theorie). *Erst im Umgang mit dem realen Stuhl, in der Beobachtung, wie ihn die Erwachsenen benutzen, entwirft das Innere des Kindes die realen Möglichkeiten desselben.* Das „Mögliche“ des Stuhls umfaßt die noch undeutliche Bedeutungsbeziehung, die diffuse Sinnganzheit desselben; das Mögliche ist der Horizont, der sich um das Ding legt, es mit seinen vielfältigen Möglichkeiten umgebend.

Dieses Mögliche des aperspektivischen Innen ist weder als Bild noch als Begriff zu präzisieren. Es entwirft in der Teilhabe am Stuhl, in der Beziehung zu ihm, seiner Bedeutung bildhaft die Möglichkeiten seines Daseins: vom „mythischen Thron“ bis zum reinen Zeug, das lediglich dem Sitzen dient.

Der Begriff des Entwurfs wurde und wird hier benutzt, um den Vorgang der bildhaften Teilhabe des subjektiven Innen am Außen zu erfassen. Das Entwerfen visiert eine Möglichkeit unter vielen an: Wie der Künstler oder Architekt in der Skizze eine Gestalt oder ein Gebäude entwerfen, nicht nur einen Entwurf, sondern viele zu Papier bringen, einer dann Grundlage des auszuführenden Planes wird – so entwirft das Innen in der vorlogischen Teihabe an dem Außen die Bilder seiner Möglichkeiten, bis der pragmatische Gebrauch des Dinges dessen Grenze für den weiteren Umgang mit ihm festlegt.

Anders stellt sich die Bedeutung von, die Beziehung zu Lebendigem dar, zu Personen, die aufgrund bereits ihrer Vieldeutigkeit, sich der Verklammerung durch den Begriff entziehen, die die bildhaft emotionelle Teilhabe von vorneherein an ihrem Dasein fordern, sich „zurecht“ mißverstanden fühlen, wenn sie wie Dinge begriffen werden. Umgang mit Lebendigem wird immer den Charakter emotionell-diffuser Teilhabe aufweisen, doch wird das rationale Verstehen und die Steuerung desselben auch, insbesondere von Psychoanalyse und empirischer Psychologie, erstrebt.

In der Teilhabe an der sichtbar sich zeigenden Welt wird Welt als Bildgeschehen ihrer selbst inne, versteht sich das Innen als bildgewordene Welt. *Der Entwurf ist die Vermittlung zwischen dem als aperspektivisches Bild zu verstehendem Innen (Psyche) dem „Möglichen aller Bilder“, und dem Außen, das sich bildhaft von Anfang an der Zuwendung darbietet.*

Das „Mögliche aller Bilder“ ist jener „Bezirk“, der dem Innen der Psyche als Mögliches überhaupt vorgegeben ist, der Innen und Außen ermöglicht und der sich im Subjekt in der spezifischen, oben dargestellten Weise äußert, daß es z. B. den Bahnhofsplatz in jeder nur „möglichen“ Variation sich vorzustellen, zu erträumen (Tagraum) oder von ihm zu träumen vermag.

Das sich entwerfende Innen ist im Entwurf bildhaft, es weiß und erlebt sich nur bildhaft: Der Trieb, der den Zug zu dem ihn befriedigenden „Ding“ erlebt, erlebt den Zug als Bild von Speise bei Hunger, Wasser bei Durst (Antriebsgestalt durch Bild und Triebbedingt). Das Gefühl ist ohne seine Bezogenheit auf einen Bildvorgang nicht nur nicht artikulierbar (s. oben S.), sondern noch vor jeder Artikulation auf einen Bildvorgang bezogen. Das Gefühl der Trauer spiegelt sich in Bildern wieder, die um Verlust, Tod, Leere, Sinnlosigkeit des Daseins kreisen, das der Freude über oder auf etwas ist stets auf Bildhaftes bezogen: Freude über das neue Kleid, Freude auf den Geburtstag. Nicht weniger als der Antrieb ist auch der Wunsch ohne spezifischen Bildgehalt – Wunsch nach etwas – nicht zu denken.

Die Stimmung ist ebenfalls in ihrem Entwurf auf die Außenwelt hin bildhaft geprägt, nicht zufällig (vgl. oben) wird die gedrückte, niedergeschlagene Stimmung dem Regentag gleichgesetzt, die heitere dem Sonnenschein. Im Auf-die-Welt-zu nicht weniger als im Von-der-Welt-fort, in jedem Fall im Umgang mit Welt entwerfen sich Trieb, Gefühl oder Stimmung bildhaft, in ihrer Bildhaftigkeit an der Bildhaftigkeit der Welt teilnehmend.

Lediglich der Wille ist nicht bild-, sondern ziel- und zweckbezogen, dient er doch der Durchführung rationaler Planung: „Ich will heute in die Stadt fahren, um mir neue Brillengläser zu besorgen“, scheint zwar von bildhafter Teilhabe (Stadt, Verkehr, Optiker, Anpassen neuer Gläser usf.) nicht zu trennen zu sein, aber in diesem alltäglichen Vorgang ist das gesamte Bildgeschehen durch die rationale Planung – in die Stadt zu fahren, um neue Brillengläser zu kaufen – „zerschnitten“, die mein Vorhaben bis in das motorische Detail zweckbestimmt ausrichtet.

Im Traum, so wurde oben dargelegt, sind Bild, Trieb, Stimmung, Gedanke, Gefühl identisch. Da aber schon die Erörterung dieser psychischen „Funktionen“ ihre Bildbezogenheit aufweist, bedarf es nur noch des Schlusses, daß die Zuwendung über Antrieb, Fühlen, Wünschen oder Stimmung den durch das Wachen, die Willenshandlung und die Reflexion bedingten Bildverlust in der Vereinigung mit dem bildhaften Charakter von Außenwelt wieder aufzuheben bestrebt ist. Das Wachen bedingt die Trennung z. B. von Trieb und dem ihm zugehörigen Bild, die triebbedingte Zuwendung zu der Außenwelt stellt diese Trennung, in dem der Trieb auf sein Bild sich bezieht, vorübergehend wieder her. Die antilogische Verfassung des Subjekts erfährt durch die ausgeführte Polarität und auch Gleichzeitigkeit von partizipierend-teilhabendem In-der-Welt-Sein und reflektiert-ikonoklastischem Erkennen derselben eine weitere, wichtige Bestätigung. Der Mensch nicht weniger als sein Entwurf sind durch die im Entwurf begründete Notwendigkeit seines So-Seins (z. B. der Notwendigkeit zu handeln, um zu leben) auf „verschiedenen Ebenen“ gleichzeitig verschieden in der Welt.

e) Das Idealbild[22]

Mit der Erwartung auf Erfüllung des grenzenlosen Vertrauens in die Welt beginnt das neugeborene Kind sich mit dem Leben einzulassen. Es steht damit vergleichsweise im imaginären Mittelpunkt von Umwelt, von dem aus das Subjekt die grenzenlose Zuwendung derselben als auf sich zukommend vertrauensvoll erwartet. Es erwartet Zuneigung, Wärme, Sättigung, Schutz, Sicherheit, Geborgenheit. Die Erwartung auch der immer wieder sich herstellenden Identität mit den Personen der Umgebung bestimmen die spezifische „Erwartungshaltung", deren krankhafte Abweichungen *Schultz-Hencke*[23] mit „Riesenerwartungen" gekennzeichnet hat. Erst im Ablauf des Lebensweges, wenn die positiv wertgetönten Erwartungen sich nur bedingt oder gar nicht erfüllen, vermag eine negative Erwartung die gesamte Lebenseinstellung zu beeinflussen, wie z. B.: Mir kann nur Negatives zustoßen.

Die Erwartung verhält sich zum Wunsch wie das Mögliche zu den Möglichkeiten. Sie ist der Möglichkeit des spezifischen Wunsches nach etwas Vorgegeben: „Ich wünsche, daß mein Vater mir heute bei den Schularbeiten hilft", setzt voraus, daß ich es erwartet habe. In dessen Erwartung bin ich generell auf Zuneigung und Hilfe vonseiten meines Vaters eingestellt. Im Wunsch spezifiziere ich die Möglichkeiten seiner Hilfsstellung: mir bei den Schularbeiten zu helfen.

In der Erwartung klingt eine optimistisch, hoffnungsvolle Tönung durch, daß das Erwartete eintreten wird. Ein verborgener Zwang, die einzutretende Erfüllung mit Sicherheit zu erwarten, bestimmt latent die Erwartungsstimmung. Es, das Erwartete, wird und muß eines Tages eintreten, auch wenn es nie eingetreten war. Die im „Kern" unbelehrbare Erwartung, die trotz vielfacher Enttäuschung immer wieder positiv wertgetönte Einstellung, auf Zuneigung oder Vertrauen ausgerichtet, ist das stereotyp sich wiederholende Thema der Enttäuschung auch in der Beziehung zwischen Kindern und Eltern, Eltern und ihren Kindern, in der Beziehung aber auch zwischen Ehepartnern, im Mit-Einander von Menschen überhaupt. Zutiefst irrational, da von Geburt an auf unbedingtes Vertrauen ausgerichtet, früh resigniert, veräusserlicht oder nur noch auf Enttäuschungen eingestellt, erweist sich die Erwartung entweder als unbeeinflußbar, „riesengroß", oder ausgebrannt, prägt sie den Lebensweg nicht mehr.

Im Wunsch dagegen sieht das Subjekt sich bereits tätig in die Umwelt eingreifen, um die Voraussetzung zu schaffen, die zu der Erfüllung des Wunsches, seiner Ermöglichung beiträgt. „Ich wünsche, daß mir mein Vater bei den Schularbeiten hilft", muß zwar bei Auftreten dieses Bildes – des helfenden Vaters – noch nicht die Aktivität implizieren, die Umstände so vorzubereiten, daß der Vater auch tatsächlich hilft. Ist die Zeit herangerückt, in der der Vater zu erwarten ist, wird alles getan, ihn zum Helfen zu veranlassen. Aus der passiv-rezeptiven Erwartungseinstellung – sie dokumentiert sich u. a. zurecht, wie einige Psychoanalytiker[24] ausführten, in der Erwartung des Kindes gestillt oder gefüttert zu werden, sie darf jedoch nicht auf diese „orale“ Erwartung eingeschränkt werden – tritt im Wunsch das Subjekt real oder in „Wunschvorstellungen“ in die Sphäre der Aktivität. Es wird in dieser zwar auch noch gelegentlich vom „Wunderglauben“ auf blinde, irreale Wunscherfüllung getragen, jedoch, über seinen eigenen, aktiven Beitrag zur Verwirklichung des Wunsches hinausgehend, enthüllt sich ihm im Wunsch die diesen möglicherweise befriedigende Umwelt als aktiv herbeigewünschte, begehrte, nicht nur passiv erwartete, die auf das Subjekt zukommt.

Daß dabei das Erwünschte (Bild) von dem jeweiligen Milieu, in dem gewünscht wird, abhängig ist, liegt auf der Hand. Anderes wünscht sich der eingeborene Australier als das Großstadtkind, ob aus großbürgerlichem- oder Arbeiter-Milieu, aber der eine wie das andere vermögen zu wünschen.

Dem Wunsch liegt ferner die Erfahrung einer wiederholt unerfüllten Erwartung zugrunde: Das zu einer bestimmten Zeit eingenommene Essen unterbleibt einige Male. Der Wunsch, es möge doch zu essen geben, „frustriert“, wird zum Anlaß, selbst an den Eisschrank zu gehen und sich dort „zu bedienen“.

Der Erwartung, z. B. die Welt möge sich als wärmende, bergende, spendende[25] erweisen, wie sie das primäre Vertrauen charakterisiert, ist nicht von Bildern zu trennen, die dieser Erwartung zugrunde liegen.Die Mutter möchte sich über die Wiege beugen, das Kind liebkosen, es herausnehmen, an sich drücken, es stillen, ihre Identität mit dem Kind wiederherstellen. Aber die Erwartung ist auch in diesen, sich zum Wunsch hin spezifizierenden Bildern primär auf die Aktivität der Umwelt – der Mutter – ausgerichtet, nicht auf die eigene, d. h. sie bleibt passiv. Der Erwartung liegt als mögliches Bild sich ausdifferenzierender Möglichkeiten (Bilder) das undeutlich im Hintergrund des Innen (der Psyche) sich verflüchtigende Bild der das Kind sich annehmenden Mutter, des Entwurfes auf Identität mit dieser, zugrunde. Dieser Entwurf verbindet sich mit dem Gefühl des Wohlbehagens, des Angenehmen, der Wärme, Geborgenheit.

Wie der bildhafte Charakter der Erwartungshaltung sich über den Umgang – im Fall des aufwachsenden Kleinkindes – mit der realen Pflegeperson ausdifferenziert, jedoch nicht nur dem Verhalten der realen Person entspricht, sondern z. B. aus der Erwartungseinstellung (schöpferisch) das Bild einer sich liebevoll zuneigenden Mutter bei einer faktisch das Kind ablehnenden[25] erwecken kann, ist nur ein weiterer Beleg für die Autonomie des Innen, bei aller Abhänigkeit von Außen. In der mit dem primären Vertrauen identischen Erwartungshaltung liegt der Entwurf auf das ideale Bild einer diesem Vertrauen entsprechenden Welt, einer „idealen Mutter“, eines „idealen Vaters“, einer „idealen Umgebung“ zugrunde. Es ist letzten Endes die ideal erlebte Identität mit Pflegepersonen, deren Wiederherstellung erwartet und erstrebt wird.

„Ideal“ beinhaltet hier den Begriff der Totalität dieser Identität mit den

Pflegepersonen, der „Totalität“ der Zuneigung, Wärme, Geborgenheit und Bindung. Die auf Totalität der Erwiderung des totalen Vertrauens angelegte Erwartung des Kindes entwirft das Bild, das alle Möglichkeiten, diese Erwartungen ständig und immer zu erfüllen, beinhaltet. Dieses Bild, mit der totalen Erwartungshaltung, ihrem immanenten, alles ermöglichenden Bildgehalt identisch, mag in Traum, Mythos oder Phantasie als „Mutter mit hundert Brüsten“ als „milchspendender Gebirgsquell“, als „Schlaraffenland“ auf der Ebene „oraler“ Erwartung erscheinen.

Für die Struktur des Idealen, des idealen Bildes ist jedoch wesentlich, daß sein aus der totalen Erwartungshaltung kommender Anspruch *nicht* in einem dieser spezifischen Bilder sich niederschlägt. Sondern seinem auf das Ganze, der dem totalen Vertrauen entsprechenden Welt hinzielenden Entwurf ist das Mögliche aller spezifischen Möglichkeiten idealer Bilder übergeordnet. *Der Entwurf ist selbst „umfassendes Bild“, aber in der bildhaften Darstellung nicht mehr faßbar.*

Aus dieser von der Erwartungshaltung nicht zu abstrahierenden Struktur der Idealität läßt sich verstehen, daß an ihr gemessen *die Möglichkeiten der begrenzten Welt immer bereits Möglichkeiten zu Enttäuschungen sind.* Annäherungen im besten Falle an das Ideal, an eines der Bilder, in die dieses sich entwirft, das aber keine Verwirklichung enthält, liegen in der diskrepanten Struktur von Inne-Sein und Außenwelt. Die auf totale Erfüllung ausgerichtete Erwartungshaltung des Kindes dürfte für die historische Menschheit insgesamt zutreffen. In ihr öffnet sich ganz schlicht *ideal vertrauendes Dasein dem Dasein von Welt.*

Die konkrete Realität ist die gewordene, in ihrer grundsätzlichen Struktur von Außen-Sein und Innen-Sein zwar unüberbrückbar getrennt, jedoch darüber hinaus noch durch gesellschaftlich-ökonomische oder familiäre Determinanten bestimmt. Über diese Determinanten müssen sich die idealen Erwartungen spezifizieren. In einer Stammesgemeinschaft von Jägern (z. B. Prärie-Indianern) wird der „große Jäger“ oder werden die „ewigen Jagdgründe“[26] ideale Bilder der Erwartung auf erfolgreiche Jagd darstellen, nicht weniger als bei Pflanzern und Ackerbau-Völkern die weiblichen Gottheiten[27] als spendende, aber auch zerstörende das idealische Bild von Fruchtbarkeit und Unfruchtbarkeit (Tod) repräsentieren. Der Heros,[28] dessen Rolle als Mittler zwischen Göttern und Menschen universell nachgewiesen ist (s. oben), verkörpert die idealischen Tugenden, die selektiv das erfolgreiche Überleben des Stammes oder des Volkes, z. B. in Krisenzeiten, durch ihr Verhalten gewährleisteten. (Wobei für zahlreiche Heroen Schlauheit und Intelligenz neben beträchtlicher Körperkraft maßgeblich sind und entsprechend verehrt werden.) Ihre historisch oft verbürgte Realität schließt nicht aus, daß sie in Mythos oder Legende verklärt, den idealen Erwartungen entsprechen, die der Einzelne wie auch das Kollektiv an sie, aber auch an die Götter stellen. Diese Erwartungen sind durch die historischen, stammesgeschichtlichen, ökonomischen u. a. Prozesse variabel, aber nichtsdestoweniger bleiben sie aus dem primären

Vertrauen sich ableitende Erwartungen, die in Heilspendern und Göttern ihre total-idealischen Ansprüche entwerfen.

Wenn *Feuerbach* und *Marx*,[29] vor ihnen schon *Xenophanes*,[30] die Ansicht vertraten, der Mensch würde nach seinem Bilde die Götter und Gott entwerfen, so ist diese Ansicht bezeichnend in erster Linie für die gelegentliche Kurzsichtigkeit von Interpretationen. Denn woher das *Bildvermögen* des Subjektes stammt, wie das Ideal bei aller Abhängigkeit von der Außenwelt sich in idealen Bildern darzustellen vermag, das wird von dieser Konzeption nicht befragt und entsprechend nicht beantwortet. Das Vermögen zur *Idealbildung* ist im Tierreich nicht anzutreffen. Es ist ein *humanes Ereignis, das aus der Diskrepanz zwischen Vertrauenserwartung und Wirklichkeit sich ableitet.* Aus dieser Diskrepanz entwirft der Mensch die Bilder der Möglichkeiten von In-der-Welt-Sein, Bilder, denen die Vielfalt seiner Götter entsprechen. Diese sind aber selbst in ihrer „idealischen" nicht sensualistisch-materialistisch aufzulösenden Qualität zumindest ein Hinweis auf Transzendenz, zumal die Bildqualität als bildgewordener Sinnzusammenhang nicht auf Erscheinungen sog. materieller Natur zu reduzieren ist.

Die Diskrepanz zwischen der Erwartung auf totale Erfüllung des Vertrauens und der Wirklichkeit, die mit der Erfahrung des Leides, des Schmerzes, des Sich-Versagens einhergeht, über die sich der Wunsch als aktives Begehren entwickelt, die ihm vorschwebenden „heilen" Bilder und Möglichkeiten zu realisieren, wurde oben in ihrer Bedeutung für die Entfremdung aufgezeigt. Das sich diskrepant, dann entfremdet erlebende Subjekt, dessen Bedürfnis nach zeitloser Dauer in der immer wieder erlittenen Aufhebung der Identität (= Dauer) mit dem Bewußtsein vergehender, nicht mehr mit sich identischer Zeit wächst, entwirft seine idealischen Bilder in die Zukunft. Von dieser wird erwartet, was die Gegenwart nicht leistet. Zukunft als das noch nicht eingetretene Jetzt birgt alle Möglichkeiten in sich, das im Bereich des Möglichen liegende zu verwirklichen. Das Diffus-Undeutliche der Zukunft, nicht weniger undeutlich als die sich entfernende Vergangenheit, entrückt die konkreten Begrenztheiten des Wirklichen, ihre Grenzen: Schlösser werden zu Luftschlössern, das soeben erfahrene Liebesglück soll zum immer währenden werden – trotz vielleicht schon gehabter, gegenteiliger Erfahrungen.

Das aufwachsende Kind wird von den Eltern in entsprechend prestigebesetzten, sozialen Rollen[31] gesehen: Zukunft verspricht, was den Eltern selbst versagt war, die Wiederherstellung zwischen Ideal und Wirklichkeit, die Aufhebung der Widersprüche, die Rückkehr zeitloser Dauer (Utopie). Die Zukunft verklärt die Diskrepanzen, diese nehmen idealische, versöhnende Gestalten an.

Der Konflikt Vater/Sohn wird in der Zukunft ebenso aufgehoben sein wie die schwere Erkrankung oder für den Marxisten die Klassengegensätze. In der Angleichung der die Wirklichkeit bedingenden Gegensätze aneinander zeichnet sich das verklärte Bild der Zukunft ebenso ab, wie das der Vergangenheit. Die Toten, unter denen man möglicherweise litt, werden verklärt, die Geschichte macht aus Schurken Helden. Entdifferenzierung, Verschwimmen, Undeutlich-Werden, Aufhebung der Wirklichkeit begründenden Nicht-Identität, des Widerspruches, der Gegensätze und Diskrepanzen, Aufhebung auch von Konflikten, von gegenseitiger Abhängigkeit oder Sich-Durchdringen charakterisieren die Entwürfe in die Zukunft nicht weniger als den Blick in die Vergangenheit. Ob das aus der diskrepanten Gegenwart aufsteigende Idealbild in die Vergangenheit oder in die Zukunft hineingetragen („projiziert“) wird, Voraussetzung dafür ist seine zunehmende Entwirklichung. Je „wirklichkeitsfremder“ es wird, je mehr der in ihm enthaltene irreale Erwartungskern sich über entsprechende, zunehmend unbestimmte Bilder manifestiert, je mehr entspricht es dem oder den Idealen, die als Bilder totaler Erwartung zum sich entwerfendes Nicht-mehr-Bild werden (Utopie [32]).

Entrückung oder Verklärung sind nicht ohne das Erleben der Ferne, sei es in die Vergangenheit, sei es in die Zukunft, möglich, wobei in dieser Ferne die räumliche und zeitliche Perspektive identisch werden. Die unbestimmte Ferne, ob Vergangenheit oder Zukunft, ist nicht nur der vorzügliche Ort, Idealbilder in diese zu verlegen, sondern *das Idealbild* an der Grenze zwischen dem konkret sich jeder Spezifizierung entziehendem „Möglichen“ aller idealer Möglichkeiten und der totalen Erwartung auf ein totalem Vertrauen entsprechendes Bild, *ist selbst die Ferne schlechthin.*

Die ferne Vergangenheit, die ferne Zukunft, die ferne Stadt, der ferne Erdteil, der ferne Planet sind als noch nicht erreichbare Orte nicht nur in der alltäglichen Beobachtung immer wieder Zielflächen irrealer Erwartungen, Wünsche, Illusionen. Sondern die diskrepante, widersprüchliche Gegenwart, das konkret-räumliche, materielle Jetzt, als Empfänger für Idealisches einfach nicht strukturiert, erlauben der Erwartung nur noch die Ferne. Oder: Die Ferne ist die Folge von Erwartung.

Das Innen, aus der Tiefe kommend, entwirft in der Zuwendung, wie dargelegt, den perspektivischen Raum, und in der Erwartung – das Ideal und die Ferne.

f) Die Normen[33]

In dreierlei Weise wird der aufwachsende Mensch mit der Norm vertraut: Über das Erlernen und Erfahren des Maßes im Umgang mit seinem Leib und mit dem Zeug des täglichen Gebrauchs, über die Identifizierung mit den Personen seiner Umgebung und in der Übernahme der jeweiligen, durch die Gesellschaft tradierten Normen, d. h. ihrer Verbote, Gebote (Sollensforderungen), Gesetze und Sitten. (Letztere werden durch Gewohnheiten übernommen, weniger durch Gebote oder Verbote weitergegeben. Sitte z. B.: Sonntags gut gekleidet spazierenzugehen, nachmittags Kaffee zu trinken, Kuchen zu essen usf.)

Die historische Menschheit kennt keinen Zustand von Gesetzlosigkeit (Anomie), von anarchischen, kurzen Episoden abgesehen, der etwa als eine Art goldenen Zeitalters die Entwicklung humaner Sozietäten präludiert hätte. Daß jedoch die Entstehung von Normen, die menschliches Verhalten prägen sollen, sehr verschiedenen Ursprungs ist, haben inzwischen, z.B. seit Freuds „Totem und Tabu", enthnologische, soziologische und historische Untersuchungen in so zahlreichen Ergebnissen erwiesen, daß hier nur generell darauf Bezug genommen werden soll.[34]

Sollen Normen menschliches Mit-Einander regeln, nicht weniger als die Beziehung zu der Transzendenz, als auch zu der Natur, sind sie per Definitionem mit der jeweiligen Ordnung gleichzusetzen.

Ordnung, so lassen sich die genannten Untersuchungen zusammenfassen, entsteht aus dem Zusammen-Wirken folgender Faktoren:

1. Im Spiel: Über gegenseitige Identifizierung mit dem Mitspieler entwickeln sich die Spielregeln.
2. In der Imitation naturhafter Ordnungen.
3. Aus pragmatischem Umgang mit dem Zeug: Hausbau, Jagd benötigen zu ihrer Durchführung Ordnung.
4. Aus Herrschaftsverhältnissen Identifizierung mit „Führerpersönlichkeiten".
5. Aus dem Tauschprinzip, das für jede Sozietät als diese fundierend nachgewiesen worden ist.
6. Aus Emotionen: Die Mutter beugt sich schützend über das Kind, stiftet damit eine – wenn vielleicht auch nur vorübergehende – Ordnung.
7. Aus ökonomischen, klimatischen, geographischen Einflüssen, durch historische Überlagerungen (Eroberervölker) und Wechselwirkungen dieser Faktoren.

Humane Ordnung, ganz generell von tierhafter, durch instinktives Verhalten weitgehend regulierter Ordnung unterschieden, zeichnet sich einerseits der tierhaft-instinktiven Ordnung gegenüber durch historisch bedingte, größere Variabilität und entsprechende Labilität aus, andererseits durch die unaulösbare Verbindung zwischen Normen (Ordnung) und dem Willen, für den die Beziehung zu Sollensforderungen kennzeichnend ist. Ein Verbot appelliert an den Willen, dem Impuls, das Verbot zu durchbrechen, sich zu widersetzen, z.B. ein Speise- oder ein Sexualverbot, ein Verkehrs- oder Verschmutzungsverbot zu überschreiten. Das Gebot (Sollensforderung), etwas zu tun, entspricht keineswegs immer dem entsprechenden spontanen Impuls (sozialem Antrieb), z.B. einem Armen Almosen zu geben, mit jemandem zu teilen, jemanden zu lieben, und ist in seiner Durchführung vom Wollen abhängig. M.a.W. *Ordnung, soweit sie auf Geboten und Verboten beruht, ist für den historischen Menschen nicht ohne das Vermögen zu wollen denkbar.* Befehl, Anordnung, Zuruf, Warnung – z.B. bei gemeinsamen Arbeiten, Jagden, einem Hausbau – benutzen in diesen Fällen den anderen sowohl wie ein „Werkzeug", appellieren dabei jedoch gleichzeitig an sein Wollen, seine Einsicht, die verlangte Aufgabe durchzuführen oder sie im Interesse der

Gesamtheit zu unterlassen. Aus diesen *gemeinsamen* Erfahrungen entwickeln sich Normen, ein Haus, ein Boot, ein Werkzeug in bestimmter Weise zu erstellen, die der Tätigkeit der Einzelnen sowie der des Kollektivs Richtung weisen, zweckmäßige Handlungen gebieten, unzweckmäßige verbieten. Die aus der Arbeit entstehenden Normen – aus Anruf des Willens entwickelt – appellieren ihrerseits wieder an den Willen, so daß hier eine Spiralbewegung gegenseitiger Bedingtheiten von Normen zu beobachten ist.

Der Sinn jeder humanen Ordnung, gleichgültig welcher Genese und welcher Herrschaftsverhältnisse, ist die Aufrechterhaltung eines Gleichgewichts in den vorhandenen menschlichen Beziehungen, von Stabilität.[35] Diese Stabilität mußte in prähistorischen Zeiten einer meistens bedrohlich erfahrenen Umgebung gegenüber (Natur, benachbarte Stämme) aufrechterhalten werden, ferner im Verhältnis des menschlichen Mit-Einanders gleichbleibende Bedingungen gewähren, die die elementaren Bedürfnisse des Menschen nach Behausung, Nahrung und Sicherstellung von Nachkommenschaft befriedigten. Das ist auch der Sinn der tierhaften Ordnungen, denen jedoch andere Wege und Mittel zur Verwirklichung dieser elementaren Bedürfnisse zur Verfügung stehen. Für die humane Ordnung ist zwar der sog. Instinktverlust – oder -Mangel (*Nietzsche, Scheler, Gehlen* u. a.) – charakteristisch. Jedoch trifft diese negative Bewertung dem positiv bewerteten Tier gegenüber nur bedingt zu, denn *menschliche Sozietät überragt eben jede tierische Ordnung durch das nur dem Menschen zukommende Tauschprinzip*[36] und alle die Möglichkeiten möglicher Ordnung, die den Menschen als weltoffen im Gegensatz zum Tier bestimmen.

In die humane Ordnung gehen ferner die Bedürfnisse und Antriebe der sozialen Antriebssphäre mit ein. Schutz-Suchen, Schutz-Gewähren, Sorgen und Fürsorgen für den anderen, Helfen und Sich-helfen-lassen, die z. B. dem Gebot „Du sollst nicht töten“ oder „Liebe deinen Nächsten wie dich selbst“ zugrunde liegen. Es sind richtungsweisende Sollensforderungen, die zur Grundlage von Gesetzen werden können, dadurch an den Willen appellieren, um dann wieder paradoxerweise „repressiv“ zu wirken. Sie sind gleichzeitig auf Eins-Fühlung mit dem anderen angelegt (Antriebe der Entkörperung, soziale Antriebe), auf Gemeinsamkeit des Schutzes, der Sorge oder des Helfens wie auch auf mögliche Beherrschung, Ausnutzung desselben.

Dieser Doppelcharakter der humanen Ordnung, der von *Nietzsche, Scheler* und *Gehlen* nicht genügend wahrgenommen wurde, da er sowohl repressive Willenshaltung in Verbot und Gebot wiedergibt[37], wie auch Emphatie und sozialem Verhalten durch Normen (Gesetze) Dauer vermitteln soll, zieht sich historisch von den Tabus und Meidungen ethnischer Verbände bis zu den sozialethisch formulierten Gesetzgebungen der Demokratie und des Sozialismus. Der Doppelcharakter der Norm gibt das Ausmaß an Entfremdung wieder, das die menschliche Gattung im Verlauf ihrer Entwicklung – im Vergleich zu der spontanen, jedoch instinktbedingten Regelung ihrer Beziehungen zur Umwelt – erlitt, die mit dem Erwerb der aufrechten Haltung, des aufrechten Ganges, dem damit engstens verschränkten Gebrauch von Zeug (Werkzeug, Kleidung, Feuer, Behausung) einherging. Einer Entfremdung, die sich in der Entwicklung des Kindes wiederholt.

Dieser Doppelcharakter der Norm ist jedoch in dem jeder humanen Ordnung vorgegebenen Begriff des Maßes noch nicht aufweisbar. Um Ordnung von Unordnung (Anarchie, Chaos, auf welchem Sektor humaner Existenz auch immer) zu unterscheiden, um Größenverhältnisse als verschiedene zu erfassen, um Verschiedenes vergleichend überhaupt einander gegenüberstellen zu können, bedarf es eines immanenten Bewußtseins von Maß. Wie gewinnt der Mensch dieses Maß und damit den dem Gleichgewicht vorgegebenen Sinn, Gleichgewicht überhaupt als solches wahrzunehmen und herzustellen? Die Beantwortung dieser Frage setzt die Untersuchung des Maßes in seiner Beziehung zu der humanen Ordnung, zur sog. Moral, zur Norm voraus.

Im Umgang mit den Maßen des Leibes, die der Säugling[38] über Bewegung desselben, Wahrnehmung der ausgeführten Bewegung, Veränderung der Bewegung nach Wahrnehmung derselben, erneutem Wahrnehmen der veränderten Bewegung, erfährt, bis Bewegungen und Wahrnehmen koordiniert sind, lernt er im Verlauf der Entwicklung das Aufrichten des Oberkörpers, des ganzen Körpers, das Bewegen im Raum und schließlich Gehen und Laufen. Ob es sich dabei um die zielgerecht durchgeführte Bewegung des Daumens handelt, bis dieser in den Mund gesteckt werden kann, ob das In-Einander-Greifen von Händen und Fingern „erfaßt“ wird, die Bewegungen der Extremitäten in ihren Grenzen und ihren Möglichkeiten, die von Kopf, Oberkörper und Becken koordiniert sind, endlich der Raum durch Aufrichten, Auf-dem-Boden-Kriechen, Sitzen, Liegen, Krabbeln erobert wird, wie Extremitäten, Leib und Umwelt sich ineinander fügen, wie das Kind erlebt, was möglich und was unmöglich ist, liefert ihm ein primäres, nicht weiter reduzierbares Maßerleben.

Das Kind lernt eine Bewegung mit der anderen vergleichen; es lernt Wiederholen, wenn eine Bewegung mißlingt; es erfährt, Bewegungen und Wahrnehmen aufeinander abzustimmen. Es erlebt dann den Erfolg bei gelungener, zielgerechter Koordination von Wahrnehmen und Bewegen und den Mißerfolg bei mißlungener Koordination. Damit erfährt es die Möglichkeit zwischen Erfolg und Mißerfolg zu unterscheiden, *zu vergleichen*. Es macht die Erfahrung des Gleichgewichts, wenn Bewegen und Wahrnehmen ihr Ziel übereinstimmend – „es stimmt“ – erreicht haben.

Z.B. bei der ersten, selbständig durchgeführten Aufrichtung des Oberkörpers, bei dem ersten gelungenen Versuch, einen Gegenstand in der Hand zu halten, ihn eines Tages sogar gegenstandsgerecht anzufassen.

„Stimmen“ oder „Nicht-Stimmen“, Vergleichen, Gleichgewicht erzielen, sind die Erfahrungen, die die „maßentsprechende“, d.h. den Möglichkeiten und Grenzen des Leibes folgende Verarbeitung, das Inne-Sein derselben, darstellen.

Dieses Inne-Sein von Maß erweist sich für jede zukünftige, messende, wertbetonte Auseinandersetzung mit Umwelt, Gegenständen oder Personen bis zur kritischen Reflexion – Kritik setzt Vergleich des einen am anderen voraus – als grundlegende Voraussetzung. Es ist auch die Voraussetzung für Ordnung, normatives Verhalten und das Verstehen derselben.

Das Bestreben der Sozietäten nach stabilisierender Ordnung, insbesondere nach erfolgten Einbrüchen (des Möglichen) in dieselbe, ist dem Bestreben nach Maß gleichzusetzen. Nicht in dem Sinne, daß alles „wieder seine Ordnung“, sein „Maß“ hat, sondern um sehr viel elementarer den Gleichgewichtszustand der Gewohnheiten wieder zu gewinnen, der verloren war – z. B. nach einer Revolution, Niederlage, Epidemie – und der die Befriedigung der Grundbedürfnisse garantierte. Dabei dient das Maß dem Messen auch von ungleichgewichtigen gesellschaftlichen Verhältnissen: Diskrepanzen in der Ausübung von Herrschaft, zwischen dem, für was sich eine Sozietät hält, sich selbst bestimmt, und dem, was sie wirklich ist. Gesellschaftskritik ist ohne Messen und Maßstab nicht möglich.

Eine Sozietät im „Gleichgewicht“ z. B. von ökonomischer Produktion, „gerechter“ (maßvoller) Verteilung der Güter und entsprechendem ideologischen Selbstverständnis ist ebenso Idealbild und entsprechend fern, wie die Vorstellung dieser Sozietät auch als Maß benutzt werden kann, real vorhandene Gesellschaften an ihr zu messen (Utopie).[39]

Die komplexe Funktion z. B. des Gewissens,[40] die nicht einer einfachen Verbotsinstanz über die Identifikation mit Erziehungspersonen z. B. mit dem Vater gleichzusetzen ist, ist auch ohne den Vorgang des Messens, eines Maß-Nehmens nicht denkbar. Das Gewissen, das vor einer Entscheidung steht, die z. B. das eigene Leben oder das anderer Menschen betrifft, wägt die eine Möglichkeit der Entscheidung gegen die andere ab, es legt diese „auf die Waagschale“[41], d. h. es mißt die Schwere der einen Entscheidung gegen die andere. Es wägt die Gründe, das Für und Wider sorgfältig gegeneinander ab. Es prüft, wählt, scheidet aus, fügt hinzu, ergänzt, *es geht dabei ständig mit Proportionen von Verhältnissen des einen gegen das andere um* – Vorgänge, die nur über den Umgang mit den Proportionen des eigenen Leibes, den Proportionen des Zeugs erlernt werden konnten (s. oben).

Auch die Wertskala[42] setzt ein Maßbewußtsein voraus: das Vorziehen oder Hintanstellen von Werten nicht weniger als auch das Bevorzugen oder Abweisen von Antrieben, Wünschen, Gefühlen. Das sog. Handeln nach dem „Lustprinzip“ – eine ebenso voreilige wie kurzschlüssige Interpretation menschlichen Verhaltens – setzt, wird es hypothetisch angenommen, ein Maßempfinden, ein Vermögen zu vergleichen voraus, d. h. zwischen dem, das erstrebenswert „lustvoll“, und dem, das vermeidbar erscheint.

Das Maßempfinden,[43] wie es über das Vergleichen von Bewegungen und Proportionen im oben aufgeführten Sinne sich aufbaut, hat ferner richtungsgebenden Orientierungscharakter noch vor jeder Differenzierung zwischen Norm, Verbot, Gebot, Antrieben oder auch Emphatie. Diese setzen den Orientierungscharakter des Maßempfindens bereits voraus. Der Orientierungscharakter bedeutet: Wie und wohin kann ich mich mit den begrenzten Möglichkeiten meines leibhaften In-der-Welt-Seins bewegen, wo befinde ich mich, wenn ich mich dorthin bewege, aufrichte, gehe?

Damit wird ein weiteres Vermögen des Maßbewußtseins sichtbar: Es vermittelt nicht nur Gefühl für ausgewogene Verhältnisse, sondern über Bewegen und Wahrnehmen ermöglicht es Richtungnahme in den Raum hinein: Das sich Entwerfen des Subjektes in die Tiefe des Raumes, seine Möglichkeit, sich perspektivisch zu fassen. Richtungweisen ist aber nicht zu trennen von der Wahl zwischen verschiedenen Möglichkeiten der Richtung. Die, für die die Entscheidung gefällt ist, wird auch die Richtung des Handelns bestimmen, über die das Subjekt seinen Weg in die Welt und dann in das Leben einschlägt. Richtung zu weisen ist aber auch Funktion des Gewissens, das im Abwägen zwischen Möglichkeiten der Entscheidung sich für eine festlegen muß, damit dem, der im Gewissenskonflikt steht, den Ausweg und die Richtung eröffnend.

Die Grenzen leibhafter Möglichkeiten im Können – oder Scheitern – zu erfahren, das dem leibhaften Können zugrunde liegende Maß dadurch zu erleben, stellt sich als ständige Erweiterung von Räumen, als ständiges in die Umwelt Hinein-Wachsen dar, die sich durch die Bewegung erschließen. Erst sind es die Räume des eigenen Leibes, dann dessen Erweiterung über den Umgang mit Personen und Gegenständen,[44] dann der Raum, der sich durch Sich-Aufrichten, endlich durch schrittweises Sich-Bewegen erschließt. Es sind Vorgänge, die sowohl die Erfahrung von Richtung, Dimension auf etwas hin implizieren wie auch die des Öffnens, Sich-Erweiterns, Ausdehnens von dem Umraum erster Bewegungsversuche am Leib bis zu dem Weg, der in andere Zimmer oder zum Nachbarhaus führt.

Richtung und Sich-Eröffnen von anderen Richtungen liegt aber auch dem Gebot zugrunde, das im „Du sollst dieses oder jenes tun“ *dem Handeln Richtung weist* und damit seine Abkunft vom Erlernen des Maßes verrät. Im Verbot, der Seite der Norm, *die Richtung verwehrt*, wird dem Handeln Grenze und Widerstand gesetzt, macht es die Erfahrung geschlossener Räume, zugesperrter Türen, von Wänden, Mauern, von Beendigung eines Weges, Scheitern einer Bewegung.

Das Inne-Sein von Maß ist die Voraussetzung für das Verstehen und Befolgen von Normen, von Verboten und Geboten.

Der Doppelcharakter der Norm wird in ihrer Vermittlung durch Personen sichtbar, die einerseits Normen lehren, vertreten, diesen entsprechend vorbildhaft leben oder bei denen Lehre und Leben (Vorbild) auseinanderklaffen.

Das Vorbild[45] stellt in Bezug auf das Idealbild die Selektion der Eigenschaften dar, die der historisch-gesellschaftliche Prozess in Korrespondenz mit den idealen Erwartungen (s. oben) des Einzelnen nicht weniger als des Kollektivs ausgelesen hat. Die Tugenden beruhen auf Vorbildern: Der „große Jäger“ nicht weniger als der „listenreiche Odysseus“, der „duldende Herakles“ und ihre lebendige Verkörperung in den Tugenden der Arete. Die vier platonischen Kardinaltugenden der Kühnheit, Gerechtigkeit, Besonnenheit und Weisheit sind an den lebendigen Vorbildern der alt-griechischen aristokratischen Gesellschaftsschicht gewonnen. Sie verkörpern, werden sie gelebt, lebendige Gestalten, mit denen sich einzelne oder ganze Gemeinschaften über Empathie identifizieren und ihnen „nachfolgen". (Vergleiche auch die „Nachfolge Christi" oder die Nachfolge Buddhas.)

Der Unterschied des Vorbildes zur Norm besteht ferner in der Möglichkeit, an dem ersteren im oben aufgeführten Sinne teilzuhaben, seiner über die enge Verbindung zu den eigenen idealen Erwartungen lebendig inne zu sein, aus diesen Richtung, Weg und Halt (Identifizierung) im Leben zu finden.

Da aber die Verallgemeinerung von Vorbildern nicht nur über die Person, ihr Leben und „Vorleben" erfolgt, sondern auch durch das Wort, das begriffliche Verstehen, wird das Vorbild zur „Tugendlehre" zum „Tugendsystem", damit zur Norm, wie die Entwicklung der Religionen[46] nicht weniger als auch die des Sozialismus belegen.[47] Der Doppelcharakter der Norm, sowohl soziales Verhalten zu verstärken als auch (repressiv) Richtungen zu geben, geht über das mögliche Auseinader-Klaffen von Lehre und Leben hinaus, er wird in der Diskrepanz zwischen lebendigem Vorbild und reflektiert vermittelter Norm sichtbar. D. h. diese ist nicht nur von persönlichem, mehr oder weniger vorbildhaftem Verhalten einer Person abhängig, sondern ist Folge der Diskrepanz überhaupt zwischen *lebendig-nachvollziehbarer „Tugend"*, *(Vorbild, Idealbild)* und verbal vermittelter, damit *abstrakt-anonymer Lehre* (*Norm*). Die Gegensätze von lebendig erfühltem Vorbild und reflektierter Norm werden auch in der sog. Über-Ich-Hypothese[48] der Psychoanalyse sichtbar. In zahlreichen psychoanalytischen Krankengeschichten klafft die Diskrepanz zwischen den Personen, mit denen sich Patienten identifizieren, und den Normen, Ansprüchen, Lehren derselben auf.

Die Norm wäre demzufolge determiniert:

1. aus der anthropologischen Grundsituation des historischen Menschen, der Instinktverlust zunehmend durch Willenshandlungen ersetzt, dem die Ermöglichung von Normen (Verbot, Gebot) ohne Wollen nicht denkbar ist – die Normen wiederum Wollen voraussetzen;
2. Vom Bedürfnis nach stabilen – gleichgewichtigen – gesellschaftlichen Verhältnissen, die eng umschriebene elementare Grundbedürfnisse des einzelnen wie des Kollektivs sicherstellen;
3. aus der Anlehnung, Identifizierung mit Vorbildern, sog. Tugenden, vorbildhaften Persönlichkeiten, die determiniert ist auch durch die jeweiligen historisch-relativen Verhältnisse der Sozietäten und der Vorbilder, die sie stiften;
4. aus der Ermöglichung und Fundierung der Vorgänge 1.–3., durch das elementare Maßerleben, das im Umgang mit dem eigenen Leib erlernt wird und diesen Vorgängen vorgegeben ist.

Der Doppelcharakter der Norm – wie auch der Vorbilder – ergibt sich einerseits aus der verbietenden, dann richtungsweisenden Tendenz derselben, andererseits aus dem Bestreben, der Norm den sozialen, auf Empathie beruhenden Trieben Dauer wie auch Spontaneität zu verleihen, indem sie diese zu Geboten (z. B. Gebot zur Nächstenliebe) erhebt. Der Doppelcharakter wird sowohl durch die Diskrepanz der Norm gegenüber den Antrieben sichtbar, als auch durch das Bedürfnis, den sozialen Antrieben Dauer zu verleihen, d. h. ihnen eine (letzten Endes) „repressive" Richtung zu geben.

g) Das Zusammenwirken von Idealbild, Normen und Maß

Über die primäre, jeder Entwicklung von Menschen immanenten Enttäuschung der Diskrepanz zwischen Ur-Vertrauen und Realität, der dadurch bedingten Aufhebung von Identität, daraus folgender Grundlegung primärer Entfremdung entwickelt sich das Idealbild. Es findet im Vorbild – unter Berücksichtigung variabler historischer und gesellschaftlicher Einflüsse – seine relative Erfüllung, die jedoch nur relativ ist, da das Idealbild über alle Konkretisierung hinaus in die Ferne zielt, das gesuchte, gefundene Vorbild, am Idealbild gemessen, auch wieder zur Enttäuschung führen muß. Vom Idealbild geleitet, wird menschliches Tun sich immer wieder in Frage stellen, nach neuen Möglichkeiten suchen, das Idealbild zu verwirklichen und die verlorene Identität wiederherzustellen. Handeln mißt sich am Ideal; über Einkörperung, Entkörperung und die sozialen Triebe sucht es Identität, scheitert es in dieser Suche, nimmt in erneutem Handeln den Versuch wieder auf, Identität zu finden.

Wenn das Idealbild sich als gescheitert erfährt, hat es sich vergleichend an der Realität gemessen, *ist das Messen vermittelnd zwischen „Ideal und Wirklichkeit" getreten. Vergleicht sich das Idealbild mit der Realität, kann es nur mit Hilfe des zwischen beiden vermittelnden Maßes vergleichen.* Die vermittelnde Funktion des Maßes ist auch seine korrigierende, da es das Bewußtsein seiner leibhaft-biologischen Grenzen und der Möglichkeiten, diese Grenzen zu übersteigen, den aus der irrationalen Erwartungshaltung kommenden Ansprüchen des Idealbildes entgegenhält. Wer die Korrektur des Maßes nicht zu beachten für notwendig hält, wer schrankenlos an sich selbst oder anderen gegenüber sein Idealbild, die Herstellung ursprünglicher Identität erzwingen will, scheitert nicht nur an der Realität, sondern an dem Maß, das die Realität ihm vorhält. Dem Maßempfinden wohnt eine ausgleichende Tendenz inne, die, wie noch zu sehen sein wird, lebensgeschichtlich und psychologisch von erheblicher Bedeutung ist.

Über das Idealbild entwirft sich das Subjekt in die Ferne, das immer wieder erlebte Scheitern führt es zu neuem Tun, Scheitern des Idealbildes wird damit zum „Motor" historischer Veränderungen. *Der „Motor" ist der die Umwelt verändernde Konflikt, der aus dem Scheitern erwächst.* Aber da das Idealbild vom Messen abhängig ist, wenn es sich entwerfend, gleichzeitig vergleicht, ist ihm ein Maß inne, das es in seiner Maßlosigkeit auf sich selbst zurückwirft, es selbst messend in Frage stellt.

Der Norm ist das Maß in Verbieten und Gebieten als Widerstandserfahrung gegen Triebe und als Richtung immanent, aber auch der „Antriebsseite“ der Norm, sei es, daß diese unterdrückt oder auf etwas hingelenkt wird, sei es, daß sie in den sozialen Trieben und ihrer Ausrichtung im Gebot Repressionen und Aufhebung des Sozialen herausfordert. Das Verbot, das als extreme Unterdrückung empfunden werden kann – die Subjektivität der Antwort ist ausschlaggebend –, schlägt, durch das Maßempfinden korrigiert, in Krankheit oder „Hemmungslosigkeit“ um, damit ausgleichend, was verlorenging, was „unterdrückt“ war. Das Gebot, das ständig Richtung weist, wird zum Verbot, das sich in Leere, Antriebslosigkeit, Niedergeschlagenheit, Entschlußunfähigkeit ausdrücken kamm. Die Aufforderung zum sozialen Tun – Gebot zur Nächstenliebe – füllt den spontanen, sozialen Trieb nicht nur nicht aus, sondern erweist sich plötzlich als Vorwand für krassen „Egoismus“. (Aus sozialen Trieben werden durch entsprchende Deformierung überwiegend einkörpernde Triebe der Machtbeherrschung, wie das z.B. an karitativen Personen gelegentlich zu beobachten ist. S. Teil II.)

Die wenigen Beispiele dokumentieren die gegenseitige Abhängigkeit von dem sich in die Zukunft entwerfenden Idealbild, den Verbot und Gebot setzenden Normen und dem beide fundierenden Maßempfinden. Dieses gleicht über Scheitern des Ideals im Handeln, über „Extremisierung“ von Verbot und Gebot, „Umschlag“ derselben in pathologische Formen oder in das Gegenteil des Gesollten (Hemmungslosigkeit) aus. Es korrigiert Gleichgewicht stiftend und darf als eigentliches Vermögen des Menschen zur „Selbstregulation“ angesehen werden.

VI. Die Selbstbewegung des Innen (Dynamik und Modelle)

a) Bewegung und Gegenbewegung

Der Selbstbeobachtung stellt sich das Innen als ständig in Bewegung begriffen dar. Wer bewegt es, woher stammt seine Bewegung? Sich auf das Außen hin entwerfend, sich über das Außen zu differenzieren, sich im Verlust des primären Vertrauens mit sich selbst entfremdet zu wissen, setzten sowohl eine nicht weiter auflösbare Bewegung in/auf/zu (Zuwendung) voraus, wie in dieser Bewegung *durch die Spaltung der Identität Gegenbewegung* entsteht. Bewegung durch den Versuch, über Handeln oder Denken die Identität mit der Umwelt wieder zu erlangen, Gegenbewegung durch die Erfahrung (Inne-Sein) des Scheiterns dieses Bemühens stellt den Entwurf auf Vereinigung mit dem Nicht-Identischen schon vor dem Sich-Entwerfen der Handlung in Frage. Der Hoffnung auf Identitätsfindung (Bewegung) steht die Furcht vor Versagen (Gegenbewegung) gegenüber. Das Erleiden von Abweisung erweckt das Vermögen, sich selbst abweisend zu verhalten, und damit das Vermögen, dem Identitätsstreben des anderen ein „Nein" entgegen zu setzen.

Gegenbewegung liegt jedoch auch dem Willen zugrunde, der der Bewegung des Triebes auf etwas hin oder von etwas weg Richtung gibt. Gegenbewegung liegt in der Fähigkeit den – je nach der Situation – entfremdet erlebten Trieb zu kontrollieren. Gegenbewegung wird in der Aufmerksamkeit als „Halt" gesetzt, innere und äußere Fluktuation zum Stillstand zu bringen. Gegenbewegung wird passiv in Widerstand und Widerfahrnis erlebt – der Konflikt ist Ausdruck von in gegensätzlicher Richtung wirkenden Kräften.

Wirkung und Gegenwirkung, Sich-Durchdringen, gegenseitige Abhängigkeit, die das In-Einander des Innen kennzeichnen, sind nicht ohne Gegenbewegung denkbar, wobei jedoch Gegenbewegung und Bewegung nicht im Sinne von mechanischer Repulsion und Attraktion[1] aufgefaßt werden dürfen. „Dynamik" des Innen folgt nicht dem Modell von aufeinander prallenden Billardkugeln. Dieses mechanische Modell liegt allerdings nicht nur der gesamten Konzeption der Veränderung zugrunde, daß, wie schon in *Freuds* frühen Studien[2], der Affekt von der zu ihm gehörenden Vorstellung „abgespalten" und in das Unbewußte „gedrängt" wird. Es bestimmt, auf *Herbarts*[3] mechanistische Psychologie zurückgehend, auch darüber hinaus allgemein das Denken der Psychoanalyse,[4] soweit der Konflikt wie das Aufeinanderstoßen verschiedener Kräfte aufgefaßt wird, die den Gestzen von Attraktion und Repulsion folgen sollen. Wenn z. B. das Es gegen das Ich oder das Über-Ich angeht, von denen eines unterliegt, das andere sich behauptet oder beide einen Kompromiß, wie im neurotischen Symptom, schließen, wird mit Kräften operiert, die dem mechanischen Modell folgen. Diese Konzeption stellt die Übertragung naturwissenschaftlicher, physikalischer Vorstellungen rationalräumlichen Ursprungs auf das Subjekt dar, wie sie bereits in der Philosophie des *Descartes*, die spätere mechanistische Psychologie bis *Pawlow*[5] vorwegnehmend, zur Darstellung gelangten.

Den mechanischen Modellen von Bewegung und Gegenbewegung seien hier einige Modelle gegenübergestellt, die im zweiten Teil in ihrer Effektivität zum Verständnis psychopathologischer Vorgänge weiter überprüft werden, jetzt soll das organisch-lebendige In- und Gegen-Einander psychischen Geschehens verdeutlicht werden.

b) Gegeneinander der Weisen der Zuwendung

A) Wachen gegen aperspektivisches Innen und umgekehrt

Das der Welt zugewandte Wachen und das aperspektivische Innen, die Psyche, wie sie der Traum verwirklicht, schließen einander aus. Mit zunehmendem Wachen tritt die Traumwelt zurück, verblaßt sie, und, umgekehrt, erlöscht das Wachen im Schlaf, wird die aperspektivische Psyche zum Vordergrund. Als Bewegung gegensätzlicher Zustände – Wachen gegen Träumen, Träumen gegen Wachen – aufgefaßt, bieten sich hier die Umschreibungen dieser Bewegungen mit den Begriffen wie Verblassen, Aufleuchten, Verlöschen, Entzünden, Aufgehen, Verdämmern an, um die Gegensätzlichkeit zweier verschiedener Weisen von In-der-Welt-Sein darzustellen (Zuwendung im Wachen, Abwendung im Schlaf).

B) Begriff gegen Bild, Bild gegen Begriff

Die begriffliche Erfassung von Welt schließt die bildhaftc derselben weitgehend aus, die Gleichzeitigkeit des Begriffs „Berg“ und seiner konkreten Vorstellung (Bild desselben) ist nicht zu vollziehen. Entweder es wird der Begriff gedacht, oder das Bild vorgestellt.

Zur Erinnerung: In der Genese des Begriffs löst dieser den bildhaft-vorlogischen Umgang mit der Welt ab, er wird auf der Destruktion der vorlogisch-bildhaften Welt errichtet. Vorlogisches Begreifen ist teilhabendes Verstehen. logisches ist erkennendes Verstehen. Entweder/Oder bestimmen *das Zu-Einander von Begriff und Bild.*

C) Normen gegen Bild, Bild gegen Normen

Die Verbots- und Gebotsnormen des „Du sollst“ als begriffliche, an den

Willen appellierende Impulse schließen das Vorbild – oder Ideal – in seiner Bildeigenschaft weitgehend aus. Letzteres wird über Empathie nachvollzogen, es wird sich in diese eingefühlt, erstere dagegen wirken über „repressive" richtungweisende, richtungverbietende Forderungen im ikonoklastischen Begriff (ikonoklastisch = bildzerstörend). Das über Einfühlung mit einem Vorbild erfolgende Tun bedarf nicht der Normen, es wird über Empathie geleitet. Das Normen strikt befolgende Handeln wiederum folgt nicht einem bildhaften Vorbild, sondern den begrifflich fixierten Geboten und Verboten.

D) Antriebe, Triebe gegen Wollen, Wollen gegen Antriebe

Antriebe und Triebe einerseits, Wollen andererseits sind, wie oben ausgeführt, gegensätzlich strukturiert. Sie schließen sich in dieser verschiedenen Struktur ihrer Zuwendung aus, wenn sie sich auch im Handeln verschränken.

E) Fühlen, Gestimmt-Sein, Denken, Triebe (Antriebe) gegeneinander gerichtet

Das Gefühl (vgl. oben), z. B. warmer Zuneigung zu jemandem, mag spontan auf dem Hintergrund einer niedergeschlagenen Stimmung entstehen und gleichzeitig die Gedanken auslösen: Dieser Person solltest Du keine Zuneigung zeigen (drei gegensätzlich gerichtete Bewegungen). Nicht weniger vermag ein Gedanke, eine bestimmte Person aufzusuchen, mit einem Gefühl der „unerklärlichen" Abneigung verbunden sein, so daß diese, sonst geschätzte Person nicht nur nicht aufgesucht wird, sondern plötzlich in einem negativen Lichte erscheint. Die Vorstellung (das Bild) der besagten Person wurde von dem unterschwelligen Gefühl der Abneigung verändert, abgewertet. Auch in einer euphorischen Stimmung vermag eine Antipathie aufzutreten, die sich gegen die Umwelt richtet, ohne daß von der Umwelt dafür ein sichtbarer Grund geliefert wird, so daß euphorische Stimmung und antipathische Gefühlsregung gegeneinander stehen. Beide werden durch den Wunsch, jetzt z. B. ein Brötchen zu essen, „ausgelöscht", insbesondere dann, wenn diesem Wunsch die Tat folgt. D. h. in euphorischer Stimmung, im Auftreten einer antipathischen Gefühlsregung vermag ein wiederum gegesätzlich gerichteter Wunsch beide, d. h. Stimmung und Gefühlsregung „aufzulösen". Die Beispiele lassen sich vervielfachen, in denen jeweils Stimmung, Fühlen, Denken, Triebe als gegeneinander gerichtete Weisen der Zuwendung erscheinen.

c) Der Affekt[6]

Der Affekt, der z. B. im Zorn, im Sich-Aufbäumen, in der Verzweiflung, in Bestürzung, Ratlosigkeit, in Mitleid, Überwältigung oder allgemeiner Erotisierung sich darstellt, wurde oben als Intensitätssteigerung des gesamten subjektiven Inne-Seins in seiner Zuwendung auf etwas hin beschrieben. Dem vorlogisch-bildhaften Bereich in seiner Spontaneität und Irrationalität nahestehend, dem affektiven Handeln damit auch des Kleinkindes, stellt der „vorwärts" drängende Charakter des Affektes die subjektiv erlebte und objektiv beobachtbare Intensivierung von ein- oder entkörpernden Antrieben, von Antrieben auch des sozialen Handelns dar. In seiner überwältigenden Weise der Zuwendung vermag er nicht nur die psychischen Funktionen in ihrer „Spezifität der Zuwendung" auszulöschen, zum Verblassen zu bringen (Kontrolle des Denkens, des Wollens, der Bildbezogenheit des Wünschens, der Befindlichkeit der Stimmungen in Frage zu stellen), sondern darüber hinaus auch dem Handeln eine unvorhergesehene Wendung auf Umwelt zu geben.

Der Affekt „fegt wie ein Sturm" die „Funktionen" des Wollens, Fühlens, Denkens „weg". Er prägt sie in der von ihm verfolgten Richtung. Nach seinem Abklingen konsolidieren sich die zum Teil ausgelöschten Funktionen wieder.

Der Affekt „entzündet" sich dabei nicht weniger an einem Gedanken, einem aufsteigenden Gefühl oder einer Stimmung, sondern auch im Umgang mit der Welt als Antwort auf Widerfahrnis oder Scheitern. Die Intensität seiner Zuwendung vermag in einen (organischen) Kollaps zu münden oder im Bildgeschehen des Traumes den Träumer erwachen zu lassen. Wesentlich für den Affekt ist seine Fähigkeit, das gesamte Inne-Sein des Subjekts zu durchdringen, Wirken und Gegenwirken, gegenseitige Abhängigkeit von Stimmungen, Gefühlen, Denken oder Trieben zu beherrschen.

d) Bildinhalte gegen Bildinhalte

Nicht nur Begriff und Bild, Norm und Bild vermögen gegeneinander anzugehen, wondern auch Bildinhalte gegen Bildinhalte. Das Erinnerungsbild der um den verstorbenen Bruder trauernden Mutter steht im Gegensatz zu dem, in dem die Mutter auf einem Ball ausgelassen tanzt. Das Bild eines begehrten Menschen gegen eines desselben, das Begehren oder Annäherung unmöglich macht, schließt das erstere aus. Im Bild spiegelt sich der Wechsel von Beziehungen und Bedeutungen, die das Subjekt zu der Welt aufgenommen hat. *Es läßt daher prinzipiell „alle möglichen Bildinhalte gegen- oder miteinander als mögliche erscheinen"*. Der individuelle Lebensweg des Subjekts, seine Dispositionen, das Milieu seines Herkommens, die Gesellschaft, in der er lebt, bestimmen aus ihren wert- und unwertgetönten Zusammenhängen (Beziehungen und Bedeutungen, Bildern) die inhaltliche Bildbezogenheit des Subjektes. Emotionell angeregte Zu- oder Abwendung des Subjekts variieren diese Bildbezogenheit erheblich: Den Möglichkeiten, Bildinhalte des wachen Vorstellens, Tagträumens, der Phantasie und des Traumes gegeneinanderzustellen, sind keine Grenzen gesetzt (s. oben).

e) Das Miteinander von Weisen der Zuwendung

Die aufgeführten Möglichkeiten, in denen psychische „Funktionen“ zueinander in Konflikt treten, werden aufgewogen durch die ebenso jeder Selbstbeobachtung zugänglichen Möglichkeiten gegenseitiger, wechselweise erfolgender Verstärkung derselben: Der Gedanke an meinen Vater – Begriff „Vater“ – evoziert ein lebhaftes Bild (Vorstellung) desselben. Der Gedanke vermag in diesem Fall als verstärkendes Miteinander von Begriff und Bild wirken, er erweckt ein Gefühl der Sympathie, der Sehnsucht, des Triebes, ihn aufzusuchen, dem die entsprechende Handlung folgt. Die Gleichzeitigkeit von *sich der Struktur nach ausschließenden Vorgängen* wie begriffliches Planen (zum Vater gehen) und Bildgeschehen (sich den Gang vorzustellen), hebt jedoch ihre gegensätzliche Struktur nicht auf.

Der Gedanke über etwas (sachbezogen) oder an jemanden (personenbezogen) vermag ebenso ein Fühlen, Triebe oder Stimmungen zu wecken, die sich gegenseitig intensivieren, verstärken, wie umgekehrt ein Fühlen, eine Stimmung sich im Begriff klärt: „Aha, jetzt weiß ich, warum ich traurig bin“. Diese Erkenntnis vermag Gefühl und Stimmungen aufzuheben – oder sie auch zu verstärken.

Der Einfluß der Stimmung, des Fühlens auf das Subjekt stellt sich am eindrucksvollsten in den sog. zyklothymen Erkrankungen, der Depression und Manie, dar. Wie in der Depression Denkablauf, Affekt, Triebhaftigkeit, Zuwendung, Wünschen und Wollen erlahmen bis zum völligen „Absterben“ derselben, umgekehrt in der Manie diese sich über die Grenze des Kontrollierbaren steigern, hochgradig irrational oberflächlich und wirkungslos werden, sind Fakten, die nur in Erinnerung gerufen werden sollen, um die entscheidende Abhängigkeit der sog. psychischen Funktionen (Weisen der Zuwendung) von der Gestimmtheit zu dokumentieren, die das Miteinander derselben verstärkt.

f) Aufsteigende, absteigende und andere Bewegungen des Innen

Das Gewahrwerden eines Gedankens, Gefühls, Wunsches, Willensimpulses und Triebes wird ganz generell als Auftauchen (vgl. oben) derselben bemerkt, ohne daß es der Psychologie oder Psychoanalyse bis jetzt möglich gewesen wäre, verständlich zu machen, *woher* diese Weisen der Zuwendung kommen, wie sie „aufsteigen“ und wohin sie wieder „entschwinden“. Aufsteigende oder absteigende Bewegungen kennzeichnen psychisches Geschehen, das die Sprache als Vermittler zwischen Welt und Subjekt differenziert eingefangen hat. Ein Gedanke, Gefühl, Wunsch, Trieb oder Bild, eine Phantasie oder eine Erinnerung treten auf wie der Schauspieler auf der Bühne (hier, der der inneren Wahrnehmung), sie steigen auf, wie aus einem Keller oder Schacht, tauchen auf wie aus dem Meer, entstehen, als ob sie gezeugt würden, reifen heran wie die Frucht an einem Baum, entwickeln sich langsam im schwankenden Umgang zwischen Problemen, werden durch Außenwelt oder Innen erweckt, konstelliert, evoziert, angeregt. Sie ereignen sich plötzlich, sie entspringen, entzünden sich, entflammen, entbrennen, klingen oder tönen nur an, dämmern heran, leuchten auf, fluten, branden empor, verströmen, entgleiten, entschwinden. Das Entschwinden von Weisen der Zuwendung signalisiert die Sprache mit Worten wie (Wünsche oder Gedanken, aber auch Willensimpulse): verblassen, verdämmern, verklingen, vertönen, versinken, verlöschen, vergehen, versickern, verebben, lösen sich auf, verfallen, verrauschen, verglühen – (bis sie womöglich) verschüttet und vergraben (sind).

Für das oben gekennzeichnete Gegen- und Mit-Einander der Weisen der Zuwendung, insbesondere divergierender Inhalte, hat die Sprache[7] ebenfalls zahlreiche Schattierungen von Begriffen geschaffen so z. B. für das defensive Gegen-Einander von Bildinhalten oder von Gedanken/Normen gegen Triebe: abwehren, schützen, nicht-durchlassen, abschütteln, abschirmen, panzern, abschließen, verschliessen. Für aktives Gegeneinander stehen die Worte: angreifen, ergreifen, verjagen, vertreiben, austreiben, umzingeln, einzingeln, vorantreiben, vorangehen, voranlaufen, voraneilen. Für das gegenseitige Sich-Durchdringen, das „Durchlässig-Werden" einer Norm, z. B. einem Trieb gegenüber, eines Bildes für den Begriff (Vorstellung des Pfeife rauchenden Vaters gegen den abstrakten Begriff „mein Vater"), für die Wirkung von Gedanken und Bildern auf Gestimmt-Sein und umgekehrt, bieten sich die Begriffe an wie: nachgeben, nachlassen, aufgeben, aufweichen, erweichen, entkräften, erschlaffen, durchsickern, durchlässig werden, sich vermischen, sich verbinden, verbünden, verstärken, kräftigen, sich zu etwas durchringen. Von einer Stimmung, einem Gedanken, einem Gefühl getragen, gehoben, niedergedrückt, zerschmettert, vernichtet zu werden. Ferner: aufeinander-prallen, von-einander-abprallen, (von Bildern, Gedanken, Stimmungen) umgreifen, umfassen, umschlingen, durchlassen, einlassen, eröffnen, auftun, aufmachen, aufschließen, verschließen.

Vorgänge, die gegenseitiges Durchdringen der Weisen der Zuwendung veranschaulichen, die auf dramatisches, heftiges Geschehen hindeuten, die aber auch Nachlassen der subjektiven Befindlichkeit, des Gleichmaßes anzeigen, wenn stereotyp sich wiederholende Gedankengänge, Gefühle oder Wünsche dieses aufheben, sind: durch etwas erschüttert, aufgerührt, aufgewühlt, aufgerüttelt, aufgeweckt, berührt, bewegt werden, aber auch untergraben (die Gesundheit), ausgehöhlt, unterhöhlt, ausgebrannt sein. Weisen der Zuwendung (z. B. Triebe) sind erschöpft, verbraucht, vertan, ausgelaugt, ausgehöhlt, verschüttet, vergraben, abgeschliffen und entleert.

Das Mit-Einander von Wunsch, Gedanken, Gefühl, Bild oder Trieb wird ferner durch Bilder einer aufsteigenden Bewegung gekennzeichnet: Der Gedanke entsteht, entspringt, entzündet sich, flammt an einem Gefühl, einer Stimmung, einem Wunsch, einem Bild auf. Der Trieb wird durch den Gedanken an N. N. erweckt, klingt an, brandet, trägt, flutet heran, erdrückt, überwältigt, schlägt einen in Bann, besitzt (besessen) die Person usf. Der Wunsch reift über der Erinnerung, der Gedanke in der Stimmung heran, die Stimmung evoziert (erweckt) einen Gedanken, das Bild leuchtet auf, entwickelt sich aus Vorstufen von Bildhaftigkeit, es entsteht, wird gezeugt, entspringt einem Gedanken. Wünsche, Phantasien, Triebe steigen gleichzeitig auf, tauchen empor, entfachen sich, kristallisieren, kondensieren sich um einen Gedanken, ein Gedanke steigt auf, hebt sich, entsteht, schlägt sich aus einem Gefühl nieder.

Alle aufgeführten Tätigkeitsworte, die sowohl aktives Tun wie pathisches Widerfahren wiedergeben (aktiv: aufsteigen, abwehren, angreifen; pathisch: sich entzünden, verdämmern, verblassen, strömen usf.) stellen nicht nur auf- und absteigende Bewegungen des Innen dar, dessen In- und Miteinander, sondern überhaupt Tun und Widerfahren von Subjekten, von Lebewesen. D. h. Sprache kennt nicht nur keinen Unterschied zwischen Außen und Innen (ein Wald verdämmert wie eine Erinnerung, ein Quell entspringt wie ein Gedanke, ein Motor entzündet sich wie ein Wunsch, ein Bild entsteht wie eine Zelle (biologisch), ein Feuer verglimmt wie ein Willensimpuls oder ein Trieb – und umgekehrt), sondern deutet auf die ursprüngliche Identität beider Weisen von In-der-Welt-Sein hin; der der sich zeigenden Welt und der des sich darstellenden Innen, d. h. es gibt nur eine Welt.[8]

g) Bewegung aus Strukturgegensätzen

Das Verbot, nach dem Apfel zu greifen, abstrahiert als „Du sollst nicht", unterdrückt, „verdrängt" in der herkömmlichen Vorstellung den Wunsch, das Bild, ihn zu essen. Wie ein Kolben eine Flüssigkeit herunterdrückt, soll der Wunsch in das Vor- oder Unbewußte gedrängt werden, um von dort, bei entsprechendem Reiz, wieder aufzutauchen, den ihn herunterdrängenden Kolben oder Stempel dann fortdrückend. Wie allerdings dieser Vorgang im einzelnen sich ereignet, wo und wie die Wünsche im Unbewußten „aufbewahrt" werden, um bei Gelegenheit ihre Ansprüche zu melden, bleibt unklar, von den komplizierten Hypothesen der Besetzung und Gegenbesetzung ganz abgesehen.[9]

Strukturkonflikte (-Gegensätze) wie der von Norm oder Begriff gegen Bild, gegen Wunsch oder Antrieb, für die dann das Bild der Verdrängung nach dem Beispiel der Willenshandlung entworfen wurde, das Verbot analog der Manipulation durch einen fremden Willen im eigenen Innen „repressiv" wirkt, können jedoch nicht annähernd nach mechanistischen Modellen verstanden werden, die das Unbewußte zu einem räumlich vorgestellten Lagerraum für „Verdrängtes" bestimmen. Der Struktur und Bewegung des Innen wird dagegen eine Konzeption gerechter, nach der ein Wunsch z. B. durch die ikonoklastische Struktur der Norm „aufgelöst" wird, abklingt, entschwindet, ein Bild oder eine Erinnerung verdämmert, verblaßt, ihre Präsenz sich aufhebt, aufreibt oder verfällt. Der Trieb erschöpft sich, wird unterhöhlt, läßt nach, verlöscht, versickert, verebbt, bis er verschüttet, versunken oder vergraben, nicht mehr faßbarer Bestandteil des Innen ist.

Die Beschreibung dieser Vorgänge, dem Bildcharakter des Innen entsprechend, kann nur bildhaft erfolgen: Begriff oder Norm erscheinen als relativ unflexible Konstanten wie „Du sollst den Apfel nicht essen", sie zeigen sich im perspektivischen Innen (Tagtraum, Traum[10]) u. a. in den Bildern von Gittern, Dämmen, Mauern und Wänden, an denen sich Wunsch, Trieb oder Bild, gegen diese anprallend wie Meereswogen aufreiben, verstäuben, sich auflösen. Wunsch, Phantasie, Trieb oder Stimmung erscheinen von ihrer Struktur her flexibel, weich, nachgiebig, „beeinflussbar", sie sind wandelbar. Normen und Begriffe dagegen sind starr, hart, unflexibel, rigide (bis in die Physiognomie z. B. des Puritanismus oder anderer ideologischer Fanatismen). Wünsche, Triebe, Bilder fluktuieren im So-Sein und in der Intensität ihrer Präsenz. Wünsche, Triebe, Stimmungen seien jetzt als *ikonoplastische* (bilderzeugende) den *ikonoklastischen* (bildzerstörenden) Begriffen und Normen gegenübergestellt.

In dieser Konzeption findet keine „Verdrängung" von Trieben, Wünschen, Bildern oder auch Willensimpulsen durch Normen und Begriffe, d. h. durch rudimentäre Willenshandlungen statt, bestenfalls ein nur als „Auflösung" und mit den anderen, soeben aufgeführten Begriffen zu umschreibendes Geschehen, das die flexibel-flukturierenden Weisen der Zuwendung vorübergehend „auflöst", „zerstäubt", jedoch nicht in eine Art Kellerraum „einsperrt". Dem mechanischen Modell der Verdrängung, das auf nachprüfbare, willkürliche, vom Willen gesteuerte Verdrängung eingeschränkt werden sollte, sind mit den Begriffen: auflösen, entschwinden, versinken, verdämmern, verblassen usf., Deskriptionen der Bewegung organisch beobachteter Prozesse gegenübergestellt, die den Tatbestand einer „entschwindenden Weise von Zuwendung", je nach der Intensität und Art ihres Entschwindens oder Auftauchens, adäquat wiedergeben. Nach der Art: ob abrupt, plötzlich, von einem Augenblick zum anderen, ein Gedanke, Wunsch, Bild oder Trieb verlöscht, versinkt, untertaucht oder ob er langsam, zögernd verklingt, verblaßt, verdämmert.

Die Intensität des Entschwindens oder Auftauchens von Weisen der Zuwendung wird schmerzvoll (pathisch) erfahren (eine verschüttete, schmerzliche Erinnerung entzündet sich abrupt, wird evoziert, taucht auf) oder freudig bestätigend (aktiv).

Die Intensität des Erlebens ist jedoch ferner abhängig von ermöglichenden oder erschwerenden Faktoren der Zuwendung: Der Wunsch, den Apfel zu essen, (Zuwendung) taucht z. B. unabweisbar auf. In seinem Bedürfnis, sich auszubreiten, das Innen ausschließlich zu erfüllen, sich zum Affekt zu steigern, erfährt er einen Widerstand: es ist z. B. kein Apfel da. D. h. die Intensität des sich der Welt zuwendenden Wunsches erfährt ein Gegenbild der Leere, des Mangels und wird dadurch in Frage gestellt. Der Wunsch kann sich jedoch am Widerstand entweder erneut entzünden, ihn überwältigen, aber er kann auch abklingen, abschwächen, endgültig entschwinden. Intensität wird hier durch die inneren und äußeren Möglichkeiten sich darzustellen und sich zu verwirklichen gesteigert, verstärkt oder aufgerieben, abgeschwächt und erschöpft.

Die ikonoklastische Wirkung von Begriffen und Normen äußert sich, von ihren strukturellen, innerpsychisch provozierten Gegenwirkungen abgesehen, zusammengefaßt: 1. in der destruktiven („vergiftenden“) Wirkung wacher Zuwendung auf den Organismus (s. oben); 2. in der einseitigen Entwicklung von Intellekt und Begriffsvermögen bei zahlreichen Kranken („Neurotikern“), die damit den Zugang zu ihren Wünschen, Trieben, bildhaftem Vorstellungsvermögen weitgehend verlieren (s. unten Teil II); 3. im Verlust des vorlogisch-emotionalen (bildhaften) Verstehens zugunsten des Begrifflichen, in der Entwicklung des Kindes nicht weniger als in der der Gattung Mensch zu beobachten. Der „Intellektuelle“, den das Abendland seit der griechischen Sophistik kennt, den *Shakespeare* als „von des Gedankens Blässe angekränkelt“ beschreibt, leidet nicht nur unter den immer wieder vorgebrachten Symptomen einer Gefühlsverödung, Phantasielosigkeit, Antriebserlahmung, wie sie die Depressiven, die „Melancholischen“ auszeichnet. Er leidet nicht weniger unter damit verbundenem Mangel an Spontaneität und Entscheidungsfähigkeit, Entschlußvermögen, wie sie die Zwangskrankheiten charakterisieren. Die Gefahr untypischer Generalisierungen erkennend, ist jedoch dieser „Typus“ Mensch in der Industriegesellschaft zu verbreitet, leidet er unter seiner „Rationalisierung“ selbst zu sehr, um nicht immer wieder die Sprechstunde von Fachleuten aufzusuchen, damit seine Existenz als „Typus“ zu dokumentieren und die „krankmachende“ Wirkung des einseitig entwickelten Begriffsvermögen darzustellen (s. unten Teil II). Er ist zum wandelnden „Cogito“ des *Descartes* geworden. Dieses setzt, um es zu konzipieren, eine ebenso zum verabsolutierenden Geist sich hinentwickelnde, pathologische Persönlichkeit voraus, wie es, wenn zum Prinzip der Philosophie und des abgesicherten, zweifelsfreien Wissens erhoben, zur Störung („Neurotisierung“) der dieses Prinzip vertretenden Personen beiträgt.

Die Beziehung, nicht zuletzt der Ratio zum Tod,[11] als Ausdruck des Starren, Unveränderlichen, Zementierten, aber auch Zerfallenden, das sich in stereotypen Gedankenbildungen, in abstrakten, unbeweglichen Normen darstellt, ferner die lähmende, resignative Wirkung des die Zusammenhänge der Beziehung zwischen Subjekt und Umwelt „durchschauenden“ Erkennens, hat *Schiller* in zwei, die gesamte Problematik aufhellende Verse gefaßt:

„Nur der Irrtum ist das Leben
Und das Wissen ist der Tod.“

h) Bewegung aus Zuwendung/Abwendung, Sympathie, Antipathie und Intentionalität[12]

Werden die aufgeführten Weisen der Zuwendung in ihrem Gegen- und Mit-Einander, die Bewegungen des Innen nach ihrem Sinn, d. h. nach ihrer Beziehung zueinander, ihren Bedeutungen füreinander, nach ihrer fundamentalen Gerichtetheit, Intentionalität befragt, ergeben sich zwei Tendenzen, die als „Bewegungsanstoß" im Zusammenhang von „in-der-Welt-Sein" wirken. Zuwendung zur Welt bedingt nicht nur erste Trennung des Identischen von dem Nicht-Identischen, sondern das Aufsteigen der Weisen der Zuwendung, die oben dargestellt wurden: Vom ersten Auftreten von gedanken, Trieben, Wünschen, Sich-Bemerkbar-Machen von Willensimpulsen bis zum Sich-Entzünden, Steigern, Verstärken derselben im Umgang mit der Welt. Ferner wurde dargestellt, wie das Wachen, d. h. die wachende Zuwendung überhaupt die Bedingung für die Weisen der Zuwendung ist. Abwendung von der Welt ist gleichzeitig mit den absteigenden Bewegungen den Innen, von Zurück-Weichen, Verdämmern, Entschwinden bis zum Versinken, Versickern oder Verfallen von Wünschen, Trieben, Gefühlen, Stimmungen, Gedanken und Bildern gekennzeichnet.

Zuwendung und Abwendung nach Identitätsverlust und erneutem Versuch, Identität wiederherzustellen, vermittelt den Weisen ihrer Zuwendung ihren entscheidenden Bewegungsanstoß auf Welt hin: aus der Tiefe des Innen aufsteigend sich perspektivisch entwerfend oder von der Welt weg in das aperspektivische Bildgeschehen zurückfallend.

Diese Bewegung wiederum ist nicht zu differenzieren von der totales Vertrauen erwartenden Zuwendung auf die Welt hin, der mit ihr verschränkten, sympathetisch sich einfühlenden Zuneigung, die gleiche Zuneigung, gleiche Sympathie erwartet, innerhalb derer die nicht ausbleibende Enttäuschung, Abweisung, Antipathie den Grundstein für Widerstand und Selbstbehauptung legen (vgl. oben). Sympathie als sich zuneigend und einfühlend in die Welt hinein begebende Bewegung, die trotz Identitätsverlust über Identifizierung sich immer wieder ausdehnt, und Antipathie, die sich zusammenballende abkapselnde, abwehrende, zusammengeraffte Bewegung der Abwendung, stiften wertpositive und wertnegative Beziehungen und entsprechende Bedeutungen innerhalb der Umwelt.

Das Inne-Sein der Bilder von Zu- oder Abwendung wiederum wird Grundlage inneren Sich-Durchdringens, inneren Mit-Einander- und Gegen-Einander-Seins von Bildinhalten wie folgt: Das Bild der sich stauenden Autos auf der Zufahrtsstraße, von mir am Morgen erlebt, ist in der Erinnerung mit dem Gefühl des Abscheus, der Antipathie verbunden, dessen Gewahrwerden weitere Bilder evoziert: Benzingeruch, Kühlerhaube an Kühlerhaube, Auspuff an Auspuff, entleerte Gesichter, hastende Passanten, kahle Häuserfronten, vergilbende Blütenblätter; dann plötzlich aus der Erinnerung auftauchend: Geruch von Jodoform und Äther, ein Lazarettkorridor, Schritte der sich nähernden Visite, Dr. N. N., Stabsarzt, Schwester XY, der Instrumentenwagen – bis ein von mir in dem Augenblick gehörtes Kinderlachen das Bild eines Sommernachmittages evoziert, einer Kindergesellschaft, Springbrunnen, Gartenwege, mächtige Laubbäume, verbunden mit dem Gefühl entspannender, lösender Sympathie.

Das Bild der Kindergesellschaft überschnitt sich plötzlich mit dem des Lazarettkorridors, obwohl beide vom Bildinhalt und dem zugrunde liegenden Fühlen gegensätzlich bestimmt sind. Gegensätzlich strukturierte Bilder wie Kindergesellschaft und Lazarettkorridor, Autoschlange oder Kastanienblüte, in denen das So-Sein der sich zeigenden Welt nicht nur vom Subjekt gegensätzlich werterlebt wird, sondern die auch objektiv gegensätzlich strukturiert sind, werden im Inne-Sein ebenso zu sich ausschließenden, sich verstärkenden oder sich durchdringenden Bildern. Unabhängig von ihrem objektiven So-Sein vereinen sie sich sympathetisch oder stoßen sich antipathisch ab. (Nicht im mechanischen Sinne der Abstoßung, sondern in dem des sich gegenseitig Ausschließens).

Die Richtungen der Bewegungen des Innen, ob durch Zuwendung und Sympathie oder durch Abwendung und Antipathie bedingt, aber auch die, die durch das Gegen-, Mit- und Ineinander der verschiedenen Weisen der Zuwendung hervorgerufn werden, sind durch das Vermögen des Subjekts bewirkt, überhaupt der Welt oder sich selbst sich *wertend, sympathetisch oder antipathisch* zuzuwenden, d. h. durch Intentionalität die als mögliche, vielfältige *multi-intentional* ist.

Die Grundrichtung auf das Leben und die Welt hin liegt in der einmaligen „je-meinigen“ Lebenserfahrung, die sich in den einmaligen, individuellen Beziehungen zur Umwelt, deren Bedeutungen für das Subjekt, für sein Tun und Widerfahren von Welt darstellen. Es ist die Je-Meinigkeit des Lebensweges und der Lebensgestalt, deren Individuelles von dem Konstanten und Allgemeinen derselben sich prinzipiell und fundamental unterscheidet (s. unten).

i) Sich-Bewegen und Bewegt-Werden

Die primäre Zuwendung zur Welt hin erzeugt und erfährt Gegenbewegung durch Aufhebung der primären Identität (Vertrauen) und Abwendung von der Welt. Sie erfährt Gegenbewegung in Widerstand und Widerfahrnis von Außenwelt. Die Suche nach Wiedergewinnung der Identität, vorübergehende Herstellung von Identität und erneuter Verlust derselben sind ebenso ein zur Welt Sich-Hinbewegen wie von ihr in Widerfahrnis und Grenzen bewegt zu werden – was wiederum neue Gegenbewegungen auslöst. Das In-Einander inneren Bewegtseins ist in ständiger Wirkung und Gegenwirkung auf Welt hin begriffen. Zuwendung als auf etwas Sich-Hinbewegen, Abwendung als Bewegt-Werden vom äußeren Dasein (Widerfahren) und Sich-weg-Bewegen fundieren die innere Bewegtheit der Psyche.

Diese primäre Bewegtheit ist von der Bewegung, die sich aus Gegensätzen psychischer Strukturen und Inhalte ergibt, nicht zu trennen. Sie gehen in ihrer letzten Intentionalität entweder auf Welt zu oder wenden sich von ihr ab. Ihr Inne-Sein als aktiv weltbezogenes oder über Widerstand und Widerfahrnis Erlittenes ist weltorientiert, wie die Welt auf das Innen hin orientiert ist. Außen-Sein und Inne-Sein bewegen sich als fundamentale Gegensätze gegeneinander oder anteilnehmend, sich verstehend, aufeinander zu.

Diesem gegenseitigen Sich-Bewegen, dessen unmittelbarer Zusammenhang auf Welt zu oder von ihr ab evident sein dürfte, steht jedoch ein inneres Bewegtsein gegenüber, das nur im mittelbaren Zusammenhang mit der Außenwelt steht: Das Bewegtsein durch Stimmungen. Der phasische Charakter desselben wurde in seiner Bedeutung bereits oben betont. Er ist nicht nur bei Kranken (manisch-depressiven), sondern auch bei sog. Gesunden zu beobachten (s. unten Teil II). Der unmittelbare Antwortcharakter beider Extreme von Gestimmtheit auf äußere (und innere) Widerfahrnisse ist oft beobachtbar, aber steht ebenso oft in nicht nachprüfbarem Zusammenhang mit denselben. Das Kommen und Gehen von Stimmungen – z. B. eine unerklärliche Heiterkeit selbst in auswegloser Lage, Niedergeschlagenheit nach geglückter Handlung – erscheinen, aus dem Gesamt der Perspektive eines Lebensweges beobachtet, als sich wiederholende, kreisförmige (phasische) Rhythmen von Hoch und Tief. Die Beobachtung berechtigt, zirkuläre Bewegungen des Innen anzunehmen, deren unbeständige Beständigkeit Anlaß sein kann, meteorologische Verhältnisse, Schwankungen von Hoch zu Tief, Wolkenbildungen, Niederschläge zum Modell für das Verstehen des inneren Gestimmt-Werdens anzuwenden.

Die Teilhabe zwischen Subjekt und Welt auf der vorlogisch-emotionalen Ebene hat in der Sprache nicht zufällig das Stimmungshoch (Euphorie) oder -tief dem des Wetters gleichgesetzt. Die Sprache nicht weniger als Stimmung und Welt wissen von „Verdüsterung“, „Niedergeschlagenheit“, „Auflösung“, „Sturm“, von „Stille vor dem Sturm“, von einem „losbrechenden Wetter“ oder einer „ungetrübten Klarheit“. Über die unbeständig-beständige Art des Wetters erfaßt Sprache die der Stimmungen und die des Wetters gleichzeitig. In der gehobenen Stimmung[13] werden nicht nur Gedanken gefaßt, die eine erhöhte Zuwendung zur Welt nach sich ziehen. Die Aktivität und sämtliche Weisen der Zuwendung werden gesteigert. Die Willenslage, Aufmerksamkeit und innere Anspannung heben sich; bis in die physiologischen Details prägt die euphorisch-aktive Befindlichkeit die Vorwegnahme von Tätigkeit (Tachykardie, Blutdruckerhöhung, erniedrigte Reizschwellen des Sensomotoriums usf.). Die Antriebslage ist erwartungsvoll ausgerichtet, aus dem Möglichen der gehobenen Stimmung entwickeln sich die Möglichkeiten, diese in eine spezifische Weise der Zuwendung umzusetzen: erotisch, aggressiv, verspielt, planvoll-willensbetont. In der erhöhten Stimmungslage verblassen, entschwinden, versinken die bedrückenden, negativen Gedanken, die vorher das Fühlen „umnebelten“, „verdüsterten“. Die Gehemmtheit läßt nach, unangenehme Erlebnisse werden in euphorischer Stimmung besonders schnell vergessen.

Umgekehrt wirkt die Stimmung der Verdüsterung und Niedergeschlagenheit auf die der Welt zugewandte Aktivität lähmend, sie hemmt Gedankenablauf, Trieb und Initiative, sie verbindet sich mit selbstabwertenden Zweifeln, Vorwürfen, sterilem Grübeln. Die positiv-wertgetönten Erinnerungen, Bilder, Gedanken und Wünsche verdämmern und verblassen. Sie entschwinden nicht weniger als umgekehrt in der gehobenen Simmung die negativen Eindrücke.

Die Abhängigkeit der inneren Bewegtheit, des Mit-, In- und Gegen-Einanders des Innen von übergeordneten Vorgängen der Gestimmtheit wird hier nicht nur sichtbar, sondern *Gestimmtheit selbst wird zum tragenden Anlaß, daß Weisen der Zuwendung auftauchen, aufsteigen oder verblassen, entschwinden, versinken.* Die Bedeutung dieser übergeordneten phasischen „Kreisbewegungen des Innen" liegt in ihrem Hinweis auf die fundamentale Abhängigkeit der aus gegensätzlichen Strukturen bedingten Bewegungen des Innen von der subjektiven Befindlichkeit.

Ist jetzt die Frage präziser zu beantworten, wohin die in der Bewegung des Innen auftauchenden und wieder versinkenden Weisen der Zuwendung, ihre bildhaften Inhalte entschwinden, nachdem die Vorstellung eines unbewußten „Lagerraums für verdrängte Wünsche" nicht haltbar ist? Daß beim „gesunden" in ständiger innerer Bewegung, Wirken und Gegenwirken befindliche Innen läßt aus der Weise seines Bewegt-Seins statische, ruhende „Gebilde" nicht zu. Das Festhalten eines Gedankens, eines Wunsches, Gefühls oder Bildes ist nur unter großer Willensanstrengung und dann für relativ kurze Zeiträume möglich. *Bewegt-Sein des Innen umschließt die Verfassung (Struktur), daß allein Bewegtes sich „hält", nur Bewegtes im So-Sein vom Inne-Sein sein kann.* Das im Horizont des Wachens Auftauchende muß aus der Natur des Auftauchens und des begrenzten Wachens wieder versinken und entschwinden. *Vergehen, Fluktuation ist die Fundamentalstruktur von Inne-Sein, dessen Weisen und Inhalte jedoch nicht auf „immer" entschwinden, sondern je nach ihrer Beziehung und ihrer Bedeutung für das Subjekt wieder auftauchen oder willkürlich „heraufgeholt", evoziert werden können.*

Weisen der Zuwendung und Inhalte entschwinden aus dem Horizont des Wachens in den Bereich des Möglichen, der noch vor aller Möglichkeit ist. Sie werden zu möglichen Bildern, Gedanken, Erinnerungen, Wünschen oder Trieben, die in dem Augenblick wieder auftauchen, in dem die Zuwendung auf Welt oder auf das sich darstellende Innen sie beschwört, erweckt, evoziert, die Intentionalität ihren Strahl auf das Mögliche der Möglichkeiten richtet.

Dieser Vorgang ist in der sog. „freien Assoziation" der psychoanalytischen Behandlung immer wieder zu beobachten, wie eine fragende Intentionalität z.B.: „Was hat mein Vater damals im Wohnzimmer zu mir gesagt?" aus dem Möglichen möglicher Antworten die entsprechende hervorholt, weckt, provoziert. D. h. die Frage, die Richtung der Intention, auf das Mögliche orientiert, erhält nicht immer und nicht sofort Antwort im Auftauchen, Sich-Kristallisieren, Kondensieren, Materialisieren von Bildern, Gedanken oder anderen Weisen der Zuwendung.

Wie Inhalt oder Weise einer Zuwendung zu Möglichem werden, kann nur adäquat mit den Bildern des sich Auflösens, Verflüchtigens, Verlassens, Versinkens usf. beschrieben werden. Wie umgekehrt aus Möglichem das Konkrete einer Zuwendung entsteht, ist ebenfalls nur im Bildgeschehen zu fassen: Kondensation, Kristallisation, Zusammenballen, Sich-Kondensieren, Sich-niederschlagen, Sich-materialisieren oder: Aufsteigen, Hervortreten, Auftauchen, Sich-entzünden, Sich-erwecken-lassen. D. h. „meteorologische Modelle“ – wie aus dem Hoch eines klaren Himmels sich plötzlich erste Wolkenfetzen kondensieren, diese bis zum Umschlag in ein Tief zu Niederschlag und Regen sich steigern, sich vom Hoch in ein Tief oder umgekehrt verwandeln – bieten sich hier an, um bildhaft-vorlogisch, vorwissenschaftlich, psychische Vorgänge nicht nach dem Modell ausschließlich von Dampfmaschinen und Kolben zu verstehen. Dabei wird die Mechanik etwa meteorologisch-atmosphärischer Vorgänge nicht übersehen, die nur als bildhafte Vergleiche dienen, das Schwerfaßbare innerseelischer Vorgänge zu veranschaulichen.

Wie aus dem Möglichen der aperspektivischen Psyche sich die konkrete, auf Welt bezogene Möglichkeit evozieren läßt, wird im Vergleich mit dem Erkennen des Segelbootes auf dem Meer, mit dem Erkenntnisprozeß noch präziser. Der auf das Segelboot gerichtete Strahl meiner intentionalen Aufmerksamkeit evoziert, parallel zu der Annäherung des Segelbootes aus dem Undeutlichen, das Deutliche desselben.

Analog evoziere ich, nach Innen blickend, aus dem Undeutlichen von Erinnerungsbildern oder Stimmungen die eine, entscheidende Erinnerung, die eine maßgebliche Stimmung, die als konkrete ebenso deutlich sich darzustellen beginnt, wie ich sie gleichzeitig klarer erkenne. Ganz wie das Segelboot sich nähert und ich von Mal zu Mal seine Konturen schärfer wahrnehme, nehme ich, nach Innen blickend, die Konturen von Wünschen, Treiben oder Bildern wahr, die sich parallel zu der Intentionalität meiner Aufmerksamkeit aus dem Hintergrund des Möglichen abzeichnen, fluktuierender, aber zunehmend deutlicher Bestandteil des Wachens werden.

Dieser evozierend-erweckenden (willkürlich herbeigeführten) Selbstdarstellung des Innen ist jedoch jene Materialisation des Möglichen an die Seite zu stellen, in der die prinzipielle Selbstbewegung des Innen aus oben aufgeführten Gründen ständig Weisen der Zuwendung und ihrer Inhalte „materialisiert“ oder „entmaterialisiert“, auftauchen oder entschwinden läßt. Auch diese „Materialisation“ und „Entmaterialisierung“ ist nur über die Bilder der Auflösung und Verdichtung (Kondensation) zu verstehen, nicht anders wie die Bewegungen, die aus der willkürlichen Verdrängung von Inhalten oder Weisen der Zuwendung entstehen oder die aus Strukturgegensätzen sich entwickeln, wenn die „starre" Norm den „flukturierenden" Trieb verflüchtigt, letzterer sich an ersterer aufreibt, auflöst oder erschöpft.

Demnach wäre die Bewegtheit des Innen, wie folgt, zusammenzufassen:

1. Im Zu- und Gegen-Einander von Welt und Innen entsteht Bewegung des Innen (Verlust der primären Identität, Zuwendung und Abwendung).
2. In-Einander-Sein ist nur als Bewegtes, sich ständig Veränderndes, Sich-Verwandelndes zu verstehen; Weisen der Zuwendung und ihrer Inhalte sind nur als Bewegte da.
3. Stimmung und Gestimmtheit sind der Bewegung des In-Einander-Seins phasisch-zyklisch (Kreisprozesse) übergeordnet.
4. Willkürliche Bewegungen (Verdrängen), Bewegungen aus Strukturgegensätzen (Norm/Trieb), Bewegungen des Mit- und Gegen-Einanders führen zu Versinken, Verschwinden, „Entmaterialisieren" des Bewegten (Weisen der Zuwendung, Inhalt) im Bereich des Möglichen. Ihre willkürliche oder unwillkürliche Evozierung ist durch die Bilder der Verdichtung, Kristallisation, Kondensierung, durch die des Auftauchens und Aufsteigens zu erfassen.

k) Abgrenzung gegenüber der Instanzentheorie Freuds

Die Einteilung der Psyche in Es, Ich und Über-Ich durch *Freud*[14] hat über die Fortführung der aristotelisch-thomistischen Dreiteilung hinaus sich nicht nur therapeutisch als von großer praktischer Bedeutung erwiesen („Über-Ich-Abbau", „aus Es wird Ich", „Abwehrmechanismen"[15] als „Ich-Funktionen"). Auch theoretisch ermöglichte sie das Verständnis sowohl intrapsychischer Konflikte (Über-Ich gegen Es) wie auch das der inneren Präsenz von z.B. sog. Eltern-Imagines. Darüber hinaus war diese Konzeption ursprünglich bemüht,[16] das gesamte psychische Geschehen monistisch aus Trieben abzuleiten, Normen und Begriffe nicht weniger als Fühlen, Stimmungen sollten letzten Endes aus der einen Libido stammen.
Nichtsdestoweniger ist die theoretische Aufhellung etwa von Über-Ich-oder Ich-Strukturen problematisch geblieben. Das Über-Ich soll sowohl die gesellschaftlichen Traditionen und Normen beinhalten, die spezifischen Verbotsaussagen der Eltern, aber auch die Identifizierung mit diesen. Die Personifizierung des Über-Ichs in der psychoanalytischen Literatur als „streng", „gewährend", „archaisch"[17] usf., seine Rückführung auf z.B. die Vorstellung (Phantasie) eines verschluckten Phallus[18] lassen diese „Instanz" – die einerseits substanzialisiert, geradezu verräumlicht dargestellt wird, gleichzeitig jedoch Funktion von bestimmten Normen und Bildern sein soll – aufgebläht, über die Gebühr mit heterogenen Vorstellungen „ausgestopft" erscheinen.

Nicht weniger problematisch ist die Stellung des Ich[19] in diesem System, das Bemühen aus dem Ich ein autonomes, von Anfang an unabhängig von der Libido, aber „innerhalb“ dieser existierendes „Ding“ zu machen.[20]

Dabei gerieten jedoch die Autoren, die z. B. die Autonomie des Ichs postulierten (*Hartmann, Kris* und *Loewenstein*[21]), in noch nicht aufgelöste Schwierigkeiten, das monistische[22] System *Freuds* dualistisch zu interpretieren. Die von metapsychologischen Hypothesen schwer belastete Instanzentheorie führte dazu, daß sich die Neo-Analyse[23] von ihr überhaupt abwandte, ohne daß jedoch mit diesem Schritt die Aufhellung psychischer Zusammenhänge an Deutlichkeit gewonnen hätte.

Die Instanzentheorie *Freuds*, in ihrer räumlichen Fixierung an dem Aufbau des Gehirns[24] orientiert (Hirnrinde = Über-Ich, Es = Tiefenregionen des Hirns), betont zwar die ständige Wechselwirkung zwischen den verschienen Instanzen, den Abbau der einen, den Aufbau der anderen, wie sie auch die unbewußten Anteile[25] bewußter Funktionen etwa des Über-Ich und des Ich unterstreicht. Ihr Hauptproblem jedoch wird durch diese Konzessionen an eine intrapsychische Wechselwirkung nicht gelöst: Daß methodisch das Zuschreiben von bestimmten Eigenschaften (z. B. Anpassungsleistungen des Ich an motorische und Wahrnehmungsvorgänge bei *H. Hartmann*[26]) an bestimmte Instanzen einen in hohem Maße *willkürlichen* Charakter hat. Warum dem Ich die Kontrolle über Wahrnehmung und Motorik zugebilligt wird, nicht z. B. dem Über-Ich, wird nicht aus den – faktisch gar nicht zu ermittelnden – Beziehungen zwischen Ich, Motorik und Wahrnehmung erschlossen, sondern einer Vorstellung des Ich additiv zugeschrieben, die von vornherein (hypothetischer) Bestandteil des Systems ist. Nicht aus der Beobachtung des Ich – oder des Über-Ich – ergibt sich Beziehung des ersteren etwa zur Wahrnehmung und Bewegung. Sie wird vielmehr aus der Notwendigkeit konstruiert, die das System des „psychischen Apparates“ verlangt. Einmal system-immanent geworden, wird die Instanz mit diesen oder jenen wünschenswerten Eigenschaften ausgestattet und entsprechend substantialisiert.

Von dem hypothetischen Verfahren abgesehen – das durchaus in der Wissenschaft üblich ist, wenn die Hypothesen später verifiziert werden –, der mehr oder weniger willkürlichen Delegierung von Eigenschaften an die eine oder andere Instanz, sei der praktisch-heuristische Wert der Dreigliederung der Psyche nicht so sehr in Frage gestellt, wie vor allem ihre Verbindung mit „Oben“ (Über-Ich) und „Unten“ (Es). Diese stellt eine nicht statthafte Übertragung von räumlichen Koordinaten des mathematisch-geometrischen Raumes auf das Innen dar. Dieser Konzeption steht hier das Bild eines Innen gegenüber, das lediglich die vorausgegangene, von jedermann nachvollziehbare Beobachtung des sich bewegenden In-einander-Seins des Innen zusammenfassend wiedergibt.

l) Normen und normatives Verhalten (Haltung und Einstellung)

Maßempfinden, leibhaft über den Umgang mit dem eigenen Leib und mit den Dingen erworben, ist – wie oben dargelegt – die Voraussetzung, die Diskrepanz zwischen Ideal und Realität zu ermessen, die Wirkung von Geboten, Verboten und Sitten als habitualisierter Normen (zu Gewohnheiten, Verhalten gewordener) ebenfalls gegeneinander abzuwägen. Diese komplexe Determinierung der Norm, ihre Abhängigkeit vom Idealbild und vom realen Vorbild, ihre Fundierung durch Maßempfinden, läßt die Vorstellung eines substanialisierten Über-Ich nicht mehr zu.

„Über-Ich" ist ebenso in den Arm- und Gehbewegungen, mit denen ein dunkler Raum ertastet, erschritten, erkundet wird, wie im habitualisierthöflichen Verhalten einer Erziehungsperson gegenüber, in der existentialen Gewissensentscheidung nicht weniger als im Vermitteln von Anweisungen (Befehlen) an eine abhängige Person. *Überall, wo Richtung und Grenze gefunden und weitergegeben wird, ist „Über-Ich".*

Richtung und Grenze können nur gefunden werden, wenn der Leib zwischen innen und außen vermittelt, wenn ein Ideal oder Vorbild über die Norm hinaus Richtung weist und das Handeln sich in der Spanne zwischen (auch repressiver) Norm und Idealbild entwirft.

So gibt die Einstellung[27] des Individuums zur Welt oder zu sich selbst das normative Verhalten in der Selektion möglicher Einstellungen, im *Wie* derselben wieder, wie auch die Erwartung, die es an sich oder die Umwelt stellt, die aus der Diskrepanz Ideal/Realität folgende Selbst- und Welt-Einschätzung. Sie wird von der Weise der jeweiligen Zu- oder Abwendung getönt: ob offen, welt- und selbstzugewandt oder verschlossen sich abwendend, gibt sie darüber hinaus auch die jeweilige Befindlichkeit des Sich- Einstellenden der Welt gegenüber zum Ausdruck, die Weisen seiner Zuwendung. *In der Haltung*[28] *hat sich über die Einstellung hinaus normatives Verhalten „verräumlicht", ist es Bestandteil leibhafter Gestalt geworden.*

Die Haltung hat die Tendenz, die Art des Welt- und Selbstverhältnisses des Subjektes lebenslänglich zu prägen und zu bestimmen, sie ist fundierender Bestandteil der *Lebensgestalt* (s. unten), die Einstellung dagegen wechselt. Die Einstellung besagt, ob sich das Subjekt grundsätzlich auf Welt so einläßt, daß diese deutlich wird und zur Veränderung lockt, zum Handeln, – oder ob das Subjekt sich verschließend, nicht auf die Welt einzuwirken beabsichtigt, diese meidet und ob darüberhinaus die jeweiligen Einstellungen von den Weisen der Zuwendung, von Trieben, Fühlen, Wünschen, Wollen und Reflexion getönt und gefärbt sind. Zuwendung und Abwendung, das Apriori der Kommunikation, sind welthaft-biologisch vorgegeben. *In der Einstellung wird das Wie der Art und Weise von Zu- oder Abwendung des Subjekts der Welt gegenüber sichtbar. In der Haltung ist normiertes oder nor-*

matives Verhalten des Individuums zum tragenden Bestandteil der Lebensentwicklung, des Lebensweges und der Lebensgestalt (s. unten) geworden.

Maß, Vorbild, Normen werden ebenso leibhaft auf die Welt bezogen erfahren, wie sie im Inne-Sein von Welt innerlich als Haltung präsent sind. Leibhaft sind sie in der Bewegung im Raum, verbunden mit der Wahrnehmung deselben. Auf die Welt bezogen werden sie durch den Umgang mit der Welt gewonnen – vom Umgang mit dem Leib, dem Zeug bis zu der Erfahrung von Gebot und Verbot durch die sie vermittelnden Menschen. Ihr Inne-Sein ist Voraussetzung für ihr Wirksam-Werden, wie ihre Wirksamkeit das Inne-Sein erweckt. Als Norm im Inne-Sein anwesend, ist diese ikonoklastisch, Bild – Triebe und Wunsch unterdrückend und zerstörend. Aber Wunsch, Bild, Trieb können sich selbst zur Norm wandeln in dem Augenblick, in dem sie sich mit einem Willensimpuls verbinden und die Handlung über einen Plan (Norm, Begriff) entwerfen: Der Wunsch, noch heute abend in das Kino zu gehen, gegen alle Widerstände durchgesetzt, wird zur repressiven ikonoklastischen Norm anderen Wünschen und Antrieben gegenüber. Nicht weniger der Trieb, der den sog. „Sexualverbrecher" in seinem Verhalten bestimmt, ihn intelligent, raffiniert seine Handlungen so vollziehen läßt, daß er das Ziel seiner Triebbefriedigung erreicht, die ihn in seinem Handeln als Norm bestimmt. Nicht weniger das von Machtstreben (Einkörperung) geprägte Subjekt, das dieses Machtstreben über Planung und Organisation realisiert, das diesem Streben „gehorcht", wie es einem Über-Ich gehorchen würde. *Als Norm erscheint jetzt jedes von einem Gebot oder Verbot nicht weniger als von einem dominierenden Wunsch/Triebrichtung bestimmte Tun,* das allerdings nicht den Charakter der objektiv für alle verbindlichen Norm (Gesetz) gewinnt, sondern das subjektive Gepräge der zwingenden Bestimmung erfährt. Auch die wunsch- oder triebbestimmte Norm vermittelt die Eigentümlichkeit derselben: Richtung und Grenze (Gebot/Verbot) zu weisen. Sie wirkt sich, nur als Trieb erlebt, wie Verbot oder Gebot, d. h. wie das sog. „Über-Ich" aus.

M. a. W.: Zur Norm können alle Weisen der Weltzuwendung werden, Trieb nicht weniger als Fühlen, Wünsche oder Gedanken, wenn sie dem Subjekt im Handeln Richtung und Grenze weisen. Oder: Gegensätzlich strukturierte Weisen der Zuwendung, wie der fluktuierende Trieb und die starre Norm, können sich ineinander verwandeln. Die Norm vermag sich in Trieb oder Wunsch zu transformieren, wenn z. B. der Gedanke, eine bestimmte Handlung durchzuführen, von Wunsch und Trieb aufgenommen, mit entsprechender Intensität durchgeführt wird, d. h. wenn Antriebe der Einkörperung oder Entkörperung oder des sozialen Verhaltens zur Norm werden. Diese realen, täglich beobachteten Verhältnisse lassen es nicht mehr zu, von einem „Über-Ich" auch nur relativer Konstanz zu sprechen.

Zusammenfassend sei gesagt: Menschliches Handeln entwirft sich in der oben gezeigten Weise über Maß, Vorbild (Ideal) und Norm. *Normiertes Verhalten ist abhängig von der jeweilig historisch-gesellschaftlichen (relativier-*

ten) Norm einerseits, andererseits in den diskrepanten Bedingungen des Mensch-Seins fundiert, im Abstand zwischen Idealbild und den realen Gegebenheiten seiner möglichen Verwirklichung, im Maßempfinden, das Unterscheidung zwischen Idealbild und Realität gewährleistet. Normatives Verhalten ist abhängig ferner von den faktischen, für die Sozietäten relevanten Normen, z. B. daß nur der essen darf, der auch arbeitet. Diese Faktoren bedingen die dann (wiederum) habitualisierten Sitten, die Richtung und Grenzen dem Verhalten weisen (den Haltungen), ikonoklastisch-repressiv sind und die gesellschaftlich relative Grundorientierung des Subjektes ausmachen. Die Individuen, die sich diesen Normen entsprechend verhalten, werden in ihrer Gesellschaft als „normal" angesehen. Das schließt nicht aus, daß außer dieser Grundorientierung alle Weisen der Weltzuwendung für das Individuum zur Norm zu werden vermögen, *gleichzeitig* (antilogisch) *dabei jedoch eine Grundorientierung* – auf die jeweilige Sozietät bezogen – *aufrechterhalten bleibt.* Auch der sexuell Abwegige, dessen Trieb für ihn zur Norm geworden ist, vermag in seinem sonstigen Verhalten den Normen seiner Gesellschaft durchaus zu entsprechen, d. h. seine Grundorientierung entspricht den Erwartungen der ihn bestimmenden Sozietät.

m) Das Ich

Um die problem- und thesenbelastete Diskussion über den Begriff des Ich zu umgehen, wurde in den vorausgegangenen Ausführungen das Subjekt in „Innen" und „aperspektivische Psyche" (Psyche) aufgegliedert.

„Ich" sollte nur auf jene spezifische Weisung der Zuwendung des Innen auf Welt, des Umgangs mit Welt oder mit dem eigenen Subjekt beschränkt werden, in der Welt oder eigenes Subjekt zum Gegenstand des Erkennens werden, d. h. auf den *intentionalen Akt des Erkennens* bezogen bleiben. Die Voraussetzung dieser Akte sind die dargestellten Entfremdungsprozesse zwischen Subjekt und Welt, die perspektivische Fundierung des Subjekts, die Bedingungen, über die Reflexion, Aufmerksamkeit, Konzentration, Handeln als Voraussetzung der Reflexion und Entfremdung sich entwickeln. *Das Ich ist aber erst „da", wenn der Gegenstand als Gegenstand der Erkenntnis erkannt worden ist, im Ich sich das Konkrete-Individuelle mit dem Allgemeinen vermählt hat. Das Ich ereignet sich*, erzeugt sich, entzündet, entsteht an und im Erkenntnisakt – es entschwindet in der vollzogenen Erkenntnis, um in der neuen Erkenntnis sich wieder zu konstituieren, zwischen Gegenstand, Welt und Subjekt sich immer wieder zu entzünden: *Es pulsiert in seiner Multiintentionalität*, lebt, der lebendigen Zelle oder der Gestalt des Lebewesens vergleichbar.

Das Ich ist nicht sensualistisch-assoziationistisch auflösbar,[29] es ist wie auch sein Begriff Einmaliges, *Je-Meiniges,* aber auch Allgemeines: Denn

Stuhl, Tisch oder pythagoreischer Lehrsatz erkenne ich, der Je-Meinige, als solche, aber ebenso erkennen sie Herr X. und alle Menschen meines Kulturkreises, sofern die physischen und psychischen Grundlagen des Erkennens gewährleistet sind.

Je-Meiniges heißt, daß es vom Augenblick der Geburt bis zum Jetzt des Erkennens geprägt und durchsättigt ist von den Widerfahrnissen meines Lebensweges und von der Aktivität meines Sich-Entwerfens im Handeln – beide bedingen Erkenntnis und setzen sie voraus. Autonom erfahre ich mich im Erkenntnisakt und Willensakt, wenn ich Welt innerlich und äußerlich „auseinandernehme", und „wieder zusammenfüge". Heteronom erfahre ich mich, wenn ich pathisch meinen Stimmungen, Trieben, meinem Fühlen und meinen Wünschen ausgeliefert bin. D. h. *das „Ich" ist ebenso wenig wie das „Über-Ich" eine substanzialisierte, autonome Instanz, sondern im besten Fall als pulsierende Schwingung zu beschreiben, die autonom im erkennen- und willensbezogenen Handeln erscheint, heteronom jedoch in der Pathik von Antrieben und Stimmungen.*

Wie erst im Wahrnehmen von Veränderung durch die feststellende Aufmerksamkeit, durch den Vollzug des Handelns sich die Welt zeitlich und räumlich aufgliedert, diese synchronen Vorgänge ebenso Voraussetzung der Genese des Ichs wie auch Folgen seiner sich im perspektivischen Entwurf begründenden Existenz sind, begreift sich das Ich graduell im Tun als für sein Tun Verantwortliches.[30] Ob das Kind den aus Bauklötzen errichteten Turm zerstört, ob es ihn wieder aufbaut, ob es die Antwort der Erwachsenen auf sein Tun in Lob, Aufmunterung oder Kritik und Tadel erfährt, die geschehene oder entworfene Tat erspart dem aufwachsenden Menschen nicht ein primäres Wissen, daß er, *nur er allein, die Tat getan hat.* Niemand anders hat den Turm zerstört oder aufgebaut, niemand anders als er ist von dem Erwachsenen zur Rede gestellt, zur Rechenschaft gezogen, gelobt und ermuntert worden. *Das Bewußtsein, Umwelt durch Tun zu verändern,* verändern zu können, die Erkenntnis der faktischen, stattgehabten oder möglichen Veränderung von Umwelt ist *als Erkenntnis, als Wissen um die Fähigkeit zum Verändern von Welt nicht von einem unauflösbaren Bewußtsein von Verantwortung zu trennen.* Dieses Bewußtsein besagt ganz schlicht: Ich habe das getan, ich kann dieses tun, ich bin für das Geschehene „verantwortlich".

Aber fragt Verantwortung nicht immer nach einem Gegenüber von Verantwortung, dem gegenüber „man" sich verantwortlich fühlt? Der sich zeigenden Welt nicht weniger als den Personen gegenüber, die ich durch mein Tun, es wie auch immer bewertend, treffe, auf die ich mit meinem Tun einwirke – diesen gegenüber bin ich verantwortlich. Der Umwelt des Zeugs, der Natur gegenüber bin ich verantwortlich, obzwar diese mein Tun nicht befragten, jedoch nach getaner Tat auf mich zurückwirken (s. oben S.). Zeug, Natur, Institutionen antworten indirekt auf mein Tun im Vergleich zu der direkten Antwort der Personen – wenn die Antwort der Personen auch keineswegs sofort erfolgen, muß – sondern, wie die Geschichte zeigt, auch erst nach Jahrhunderten.

Im Erkennen, Handeln und Verantworten wird das intentionale, immer gerichtete „Ich" sichtbar. Durch voneinander nicht zu trennende, simultane Vorgänge – Erkennen nur über Handeln, Handeln nur über Erkennen entstehend – *muß dem Ich ein fundamentales, originäres Wissen um Verantwortung zugesprochen werden,* das es jedoch im Laufe der weiteren Lebensentwicklung zugunsten gesellschaftlich-relativierter Normen aufzugeben genötigt ist. *Das Ich weist sich demnach* – wird es beschrieben – *im Erkennen und Handeln als autonom aus, im Erleben und Erleiden pathisch-heteronom.* Im ersten Fall ereignet sich primär das verantwortungsbewußte Ich, im zweiten erlebt das Ich sich schuldhaft oder schuldlos den Widerfahrnissen ausgesetzt.

Nach dem bisher Gesagten sind dem „Ich" nicht das Verdrängen oder die Abwehr – im Unterschied zur psychoanalytischen Auffassung – zuzuschreiben. Eine sog. Verdrängung – ein „peinliches" Erlebnis schnell zu vergessen – ist vielmehr Folge des Ineinander-Spiels mehrerer Faktoren:

1. Die fundamentale Bewegtheit des Innen überhaupt, kein Erlebnis, kein Bildinhalt bleibt „bestehen".
2. Der antipathisch empfundene Inhalt, das zu „verdrängende" Erlebnis (Gegenbild) im Vergleich (Maß!) zu einem anderen, positiv wertsteigernd empfundenen Geschehnis. Das negativ, wertempfundene Bild wird an den Rand des Möglichen „gedrängt", dort „aufgelöst", „verflüchtigt" bis zu seiner möglichen, späteren Evozierung.
3. Daß diese Evozierung willkürlich nicht immer möglich ist, hängt von der Intensität des evozierenden „Strahls" (vgl. oben) und dem nicht abzusehenden Möglichen möglicher zu erweckender Bilder ab. Erlahmt die Möglichkeit zu evozieren, ist dies keineswegs ausschließlich Folge der „Peinlichkeit" (Antipathie) vergangener Erlebnisse, sondern vielmehr auch Bestandteil der Bewegung des Innen überhaupt.
4. Lediglich die Intentionalität (Multi-Intentionalität) des Ich, sich willkürlich von einem Erlebnis ab- oder einem anderen zuzuwenden, beschleunigt die innere Bewegtheit im Sinne der „Auflösung" des Erlebens oder seiner Erweckung. Ein „Verdrängen" im Sinne eines „Herunterdrückens" des Inhalts in das Unbewußte ist dabei nicht mehr zu beobachten.

n) Das Unbewußte

Das sog. Unbewußte in der psychoanalytischen Konzeption (das „Es") entspräche dem „Außerbewußtsein" *K. Jaspers*, das sich jeder bewußten Zur-Kenntnisnahme entzieht, damit zum Anlaß vielfältiger Hypothesenbildung und Interpretationen benutzt, zum Feld auch des hermeneutischen Zirkelschlusses wird (vgl. oben). Jaspers „Unbemerktes" entspricht dem psychoanalytischen „Vorbewußten", das in Fehlhandlungen, Versprechungen sich ausdrückt und, dem Es „vorgeschaltet", erkundbar zu sein scheint.[31]

Um der Problematik einer Situation gerecht zu werden, die dazu verleitet für Wissenschaft auszugeben, was nicht Wissenschaft (im Sinne der exakten Naturwissenschaften) sein kann,[32] sei die hier vertretene Auffassung des Unbewußten noch einmal den psychoanalytischen und den Interpretationen auch der Komplexpsychologie gegenübergestellt.

Die aufgezeigte antilogische Verfassung des Subjekts und des Innen, seines aperspektivischen Hintergrundes, lassen wissenschaftliche Aussagen im Sinne der exakten Naturwissenschaften, auf deren Boden *Freud* zu stehen glaubte, im besten Fall als „Kann-Bedingungen" zu, als „es ist möglich". Die undeutlich-vieldeutige Verfassung des Innen, das In-Einander-Sein seines So-Seins bestimmen es in der Weise des Möglichen anwesend zu sein. Diese Verfassung des Innen mag als „irrational" bezeichnet werden, das sich im Gegensatz zum Rationalen als a- oder unlogisch bestimmt. Der der Philosophie der Aufklärung entstammende Begriff des Irrationalen soll jedoch als dialektisch[33] anzuwendender nicht für die Beschreibung der eigentümlichen Verfassung des Innen benutzt werden, da er auch nur begrenzt den Sachverhalt träfe, wenn gesagt würde, das Innen sei „irrational" oder „rational". Das Innen ist weder das eine noch das andere, sondern es ist undeutlich-vieldeutig, es erscheint unter der Selbstbeobachtung sich selbst zuwendender Intentionalität vorübergehend deutlich, mag sich „kausal", „rational" gebärden, um bei Nachlassen der Selbstbeobachtung, des „Erkenntnisstrahles" wieder undeutlich-vieldeutig anzuwesen. Damit ist das Entscheidende über das sog. Unbewußte gesagt. Diesem eine andere Verfassung als dem Innen, seinem aperspektivischen Hintergrund zuzuschreiben, wie sie in der vorausgegangenen Untersuchung dargelegt wurde, besteht kein Anlaß. Ein solches Unternehmen würde unweigerlich dem hermeneutischen Zirkelschluß verfallen, da es um die „Projektion" intellektueller Inhalte in das sog. Unbewußte ginge.

Für das Innen gilt, wie aufgezeigt, der Satz vom Widerspruch nicht, bzw. gilt er nur unter bestimmten, herbeizuführenden Bedingungen. Seine Vorgänge sind „zeitlos", sofern jeder sich ereignende Akt von Gerichtetheit aus anderen der Vergangenheit sich ableitet, die Vergangenheit als Niederschlag gewesener Erfahrung in der Intentionalität des Subjekts immer präsent ist. Das Innen ist darüberhinaus nicht eindeutig determiniert, sondern überdeterminiert, multikonditional, undeutlich. D. h. die Eigenschaften, die *Freud* dem „Es" zuschrieb, sind bereits in der Subjektivität des Innen aufzuweisen, sie bedürfen keines besonderen Ortes oder Sitzes.

Der aperspektivische Hintergrund des Innen, dem der perspektivisch-ordnende Bezugs- und Fixpunkt fehlt, aus diesem Grunde die unbegrenzte Verwandlungsmöglichkeit der Psyche ermöglicht, ist jedoch in einem präziseren Sinne zeitlos als die vergleichbaren Vorgänge des Innen. *Fehlt das Bewußt-*

sein räumlicher Veränderung (vgl. oben), fehlt das Bewußtsein von Zeit, ist Dauer.[34] Diese herrscht sowohl in Zuständen von Bewußtlosigkeit, als auch in den durch zahlreiche Dokumente belegten Veränderungen des Wachens, die als Ekstase, Verzückung, intensives Tagträumen imponieren, bei pathologischen Erscheinungen der sog. Dämmerzustände, Veränderungen des Zeitbewußtseins bei organischen Hirnprozessen und bei Psychosen beobachtet werden und nicht zuletzt auch das Zeitempfinden im Traum auszeichnen (s. oben). Der aperspektivische Hintergrund der Psyche ist der der Dauer und damit der unbegrenzten Verwandlungsmöglichkeiten, aber dem Wachen und der perspektivischen Festlegung gegenüber auch der unverbindliche Horizont, der die verbindlich erscheinende Entscheidung im Traum nicht mehr das Subjekt fällen, sondern sie diese nur passiv erleiden läßt.

Als Horizont des Möglichen aller Möglichkeiten entwirft sich aus seiner Tiefe kommend das Subjekt in die Welt. In seiner aperspektivischen Dauer ist die Vergangenheit nicht weniger als die Zukunft präsent, denn ihm, dem Horizont aller Möglichkeiten, erscheint Zeit als Bewegung im Raum, von einem Bezugspunkt zum anderen gehend. Der Entwurf des Subjekts in das Außen – als das Auseinander der Bezugspunkte – vermag jedoch nur das zu entwerfen, was aperspektivisch schon eh und je ineinander war. Wirkungen und Gegenwirkungen zwischen sich zeigender Welt und dem Innen, ihre gegenseitige Abhängigkeit (Gegenstand der Untersuchungen des Kap. IV), werden jedoch durch die Vorgegebenheit des Aperspektivischen nicht in Frage gestellt, da dieses nur über die Perspektive der räumlichen Bezugspunkte, des Entwurfs sich darstellt, seine perspektivische Entäußerung, damit Entfremdung Teil seines „So-Seins" ist. Die sichtbare, leibhafte, perspektivische Gestalt der Wirklichkeit ist unauflösbar in gegenseitiger Bedeutungs-Bezogenheit mit der aperspektivischen Psyche verbunden.

Aber die Verfassung des aperspektivischen Hintergrunds von „Dauer" ist die Voraussetzung dafür, daß dem „Unbewußten" Einzelheiten fernster, zurückliegender Lebenssituationen[35] ebenso nahe sind, wie es sich prospektiv in die Zukunft entwirft. Der Wunsch,[36] dessen Bedeutung für das Subjekt *Freud* sicher adäquat, wenn auch einseitig gesehen hat, bezieht sich primär intentional auf die Zukunft, er ist prospektiv. Wie die Vergangenheit im Horizont des perspektivischen Möglichen gleichzeitig anwest, läßt sich, den vorausgegangenen Untersuchungen entsprechend, nur dahingehend und annähernd verstehen: In der Zuwendung auf Welt hin entwirft sich das Subjekt in die Perspektive und in die Zeit. Der zeitliche Ablauf des Lebens bedingt seine Richtung, bedingt Anfang und Ende des Lebensweges. Die zeitliche Struktur der intentional auf die Zukunft, selbst nur des nächsten Morgens, gerichteten Lebenswegs impliziert, daß das Gegenwärtige der Vorwärtsbewegung in der Zeit jeweils zurückbleibt, zurückfällt, sich auflöst, verblaßt, verdämmert, aus dem Blickfeld entschwindet. Der perspektivische Entwurf des Subjekts in die Welt bedingt das Entschwinden der Gegenwart, nicht anders, wie ein Zug oder ein Pkw im Durchfahren einer Landstraße oder einer Stadt das „Durchfahrene“ hinter sich läßt. Verlust des Gegenwärtigen an das Vergangene ist Folge der zeitlichen Bewegung des Lebens, die gleichzeitig in die Zukunft sich entwirft.[37] Die Gegenwart durch Aufmerken, Trieb oder Handeln im Blickfeld der Intentionalität festgehalten, verliert sich unwiderruflich aus diesem, da die Konstituierung des perspektivischen Entwurfs Zeit, damit Vergangenheit, Gegenwart und Zukunft voraussetzt. Daß die Gegenwart entschwindet, ist nicht Folge etwa von „Verdrängen“ oder „Vergessen“, sondern liegt in der zeitlichen Verfassung von Dasein. Wie die Zeit jedoch die Gegenwart buchstäblich vernichtet, der entschwundene Augenblick nie wieder zurückkehrt, so sind umgekehrt im aperspektivischen Hintergrund der Perspektive, in der Dauer desselben, Zukunft und Vergangenheit nie gewesen, deshalb z. B. im Gedächtnis und im Erinnerungsvermögen (s. unten) immer präsent. Die Vergangenheit wird evoziert, wendet sich ihr die Intentionalität zu. Sie ist nicht „vernichtet“, sondern je näher die wache Zuwendung der Aperspektive kommt, umso mehr „Vergangenheit“ wird sie erwecken, beruht u. a. doch auch die psychoanalytische Praxis auf diesem Prinzip.

M. a. W.: Die Lebensbewegung ist sowohl nach ihrer Perspektive und zeitlichen Struktur intentional auf Zukunft gerichtet, vernichtet Gegenwart, wie sie auch als aperspektivisches So-Sein nichts von Zeit weiß, sondern nur die Dauer des immer schon da-seienden Möglichen aller Möglichkeiten ist. Die Differenz der hier vorgetragenen Auffassung zu den Konzeptionen des Unbewußten in den herkömmlichen psychoanalytischen und tiefenpsychologischen Schulen liegt:

1. in der Unterordnung psychologischer Einzelbeobachtungen unter die raum/zeitliche Verfassung von „In-der-Welt-Sein“,
2. in dem Hinweis auf den Doppelaspekt der Lebensbewegung, Zeit zu vernichten und Zeit aufzubewahren,
3. in der möglichen Evozierung des Vergangenen durch Intentionalität der rückwärts (Vergangenheit) gewandten Zuwendung,
4. im Überholen der Vorstellungen, die dem Unbewußten Ort, Sitz, Raum, zusprechen, d. h. die Verhältnisse der räumlichen Perspektive auf das Innen übertragen, die der Verfassung desselben inadäquat sind,
5. in Überwindung der Hypothesen, daß Verdrängen oder Vergessen aus „mechanischen“ und psychologischen Motivationen ausschließlich bedingt sind, nicht aber in der raum/zeitlichen Struktur des Daseins begründet liegen.

Wurde das Unbewußte in einer dem Wachen nicht ohne weiteres zugänglichen Verfassung dargestellt, dann, resümiert, in folgender Weise:

1. Welt als mögliches Bildgeschehen ist in der möglichen Bildverwandlung des Aperspektivischen zum erlebbaren Innen geworden.
2. Als aperspektivischer und andauernder (Dauer) Hintergrund des Innen ist es zu jeder bildhaften und anderen Verwandlung möglich.

3. Aperspektivisch ermöglicht es die realen (perspektivischen) Möglichkeiten des Da- und So-Seins, ist es das Mögliche aller Möglichkeiten. Es ist undeutlich-vieldeutig, unsichtbar, wenn es nicht durch Intentionalität geweckt und „geformt" wird, immer jedoch auf Gestaltetes und Sichtbares bezogen.
4. Andere Modi seines Sichtbar-Werdens, die, seiner Verfassung entsprechend, nicht „planmäßig" verlaufen oder etwa vorhergesagt werden können, sind:
a) Spontandarstellungen in Tagträumen, Phantasien, sog. „Fehlhandlungen" und im Traum.
b) Antwort auf Evozierung: „Was fällt Ihnen zu Ihrem Vater ein", die Frage des Psychotherapeuten, die einer „Beschwörung" vergleichbar ist und den Strahl der Intentionalität auf den Horizont des Möglichen richtet.
c) Es bricht in der Psychose und in abnormen Bewußtseinszuständen in die Person ein, übernimmt die „richtungslos-aperspektivische" Führung (vgl. unten).
5. Es „schweigt", d. h. die Intentionalität der Evozierung, der Frage, der Ansprache, zielt daneben. Die sog. Widerstandsinterpretationen in der Psychoanalyse stellen ein rationales Verfahren mit dubiosem Ausgang dar, das „Unbewußte" zum Antworten, Sprechen oder Sich-Darstellen zu zwingen.
6. Das Aperspektivische ist, wird es sichtbar, immer Bildgeschehen.
7. Auf den gemeinsamen, aperspektivischen, das Mögliche ermöglichenden Hintergrund von Traum, Mythos und Phantasie wurde bereits im I. Abschnitt verwiesen. Die besondere Bedeutung der Phantasie[38] als bildhafter Selbstdarstellung der Psyche, in der sich die *willkürliche*, vom Wachen beeinflußte Steuerbarkeit derselben mit den aperspektivischen Bildinhalten verbindet, dies den Unterschied zum Traum ausmacht, liegt in ihrer Kreativität. Diese ermöglicht *spielerisch, ohne Leistungszwang den Entwurf des Menschen in die Welt zu einem immer wieder offenen, durch keinen Widerstand begrenzten.* In engster Verschränkung mit Widerständen der Wirklichkeit – z. B. extrem in krankhaften Phantasien „masochistischer" Art – hat die kreative Phantasie menschliche Umwelt in Wirken und Gegenwirken von den frühesten Anfängen altsteinzeitlicher Lebensweise an zu einer phantasiebeeinflußten Kulturwelt transformiert. In der Phantasie stellt sich menschliches In-der-Welt-Sein als mögliche Freiheit von Notwendigkeiten und Abhängigkeiten dar. Als Freiheit vor allem *zu* einer individuellen Lebensgestalt, die festgefügten Normen umzuwandeln vermag. Die Möglichkeit auf Umwelteinschränkungen mit Phantasie zu reagieren, die Phantasie in die Tat umzusetzen, weist den Menschen bei aller Umweltabhängigkeit als über diese Abhängigkeit hinausgehend indeterminiert aus. Was die Psychoanalyse als „Reaktionsbildung" dem Ich anhängt, um einfache Vorgänge mit komplizierten Hypothesen zu erklären – wenn z. B. bei einem autoritär-strengen Vater sich

kein ebenso autoritäter Charakter, sondern ein anlehnungsbedürftiges „Muttersöhnchen“ entwickelt –, ist ein Akt der Phantasie. In dieser spielt das Individuum die Möglichkeiten seiner Entwicklung durch, die es über die faktische Milieuabhängigkeit und dessen stereotype Reproduktion erheben. Damit stellt sich Phantasie Milieubedingtheiten und auch leibhaften Vorgegebenheiten gegenüber als überlegen dar.

8. Vergangenheit und Zukunft sind im aperspektivischen In-Einander der Dauer gleichzeitig präsent. Die perspektivische Lebensbewegung stellt das zeitliche Aus-Einander des aperspektivischen In-Einander dar.
9. Die für das Innen aufgewiesene Verfassung des In-Einander-Seins von gegensätzlichen Bewegungen, Strukturen, Abhängigkeiten, Konflikten ist nicht „Domäne“ des Aperspektivischen, sondern des Innen überhaupt. Das Gewahr-Werden der Art und Weise, wie In-Einander-Sein ist, hängt von der Intentionalität[39] der wachen Zuwendung ab, die das Mögliche des Innen und des Aperspektivischen zu eindeutig-deutlich wahrgenommenen Möglichkeiten vorübergehend fixiert.

o) Die Lebensgestalt und das Ganzheitsproblem (Exkurs über das Gedächtnis)

Die anfänglich geschilderte Situation meiner Erwartung von Herrn X.s Besuch läßt sich, wird die Lage des Herrn X. vor dem Entschluß, mich zu besuchen beobachtet, als inneres Gegen- und Mit-Einander folgender Gedanken (Urteile), Bilder, Stimmungen, Fühl- und Willensimpulse darstellen.

a) Der Wunsch, mich zu besuchen, tritt entweder spontan auf, oder er ist schon seit längerem gefaßt, inzwischen vergessen worden und wurde wieder aufgenommen. Er ist auf das Bild meiner Person, meines Zu-Hauses ausgerichtet, impliziert den Gang (Fahrt) dorthin, antizipiert den Verlauf des Besuches, meine Art und Weise, Herrn X. aufzunehmen.
b) Der Wunsch wird durch die Erkenntnis (Urteil), daß es schon zu spät sei, zurückgedrängt. Herr X. beschließt, zu Hause zu bleiben. Der Wunsch verblaßt, verdämmert, entschwindet.
c) Es tritt eine Verstimmung ein, obwohl Herr X. mit angenehmen Dingen sich befaßt, Musik hört, Tee zubereitet wird.
d) Zweifel (gegenseitiges Abwägen von Urteilen), ob er nicht den Weg zu mir doch hätte unternehmen oder lassen sollen, machen sich bemerkbar.
e) Das Urteil, es ist noch möglich, zu mir zu gelangen, wird durch das Gefühl der Freude und Erleichterung bestärkt (Stimmungsumschwung).
f) Ein Telefonanruf läßt ihn den gefaßten Entschluß (Willensimpuls und Plan) zu kommen nicht durchführen. Herr X. ist am Telefon festgehalten.

Alltägliche Beispiele dieser Art zeigen das Gegen- und Mit-Einander des Innen und der Weisen der Zuwendung auf. Der Ganzheitspsychologie[40] folgend, sind die einzelnen Weisen der Zuwendung Ganzheiten, die als solche in ihrer Richtung auf Welt hin oder von Welt ab, von der Grundintentionalität des Subjektes geprägt werden, seiner Lebensgestalt. In diesem Fall spezifisch von der Affinität des Herrn X. zu mir, die Teil seiner Lebensgestalt ist und die uns einander kennenlernen ließ.

Lebensgestalt (Grundintentionalität) ist die, über und durch die der perspektivische Entwurf sich in der Zuwendung zur Welt darstellt, die in der individuellen Einmaligkeit einerseits, dem Allgemeinen des perspektivischen Entwurfs andererseits – jeder Mensch entwirft sich perspektivisch – *das Begegnende, (Bedeutende) der sich zeigenden Welt (Umgebung, Personen, Zeug, Natur usf.) mit dem Begegnung Ermöglichenden, der Beziehung, vereint.* In der Grundintentionalität ist die je einmalige Lebensgestalt *das Verhältnis* von Beziehung zu Bedeutung, sie ist übergeordnete Ganzheit schlechthin. Sie wird damit zur Voraussetzung für die Entwicklung von Typen und von Charakteren (s. unten). Sie bedingt, daß Herr X. in seinem Zaudern und Schwanken, ob er zu mir kommen soll oder nicht, das sich beliebig, bis zum „Ödipuskomplex", aufschlüsseln ließe – je mehr der Horizont innerer Möglichkeiten wahrgenommen und festgestellt wird –, nicht von den Wünschen, Bildern, Gedanken der Herren Y., Z. oder W. bewegt wird, sondern nur von den seinigen, einmal-individuellen, die aus der Verschmelzung der Grundintentionalität mit dem Lebensweg erwachsen sind. Die Lebensgestalt prägt die Bewegtheit des Innen in ihrem vielfältigen Auf und Ab, Mit- und Gegen-Einander. Es sind Herrn X.s Wünsche, Willensimpulse, Gedanken, in gegenseitiger Abhängigkeit von seinem Innen und der es bestimmenden, übergeordneten Gestalt – nicht die eines anderen. Sie wäre nicht ohne das Beziehung ermöglichende Innen (perspektivischer Entwurf), wie dieses nicht ohne die das Hier und Jetzt des Da-Seins festlegende Gestalt existierte. Daraus folgt, daß *das In-, Mit- und Gegen-Einander innerer Bewegtheit der Lebensgestalt untergeordnet ist*, diese sich über das In-, Mit- und Gegen-Einander von Konflikten, Sich-Durchdringen, Wirken und Gegenwirken des Innen verwirklicht, *sich über diese, jedoch von ihnen abhängig darstellt.*

Als „Ganzheiten" folgen die Gestalten des Innen, das urteilende Denken, die Bilder, Erinnerungen, Wünsche, Willensimpulse, Triebe und Befindlichkeiten – bei ausdrücklich aufgewiesener Abhängigkeit auch in der Weise ihrer Zuwendung vom Wachen und vom Außen – den ganzheitlichen Vorgängen gegenseitiger Verstärkung, Interferenz, Auslöschung, „Verdrängung", Verschmelzung und dem jede Verwandlung ermöglichenden aperspektivischem Innen. Sie stellen die konkretisierten Möglichkeiten des Möglichen der Lebensgestalt dar, diese hat *undeutlichen Hintergrundscharakter.* Das folgende Schema (s. S. 250) wird den Sachverhalt vereinfacht darstellen.

In der Behauptung gegen den Strom der Zeit wird die Gestalthaftigkeit des Gedächtnisses[41] sichtbar, in der individuellen Auswahl erinnerter und vergessener Inhalte sein der morphologischen Gestalt analoger Charakter: Wie Gestalt (vgl. oben) sich durch Aufnahme und Ausscheidung bestimmter

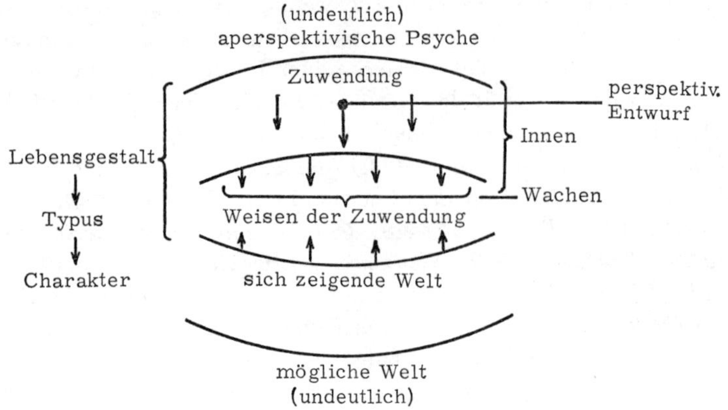

I

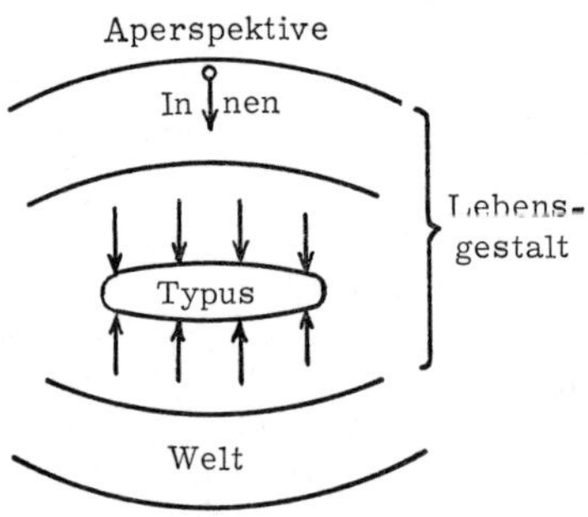

II

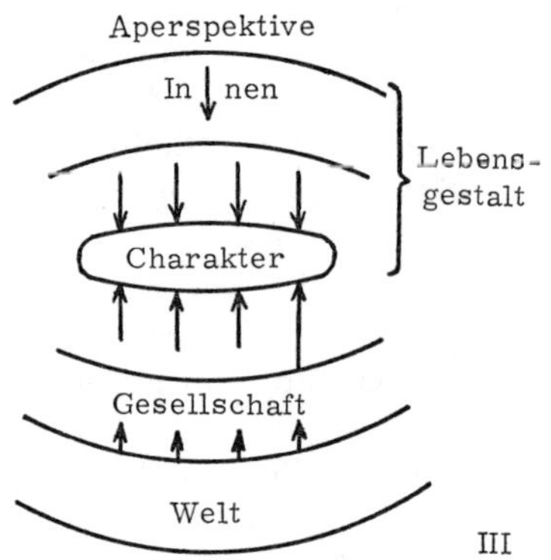

III

Stoffe auszeichnet, so bewahrt oder vergißt das Gedächtnis die Situationen des Lebensweges.

Im Gedächtnis zeichnet sich ferner das Vermögen des Menschen aus, das Vergangene im Innen des In-einander-Seins zu orten, zu bestimmen und *als eigene Vergangenheit*, nicht als die eines beliebig anderen, *zu identifizieren*. Wie die Lebensgestalt die Kontinuität der individuellen Existenz verbirgt, dabei jedoch im Hintergrund ständig zwischen aperspektivischer Psyche und dem Außen vermittelt, dabei nicht eigentlich greifbar ist, sondern erst am Lebensende in der Chronologie des Lebenslaufes sich als innere Figur (belebter Raum) abhebt, so *ist das Gedächtnis die zum inneren Raum gewordene Lebensgestalt*, die im Jetzt kontinuierlicher, selektiver Auseinandersetzung mit der Welt anwest.

Das Vermögen zu erinnern, damit *gestalteten Raum erinnerter Inhalte gegen die Zeit zu stellen*, setzt die perspektivische Fixierung des Menschen in der Welt voraus, die Fähigkeit, im Akt des Erinnerns zeitlich und räumlich zu unterscheiden. Herr X. ist mir an jenem Ort zu einer bestimmten Zeit begegnet. Die Erinnerung erscheint erst undeutlich, dann wird sie durch den Strahl wachender Aufmerksamkeit zunehmend aufgelichtet, um die Situation endlich als eine so-gewesene, dann und dort stattgefundene wiederzuerkennen.

Das Erinnern setzt darüber hinaus Entfremdung voraus, wie sie die Reflexion darstellt. Denn Sich-Erinnern ist Nachdenken, fragendes Suchen, Abwägen zwischen Deutlichem und Undeutlichem, bis das Urteil heranreift: Dieses und kein anderes hat sich ereignet, um damit räumliches Jetzt (Figur, Gestalt) gegen raumauflösende Zeit zu setzen. Der Vorgang des Erinnerns ist jedoch in der Selbstbeobachtung doppelbödig. Einerseits kommen dem Erinnern die Eigenschaften des prüfenden, urteilenden Denkens zu, andererseits aber auch das Vermögen, sich selbst als vergangene, in seiner einmaligen Je-Meinigkeit jedoch gleichzeitig präsente, ganze Gestalt in Griff zu bekommen. Das zeichnet sich bis in die spezifische Konturierung des Erinnerten in Duft, Kolorit und Physiognomie aus. Letzterer Vorgang setzt nicht Entfremdung wie die bestimmende Reflexion voraus, sondern die evozierbare Präsenz der gelebten, in Raum und Zeit entworfenen Lebensgestalt. Im Erinnern triumphiert diese Lebensgestalt über den vergangenen Augenblick: Der statuarische Charakter des Erinnerten gibt das räumlich-zeitliche Auseinander nach seinem Durchgang durch das Subjekt wieder.

Im Erinnern wird das Gewesene, die Lebensgestalt in ihrer Totalität nur selten wahrgenommen, von Ausnahmezuständen abgesehen, wie sie Individuen berichten,[42] die sich in akuter Lebensgefahr von Ertrinken oder Abstürzen befanden. Die nur partiell im Erinnern zu erweckende und sich darstellende Lebensgestalt ist das Ergebnis der oben dargelegten Selektion, wie sie die Lebensgestalt im Umgang mit der Wirklichkeit trifft. Diese Selektivität der Lebensgestalt bedingt die des Gedächtnisses; Sie wird von den leibhaften, milieubedingten und den Faktoren der Phantasie mitbestimmt. *Das Gedächtnis verdeutlicht, was Lebensgestalt ist – die Lebensgestalt aber ermöglicht das Gedächtnis.*

p) Individuum und Gesellschaft[43] in der Wechselwirkung von Innen und Außen*

Die „Gesellschaft“ ist nicht weniger als die sich zeigende Welt, Bestandteil derselben, des in-der-Welt-Seins, die sich dem Individuum über Personen, deren direkten oder indirekten Aussagen und ihren Erzeugnissen, den Resultaten von Arbeit darstellt.

---

* Die hier vorgetragenen Konzeptionen werden im II. Teil eine weitere Verifizierung finden wie auch in der in Vorbereitung befindlichen Untersuchung über „Kommunikation: Psychologie und Psychopathologie“.

Wird bei den Definitionen der Gesellschaft[44] z.B. auf die Art und Weise ihrer Produktion und Produktionsmittel das Hauptgewicht gelegt (*Marx*), die Ökonomie für das jeweilige Bewußtsein verantwortlich gemacht, so ist hier von *Marx*[45] eine Weise der Beeinflussung und Determinierung des Individuums durch die ökonomischen Verhältnisse festgelegt worden, die zwar als erwiesen angesehen werden darf, aber nur *eine Determinante* im gesellschaftlichen Prozess darstellt.

Die umgekehrte Wirkung des Individuums auf die Ökonomie – die Umwälzung z.B. der ökonomischen Verhältnisse in Rußland oder China durch Einwirkung *eines* zur Macht gelangten Individuums – ist ebenso nachweisbar, wie auch die gegenseitige Abhängigkeit beider, der Ökonomie von dem oder den Individuen, des Individuums von der Ökonomie. *Wirkung und Gegegenwirkung, gegenseitige Abhängigkeit, Konflikt, Sich-Durchdringen und Begegnen, bestimmen die Beziehungen zwischen Individuen und Gesellschaft als Teil von In-der-Welt-Sein, von Wirklichkeit.* Sie bestimmen es nicht weniger als das Innen des Subjekts, das So-Sein der Natur oder des Zeugs von Wirken und Gegenwirken durchdrungen ist. *Die Gesellschaft ist deshalb in ihren Gewohnheiten, Normen, Bedürfnissen, Vorurteilen und Einsichten im Individuum anwesend, wie das Individuum die zum allgemeinen Individuum erhobene Gesellschaft ist*, seine Normen, Bedürfnisse etc. die Gesellschaft prägen.

Die Notwendigkeit der Arbeit (*Marx*[46] spricht sogar von einer „ewigen Notwendigkeit"), die Erstellung der menschlichen Umwelt als entfremdeter in der oben geschilderten Weise, läßt den Menschen in einer seine (wahrscheinlichen) Möglichkeiten nicht ausschöpfenden Weise abhängig von der ihm erstellten Welt, den ökonomischen Bedingungen werden, d.h. jenseits von Emanzipation oder Anpassung erscheint – unabhängig auch von der jeweiligen Herrschaftsform – *Anpassung an die Arbeit eine vorläufig noch nicht überholte Grundbedingung menschlicher Existenz.*

Die hier dargelegten Ausführungen zeigten auf, wie Entfremdung und Erstellung der menschlichen Umwelt (Zeug, Technik) unauflösbar mit der Entwicklung der Hominiden zusammenhängt, Grundlage des menschlichen In-der-Welt-Seins ist, dessen Aufhebung zur auch seines In-der-Welt-Seins führen würde. Das wird durch das Stadium der anomischen Revolution, die Entfesselung des Krieges aller gegen alle anschaulich dokumentiert.

Für die vorliegende Untersuchung ist – vor allem für den jetzt folgenden psychopathologischen Teil – von Bedeutung, daß, von der Wechselwirkung zwischen Individuum und Gesellschaft ausgehend, es *nicht möglich* ist, eine alleinige Form historischer Gesellschaften, z.B. die des sog. „Spätkapitalismus", als ausschließlich „repressiv" zu bezeichnen und sie zum Sündenbock allen Übels, d.h. auch der Krankheit zu machen.

Auf ein z.B. zum Träumen, Intuieren, neigendes, überwiegend von Fühlen geleitetes Individuum wirkt u.U. eine extrovertiert, auf Geldanhäufung ausgerichtete Gesellschaft nicht weniger repressiv als eine sozialistische Gesellschaftsstruktur, die dieses Individuum in einem Arbeitslager „unterbringen" würde. Die eine wie die andere Gesellschaft vermögen jedoch auf dieses introvertierte Individuum durch „mehr oder weniger" zufällige, es begünstigende Lebensumstände, ihm entsprechende Berufe und soziale Rollen derart einzuwirken, daß es sich, seiner Disposition entsprechend, produktiv differenziert und weiterentwickelt.

Der „ehrgeizige Karrierist" wird hier Funktionär oder Manager, befriedigt seine Erwartungen entsprechend – dort muß er den Lehrerberuf ergreifen und „dekompensiert" (s. unten). Lebensweg, Bedingungen, unter denen der Lebensweg angetreten wurde, Situationen, in die das Subjekt gerät, bestimmen weitgehend zufällig, auch in der geplanten Gesellschaft, seine Entwicklung, ob diese „repressiv" verläuft oder zu Differenzierung und Entfaltung derselben führt.

Deshalb sind Generalisierungen über „repressive Gesellschaft" undeutliche Wahrnehmungen eines nur undeutlich sich präsentierenden „Ganzen" der Gesellschaft, die, wird sie in einzelne, auf-, mit- und gegeneinander wirkende Beziehungen aufgegliedert, sich konturiert und von Fall zu Fall anders sich darstellt. Der Gesellschaftsbegriff in seiner globalen Formulierung bemüht sich, undeutlich Wahrgenommenes zu präzisieren, wird er präzisiert, entzieht sich die Gesellschaft als Ganzes, und die Erkenntnis realer Zusammenhänge erfolgt auf Kosten des Ganzen. Diesem einfachen perspektivischen Phänomen, dessen Bedeutung für die Anthropologie und die Psychopathologie noch nicht genügend gewürdigt wurde, sind zahlreiche Gesellschaftsverbesserer – auch *Marx* – zu Opfer gefallen.

In ihrer Verflechtung mit der ökonomischen Produktion und der Technik, überwiegender Determinierung des einzelnen durch diese Faktoren (Berufe und soziale Rollen) sei die Gesellschaft in dieser entfremdeten Funktion als das „Aus-Einander" bezeichnet, als „Mit-Einander und Gegen-Einander" in Partnerschaft, beruflichen und allen zwischenmenschlichen Beziehungen, als „In-Einander", wenn berücksichtigt wird, daß das Aus-Einander wie das Mit- und Gegen-Einander in jedem einzelnen Subjekt innerlich präsent sind. Das Subjekt verliert sich im Aus-Einander an Ökonomie und Technik. Im Mit- und Gegen-Einander gründen die Weisen seiner Zuwendung die zwischenmenschlichen Beziehungen. Gemeinsam mit der Antwort des anderen werden diese Beziehungen dann in ihrer weiteren Gestalt und Entwicklung (s. unten) bestimmt. Im In-Einander ist der Einzelne sowohl ökonomisch, technisch wie auch durch das Mit- und Gegen-Einander seines sich zeigenden So-Seins innerlich mitbestimmt.

Die Gleichzeitigkeit des Individuums wie auch der Gesellschaft im Aus-, Mit-, Gegen- und In-Einander-Seins stellt wiederum einen anthropologischen und antilogischen Sachverhalt dar, der mit seinen Konfliktbereichen für jede Sozietät, gleichgültig welcher ökonomischen oder anderen Provenienz, zutrifft.

Das Problem einer „sozialen" (gesellschaftlichen), familiären (Milieu) oder konstituionellen Bedingtheit von Mißverhältnissen des So-Seins ist eines der perspektivischen Wahrnehmung. Ob eine Untersuchung über die Entstehung (das Werden) von Mißverhältnissen bei den Produktionsformen beginnt oder bei der Rolle des Vaters in der Familie, bei der Verflechtung der Institutionen mit den Lebensläufen der Individuen oder bei den Weisen der Zuwendung der letzteren ist in Anbetracht der Totalität und Gleichzeitigkeit von In-der-Welt-Sein irrelevant. Die Abhängigkeit der ökonomischen Verhältnisse von denen z.B. der Familie (zumindest in Entstehung der letzteren), dem Einfallsreichtum – oder -armut – der Individuen und ihres Einflusses wiederum auf die Gesellschaft, der seinerseits von der Gesellschaft und ihren Verhältnissen abhängt, stellt ein universelles Geflecht gegenseitiger Abhängigkeiten dar, das jeden Einstieg in den verschiedensten Bezirken (Produktion, Familie, Individuum) jederzeit ermöglicht, bei gleichzeitiger Einschränkung jedoch der Perspektive auf den Gegenstand der Untersuchung und Skotomisierung des Ganzen. Beginnt die Untersuchung bei den ökonomischen Prozessen, wird sie zu der Struktur der Familie führen, umgekehrt, beginnt die Untersuchung über das In-, Mit-, Gegen- und Aus-Einander-Sein gesellschaftlicher Verhältnisse bei der Familie, wird sie auch die Ökonomie wahrnehmen müssen. Es ist jedoch nicht möglich, z.B. die Ökonomie auf die Familie, die Familie auf die Ökonomie zurückzuführen, was *Freud* und *Marx*[47], jeder in seiner „skotomisierten" Weise, taten und dabei erheblichen Einseitigkeiten verfielen. Die genetische, reduktive Kausalität, die das eine auf das andere zurückführen möchte, verliert sich in der Gleichzeitigkeit des Mit-, Gegen-, In- und Aus-Einander-Seins von Individuum und Gesellschaft.

Damit sollte der Streit zwischen den Anhängern ausschließlich z.B. der Milieubedingtheit der Neurose (Neoanalyse) und jenen, die stereotype, milieuunabhängige Triebentwicklung (*Freud*) postulieren, beendet sein, nicht weniger sollte die Frage gelöst sein, was primär den Menschen determiniert: die Ökonomie oder die familiären Bedingungen z.B. des Ödipuskomplexes. In beiden Fällen, sowohl in dem der Neoanalyse und ihrem Verhältnis zur orthodoxen Psychoanalyse wie auch in jenem, der die Theorie Freuds zu Marx angeht, trifft die Gleichzeitigkeit und gegenseitige Abhängigkeit aller miteinander verbundener Faktoren zu, die Einseitigkeit einer Aussage ist ein perspektivisches Phänomen, das, wird es nicht wahrgenommen, methodisch Irrtum erzeugt. Sein Vorhandensein ist die Anwesenheit des Beobachters.

Wechselwirkungen hier, Entsprechungen dort zeigen sich dem vorurteilsfreien Denken. Entfremdungen entsprechen sich hier im Denkprozeß, dort in der Ökonomie und Technik, beide bedingen sich gegenseitig, Entfremdung wird aber nicht mit Beseitigung von Kapital, Ökonomie und Technik aufgehoben.

Der Konflikt, der z.B. das In-Einander des Individuums über das Mit-Einander zum Aus-Einander verwandelt, wenn aus Entfremdung der Reflexion entfremdete Maschinen oder arbeitendes Kapital mit ihren Konsequenzen entstehen, *verwandelt das Aus-Einander ebenso wieder zu einem In-*

Einander, wenn die entfremdete Welt sich in ökonomischen Überlegungen des Individuums darstellt. Das Aus-Einander wird ferner zum In-Einander, wenn entfremdetes Zeug z. B. zum Anlaß von Auseinandersetzungen (Konflikten) wird, die entweder zur Destruktion derselben oder konstruktiven Möglichkeiten führen. Der Ingenieur, der die Maschine prüft und eine bessere ersinnt, der Revolutionär, der die Maschine aus ihrer bisherigen ökonomischen Stellung herausreißt, beide verwandeln das Aus-Einander von Produktionskräften über den Konflikt zu einem In-Einander, das dann wieder zu einem Aus-Einander wird. Aber das Aus-Einander der entfremdeten Welt strebt in das In-Einander des Subjekts wieder zurück, wenn z. B. die produzierten Güter aufgenommen, verarbeitet, verbraucht, konsumiert werden, um die Identität im sich schließenden Kreislauf wieder herzustellen. Deren Verlust ermöglicht letztlich die Produktion des Zeugs über die Reflexion, da die Reflexion in der Erstellung von Zeug primär verlorene Identität wieder zu gewinnen versucht.

q) Der Charakter[48]

Im Charakter stellt sich die individuelle Prägung der übergeordneten Lebensgestalt deutlich/undeutlich dar. Er ist die Gleichzeitigkeit der Präsenz der Gesellschaft im Innen, ihrer Normen, Bedürfnisse, wie auch der Antwort des Innen, des Subjekts, auf das jeweilige Aus-Einander der Gesellschaft, indem es diese zum Bestandteil der Lebensgestalt erhebt, die Lebensgestalt des Charakters damit Teil der Gesellschaft wird. Sei es, daß das entfremdete Aus-Einander das Individuum „restlos" in den jeweils relevanten Normen und Bedürfnissen aufgehen läßt („Karrierist", „Funktionär", „Manager"), sei es, daß es über die allgemeinen Normen hinausgehend eigene findet und diese in seine Lebensentwicklung entwirft (die individuelle Reagibilität [Phantasie] das Aus-Einander überwiegt). Je nach Gesellschaft erscheint der erste Charaktertypus angepaßt, der zweite unangepaßt. Die Lebensgestalt, zum Charakter durch das relativierende gesellschaftliche Aus-Einander geworden, läßt sich, die alogischen Diskrepanzen mit einbeziehend, typologisch zu einem gewissen Grad erfassen (s. unten). Die Typen werden damit zu „Charakteren". Die Lebensgestalt in ihrer spezifischen Ausprägung als Charakter ist nicht allein aus Erbanlage, Umwelt und Reagibilität zu verstehen, sondern verdeutlicht vielmehr im perspektivischen Entwurf auf die Welt hin die noch undeutliche Lebensgestalt, die erst im Charakter deutlich sich darzustellen beginnt. Der Gestalt anderer Lebewesen vergleichbar, entwickelt sich der Charakter zu einem Deutlichen in der Auseinandersetzung zwischen Erbanlage und gesellschaftlichen Einflüssen, wobei er die Widersprüchlichkeit, die anthropologischen Diskrepanzen darlegt. *Je lebhafter diese Auseinandersetzung – umso mehr „Charakter"; je weniger sie sich ausprägt, umso „charakterloser" erscheint das Individuum.*

Charakter ist aber auch, wie die Umwelt – die Gesellschaft – den einzelnen „Charakter“ sieht, wie dieser wiederum die Gesellschaft wahrnimmt, wie *aus dieser Gegenseitigkeit des Wahrnehmens und Sich-Verhaltens Charakter wird.* Da beide in ihrer Fluktuation variieren, je nach der Weise der Zuwendung das Individuum die Umwelt in bestimmtem Licht, z. B. wertnegativ, wahrnimmt oder die Umwelt das Subjekt, wird die Umwelt das Individuum als entsprechend „außenseiterisch“ oder „abwegig“ sehen, das Subjekt die Umwelt als „schlecht“ oder „verständnislos“. Wechselt jedoch die Befindlichkeit des Individuums, wandelt sich sein Charakter in den Grenzen des Möglichen, können Gesellschaft und Individuum (Charakter) in beiderseitigen Erwartungen sich wieder im Mit-Einander ergänzen. Der Charakter ist deshalb bei aller ihm zuzusprechenden morphologisch erscheinenden Prägung und Prägbarkeit auch auf das Mit/Gegen/In- und Aus-Einander von Gesellschaft und Einzelnem zu beziehen: wie er in konstanter Wechselwirkung sich sieht, wie er gesehen wird.

Die individuelle Selektivität von Charaktereigenschaften, die die Psychoanalyse (*Reich* u. a.) als Abwehr gegen die Libido zu verstehen versuchte, läßt sich als solche ebensowenig ausschließlich verstehen, wie Charakter allein aus dem Sich-Sehen und Gesehen-Werden verstehbar ist. Die Entstehung der Charaktergestalt verläuft multikonditioniert und bleibt bei möglicher Stabilität variabel. Der Einfluß auch der biologischen Reife auf die Charaktergestalt ist bei der Kombination von Stabilität und Variabilität in ihrer Entstehung nicht zu übersehen. Sie verdeutlicht sich in den Charakterkrisen der Pubertät und in den biologisch bedingten Charakterveränderungen des Seniums.

Charakter ist das Inne-Sein von gesellschaftlichen Anforderungen und dem Verhalten diesen gegenüber. *Im Gegen-Einander innerer Bedürfnisse, Antriebe, Wünsche und Befindlichkeiten ist der Charakter immer die zur Lebensgestalt gewordene Konfliktgestalt, die in Ausdruck, Gebärde, Sich-Darstellen oder Verschweigen die Gegensätze des Aus-Einanders des gesellschaftlichen So-Seins in das In-Einander des Innen, in die Figur der Charaktergestalt erhoben hat.*

Resümierend stellt sich der Charakter wie folgt dar:

1. Im perspektivischen Entwurf auf Welt hin manifestiert sich die je-einmalige aber auch allgemeine Lebensgestalt des Menschen als seine Grundintentionalität.
2. Sie spezifiziert sich über die Weisen der Zuwendung, deren leibhafte Vorgegebenheit (Erbkoordinaten), durch die Einflüsse der Umgebung und die mögliche Reaktion auf diese (Reagibilität und Reaktionsbildung der Psychoanalyse).
3. Dieser Spezifizierung des Charakters ist *der Konflikt als gestaltendes Telos* immanent, sei es u. a. als „Abwehr“ gegen Sexualität, sei es als permanenter, letztlich nicht aufzulösender Konflikt zwischen dem Inne-Sein der Weisen der Zuwendung und dem Aus-Einander der Gesellschaft.

4. Der Charakter ist ferner von den biologischen Phasen des Lebens mitdeterminiert.
5. Er wird relativiert durch die Art, wie er von der Gesellschaft gesehen wird, umgekehrt wie der Charakter die Gesellschaft sieht und in der entsprechenden Wechselwirkung zwischen beiden sich darstellt.

VII. Zusammenfassung der Ergebnisse des I. Teiles: Die Fundierung von Welt und Subjekt in der Verfassung des Möglichen

In der Konstituierung des raum/zeitlichen Bezugs- und Fixpunktes über Zuwendung zur Welt entwirft sich der Mensch in diese. Als Entwurf ist er unfertig, auf Zukunft hin orientiert, dem Möglichen offen wird er zu der Gestalt, die der zeitliche Ablauf seines Lebens nehmen wird.

Der sich der zeigenden Welt zugewandte Blick erfaßt diese erst undeutlich/vieldeutig in möglichen Figuren. Über das Festhalten, Ergreifen des Einzelnen aus dem Gesamt undeutlicher Fluktuation wird räumlich/zeitliche Struktur, zeichnet sich die eindeutige konkrete Möglichkeit auf dem Hintergrund des undeutlich Möglichen ab. Diese fundamentale Verfassung von In-der-Welt-Sein umschließt zwei Arten: die eine, der Welt oder dem Innen aufmerkend zugewandt, räumlich-zeitliche Diameter konstituierend, erfaßt Welt oder Innen deutlich-eindeutig. Die andere, sich nicht über aufmerkendes Erfassen konstituierend, sondern frei schwebend dem Bild Eindruck aufgetan, verharrt im Bezirk vieldeutig-fluktuierender, möglicher Bilder, bleibt im „Bezirk" der aperspektivischen Dauer. Im letzteren Vorgang frei-schwebender Zuwendung nimmt das Subjekt über Empathie und Antipathie an der Welt teil, im ersteren erkennt es Welt (Teilhabe und Erkennen).

Sich-zeigende Welt und sich-darstellendes Innen sind im Sich-Zeigen und Sich-Darstellen – ob eindeutig oder undeutlich, möglich oder notwendig – *von dem Entwurf des Subjekts auf diese hin abhängig.* Das Subjekt entscheidet in der Art und Weise seiner Bezugnahme, ob der Horizont der Welt oder der seines Innen generell ein undeutlich-möglicher verbleiben soll oder ob er sich in Einzelheiten deutlich abhebt. *Das Mögliche von Welt oder Innen ist damit* – nach dem Modell des Wahrnehmungs- und Erkenntnisvorganges – *in der Weise ihres Sich-Zeigens von dem Bezugs- und Fixpunkt des Subjekts jeweils bestimmt.* Da Sich-Beziehen, Fixieren jedoch immer Festlegung auf das ist, was dem Sich-Beziehenden etwas bedeutet (s. oben), wird in dem Augenblick, in dem das Subjekt sich perspektivisch entwirft und festlegt, der Umkreis außerhalb des Bezugs- und Fixpunktes wieder zum Horizont des Möglichen. *Das Mögliche ist deshalb konstitutive Verfassung von Welt und Innen. Es ist unauflösbar mit der Konstituierung des Subjeks, der Art seiner Zuwendung verbunden.* Welt als Mögliche der Möglichkeiten ist – so wurde oben ausgeführt – der Entwurf auf die Unendlichkeit der Zeit hin, die als aperspektivische Dauer, alles einmal ermöglichen kann. Welt und Innen sind aber auch der Horizont des alles ermöglichenden Möglichen, da der Horizont durch den Bezugspunkt des Subjekts in der Welt festgelegt wird, dieses nicht gleichzeitig Horizont und Bezugspunkt zu fixieren vermag. Auf etwas ereignet sich Horizont um das Festgelegte, das festlegende Subjekt kann jedoch nicht gleichzeitig beides sein: Horizont und festlegendes Ich.

Die anthropologischen und psychopathologischen Konsequenzen dieser Konzeption, die die Evidenz und Sich-Selbst-Gewissheit der im Erkennen festgelegten Welt im Akt der Evidenz-Setzung selbst durch das Mögliche des sich ereignenden Horizontes neuer Möglichkeiten wieder in Frage stellt, bedeutet nichts weniger als *den entscheidenden Schritt in die Richtung eines „Umgangs mit Welt und mit der Subjektivität“ zu tun, in der Fixieren, Festlegen, Teilhaben oder Erkennen durch diesen Akt selbst wieder relativiert werden.* Daß dieser Umgang mit der sich-zeigenden Welt oder dem Innen kein dialektischer ist, bei dem die Position (das Festlegen) durch die Negation des Nicht-Festgelegten in Frage gestellt würde, liegt an der Verfassung des Möglichen. Diese ist nicht ausschließlich Negation, sondern durchaus *auch* Position, Bestätigung: „Es ist möglich, daß Herr X. kommt“, besagt nicht, daß er eo ipso nicht kommen wird.

Zuwendung und Abwendung, primär leibhaft-biologisch („kosmisch“) bedingt, sind die fundamentalen Weisen, mit denen sich das Subjekt auf die Welt hin entwirft, die Welt auf das Subjekt zukommt. Sie sind den spezifischen Weisen der Zuwendung: Antrieb, Wünschen, Wollen, Fühlen, Denken usf. vorgegeben. In letzterem fächert sich das Subjekt zur Welt hin auf. Es sind Folgen der wachenden Zuwendung, aber keine zu verabsolutierenden Funktionen; sie dienen instrumental dazu, die Grundtrennung zwischen Welt und Subjekt aufzuheben, verlorene Identität zurückzugewinnen. Die Welt wird dabei in verschiedenen Zyklen, Spiral- und Kreisbewegungen, gewonnen und gleichzeitig in einer Weise ihres Sich-Zeigens wieder verloren. So in der Destruktion der vorlogischen Welt (des Bildes) durch die rationale oder im Aufbau der Handlung und ihrem Verlust triebhafter Spontaneität. Die Gleichzeitigkeit heterogener Vorgänge von Wirklichkeit, deren Verfassung und Weise ihres Wirkens aufgewiesen wurde, zu erkennen, stellt sich als ebenso unmöglich heraus wie die, das Subjekt in der Synchronizität logisch-determinierender Prozesse festzulegen.

Am antilogischen Charakter von subjektiver und äußerer Wirklichkeit gemessen, führt jeder Versuch, das In-der-Welt-Sein synchron (gleichzeitig) zu erfassen, zum Aufstellen artifizieller, monokausaler Determinantenreihen, die dem Kontext entsprechen, den die Ratio in der Wirklichkeit zu lesen vermag, aber nicht die Gleichzeitigkeit aller an einem z. B. molekularen, biologischen oder seelischen Vorgang beteiligten Determinanten umschließt.

Wie sich sichtbare Welt nur als Gestalt über Beziehung und Bedeutung dem Subjekt mitteilt, das Subjekt in seiner Beziehung zu anderen und zu Welt nur über Gestaltetes zu kommunizieren vermag, wurde das Eigentliche der Gestalt als „Selbst-Behauptung", Begrenzung dem Möglichen, insbesondere dem zeitlichen Ablauf gegenüber, dargestellt. Mögliches, Zeit und Konflikt wurden als Bedingungen herausgearbeitet, die Gestalt gefährden, indem sie diese verändernd-verwandeln, die aber auch Gestalt als sich-wanddelnde ermöglichen. Die Gestalt, selbst in ihrer antilogischen Verfassung als Bestandteil von Wirklichkeit, behauptet sich dem Möglichen der Veränderung gegenüber, indem sie diesem Maß und Grenze weist, d. h. Gleichgewicht im Wechsel verwirklicht.

In der Gestalt, die sich über Beziehung und Bedeutung gewinnt, kommt der Entwurf von Welt nicht weniger wie der des Subjekts im perspektivischen Fixpunkt zur vorübergehenden Ruhe. Gleichgewicht und Maß erwiesen sich als die Strukturen, die als gestaltete, damit Fix- und Bezugspunkte vermittelnde über Austausch und gegenseitige Abhängigkeit die Wirklichkeit im Strom der Zeit gegen den Einbruch des Möglichen (Aperspektivischen) bewahren.

Aus dieser Funktion sind auch die menschlichen Normen zu verstehen, die entweder über Vorbilder oder über Gebot und Verbot, wenn auch doppelbödig, Gleichgewicht und Maß in menschlichen Sozietäten stiften sollten, in der Stiftung derselben jedoch gleichzeitig ihre mögliche Aufhebung bedingen. Die Doppelbödigkeit kehrt in der Diskrepanz zwischen Erwartung, Idealbild und Wirklichkeit wieder, wenn das Idealbild, in seiner Erwartung auf Herstellung totaler Identität mit der Welt getäuscht, diese entsprechend zu verändern sucht, ihr „ideale Normen aufzwingt, die wiederum in ihrer realen Durchführung die Diskrepanz zum Ideal nur verschärfen. D. h. das Idealbild wandelt sich in seiner Realisierung, den gegebenen Bedingungen der Wirklichkeit entsprechend, in das Gegenteil dessen, was es erwirkte.

Darüber hinaus ergab die untersuchende Deskription des Innen, nachdem eine vorläufige „Aufteilung" des Subjekts in aperspektivische Psyche, Innen und die umfassende Subjektivität der Dynamik des Sich-Entwerfens entsprechend erfolgte, daß die Bewegung desselben ebenfalls mit dem primären Identitätsverlust verschränkt ist, aus dem Idealbild und Normen resultieren.

Die Bewegung des Innen in Korrespondenz mit seinem aperspektivischen Hintergrund zeichnet sich ferner durch Bewegungen gegensätzlicher Strukturen (ikonoklastisch/ikonoplastisch), gegensätzlicher Bilder, Stimmungen, Antriebe und Willensimpulse, Gefühle und Gedanken aus, die jedoch ebenso miteinander „ganzheitsverstärkend" wie gegeneinander „ganzheitsauflösend" wirken. Das Mögliche von Gegen- wie auch Mit-Bewegen, das gleichzeitig weitere Gegen- und Mit-Bewegungen zuläßt, wies das Innen, bei steter Bezogenheit auf sichtbare Gestalt, Bildbezogenheit der einzelnen Weisen der Zuwendung, als ein in sich bewegtes aus. Stillstand seiner Bewegung käme einem Verlöschen gleich. *Das Wesen des Inne-Seins des Innen ist Bewegung.*

Die Instanzentheorie der Psychoanalyse, bei aller, auch therapeutischen Bedeutung, die sie gewonnen hat, erscheint auf dem Hintergrund dieser Beobachtungen als unzureichend – zum Teil sogar als innere Vorgänge verfälschend –, das Inne-Sein seiner eigentlichen antilogischen Verfassung entsprechend zu verstehen.

ZWEITER TEIL

Mißverhältnisse von In-der-Welt-Sein

Spezielle Psychopathologie

I. Krankheit und Gesundheit

a) Der somatische Krankheitsbegriff

Als Exponent einer naturwissenschaftlichen Konzeption definierte *Virchow* Krankheit wie folgt:

„... wir betrachten die Krankheiten nicht als etwas Persönliches und Besonderes, sondern nur als die Äußerung des Lebens unter veränderten Bedingungen, aber nach denselben Gesetzen, wie sie zu jeder Zeit von dem ersten Moment an bis zum Tode in dem lebendigen Körper gültig sind."[1]

Ludolf von Krehl, der bereits die Subjektbezogenheit der Krankheit erkannte, beschrieb diese Zusammenhänge:

„Der Mensch vermag seine Krankheitsvorgänge zu gestalten, durch seinen körperlichen und seelischen, am besten gesagt menschlichen Einfluß auf eben diese Vorgänge. Und er ist nicht nur Objekt, sondern stets zugleich Subjekt."[2]

Der sich auf organische Beeinträchtigung bzw. Leistungsminderung eines Organs oder eines Systems (Kreislauf, Ausscheidung) einschränkende Krankheitsbegriff zielt auf zwei Faktoren:

a) die organische Gestaltveränderung (z. B. Leberzirrhose, Schrumpfniere, Lungenemphysem),

b) die Regulationsstörung ohne nachweisbare Gestaltveränderung (z. B. Hypokalzämie, hypoglykämische Regulationsstörung, Tetanie, labile Blutdruckschwankungen).

Die Regulationsstörung ist Folge *und* Ausdruck einer mangelnden Koordination[3] im Zusammenwirken der zentralnervösen, vegetativen, hormonellen und biochemischen Faktoren, die der Aufrechterhaltung des lebensnotwendigen Gleichgewichts dienen a. W. *die das Gleichgewicht steuernden Funktionen sind in der Wahrnehmung ihrer Leistung (ihres Könnens) beeinträchtigt.* Im Vollzug der Gleichgewichtsstörung „verselbständigen" sich untergeordnete Funktionen, übernehmen u. a. onotogenetisch früher entwickelte Regulationen übergeordnete Ersatzfunktionen.

O. H. Arnold definiert die Regulationsstörung bei Herz und Kreislaufschwäche (Kollaps) wie folgt:[4]

Diese Insuffizienz der Regelglieder, sei sie nun

a) durch toxische Einflüsse hervorgerufen oder

b) durch Änderung der chemischen Zusammensetzung der Gefäßmuskulatur oder

c) durch eine Beeinträchtigung der Ansprechbarkeit der regulierten Substrate auf die nervös-numoralen Steuerungsimpulse, führt mit oder ohne eine Verminderung des Blutvolumens zur Hypotonie auf der einen und zu einer Verminderung des venösen Rückflusses auf der anderen Seite. Die Blutdrucksenkung ist allerdings noch nicht gleichbedeutend mit Schock. Sie ist jedoch ein Hinweis auf das unmittelbare Bevorstehen einer Kreislaufinsuffizienz und sollte Anlaß zu energischer Therapie sein. Ein Kreislaufschock beginnt, wenn lebenswichtige Organe zu wenig Blut erhalten. Das erste Organ, das in dieser Hinsicht betroffen ist, ist das Herz.

P. Christian und *K. Mechelke*:[5]

'Vegetative Herz- und Kreislaufstörungen' sind Fehlregulationen des gesamten Kreislaufs, des Herzens oder bestimmter Gefäßabschnitte ohne nachweisbare Oraganschädigung; charakteristisch ist die enge Beziehung zur individuellen Reaktionsart, zur Erlebnisweise und Persönlichkeit des Kranken.

Das Wesen der vegetativen Herz- und Kreislaufstörungen ist eine Labilität der Regulationen; genauer: die mangelhafte Sicherung jener Einrichtungen, die normalerweise die Stabilität des Kreislaufs garantieren als geordnete Anpassung der Blutverteilung, des Blutdrucks, der Herzaktion und der Atmung an innere und äußere Anforderungen. Zu ihrem Wesen gehört ferner die enge Verflechtung des subjektiven und objektiven Störungsanteils.

Wie problematisch jedoch bereits in Klinik und anatomischer Pathologie die Begriffe Gleichgewicht und Norm einerseits, werden sie kritisch befragt, sind, erweist sich z. B. allein an dem Begriff der Norm[6] bei elementaren Untersuchungen wie der einer Kreislauffunktionsprüfung.[7] (Was ist eine normale Kreislauffunktion?) Andererseits läßt sich Klinik und Pathologie nicht ohne idealtypische Vorstellungen von Krankheit und Gesundheit praktizieren – was Kliniker zugeben. Der praktische Arzt hat in der Regel durchaus konkrete Vorstellungen, wann z. B. schwankende Blutdruckverhältnisse pathologisch werden: wenn sie nämlich eine am Durchschnitt erarbeitete Norm über längere Zeit überschreiten.[8] Analog normierte Werte lassen sich für die Zusammensetzung des Magensaftes, der Chemie des Blutes, der Ausscheidung des Harns, der Blutkörperverteilung im Querschnitt, der Kompensation oder Dekompensation von Herzfehlern, der Sinnesfunktionen und der zentralnervösen Regulationen aufstellen. Auf Grund dieser normierten Werte wird die Diagnose krank oder gesund gestellt. Die Norm gibt in meßbar nachzuprüfenden Werten die idealtypischen, jedoch auch statistisch gewonnenen Verhältnisse der Organfunktionen wieder. Die Normen stellen ein Mittelmaß dar, dessen Unter- oder Überschreitung krankhafte Bedeutung gewinnt. Sie spiegeln lebendige Gleichgewichtszustände, deren Proportionalität zueinander ein bestimmtes Maß (Verhältnis) nicht über- oder unterschreiten darf.[9]

Problematisch wird der Begriff der Norm, wenn eine größtmögliche Anzahl physiologischer oder zentralnervöser, vegetativer, biochemischer Determinanten mit in den Begriff der Norm, ihre faktische Aufrechterhaltung, einbezogen werden sollen. Forschung und Blick des Forschers werden durch die Unzahl von Determinanten, die alle bei der Aufrechterhaltung stabiler Gleichgewichtsverhältnisse mitwirken, getrübt (undeutlich), da kaum noch eine Norm zu erstellen ist, sondern nur gegenseitige Abhängigkeiten zu registrieren sind. Die konkrete, meßbare Möglichkeit der Kreislauffunktionen ist z. B. von dem Horizont möglicher, nachweisbarer gegenseitiger Abhängigkeiten umgeben, die nichtsdestoweniger dem übergeordneten Prinzip der Aufrechterhaltung des Gleichgewichtes in Ruhe und bei Belastung folgen. Diese Aufrechterhaltung des Gleichgewichtes wird durch normierte Werte festgestellt – wäre sie nicht festzustellen, befände sich der Kreislauf aller Menschen in ständigem unkontrollierbaren Zustand unmeßbarer Labilität.

Die oben aufgeführten Determinanten, antagonistische (Konflikt) und agonistische Kräfte, ihr Gleichgewicht und ihre gegenseitige Abhängigkeit als fundamentale Struktur von Wirklichkeit, lassen sich am schematisierten Beispiel der den Kreislauf bestimmenden Faktoren – analog zu jedem anderen lebendigen Vorgang – in folgender Zeichnung wiedergeben:[10]

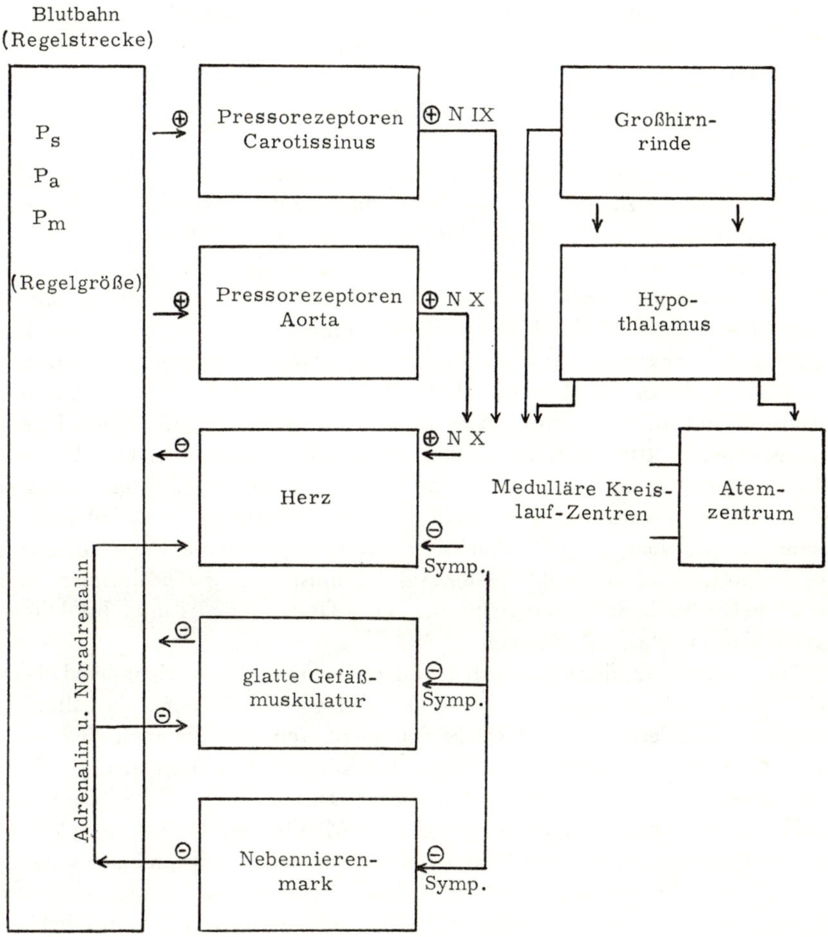

Blockschema der Blutdruckregelung (nach RANKE, 1960 u. KEIDEL, 1960)

Auch hier konstituiert sich die kaum zu übersehende Vielzahl von Determinanten, die an der Aufrechterhaltung stabiler Kreislaufverhältnisse beteiligt sind, im Gleichgewicht über gegenseitige Abhängigkeit, Wirkung und Gegenwirkung, Sich-Durchdringen, Austausch und Konflikt.

Über gegenseitige Abhängigkeit: Abhängigkeit z. B. vegetativer (hormoneller) von hypothalamischen Verhältnissen (s. unten) und umgekehrt. Des gesamten Kreislaufs von O_2-Gehalt der Luft.

Über Wirkung und Gegenwirkung: Kapillarer oder peripherer Kreislauf gegen/ (oder) mit Schlag- und Minutenvolumen des Herzens.

Über Sich-Durchdringen: Sich-Durchdringen subjektiver Befindlichkeiten mit objektiven Gegebenheiten, z. B. beim Kollaps.

Über Austausch: Gasaustausch, Stofftransport und Abtransport.

Über Konflikt: Der Kreislauf stellt die Kompensation von Schwerkraft und Bewältigung (Aufhebung) derselben durch die Herztätigkeit dar, d. h. antagonistische Kräfte (Konflikt) werden ausgeglichen. In Konflikt treten jedoch bei der Dekompensation die einzelnen Systeme: die Peripherie gegen den zentralen Kreislauf, die thalamisch-diencephale Regulation gegen die hormonelle usf.

Das Mögliche der Norm als Maß, um Gleichgewicht von ungleichgewichtigen Vorgängen zu unterscheiden, verwirklicht sich über die Vielzahl möglicher, das Gleichgewicht determinierender Faktoren. Gilt dies für die Regulationsstörung als Ausdruck von ungleichgewichtigen Verhältnissen in der Funktionsordnung des Organismus, die die Bedeutungskonstante (s. oben) „am Leben erhalten" durch dysregulierte Verhältnisse in Frage stellt, so liegen in den anatomisch nachweisbaren Organveränderungen Gestaltwandlungen vor, die in der Skala der vitalen Werte auf Verfall, Auflösung, Funktionsunfähigkeit, oder Chronifizierung eines unterdurchschnittlichen Erhaltungszustandes (stabilisierter Verfall) u. U. auf Sterben hinzielen. Wieweit diesen Gestaltveränderungen regelmäßig eine Phase ungleichgewichtigen Funktionierens vorausgeht, wieweit die Gestaltveränderung morphologisch sofort nachweisbar ist (z. B. Wachstum von Krebszellen im Zusammenhang einer biochemischen Funktionsstörung) ist umstritten, zu beobachten sind wohl beide Stadien: Funktionsstörung ohne Gestaltveränderung, Funktionsstörung mit Gestaltveränderung.

Die Gestaltveränderungen sich entdifferenzierenden, absteigenden Lebens zielen in ihrer Richtung meistens auf den Tod, wie das die durch das Alter bedingten Veränderungen der Gewebe dokumentieren, aber die auch die Folgen von chronischen Vergiftungszuständen, Infektionen, Neoplasmen, vegetativen und hormonalen Dysfunktionen aufzeigen.[11] Das Ende, die Gestaltauflösung nach vorausgegangenem Verfall, umgibt als Möglichkeit das Mögliche krankhafter Organveränderungen. Der chronifizierte, zum Stillstand gekommene Verfall (z. B. Lungenemphysem als Asthmafolge) oder die operativ entfernte Gestaltsveränderung sind in diesem Zusammenhang als konkrete Möglichkeiten der Entwicklung von Gestaltwandlungen zu beobachten.

Der somatische Krankheitsbegriff, in jedem Fall in Richtung der absteigenden Werte des Verfalls, der Auflösung, des Untergangs weisend, ist innerhalb einer Funktionsstörung nicht ohne die Konzeption des gestörten Gleichgewichtes denkbar, die Norm und Maß voraussetzt, in der Anatomie der Organveränderungen nicht ohne die des Gestaltverfalls, der Gestaltverwandlung, der Auflösung sinnbestimmter und sinnbestimmender Ganzheiten. Beide Begriffe, Gleichgewichtsverlust und Gestaltsverfall sind in ihrer gegenseitigen Verschränkung oben aufgewiesen worden: Das gestörte Gleichgewicht (Konflikt) zieht ein Mißverhältnis der Proportionen nach sich (Maß), wenn aus einer Funktionsstörung (labiler Hochdruck z. B.) sich z. B. eine Organstörung (chronische Blutdruckerhöhung) bildet, diese, bei akuter oder längerer andauernder Krankheit selbst die physiognomischen Einzelheiten des Kranken prägt, die Proportionen seines Leibes zueinender disproportioniert. (Das ist schon in der Folge längerer Bettlägerigkeit zu beobachten.)

Umgekehrt wird eine primäre Gestaltveränderung, Disproportionierung durch ein Neoplasma z. B. früher oder später auch die physiologischen, biochemischen Gleichgewichtsverhältnisse beeinträchtigen, das diese wiederum rückwirkend die Disproportionierung durch den Krankheitsprozeß verstärken, eine negative, in den Verfall sich herabspiralende Entwicklung sich abzeichnet. *Somatische Krankheit, so darf abschließend definiert werden, ist Gleichgewichtsverlust regulativer, physiologisch biochemischer Vorgänge, ist Maßverlust der leibhaften Gestalt durch Wechselwirkung und gegenseitige Verstärkung dieses Prozesses.*

b) Der anthropologisch erweiterte Krankheitsbegriff

Das Unzureichende des dargelegten Krankheitsbegriffes, wenn nur auf die leibhaften Vorgänge Bezug genommen wird, erscheint, wenn man das subjektive Erleben des Kranken berücksichtigt. Hier treffen den Kliniker immer wieder Überraschungen, die in der Diskrepanz einerseits zwischen geklagten Beschwerden – dem subjektiven Krankheitsgefühl – und mangelnden Regulationsstörungen oder Organstörungen zu beobachten sind, andererseits schwere Organstörungen, die gesamte Physis erfassende Verfallsprozesse mit mangelndem subjektiven Krankheitsgefühl verbunden sein können, ja die Pat. noch zu außerordentlichen sozialen „Leistungen“ der Zuwendung, der Produktivität, der Kommunikation und des Ertragens von Konflikten in der Lage sind. M. a. W. physische Krankheit und subjektives Krankheitsgefühl decken sich keineswegs immer, und der Schluß ist erlaubt, daß der klinisch-pathologisch-anatomische Krankheitsbegriff zwar über die Faktizität von Regulationsstörungen und erkrankten Organen Aufklärung verschafft, nicht jedoch über das Ausmaß der subjektiv erlebten Krankheit. Der klinisch-anatomische Krankheitsbegriff müßte folglich einem umfassenderen weichen, der subjektives Krankheitserleben und nachgewiesene Krankheit in ein adäquates Verhältnis zueinander zu setzen weiß.

c) Die Fiktion der heilen Natur

Bevor dieser Krankheitsbegriff entwickelt zu werden vermag, erscheint es im Hinblick auf zeitbedingte Vorurteile notwendig, die Funktion einer „heilen" Natur als Illusion zu kennzeichnen, soweit sie jedenfalls Theoretikern dazu dient, ein „heiles Menschenbild"[12] zu propagieren und Krankheit nur auf „gesellschaftliche Übelstände" zurückzuführen sei. Der Biologe, Verhaltensforscher, nicht weniger als der Paläontologe und der Historiker belegen, daß Krankheit Bestandteil sowohl der Natur wie auch der historischen Menschheit ist[13]. Ohne etwa auf den Konflikt als eine der aufgewiesenen Grundstrukturen von Da-Sein zu rekurrieren, der in der darwinistischen Konzeption eines „Kampfs ums Da-Sein" eine höchst oberflächliche Bestätigung fand, sind von den genannten Disziplinen eine Fülle von Beobachtungen gesammelt worden, die nicht nur erweisen, daß schon der Neandertaler an tödlich verlaufenden Krankheiten, an Gichtbrüchigkeit und anderem litt,[14] sondern daß Pflanzen- und Tierreich, noch vor jeder Berührung mit dem Menschen, charakteristische Krankheiten im oben dargelegten Sinne aufwiesen – und schließlich auch die Naturvölker keineswegs von den herkömmlichen Krankheiten verschont wurden. Dabei treten Krankheiten im Tier- und Pflanzenreich[15] entweder exogen, durch Infektionen (Erreger) bedingt auf, durch klimatische, atmosphärische Veränderungen, die zum Aussterben ganzer Arten führen können, oder endogen, durch Regulationsstörungen, Neoplasmen, pathologische Gewebsveränderungen u. a. m.

Da Krankheit nicht ohne Konflikt – in der oben dargelegten, fundamentalen, auch somatische Prozesse miteinbeziehenden Weise – möglich ist, im Konflikt es einer der beteiligten Gestalten nicht gelingt, ihre Gestalt möglichen Veränderungen gegenüber zu behaupten, *disponiert jeder Konflikt im Sinne von Wirkung und Gegenwirkung zu mißglückter Gestaltveränderung: Krankheit, Verfall, Auflösung, Tod.* Die Behauptung der Gestalt gegenüber dem Möglichen der Konflikte ist, wie ausgeführt, eine Selbstbehauptung sowohl der alles ermöglichenden Zeit wie auch der alles in Frage stellenden Zeit gegenüber, deren Gelingen von nicht zu übersehenden Imponderabilien und Determinanten abhängt. Konflikt, Bestandteil des lebendigen Werdens, impliziert Krankheitsmöglichkeit als Gestaltverfehlung; die Phylogenese bietet zahlreiche Beispiele, wie „verfehlte" Gestalten nicht durch den „Kampf ums Da-Sein" zugrunde gehen, sondern an ihrem verfehlten Entwurf.[16]

Gewordene, sichtbare Welt wäre nicht sichtbar und geworden, umschlösse sie nicht den Konflikt als „Motor" ihres Werdens, damit die Möglichkeit zur Krankheit. Natur ist nicht „heil", sie erscheint lediglich dem Sentimentalen, dem „Naturapostel" oder Menschheitsbeglücker in dieser Weise. Die Unschuld des „Werdens" (*Nietzsche*) weiß zwar nicht von menschlicher Verfehlung und menschlichem Schuldig-Werden, sie ist aber nicht „unschuldig" in dem Sinne, daß sie nicht an den Bedingungen ihres Werdens, dem Konflikt erkrankt und an ihm zugrunde geht.

Darüber hinaus ist es jedoch die Bestimmung jeder gewordenen Gestalt, wieder zu vergehen. D. h. ihre Behauptung in der Umklammerung des räumlich-leibhaften Entwurfs von In-der-Welt-Sein ist begrenzt – variabel zwar in der Zeitspanne, die eine Blutzelle lebt, bis zu dem Alter, das Saurier erreichten – durch die Begrenztheit ihrer Gestalt selbst. In der Grenze, ihrer leibhaftigen Ein- und Beschränkung, liegt bereits ihre notwendige Begrenzung dem nicht abzusehenden Strom der Zeit gegenüber, damit die Notwendigkeit des Verfalls. Das Leben ist „Krankheit zum Tode". Je nach dem Standpunkt des Forschers mag das Eintreten dieser Krankheit schon mit dem Augenblick der Geburt verzeichnet werden oder mit dem Verklingen des letzten Atemzuges.

Wie die Gestalt der Zeit nicht standzuhalten vermag, hat sie sie jedoch durch die Fortpflanzung überlistet, in der das Leben der Zeit selbst ihre Richtung auf die Zukunft hin abgelauscht und diese zum Bestandteil ihrer eigenen Lebensrichtung gemacht hat. „Krankheit zum Tode", „unheile Welt" halten aus dieser Perspektive zumindest der Werdens-Richtung des Lebens – Richtung auf Entwicklung, Steigerung, Differenzierung, Anamorphose – die Waagschale, bzw. lebendige Gestalt ist als einzelne zwar dem Verfall und dem Ende überlassen, in der Fortpflanzung jedoch weist sie über die Vereinzelung der dem Tode verfallenen Gestalt hinaus. Der Konflikt, an dem die sich behauptende Gestalt letztlich zugrunde geht, ist in der Gestalt als sie fundierender und ermöglichender Bestandteil über die Fortpflanzung perpetuiert. Die einzelne Gestalt muß sich auflösen, aber einzelne Gestalt erscheint über die Fortpflanzung schon aufgehoben: denn wo beginnt, wo endet die Gestalt, da ja auch die Samenzelle schon „Teil des Ganzen" der Gestalt ist? Der Versuch, diese Frage zu beantworten, überschreitet den Rahmen der vorliegenden Untersuchung. Es sei nur festgehalten, daß die Natur, vom Konflikt mitkonstituiert, ebenso zu „Unheil", zu „Krankheit" disponiert ist, wie es Bestimmung der einzelnen Gestalt ist, sich wieder in ihre Grundelemente aufzulösen – und in der Fortpflanzung sich zu erhalten.

d) Weitere Präzisierung des Krankheitsbegriffs

Der an einem apoplektischen Insult (Schlaganfall) darniederliegende Kranke, soweit er noch bei Bewußsein ist, ist durch folgende Störungen gekennzeichnet – wobei der Begriff der „Störung" vorläufig im Sinne des oben idealtypisch dargestellten, gestörten Gleichgewichtes, des Gleichgewichtsverlustes, verwandt werden soll: In seiner Kommunikation mit der Umwelt (Zuwendung) ist der Kranke, besonders wenn auch die Sprache betroffen ist, außerordentlich reduziert. Kann er sich überhaupt verständlich machen, dann durch Lallen, Wortfetzen, Gesten, verstümmelte Gebärden. Sein Vermögen aktiver Zuwendung in die Welt hinein ist über Handeln, Können (Leistung), Triebe, Wünsche, erheblich eingeschränkt, es ist nur noch rudimentär nachzuweisen. Es gelingt dem Kranken nicht mehr, sich perspektivisch zu entwerfen. Die Beziehung zu sich selbst, die Möglichkeit zur Reflexion, die Beziehung zu Normen, Idealbild, Erwartung, sein subjektives Befinden sind nur noch „dämmerhaft", in hohem Maße undeutlich, verschwommen, verfügbar. Die Beziehung zu Raum und Zeit, zur Ordnung seiner Umwelt, zu seinem Leib, ist nur fragmentarisch nachweisbar.

M. a. W. am extremen Fall eines (letalen) Krankheitsbildes, vergleichbar den schwer beeinträchtigenden Stadien eines malignen Tumors, einer Leukämie oder einer Leberzirrhose, wird das Nachlassen der Weisen von Zuwendung (s. oben) sichtbar, die die gesunde Verfassung, wenn auch relativiert und in hohem Maße variabel, ausmachen: *Krankheit ist Kommunikationsbeeinträchtigung bis zum Kommunikationsverlust.* Der Kranke ist in seiner leibhaften *und* subjektiven Zuwendung auf Welt hin dieser *entrückt.* Die Beziehungen, in denen sich sein Verhältnis zur Welt aufgliedert und die er zu dieser in der Kindheit und im Laufe seines Lebensweges entwickelt hat, vermitteln nicht mehr zwischen ihm und den bedeutsamen Fixpunkten, den Bedeutungen, den „Marken", seines Lebensweges. Die Entrückung – im Gegensatz zur „*Verrückung*" (vgl. unten) –, die den Schwerkranken in seinem Verhältnis zur Welt erfaßt, die damit verbundene partielle Abwendung von der Welt formiert sich über der gestörten Zuwendung. Sie kann in ihrer Beziehung auf Welt und die Person des Kranken diese nicht mehr meinen, sondern Welt und Person wesen nur noch bedeutungslos, entdifferenziert an. Das hier gewählte, extreme Krankheitsbeispiel verdeutlicht, daß Krankheit *Kommunikationsbeeinträchtigung*, Kommunikationsverunmöglichung ist, die je nach dem Grad der vorliegenden Regulationsstörung oder dem Ausmaß an Gestaltverfall die Ebenen der Kommunikation (s. oben) und die Weisen der Zuwendung entweder alle mit einbezieht oder nur einige wenige betrifft. D. h. die Kommunikation in dem geschilderten Krankheitfall ist nur noch auf der animalisch-leibhaften „Ebene" möglich und dort bereits erheblich reduziert.

e) Befindlichkeit und Befund
(Kommunikation und Austausch)

Die subjektive Befindlichkeit ist ausschlaggebend für die Art meiner Kommunikation mit der Welt. Wie ich gestimmt bin, vermag ich mit mir kommunizierende oder kommunizieren wollende Welt wahrzunehmen, auf diese durch die verschiedenen Weisen meiner Zuwendung zu antworten, auf sie zurückzuwirken. Je weniger meine Befindlichkeit es mir erlaubt, mich der Welt oder mir selbst zuzuwenden, um so entrückter bin ich ihren Bedeutungen, um so weniger vermag ich mich auf Umwelt beziehen, über diese mich aufzufächern. Die relative, je nach Individuen variable Unabhängigkeit des Befindens von exogenen und auch endogenen (des leibhaften Befindens) Einflüssen einerseits, ihrer Abhängigkeit von beiden „Feldern" andererseits, lassen die Befindlichkeit als weitgehend unverbindliche Möglichkeit erscheinen, der Welt oder sich selbst gegenüber in bestimmter Stimmung zu erscheinen.

Ein langsam wachsendes Neoplasma vermag Befindlichkeit zu beeinträchtigen und Zuwendung zu reduzieren. In der Befindlichkeit werden die leibhaften Veränderungen wahrgenommen, ihr So-Sein wäre unmittelbarer Ausdruck stattfindender krankhafter Veränderung. Aber das Umgekehrte nicht weniger wird beobachtet: wenn der Krankheitsprozeß in keiner Weise Befindlichkeit und Weltzuwendung stört. So entziehe ich mich in meiner Befindlichkeit einerseits leibhaften und umweltvermittelnden Einflüssen, sind mir beide, eigener Leib und Umwelt fremd, wie ich aber andererseits von beiden durchaus abhängig zu sein vermag. In der Befindlichkeit bin ich weder „frei", mich heute heiter oder traurig zu fühlen, weder abhängig noch unabhängig von äußeren und inneren Konstellationen, noch bin ich in der Lage, Gründe anzugeben – von Scheingründen abgesehen –, warum ich mich heute in bestimmter Weise befinde, noch kann ich voraussagen, wie ich mich morgen, nächsten Monat oder in einem Jahr „fühle", gestimmt sein werde.

In dieser, jeder Planung sich entziehenden Weise von Befindlichkeit ereignet sich menschliches Dasein immer wieder als Mögliches, das die Möglichkeit einer konkreten, jetzt und hier bestimmten Befindlichkeit im nächsten Augenblick schon in Frage stellt, aufhebt. Der Entwurf des Menschen auf Welt hin entzieht sich in der Stimmung der Verbindlichkeit raum-zeitlicher Perspektive, der Kausalität und Verantwortung, – wer will jemanden für seine Stimmung verantwortlich machen?

Die Befindlichkeit mag sich mit leibhaften Prozessen verbinden, die diese in ihrem So-Sein auffangen und ausdrücken, sie kann es ebensogut unterlassen. *Ich bin als Möglicher den Möglichkeiten der perspektivisch-räumlichen Festlegung gegenüber selbst diese Befindlichkeit.* Mit ihr zeige ich mir selbst und meiner Umwelt an, wie ich bin: gedrückt, ausgeglichen, zugewandt, zurückgezogen, heiter, unberechenbar, ausgelassen – oder krank.

„Ich fühle mich krank" heißt, daß ich plötzlich von einem Augenblick zum anderen von Schüttelfrost oder Darmkrämpfen überfallen werde, daß Kopfschmerzen mir die Fortsetzung eines Gespräches nicht mehr ermöglichen, plötzlich ein Bein mir den Dienst versagt – heißt, daß Schmerzen, Mattigkeit, „Sich-schlecht-Fühlen", Aufmerksamkeit, Zuwendung, Trieb, Wunsch, Denken oder Wollen ausschließlich beschäftigen, meine Befindlichkeit nur noch z. B. der Schmerz dort am Fuß oder Zahn ist. „Ich fühle mich krank" heißt aber auch, wie ich schleichend, von Mal zu Mal morgens meine Müdigkeit nicht mehr abzuschütteln vermag, *jede Zuwendung zu der Welt (Kommunikation mit dieser) mich größte Anstrengung, Überwindung kostet,* die Glieder „bleiern" oder „wie Watte" meine Bewegung in die Welt vermitteln, mich Schwindel ergreift, Geräusche mich quälen, die ich vorher kaum wahrnahm, ich bei aller Müdigkeit schlecht schlafe usf. Ich begebe mich zum Arzt, der dann möglicherweise, „nichts feststellt".

Nichtsdestoweniger *bin ich krank, weil ich nicht in gewohnter Weise mich auf Welt und mich selbst hin darzustellen vermag*, von den Möglichkeiten gewohnter Weisen alltäglicher Zuwendung die Möglichkeit zunehmender Abwendung, Entrückung von der Welt mein Verhältnis zu dieser zu prägen beginnt.

Wie aber, wenn ich – wie soeben ausgeführt – in durchaus zugewandter Weise mein Leben wahrnahm, es lebte, und plötzlich, anläßlich einer Röntgenreihenuntersuchung eine tuberkulöse Kaverne festgestellt wird, die zu heilen ich meine gesamte Existenz eingreifend umstellen muß, ohne daß ich mich krank fühle? Aber der Arzt befindet mich für krank. Die pathologische Anatomie des objektiven Organbefundes trägt ihren berechtigten Anspruch vor.

Befund (tuberkulöse Kaverne) und Sich-Befinden sind aus der Sicht des anderen, der Welt, der „Gesellschaft", so wird ersichtlich, nicht zweierlei, sondern eines. Auch wenn ich mich subjektiv nicht krank befinde, befindet mich meine Umgebung krank, da mein Leib, krank, nicht mehr mit ihr im gesunden Austausch kommuniziert. Oder, Krankheit ist nicht nur subjektiv erlebte, dann auch von der Umgebung registrierte Abwendung, Entrükkung und Kommunikationsstörung im physiologisch-biochemischen Bereich, sondern in meiner unauflöslichen Verschränkung mit Welt, dem anderen, dem Arzt, zeigen mir diese, was ich selbst nicht wahrnahm: den Einbruch des Möglichen in meine intakt vermutete Leibhaftigkeit, einen Befund. M. a. W.: Krankheit ist nicht eine Angelegenheit, die ausschließlich mit meiner Befindlichkeit zu tun hat, denn ich bin ja nicht allein in der Welt, vielmehr in der Wurzel meiner Existenz leibhaft mit ihr verbunden, zeigt sie mir – über den Arzt – daß ich in meiner leibhaften Kommunikation mit ihr gestört bin.

Diese Gemeinsamkeit des „In-der-Welt-Seins" (das „absolute Wir")[17] bedingt, daß ich z.B. mit meinem Leib, der den anderen sichtbare Gestalt ist, Teil ihrer, der anderen Welthaftigkeit bin, wie andere für mich welthaft sich zeigen. Mein Leib ist zwar *mein* Leib, aber auch Teil einer allgemeinen, sich zeigenden Welt, er zeigt anderen einen „Befund", auf die mich diese wiederum hinweisen, da mir die gleichzeitige Welthaftigkeit meines Leibes verborgen war, ich sie erst im Befund erfahre. Ich erlebe, spüre, fühle meinen Leib, er ist „tragender Leib",[18] der mich durch das Leben trägt. Er wird zum objektivierten Körper, wenn ich ihn mit den Augen des Mediziners beobachte und befrage, aber er ist doch als meine sichtbare Gestalt nur je-meinige „Bedeutungsmarke", über die ich mich der Welt mitteile, diese sich mir über sie elementar und dem Wachen fern mitteilt. Der leibhafte, kranke Befund, der mich in meiner subjektiven Befindlichkeit nicht beeinträchtigte, zeigt an, daß ich als allgemeiner, weltzugehöriger Leib „krank" bin und bei einer offenen Tbc sogar die Umwelt (Kommunikation!) gefährde. Krankheit wäre demnach nicht nur „meine" Befindlichkeit und „mein" Befund, sondern auch Teil allgemeiner Welthaftigkeit und Weltzugehörigkeit meines Leibes zu dieser: „Allgemeine Krankheit“ des „allen gehörenden Leibes“.

Die Diskrepanz zwischen gestörter Befindlichkeit, aber intakter Leibhaftigkeit einerseits, kranker Leibhaftigkeit, aber ungestörter Befindlichkeit andererseits, vermag sich dahingehend aufzulösen, daß ich einmal als der jemeinige mich in meiner Befindlichkeit krank weiß, gleichgültig, ob ein „Befund“ erhoben wird oder nicht. Das andere Mal wird ein Befund an meiner auch allgemein der Welt zugehörenden Leibhaftigkeit erhoben, die ich zwar nicht weniger wie meine Befindlichkeit bin, die mir aber als Welthaftigkeit gleichzeitig auch verborgen war. Daß darüber hinaus Befindlichkeit und Leibhaftigkeit in ständiger Kommunikation, in gegenseitiger Abhängigkeit und Wechselwirkung stehen, bedarf keines besonderen Hinweises mehr. Wenn auch das logische Erkennen den Gegensatz von „jemeiniger Befindlichkeit“ und „welthaftem, allgemeinem Leib“ einerseits, des „sowohl als auch“ und „beider gleichzeitig“ andererseits nicht unmittelbar nachvollziehen kann.

Der klinisch-anatomische Befund ist in jedem Fall Folge eines gestörten innerorganismischen Austausches (endogene Noxe, hormonell-biochemische Dysregulation: Tumor, Diabetes, Amenorrhoe) oder Folge einer exogenen Einwirkung (Stress, Infekt, physisches Trauma) oder auch Folge des Zusammenwirkens beider Faktoren. Der Befund ist: Konflikt = Störung des biologischen Gleichgewichts und mögliche Dekompensation (s. u.).

Wurde oben (Teil I, Kap. III) Wirklichkeit als zwar vielfältig aufgefächert, aber doch letztlich auf Austausch bezogen dargelegt, der Konflikt als notwendiger Bestandteil (Mögliches/Zeit) derselben gesehen, der den Gleichgewicht erstrebenden und erhaltenden Regulationsvorgängen untergeordnet ist, diese wiederum bedingt, dann legt die hier vorgetragene Konzeption nahe, daß Krankheit (manifeste Dekompensation) Ausdruck sowohl von ungleichgewichtigem Stoffaustausch, wie faktisch nicht oder mangelhaft vollzogener Stoffaustausch ist. Der Stoffaustausch ist Gegenstand der intrazellulären Forschung, der pathologischen Physiologie, die das materielle Detail des gestörten Austausches aufsucht. Leben, Teil des wirklichen In-der-Welt-Seins, ist nur Leben, wenn die materiellen Grundlagen desselben den konstanten Fluß des Werdens, des Austausches ermöglichen. Sklerosierung, Gewebsverödung, Mineralisierung, Ablagerung, Sedimentierung, Vernarbung verunmöglichen als Endprodukte bereits gestörten Austausches diesen zunehmend. Im Befund ist der leibhafte Austausch im Leib selbst oder zwischen Leib und Umwelt ungleichgewichtig, antagonistische Kräfte (Konflikt z. B. in jedem Infekt zwischen Erreger und Abwehr) werden sichbar, und die Dekompensation zeichnet sich ab.

Kommunikation unterscheidet sich vom Austausch dadurch, daß sie bereits eine auf die personale Durchdringung des anderen angelegte Weise des Austausches darstellt, in der die leibhaft-animalische Ebene die von Wirken Gegenwirken, die des Konfliktes, des Sich-Durchdringens, die Ebene erlebter Bedeutungsbeziehungen – im Unterschied zu der gelebten des Stoffaustausches – ist. Kommunikationsstörungen sind möglich ohne Störungen des Stoffaustausches. Dekompensierter Stoffaustausch wird ohne gravierende Kommunikationsstörung (gravierend: s. unten) beobachtet. Die „kranke" Befindlichkeit stellt ein Mißverhältnis in der Kommunikation dar, ohne daß der innerorganische Austausch verändert sein muß. Innerorganismische Störungen des Austausches *führen* aber auch zu Störungen der Befindlichkeit, der Kommunikation, wie nicht zuletzt gestörte Kommunikation in Störungen des Stoffaustausches sich niederschlagen kann.

f) Das Erleben von somatischer Krankheit (Beziehungs- und Bedeutungswandel)

Die Entdeckung einer Tuberkulose anläßlich einer Röntgenuntersuchung, die Notwendigkeit, sich einer Kur, medikamentöser Behandlung, längerer beruflicher Abstinenz zu unterwerfen, lassen die somatische Erkrankung, auch bei weithin ungestörter Befindlichkeit als Zwang (Unterwerfung unter eine ungewohnte Ordnung, z. B. veränderte Tageseinteilung im Krankenhaus) erleben. Die Krankheit führt u. U. zur Einschränkung von Lebensgewohnheiten (Rauchen), liefert den Kranken einem Geschick aus, gegen das rational erwogene Willenshandlungen sich als machtlos erweisen, sie schränkt seine Beweglichkeit, damit seine Kommunikation auch sekundär ein.

Aus der Sicht einer utilitaristisch-pragmatisch eingestellten Umwelt ist der Kranke lästig,[19] leistet er keine sich auszahlende Arbeit mehr, erhebt er schwer zu befriedigende Bedürfnisse, so daß man ihn entsprechend geschultem Pflegepersonal überläßt. Das Bewußtsein seiner (wenn auch nur vorübergehenden) sozialen „Nutzlosigkeit" wiederum wirkt auf die Befindlichkeit des Kranken zurück, mit allen sich daraus ergebenden Folgen auch für den krankhaften Prozeß. Krankheit, allgemein als „Panne" oder „Motorschaden" betrachtet, die durch Fachleute behoben werden kann, ist faktisch zu dieser geworden, ihrer anthropologischen Bedeutung enthoben.

Diese liegt in dem zentralen Erleben, pathisch einem Leidenszustand überlassen zu sein, insbesondere wenn dieser mit Schmerzen einhergeht, und die Erfahrung von „Geschick" (Schicksal) zu machen. Sie liegt ferner in dem Erleben, daß auch in den „geschickten" Krankheiten eine Möglichkeit des Sich-in-der-Welt-Befindens sich abzeichnet. Wesentlich für die vorliegende Untersuchung verbleibt jedoch die Einsicht in die Leidenserfahrung der Krankheit, die durch Schmerzen, Zwang, Einschränkung, Ausgeliefert-Sein sich darstellt und dadurch die Beziehungen zur Welt, die Bedeutung derselben verändert.

Die Welt für den an das Bett gefesselten Rheumatiker z. B. reduziert sich auf einige „Signale" (Kommunikationseinschränkung), auch wenn dieser noch durchaus bei klarer Verfassung des Wachens der Welt gegenüber sich befindet. Er lebt jetzt in einem Krankenzimmer, das ihn mit seinen sparsamen, eher ungewohnten Gegenständen umgibt. Das frühe Aufwecken durch Pflegeschwestern, die Signale zum Frühstück, zur mühevoll durchgeführten

Morgentoilette, gefolgt vielleicht von der Lektüre der Zeitung, die Fahrt im Rollstuhl in das Bad machen seine, ihm spezifische Bedeutungen vermittelnde Welt aus. Im Bad sieht er bekannte Gesichter anderer Kranker wieder, es findet Austausch von pseudomedizinischen Informationen statt, die Hoffnungen wecken oder vernichten; die schmerzhaften Bewegungen im Bad selber, das Zurückrollen in das Krankenzimmer oder in den Krankensaal, die nachmittäglichen Besuche von Familienangehörigen und Geschäftsfreunden setzen dieser Welt einige, aber sich weitgehend gleichende Facetten auf. Die reduzierte Räumlichkeit, das verändernde Zeitleben durch überwiegend passives In-den-Tag-hinein-Dämmern, die limitierten Kommunikationsmöglichkeiten mit der Umwelt, den Leib als schmerzend-quälende Last zu empfinden, verändern die Beziehung zur Umwelt und die Bedeutung derselben schrittweise mit forlaufender Erkrankung. Die anfänglich von der Befindlichkeit nicht vollzogene Abwendung von der Welt breitet sich mit zunehmender Länge der Erkrankung aus. Vorkommnisse des öffentlichen Lebens, des Berufes, innerhalb der Familie oder des Freundeskreises verblassen. An ihrer Stelle dominiert die Bedeutung der Krankheit, ihr gilt die Zuwendung von Tag zu Tag mehr. Die damit verbundene Einengung des Horizontes, das Versanden anteilnehmender Interessen werden für die überwiegende Anzahl chronischer Kranker zur Regel.

Als Ausnahme fällt jener Kranke auf, der trotz Krankheit nicht nur in unveränderter Weise anteilnehmend die Vorgänge seiner Existenz weiterhin verfolgt, sondern der, fast zwanghaft, kein Vorkommnis versäumen darf, dem alles genauestens berichtet werden muß, dem das eigene Leben sich in Überschärfe darstellt – in dem Maße allerdings, in dem er fürchtet, daß die Krankheit ihn von diesem distanziert. Er bleibt, trotz leibhafter Kommunikationseinschränkung, auf zahlreichen Ebenen kommunikativ.

Für die vorliegende Untersuchung sei im Auge behalten, daß chronische Krankheit ihrem Verlauf entsprechend zumindest vorübergehende Entrückung, Abwendung, Beziehungs- und Bedeutungswandel im Sinne des Verklingens, Nachlassens, der Einschränkung bisheriger Beziehungen und Bedeutungen und der betonten Hinwendung auf die Gestalt des Krankheitsverlaufes mit sich zieht. Gestaltwandel in der chronischen Krankheit, durch innerleibhafte physiologische u. a. Konflikte ausgelöst, bedingt durch die eingetretenen morphologischen Veränderungen des Leibes Beziehungs- und Bedeutungswandel der Umwelt dem Kranken gegenüber; die Kommunikation schrumpft zusehends – wie bei dem oben geschilderten extremen Beispiel.

Anders stellt sich die Gestalt der akuten somatischen Krankheit dar, in der Fieber, zunehmende Entkräftung, Schmerzen, Entrückung und Abwendung einbruchhaft kritische Veränderungen bedingen, in denen der physische Befund (z. B. Infektion) und Befinden kongruieren, sich gegenseitig verstärken. Auch hier mag in Einzelfällen das Fieber „blitzhafte" Einsichten und Erkenntnisse vermitteln, die akute Krankheit zur „moralischen Krise" (sog. „phychogene Angina") werden, die den Kranken von gefaßten Entscheidungen distanziert: z. B. durch das Fieber, um ihm dann die Möglichkeit neuer Entscheidungen zuzuspielen.[20] Krankheit erweist sich dann als Möglichkeit, über die existentiale Gefahr des tödlichen Verlaufs vorhandene Beziehungen und Bedeutungen (z. B. einer Verlobung) in Frage zu stellen, Entscheidungen zu fällen, die die Bedeutung einer Bindung durch Veränderung der Beziehung abwerten, eine andere vielleicht ermöglichen, oder auch alles „beim alten“ zu belassen.

Beziehungs- und Bedeutungswandel zwischen Individuum und Welt finden in der akuten Erkrankung nicht weniger statt wie in der chronischen. Der Kranke ist darüber hinaus seiner Umwelt gegenüber in der Krankheit ein anderer (entfremdet), wie umgekehrt die Umwelt ihm eine entfremdete wird, diese ihn so behandelt, wie er in seinem verminderten Kommunikationsvermögen auf sie einzugehen vermag.

g) Abhängigkeiten und anthropologische Mißverhältnisse

a) Die drei Grundabhängigkeiten menschlicher Verfassung

Die Verfassung menschlichen In-der-Welt-Seins ist von den das Leben des Leibes ermöglichenden exogenen und endogenen (innerorganismischen) Faktoren abhängig. Geringste Schwankungen innerhalb der Atmosphäre, Mißverhältnisse zwischen Sauerstoff und Kohlendioxyd in der Luft führen zu Krankheit (Dekompensation) oder Tod (exogene Abhängigkeit). Menschliches In-der-Welt-Sein ist abhängig von den vergangenen Gestalten des menschlichen Leibes, von den Vorfahren und den über die Zeit sich erstreckenden Erbkoordinaten: mikromolekulare Strukturen der lebendigen Substanzen (endogene Abhängigkeit). Menschliche Verfassung ist endlich abhängig von der Gestalt des Leibes und der gleichgewichtigen Funktion der Organe und Stoffe. Auch hier führen geringste Schwankungen – in der molekularen Zusammensetzung z. B. des Hämoglobins – zu einschneidenden Veränderungen des In-der-Welt-Seins und den daraus sich entwickelnden, veränderten Bedeutungs-Beziehungen zur Welt. Menschliches In-der-Welt-Sein ist dreifach vom leibhaften Austausch mit dieser abhängig.

Menschliche Verfassung und Entwicklung ist ferner abhängig von der Umwelt, in die das Subjekt geboren wird; ohne humane Umwelt, gleichgültig, welcher Sozietät, kann menschliches Da-Sein nur bedingt lebensfähig bleiben. („Toleranz- und Frustrationsgrenze“ auch in psychologischer Beziehung).[21]

Diese drei Abhängigkeiten von exogenen, endogenen und sozialen Bedingungen weisen auf die außerordentliche Labilität menschlichen Da-Seins bereits in seiner leibhaft-biologischen Konstituierung hin.

b) Anthropologisch fundierte Mißverhältnisse (Erinnerung an diese)

Zu den oben (I. Teil) aufgeführten, fundamentalen Mißverhältnissen menschlichen Da-Seins gehört der Verlust des Vertrauens, der primären Identität durch die Erfahrung der Trennung und die daraus resultierende Spaltung zwischen Subjekt und Welt. Aus diesem Mißverhältnis differenzieren sich die, z. T. diskrepanten, ihren Strukturen nach unterschiedlichen Weisen der Zuwendung (Denken gegen Triebe), ferner die Diskrepanz (Mißverhältnis) zwischen Erwartung, Idealbild und Realität. Es differenziert sich das Antriebserleben und seine strukturell begründeten Dysregulationen (z. B. Fluktuation, Gegensätzlichkeit der Antriebe). Ein weiteres, primäres Mißverhältnis menschlichen In-der-Welt-Seins wird durch die noch aufzuführende (s. unten) Gleichzeitigkeit des Menschen als Individuum, Angehörigem einer Gruppe (Familie) und einer Gesellschaft bedingt.

Ein letztes fundamentales Mißverhältnis liegt überhaupt in der antilogischen Verfassung des Subjektes vor, der Verborgenheit seines aperspektivischen Innen, der Verborgenheit auch des anderen, wie sie oben dargelegt wurden. *Menschliches In-der-Welt-Sein ist an der Wurzel seines Entwurfes diskrepant; über die Mißverhältnisse des Identitätsverlustes, der Reflexion, des Handelns geworden*, steht es *im Mißverhältnis zu der leibhaften Vorgegebenheit von Maß, Gleichgewicht und möglicher Selbstregulation. Der heile Mensch ist eine anthropologische Untatsache*, er ist historisch nicht möglich, da die Verfassung von historischer Wirklichkeit selbst diskrepant ist, der Mensch in dieser Verfassung von Wirklichkeit jedoch existieren muß, seine Möglichkeiten zur Selbstregulation nur dann effektiv werden, wenn sie Dysregulation (Krankheit) mit einbeziehen (s. oben).

h) Die Dekompensation
(Konflikt und Dekompensation)

Der Krankheitsbegriff als Dysregulation, Gestaltverfall, Störung des Austausches, Störung der Befindlichkeit und Kommunikationsverlust erlaubt eine erste Zusammenfassung in der Dekompensation, die wie folgt definiert werden soll: *Wenn das Maß* (Gleichgewicht) *des leibhaften und subjektiv-individuellen Verhaltens und das der zum Leib und Subjekt sich verhaltenden Welt Austausch und/oder Kommunikation zwischen beiden nicht mehr trägt, wenn es zusammenbricht, ist Dekompensation eingetreten.* Diese Definition wird am Beispiel des Lastträgers deutlich, d. h. am Beispiel des im Umgang mit Lasten abgestimmten *Maßes* von Tragfähigkeit des Skeletts und der Muskulatur, der Fähigkeit, den Leib zu bewegen, und der, Umwelt wahrzunehmen, wodurch Tragen und Vorwärtsbewegen ermöglicht wird; ferner am Beispiel des (subjektiven) Verhältnisses des Trägers zur Last und ihren Ausmaßen. Gelingt es dem Lastträger nicht, das Zusammenspiel dieser Faktoren, ihren Austausch im Gleichgewicht zu halten, bricht er zusammen, dekompensiert er.

Jede Kompensation basiert auf der Möglichkeit, antagonistische, im Konflikt miteinander stehende Beziehungen/Bedeutungen im Gleichgewicht zu halten. Der Lastträger vermag die Last gegen die Schwerkraft zu heben und gegen das antagonistisch wirkende Kräftespiel des Muskel- und Skelettapparates, gegen die anatagonistischen Beziehungs- und Bedeutungsstrukturen des Weges und dessen mögliche Unebenheiten durch die Koordination von Wahrnehmen und Bewegen zu kompensieren, d. h. im Gleichgewicht zu halten. Gelingt es in diesem System antagonistischer Beziehungs- und Bedeutungseinheiten dem Organismus oder Subjekt nicht, das Gleichgewicht zwischen den widerstreitenden Kräften zu erhalten, sei es, daß ein Stein auf dem Weg zum Stolpern führt, ein Staubkorn im Auge das Wahrnehmen einschränkt, kann sofort Dekompensation eintreten.

Das kompensierte Vitium (Herzklappenfehler) vermag *gegen die Schwerkraft* (antagonistische Kraft) das Blut davon abzuhalten, in den unteren Extremitäten und in der Leibeshöhle „abzusacken", was in der Dekompensation nicht mehr gelingt, dort der Antagonismus zwischen Schwerkraft und Überwindung derselben manifest wird, der als kompensierter Konflikt auch den gesunden Kreislaufverhältnissen zugrunde liegt. Die dekompensierte Niere kann nicht die den Organismus schädigenden Stickstoffschlacken ausreichend abführen, was die kompensierte Niere noch leistet. Im Angstzustand, im Ausbruch einer Psychose, im „neurotischen" Symptom ist das Subjekt nicht in der Lage, innersubjektive Konflikte auszugleichen, *so daß im Symptom das Auseinanderfallen der antagonistischen Beziehungs- und Bedeutungsstrukturen sich zeigt. Aus dieser Sicht erscheint das Symptom – im Gegensatz zu Freud – nicht als „Kompromiß" zwischen antagonistischem, verdrängtem Es und verdrängendem Ich/Über-Ich, sondern als das mehr oder minder dramatische Erscheinen gegensätzlicher Beziehungs- und Bedeutungsstrukturen des Innen.*

Der Neurophysiologe *R. Jung* definiert in diesem Zusammenhang Kompensation so:[22] „Kompensationsvorgänge nach Ausfall bestimmter Funktionen beruhen zum Teil auf einer Aktivierung der vorhandenen physiologischen Korrelation, zum anderen Teil sind es neu erworbene Erregungsmuster."

Dekompensation ist stets ein wechselseitiges Verhalten von Leib/Subjekt zueinander, zur Welt und umgekehrt, deren (relativ) stabilisiertes Verhältnis wechselseitiger Abhängigkeit über die verschiedenen Ebenen der Kommunikation nicht mehr trägt. In einer banalen, exogen bedingten Infektion bricht Krankheit, die „Welt", über den Leib ein, er muß sich ihrer erwehren, bis das Grundverhältnis gleichgewichtiger, wechselseitiger Abhängigkeit wieder hergestellt worden ist. Umgekehrt geraten Leib und Subjekt im Zusammenhang endogener (z. B. hormonell-vegetativer) Störungen in ein Mißverhältnis zur Umwelt, wirkt diese entsprechend gestört auf den Leib zurück, treten beide in das Verhältnis der gegenseitig sich aufspiralenden Ungleichgewichtigkeit (Dekompensation).

Dekompensation trifft nicht nur für leibhafte Krankheit im Sinne ungleichgewichtiger Beziehungen zwischen Organismus und Umwelt zu, sondern auch für beruflich/soziale, persönlich/individuelle, erotisch/sexuelle Verhältnisse. *Das Vorhandensein der Dekompensation wird jedoch immer erst nach Ein-*

tritt derselben erschlossen, d.h. erst im Zusammenbruch kompensierender Determinanten zeigt sich die Dekompensation und ihr Ausmaß an, die im physikalisch-mechanischen Bereich (bei Berechnung der Tragfähigkeit von z.B. Flugzeugflügeln) vorausberechenbar ist, weniger präzise im biologischen, so gut wie gar nicht im leibhaft-subjektiven Bereich. Sozial/berufliche Dekompensation ist z.B. festzustellen, wenn das Verhältnis der Arbeitsbedingungen, sowohl ihrem sachlichen Aspekt nach wie auch in der Kommunikation des Subjekts zu den Personen, zu der Umwelt der Arbeit, die Frustrations- und Toleranzgrenze (s. Anm. 21) überschreitet, wenn ferner die Kommunikation über Wirkung und Gegenwirkung oder auch die (relativen) Konflikte nicht mehr von den Beteiligten im Gleichgewichtszustand belassen werden (Rollenkonflikte s. unten), wenn endlich das Verhältnis des Einzelnen zum Mit- und Gegen-Einander der Umgebung, aber auch zu dem zu bedienenden Zeug keine sinnvolle Gestalt (im unten beschriebenen Sinne) zuläßt. Das gleiche gilt für den persönlich-individuellen Bereich der Partnerschaftsbeziehungen, die zur Dekompensation führen, wenn die übergeordneten Gestalten (s. unten) der verschiedenen Ebenen der Kommunikation (s. oben Teil I, Kap. IV) sich nicht mehr zu bilden vermögen; Dekompensation trifft für den erotisch-sexuellen Bereich zu, wenn das Mißverhältnis sich in der gestörten Zuwendung zum Partner auch der subjektiven Seite (Befindlichkeit) oder in der gestörten Leibhaftigkeit (Frigidität, Impotenz) darstellt (s. unten).

Dekompensation, Zusammenbruch von bereits anthropologisch kompensierten Mißverhältnissen, zeichnet sich generell durch Gestaltmangel, akuten Gestaltverfall der übergeordneten Gestalt aus.

Dekompensation wird jedoch auch sichtbar, wenn die Welt des Kranken, wie sie oben dargestellt wurde, sich durch eine erhebliche Verfremdung der gewohnten Welt gegenüber auszeichnet. (Krankenhaus). Nicht nur, daß die Krankheit bereits den Umgang mit dem Leib verfremdet, der Arm, wenn er bewegt werden soll, sich z.B. nicht mehr hebt, oder die selbstverständlich-natürliche Weise, den Leib in den Dienst von Zuwendung und Abwendung zu stellen, durch Schmerzen[23] verhindert ist, versagt – sondern die Entrückung des Kranken der Welt gegenüber darf als ein fundamentales Erleben von Entfremdung (Kommunikationsverlust) sich selbst und der Umwelt gegenüber angesehen werden. Diese Entfremdung zeigt sich ebenso in der Folge leibhafter Dekompensierungen wie auch in der Panik des Angstkranken und seiner reduzierten Kommunikation mit der Welt, sie zeigt sich in den Einschränkungen, die sich der Zwangskranke auflegen muß, bis zu der Weltentfremdung der Psychose. Für die Dekompensation ist ferner die gestörte Befindlichkeit ausschlaggebend, die sich in den Extremen der depressiven Abwendung von der Welt oder in der manisch-übertriebenen Zuwendung zu dieser, mit allen aus diesen Zuständen sich ergebenden Konsequenzen, abzeichnet (s. unten).

i) Mißverhältnis, Maß und Krankheit (Zusammenfassung des anthropologischen Krankheitsbegriffes)

Die fundamentalen anthropologischen Mißverhältnisse sind von den Mißverhältnissen zu trennen, die vorliegen, wenn sich z. B. der CO_2-Gehalt der Luft durch Abgase derartig erhöht, daß Menschen an diesem Mißverhältnis der die Luftzusammensetzung bestimmenden Gase zugrunde gehen, d. h. dekompensieren. Ein biologisches, empfindliches Gleichgewicht – Abhängigkeit des Lebens von stabilen Gasverhältnissen – wird durch ein Mißverhältnis der Elemente zueinander gestört und gefährdet. Dieses Mißverhältnis läßt sich durch exakte quantitative Bestimmungen darstellen. Nicht weniger liegt ein zu Dekompensationen führendes Mißverhältnis vor, wenn z. B. die Hämoglobinzusammensetzung um ein Geringes von den erforderlichen Quantitäten abweicht und das Subjekt an dieser Störung zugrunde geht. Mißverhältnisse des biologischen Gleichgewichtes sind von den anthropologischen Grundmißverhältnissen zu unterscheiden. Menschliches In-der-Welt-Sein, d. h. individuelles nicht weniger wie gesellschaftliches, ist auf den genannten anthropologischen Grundmißverhältnissen fundiert, ohne jedoch an diesen von vornherein zu dekompensieren. Deshalb enpfiehlt es sich, generell von einem *kompensierten Mißverhältnis im menschlichen Mit-Einander zu sprechen* (s. unten Kap. XI), *dessen Labilität jederzeit zu Dekompensierung führen kann.* Unter einem kompensierten Mißverhältnis sei das Vermögen des Subjektes verstanden, sich innerhalb der variablen Möglichkeiten seines In-der-Welt-Seins zu diesem sich zuwendend oder abwendend zu verhalten (Verhalten/Verhältnis). *Sich-Verhalten impliziert immer ein Verhalten, d. h. ein durch Proportionen (Verhältnisse, Maß) bestimmtes Zu-Einander verschiedenster Beziehungen und Bedeutungen.* Die Verhaltensforschung erkundet das Verhältnis der Lebewesen zueinander: d. h. innerhalb welcher Proportionen sie sich zueinander verhalten oder mißverhalten. *Ist die Proportionalität des Zu-Einander gestört, zerfällt sie, entsteht ein dekomsiertes Mißverhältnis.*

Eine Dekompensation des Sich-verhalten-Könnens tritt – in erweiterter Definition – ein, wenn das Subjekt nicht mehr befähigt ist, seine *Beziehung* zu Raum, Zeit, Wirklichkeit, zum Entwurf in die Welt, zu den Weisen der Zuwendung zum anderen zu orten. Wenn ferner die „Verhältnisse" des In-der-Welt-Seins das Subjekt ausschließlich bestimmen oder das Subjekt in seinem Verhalten die Verhältnisse des In-der-Welt-Seins ausschließlich bestimmt; *wenn Verhalten der Welt zum Subjekt und Verhalten des Subjekts zur Welt das Maß des zueinander Verhalten-Könnens verloren haben: die Kommunikation zwischen beiden einseitig, auf einer Ebene ausschließlich verläuft* (z. B. ausschließliche Sachbeziehung, ausschließlicher Trieb, Wunsch, oder intellektuelle Beziehung usf, s. unten). Diese hier noch idealtypisch gegebene Definition wird in der weiter unten folgenden phänomenologischen Deskription psychopathologischer Bilder und Zustände detaillierte Explizierung erfahren. Nichtsdestoweniger sei, um die komplexen Probleme zu veranschaulichen, noch einmal zusammengefaßt:

1. Ein Kind wird geboren und wächst auf. Es entwickelt dabei über seinen perspektivischen Entwurf in die Welt, über Wachen, Wahrnehmen, Sich-Bewegen und die Differenzierung der Weisen der Zuwendung Beziehunggen und Bedeutungen zur Welt.
2. In diesem Vorgang sind die Verhältnisse der sich zeigenden Welt nicht von dem Verhalten des Kindes dieser gegenüber zu trennen, beide bedingen sich wechselseitig über Beziehungen und Bedeutung zur Lebensgestalt des späteren Lebensweges.
3. Sich-Verhalten und Verhältnis der Welt zum sich verhaltenden Kind werden durch das der sich zeigenden Welt und dem Kind (Subjekt) innewohnende Maß in Grenzen reguliert (vgl. oben: Gleichgewichtszustand gegen Konflikt, Homogenität gegen Heterogenität).
4. Verhalten und Verhältnis impliziert jedoch die Grundverhältnisse, die durch die anthropologischen Diskrepanzen bedingt sind. Diese stellen Verhalten und Verhältnis immer wieder in Frage, wie sie auch das Maß der Selbstregulation erschüttern und in Krise oder Dekompensation (Einbruch des Möglichen) zumindest vorübergehend aufheben.

Eine weitere Präzisierung sei an folgendem Beispiel erörtert: Die Ansprüche (Erwartung) der Umwelt (Sozietät, Gruppe, Familie) an das Subjekt, etwas in der Auseinandersetzung mit der Umwelt zu leisten, sind einerseits gesellschaftlich und historisch relative, andererseits ist menschliche Welt nur durch Leistung (Arbeit) ermöglicht worden, tritt Leistung an die Stelle des primären Vertrauensverlustes. Die Relativität der Anforderung würde in einer leistungsbetonten Sozietät das nicht mehr leistungswillige Individuum als „abwegig“ be- und unter Umständen verurteilen, da es in einem Mißverhältnis zu dieser Sozietät steht, innerhalb der Gruppe dekompensiert. Ebenso würde in einer leistungsverminderten Gesellschaft ein leistungsstarkes Subjekt sich im Mißverhältnis – Dekompensation – zu der übrigen Gruppe befinden. Hier bestimmt das „Wir“, das Kollektiv, gleichgültig aus welchen Motivationen, wer im „rechten Verhältnis“ zu der Gesamtheit steht, wer im unrechten. *Der Relativität der Einordnung steht die Konstante des Leisten-Müssens gegenüber*, jedes Individuum erlernt die Grenzen seines Könnens im Verhältnis zu den faktischen Gegebenheiten (Beispiel oben: Stuhl) kennen. Letzeres, universelles Vorkommnis, Bestandteil des Lernvorgangs, ist *der idealtypische Maßstab, der angelegt werden muß, um das Verhältnis des Subjektes – hier zur Leistung – als Bestandteil von Selbstbehauptung zu bestimmen. Diese Bestimmung erfolgt unabhängig ob im Unterschied oder in Übereinstimmung mit den Erwartungen der Gruppe*, der das Individuum angehört, denn sie berücksichtigt den absoluten Maßstab. Die Herausarbeitung des idealtypischen Maßstabes – leisten zu müssen, um den primären Identitätsverlust zu überwinden – entspricht der phänomenologischen Reduktion, die unter Einbeziehung der konkreten Verhältnisse des Individuums, seines Antriebserlebens, seines Könnens, seines Wollens, der von der Welt gegebenen Grenzen, ihrer Normen, die Reduktion durchführt. Ein von vorneherein dekompensiertes Mißverhältnis liegt vor, wenn z. B. elementare Formen des Könnens und Leistens bereits aufgrund gravierender organischer oder „psychischer" Störungen nicht mehr vollzogen werden. Der idealtypisch gewonnene Maßstab des Sich-zur-Welt-verhalten-Könnens wird, um die historisch-gesellschaftlich relativierenden Faktoren auszuschließen, durch Rückgang auf die elementaren Funktionen leibhafter Koordinaten gewonnen, die den elementaren Umgang von Subjekt und Umwelt prägen.

Der Begriff „Verhältnis" weist sich jetzt, weiterhin präzisiert, *als bezugnehmend (Beziehung) auf die konkrete Gestalt der Leistung aus, ihre Bedeutung für das Individuum, seine Beziehung zu dieser, das Werden ferner (die lebensgeschichtliche Entwicklung) der verschiedener Faktoren zueinander: auf dem Hintergrund einer idealtypischen Bestimmung gesehen, was konstant gleistet werden könnte und sollte.* Die phänomenologische Reduktion, am konkreten Beispiel durchgeführt, ermöglicht die Bestimmung dessen, was „gesund" sein sollte und dessen, was „krank" ist. Dies schließt jedoch nicht aus, daß die Bestimmung dessen, was z. B. gesund im Leistungsverhalten des Kleinkindes zur Welt erscheint, auf dem Boden anthropologischer Mißverhältnisse sich vollzieht (Leistung als „notwendiges Übel"), d. h. sog. gesundes Verhalten auch hier als kompensioniertes Mißverhalten angesprochen werden muß.

In den vorausgegangenen letzten Abschnitten wurde über die Bestimmung der Krankheit hinaus die Abgrenzung derselben gegenüber den anthropologischen Mißverhältnissen durchgeführt. Es sei an dieser Stelle zu dem Krankheitsbegriff zurückgegangen, der jetzt zusammenfassend und als Grundlage für die weitere psychopathologische Untersuchung wie folgt aufgeteilt werden soll:

1. Leibhafte Krankheiten als Dysregulation gleichgewichtiger Prozesse und Substanzen.
2. Leibhaftes Krank-Sein als sichtbare Gestaltveränderung, Gestaltverfall oder Auflösung von Gestalt infolge von konfliktbedingten Störungen des Austausches auf der Ebene leibhafter Prozesse von Wirken und Gegenwirken (Bsp. Infektion).
3. Dysregulation, Gestaltveränderung, Störung im Austausch, gestörte Befindlichkeit und Kommmunikationsverlust auf der a) nur leibhaften, b) leibhaften und subjektiven, c) nur subjektiven Ebene sind im Begriff der Dekompensation zusammengefaßt, in der kompensierte Konflikte „auseinanderfallen". Im Befund zeige ich mich der Welt als krank an, der ich im Befund für den anderen zu objektivierender, aber im leibhaften Austausch mit der Welt sich mißverhaltender (kompensierter Konflikt) Bestandteil derselben bin. In der gestörten Befindlichkeit zeige ich mich als in meinem Verhältnis zur Welt und zu mir selbst gestört an.

4. Befund und gestörte Befindlichkeit müssen nicht koinzidieren, sie sind aber in jedem Fall als Dekompensation im Verhalten zur Welt und zu sich selbst anzusehen. (Auch der kompensierte Herzfehler ist, auf das Gesamt des Organismus bezogen, ein kompensiertes Mißverhältnis.)

5. Die Unmöglichkeit, aus der antilogischen Verfassung des Subjektes und seines In-der-Welt-Seins quantitativ und objektiv, wie für den Organismus, gesunde Verhältnisse von Mißverhältnissen abzugrenzen (Bsp.: CO_2-Gehalt der Luft, Hämoglobinzusammensetzung), machen den Rekurs auf idealtypische Verhältnisse notwendig, um gesund von krank zu unterscheiden.

6. Der gewonnene idealtypische Maßstab ist auf die jeweiligen historisch-gesellschaftlichen Verhältnisse und ihre Auffassung von gesund und krank abzustimmen, an diesen zu konkretisieren. Die Verhältnisse wiederum sind am idealtypischen Maßstab zu messen.

7. Aus beiden Komponenten entwickelt sich ein Wertsystem, das krankes Verhalten oder dekompensierte Mißverhältnisse den Werten des Niedergangs, des Verfalls – in entsprechenden Gestalten sichtbar aufzuweisen – Gesundheit den Werten der Steigerung, Intensität und Differenzierung zuschreibt.

8. Krankheit ist Interferenz der Faktoren 1 – 7. Die Befindlichkeit sollte das „Zünglein an der Waage" zwischen gesund und krank darstellen.

9. Analog zur somatischen Regulationsstörung sei der Begriff der *Störung* eingeführt, um noch nicht dekompensierte, jedoch am Rande derselben sich bewegende Krankheitserscheinungen zu klassifizieren und zu charakterisieren, für die die Reversibilität, die Wiederherstellung des Gleichgewichtszustandes situativ noch möglich ist: Eine Frigidität, die sich bei Partnerwechsel aufhebt, eine Depression, die bei Aufhebung der die Depression anscheinend verursachenden Faktoren schwindet, ein Migräneanfall, der durch veränderte Umstände (Lichtverhältnisse, Klima, Anwesenheit bestimmter Personen usf.) sistiert. Die Übergänge zwischen Störungen und Dekompansation sind – wie in der Klinik somatischer Krankheiten – fließend. Der Störung entspricht eine kurzfristige, z. B. auch affektbedingte Störung der Kommunikation. Der Begriff des *Mißverhältnisses* weist auf die *Konstanz* derselben hin, d. h. nicht auf nicht rerversible, nicht mehr veränderbare Dekompensationen, die zu Strukturen des In-der-Welt-Seins gehören.

10. Endlich und nicht zuletzt ist Krankheit Austausch und/oder Kommunikationsstörung auf dem Wege zur Dekompensation oder bereits eingetretene Dekompensation. Der Begriff der Kommunikationsstörung steht in engster Verschränkung mit der leibhaften Störung des Austausches. Die Psychopathologie ist die Lehre der Arten und Weisen von Kommunikationsstörungen generell in der Beziehung zum In-der-Welt-Sein und speziell im mitmenschlichen Bereich.

k) Vorausschau auf den weiteren Gang der Untersuchung

Die Darstellung der speziellen psychopathologischen Probleme als spezifisch menschliche Störungen oder Dekompensationen der Kommunikation wird in den weiteren Abschnitten *dem Entwurf des Menschen in die Welt folgen.* Mit seiner leibhaften Existenz beginnend, wird der entsprechende Abschnitt sich mit den biologisch-leibhaft vorgegebenen Verhältnissen des Menschen auseinandersetzen und ihren möglichen Dekompensationen; es sollen Konstitutionsprobleme und Typologie erörtert werden. Wachen, Zuwendung, Abwendung, Wahrnehmen und Bewegen, Vermittlung der Sinnesorgane, das Verhältnis des Subjekts zum Leib, zum gelebten Raum, zur gelebten Zeit, ergeben sich, dem Entwurf des Menschen entsprechend, zwanglos aus der Kostituierung seiner leibhaften Anwesenheit in der Welt. Da aber der perspektivische Entwurf in die Welt und die fundamentalen Zu- und Abwendungen des Subjektes zu entsprechend gravierenden Dekompensationen neigen – den Psychosen –, ist hier eine Unterbrechung in dem der Ontogenese folgenden Gang der Darstellung notwendig. Perspektivischer Entwurf in die Welt, Zu- und Abwendung, werden in ihren pathologischen Mißverhältnissen gesondert zur Darstellung gelangen.

Das Verhältnis des Menschen zum anderen, zu sich selbst, zu Normen und Gesellschaft, die Problematik der Konflikte, möglicher Dekompensationen derselben, schließen sich der Untersuchung über die Psychosen an. Dabei wird die Gliederung und Art der Darstellung an zwei weiteren Punkten sichtbar, *die aus der Struktur der Gleichzeitigkeit aller Lebens- und innersubjektiven Prozesse und ihres universellen Zusammenhangs sich ergeben.* In der Ontogenese des Menschen, in seinem perspektivischen Entwurf, Wachen, Zuwendung, Abwendung usf., sind die Weisen des Sich-in-die-Welt-Entwerfens voneinander abhängig. Sie konstituieren sich in den ersten Monaten kindlicher Entwicklung und erlauben es im Prinzip nicht, auf Grund ihrer gegenseitigen Verschränkung, dem einen – z. B. der Wahrnehmung oder der Zuwendung – das Primat über das andere zu geben. Das ist jedoch in einer Darstellung, die in die entsprechende zeitliche Struktur eintreten muß, unausbleiblich notwendig und ist Bestandteil jeder wissenschaftlichen Darlegung. Der generelle Zusammenhang des einen mit dem anderen, die Unmöglichkeit etwa, Zuwendung oder Wachen vor den Entwurf in die Welt zu setzen, macht es aus Gründen der Explizierung dieser Zusammenhänge unausweichlich, erst Störungen in den Weisen der Zu- und Abwendung, in der Beziehung zu Raum oder Zeit, Bewegen oder Wahrnehmen darzustellen, als ob diese sich zeitlich folgten – ferner als ob sie unabhängig vom Subjekt an und für sich existierten, obwohl die Mißverhältnisse und Dekompensationen z. B. in bezug auf Wahrnehmen, Bewegen, Raum- oder Zeit-Erleben, Entwurf in die Welt hinein, Zu- und Abwendung nicht von den sie bewirkenden und beeinflussenden Beziehungen zu anderen Subjekten – in ihrer Entwicklung weitgehend gleichzeitig – nicht voneinander zu trennen sind. Die Thematik der Beziehung des Menschen zum Anderen, zu den Mitmenschen, wird jedoch in Kapitel XI wiederaufgenommen, um damit den Kreis zwischen einer Darstellung zu schließen, die die Weisen des Sich-Entwerfens erst unabhängig von den sie beeinflussenden Subjekten darstellt, dann im Bezug auf diese Subjekte wieder aufnimmt.

Die Weisen des Sich-Entwerfens, von Wachen, von Zu- oder Abwendung, von Wahrnehmen oder Bewegen bis zum perspektivischen Entwurf, bis zu den Dekompensationen des menschlichen Miteinander-Seins sind gestörte (auf dem Wege zur Dekompensation) oder dekompensierte Weisen der Kommunikation zwischen Mensch und Welt, Mensch und Mitmensch, Mensch und Gesellschaft. *Wer dem Gang der Untersuchung folgt, wird über Störungen der Kommunikation informiert werden, ohne daß auf die spezifische Art der jeweiligen Kommunikation noch einmal ausdrücklich hingewiesen wird, da sie sich zwangsläufig aus der Darstellung ergibt.*

Wurde im ersten Teil die Kommunikation in verschiedene Ebenen aufgegliedert, das In-Einander der Ebenen in den Weisen der Zuwendung sichtbar gemacht, so wird in den jetzt folgenden Kapiteln II–X diese Konzeption lediglich im Hintergrund der Ausführungen dargestellt. Die soeben vorausschauend dargelegten Parameter der Untersuchung werden noch einmal explizite auf die verschiedenen „Kommunikationsebenen" angewandt; dies ist der erwähnten, in Bälde erscheinenden Publikation (s. u. Anm. S. 2) vorbehalten.

M. a. W. die Ebenen der Kommunikation und ihre Störungen erfahren in den folgenden Teilen zwar eine weitere Differenzierung wie auch Verdeutlichung ihres kontinuierlichen inneren Zusammenhanges, zum Nachteil allerdings der im I. Teil gegebenen heuristischen Konstruktion. *Mit der Verdeutlichung des inneren Zusammenhanges der Weisen und Ebenen der Kommunikation wird die Konstruktion derselben gleichzeitig undeutlich*, ein Vorgang, der dem dieser Untersuchung zugrunde liegenden perspektivischen Prinzip folgt.

II. Leibhaftes In-der-Welt-Sein und seine Dekompensationen

a) Der angeborene Schwachsinn[1] und die Definition der Intelligenz

Leibhafte Gestalt, Teil der lebendigen Wirklichkeit, ist durch die Präsenz der Vergangenheit (s. oben) gekennzeichnet. *In der Präsenz der Vergangenheit sind die Vorfahren des Einzelnen leibhaft anwesend und doch in ihrer einzelnen, individuellen Gestalt aufgehoben.* Ihre individuelle Gestalt ist, vom ersten Auftreten der Hominiden in der ausgehenden Steinzeit an, einer allgemeinen, in über hundert Generationen sich erstreckenden, anthropologisch zu ermittelnden Art („Homo sapiens") gewichen (Art: Schädelbau, Verhältnis der Stirne zu Unterkiefer, Extremitätenlänge auf die Gesamtkörperlänge bezogen usf.).

Aus dem Möglichen der Art entwickelt sich das einmalige Individuum, die konkrete Möglichkeit, individueller Homo sapiens zu sein. Aus der „unübersehbar" großen Anzahl möglicher, individueller Gestalten entsteht die eine, wieder zum Vergehen bestimmte des Individuums. Erbkoordinaten sichern das Gelingen der Gestalt. Es sind Strukturen, die intramolekular bestenfalls als „Felder" zu bezeichnen wären, die Erbgang und embryonale Entwicklung koordinieren, d. h. übergeordnete Regulationsvorgänge verantworten. Ihr Versagen bei Intoxikationen, Inzucht, Ungleichgewicht der hormonellen und zentralnervösen Koordination limitiert von Anfang an den leibhaften Entwurf auf Welt hin[2] und setzt eine leibhaft vorgegebene Kommunikationsstörung, die hier besonders die mentale, über Denken, Intelligenz, Wollen und Handeln sich darstellende Zuwendung betrifft.

Bevor Welt sichtbar sich manifestiert, wird die Welt schon in der embryonalen Entwicklung der Gestalt antizipiert, im foetalen Keim ist die Welt als mögliche enthalten, könnte er sich doch sonst nicht auf Welt hin entwerfen. Bei ererbten, angeborenen Störungen, die das Einzelwesen von vornherein in ein Mißverhältnis (Dekompensation) zu der sie erwartenden Welt setzen, sind für die vorliegende Untersuchung die angeborene Debilität (leichter Schwachsinn), die Imbezillität (mittlerer Schwachsinn) und die Idiotie von Bedeutung.

Intelligenz[3] sei definiert als das Vermögen, im Denken radikale Entfremdung der Welt gegenüber zu vollziehen, über das begriffliche Inne-Sein von Welt jederzeit zu verfügen, es zu differenzieren, es zu kombinieren, es bis an die Tiefe des Aperspektivischen heranzuführen, endlich das Vermögen zu evozieren (ein Problem zu bemerken), festzustellen (aufzumerken) und zwischen Begriffen abzuwägen ‚ein Urteil' zu vermitteln (Austausch). Dieses fundamentale Vermögen wird bei den Formen des angeborenen Schwachsinns „vermißt", deren Da-Sein dem „des Tieres" verglichen[4].

Der Konzeption dieser Untersuchung folgend, *fehlen dem Schwachsinnigen in seinem leibhaften Entwurf auf Welt hin die Voraussetzungen, radikale Entfremdung des Begriffs zu vollziehen.* Oder, wird Entfremdung geleistet, dann ist sowohl die Verfügbarkeit über das Entfremdete unterdurchschnittlich gering (Debilität), wie auch das Ausmaß vorhandener Inhalte (Horizont) sich auf alltäglichstes Zeug und Kontaktpersonen beschränkt. Die Evozierung (Problembewußtsein) mißlingt in den meisten Fällen schon von Debilität, die Differenzierung verfügbarer Begriffe wird durch „Schwarz-Weiß-Malerei" ersetzt, die Vermittlung der Begriffsinhalte im Urteil, das kritische Urteil, ist reduziert, obwohl im praktischen Bereich bei Debilen noch vorhanden.

Das schließt jedoch nicht aus, daß der Schwachsinnige, wie inzwischen zahlreiche Beobachtungen ergeben haben,[5] sozial wesentlich kommunikativer, durch Austausch ansprechbarer ist, als es die ältere Psychiatrie[6] für möglich hielt. Ist das Vermögen zur Entfremdung auch „geschwächt" (Schwachsinn), so lassen sich – gerade durch Bindung an Pflegepersonen – konstante Beziehungen zu und damit konstante Bedeutungen von Menschen und von Zeug (Erlernen von Handwerk bei Debilen) entwickeln. D. h. Weltzuwendung ist erweckbar, aber die Differenzierung auf mögliche Erweiterung des Horizontes ist beschränkt.

Die Problematik der Intelligenzmessung und das Messen derselben am Maßstab z. B. des durchschnittlichen Europäers oder Amerikaners wird hier sichtbar. Was ist von der Intelligenz der Angehörigen der Weddas oder der Arjuntas, der Bororos oder Tasmanier[7] zu erwarten, die die Welt nur aus der engsten Perspektive ihres Weilers kennen, was von der eines Angehörigen einer in zwei/drei Generationen am Fließband tätigen Arbeiterfamilie?[8] Die Gefahr des Anlegens überspitzter, idealtypischer Maßstäbe zeichnet sich hier ab, aber auch die Möglichkeit zu übersehen, was Intelligenz in einer differenzierten Welt zu leisten und zu evozieren vermag, zu welchen Reaktionen, zu welcher Beziehungs- und Bedeutungsfülle sie sich entwickeln kann.

Bei schweren Fällen von Imbezillität und Idiotie, bei denen auch die affektive Bindung an eine Person nicht mehr gelingt, mißlingt die Sozialisierung als Bestandteil der Intelligenz. Zu dieser Kategorie zählen die Imbezillen, die meistens keine konstante Beziehung zu Sauberkeit zu entwickeln vermögen, häufig damit verbunden, daß dem Gehen und Laufen das Rutschen auf der Bodenfläche vorgezogen wird, die Aufrichtung des Körpers nicht, oder nur mit erheblicher Retardierung vollzogen wird. Dementsprechend mißglückt die Ausbildung differenzierter Sprache, der Selbstausdruck ist auf einige „Signale" reduziert. Der angeborene Schwachsinn in diesen extremen Formen zeigt die Verschränkung von Sich-Aufrichten, Gehen, Sprache und Sozialisierung an, die mangelnde Beziehung zu den Exkrementen weist auf den Unterschied zu den (höheren) Tierarten wie auch zum Menschen. Bei den ersteren findet ein Verscharren, Vergraben oder weitgehende Ignorierung der Exkremente statt, jedoch kein „Herumschmieren, Spielen, Sich-Besudeln“ mit denselben, wie das beim eingesperrten Tier zu beobachten ist.[9]

Für den Menschen ist erwiesen, daß der Neandertaler noch in unmittelbarer enger Gemeinschaft mit zumindest den Abfällen seiner Jagd und Küche lebte. Deutliche Distanzierung ist dagegen schon bei dem Cromagnon und Aurignacien zu beobachten. M. a. W. zur Humanisierung zählt die rudimentäre Absetzung von dem eigenen Kot und den Küchenabfällen.[10]

Wäre für den Debilen das Mißverhältnis seiner Beziehung zur Welt im Unvermögen zur Entwicklung entfremdeter Begriffe zu sehen, bei sonst erhaltener Weltzuwendung und kommunikativen Fähigkeiten, so versagt dem Imbezillen und Idioten nicht nur das Denken, sondern der räumlich-zeitliche Entwurf auf Welt hin scheitert von Anbeginn. Er ist deshalb weder Tier (es fehlen ihm die instinktiven Regulationen) noch Mensch, sondern, in einen Bereich *undeutlicher* Zwischenbildungen verbannt, ist ihm das *gestaltlose* Werden durch leibhaftes Unvermögen vorgezeichnet. Dem Debilen dagegen gelingt es noch, Beziehungen zu Bedeutungen zu entwickeln, damit in einer Welt gestalteter Verhältnisse zu leben, d. h. zu kompensieren. Diese Gestalten – etwa die einer Beziehung zur Pflegeperson, einem Spielzeug, einer Arbeit – sind durch geringe Differenziertheit und Überwiegen sog. Stereotypien gekennzeichnet. Der „gutmütig“-zutrauliche Charakter des Debilen ist nicht zuletzt Folge mangelnder Kritikfähigkeit der Umwelt gegenüber, die reduzierte Intelligenz läßt ihm oft wenig Spielraum zu Mißtrauen oder Skepsis. Das herabgesetzte Vermögen begrifflicher Entfremdung macht ihn zum „idealen“ Bewohner einer entfremdeten Welt, da erst die über Reflexion (Einsicht) wahrgenommene Verfremdung als diese erlebt und wahrgenommen wird. Wer der Verfremdung emotionell-kommunikativ nicht ausgeliefert ist – wie der Debile – wird sie als solche nicht erfahren.

Die Sprache, Mimik, Gestik des Schwachsinnigen ist arm im Vergleich zu dem Nicht-Debilen. Reduzierte, verkümmerte, farblose, blasse, nicht zur Ausdifferenzierung gelangende Gestalten – Bedeutungsbeziehungen – charakterisieren seine Welt, die sich ihm nicht in der Vielfältigkeit ihres Zeigens zu vermitteln vermag. Wahrnehmen, Bewegen, die Weisen der Zuwendung, wenn auch in ihrer stufenweisen Entfaltung oft retardiert, verbinden ihm die Welt zu einem Ganzen, lassen ihn mit dieser kommunizieren. Aufmerksamkeit, Feststellen, die Ausbildung willensgelenkter Handlungen sind dagegen weniger ausgeprägt und extrem leicht ablenkbar, das Verhalten emotionell-suggestibel beeinflußbar. Die Ebenen der Kommunikation, die der Debile mit der Welt gemeinsam zu erleben vermag, sind seiner Konstitution entsprechend meistens auf die der animalisch-emotionellen Kommunikation mit der Umwelt eingeschränkt. Sie wird gelegentlich erweitert durch die Ebene von

Wirkung und Gegenwirkung, wenn es gelingt, den Debilen in einer praktischen Tätigkeit einzuordnen, aber die Ebenen des personalen Konfliktes, des Informationsaustausches oder die gegenseitiger Durchdringung, sind ihm im allgemeinen verschlossen.

Mit dem angeborenen Debilen ist der sozial Debile,[11] das durch Umwelteinflüsse debilisierte Individuum zu vergleichen, das durch die extreme Verarmung der ihm vermittelten Kommunikation (Verwahrlosung) sich mangelhaft entwickelt und analog zum angeborenen Debilen sich verhält. Ist für den angeborenen Schwachsinnigen Unvermögen zur Entfremdung des Denkens und damit Gestaltverarmungen seiner Beziehungen durch leibhaftes Versagen bedingt, so für den sozial Debilen durch Umwelt-Versagen. Zwei bisher grundverschiedene Einflußsphären bedingen das Unvermögen, sich mit der Welt über das Denken auseinanderzusetzen. Hier sind es die Erbkoordinaten, die durch die Vergangenheit festgelegten Strukturen, dort ist es die Umwelt, die das Unvermögen, sie in ihrer Vielfältigkeit aufzunehmen und adäquat auf sie zu antworten, determiniert.

D. h. der sich der Erfahrung der Verfremdung nicht anbietende Leib – indem er dieser Erfahrung die Instrumente der Erkenntnis verweigert – und ein inhumanes Milieu, das der Entfaltung des Subjektes keine Möglichkeit der Entfaltung liefert, kooperieren anscheinend von verschiedenen „Ebenen" auf ein gemeinsames Ziel hin. In seinem Entwurf auf das In-der-Welt-Sein des Menschen verweigert der Leib des konstitutionell Schwachsinnigen diese Welt als gefährdete, am Rand destruktiver Inhumanität sich bewegend, begrifflich zu durchdringen – indem er sich ihren Bedingungen außerordentlich gut anpaßt. Dabei fühlt er sich noch „fröhlich und guter Dinge", bleibt seine Toleranz- und Frustationsgrenze erheblich belastbar.[12] *Die Konstitution hat sich im Debilen eine Antwort auf das eigentliche In-der-Welt-Sein des Menschen geschaffen, die allen humanen Idealen spottet und den Typus repräsentiert, der dieses In-der-Welt-Sein bedingungslos akzeptiert*, der sich in allen Gesellschaftsformen „wohl" fühlt.

Der umweltbedingt Schwachsinnige reagiert analog auf dieses In-der-Welt-Sein, das sich ihm in besonders unkommmunikativer Weise zeigt, und befestigt damit die hier vorgetragene These, daß der Schwachsinn die beste Form ist, menschliche Existenz zu akzeptieren und zu verkraften. Den Tatbestand formuliert *Gottfried Benn*: „Dummsein und Arbeit haben, das ist ein Glück"!

b) Das Problem der Konstitution

Wenige Begriffe modernen psychiatrischen und medizinischen Denkens sind eingehend, vielfach und widersprüchlich diskutiert worden wie der Begriff der Konstitution.[13]

Die hier vorgetragenen Thesen, die das Verhalten von Bedeutungen, Beziehungen zur Gestalt des individuellen In-der-Welt-Sein untersuchen, haben die zentrale Bedeutung des Leibes als sichtbaren Ermöglichungsgrund von Beziehungen, damit von Bedeutungen überhaupt, genügend oft betont. Dem in der klassischen Psychiatrie häufig angewandten Rekurs auf die Konstitution als einer der letzten Ursachen psychisch abnormen Verhaltens begegnet die Psychoanalyse mit der Tendenz, besonders in ihrem „fortschrittlichen" Flügel, auf die Umwelt als letztmöglichen Grund des Entstehens von Störungen zu verweisen, obwohl *Freud* nicht weniger als *C. G. Jung* die Bedeutung der Konstitution immer wieder betonen.

Die Problemstellung, ob „konstitutionell" oder „milieugeschädigt", die meistens zu einem Kompromiß des Sowohl-als-auch führt, sei hier unter Bezugnahme auf das Thema wechselnder Bedeutungen und Beziehungen durch Gestalten erörtert.

Die Frage ist nicht primär zu entscheiden, was etwa bei der Entwicklung einer sog. kranken Verfassung des Innen des individuellen Subjektes im Sinne der auslösenden Kausalität den „Ausschlag" gibt. Ein verwahrlostes Milieu vermag eine Pseudo-Debilität bedingen wie eine Erbanlage eine echte Debilität. Beide Mißverhältnisse stellen sich weitgehend analog dar. In der hier dargelegten Auffassung konstituiert sich Beziehung und Bedeutung nur über sichtbar-leibhafte Gestalt, erweckt leibhafte Gestalt Beziehungen und Bedeutungen. *Ob die leibhafte Gestalt aufgrund „fehlerhafter" Koordination* des Erbganges entsprechend mißgestaltete Verhältnisse – angeborenen Schwachsinns – *stiftet, oder ob ein deformiertes, verarmtes, gestaltunfähiges Subjekt durch eine entsprechend verwahrloste Umgebung mangelhafte Beziehungen und Bedeutungen entwickelte*, damit ebenfalls schwachsinnig wird, *ist für die Gestalt des „Schwachsinns" irrelevant.* Relevant ist es lediglich für die therapeutische Prognose der Störung, die beim leibhaft verankerten Schwachsinn ungünstig ist, beim milieubedingten günstiger, aussichtslos bei Imbezillen und Idioten. Relevant ist die Frage ferner für die Beurteilung möglicher Heredität in der Familie überhaupt und deren, soweit eine Voraussage möglich ist, soziale Folgen. Im Erbgang einstrukturierte Störungen behaupten sich in der relativ kurzen Zeit der Evolution hartnäckig, die deformierte Gestalt mag jedoch untertauchen und nach Generationen wieder sichtbar werden. Umwelteinflüsse erreichen nicht die „Informationsdichte" (Dichte der Vermittlungen von Bedeutungen und Beziehungen), die den leibhaften Zyklus von Entstehen und Vergehen im Leib überlebt. Individuelle Erfahrungen werden nicht vererbt, wohl aber das Vermögen, Erfahrungen sehr unterschiedlich aufzunehmen und zu verarbeiten. Vermittlung von Erfahrungen der verflossenen Generationen erfolgt über Sprache, Tradition, Institution und Zeug, über die menschliche Umwelt und ist nicht weniger sichtbare Gestalt wie der Organismus.

Wird in der herkömmlichen Medizin und Psychiatrie auf den Begriff der Konstitution zurückgegriffen, dann oft im naiven Sinne des „er hat das KZ, er hat die Gefangenschaft, überstanden, da er eine robuste Konstitution hat", womit ausgesagt wird, daß die leib-seelische Verfassung von erheblicher Widerstandskraft war, um schwerste Belastungen zu überleben. Zu der Widerstandskraft extremen Belastungen gegenüber mag Zähigkeit, d. h. das Vermögen, Frustrierungen außerordentlich lange zu ertragen, hinzutreten, aber auch Schlauheit, Geschick, Anpassungsvermögen, Menschenkenntnis und entsprechende Behandlung der Umwelt. Es bedarf jedoch auch einer Witterung für atmosphärisch „kritische", das Leben gefährdende Situationen, die spürend vorwegzunehmen die Überlebenschance sichert, es bedarf ferner Skrupellosigkeit u. U. nicht weniger wie der Rücksichtslosigkeit. (Wie eng die Überlebenschancen in Arbeits- und KZ-Lagern mit der Entwicklung der Eigenschaften verbunden ist, über die die Aufseher der Lager verfügen, haben größere Untersuchungen gezeigt[14].)

Eine Fülle von Charaktereigenschaften werden mit dem naiven Gebrauch des Begriffes der „robusten Konstitution" erfaßt, von denen in keiner Weise entschieden zu werden vermag, ob sie „angeboren", „erworben" oder durch Situationen als angeborene „ausgelöst" worden sind.

Der Begriff der „robusten" Konstitution verweist auf eine ihm zugrunde liegende, unproblematische Konzeption der Leib-Seele-Einheit, die aus Bildern vegetativ-animalischer Bereiche stammt und von Pflanzen- oder Tierzüchtern, von Gärtnern und Zoologen im Sinne einer vorwissenschaftlichen Verständigung benutzt wird. Ein „zäher" Rosenstrauch, ein „robuster" Apfelbaum, ein „anpassungsfähiges" Reptil, ein „schlauer" Fuchs, ein „ausdauernder" Jagdhund, ein „schnelles" Pferd, sind Vorstellungen (Bilder), die jedem vertraut sind, der mit Jagd, Pferdezucht, Fischfang, Gartenbau noch Verbindung hat und an deren faktischer (pragmatischer) Realität kein Zweifel ist. Der Zoologe, Botaniker oder Genetiker wissen – innerhalb bestimmter Grenzen –, wie weit Eigenschaften dieser Art durch Steuerung der Erbauswahl gezüchtet werden können, wie weit sie damit im oben genannten Sinne Bestandteile leibhaft organismischen Geschehens, zur Konstitution, werden.

Je komplexer und unübersichtlicher jedoch die Möglichkeiten des Erbganges sich ausweisen – bei höheren Tieren und dann beim Menschen –, um so schwieriger wird die Bestimmung einer oder mehrerer Eigenschaften als im Erbgang verankerter. Hier bietet sich als Zwischenlösung die auch in der Psychiatrie verwandte These der Auslösung[15] (*Gruhle*) angeborener Eigenschaften an: der Auslösung von Robustheit, Anpassungsfähigkeit, Spürvermögen z. B. bei Lagerhäftlingen, die sonst zu diesen Eigenschaften wenig disponiert schienen. Die „Auslösung" besagt jedoch nichts anderes, als daß mögliche, im Erbgang koordinierte Eigenschaften unter bestimmten Umweltsituationen manifest werden, vergleichbar etwa einem Vogel, der, in das Wasser geworfen, Flossen entwickelt. Dem Begriff der „Auslösung" liegt die richtige Vorstellung zugrunde, daß Eigenschaften, die vorher nicht vorhanden schienen, nicht aus dem „Nichts" entstehen, sondern einer leibhaften damit durch Gene vermittelten Grundlage bedürfen. Die These übersieht aber, daß der Mensch auch über die Weisen seiner Zuwendung, durch die ihm spezifische Art des Inne-Seins von Außenwelt, Eigenschaften übernehmen und zu zeigen vermag, die nicht Anteile seiner leiblichen, durch Zeugung fortgesetzten Gestalt werden. Der das KZ-Lager Überlebende, muß, um zu überleben, praktisch die durch nichts zu überbietende Inhumanität seiner Schergen übernehmen, sich mit diesen identifizieren, ohne daß diese Identifizierung im Erbgang später manifest werden müßte oder eine Auslösung angeborene Eigenschaften wäre. M. a. W. wer möchte, wird von der außergewöhnlichen Konstitution, d. h. Eigenschaften derjenigen gesprochen, die russische Gefangenschaft oder ein KZ-Lager überstanden – dabei die eben genannten Faktoren in Rechnung stellend –, behaupten, diese seien ererbt, jene erworben, andere ausgelöst?

Umschließt andererseits nicht der vorwissenschaftlich-naive Begriff der Konstitution, außer den sich faktisch zeigenden Eigenschaften, das Mögliche des leibhaften Somas, als Träger der „Art", das generell alle sich zeigenkönnenden Eigenschaften umfaßt, gleichgültig, ob diese angeboren, „ausgelöst" oder erworben sind? Aus der Perspektive, in der der Leib des einzelnen Individuums im Gesamt der Generationskette als *eine* variable Gestalt gesehen werden sollte – Generations- oder Gattungsleib –, dessen Soma als Leib-Seele-Einheit das Mögliche aller Möglichkeiten umfaßt, kann das vorliegende Problem adäquat wahrscheinlich dahingehend beantwortet werden: konstante, anthropologische Grundeigenschaften sich durchgehend durch alle Generationen sichtbar, wie perspektivischer Weltentwurf, Wachen, Zuwendung, Abwendung, Wahrnehmen, Bewegen usf. Andere Eigenschaften spezieller Begabungen, die Eigenschaften der weiter unten aufgeführten Typen, sind variabel und treten im Verlaufe eines Lebens, unter besonderen Umständen auf oder wieder zurück. Ihr Vorhandensein besagt nichts anderes, als daß ihre Verfügbarkeit generell jedem Individuum zusteht, wird jedoch konkret über sie verfügt, unterliegen sie einerseits der einschränkenden, auswählenden Erbkoordination spezifischer Möglichkeiten gegenüber dem Möglichen aller latenten Eigenschaften, andererseits der Selektion bestimmter Eigenschaften (Möglichkeiten) durch die Umwelt. M. a. W. alle im Verlauf der Gattung Mensch sich zeigenden Eigenschaften desselben sind in seinem Soma verankert und tauchen über die Dauer von nicht präzise zu übersehenden Generationen einmal auf, um hier zu verschwinden, und sich dort plötzlich wieder bemerkbar zu machen. Die Variabilität ist von der Wirkung selektiver Erbkoordinaten als Ordnungsfaktoren ebenso abhängig wie von der sozialen Selektion, die in dem einen Individuum unterdrückt, was sie in anderen zu wecken vermag. Diesen Variablen stehen die anthropologischen Grundkonstanten des Mensch-Seins als durchgehend durch die Gattung gehende Strukturen, als eigentliche Konstitution gegenüber.

Der Gang der Diskussion war bis zu diesem Punkt folgender:

1. Die Unklarheit des Konstitutionsbegriffes, seine Anwendung in der Wis-

senschaft als „Mädchen für alles", war Anlaß, ihn von den hier entwickelten Gedankengängen aus neu zu überprüfen.

2. Der Konstitutionsbegriff, naiv angewandt, vermag nicht die zahlreichen Eigenschaften auf den Erbgang zurückzuführen, die etwa dem Begriff einer „robusten" oder „gesunden" Konstitution unterstellt werden. (Beispiel: Eigenschaften, um ein KZ-Lager zu überleben.)
3. Nichtsdestoweniger visiert der Konstitutionsbegriff die Leib-Seele-Einheit bildhaft an.
4. Die Hypothese der Auslösung latenter Eigenschaften wird nur sinnvoll, wenn der Konstitutionsbegriff auf die gesamte Generationsgattung der Hominiden ausgedehnt wird. Es würde dann keine Eigenschaft mehr geben, die nicht konstitutionell einmal vorgeprägt wäre und ausgelöst werden könnte.
5. Jede menschliche Eigenschaft erweist sich dann als im Soma vorgegeben, ihre sichtbare Gestalt-Werdung wird entweder von den mikromolekularen Strukturen der Erbkoordination oder den Umwelteinflüssen selektioniert und dargestellt.
6. Der Gegensatz Konstitution, „angeboren", gegen Umwelt, „erworben", kann jetzt unter der Perspektive des Generations- oder Gattungsleibes, der Zeit, des Möglichen und der Möglichkeiten aus einer seit Dezennien nur relativ fruchtbaren wissenschaftlichen Diskussion gelöst und in einem dialogischen Zusammenhang zwischen Leib und Umwelt übergeführt werden.

Konstitution ist mögliche, aber nur begrenzt voraussagbare Antwort des Leibes (der Leib-Seele-Einheit, die immer vorausgesetzt wird) auf die Umwelt. Die Antwort kann ausbleiben, sie erfolgt überschnell, schießt über das Ziel hinaus, schlägt in das Gegenteil um, ist aber in jedem Fall die Antwort von Gestalt auf sich verändernde Beziehungen zur Umwelt (Zeit) und damit sich verändernde, sichtbare Bedeutungen der Umwelt im Verhältnis zum antwortenden Subjekt. *Je größer der Horizont möglicher Antworten auf Umwelt ist, um so „besser die Konstitution", um so größer die Chancen, lebendige Gestalt selbst unter widrigsten Bedingungen zu erhalten. Je beschränkter der Horizont möglicher Antworten, um so reduzierter, „schwächer" die Konstitution.* Deshalb ist der Debile oder der Imbezille in seiner Konstitution „schwach", weil seine Antwort-Möglichkeiten auf die Umwelt extrem gering sind, was allerdings, unter den besonderen Umweltbedingungen des Mensch-Seins, das Überleben auch wiederum zu sichern vermag (vgl. oben).

Der Begriff der Konstitution ist, da er die Vielzahl möglicher, leib-seelischer Antworten umfaßt, *undeutlich.* Wie der aperspektivische Hintergrund des Innen, die Psyche, erlaubt die Konstitution einerseits zahlreiche Deutungen, ist andererseits das *Deutlich-Werden von Konstitution Funktion des beobachteten Standpunktes.* Was dieser, dank quantitativer Mittel z. B. der

Genetik als „Konstitution“ festhält, ist das aus dem diffusen Hintergrund „ausgestanzte“, „markierte“ Faktum, das sich jedoch in der Realität sogleich wieder im undeutlichen Hintergrund der Gattung (Art) und ihrer unübersehbaren Anzahl möglicher Kombinationen auflöst.

Zum Problem der Konstitution sei deshalb abschließend gesagt: Alle Antwort im lebendigen Bereich vermittelt sich über sichtbar Wirkendes. Umwelt (sich zeigende Welt) und Leib antworten auf Veränderungen der Gestalt durch veränderte Beziehungen, durch Veränderungen auch ihrer Gestalt. *Die Frage, ob eine Erkrankung „angeboren“ oder „erworben“ ist, ist für die Prognose und Therapie derselben relevant, nicht jedoch für die hier dargelegte zyklische Interpretation des Da-Seins, in der Gestaltwandel durch Gestaltwandel abgelöst wird. Konstitution als mögliche Verfassung des Leibes* (einschließlich seiner Generationsfolge) *definiert, zeigt sich erst in der Antwort auf Umwelt, ist deshalb mit dieser engstens verschränkt.* Es ist beim Menschen nicht mit Sicherheit zu ermitteln, ob ererbte Eigenschaften ausgelöst werden, ob sie von Anfang an vorhanden waren, ob erworbene „plötzlich“ vererbt werden können, *sondern es läßt sich nur aufzeigen, daß mögliche Eigenschaften erweckbar sind, auftauchen, wieder verschwinden oder bleiben.*

Das Mögliche der Konstitution der Gattung Mensch umschließt alle denkbaren, sich zeigenden Eigenschaften, die diese historisch in der Vergangenheit entfaltet hat und in Zukunft noch zu entwickeln vermag. Als faktische Zuwendung auf Umwelt oder Antwort auf diese zeigt sich das Mögliche in spezifischen Möglichkeiten, die immer in der Verfassung des Leibes, der Konstitution gelegen haben müssen – und zwar „als Mögliches auf Möglichkeiten hin“. Konstitution ist um so gesünder, über je mehr Möglichkeiten zu Antwort auf Umwelt sie verfügt. Je eingeschränkter die Antwort, um so geringer wird die elementare Möglichkeit, die Gestalt lebendig fortzusetzen („zu überleben“). *Konstitution oder Umwelt sind als sichtbare Gestalten lediglich zwei verschiedene Parameter, die unter verschiedener zeitlicher Perspektive Mißverhältnisse, Verwandlungen, Veränderungen sichtbar machen.* Die Perspektive „umweltbedingt“ zeigt mögliche Antworten des Individuums, seiner leibhaften Vorgegebenheit auf die Welt in einer, höchstens drei Generationen an – die Perspektive Konstitution zeigt Antworten über Jahrtausende auf.

c) Leibhaft bedingte Phasen des Lebensweges und ihre Krisen

aa) Die Pubertät[16]

Die im Vergleich zu höheren Tieren erheblich verzögerte Reifung des Kindes zum zeugungsfähigen Erwachsenen bildet, wie nachgewiesen wurde,[17] die Grundlage seiner Differenzierung zu einem denkenden, urteilenden, fühlenden, wollenden Kulturwesen. Leibliche Retardierung wird Voraussetzung möglicher humaner Existenz. Konkret ist dieser Vorgang zu verstehen, daß die Verfassung des Leibes der Entwicklung des Lernens durch wenige vorgeprägte Koordinaten größeren Spielraum gewährt, damit der Sozialisierung und Humanisierung (der Erziehung jedenfalls) mehr Möglichkeiten der Formierung und Beeinflussung der heranwachsenden Person vermittelt als etwa dem im gleichen Zeitraum seines Aufwachsens beobachteten Schimpansen.[18]

Die Verbindung zwischen retardierten Prozessen einerseits – vor allem der Keimdrüsen –, Differenzierung und Entwicklung des menschlichen Innen, des Subjektes andererseits, zeigt das Problem gegenseitiger Beeinflussung, Wechselwirkung und Abhängigkeit zwischen Innen und Leib wiederum von einer neune Seite. Die Retardierung der Keimdrüsenfunktion, des hormonalen Stoffwechsels, greift in die Entwicklung der morphologischen Gestalt ein, die sich nach Einsetzen der Keimdrüsentätigkeit verändert (Ausbildung der sekundären Geschlechtsmerkmale, Beendigung des Längenwachstums, Verlust der kindlichen Konfiguration und Proportion des Leibes). Was hier, im Vergleich zu den Menschenaffen, wie eine pathologische Verzögerung erscheint, wird Anlaß zur Entwicklung spezifisch humaner Qualitäten. Aus scheinbarem Mißverhältnis wird ein mögliches Sich-Verhalten gemacht: die Retardierung der Gestalt führt nicht zu Schwachsinn, ist nicht Degeneration, sondern wird von dem Innen kontrapunktisch zur biologischen Retardierung, zu differenzierter Steigerung „verarbeitet".

Dabei ist die verzögerte Pubertät von eminenter sozialer Bedeutung führt doch das vieljährige Heranwachsen der Kinder zu einer entsprechend ausgedehnten, je nach Art des Volkes mindestens 8- bis 12jährigen, für Angehörige der Industrienationen bis zu 14 und noch mehr Jahre zählenden Beschäftigung der Pflegepersonen mit diesen. Das verlangt organisierte Bindungen in Gruppen oder Familien, die Übermittlung von Tradition, der Umgang mit Zeug, um das Leben der heranwachsenden Generation zu sichern, auch wenn diese – wie bei zahlreichen Ethnien – schon vom 5./7. Lebensjahr zu Tätigkeiten der Erwachsenen herangezogen werden. Der Zutritt zu der Welt der Erwachsenen erscheint nicht als selbstverständliches, problemloses, natürliches Ereignis, sondern als soziales und wird bei zahlreichen Ethnien und in Hochkulturen entsprechend gefeiert. Diese haben den Beginn der Pubertät, je nach dem sozialen Rang oder der Stellung des einzelnen, als magisch-soziales Ereignis gewürdigt. Biologisch bedingte Veränderungen der Gestalt wirken sich auf das soziale Mit-Einander des Menschen aus, wie umgekehrt das soziale Mit-Einander des Menschen die veränderte Gestalt beeinflußt, formt und prägt (mit entsprechender Kleidung z. B.). Der Eintritt in die Pubertät wird zu einer Frage der jeweiligen sozialen Bewährung (Prüfungen). Nach deren erfolgreichen Abschluß tritt der junge Mann oder die junge Frau in die Rechte (und auch Pflichten) der Erwachsenen. Aus diesem Zusammenwirken leibhaft-hormonaler, sozialer und persönlicher Faktoren, die in relativ kurzer, gedrängter Zeit sowohl gegen- als auch miteinander wirken, wird paradigmatisch ein Modell möglicher Konflikte wie auch Krisen sichtbar, die die Pubertät wiederholt zum Anlaß auch pathologischer Mißverhältnisse werden lassen.

Die vergleichende Beobachtung der sozialen Handhabung der Pubertät bei verschiedenen Ethnien und Völkern ergibt nicht, daß diese etwa proportional zu dem jeweiligen niedrigeren oder differenzierteren wirtschaftlichen Niveau ignoriert oder entsprechend wichtig genommen wird.[19] Komplizierte Pubertätsriten werden bei den auf der Stufe von Jägern und Sammlern sich befindenden Australiern gefunden, relativ unbedeutende Riten bei den auf gleicher Stufe lebenden Weddas. Bei matri- oder patrilinearer Deszendenz finden sich sowohl Betonung der Pubertät wie auch die Herabspielung ihrer Bedeutung; Beachtung wird ihr jedoch überall geschenkt. Dabei dürfen außer den weniger relevanten ökonomischen Bedingungen vor allem die Einstellung zur Sexualität, die (soziale) Bedeutung der heranwachsenden Männer und Frauen für die Gruppe, die spätere Beziehung der Geschlechter zueinander und die Rolle der Eltern, anderer Pflegepersonen und Ahnen von Bedeutung sein. Je differenzierter andererseits der *kulturelle Hintergrund* der Ethnien ist (Arbeitsteilung), je reicher soziale Rollen gegliedert und von einander getrennt sind, je ausgeprägter die Herrschaftsverhältnisse wirken, um so grösser die Bedeutung, die der Pubertät beigemessen wird. Diese Feststellung ist die einzige, die sich generell durch vergleichende ethnologische Beobachtungen erheben lassen dürfte. M. a. W. das sozial differenzierte Milieu weist der Pubertät größere Bedeutung zu: entsprechend wird die Pubertät auch bei diesen Ethnien schon als Krisensituation wahrgenommen. *Das sozial differenzierte Milieu ist aber nicht immer das ökonomisch differenziertere.*

Erlaubt es das kulturell und ökonomisch undifferenzierte Milieu (Weddas) nicht, die Pubertät „wichtig" zu nehmen, haben entsprechende Krisen weniger Gelegenheit, sich bemerkbar zu machen. Die leibhafte Verfassung veranlaßt zwar den Pubertierenden zu Bedeutungs-, Beziehungs- und Gestaltwandel – ob dieser von der Umgebung entsprechend wahrgenommen und sozial „genutzt" wird, hängt von der sozio-historischen Entwicklung der Umgebung ab. Wird die Pubertät als mögliche Krise und Bewährung von der Gruppe gesehen und behandelt, wird sie im Prinzip Krise auf Zukunft hin, im Unterschied zum Senium, das die Krise der endgültigen Trennung von der sich zeigenden Welt ist. (Dieser gedenkt die Gruppe dann nach dem Tode des Individuums mit Riten und entsprechenden Gebräuchen.)

Die Krise der Pubertät ist das Mißverhältnis zwischen der Übernahme einer dem Erwachsenen zugebilligten sozialen Rolle und die Unmöglichkeit, diese sogleich den Erwartungen der Gruppe entsprechend zu erfüllen. Sie ist ferner die Krise des – auch in Ethnien durchaus vorkommenden – Generationskonfliktes, das Mißverhältnis zwischen dem Wunsch, die Rolle der Erwachsenen sofort und besser (Rivalität) zu übernehmen, und dem Unvermögen, diesen Wunsch entsprechend zu realisieren. Sie ist die Krise der Trennung (durch Verstümmelung der Gliedmaßen oder Zähne, des Präputiums, der Inzision der Labien usf. bei einigen Pubertätsriten symbolisiert) als Trennung von dem Gruppen- und Gemeinschaftsleben der Kindheit,

Trennung von den Bedingungen und Bindungen an diese bei gleichzeitiger Ungewißheit der Zukunft. Sie ist die Krise des (hormonal) geweckten Antriebs- und Triebsüberschusses – nicht auf die Sexualität beschränkt –, ohne daß diese ihrem möglichen Potential entsprechend befriedigt werden könnten. Sie ist dann – in differenzierteren Kulturen – die Krise der Berufswahl, der zu ergreifenden sozialen Rolle (soweit diese nicht von vornherein vorgeschrieben ist, was eine diesbezügliche Krise jedoch nicht ausschließt), die Krise der Geschlechts- und Partnerwahl, der Geschlechtlichkeit überhaupt. Da es keinen Bezirk menschlichen Daseins gibt, der in der Pubertät sich nicht in Frage gestellt sieht, *sei die Krise der Pubertät idealtypisch* als *sich in der Welt nicht zu Etwas oder Jemandem verhalten zu können* bezeichnet.

In dem Maße, in dem Welt und Individuum über die Weisen ihres Zu-Einander-Seins in Frage gestellt werden, werden sie undeutlich, verschwommen, wandeln sich überlieferte, erlernte Begriffe im Zu-Einander von Welt und Individuum zu möglichen, wird der Einbruch des Möglichen als Katastrophe oder nicht vorauszusehende Wandlung sichtbar. Die Pubertät weist sich jetzt als Krankheit aus, in der sich verändernde Beziehungen der hormonalen-dienzephalen Regulation und Koordination leibhafter Substanzen, biochemische Vorgänge vom Innen als nicht zu lokalisierende Beunruhigung wahrgenommen werden, die sich anfangs nur in Störungen der Befindlichkeit, in übermäßiger Ausgelassenheit (Manie) oder ratloser Traurigkeit (Depression, Weltschmerz) darstellen, dann zu der dargestellten Krise führen.

Im einzelnen dekompensiert sind darüberhinaus beobachtbar:

1. Wachen und Zuwendung: Veränderung des Schlaf- und Wach-Rhythmus in der Pubertät durch exzessives Schlafen oder übertriebenes, ausgedehntes Sich-Wach-Halten.
2. Exzessive Zuwendung zur Welt: Von einer Veranstaltung zur anderen jagen, plötzlich verstärktes Bedürfnis nach Verbindung zum Mitmenschen gegen exzessive Abwendung von der Welt, Romantiker-Identifikation, Weltschmerz, Isolierung gegenüber jeder Kommunikation.
3. Exzessives Selbstvertrauen (Motoradhelden) wechselt mit exzessiven Unwertgefühlen.
4. Wahrnehmen und Sich-Bewegen erscheinen gestört: ausfahrende, heftige oder unkoordinierte „schlaksige" Bewegungen wechseln mit unkonzentrierter, entsprechend undeutlicher Wahrnehmung.
5. Das durch die Sinnesorgane vermittelte Verhältnis von Außen zu Innen läßt ein gelegentliches Überwiegen des Innen: illusionäre Verkennung der Umwelt, exzessive Projektionen beobachten.
6. Das Verhältnis zum Leib – einschließlich der Antriebe, insbesondere auch der Sexualität – ist verworren und verwirrend. Überflutung durch nicht zu kontrollierende Antriebe, exzessive Sexualbetätigungen (Masturbationen) wechseln mit Phasen apathischer Antriebslosigkeit. Der Leib,

soweit er auf die zukünftige, möglicherweise negativ bewertete Geschlechtsrolle hinweist, wird entweder übertrieben aufgewertet, gepäppelt, verzärtelt, narzißtisch betätschelt und betastet, oder asketisch abgewertet, mißhandelt, negiert (Pubertätsmagersucht).

7. Das Verhältnis zum erlebten Raum, zur erlebten Zeit mangelt in vielen beobachteten Fällen der Konstanz des Erlebens gleichbleibender Gegenwart. Die Unendlichkeit des Raumes, der Zeit wird ebenso dramatisch realisiert wie andererseits die Begrenzung des Lebens.
8. Das Verhältnis zur Wirklichkeit geht sowohl auf verstärkte Begegnungen (Kommunizieren), Sich-Durchdringen hin, andererseits auf verstärkte Gegenwirkung, Abwehr und Zurückweichen vor der mitmenschlichen Auseinandersetzung. Der Konflikt – als Bestandteil der Wirklichkeit – wird gesucht, provoziert oder gemieden.
9. Das Verhältnis zur geordneten (oder ungeordneten) Welt schlägt sich entweder in extremer Auflehnung gegen Ordnung jeder Art oder in erheblicher Anpassung und Unterwerfung unter diese nieder.
10. Die Beziehung zum Mitmenschen wird in der Pubertät zu einem entweder übertriebenen enthusiastischen, kritiklosen, „allumfassenden" oder betont kritisch-abwertendem.
11. Das Verhältnis zu sich selbst ist durch die Krise des Idealbilds, der Identität und durch Suche nach neuer Identität mit entsprechenden Riesenerwartungen gezeichnet. Die Selbst-Verborgenheit im pubertären „Größen- oder Kleinheitswahn" ist erheblich.
12. Die Selbstbewegtheit des Innen zeichnet sich durch verschärfte Strukturkonflikte (ikonoklastich/ikonoplastisch), durch extrem gegensätzliche Bilder (Schwarz-Weiß-Malerei), Hektik oder Verlangsamung aus.
13. Das Verhältnis zum Möglichen ist durch den Einbruch des Möglichen in der Pubertätskrise gekennzeichnet.

Der die Pubertät bestimmende Beziehungs- und Bedeutungswandel wird in der sich verändernden Gestalt des In-der-Welt-Seins des Pubertierenden sichtbar, die sich von der Gestalt der Kindheit durch stärkste Fluktuation abhebt. Die „Gestalt der Kindheit" als Phänotypus der Beziehungen des Kindes zu seiner Welt, ihrer Bedeutung für dieses und umgekehrt, kennt nicht weniger als die Pubertät die Zeiten verstärkter Zu- oder Abwendung zu Spielgefährten oder Eltern, den Konflikt mit diesen oder mit der sie umgebenden Welt, sie kennt die Störungen der Befindlichkeit nicht weniger als die von Wahrnehmen und Handeln. *Für die Gestalt der Kindheit* – ist sie nicht durch Krankheit ganz mißgestaltet –, *ist jedoch der mangelnde Bezug auf die Zukunft*, die *raum-zeitlich erst allmählich sich einstellende Kontinuität, das Fehlen der spezifischen sexuellen Erlebnissphäre* (Geschlechtstrieb), *das Mangeln der ausgeprägten Identitäts-, Ideal- und Normenkrise verbindlich. Entscheidend für die Kindheit im Unterscheid zur Pubertät ist ferner die Bedeutung, die dem Spiel in dieser Phase des menschlichen Lebensweges noch zugesprochen wird.*[20] Die Unverbindlichkeit der Situationen, denen das Kind im Spiel sich aussetzt, das es ernst nimmt, aber gleichzeitig wissend, daß es dieses nicht ernst zu nehmen braucht, im Spiel erwachsen zu sein und doch den Rollen der Erwachsenen sich sofort wieder entledigen kann, die Dinge im Spiel um des Spieles, aber nicht um des Gewinnes zu tun, prägen die Gestalt der Kindheit. *Kindheit ist spielerischer Umgang mit der Welt*, der, bei aller Intensität, mit der ein Spiel verfolgt wird, bei allem Ernst, den das Kind in dieses legt, doch auf dem Hintergrund sich vollzieht, daß es *jederzeit wieder abgebrochen zu werden vermag*. Selbst bei frühreifen, leidgeprüften, verhärmten, „deformierten" Kindern hat die Wirklichkeit der sich zeigenden Welt durch das „Spiel-Bewußtsein" der Kinder nicht den Charakter des dieser Welt Ausgeliefert-Seins, den das In-der-Welt-Sein zunehmend von der Pubertät ab für die Mehrzahl der arbeitenden Menschen bekommt. Kindliches In-der-Welt-Sein ist darüber hinaus in seiner Gestalt nicht allein durch den sog. kindlichen Egozentrismus geprägt – der auch in der Pubertät sich noch massiv auszudrücken weiß –, sondern vor allem durch die starke Bezogenheit der kindlichen Welt auf den aperspektivischen Hintergrund des Innen.

Die Gestalt der Kindheit erscheint dem Erwachsenen rückblickend wie ein kurzer Traum, da es, ohne sich und die Kindheit in der Ferne zu verklären, mit ihm „wie im Traum" geschah, er sich damals nicht als bewußter Täter seines Lebens empfand. Das Zurücktreten rational-zweckhaften Handelns gegenüber dem pathischen – sich handelnd zu erleben – rückt die Kindheit an die aperspektivische Pathik und Verwandlungsfähigkeit des Bildgeschehen – den Traum – heran. Die kindliche Welt, wirkt rückblickend deshalb aperspektivisch-pathisch. Der Durchbruch in die perspektivisch-rationale Welt, der sich als weiteres, entscheidendes Wesensmerkmal der Pubertät darstellt, ist in der Kindheit noch nicht oder nur fragmentarisch vollzogen.

Die Gestalt der Pubertät ist in ihrer extremen Fluktuation noch keine Gestalt. Der undeutlich-vieldeutig sich darstellenden Welt – weil die aperspektivische Orientierung der Kindheit noch keine Ablösung gefunden hat – entspricht der ständige Beziehungs- und Bedeutungswandel der Umwelt des Pubertierenden. Gestalt findet er erst in den sozialen Rollen, die ihm die jeweilige Gesellschaft anbietet, in der möglichen Konstanz der sich abhebenden menschlichen Beziehungen, in Identitätsfindung und in Klärung des Verhältnisses zu Idealen und Normen – Vorgänge, die in ihrer Breite überwiegend jedoch nur für die Bevölkerungsgruppe der Industrienationen zutreffen, dort überwiegend von den mittleren Klassen aufwärts. Die reibungslosere Identitätsproblematik z.B. des Arbeiters, sein Halt in einem größeren Kollektiv, die frühzeitige Bestimmung der sozialen Rolle und die frühzeitige Bindung an Partner lassen die Pubertät dort weniger kritisch erscheinen.

Die Wechselwirkung zwischen Leib, Subjekt und Sozietät wird in der Pubertät besonders deutlich. Sie stellt sich, zusammengefaßt, wie folgt dar:

Retardierte Kindheit schafft die Voraussetzung für eine relativ späte, um so drastischer wahrgenommene hormonal-vegetativ-dienzephale Umstellung. In der Verzögerung der leiblichen Reifung wird eine wesentliche Voraussetzung für den Menschen als Kulturwesen gestiftet, leibhaftes In-der-Welt-Sein wird Vorbedingung für mögliche Kultur. Dieser Prozeß, der sich wechselnd über einige Jahre hin erstreckt, ist mit einer tiefgreifenden Verunsicherung sämtlicher Weisen des In-der-Welt-Seins verbunden, mit Ausnahme des perspektivischen Entwurfes in dieselbe. Die Pubertät wird, obwohl in ihrer Handhabung und im Ausmaß ihrer Bedeutung hisorisch/gesellschaftlich variabel gesehen, zur möglichen Existenzkrise des Menschen (Existenz hier im Sinne des sich selbst in der Welt zu etwas hin Ergreifen und Erfassen). Der Retardierung, Krise und Krankheit bedingende Leib steht damit im Dienst von Sozialisierung, Existenzbestimmung und Humanisierung des Menschen bzw. der Möglichkeit zu diesen. Leibhafte Vorgegebenheit gewährt Chance, der retardierte oder gestörte Leib ist der möglicherweise soziale, wenn das Individuum die Krise mit einer Festlegung (Rolle, Identität, Partnerbeziehung) abzuschließen vermag.

bb) Krisen des weiblichen Zyklus und der Menopause

Die Psychiatrie der letzten zwei Dezennien hat reichhaltige Beobachtungen bis in das biochemische Detail gehenden Untersuchungen zu Tage gefördert,[21] die den engen Zusammenhang zwischen Schwankungen der Befindlichkeit, Menstruationszyklus und Klimakterium der Frau bestätigen. Die aufgezeigten Mißverhältnisse zwischen subjektivem Befinden und der Umwelt der Untersuchten gehen von der einfachen Niedergeschlagenheit, Antriebslosigkeit, Bedrückung und paranoidem Syndrom bis zu halluzinatorischen Entstellungen der Umgebung, kurzfristigen Wahnbildungen und blühenden Psychosen. Auch hier sind es wieder leibhafte Veränderungen, die, wenn auch keineswegs ganz unabhängig von dem Einfluß der Umwelt, die Befindlichkeit erheblich beeinträchtigen können. Im Unterschied zur Pubertät und Kindheit ist es jedoch der *periodisch* und *partiell verfallende* (Eiabstoßung) und sich wieder erneuernde oder der die Lebensmitte überschreitende, dem Ende sich zubeugende Leib, dessen Veränderungen von Innen beunruhigend aufgenommen werden. Die Grundbedingungen menschlicher Existenz, die von Wachen, Zuwendung, Abwendung, Kommunikation, der Entwurf in die perspektivische Tiefe der Welt, die Fundierung von Raum und Zeit werden durch diese leibhaften Veränderungen vorübergehend, oder definitiv im Klimakterium (bei chronischen Entwicklungen z.B. einer sog. klimakterischen Depression) in Frage gestellt.

Die Selbstverständlichkeit des alltäglichen In-der-Welt-Seins wird im Mißverhältnis der Zuwendung zur Welt sinnlos, leer oder bedrohlich, die Vermittlung der Sinnesorgane zwischen Außen und Innen versagt in der Halluzination. (Ohne mit diesem Hinweis den Veränderungen des In-der-Welt-Seins bei Psychosen vorzugreifen.)

Wache Zuwendung und Kommunikation werden bei der überwiegenden Anzahl von Patientinnen zum dösenden, bedrückten Dahin-Dämmern, zum ängstlichen Sich-von-der-Welt-Zurückziehen, zum Meiden des gelebten Raumes, der gewohnten Tätigkeiten innerhalb derselben, zum Meiden auch der gelebten Zeit in der Veränderung auf Zukunft hin.

In der manisch-euphorischen Form der Zyklusstörung treten hektische, aber im Ziel fragwürdige Tätigkeit, Rededrang, nymphomanische Züge in den Vordergrund, die in der spezifischen Weise übersteigerter aber oberflächlicher Zuwendung unten zur Sprache kommen werden.

Der periodisch (Zyklus) verfallende und sich erneuernde oder die Lebensmitte überschreitende Leib vermag den Entwurf des Subjektes auf Welt hin ebenso zu treffen, wie sein Verfall vom Innen als ängstigendes, entsicherndes Mißverhältnis registriert wird. Daß hier eine große Anzahl (statistische Kontrollgruppen erhärteten diese Zusammenhänge[22]) Frauen mit dekompensiertem Verhalten auf Veränderungen dieser Art antwortet, ist zwar für Prognose und Therapie der Betroffenen nicht ohne Belang, jedoch für den Bedeutungs- und Beziehungswandel dieser leibhaft bedingten Mißverhältnisse „für die individuelle Lebensgestalt“ bedeutungslos. Ob die Konfrontation mit Niedergang, Auflösung, Tod dem greifbar näher rückenden Lebensende in der Menopause oder im normalen Zyklus durch eine Störung im Stoffaustausch (Konflikt) über den Leib vermittelt wird oder durch andere Beziehungs- und Bedeutungsveränderungen – Tod eines Partners oder naher Angehöriger und Ereignisse, die auf den Tod direkt bezogen sind –, ist für die Antwort des Subjekts, die Verwandlung seiner Gestalt in der Beziehung z.B. zum „Sinn“ des Da-Seins, zum Tod, zu der sich zeigenden Welt, von sekundärer Bedeutung.

Für die vorliegende Untersuchung ist darüber hinaus jedoch der Bedeutungs- und Beziehungswandel wichtig, den das Subjekt in der – in den meisten Fällen nicht einmal bewußt vermerkten – Konfrontation mit vorübergehendem (periodischem) oder endgültigem Verfall durch seinen Leib erfährt, zu welchen Konsequenzen dieser Beziehungs- und Bedeutungswandel in mitmenschlichen und sozialen Bezirken führt. Das Ende der Fortpflanzungsfähigkeit, die veränderte soziale Rolle der „Matrone“, eines Tages der Großmutter der Familie, stellten in tradionsgebundenen, vorindustrielllen Kulturen erhebliche Einschnitte im Leben der Frau dar. In einer Sozietät, die den Wert der Frau nach ihrem Vermögen, Kinder zu gebären oder ihrer erotischen Anziehung bemißt, stellt der leibhafte Verfall dieser Funktionen den Da-Seins-Sinn der individuellen Person erheblich in Frage. Beginn des leibhaften Niedergangs – „Torschlußpanik“ – korrespondiert hier mit faktischer Einschränkung der Daseinsberechtigung der alternden Frau, die sich ihre Rechte jedoch durch entsprechende Substitute oft zu wahren wußte (Besitz, Einfluß in der Familie, Toleranz junger Ehefrauen des Mannes, die sich ihr unterordnenen müssen usw.). Erst die veränderte Rolle[23] zahlreicher Frauen im Industriezeitalter läßt diese über ihre Bedeutung als Träger von

Nachkommenschaft hinaus Bestätigung auch jenseits der Menopause finden. Damit koinzidieren die leibhaften und sozialen Veränderungen, tritt die klimakterische Verstimmung ein, nicht mehr. Leibhaft (Austausch) bedingte Krisen der Pubertät, der Menopause und des Seniums bleiben jedoch immer Krisen auf die mögliche Zukunft hin, die mit dem Ende eines Lebensabschnittes verbunden sind und trotz des Rollenwandels der Frau im Industriezeitalter die leibhafte Veränderung, das Ende einer Epoche anzeigten. M. a. W.: Die leibhaft bedingte klimakterische Verstimmung oder die aus dem Zyklus sich ergebende zwingen immer wieder die Frau, auch wenn ihre soziale Rolle in zahlreichen Fällen nicht mehr die der vorindustiellen Stufe ist, sich so zu verhalten, *als ob* tatsächlich mit der leibhaften Veränderung auch eine Veränderung ihrer Rolle verbunden ist. Der Leib reagiert „archaisch", er „hinkt" hinter der jeweiligen sozialen Rolle her.

c) Das Senium[24]

Im Senium spannt sich der Bogen möglicher Dekompensationen von der Störung der Merkfähigkeit, der Einschränkung des Junggedächtnisses, der zunehmenden Störung des Wachens durch anhaltende Müdigkeit bis zur weitgehenden zeitlich-räumlichen Desorientiertheit, zur völligen Demenz. In den Veränderungen des Innen sind paranoid-depressive Beeinträchtigungsideen und blühende, manifeste Psychosen zu beobachten, die allerdings bald, mit fortschreitendem Alter, einer ausgesprochenen monotonen Symptomatik weichen.[25] Die für diese Veränderungen der Lebensgestalt verantwortlich gemachten pathologischen Deformierungen des Gehirns, insbesondere durch die Zerebralsklerose, schaffen auch hier die Voraussetzung, daß der von Tag zu Tag weniger auf Zukunft sich entwerfende Mensch die leibhaften Bedingungen seiner Existenz nicht oder nur noch fragmentiert vorfindet. Die Deformierungen der Gewebe, der Keimdrüsen, das Schrumpfen der Hypophyse, die Ablagerung von Mineralstoffen in den Gefäßwänden, die zunehmende Sklerosierung, Mineralisierung des Leibes sind Ausdruck des nicht abzuleugnenden Gestaltverfalles und damit der Begrenzung, sich der Welt aktiv einzukörpern oder sie noch wahrnehmend, einfühlend aufzunehmen.

Aber auch hier bewegt sich jede Feststellung im Bereich des Möglichen, nicht einmal der Regel. Die Zahl der arteriosklerotisch veränderten Gehirne,[26] ohne daß die über dieses Organ mit der Welt kommunizierenden Personen nennenswert dekompensierten (krank erschienen), dürfte erheblich höher als die der dekompensierten sein.

Das weist nicht nur auf den dargelegten Unterschied zwischen Befund und Befindlichkeit hin, sondern darüber hinaus auf eine Diskrepanz zwischen erkranktem, deformiertem Organ und seiner Funktion im Zusammenhang des Austausches zwischen Subjekt und Welt.

Ob es sich bei diesen Personen um in jedem Fall aktive, weltzugewandte

Individuen handelt, die nach wie vor zukunftbezogen, das Ende ignorierend lebten und damit die vorgegebenen Einschränkungen ihrer Leibhaftigkeit überspielten, oder um in sich gefestigte, ruhige Typen, die ihr Hirn zeitlebens „geschont" haben, ist noch nicht Gegenstand einer größeren Untersusuchung geworden (die auch erhebliche konkrete Schwierigkeiten bereiten würde). M. a. W.: Die Beziehung zwischen manifester Arteriosklerose des Hirns bei relativ intakter Persönlichkeit, Art derselben (extra- oder introvertiert) ist noch nicht sachgründlich genügend erforscht worden.

Für die Dementen ist die Beibehaltung von Gewohnheiten, Eigentümlichkeiten des Lebensstils, Manierismen, Haltungen („Offizier", „Dame von Welt" usf.) nicht uncharakteristisch, die hier sowohl eine selbstverständlich-gesunde Befindlichkeit vortäuschen, wie auch faktisch die Befindlichkeit der Infantil-Dementen (Verblödeten) nicht als bedrückt oder gar verzweifelt sich gibt, eher euphorisch wirkt. Der Zustand eines morphologischen Verfalls ist eingetreten, der von der inneren Wahrnehmung nicht mehr adäquat als dieser empfunden, sondern im Gegenteil dazu „benutzt" wird, nach weitgehender Einebnung der Beziehungen zwischen Umwelt und ihren Bedeutungen für das Subjekt, den Zustand seliger Identität mit der Umwelt herzustellen, den das Individuum seit Kindheit angestrebt hat. M. a. W. die hochgradige Zerrüttung der leibhaften Zurüstung für sich der Welt zuwendende Kommunikation, der Verlust der Welt bis auf einige undeutliche Bilder (Signalzeichen), die Antwort auf die Umwelt durch infantiles Reflexverhalten, wird von der Subjektivität amorph als Wiederherstellung der intrauterinen Mutter/Kind- Identität, der Dauer, verarbeitet.

Diesem Bild eines weitgehenden Verfalls der Lebensgestalt stehen weniger gravierende des Seniums zur Seite, in denen die Betroffenen durch Verstärkung von Charaktereigentümlichkeiten ihrer Umwelt auffallen. Aus Sparsamkeit wird Geiz, aus ängstlich-scheuem Umgang mit anderen Mißtrauen, aus gelegentlicher Sorge ständige, aus Rechthaberei Starrsinn. D. h. der leibhafte Gestaltverfall prägt Charakterzüge schärfer, diese werden deutlicher, beginnen die Person zu prägen, während sie vorher nur eine Weise unter mehreren in der Zuwendung zur Welt waren. Hervortreten, Prägen, schärferes sich Abheben, sich Verdeutlichen, Dominieren einzelner Züge unterscheidet die Gestalt des Alters von der flexiblen-plastischen der Jugend. Die leibliche Sklerosierung, der zunehmende Ersatz von regenerationsfähigem Zellgewebe durch Bindegewebe, damit die Betonung des Unflexibel-Starren, ist Ausdruck einer einheitlichen Gestaltveränderung, in der Sklerosierung und Ausprägung gegenüber Flexibilität und Fluktuation überwiegen. Der alternde Leib wie der alternde Mensch werden zum Ausdruck ikonoklastischer Abstraktion. Härte, „kristalline" Begrifflichkeit, die Entfremdung, die geleistet werden muß, um den feststellenden, prägend-scharfen Begriff zu entwickeln, nimmt vom ganzen Leib Besitz, der sich zunehmend zu einem seiner Möglichkeiten sich entfremdenden, eingeschränkten gestaltet. Die Begrenzung von Bewegen und Wahrnehmen auf ausgewählte Bezirke der Existenz, der

Horizontverlust, das „Festgestellt- und Festgelegt"-Werden auf Wohnung oder Rollstuhl, die der Alternde kaum noch verläßt, zeigen, wie das Alter zur Entfremdung gegenüber einstigen Möglichkeiten des Umgangs, der alternde Mensch sich selbst zum Fremdkörper wird, die Umgebung ihn auch entsprechend wahrnimmt.

Die Weisen der Zuwendung, die in reiferen Lebensabschnitten eine unter mehreren waren – Sorge oder Sparsamkeit –, werden zu fast selbständig erscheinenden Verhängnissen, die den Menschen nicht mehr aus ihrer Macht entlassen.

In der Zentrierung der Zuwendung um Besitz und Macht, im häufigen Überwiegen von Mißtrauen, Feindseligkeit (hier nur der Hinweis, daß diese sog. „analen" Eigenschaften nicht ausschließlich durch Folgen der Beziehung zur Kotentleerung entstanden sind, sondern daß ihre Entwicklung vielmehr auch leibhaft bedingt ist) manifestiert sich nicht nur das Bedürfnis festzuhalten, was fahren gelassen werden sollte: das Leben selbst; es manifestiert sich nicht nur der sozial-gesellschaftliche Einfluß, einkörpernde Triebe des Habens und Beharrens in besonderer Weise zu pflegen, sondern der sich vergehend wissende, sich verfallend erlebende Leib selbst versucht sich als Gestalt gegen die Zeit durch Entwicklung sklerosierter, mineralisierter Gewebswandlungen, duch hartnäckig, starrsinnig-trotziges Sich-am-Leben-Erhalten zu behaupten.

Geiz, Starrsinn, Intoleranz, Mißtrauen erweisen sich damit als auch leibhaft verankerte Weisen der Zuwendung, die über historisch-gesellschaftliche Einflüsse hinaus die Dauer der Zuwendung der individuellen Gestalt der Zeit gegenüber durchzusetzen versuchen.

Diesen Erscheinungen des Alters, von denen selbst genial-produktive, d. h. sich immer wieder in die Zukunft entwerfende Menschen wie Beethoven[27] nicht frei waren, stehen jene gegenüber, in denen das Individuum sich erheblich einfühlende, wahrnehmende Zuwendung bewahrt hat. Flexibilität, in der der Horizont des Möglichen, der Außen- und Innenwelt sich nicht verschließt oder eingeengt hat, verbindet sich noch mit kritisch-lucider Distanz zum Leben, mit anteilnehmend-gütiger Fürsorge und ist in ihrer sozialen, zwischenmenschlichen Rolle bedeutungsvoll. Auch die Alterswerke genialer Persönlichkeiten, eines Bruckner, Verdi, Beethoven, Goethe, Cézanne, Tizian oder Shakespeare vermitteln Ausblicke in diese Lebensphase, die das Alter idealtypisch nicht als Endstadium und Verfall, sondern als zunehmende Konzentration immer mehr sich klärender, über den Tod hinausweisender Lebensgestalt darstellen. Das Gesamt der Lebenserfahrungen schießt und schließt sich hier zusammen: Der Endpunkt einer Perspektive ist erreicht, wird der individuelle Lebensweg als perspektivisch sich von Geburt zu Tod erstreckend angesehen. Das Aperspektivische der Kindheit ist in den, oft durch die Arteriosklerose bedingten, scheinbar inkohärenten Einfällen präsent, jedoch geprägt, geformt und durchsetzt von der gelebten Zeit des Lebensweges. Die Erfahrung einer perspektivischen, sich immer wieder ortenden, damit bestimmenden Existenz verbindet sich mit dem einer zunehmend verschwimmenden, einem Undeutlich-Werden der Gegenwart, der anwesenden Beziehungen und Bedeutungen. Die Dauer – nicht die der Demenz –, in der abschließenden, rückblickenden Vogelperspektive erlebt, ist jetzt der Raum, den die Erinnerung jederzeit beschreiten kann. D. h. die individuelle Existenz aus der Perspektive des Alters stellt sich wie aus der überragend-distanzierten Sicht des freischwebenden Vogels dar, die vergangenen Ereignisse des Lebensweges präsentieren sich in ihrer zeitlichen Zuordnung räumlich geortet und festgelegt. Ihr durch die Zeit bedingter einmaliger Charakter wird räumlich im Da und Dort einmalig stattgefundener Ereignisse, der Lebensweg wird zum Raum, in dem der alternde Mensch rückblickend wohnt.

Die Krise des Alters, sofern sie noch die wache, der Welt oder sich selbst zugewandte Person trifft, ist auch hier, wie in der Pubertät, durch die leiblichen Veränderungen bedingt, die die Perspektive des Lebensweges verkürzen und abschneiden. Es ist nicht allein die Krise auf die Zukunft hin, sondern die Krise, die durch die Gewißheit ausgelöst ist, daß die leibhafte Existenz keine Zukunft mehr hat. Die Antizipation des Endes, das radikale In-Frage-Stellen alles Gewesenen, noch Vorhandenen, das nicht ausbleibende „Wozu" und „Warum" geben dem Alter die Chance über die anthropologischen Mißverhältnisse hinaus Existenzortung durchzuführen. Während jedoch die Pubertätskrise im Verschwimmen und Undeutlich-Werden bestehender Verbindungen und Bedeutungen, im noch Undeutlich-Erscheinen möglicher Zukunft sich ausdrückt, so zeigt sich die Krise des Alters als eine, die rückblickend Unwiederbringliches nicht meht nachholen kann. Das Mögliche, im Lebensweg Anlaß zu Hoffnung ebenso wie zu Furcht, entfällt im Angesicht des Todes.

In der Pubertät, in den Zyklusstörungen, im Klimakterium und im Senium verhalten sich Subjekt und Leib zueinander:

1. bedeutungskoordiniert: auf leibhaften Verfall antwortet das Individuum mit gedrückter Befindlichkeit bis zu psychotischen Weltuntergangs-Erlebnissen (Menophase, Zyklusstörungen, Senium);
2. bedeutungsdiskoordiniert: auf Symptome leibhaften, chronischen oder zyklisch-reversiblen Niedergangs entsteht keine adäquate Antwort: die Befindlichkeit bleibt relativ unbeeinträchtigt. Oder es entwickelt sich eine gegensätzliche, manisch-euphorische Antwort;
3. bedeutungsermöglichend und beziehungsstiftend ist der Leib im Alter nicht weniger als in der Pubertät oder in der Menopause: in der Vermittlung einer existentialen Krisenerfahrung, die Chance ist, jedoch keine Notwendigkeit, deren Wahrnehmung von dem Grad des leib-seelischen Gestaltverfalls abhängt.

dd) Die Typenlehre (*Kretschmer, Sheldon*)

Die Typenlehre *Kretschmers,*[28] dann *Sheldons,*[29] die Zuordnung eines sichtbaren Typus zu bestimmten psychopathologischen Erscheinungen, ist in der Psychiatrie bereits eingehend, wiederholt und kritisch diskutiert worden,[30] daß ihre Erwähnung hier nur im Zusammenhang der vorliegenden Bemühungen erfolgen soll: den Konstitutionsbegriff leibhaft aufzuschlüsseln und zu differenzieren. Warum der leptosome oder der pyknische Typus eine besondere Affinität hier zur Schizophrenie, dort zur Zyklothymie haben, die Proportionen (die Maße) des Leibes zum entscheidenden Entwurf der perspektivischen Existenz in Verbindung stehen, wird von der Typenlehre letztlich nicht beantwortet. Ihre Beziehung zur Genetik – die Vererbung bestimmter „schizoider" präformierter Körperteile, des Kopfes, der Nase, der Augen, der Extremitäten, des asthenischen Habitus, im Zusammenhang mit den zu Schizophrenie „disponierenden" Charaktereigentümlichkeiten – ist ebenfalls noch weit davon entfernt, Gegenstand wissenschaftlicher Erkenntnis zu sein.

Die Typologie, die eine den einzelnen, physiognomischen und psychischen Eigenschaften übergeordnete Gestalt anvisiert, diese einerseits intuitiv wahrnimmt, andererseits versucht, sie an der Regelmäßigkeit des Vorkommens bestimmter Eigenschaften statistisch zu verifizieren, gehört in der Wissenschaft dem undeutlichen Bereich des Möglichen an, ist eine aperspektivische Hintergrunderfahrung, die aber nichtsdestoweniger Erfahrungsgewicht hat.

Die Problematik der Begriffe schizoid und schizophren, zykloid und zyklothym, die mannigfachen, divergierenden Inhalte, die unter diesen Begriffen subsumiert werden, auf einen „Typus" zurückzuführen oder auf diesen einzuschränken hat jedoch, trotz der Erfahrungsgehalte des Typus, wiederum stark simplifizierende Züge, die das Mögliche einer aperspektivischen Gestaltkonfiguration (Bild, Typus) einschränken. Nichtsdestoweniger fanden *Kretschmer, Mauz,* u. a. Autoren[31] folgende Übereinstimmung in Körperbau, Charakter und Disposition zu Krankheiten:

(Aus K. Jaspers, Allgemeine Psychopathologie, Berlin 1946)

	Pykniker %	Leptosome %	Athletiker %	Dysplastiker %	Uncharakteristisch %
Epileptiker . . .	5,5	25,1	28,9	29,5	11,0
Schizophrene . .	13,7	50,3	16,9	10,5	8,6
Manisch-Depressive	64,6	19,2	6,7	1,1	8,4

Der Typologie kann für die vorliegende Untersuchung nur der Hinweis auf Zusammenhänge noch ganz und gar unbekannter Art entnommen werden, daß anscheinend der perspektivische Entwurf in die Welt, sein Gelingen oder sein Scheitern mit der leibhaften Vorgegebenheit einer mit gewisser Regelmäßigkeit festzustellenden Gestalt in Verbindung steht. Die Bedeutung der leibhaften Vorgegebenheit psychischer Störung, ihre enge Verschränkung mit diesen, die Regelhaftigkeit ihres Vorkommens, bezeugt diese möglichen Zusammenhänge, jedoch vermag sie noch nicht das „Warum" der Affinität des einen Typus zu seiner Artung und möglicher Störung zu erhellen.

Am Maß, an der harmonischen Proportionalität des Leibes bei gleichzeitiger Gegensätzlichkeit und Spannung von Bewegungen, wie sie die klassischen Bildwerke der Antike verkörpern, erscheinen pyknische, leptosome und athletische Typen (vergleichsweise die Zerebrotoniker, Viszerotoniker u. a. Typen

Sheldons) durchgehend deformiert. Die konkrete, einzelne menschliche Gestalt, am idealen Maßstab gemessen, ist „Ungestalt", zumindest „relativ deformiert". Daß aus diesem Mißverhältnis das Mißverhältnis psychischer Befunde und Befindlichkeiten generell abgeleitet werden könnte, besagt nicht mehr, als daß der Mensch eo ipso mißgestaltet, zu Mißverhältnissen und Krankheiten disponiert ist.

III. Waches Bei-der-Welt-Sein, seine Störungen und Dekompensationen

a) Das Wachen, idealtypisch interpretiert

Das Wachen sei, in Zusammenfassung der obigen Ausführungen idealtypisch als aufmerksames, freischwebendes Bei-der-Welt-Sein definiert. *Es zeichnet sich durch sein Vermögen aus, die Dinge festzuhalten wie sie auch wieder zu lassen: durch Oszillation, Fluktuation zwischen den Polen des Festhaltens und des Lassens.* Der phänotypischen Reduktion des Wachens entsprechend, ist es in dieser Form schlichten Bei-der-Welt-Seins selten verwirklicht. Nichtsdestoweniger werden Mißverhältnisse des Wachens zur Welt erst auf dem Hintergrund der idealtypischen Reduktion sichtbar.

b) Trübungen des Wachens[1]

Die Trübung des Wachens darf als ein fundamentales Anzeichen gewertet werden, daß die Beziehung zur Welt die Kommunikation mit ihr gestört ist, die Bedeutungen der sich zeigenden Welt nicht klar erfaßt werden. Im Bemühen, die wachende Zuwendung zur Welt herzustellen und aufrecht zu erhalten, entzieht sich sowohl diese, wie auch das Vermögen, sie im Begriff festzuhalten. In der Trübung des Wachens wird Welt undeutlich, undeutlich werden aber auch die Konfigurationen des Innen: die Weisen der Zuwendung von Trieben, Wünschen, Willensimpulsen und urteilendem Denken verschwimmen. Funktionen des wachen Bei-der-Welt-Seins, zu denen das Aufmerken, Feststellen, Im-Griff-Behalten gehören, lassen in der Unterschiedlichkeit ihrer spezifischen Weise nach. Es wird festgehalten, was bedeutungslos ist, da das Bedeutende (Wichtige) verschwimmt. Es wird gegriffen, was nicht greifbar ist oder nicht gegriffen werden soll. Die Aufmerksamkeit mimt sich selbst, ohne aufzumerken (bei Organstörungen der ZNS-Koordination ebenso wie bei Intoxikationen und akuten Psychosen beobachtet). Mimen heißt in diesem Fall: so tun als ob Aufmerksamkeit vorhanden ist. Die Weisen der Zuwendung, insbesondere auch die Erwartungen, verlieren sich zunehmend in ihrem aperspektivischen Hintergrund. Der sich verschleiernden Welt entspricht das verschleierte Innen. Dösen, Tagträumen, Halb-Wachen,

„Nicht-bei-sich-Sein" sind volkstümliche Ausdrücke, die Trübungen des Wachens zu beschreiben.

Als eines der ersten Anzeichen gestörter Befindlichkeit im Verhältnis zur Welt sind Störungen des Wachens ärztlich immer alarmierende Symptome. Die Peripherie zwischen Welt und Innen bildend, ist das Wachen dem Oszillographen zu vergleichen, der geringste Störungen von Befunden oder der Befindlichkeit anzeigt. Entsprechend werden Trübungen des Wachens bei akuten (fieberhaften) Erkrankungen nicht weniger wie bei chronischen, letalen Leiden vorgefunden, bei organischen Veränderungen des ZNS (Tumoren, Blutungen mit komatösem Verfall des Wachens), des Sensomotoriums – jedoch weniger bei Einzelbefunden etwa des Gehörs, des Gesichtssinnes und ihrer Koordination – ferner bei exogenen Vergiftungen, endogenen, hormonalen Regulationsstörungen und nicht zuletzt bei starken Schmerzen. Trübungen des Wachens werden auch bei Störungen der Befindlichkeit, bei beginnenden depressiven Verstimmungen, bei Niedergeschlagenheit als Folge von Übermüdung angetroffen. Bei aller Verschiedenheit dieser Krankheitsbilder haben sie eines gemeinsam: Die vorgegebene Leibhaftigkeit ermöglicht nicht oder nur bruchstückhaft die wachende Zuwendung zur Welt und zum eigenen Innen.

c) Nicht-loslassen-Können des Wachens

Das bei den Dingen um jeden Preis, in allen Einzelheiten beharrende, diese fixierende, sie ganz und gar einnehmende Wachen stellt sich im Verlauf einseitigen Überwiegens einkörpernder Triebe ein: Besitzergreifen, Herrschen, Festhalten, Vereinnahmen. Aber auch im Zusammenhang mißtrauisch-feindseligen Kontrollierens (Folge der ängstlich-sorgenden Zuwendung) tritt das Nicht-loslassen-Können auf. Eine abnorm einseitige Bevorzugung des Wachens wird bei Zwangskranken beobachtet, deren Impulse zu krankhaftem Kontrollieren begangener Handlungen über die Fähigkeit des Wachens hinaus bis an die Grenze der Erschöpfung und Übermüdung zielen.

Eine ebenfalls einseitige Überspitzung des Wachens liegt der historisch-gesellschaftlichen Entwicklung der neuzeitlichen Naturwissenschaft und Technik zu Grunde. Der Präzision und Exaktheit naturwissenschaftlicher Erkenntnis, meßbar mit entsprechenden Geräten, entspricht die gespannte Aufmerksamkeit, das der Welt voll zugewandte Wachen. Technisch-wissenschaftliche Berufe stellen erhöhte Anforderungen an die wache Zuwendung mit allen daraus sich ergebenden Konsequenzen bei „möglichem Versagen" derjenigen, die das Wachen in die Welt hinein tragen.

d) Nicht-festhalten-Können des Wachens

Die Welt sogleich wieder aus dem wachenden Gesichtskreis zu verlieren – von den Störungen durch organischen Befunde abgesehen –, nicht bei den Dingen zu bleiben, unstet und inkonsistent von dem einen zum anderen zu flattern, zu huschen, charakterisiert nicht nur die manische Störung des Befindens und ihr oberflächlich-ideenflüchtiges Bei-den-Dingen-Sein. Auch das Unvermögen, sich tätig, in die Welt eingreifend, zu verhalten, die Arbeits- und Konzentrationsstörungen, dann aber auch die resignativ-depressiv an der Welt uninteressierte Einstellung zeichnen sich gleichermaßen dadurch aus, vor der Flucht der Erscheinungen zu fliehen. Das Wachen bleibt nicht bei dem Da-Sein und So-Sein der Dinge, es umwandert sie, zieht sich zurück, erblickt sie für einen Augenblick, blickt sie an, um sich ihnen nicht zu stellen, sondern wieder auszuweichen. Das Wachen meidet die Welt, es weicht dieser und sich selbst aus. Entsprechend gibt sich auch das Innen diffus-verschwommen, unbestimmt, von vagen Hoffnungen getragen, hier mehr euphorisch über das Außen hinweghuschend, dort resigniert dieses gar nicht mehr wahrzunehmen. Die durch das Wachen erfaßten Gestalten hängen von der Beziehung des Wachens zu ihnen ab. Ihre Bedeutung entspricht der Beziehung, die das Wachen konstelliert. In den Trübungen des Wachens werden Beziehungen und Bedeutungen undeutlich. Im Nicht-los-lassen-Können werden die Gestalten starr, fixiert, sklerosiert, unbeweglich. Im Nicht-festhalten-Können verlieren sich die geprägten Formen in der Fluktuation.

e) Historisch-gesellschaftlich bedingte Störungen des Wachens

Daß das Leben des Menschen ein kurzer Traum, der „Schatten eines Traumes" (*Pindar*) sei, wußte die Einsicht der Alten schon immer. Auch aus Ethnien werden Erkenntnisse dieser Art berichtet. Damit will die volkstümliche Redeweise die Kürze der menschlichen Existenz, ihren im Lebensrückblick traumhaft-aperspektivischen Charakter kennzeichnen. Aus dieser Perspektive rückt das Wachen unmittelbar an die Nähe des Traumzustandes, in der die pathische Lebenserfahrung überwiegt, die das Wachen in seinem Bezug zum Handeln rückblickend undeutlich erscheinen läßt. Auch hier ist die Perspektive ausschlaggebend, die das für Traum hält, was Bestandteil aktiver Erfahrung des Wachens war.

Wird aber das Wachen in seiner oben aufgezeigten idealtypischen Definition mit den Zuständen verglichen, in denen, von Schlaf und Alkohol u. a. Intoxikationen abgesehen, der größte Teil der vergangenen und derzeitigen Menschheit sein Leben verbringt, so ist es nicht einmal ein Traum, sondern ein unbestimmtes Dahindämmern, zu deren Ausnahme die oben geschilderten Berufstypen der technisch-wissenschaftlichen Kategorie gehören. Die Monotonie der Arbeits- und Verwaltungswelt im Industriezeitalter – auch die schwere Handarbeit der vorindustriellen Phasen war monoton, darüber hinaus körperlich erschöpfend – verwandelt das Individuum in ein dem angeschnallten *Pawlow*schen Hund vergleichbares Geschöpf, das nur noch auf wenige ausgewählte Signale reagiert und dessen Bewußtseinszustand wohl kaum noch durch freischwebende Aufmerksamkeit charakterisiert werden kann. Zur freischwebenden Aufmerksamkeit disponiert, erlauben die faktischen Bedingungen menschlichen Mit-Einanders diese idealtypische Bestimmung des Wachens nur noch in Ausnahmezuständen; das Wachen wird im Industriezeitalter zum dahindämmernden Vereinnahmen, zum läppischen Registrieren.

IV. Die Zuwendung/Abwendung. Ihre Störungen im Verhältnis zum In-der-Welt-Sein

a) Idealtypische Definition von Zuwendung. Störungen derselben

Die natürlich-vorgegebene Zuwendung des primären Vertrauens (s. oben) erfährt ihre zentrale Erschütterung durch die Erfahrung, daß Identität mit der Umwelt nur vorübergehend sich wieder herstellen läßt. Das Verhältnis der primären Zuwendung zu der Entwicklung des sekundären Vertrauens, zu Können und Leistung einerseits, zu Abwendung und Abweisung andererseits, wurde oben aufgezeigt. Das Vermögen der Zuwendung sei idealtypisch definiert: *Richtung (Intentionalität) des eigenen Da-Seins zusammenzufassen und vorbehaltlos, aber nicht unkritisch, auf den anderen zu lenken, ihm zu antworten oder ihn zu einer Antwort zu bewegen.*

In diesem Sich-Öffnen wird die Grundlage für Welt- und Selbsterfahrung (Kommunikation) gelegt. Von dem primären Bruch der Zuwendung in der Erfahrung des Nicht-Identischen bis zu der als radikale Weltabwendung zu interpretierenden Katatonie finden sich zahlreiche Zwischenstufen, doch wird erst an den extremen Bildern möglicher Zu- oder Abwendung die Physiognomie und damit das Mißverhältnis von Zu- und Abwendung sichtbar.

In der extremen, sich öffnenden Zuwendung sieht sich der gutgläubig-naiv Vertrauensvolle, u. U. der Debile, aber auch der Demente, den keine Lebensenttäuschung zu kritischer Distanzierung bewegen kann, der immer wieder blindlings und vertrauensvoll enttäuscht wird. Zu dieser Art von Zuwendung zählt auch, taktlos den anderen anzufallen, plump-vertraulich ihn nach der Art von Alkoholikerfreundschaften „anzuhauen“, ihm auf die „Schulter zu klopfen“ und ihn – ehemals in „Landser-Manier“, heute nach der von Hippies oder „Genossen“ – in eine Gruppe einzuvernehmen, um ihn dort auf der Ebene läppisch-säuglingshaften Verhaltens, in manipuliert-betulicher Fürsorglichkeit buchstäblich seiner Identität zu berauben.

Der Zwang zum gegenseitigen Vertrauen, zu gegenseitiger Zuwendung, ideologisch untermauert, fordert die früher oder später zusammenbrechende Selbsttäuschung der Aufhebung des Nicht-Identischen heraus und ihren Umschlag in feindselige Distanzierung. Charakteristisch für diese distanzlos-plumpe Vertraulichkeit ist ihre Blindheit, den anderen als Subjekt überhaupt wahrzunehmen, als Nicht-Identischen. Die kollektiven Formen ebenso herbeigesehnten wie erzwungenen Vertrauens (Vertraulichkeit) gehen von der (falschen) Voraussetzung aus, daß es das Nicht-Identische überhaupt nicht gibt, Identität Voraussetzung von Gemeinschaft sei. Auch der ekstatisch verzückte, der sog. Schizophrene, anscheinend der Welt und seinen Erlebnissen hingegeben, nimmt den anderen kaum noch wahr. Ebensowenig hält die triebhaft bestimmte, schrankenlos den anderen zum Zwecke ihres eigenen Genusses mißbrauchende Nymphomanin die Art ihrer Zuwendung für Vertrauensstiftung. Die in der Manie zu beobachtende Vertrauensseligkeit zeichnet sich ebenfalls durch taktlos-plumpe Einvernahme des anderen aus, da der von der Manie Befallene den anderen nicht oder nur undeutlich wahrzunehmen vermag.[1]

Die Fähigkeit zu vertrauen, sich dem anderen dabei ebenso zugeneigt wie auch kritisch-distanziert zuzuwenden, wie es idealtypisch das Arzt-Patient-, das Schüler-Lehrer-, das Verhältnis auch zwischen Kind und Eltern bestimmen könnte, wird durch den Mißbrauch der sich zuneigenden, vertrauenden Zuwendung durch den Mitmenschen immer wieder in Frage gestellt. Ein Mißbrauch, der sich sowohl durch die über den Willen sich anbietende Manipulierbarkeit des Vertrauenden einerseits anbietet, durch die einkörpernde Antriebe andererseits (dominieren) fast zwangsläufig sich ergibt.

Als weitere Mißverhältnisse der Zuwendung sind alle jene Weisen zu nennen, die einseitig einkörpernde oder entkörpernde oder soziale Antriebe darstellen. Die einseitig nach Macht, Selbstbestätigung, Expansion strebende Zuwendung oder das unterwürfig, sich überanpassende oder das sozial-überkaritative Verhalten (s. unten), das sich selbst nicht mehr anders als fürsorglich verhalten kann, zählen zu diesen Mißverhältnissen der Zuwendung. Die einseitig willensbezogene oder die nur im Wünschen verharrende oder die ausschließlich sach- und zweckbezogene Zuwendung stellen der möglichen, idealtypischen Zuneigung gegenüber festgefahrene Sackgassen dar. Der Willensheros steht in der Weise seiner Zuwendung nicht weniger im Mißverhältnis zur Welt wie der rachgierige Beutemacher oder die überfürsorgliche Krankenschwester.

b) Störungen der Abwendung

Das Vermögen zur Abwendung ist nicht weniger als die Zuwendung in den biologischen Rhythmen von Tag (Zuwendung) und Nacht (Schlaf/Abwendung) begründet (s. oben). Abwendung ist auch das Vermögen, die nicht identisch erfahrene Welt abzuwehren, Antwort auf Widerstand im Umgang mit Welt. Sie ist aber auch Bestandteil eines auf gegenseitige Abhängigkeit und Austausch angelegten Kommunikationsvorganges und notwendiger, integrierter Bestandteil von In-der-Welt-Sein. Wie sich die individuelle Gestalt der Zeit nur durch Widerstand, durch Abwendung und Abwehr gegenüber behaupten und durchsetzen kann, so ist Abwendung und Abwehr eine Voraussetzung von Subjekt-Werden, von Entwicklung und Individuierung, den psychoanalytischen Abwehrmechanismen, z. B. gegen die Sexualität, in jedem Falle vorgegeben (s. unten).

In der enttäuschten Abwendung des Kindes von seiner Mutter, seinen Eltern oder Spielgefährten, in der Enttäuschung über das eigene Können – gelingt es nicht, den Stuhl im ersten Ablauf zu erklimmen – bereitet das Kind die nächste Zuwendung vor, um das Nicht-Identische von Personen oder Gegenständen im Handeln vorübergehend wieder in das Identische des eigenen Handlungsbezuges überzuführen (s. oben). Abwendung ist eine Phase in der Kommunikation, die Rückzug, Sammlung neuer Kräfte, Vorbereitung neuer Zuwendung heißt, einer Zuwendung, die um die Erfahrung von Abweisung und Scheitern bereichert ist.

Wie aber schon erstes Aufmerken Festhalten der Dinge und seiner selbst ist und damit Feststellen von Welt und Innen bedeutet, die die sich schliessende, zupackende, einkörpernde Gestalt der Abwendung voraussetzt, sind in der offenen Zuwendung, in der wahrnehmenden Zuneigung das „Nehmen" und das „Zu" präsent. Die sich öffnende Gestalt der Zu-Wendung ist im Sich-Öffnen auch bereits mögliche Abwendung, da der Gegenstand der Zuwendung sonst nicht erfaßt, festgestellt werden kann. D. h. über die phasische Verknüpfung von Abwendung (als Antwort auf Abweisung) und erneuter Zuwendung hinausgehend, impliziert Zuwendung bereits Abwendung.

Halten sich Zuwenden und Abwenden im Lebensprozeß idealtypisch die Waage (Gleichmaß von Zuwendung und Abwendung), so stellt sich ein Mißverhältnis zwischen beiden dar, *wenn auf die Abwendung die eigentlich einzutretende Zuwendung ausbleibt* oder die soeben dargestellte, vertrauensselige Zuwendung die Erfahrung der Abwendung nicht zu vollziehen vermag. Abwendung wird zu einer das Leben bestimmenden Haltung, die Abweisung, Feindseligkeit, Mißtrauen, nicht auszugleichende Enttäuschung enthält. Aus Abwehr gegen Widerfahrnisse und Widerstand wird Abwendung, aus Abweisung in der Kommunikation Indifferenz und Isolierung.

Für die idealtypische Bestimmung der Störung, u. U. Dekompensation zwischen Abwendung und Zuwendung ist die *Unmöglichkeit des Wechsels von einer Einstellung in die andere entscheidend*, eines Wechsels, der sich z. B. in der alltäglichen, morgendlichen Zuwendung des Erwachens darstellt: Der im Wechsel von Zuwendung zu Abwendung nicht wesentlich Beeinträchtigte hat nach dem Schlaf die Widerfahrnisse und Kränkungen des Vortages vergessen. Er beginnt mit jedem Morgen neu. Nicht so der Gestörte, der, besonders unter den Depressiven, schon morgens die Summe erlittener Enttäuschungen zieht und mit entsprechend verstimmter Befindlichkeit den Tageslauf beginnt. Daß hier am Endpunkt von Abwendung die extreme Isolierung und Kontaktfeindlichkeit der Katatonen steht – ohne diese etwa aus einer Summe von erlittenen Enttäuschungen zu erklären – wird als Bild verständlich. Sie zeichnet sich als zur Dauerhaltung gewordene Mißgestalt der Abwendung, aus. Ihr steht die sich auflösende, verwirkte, naiv-oberflächlich daherplappernde Gestalt der manischen Vertrauensseligkeit gegenüber oder die der naiv-debilen als Mißgestalt von Zuwendung.

V. Dekompensationen und Störungen im Wahrnehmen und Sich-Bewegen

a) Leibhaft vorgegebene (angeborene) Dekompensationen und ihre Folgen

Über Wachen, Zuwenden und Handeln entwirft sich das perspektivisch fixierte Subjekt in die Welt. Wahrnehmen und Bewegen fundieren leibhaftes In-der-Welt-Sein, ohne dessen aufnehmend-feststellendes, handelnd-bewegendes Tun die lebensnotwendige Kommunikation ausbleibt. Frühkindlich erworbene oder angeborene Schäden des ZNS und des Sensomotoriums, die Wahrnehmen und Bewegen nur noch bedingt oder gar nicht mehr ermöglichen, sind in Erinnerung zu bringen, zumal Untersuchungen über die Weisen der Zuwendung, die Befindlichkeit dieser Kinder, ihre geistige Dekompensationsneigung vor allem bei Milieuveränderungen, ergeben haben.[1]

b) Organisch und historisch-gesellschaftlich bedingte Dekompensationen und Störungen von Wahrnehmen und Bewegen

Wie der Mensch ist, so bewegt er sich und nimmt wahr. D. h.: Dekompensationen in seinem In-der-Welt-Sein zeichnen sich in den beiden fundamentalen Weisen des Zur-Kenntnis-Nehmens (Wahrnehmen) von Welt und der Antwort auf diese aus. Von den organisch (neurologisch) vorgegebenen Störungen abgesehen, ist auch der klinisch akut oder chronisch Erkrankte in Wahrnehmen und Bewegen gestört. Die sich zuwendende Wahrnehmung wird besonders bei Fieber und Intoxikationen, zunehmend getrübt, die Bewegung unruhig, diskoordiniert oder aus Schwäche nicht mehr durchführbar.

Der chronisch Kranke, in seiner Kommunikation schon in den meisten Fällen beeinträchtigt, ist durch wachsende Einengung des Horizontes seiner Wahrnehmung, durch Reduzierung seiner Bewegungen auf wenig bestimmte, festgelegte Bewegungen, charakterisiert (s. oben). Wahrnehmungstrübung, Bewegungs-Diskoordination in der akuten Erkrankung, Einengung von Bewegen und Wahrnehmen in der chronischen Erkrankung vermögen idealtypisch die Richtung festzulegen, die die zum In-der-Welt-Sein proportionierte der eingeschränkten Wahrnehmung gegenüber abgrenzt.

Die Einschränkung, Skotomisierung von Wahrnehmung nicht weniger als die der Bewegung ist jedoch auch ein historisch-gesellschaftliches Phänomen, in Ethnien mit extrem eingeengtem Milieu ebenso nachweisbar wie im Industriezeitalter.[2] Mit den Lernprozessen der Kindheit beginnend, wird Wahrnehmen graduell auf ausgewählte Gegenstände des Unterrichtes, aber auch des Umgangs mit Menschen eingeschränkt, die in der späteren Berufswahl z. B. dazu verleitet, daß nur noch faktisch die Dinge der sich zeigenden Welt wahrgenommen werden, die in den vorgeprägten Gesichtskreis gehören. Das trifft für den Mathematikstudenten nicht weniger zu als für den Sioux-Indianer, der vom 5. Lebensjahr ab bereits auf Jagd- und Kriegszug eingestellt wird. Der Mechaniker sieht nur noch Teile, die zu dem Pkw gehören, der Chemiker die seinem Spezialgebiet zukommenden Formeln, der Arzt kranke Organe. Der „Fachidiotismus" bestimmt in der hochgradig spezialisierten Gesellschaft nicht weniger als in der vorindustriellen und in Ethnien den Horizont möglicher Wahrnehmung, wobei Wahrnehmung im erwähnten Sinne über die leibhafte hinausgehend, zur Kenntnisnahme von sich zeigender Welt erweitert ist. Nicht weniger tritt der Umkreis möglicher, durch die jeweilige soziale Selektion bedingte Bewegung zurück. Diese wird auf marionettenhaft abgezirkelte reduziert, die dem Reflexschema sich angleichend, den Tageslauf durch den Umgang mit dem Zeug weitgehend bestimmt (Sachbestimmung der Bewegung). Die Anpassungen an das „Gestell" der Technik uniformieren den Bewegungsablauf, von der Fahrt per Bahn oder Auto morgens zur Arbeitsstätte, den Tag für Tag stereotyp dort abfolgenden Handlungsabläufen, bis zur Rückkehr in das Zuhause. Der Bewegungsablauf eines Verwaltungsangestellten oder eines Fließbandarbeiters erfährt in diesem Fall eine erheblich größere Einengung als der Bewegungsablauf etwa von Jägern, Sammlern oder selbst Landarbeitern.

Der durch Krankheit und historisch-gesellschaftliche Umstände bedingten Einschränkung von Wahrnehmen und Bewegen sei die idealtypisch gesunde Bewegung und Wahrnehmung gegenübergestellt. *Idealtypisch zeichnet sich die gesunde Bewegung durch Übereinstimmung von Bewegungsentwurf (Plan einer Handlung, Durchführung derselben), faktische Bewegungsmöglichkeit (intakte Organfunktionen) und Spontaneität (Ausdrucksbewegung) derselben aus*; ferner durch die Möglichkeit, die Bewegung zu wiederholen trotz äußerer oder innerer Widerstände (Widerstände: Durch organische Krankheit nicht weniger als durch innere Hemmung gegebene, aber auch durch äußere Bedingungen). Die Bewegung wird zielgerecht, je nach Erfordernissen schnell oder langsam ausgeführt, das gilt für Gehen oder Laufen nicht weniger als für das Einschieben eines Präparates in den Mikroskoptisch. *Die Bewegung steht darüber hinaus auch im Dienst der Selbstdarstellung*, sie ist Ausdrucksbewegung der Lebensgestalt der Persönlichkeit. Die gesunde Bewegung zeichnet sich hier durch die Möglichkeit aus, diese individuelle Lebensgestalt immer wieder zu repräsentieren, bis sie physiognomisch die sichtbar-leibhafte Gestalt prägt.

Die phänotypisch gesunde Wahrnehmung wird durch die proportioniert zwischen Außen und Innen, Innen und Außen vermittelnde Funktion der Sinnesorgane, ihr Vermögen zu fixieren und wieder loszulassen, zu differenzieren und den Horizont der wahrgenommenen Welt zu erweitern, gekennzeichnet.

c) Subjektzentrierte Dekompensationen von Wahrnehmen und Bewegen

Die stetige, aufmerkend sich zuwendende Wahrnehmung der Gesichtsinne, das gespannte Hören, das sich geruchs- oder geschmacksintensiv hin und her bewegende Riechen und Schmecken, das ebenso behutsam wie konstant aufnehmende Tasten, erfahren bei gestörter Befindlichkeit eine Veränderung ihrer Aufnahmemöglichkeit. *Das subjektiv gestörte Wahrnehmen ist entweder das extrem eingeengte oder das diffus-verschwommene.*

Oder: Die Bewegungen der Augenmuskulatur, die beim gesunden Auge die Grundlage für deutliches, (scharfes) Erkennen und deutliches Erblicken (s. oben) sind, auf Wahrnehmung als sich zuwendende Anwesenheit bei Welt übertragen, geben auch hier das Modell Mißverhältnisse der Wahrnehmung zu verstehen. Der Akt der Konzentration, der den Weisen der Zuwendung entsprechend von der mentalen Konzentration des Mathematikers oder Ingenieurs bis zur geschäftlichen, von Willen und Plan bestimmten Kalkulation des Managers, bis zur leidenschaftlichen Hinwendung an eine Person oder Sache sich spannt, stellt ein Extrem einseitig eingeengter, skotomisierter Wahrnehmung dar – das jedoch durchaus Bestandteil menschlicher Weltzuwendung sein kann. Es vermag zur Dekompensation zu führen, wenn die mit dieser Wahrnehmung verbundene Haltung die gesamte Lebensgestalt prägt, wenn, wie beim Blick, die Oszillation zwischen Fixieren (Einengen, Einfassen) und sich unbestimmt-undeutlich dem Zeigenden öffnen (z. B. in der bildhaften Wahrnehmung der Welt) nicht mehr stattfinden kann. Subjektzentrierte Mißverhältnisse des Wahrnehmens wären demnach zur Haltung (Definition s. oben) gewordene, einseitige Fixierungen an Bilder oder Gegenstände – oder Wahrnehmungen, die der Umwelt ausweichen, nur oder überwiegend im Undeutlich-Diffusen verharren (z. B. bei organisch bedingten Funktionsstörungen der Wahrnehmung).

Einseitige Festlegungen durch fixierte Weisen der Zuwendung oder durch Spezialisierung der Sinne auf bestimmte, wahrzunehmende Dinge und diffus-undeutliches Aufnehmen des übrigen Horizontes der sich zeigenden Welt sind jedoch wiederholt miteinander verschränkt. Der auf seine Autoteile spezialisierte Mechaniker sieht den „Rest der Welt" zunehmend verschwommen, undeutlich, nicht weniger der auf die Herstellung von Kunststoffibern skotomisierte Chemiker. Beiden muß sich die Welt wieder in besonderer Weise auftragen: durch Werbung, Propaganda und massiv angebotene Signale.

Die durch einseitige Festlegung verunsicherte Wahrnehmung, begegnet sie der sich zeigenden Welt, wirkt unstet: Der Blick[3] huscht hastig über Bilder und Gegenstände, erfaßt sie nur oberflächlich, ungenau, oder er bleibt verschwommen. Das Auge „blickt" trübe, dumpf, das Ding oder die Person werden angestarrt, angeglotzt, ohne daß sie in ihrem So-Sein wahrgenommen und erkannt werden, sobald der gewohnte, festgelegte Horizont verlassen wird. Die Übergänge von der durch die Entfremdung der menschlichen Umwelt konditionierten Wahrnehmung bis zu der eingeschränkten der Imbezillen oder hilflos Dementen sind fließend. Das Ausmaß an verlorener Welterfahrung kennzeichnet die eine Störung nicht weniger wie die andere.

Wie der Blick – so die Wahrnehmung. Im Blick wird die kontinuierliche Vermittlung der Sinnesorgane zwischen Innen und Welt evident. In der Art und Weise (Zuwendung) zu blicken, spiegelt sich das Erblickte nicht weniger wieder als die Art, das Wahrgenommene zu erblicken. Ob Welt, Person, Natur, Zeug anteilnehmend, prüfend, fragend, hoffend, zweifelnd, liebevoll-zugewandt oder ob ängstlich, verstört, resigniert, hoffnungslos, verzweifelt angeblickt werden – liegt in der Art, wie Welt sich jeweils zeigt (s. oben „Physiognomie") und wie sich ihr zugewandt wird.[4] Dem auf Genesung Hoffenden zeigt sich Welt heiter, freundlich, anteilnehmend, in farbigen und glänzenden Bildern, dem, der eine bestürzende Nachricht erhält, gibt sich Welt verdüstert, umdunkelt, versperrt, ausweglos. Entsprechend blickt er niedergeschlagen, gedrückt, verzweifelt, „bohrt sich sein Blick in das Nichts". In der Hoffnung präzisieren, konturieren sich die Dinge klarer, treten die Farben stärker hervor, leuchten Glanz und Schimmer, die sonst nicht jedem erkenntlich sind. Umgekehrt nimmt der Niedergeschlagene oder Hoffnungslose die Umwelt nur noch undeutlich wahr, erscheint ihm diese leer, grau, matt, in den Farben abgestumpft. Der glänzende Blick des Verliebten korrespondiert mit der Hoffnung, der stumpfe des Depressiven mit der leer empfundenen Welt. Diese zeigt sich der jeweiligen Befindlichkeit entsprechend, aber die Befindlichkeit der Welt korrespondiert nicht immer mit der Befindlichkeit des Subjektes und vermag diese entsprechend zu verändern (s. oben). Beides spiegelt sich in der Wahrnehmung, im Erblicken der Welt.

Der Verunsicherung des Blickes durch den Zweifel entspricht eine schwankende, sich der Wahrnehmung immer wieder entziehende Welt, dem hastig-gehetzten, unsteten Wahrnehmen eine hastig-unstete Welt. Der „ratlose" Blick des Schizophrenen gibt die Befindlichkeit dessen wieder, der Rat, damit Richtung, Anweisung und Halt sucht, dem die sich zeigende Welt nicht mehr als „solche" sich darstellt, sondern die – wie ein Spiegel der inneren Ratlosigkeit – nicht mehr zu- und ineinander gefügt ist. Nicht weniger entspricht dem träumerisch-verträumten Blick die Wahrnehmung einer undeutlichen, noch dem Aperspektivisch-Traumhaften zugeordneten Welt.

Was für die subjektzentrierte Störung der Wahrnehmung gilt, gilt auch für die Einschränkungen der Bewegung,[5] die von den organisch bedingten

Bewegungserstarrungen (z. B. im Parkinsonismus) bis zu den Identitätsfixierungen (s. unten) und den dekompensierten Weisen z. B. extrem gehemmter Zuwendung auf die Welt und entsprechend verunsicherter Bewegung reicht. Der unsicher-flackernden Wahrnehmung des Geängstigten entsprechen ausfahrende, unkoordinierte Bewegung im Angstzustand – oder Erstarrung. Der eingeschränkten Wahrnehmung des Gehemmten ist die in sich verkapselte, unfreie, abrupte Motorik an die Seite zu stellen.

Dabei ist es jedoch chrakteristisch für die Weise menschlichen In-der-Welt-Seins, daß der Umgang mit Zeug, das Erstellen desselben, die ausgewogene, ruhige, sichere, zielbestimmte Bewegung verlangt: Der Feinmechaniker darf nicht zittern, nicht weniger aber erfordert Umgang mit dem Zeug – das Zupacken, Halten, Heben, Stemmen und Stützen – Bewegungen, die ebenfalls Kraft mit zielbestimmtem Entwurf verbinden. In der mentalen Konzentration erlischt die äußere Bewegung weitgehend (Meditation, Nachdenken) – von der peripathetischen Ausdrucksform der geistigen Akte abgesehen – und weicht der inneren Bewegung von Gedanken und Gefühlen. Im Umgang mit Personen entwickelt sich die Skala möglicher Bewegungen als Ausdruck von Zuwendung oder Abwendung, vom zarten Streicheln bis zum brutalen Faustschlag, von sich duckender Körperhaltung bei Flucht bis zum Zeremoniell von Höflichkeitsbezeigungen. Mißverhältnisse der Bewegung – in Anknüpfung an das soeben Ausgeführte – sind zu beobachteten, wenn ein einmaliger Bewegungsausdruck, etwa der Flucht, zur Haltung der Überanpassung im täglichen Leben wird und sich entsprechend in der leibhaften Gestalt ausdrückt. Oder wenn unterdrückte Aggression zur lebensprägenden Ausdrucks- und Dauereinstellung (Haltung) auf Kosten der anderen Bewegungsmöglichkeiten sich entwickelt.

Beziehung und Bedeutung, Gestalten der sich zeigenden Welt hängen von dem über Wahrnehmung und Bewegen sich in die Welt entwerfenden Subjekt ab, wie das Subjekt von der Konditionierung seiner Beziehung zur Welt, von der Welt selbst, von ihrer Bedeutung durch seine Beziehung zu ihr abhängt. Das Maß des einen Sich-Verhaltens zum anderen drückt das Verhältnis beider zueinander im Wahrnehmen und Bewegen aus.

d) Sog. Hemmungen der Motorik und der Wahrnehmung

Die Hemmungen der Motorik und der Wahrnehmung, hauptsächlicher Untersuchungsgegenstand einer neoanalytischen Schule,[6] wurden von dieser im wesentlichen als Folge der die wahrnehmende Zuwendung, die in den Raum drängenden Motorik verbietenden, einschränkenden sozialen Anordnungen (Verbote) interpretiert. Die primär jedoch als Widerstand – bereits vor jeder sozialen Konditionierung – erfahrene Welt fordert (s. oben) entweder verstärkte Zuwendung heraus, stellt das Durchsetzungsvermögen des Kindes sehr früh auf die Probe, oder die resignative Anpassung übernimmt die Führung in der Entwicklung des Subjektes. In beiden Fällen ist aber Hemmung auch ein „Teil" des normalen Lernprozesses, der hier im Umgang mit Dingen, dort mit Personen, deren Grenzen erfährt. Hemmung ist Raumerleben (gelebter Raum, s. unten) im gelebten Wissen um die Dimensionen des Raumes von Dingen und Menschen – die der Enthemmte nicht mehr genügend wahrnimmt. Die krankhafte Hemmung von Motorik und Wahrnehmung, nicht zu trennen von einem veränderten Raum- und Zeiterleben, einer veränderten Beziehung auch zum Leib, ist kaum in der Lage das Raumerleben zu begründen, zu entwickeln und zu differenzieren. Der Raum erweitert sich in der krankhaften Hemmung nur mühsam, durch Laufen, Gehen, Springen, durch Zupacken oder Greifen, durch Abtasten und Erkunden. Er muß immer wieder bezwungen werden, sonst „schnurrt" er zusammen. Dagegen erhält sich die Wahrnehmung, selbst bei Verbot bestimmte Dinge anzusehen und der unausbleiblichen, gesellschaftlich bedingten Skotomisierung, den schweifenden, den Horizont immer wieder abtastenden Charakter, da sie sich den einschränkenden Bedingungen einer die Wahrnehmung mit zahlreichen Verboten belegenden Umwelt vergleichsweise leichter zu entziehen vermag als die Bewegung.

Die krankhaft gehemmte Motorik wirkt gehemmt, weil sie das Gegen-Einander von Trieb und Wunsch gegen Widerstand permanent verkörpert. Der „gehemmte Mensch" (*Schultz-Hencke*) ist nicht nur der, der Verbote „verinnerlicht" hat, die ihn in seiner Expansion zurückhalten, sondern ist der Mensch, der in der Permanenz einer Konfliktsituation von Wunsch und gleichzeitiger Widerstandserfahrung verharrt, unsicher, ratlos, verstört, ängstlich sich in seinen Bewegungen gibt. *Hemmung ist Konflikterleiden, das durch äußere oder innere Bedingungen erweckt, entweder in der unsicheren, in ihrer anvisierenden Zielkraft schwankenden Motorik sich darstellt, in über das Ziel hinausschießenden Kraftakten, in sich zur Handlung nicht entschließenden, unterlassenen Bewegungsfolgen oder in ganz und gar apathisch-schlaffem, u. U. stuporös-katatonem Bewegungsstillstand.*

Diese Physiognomie der gehemmten Motorik ist ferner Stigma einer über mögliche Erziehungseinflüsse hinausgehenden, generellen, gesellschaftlich bedingten Verunsicherung im motorischen Verhalten wie auch Ausdruck nur einer Schwankung momentaner Befindlichkeit, Ausdruck jedoch auch von Temperament und leibhaft vorgegebener Einstellung. Das folgende Schema gibt die Faktoren möglicher Gehemmtheit der Motorik wieder:

Hemmung ist:

A) Normaler Bestandteil des Lernprozesses, Grenze und Raum (Dimensionen) von Personen und Dingen zu erfahren.

B) Krankhaft: wenn Antriebe/Triebe (Wünsche) und Widerstandserfahrung zu einer *permanenten* Leidens- (und Konflikt-) Haltung geworden sind, weil:

a) der Antrieb/Trieb (Wunsch) kraftlos ist;
b) die Planung, Antriebe zu verwirklichen, aus Gründen von Intelligenz und Wollen mißlingt (z. B. Debilität);
c) der Widerstand für das Individuum oder allgemein unüberwindlich ist;
d) die Erfahrung von Grenzen (z. B. Verboten) sich als permanent einschränkende, Bestandteil von Einstellung und Haltung geworden ist;
e) starke Antriebe auf starke Grenzerfahrungen stoßen (ikonoplastisch gegen ikonoklastisch).

C) Folge von organisch-körperlichen Erkrankungen, als „Rest" von motorischer u. a. Unsicherheit (z. B. nach Schädeltrauma, langer Infektionskrankheit usf.).
D) Temperaments- und typusbedingt (Konstitution).
E) Folge von gesellschaftlich-allgemeinen Einwirkungen (z. B. Puritanismus in anglo-amerikanischen Ländern) und des Volkscharakters (Skandinavier im Vergleich zu Italienern).

e) Störungen in der Vermittlung durch die Sinnesorgane

Die organischen Grundlagen des Vermögens zur Wahrnehmung durch die Vermittlung der Sinnesorgane werden durch innere Erkrankungen nicht weniger betroffen wie durch neurologische Ausfälle; ihnen widmet sich ferner die Ophthalmologie und die Hals-Nasen-Ohren-Kunde.

Oben wurde der Blick als „abzulesender Stand" der Beziehung (Vermittlung) zwischen Subjekt und Umwelt beschrieben. Die Welt zeigte sich dem Subjekt, wie es diese seiner Befindlichkeit entsprechend wahrnimmt; umgekehrt verändert aber auch sich zeigende Welt Blick und Befindlichkeit. *Die Störungen relativ ausgeglichener Vermittlung zwischen Innen und Außen zeigen sich durch einseitiges, u. U. extremes Überwiegen des Subjektes über die Objektseite der sich zeigenden Welt und umgekehrt an.* Das Überwiegen des Innen wird in allen Störungen der Befindlichkeit beobachtet, wenn der euphorisch oder manisch Gestimmte den Bahnhofsplatz „herrlich, malerisch und hinreißend" findet, oder wenn der Niedergedrückte, der Depressive diesen abscheulich findet und nicht zu betreten wagt.

Das Überwiegen der Subjektivität wird ferner in den sog. Projektionen[7] sichtbar, wenn in der sich zeigenden Welt Vorgänge, Geschehnisse, Gestalten gesehen werden, die sich allgemeiner Zu-Kenntnisnahme entziehen. Daß das Gesehene durch faktisch wahrnehmbare Hinweise angeregt wird, das Wittern einer feindseligen Physiognomie keineswegs nur „Projektion" ist, liegt auf der Hand. Über den wahrzunehmenden Hinweis hinaus wird jedoch in der Projektion mehr gesehen, als die Wahrnehmung anbietet. Dieses „Mehr" ist durch aperspektivische Bildzusammenhänge und entsprechende Motivierung durch dieselben charakterisiert. Die „Projektion" hat bildhaften Charakter, es wird das „Bild des Vaters" auf den Therapeuten übertragen, wobei dieses Bild undeutlich-unspezifisch, damit aperspektivisch-traumhaft erscheint, sich der rationalen Fixierung bei Präzisierung seiner Eigentümlichkeiten entzieht. Die illusionäre (oft bereits wahnhafte) Verkennung der Umwelt darf als Steigerung der Projektion angesehen werden. In der Halluzination endlich tritt der aperspektivische Bildhintergrund vollends zutage (vgl. unten), er ist seh- und hörbar geworden.

Umgekehrt wird die Überwältigung, der Einbruch der sich zeigenden Welt, das Auslöschen des subjektiven Innen beobachtet. Dazu hat die sog. Objektivität der Naturwissenschaften, die durch sie bedingte historisch-gesellschaftliche Veränderung erheblich beigetragen; die Auslieferung an die entfremdete, in Formen, abstrakten Begriffen gefaßte „Objektivität" vernichtet die bildhaft konkrete Außenwelt ebenso wie sie Abstrakta vermittelt, die nicht mehr die Sinnesorgane noch das aperspektivische Innen, sondern nur noch die Ratio ansprechen. Dieser nicht aufzuhaltende Prozeß wird ferner durch die Auslieferung des Subjektes auf der Ebene wiederum plumper Wahrnehmungen an politische Propaganda („Erziehung") oder Werbung ergänzt, an die Manipulation, die die potentielle (mögliche) Eigenständigkeit des Subjektes weitgehend auslöscht, es an das Außen „verkauft".

Auf der Ebene krankhafter Dekompensationen in der Vermittlung zwischen Außen und Innen wird ferner den Zuständen nicht organisch bedingter allgemeiner Überempfindlichkeit begegnet, die sich gegen Licht, Farben, Geräusche richtet und in früheren Zeiten allgemein als Psychasthenie bezeichnet wurde.[8] Zu diesem „psychasthenischen Erleben" der Überflutung, Überwältigung durch die Außenwelt, die ihre Parallele in Prodromalerscheinungen epileptischer Anfälle und Migränen aufweist, aber auch bei beginnenden Psychosen und Intoxikationen beobachtet wird, tritt ergänzend die Schilderung der Betroffenen, die darstellen, wie „die Welt auf sie einstürzt, sie aufreibt, sich mit rasender Geschwindigkeit auf sie zubewegt oder niederschmettert, vernichtet, zerstört".

f) Der Gestaltkreis von Wahrnehmen und Bewegen

Wachen, Sich-der-Welt-Zuwenden, Wahrnehmen, und Handeln, in die Welt Eingreifen, Bewegen, Vermittlung der Sinnesorgane zwischen Innen und Außen, Außen und Innen, erstreben idealtypisch im Modell des Gestaltkreises eine Kreisbewegung von Innen nach Außen, von Außen nach Innen. Dieser zyklische, nur reduktiv zu vermittelnde Kreisprozeß, auf den sich überhaupt In-der-Welt-Sein aufbaut, erfährt sowohl durch Veränderung der sich zuwendenden Wahrnehmung wie auch durch Wandlungen der sich zeigenden Welt eine ständige Alternierung der Kreisgestalt, sei es, daß diese – bildlich gesprochen – von der Außenwelt in ihrer Kreisgestalt verändert, „eingedrückt" wird, sei es, daß sie von dem in und über die Welt hinausgreifenden Innen eine „Ausbeulung“ erleidet. Die Aufrechterhaltung oder Wiederherstellung dieser Kreisgestalt trotz zunehmenden Mißverhältnisses zwischen Innen und Außen charakterisiert das Vermögen zur Selbstregulation auf der Ebene der fundamentalen Beziehung zwischen Organismus und Umwelt (vgl. oben Kap. I.). Selbst in einer beginnenden „blühenden“ Psychose wird dieses Vermögen noch aufrechterhalten, wie aus Berichten von an akuter Psychose (Intoxikation) Erkrankten hervorgeht, die trotz der auf sie „einstürzenden Welt“ noch zu bestimmten, gezielten Handlungen in der Lage sind. Folgendes Beispiel eines an Drogen-Intoxikation Erkrankten sei zitiert:[9]

„Da ich mich als Träger der Weltgeschichte fühlte, mein Visum aber abgelaufen war, würde, wenn ich mein Visum bei der Behörde in NN verlängerte, das Alter der Welt auch um 50 000 Jahre verlängert. Als ich zur Polizei lief, war es wie ein Spießrutenlaufen durch feindliches Land. Straßen, Kühe, Fahrräder, Menschen, Häuser – alles kam auf mich zu: um im letzten Moment zurückzuweichen. Jedes Mal, wenn so ein Hindernis zurückwich, rief es mir zu „Wieder eine Hürde genommen“. Auf der Behörde mußte ich mit roter Tinte unterschreiben. Als ich dazu aufstand, ging das nur mühsam, da ich das Riesengewicht der Verantwortung für die ganze Welt und ihre Feinde auf den Schultern hatte...“

Erst in der fortgeschrittenen, sich chronifizierenden psychotischen Veränderung, im Beginn kataton-stuporöser Symptomatik, in der schweren Depression, bei letal verlaufenden inneren oder neurologischen Erkrankungen, wird die Kreisgestalt zwischen Subjekt und Objekt zunehmend fragmentarisiert, zersplittert, nur noch auf rudimentären Austausch mit der Umwelt (z. B. trinken, essen und Harn- oder Stuhlentleerung) eingeschränkt.

VI. Störungen und Dekompensationen des in der Welt seienden Subjektes gegenüber dem aperspektivischen Innen

Die Auslöschung des aperspektivischen Innen im Vollzug der wachenden Zuwendung, wie sie im Alltag der Angehörigen von Industrie-Nationen sich allgemein ereignet, seine historische Rückbildung in der Evolution der Menschheit und der individuellen Ontogenese wurden oben dargestellt. Die sich von ihrem aperspektivischen Hintergrund ablösende Ratio – eines der Hauptthemen der Komplexpsychologie –, die „emanzipierte Vernunft", droht in ihr Gegenteil, in die chaotische Unvernunft umzuschlagen,[1] wenn sie des Bezugs zu der Bilderwelt ganz entkleidet wird, die ihr sowohl im Innen als auch in der zeitlichen Entwicklung vorgegeben ist (durch die vorprädikative, bildhafte Teilhabe an der Welt). Das phänotypische Idealbild wäre hier – Sinn und Zweck tiefenpsychologischer und psychoanalytischer Bemühungen –, *einen Gleichgewichtszustand zwischen den dem Wachen sich entziehenden Vorgängen des aperspektivischen Innen und denen des (wachen) Handelns zu erreichen:* einen Gleichgewichtszustand, der auch die antagonistischen Bewegungen und Strukturen des Innen über zunehmendes Selbstverständnis – auch wenn die aperspektivische Psyche dem Selbstverständnis sich nur begrenzt öffnet – harmonisiert. Der Idealbestimmung steht die Faktizität der Auslieferung an die bildfeindliche Ratio gegenüber, an die zwar notwendigen, aber doch entfremdeten Abstraktionsprozesse, die in jenen Kranken überwiegen, die Kontakt und Beziehung zur Bilderwelt des Aperspektivischen und ihren Emotionen (Gefühlen) weitgehendst verloren haben. Sie stehen in unmittelbarer Nähe jener Kranken, die im Sinne *C. G. Jungs*[2] durch eine „Inflation des Unbewußten", einen Einbruch in die rational sich gebärdende Bilderwelt gefährdet werden, weil sie eine zwar überwiegend planmäßig-rationale, aber auch extrem veräußerlichte Existenzweise führen. Diese Individuen wiederum stehen im Gegensatz zu jenen, die auf der Ebene des ihnen durch die Zivilisation angebotenen Bilderkonsums oder der politischen Propaganda – meist einer pseudo-erotisierten Sphäre entnommen – künstlich an den Grenzen der Debilität gehalten werden. Sie sind zwar nicht als „krank" zu bezeichnen, leisten aber eine Form extremer Anpassung, die an dem idealtypischen Maß möglichen In-der-Welt-Seins als Mißverhältnis angesehen werden muß.

Das andere Beispiel extremer, ausschließlich der inneren (aperspektivischen) Bilderwelt hingegebenen Individuen sind die Visionäre, Propheten –

u. U. Schizophrene –, die in ihren krankhaften Gestalten der Absonderlichkeit, Verschrobenheit oder Abwegigkeit[3] durchaus in der industrialisierten Welt anzutreffen sind. Ihre Streuung dürfte jedoch weit geringer sein als die derjenigen, die einer rationalen Manipulierung unterliegen.

Die Beziehung des Subjektes zu seinem aperspektivischen Hintergrund bestimmt die Bedeutung der Außenwelt, bzw. die Bedeutung, die es der Aussenwelt zukommen läßt, bestimmt die Beziehung zum Innen. Wird die Existenz des aperspektivischen Innen weitgehend ignoriert, verleugnet, „verdrängt", - durch mangelnde Beziehung zu dieser hat es keine Bedeutung für das Subjekt –, gewinnt die Bedeutung der Außenwelt zunehmend an Gewicht, wird die Beziehung zu dieser auf Kosten der möglichen Beziehung zum aperspektivischen Innen forciert. Umgekehrt wird die Gestalt der sich zeigenden Welt – in den asiatischen Religionen des Buddhismus und Hinduismus ist das Außen als Schein (Maya) weitgehendst abgewertet, die Introversion dort auf die Spitze getrieben – nicht oder doch nur undeutlich wahrgenommen, vermag das aperspektivische Innen durch die entsprechend verstärkte Zuwendung zu diesem an Deutlichkeit, Eindeutigkeit und damit an Bedeutung für das Subjekt zu gewinnen. D. h. auch hier ist der ausgleichende Kreisprozeß zwischen Innen und Außen möglich, dessen Unterbrechung nach der einen oder anderen Seite ein Mißverhältnis zu der sich zeigenden Welt oder zu dem eigenen Innen konditioniert.

VII. Das Verhalten zum eigenen Leib und seine Störungen

a) Das Sich-Verhalten-Können zum Leib

aa) Leib und Person im Verhältnis zueinander[1]

Im Unterschied zum Tier vermag der Mensch ein Verhältnis zu seinem Leib zu gewinnen. Er betrachtet ihn kritisch abwägend, vergleicht seine Bildung mit der anderer Leiber, er sieht ihn zärtlich-verliebt an, er pflegt und hegt oder er martert und quält ihn. Der Leib zeigt sich dem Subjekt, wie die Welt sich diesem zeigt. Sein Verhältnis zu ihm wird durch die Doppelbödigkeit dessen bestimmt, der sich ihm wie ein Fremder zeigt und doch zugleich er selbst ist, zu dem er ein Verhältnis gewinnt, dieses Verhältnis jedoch auch ein Selbstverhältnis ist. Das augenblickbedingte Verhältnis zum eigenen Leib, das aus Sorge, Zuneigung oder Abneigung stammt, ist von dem Verhältnis zu trennen, das der Mensch im Verlaufe seines Lebens dem eigenen Leib gegenüber grundsätzlich entwickelt, das den Hintergrund angibt, der dieses Verhältnis, wie einem Partner gegenüber, dauerhaft erscheinen läßt.

Die Grundeinstellung dem Leib gegenüber, von der zeit- oder augenblickshaften zu trennen, wird zwar von den relativen historisch-gesellschaftlichen Konstellationen beeinflußt, jedoch ist die Beziehung zum „tragenden" Leib (*Zutt*), dem treuen, lebenslänglichen Partner, ein *idealtypisch* selbstverständlich-problemloses, auch selbstverständlich-indifferentes. Erst Schmerzen, Krankheiten, der Umgang mit anderen und das Bedürfnis, den Leib – sich selbst – z. B. entsprechend zu schmücken oder zu bemalen, verändern das Selbstverständlich-mit-dem-Leib-Leben, lassen ihn zum Gegenstand (Vergegenständlichung aus der reflektierten Distanz, Leib wird zum objektivierbaren, anatomischen Körper) der Sorge oder des Auffallens, eines bestimmten Sich-Zeigens werden.

Das Verhältnis selbstverständlichen Mit-Einander-Seins mit dem Leib, aber darüber hinaus ihn als unerschütterbare Grundlage von Selbstvertrauen, auch über den könnenden Umgang mit ihm, zu wissen (s. u. Erziehung), *sei idealtypisch als das gesunde Verhältnis zu diesem angesprochen, (*wobei das Vermögen des Menschen, überhaupt zu seinem Leib wie zur sich zeigenden Welt sich zu verhalten, durch die primäre, Reflexion bedingende Spaltung ermöglicht ist, die Bedingung von Mensch-Sein ebenso wie von Entfremdung ist). Die Identität mit dem Leib, die Aufhebung derselben in Unbehagen, Schmerz, im „Herumgetragen-Werden“ (vgl. oben) wird vom Leib selber im selbstverständlich Sich-von-ihm-tragen-Lassen immer wieder hergestellt. Das erfolgt im Unterschied zu der Identität zwischen Subjekt und Welt, die nach Abschluß des Handelns oder einer Trieberfüllung wieder auseinanderfällt.

Je häufiger jedoch das selbstverständliche Sich-tragen-Lassen befragt und in Frage gestellt wird, durch übertriebene Zuwendung zum Leib, gleichgültig, ob in Sorge oder in „Verliebtheit“ in diesen, je eher erscheint das Gleichgewicht dem Leib gegenüber gestört. Solange der Leib mein schweigsamer Partner ist, der ich auch selbst bin, ich mich über den Partner nicht wiederholt reflektierend befrage, der Partner sich mir nicht durch Schmerz oder Befund vermittelt, bin ich im Gleichgewicht mit ihm.

bb) Gemeinsamkeit und Gegensätzlichkeit mit/zum Leib

Die Partnerschaft zum Leib zeigt sich, zusammengefaßt, an wie folgt:

1. Selbstverständliche Identität mit dem tragenden Leib.
2. Reflektierte Distanzierung vom Leib über Sorge oder übertriebene Zuwendung (Zuwendung setzt Distanzierung voraus, die u. U. erst in Sorge oder Krankheit sich erstmalig einstellt).
3. Mit Schmerzen macht sich der Leib als von meinem Wollen unabhängiger Partner bemerkbar.
4. In der Krankheit bin ich dem Leib als meinem Partner ausgeliefert.
5. In der Krankheit distanziert sich der Leib von mir, er entfremdet sich mir, wie ich mich von ihm distanziere.
6. Der Leib ist mir ausgeliefert, wenn ich ihn zur Erschöpfung zwinge.
7. Ich bin von der Befindlichkeit meines Leibes, seiner Gestimmtheit abhängig.
8. Mein Leib ist von mir, meiner Pflege, meiner Indifferenz, der Art meiner Zuwendung zu ihm abhängig.
9. Leib verhält sich gegensätzlich zu mir: in den Lebensphasen, in Befindlichkeiten, Krankheiten und Krisen.
10. Leib ermöglicht humanes, soziales Verhalten nach Durchgang z. B. einer Lebensphase oder Krise (Beispiel: Pubertät).
11. Leib bedingt rücksichtslos-soziales (inhumanes) Verhalten, wenn er mir seine elementaren Bedürfnisse aufzwingt.
12. In der Reflexion vom Leib distanziert, vermag ich meine Hand nicht als „meine Hand“, sondern wie ein anatomisches Präparat zu betrachten.
13. Durch den Leib wird mir mein von Stimmung, Antrieb, Wunsch, Wollen und Denken bestimmtes Verhältnis zum In-der-Welt-Sein vermittelt.
14. Der Leib vermittelt mir die sich zeigende Welt, wobei er selbst sich zeigende Welt, je-meinige, wie auch die des anderen ist.
15. Die fundamentalen Äußerungen von Zu- und Abwendung der Welt ge-

genüber sind mir durch den Leib vermittelt. Ich bin in Zu- und Abwendung von ihm abhängig, er jedoch von der Art meiner wachen Ab- und Zuwendung.

16. Durch den Leib wird In-der-Welt-Sein erst ermöglicht. Er ist der ontologischen Bestimmung meiner selbst in der Welt nicht nur vorgegeben, sondern er ist selbst – als der vergänglich sich bewahrende, in der Fortpflanzung sich übersteigende – diese ontologische Bestimmung.
17. Im Tod erlischt die Partnerschaft zwischen dem Leib und mir. Die in der Reflexion dem Leib gegenüber erreichte Distanzierung wird im Tod[2] zur unwiderruflichen Distanz schlechthin. Hebt der Leib in Schmerz und Krankheitsgefühl meine Identität mit ihm auf, so vollzieht er in Krankheit und Tod die Trennung von mir, seinem Partner.

b) Drei fundamentale Arten des Umgangs mit dem Leib

Aus der vergleichenden Ethnologie wie auch aus den verschiedenen geschichtlichen Epochen der Menschheit lassen sich drei idealtypische Arten ableiten, wie Menschen in ihren Sozietäten mit dem Leib umzugehen pflegten. In zahlreichen Ethnien,[3] jedoch überwiegend in solchen, die sich durch spärlich differenzierte Regeln des Zusammenlebens, geringem hierarchischen Überbau, geringer ökonomischer und kultureller Ausreifung – oft bei Jägern und Sammlern neolithischer Kulturstufe – auszeichnen, ist das Verhältnis zum Leib als gewährend, selbstverständlich-indifferent zu bezeichnen. Gewährend heißt: daß den leiblichen Bedürfnissen nach Speise und Trank, wenn es sich in der frühen Kindheit meldet, aber auch nach erotischer Befriedigung, weitgehend, soweit es die ökonomisch-sozialen Verhältnisse der Umwelt gestatten, nachgegeben wird, zumindest in der Kindheit bis zum 5./6. Lebensjahr. Der gewährenden Einstellung entspricht die Tendenz, dem aufwachsenden Kind Sich-Bewegen und Wahrnehmen im Umraum der Gruppe freizügigst zu erlauben, obwohl bei zahlreichen Naturvölkern Einschränkungen des Bewegens und Wahrnehmens durch Tabuierung[4] mannigfaltiger Gegenstände und Bezirke, durch Meidungsvorschriften bestehen, die auch das Wahrnehmen früh von spezifisch tabuisierten, zu meidenden Bildern ablenkt. Nichtsdestoweniger hebt sich idealtypisch die gewährende, unproblematische Einstellung dem Leib gegenüber von den beiden, jetzt zu erörternden Arten mit dem Leib umzugehen, ab.

Dem gewährend-indifferenten Verhältnis zum Leib ist jenes gegenüberzustellen, das auf Erziehung und Prägung des Leibes abzielt, diesen zum ausführenden Instrument des Willens zu machen. Die Art des Umgangs findet sich bei kriegerischen-nomadisierenden, aber auch seßhaften Ethnien mit bereits differenzierten, oft hierarchisch gegliederten Herrschaftsverhältnissen, Regeln des Zusammenlebens, ausgeprägten Zeremonien für die verschiedenen Phasen der Lebensalter und der die Gruppe prägenden Ereignisse (Geburt, Hochzeit, Tod), mit entwickelter Arbeitsteilung, komplizierten Mythen und Ansätzen zu komplexen religiösen Themen. Als bekanntestes Beispiel dienen die Ethnien des südpazifischen Raumes, die Prärie- und Küstenindianer, kriegerische Nomaden auch afrikanischer Stämme[5] – und die Völker der griechisch-römischen Antike, deren gymnastische Schulung (Paideia) ein entscheidender Bestandteil der Gemeinschaft überhaupt war.[6] Sie wurde zum Vorbild für ähnliche Pflege der Beziehung zum Leib in Europa seit Beginn des 19. Jahrhunderts.

Den Leib in ein gefügiges Ausführungsorgan menschlicher Intentionen zu verwandeln, setzt voraus, daß er als vorgegebener Teil menschlichen In-der-Welt-Seins bei Benutzung des Zeugs – Faustkeil, Hacke, Axt, Stuhl, Wagen, Pferd, Nachtlager – bereits diesem (dem Zeug) über das Handeln gerecht zu werden vermochte. Die Anpassung der Bewegung an den Plan eines herzustellenden Werkzeugs (s. oben), die Unterwerfung der leibhaften Bewegung unter diesen Plan, wird in der Erziehung des Leibes über Turnen, Sport, Wettbewerb fortgesetzt, der Leib dabei mittelbar in den Dienst jägerisch-kriegerischer Ausbildung gestellt (Beispiel: Fünfkampf der Griechen und Römer). Erst in der Gymnastik (im Turnen) ist die mittelbare Zweckausrichtung des Trainings weniger sichtbar. Die Übungen gelten der Erhaltung und Straffung einzelner Muskelpartien, der Erhaltung und Steigerung der Gelenkig- und Wendigkeit des ganzen Leibes. Ein relativ zweckfreies Turnen im Sinne der modernen Gymnastik kannten weder die Antike noch die „Leistungssport" treibenden Angehörigen von Ethnien. Darüber hinaus kam der sportlichen Erziehung in der Antike schon die spezifische Bedeutung zu, – aus einer entsprechenden Gesinnung – durch Umgang mit dem Leib, Beherrschung der Bewegung, Unterwerfung derselben unter den Willen, die gesamte Persönlichkeit über das Maß zueinander gehörender Bewegungen im Sinne der Kalokagathie zu harmonisieren.

Der Leib, über Erziehung in den Dienst menschlicher Zwecke gestellt, wird zur Bestätigung des Könnens, damit von erheblicher Bedeutung für die Entwicklung des sekundären, über Leistung und Können gewonnenen Selbstvertrauens. Dieses war den Ethnien und Völkern, die der Leibeserziehung eine besondere Bedeutung zusprachen, zumindest undeutlich bewußt. Das durch athletisch-sportliche Tätigkeit erworbene Vertrauen in den eigenen Leib fußt auf der – habitualisierten – Erfahrung, weitgehendst unvorhergesehenen Situationen des Lebens, den unberechenbaren Möglichkeiten, gerecht werden zu können – eine Erfahrung, die allerdings für vorindustrielle Völker von wichtiger Bedeutung war und die in der Moderne wenig hilft, wenn der Gewinner einer Godmedaille im Fünfkampf bei einem absurden Autounfall umkommt.

Der Bedeutung des zu erziehenden Leibes seien keineswegs die Mißbräuche einer betont leibhaft ausgerichteten Kultur hintangestellt, wie sie im großen Umfang in der jüngsten Vergangenheit und Gegenwart von Staatsgebilden unterschiedlicher Ideologie praktiziert wurden – von der durch den sportlichen Wettkampf auch schon in der Antike extrem geförderten Rivalität ganz abgesehen.

Aus der Betonung des den Leib sportlich prägenden Umgangs wird das Verhältnis zu ihm gebrochen. Der Hypochondrismus und sog. Narzißmus der Sportler[7] ist ein bekanntes Phänomen. So sehr einerseits das Selbstvertrauen über gekonnte Beherrschung von koordinierter Bewegung gefördert wird, durch Sport und Turnen wird dem Leib gegenüber eine distanzierte Beziehung eingenommen, die Vergleichen, Abmessen, Probieren und Trainieren einbezieht und damit die Dinghaftigkeit des Leibes, seinen Zeugcharakter, unterstreicht. Die höchste Anpassung und Konzentration des Turners bei der Riesenwelle mit anschließendem Sprung vom Reck, die komplizierten Bewegungen an Barren und Pferd, sind als extreme Möglichkeiten der Disziplin, damit auch extremer „Repression" anzusehen.

Das über die den Leib prägende und formierende Erziehung hinausgehende *asketische Verhalten*[8] ihm gegenüber ist ebenfalls ubiquitärer Bestandteil differenzierter Kulturen und Ethnien, keineswegs auf das Christentum beschränkt. Asketisches Verhalten wird bei auch undifferenzierten Ethnien vor Jagden und Kriegszügen beobachtet, verbunden mit Enthaltsamkeit im Geschlechtsverkehr und Meidungsvorschriften bestimmten Speisen gegenüber. Die asketische Einübung verfolgt hier den Zweck, Beschmutzung – insbesondere beim Geschlechtsverkehr – zu vermeiden und damit sich des Schutzes von Geistern, Dämonen oder Göttern für das bevorstehende Unternehmen zu versichern. Die mit Askese verbundene Isolierung vor Einweihungszeremonien, Aufnahme in Geheimbünde, Reifungsriten zielt in vielen Fällen bewußt auf die Steigerung mentaler-visionärer Kräfte, zu deren Verwirklichung auch Drogen verwandt werden.[9] Psychische Ausnahmezustände zu erleben ist – neben der Vermeidung von Beschmutzung und der Inanspruchnahme höherer Mächte – die zweite, treibende Motivierung, die die Menschheit schon nachweisbar seit der Jungsteinzeit[10] bewogen hat, den Leib durch Askese zu beherrschen, d. h. ihn durch absichtliche Erzeugung vorübergehender Krankheit wie: extremer Erschöpfung, Gewichtsverlust, Beeinträchtigung von Wahrnehmen und Handeln bis zur Halluzination oder pseudo-epileptischen, motorischen Anfällen zur gefügigen Grundlage übernatürlicher Kommunikation zu machen. Die Askese setzt Vorstellungen über mögliche Transzendenz ebenso voraus wie eine Wertskala, in der Beschmutzung, Meidung als negative Werte neben den positiven Werten der Reinheit, Stärke, die Partizipation an übersinnlichem Erleben repräsentieren.

Die Askese hat in diesem Zusammenhang lediglich vorübergehende, nicht lebenslängliche, mit besonderen Ereignissen verknüpfte Bedeutung. Nur für die beruflichen Vermittler (Schamanen, Priester[11]) zwischen den höheren Mächten und den Menschen wird sie in den meisten Fällen zur Lebenserhaltung.

Anders liegen die Verhältnisse, wenn die Askese als leib-feindliche Einstellung Bestandteil eines Kulturkreises wird, sie über die maßgeblichen Träger von Religion oder Weltanschauung vermittelt wurde, wie im Christentum, seinen Sekten und Konfessionen, im jüdischen Monotheismus, im Buddhismus, Jainismus, bestimmten Strömungen des Hinduismus, in den orphisch-antiken Erlösungsreligionen und im persischen Zoroastrismus. Der Gegensatz zwischen ikonoklastischer Moral und ikonoplastischem Leib, Trieben und Bildern wird auf Kosten der letzteren ausgetragen: Aufmerken, Konzentration, im Begriff vollzogene Entfremdung sind die Voraussetzung für die an den Willen appellierenden Moralen, deren ikonoklastischer, repressiver Charakter aus der Struktur des Denkens, Wollens und der Anonymität der sich an alle richtenden Gebote stammt (vgl. oben). (Auf den Doppelcharakter darüber hinaus der Norm, in ihrem Bemühen sozialen Trieben Konstanz zu verleihen, wurde wiederholt verwiesen.)

Die ikonoklastsiche, leib-feindliche Moral, die sich vor allem auch gegen die Aufmerken, Denken, Begreifen gefährdende Sexualität richtet, führt dem Leib gegenüber zu einem Mißverhältnis. Er ist nicht mehr der ago- oder antagonistische Partner, sondern der ausschließliche Feind und wird entsprechend behandelt. Die Folgen dieser Behandlung sind in extremen, pathologischen Fällen Verschmutzung, Verwahrlosung, Deiguration, Unkenntlich-Werden der ganzen Gestalt des Leibes, wie sie sowohl bei schweren Depressionen als auch bei sog. Schizophrenien, besonders in deren Endstadien, zu beobachten sind, aber auch bei Asketen und Einsiedlern religiöser Orientierung vorkamen und in Indien noch heute zu beobachten sind.[12]

Das Mißverhältnis zum Leib tritt jedoch auch unter extremen sozialen Umständen (Pauperismus) auf und ist dort als Ausdruck weitgehendster resignativer Apathie dem Leben und Leib gegenüber aufzufassen. Bei einfachsten Ethnien ist dagegen, selbst wenn die Beziehung zum Leib nicht problemlos-indifferent sich darstellt, dieser meistens relativ sauber gehalten. Verschmutzung und Verwahrlosung sind das Privileg der gehobenen, arbeitsteiligen Zivilisationen. Von diesen extremen Fällen abgesehen, haben vor allem die Psychoanalyse *Freuds*, aber auch schon *Goethe* und *Nietzsche*, die leib- und sexualfeindliche Einstellung der westlichen Zivilisation durchschaut und auf ihre direkt schädigende Wirkung hingewiesen. Die leib-feindlich indoktrinierte Einstellung der durchschnittlichen Bewohner der westlichen Hemisphäre dürfte im nachweisbaren proportionalen Verhältnis zum latenten Aggressionspotential derselben stehen wie überhaupt zu der technisch-ökonomischen, ikonoklastischen Expansion des Europäers seit der Renaissance.

Leib-Feindlichkeit bedeutet hier die nachweisbare Tendenz, daß der Leib, bis zur Erschöpfung ausgebeutet, „vergewaltigt“, überfordert und immer wieder in den Dienst zweck- und sachbezogenen Denkens und Planens gestellt wird. Die für die Befindlichkeit wie auch möglichen Befund gleichermaßen fundamentale Bedeutung des Leibes als Freund, Spielgefährte, Partner, Vermittler von Welt, als Vermittler von Freude und Lebensgenuß, von Selbstvertrauen und Können wartet noch ihrer Wiederentdeckung. Die positive Bewertung der Sexualität durch die Psychoanalyse schließt ein generell leibfreundliches Verhalten noch nicht notwendigerweise mit ein.

Von den drei prinzipiellen Arten des Umgangs mit dem Leib dürften die indifferent-problemlose und die den Leib bewußt erziehende das Maß gesunden Verhaltens vermitteln. In der letzteren, der asketisch-leibfeindlichen dagegen manifestiert sich der Gegensatz „Geist", „Wachen", „Begriff" gegen „Leben" und „Leib" in einer für das Leben schädlichen Beziehung.

c) Das hypochondrische und narzißtische Mißverhältnis zum Leib

Die aus der Distanzierung zum Leib sich entwickelnden, oben gekennzeichneten Mißverhältnisse der übertriebenen Sorge oder Verliebtheit prägen die Extreme des sog. Narzißmus und der Hypochondrie.[13]

Die Hypochondrie wird sowohl im Zusammenhang einer ängstlich-reduzierten Lebensführung als auch bei exzessivem Wohlstand beobachtet. Im letzten Fall hat sie den Charakter eines isoliert erscheinenden Symptoms, im ersteren Fall ist sie zumindest in eine durch Sorge gekennzeichnete Lebenseinstellung eingebettet. Sie tritt in Verbindung mit der Sorge auch bei depressiven Erkrankungen, häufig mit chronischem Charakter auf, sie wird zur überwiegenden Lebenseinstellung („Hypochonder"), aber auch die chronischen Psychosen (sog. Schizophrenien) kennen hypochondrisch getönte und entsprechend verarbeitete Wahrnehmungen (z. B. der Dermatozoenwahn).

Hypochondrie, als ein aus der sorgenden, d. h. in die Zukunft gerichteten Distanzierung zum Leib erwachendes Mißverhältnis, die in genauer explorierten Fällen auch eine leib- und lebensfeindliche Einstellung aufweist, hat mit dem sog. Narzißmus den weitgehenden Verlust der problemlosen Identität mit dem tragenden Leib gemeinsam.

Bei der narzißtischen Sorge um den Leib stehen nicht Krankheitsbefürchtungen, Mißempfindungen, Fehldeutungen von Mißempfindungen oder Regulationsstörungen im Vordergrund, sondern der „ästetische Erlebnisbereich" (*Zutt*).[14] Der im Spiegel wahrgenommene eigene Leib wird zum Ideal. Er erscheint den irrationalen Erwartungen auf Vollkommenheit zu entsprechen. Die Sorge zentriert sich um die immer wieder konstatierte Diskrepanz zwischen der idealischen, vollkommenen Schönheit des eigenen Leibes und möglicher Entstellung derselben. Die über das ästhetische Erleben gewonnene Identifizierung mit dem eigenen Leib wird ständig als gefährdet erfahren. Sorge und Tun der Narzißten kreisen um das Bemühen, den Leib auf das an ihm gewonnene „schöne Bild" immer wieder abzustimmen. Der Selbstmord des Narziß erscheint in dieser Perspektive aus dem tragisch erlebten Zwiespalt sich zwangsläufig zu ergeben, den das Bewußtsein vermittelt, daß die Aufrechterhaltung des „schönen Bildes" unmöglich ist und daß *das Ideal des schönen Körpers und der eigene Leib nur im Augenblick der Wahrnehmung, im Spiegel, übereinstimmen.*[15] Der Selbstmord wäre sowohl Folge des unaufhebbaren Zwiespaltes, wie auch der Versuch, im Tod für immer mit dem idealisierten Bild des eigenen Leibes zu verschmelzen (Narziß stürzt sich ins Wasser, in das Bild des eigenen Leibes). Die ständige Kontrolle im Spiegel bedeutet für den Narzißten Bestätigung der Identität, die als dauernde nicht verwirklicht werden kann und ihn dadurch in den dargestellten Konflikt stürzt.

Im hypochondrischen Mißverhältnis versucht der Kranke über die Sorge um den möglicherweise kranken Leib verlorene Identität mit diesem wieder herzustellen. Die Identität mit dem Leib ist nur noch in der negativen Form der Nicht-Identität, der Sorge und Angst vor Krankheit (Verfall) vorhanden, denn die Sorge strebt im „Sich-Kümmern um" danach, Identität mit dem, um den sie sich sorgt und kümmert, zu stiften. Der narzißtische Kranke dagegen ist um Aufrechterhaltung der Identität mit dem Bild des schönen Leibes sorgend bemüht. Er wußte und weiß sich jedoch im Besitz dieser Identität, die zu bestätigen er nur des Spiegels bedarf, die er verliert, wenn er den Spiegel nicht benutzt. Sieht sich der Hypochonder dagegen im Spiegel, bestätigt dieser das eingebrochene oder zu erwartende Unheil. Beide, Hypochonder und Narzißt haben das selbstverständlich-problemlose Verhältnis zum Leib grundsätzlich verloren. Für den Hypochonder ist es unwiederbringlich dahin, er „zehrt" sich mit seiner Sorge um die Wiederherstellung der verlorenen Identität mit dem Leib buchstäblich auf. Krankheit wird letztlich ebenso erhofft wie befürchtet, bestätigt sie doch den Verlust der Beziehung (Identität) zum überwiegend nur noch antagonistisch erlebten Leib. Der Narzißt jedoch hat die entscheidende Entdeckung gemacht, daß sein im Spiegel erschauter Leib dem Idealbild entspricht, das er von sich und diesem entworfen hat. Ideal und Realität vereinen sich, die primäre Spaltung der Identität ist in diesem ästhetischen Bereich aufgehoben. Von diesem Erlebnis ausgehend, verzehrt sich sein Da-Sein jetzt nicht in der Sorge, nicht krank zu werden – wie der Hypochonder, – sondern um Aufrechterhaltung der im Bild geschauten Identität mit sich selbst.

d) Beziehung, Bedeutung und Gestalt im Verhältnis zum Leib. Die Physiognomie der Leibfeindlichkeit

Die Beziehung zum Leib entwickelt sich aus der Bedeutung, die diesem vom Subjekt erteilt wird und umgekehrt. Das wird sowohl durch die jeweilige Umwelt vermittelt (indifferent-problemlos, erziehend [Sport] oder leibfeindlich), als auch durch ein primäres, nicht von der Umwelt dargestelltes Verhalten bestimmt. Dieses ergibt sich aus den relativen Unterschieden der Körperproportionen zum Beispiel und ihrer Handhabung durch das Subjekt: Ein unterdurchschnittlich kleines Kind hat eine andere Beziehung zum Leib und zur Umwelt als ein entsprechend überdurchschnittlich großes. Beide können „Minderwertigkeitsgefühle“ wie auch kompensatorische Größenideen entwickeln. Nicht zuletzt ist Beziehung und Bedeutung des Leibes von der Art des Umgangs mit ihm abhängig: wieweit sich das Subjekt auf ein Partnerschaftsverhältnis zu diesem einläßt oder aufgrund auftauchender Differenzen zwischen der Selbstwahrnehmung und dem Leib von Kindheit an zum Leib in einem gespannten Miß-Verhältnis steht (z. B. durch Schmerzen, rezidivierende Infektionskrankheiten, Störungen in der Lage- und Bewegungswahrnehmung, Bedürfnisse, die nicht sofort abgesättigt werden, „leibfeindliche“ Umgebung usf.). Die aufgeführten Momente vermögen generell Anlaß einer leibfeindlichen Entwicklung zu werden, ohne daß etwa eine betont sexual- und leibfeindliche Umgebung diese hervorgerufen hätte.

Die Gestalt der leibfeindlichen Beziehung prägt den Lebensweg bis in seine Einzelheiten.

Das Aussehen des ikonoklastischen Intellektuellen, der seine angeblich positive Beziehung zum Leib und zu der Sexualität über *Freud* und *Marcuse* wieder entdeckt hat, dabei jedoch in den Schlingen der Reflexion, d. h. immer in der über den Verstand vermittelnden Beziehung zum Leib hängen bleibt, ist vorgeprägt durch asketische Büßer, puritanische Propheten, schizoide Fanatiker, die die Geschichte genügend aus dem Arsenal ihrer Möglichkeiten zur Verfügung gestellt hat. Er würde dem Schizoiden *Kretschmers*, dem Zerebrotoniker *Sheldons* entsprechen.

Leibfeindlichkeit äußert sich ebenso in steril-hygienischer, extrem sachlicher Umwelt wie in verschmutzt-verkommener. Leibfeindlichkeit wird zum Vorschub aggressiv-autoritären Verhaltens, das den anderen nicht mehr als leibhafte Person, sondern als Zweck oder Mittel zu diesem ansieht. Leibfeindlichkeit erscheint als Grundlage der ikonoklastischen Naturwissenschaft und Technik nicht weniger wie in der aus dieser sich ergebenden Ökonomie.

Die Gestalt der Leibfeindlichkeit stellt sich in Sklerosierung, Dürre, Abbau, Nachlassen des Austausches dar. In der Kommunikation überwiegt die wache Zuwendung der Reflexion mit ausgeprägter Tendenz zu starrem Festhalten, zur Schärfe der das Einzelne feststellenden, fixierenden Wahrnehmung auf Kosten des allgemeinen Wahrnehmungshorizontes. Sie äußert sich in skandierender, abgehackter, zupackend-zugreifender Bewegung und auch Sprache, der der Verlust der lebendig-flüssig-fluktuierenden Kommunikation mit der Welt zugunsten der reflektierten abzulesen ist. Die aperspektivische Welt ist der leibfeindlichen Haltung weitgehend entschwunden. Raum und Zeit werden, wie *Bergson* und *Klages* dies einleuchtend darstellten,[16] im Sinne des statisch-mathematischen Raumes und der punktuellen, aus Jetzt-Augenblicken sich zusammensetzenden Zeit aufgefaßt. Das Verhältnis zu Können und Leistung wird dagegen positiv in der Leibfeindlichkeit gewertet, der Leistungsanspruch an sich selbst und die Umgebung ist hoch.

Die Beziehung zu den Trieben, Wünschen, zu Befindlichkeiten, Denken und Wollen geht auch hier der Tendenz nach zu einer Überbetonung der sachlich-zweckbestimmten Einstellung der Welt und dem anderen gegenüber. Geringe Spontanität, Impulsivität und Mißachtung der Triebansprüche bis auf jene, die wie die der Einkörperung, des Macht- und Besitzstrebens sich mit rational-zweckdienlichen Absichten decken, werden im Gefolge der leibfeindlichen Einstellung beobachtet.[17]

Die Beziehung zum anderen erhält überwiegend manipulativen Charakter, menschliche Beziehungen sind primär in den Dienst leibfeindlicher Zwecke gestellt. Das Verhältnis zu Normen, Traditionen, zu ethischen Prinzipien ist zwiespältig: neben strikter Befolgung findet sich die überkritische Einstellung gegenüber den das Mit-Einander des Mensch-Seins bestimmenden Faktoren (Gesellschaft) – verbunden mit entsprechenden Machtansprüchen. Die Beziehung zu sich selbst schwankt ebenfalls zwischen blinder Überschätzung einerseits und überkritischer Selbstverantwortung andererseits, bei Beibehaltung des Ideals über Ratio und Planung die verlorene Identität mit der Welt wiederzugewinnen. Das „Mögliche“, in unvorhersehbaren Einbrüchen der Lebensplanung möglich, wird weitgehend abgewehrt und abgeschirmt.

In der inneren Beweglichkeit überwiegen ikonoklastische Strukturen, Konflikte zwischen rationaler Willensbestimmtheit einerseits, explosiven, gegen diese Bestimmtheit angehenden Trieberlebens andererseits: scharfe, schneidende Trennungen und Brüche.

Der Physiognomie der Leibfeindlichkeit steht jene der unproblematisch-ungebrochenen Beziehung zum Leib gegenüber, die, bei einseitiger Ausprägung auf den Lebensgenuß hin, zu einem gewissen Grade mit der Einstellung des Pyknikers oder Viszerotonikers übereinstimmt, ohne sich jedoch auf die Physiognomie der „Dicken“ festzulegen. Die Kommunikationsfähigkeit und Weltaufgeschlossenheit, die relative Problemlosigkeit im Umgang mit der Welt, das Überwiegen der loslassenden, wachen Zuwendung in der Wahrnehmung, das Erfassen des möglichen, ganzen Horizontes durch diese, die lässigen, runden, fließenden Bewegungen zeichnen das leibfreundliche Verhalten als undeutlich-deutlich zu unterscheidendes dem leibfeindlichen gegenüber aus. Der Beziehung zu Raum und Zeit entspricht die dem gelebten Raum eigene, kommunizierende Verwirklichung,[18] der Beziehung zur erlebten Zeit die Erfahrung der Spannung zwischen erstrebter Dauer und erfahrener Vergänglichkeit, die allerdings weniger negativistisch wie in der leibfeindlichen Einstellung erlebt wird. In den Weisen der Zuwendung überwiegen die nichtrationalen des Fühlens, der Antriebe, Triebe und Wünsche, des „Gemütes“. Der Umgang mit dem anderen wird einerseits durch Spontanität, andererseits aber auch durch Rücksichtslosigkeit und triebbestimmtes Handeln geprägt. Jedoch sind die Antriebe der Entkörperung und des sozialen Verhaltens stärker positiv wertbesetzt, als sie es für den leibfeindlichen Phänotypus sind. Das Verhalten zu Normen und sozialen Ordnungen ist weitgehend konformistisch, im Gegensatz auch zu den Leibfeindlichen, unter denen die das konforme Verhalten ablehnenden Typen hervorragen. Leistungsanspruch, Ideal und Selbstbild sind stark fluktuierend; weniger deutlich ausgeprägt wie bei dem leibfeindlichen Typus und überwiegend triebhaft orientiert, sind sie entsprechend schneller zu befriedigen.

Das Mögliche wertet der Leibfreundliche ängstlich ab, ignoriert, verdrängt es; es ist ihm jedoch in latenter Ängstlichkeit präsent. Zwischen der Physiognomie der Leibfreundlichen und Leibfeindlichen stünde die des „Athleten", womit jedoch hier dem Hinweis auf die *Kretschmer*sche und *Sheldon*sche Typenlehre genügend Rechung getragen wurde. Der athletische Typus fand seine idealtypische Korrespondenz in den Gestalten der antiken Kouroi.[19] Auf diese würde die phänotypische Reduktion in der weitgehenden Annäherung zwischen Proportionalität der Gestalt, Gleichgewicht von Trieben, Wünschen, Wollen und Denken zutreffen, wie sie in ihren idealtypischen Einzelheiten von Zuwendung, Wachen, Wahrnehmen, Bewegen usf. bereits dargelegt wurde.

Aus Beziehung zur sichtbaren Welt entstehen Bedeutungen; Bedeutungen stiften Beziehungen. Der zerebrotonische anders als der viszerotonische Leib, selbst als Typus das Produkt einer langen Kette von Generationen, mit wechselnder Intentionalität der Umwelt gegenüber, mögen eine Vorwahl, eine spezifische Affinität zur spezifisch leibfeindlichen oder leibfreundlichen Einstellung, treffen, um damit die Gestalt dieser grundverschiedenen Verhältnisse typologisch vorzuprägen. Diese Möglichkeit schließt keineswegs das Gegenteil aus: trotz leibhafter Selektion können aufgrund einer spezifisch leibfeindlichen Umwelt bei einem leptosomen-asthenischen Typus leibfreundliche Einstellungen erweckt werden, umgekehrt bei einem Pykniker in leibfreundlicher Umgebung leibfeindliche.

Das Verhältnis zum Leib (die Beziehung zu diesem, seine Bedeutung und die Beziehung und Bedeutung koordinierende Gestalt des Subjektes) erweist sich von fundamentaler Bedeutung für die Entwicklung des Lebensweges des Einzelnen, für das Selbstverständnis einer Gesellschaft, für die Konzeption der Zukunft beider. *Das Verhalten zum Leib bedeutet, daß durch dieses das Subjekt sowohl pathisch von den Bedingungen und Gegebenheiten seines leibhaften In-der-Welt-Seins abhängt, das Verhalten kein (relativ) frei bestimmtes ist, als es auch die Möglichkeit impliziert, aktiv bestehende Verhältnisse zu verändern.* D. h. in dem Begriff „Verhältnis zum Leib" liegt die Möglichkeit, dieses zu verwandeln. Im Verhältnis zum eigenen Leib wird zwar in den meisten Fällen einem abgeschlossenen, weitestgehend festgelegten begegnet, jedoch schon die sich zuneigende Beziehung zu einer anderen Person (Liebesbeziehung), die über z. B. ein wertpositiveres, freieres Verhältnis zum eigenen Leib verfügt, mag den ersteren, dem diese Art Umgang mit dem eigenen Leib unbekannt war, eingreifend in seiner Einstellung zu seinem Leib verändern. Umgekehrt kann ein Angehöriger der Trobriand-Insulaner, in die Kleidung einer zivilisierten Nation gesteckt, bald das selbstverständlich-problemlose Verhältnis zu seinem Leib verlieren, in dem er bis zu diesem Eingriff unbefangen lebte.

VIII. Störungen und Dekompensationen im Verhältnis zum gelebten Raum

a) Organische (neurologische) Störungen des Raumerlebens

Aus den Kreisbewegungen von Wahrnehmen und Bewegen bauen sich Raumwahrnehmung, Raumerleben, Zeitwahrnehmung und Zeiterleben, d. h. Maßerleben auf. Voraussetzung für das Zustandekommen derselben ist jedoch die Fundierung der Perspektive aus der Tiefe des Subjektes im zentralen Entwurf auf die Welt hin, sind Zuwendung und Wachen. Läßt durch vorgegebene Mißverhältnisse (angeborene oder traumatische Schäden des Zentralnervensystems) der Leib die Konstituierung von Raum und Zeit nicht zu oder wird diese durch entsprechende Schäden im Verlaufe des Lebens in ihrem Entwurf beeinträchtigt, ist das Erleben der beiden Grundpfeiler menschlichen In-der-Welt-Seins, Raum und Zeit, gestört.[1]

b) Der gelebte Raum[2]

Der gelebte und erlebte Raum ist der der wachen Zuwendung und der Weisen des sich auf Welt hin Zuwendens, der der Antwort der Welt auf diese und der der Antwort wiederum des sich zu- oder abwendenden Subjektes auf die Welt. Es ist die Wirklichkeit, die in ihrer fluktuierenden Verfassung von Wirken und Gegen-Wirken, von Konflikt und gegenseitiger Abhängigkeit, von Unsichtbar- auf Sichtbarkeit (Gestalt) Sich-Beziehendem, von gegenseitiger Abhängigkeit, Sich-Durchdringen und Sich-Begegnen den gelebten Raum verkörpert. Es ist der Raum, auf den Einkörperung gleichermaßen wie Entkörperung und soziale Antriebe sich hinorientieren, es ist der Raum der Wünsche, Willensimpulse, der Befindlichkeiten und des Denkens, die im Raum des In-der-Welt-Seins, speziell des menschlichen Mit-einander-Seins, zusammen wie auch gegeneinander wirken. Es ist aber auch der Raum, der dem Handeln seine Richtung über Normen, Traditionen, Sitten und Gewohnheiten vermittelt, der „geistige" Raum, in dem der Mensch, je nach Herkunft und Lebensweg, sich ortet und in dem er sich einordnet, *der Raum, dem als Maßerleben Ortung und Ordnung zugrunde liegt.*

c) Einführung der gelebten Zeit[3]

Das sich im Raum zu etwas Verhalten, Wirkungen ausstrahlen, Gegenwirkungen empfangen, sich zu orten und seine Beziehung zu den jeweils ordnenden Instanzen festzulegen, setzt Bewegung und damit Veränderung voraus. Veränderung jedoch impliziert Wahrnehmen derselben, das Vorher zum Jetzt vergleichen (messen) zu können, d. h. Zeiterleben.

Der im Raum sich Verändernde, sich Bewegende und Verwandelnde ist der sich in der Zeit Verändernde und Verwandelnde. Jede Ordnung im Sinne des überprüfenden Feststellens seines Standpunktes zu den durch den Raum vermittelten Welt-Dingen ist ein zeitlicher Vorgang, der das Einst mit dem Jetzt und im Hinblick auf die Zukunft vergleicht, mißt.[4] Messen und Maß implizieren das vergleichende, kritische Zeiterleben, deshalb sind Sich-Verhalten und Mißverhalten zum Raum auch ein Verhalten in und zu der Zeit, die in ihrer Bedeutung für den räumliches Zu-Einander verändernden Konflikt oben aufgewiesen wurde.

Raum und Zeit stehen jedoch auch im Gegensatz zueinander, wie es die Erörterung der Raum-gewordenen Gestalt, des Gestaltproblems aufzeigte. Die Gestalt behauptet sich gegen den Strom der Zeit, das Werden sprengt über den Konflikt den Raum, eröffnet neue Räume, neue Raum-Zeit-Einheiten, wie die über und aus dem Konflikt sich kristallisierende Gestalt auch eine Raum-gewordene Zeitgestalt ist.

d) Störungen im Erleben des gelebten Raumes

Abwehr gegen und Abwendung von der sich durchdringenden, räumlichen Wirklichkeit darf als ein grundlegendes Mißverhältnis dem Raum gegenüber aufgefaßt werden. Raum wird vermieden, d. h. vermieden wird, sich Wirkung und Gegenwirkung auszusetzen den Konflikten, damit der veränderten Zeit, dem Austausch von Botschaften, dem Vermitteln von Antworten, dem Sich-Begegnen und Sich-Durchdringen. Der Hinweis auf die Extreme der katatonen Schizophrenie, des frühkindlichen Autismus, der schweren Depression muß genügen, um das Gemeinte im Bild zu verdeutlichen. Im sog. „Wirklichkeitsverlust" der Psychosen – in den Krankendarstellungen zu verfolgen –, in denen jede Kommunikation vermieden wird, ist die räumliche Wirklichkeit auf die Kontakte künstlicher Ernährung und die Beseitigung von Stuhlverschmutzung limitiert.

Diesen extremen Bildern stehen jedoch die alltäglichen Beobachtungen des sog. Gesunden und auch der Patienten einer psychiatrischen Poliklinik, einer psychotherapeutischen Praxis gegenüber, die differenziertes Verhalten in ihrem Raumerleben zeigen. Vermieden wird, sich Wirkungen von Außen überhaupt auszusetzen oder diese Wirkungen werden erheblich ausgewählt: es werden nur bestimmte Bücher gelesen, bestimmte, sozial z. B. vielversprechende Beziehungen gepflegt, bestimmte Filme, Ausstellungen besucht, nur ein bestimmter Komponist gehört, nur ein oder zwei Weinsorten getrunken oder es werden generell Kontakte zur Umwelt vermieden, der Patient kapselt sich ab, entschwindet dem gelebten Raum. Es wird jede Gegenwirkung unterlassen, selbst das Händegeben zum Gruß erscheint lästig. Die Auswahl der zugelassenen Wirkung und Gegenwirkung ist ferner durch objektive, gesellschaftliche Faktoren mitdeterminiert (vgl. oben: Wahrnehmung). Der gelebte Raum des Büroangestellten oder der Schuhverkäuferin ist begrenzter als der eines in Ausbildung stehenden Studenten – und doch ist auch dessen Wirklichkeit begrenzt. Wirkung und Gegenwirkung, lebendiger Raum werden ferner durch die die moderne Welt beherrschende Technik, Verwaltung, Industrie und ihre Erfordernisse eingeschränkt. Das Wirkung und Gegenwirkung vermeidende Verhalten des Patienten muß auch auf diesem Hintergrund des Raumerlebens gesehen werden, nicht allein durch die Brille psychologischer Motivationskonstellationen.

Die Einschränkungen dem gelebten Raum gegenüber betreffen alle Weisen der Zuwendung, von den Antrieben und Wünschen bis zu den Erkenntnisprozessen, vermittels derer Wirkung und Gegenwirkung, Konflikt, Austausch usf. ausgewichen wird. Individuen sind zu beobachten, die in ihrer Antriebs- und Wunschrichtung einerseits weitgehend den gelebten Raum meiden, andererseits über Wille und Erkennen an diesem noch Anteil nehmen. Andere wiederum fliehen die gelebte Wirklichkeit als Gegenstand des Erkennens, handeln aber wunsch- und triebbestimmt innerhalb dieser. Wiederum andere scheinen nicht in der Lage, den gelebten Raum Kraft ihres Wollens zu durchdringen; es bleibt beim Erkennen oder nur beim Wünschen.

Die generelle Meidung von Wirklichkeit, die Meidung bestimmter Dimensionen innerhalb derselben (Konflikt, Sich-Begegnen usf.) ist durch die Meidung von Wirklichkeit einzelner Weisen der Zuwendung zu ergänzen, d. h. daß z. B. einkörpernde, entkörpernde oder soziale Antriebe ausschließlich selektiv-einseitig in den gelebten Raum eindringen.

Dekompensationen z. B. der Sexualität, die Impotenz oder Frigidität weisen auf das Mißverhältnis zum gelebten Raum hin, auf die Meidung desselben in der Meidung des Partners als einen möglicherweise zu Fürchtenden. Die Gehemmtheit stellt sich in diesem Zusammenhang als Unvermögen dar, in den gelebten Raum einzudringen, ihm zu begegnen. Die Gestalt dieser Dekompensationen zielt auf Schrumpfung, Verkleinerung, Einschränkung, Begrenzung, Abkapselung, Isolierung hin, bis zur Leugnung überhaupt räumlicher Wirklichkeit. An ihre Stelle tritt die erträumte, z. B. über Drogen vermittelte aperspektivische Welt, die, je nach Lebensweg des Individuums, überwältigenden Charakter entwickelt.

Nichtsdestoweniger ist – wie betont wurde – Begrenzung und die Erfahrung von Widerstand, das Vermögen Widerstand zu leisten, eine Notwendigkeit von In-der-Welt-Sein. Das die gesamte Wirklichkeit des gelebten Raumes total ein- und erfassende Subjekt entspricht einer irrealen Idealvorstellung, die übersieht, daß der einfachsten Wahrnehmung und dem Erkenntnisakt Begrenzung bestimmt sind. Diese Begrenzung – etwa der Wahrnehmung – wird jedoch im wertpositiven Raumerleben immer wieder zugunsten neuer Feststellungen, neuer „Entdeckungen" aufgehoben. Die Horizonterweiterung als Möglichkeit der Konfrontation und des Sich-Begegnens mit dem gelebten Raum entfällt zunehmend bei den oben aufgezeigten Mißverhältnissen. Die generelle Vermeidung des Kontaktes mit dem gelebten Raum stellt eine totalisierende Tendenz dar, die jeder fluktuierenden Horizonterweiterung oder Überprüfung des festgehaltenen Lebens- und Erfahrungsbestandes abhold ist.

Dieser generellen Meidung, den Raum zu leben, ihrer Auswirkung auf die Weisen der Zuwendung, stehen andere, einseitig-selektive Weisen des Raumerlebens (Konflikt, Wirkung/Gegenwirkung, Sich-Durchdringen usf.) gegenüber, in der eine Weise, Wirklichkeit und gelebten Raum zu erfahren, zur ausschließlichen wird. Diese Weisen sind deshalb als ein- oder zweidimensionale[4] „Mißverhältnisse des Raumerlebens" zu bezeichnen.[5] Diese Mißverhältnisse stellen sich z. B. in Individuen dar, für die der gelebte Raum ein überwiegend durch das Ausleben von *Konflikten* gekennzeichneter ist, die ihren Lebensweg unter dem „Zeichen" (Gestalt) des Boxers, Fechters, Pistolenhelden, Raufboldes, vollendeten politischen Fanatikers antreten. Zu ihnen zählen spannungsgeladene und spannungserzeugende Subjekte, die ihre Umgebung ständig zu verändern suchen und generell Konflikte auslösen. Andere wiederum leben den gelebten Raum unter der exklusiven Gestalt des merkantilen Austausches,[6] (Wirkung und Gegenwirkung) sei es, daß sie nur noch kaufen und verkaufen, sei es, daß sie missionieren und ihrer jeweiligen Weltanschauung so viel neue Anhänger beibringen, wie sie werbende Vorträge und Reden halten, sei es, daß sie Ämter und Stellen nicht nach dem Können einzelner Applikanten, sondern nach den Regeln des privaten Austausches besetzen. Der nur noch merkantil auf das Gleichmaß von Geben und Nehmen, Wirken und Gegenwirken ausgerichtete „Typus" zählt ebenfalls zu der Rubrik einseitig gelebten Raumes, einseitig den Raum selektionierender Individuen.

Dann wiederum wird jener Typus beobachtet, der auf „Durchdringen" und „Begegnen" in jedem Fall aus ist, der die anderen Dimensionen der Wirklichkeit entsprechend mißachtet und zurückstellt. Zu diesem Typus gehören der „orgasmusfreudige" Don Juan nicht weniger als die „Nymphomanin" – oder jene Individuen, die in stundenlangen Gesprächen dem anderen buchstäblich „das Innere nach außen zerren", um ihn dann, nach erfolgreicher Ausweidung, wieder fallen zu lassen. Das ausbeuterische Verhalten in zwischenmenschlichen Beziehungen, das den anderen, wie es das Wort anzeigt, buchstäblich „ausbeutet", „ausweidet", sich dabei durchaus mit dem Ausgebeuteten durchdringen mag, zielt ebenfalls in Richtung eines eindimensional gelebten Raumes.

Die Mißverhältnisse im So-Sein des gelebten Raumes dürfen mit diesen Ausführungen schon sichtbar geworden sein. Entweder wird gelebter Raum generell gemieden oder bestimmte Weisen der Zuwendung vermeiden ihn, und nicht zuletzt läßt sich das Subjekt nur auf einzelne „Dimensionen“ des gelebten Raumes ein.

D. h. die generelle wie auch partiell fixierte Meidung von Wirklichkeit oder das Sich-Fixieren auf eindimensionalen Umgang mit dem gelebten Raum sind Mißverhältnisse, auch wenn diese durch festgelegte, gesellschaftlich-historische Bedingungen gar nicht zu umgehen sind. *Phänotypisch gesund ist die Möglichkeit, sich dem gelebten Raum gegenüber – seinen Dimensionen, seinem Spannungsgefälle – in dem „rechten Maß“ zwischen festhaltender Konfrontation mit ihm und der Möglichkeit, ihn jederzeit wieder loszulassen – offen zu halten;* am Wahrnehmungsmodell gemessen: *undeutlich-generell an ihm zu partizipieren und fixierend-deutlich sich ihm zu stellen.*

e) Die gelebte Zeit, Störungen und Dekompensationen im Verhältnis zu und in dieser

Die gelebte Zeit und ihre Bedeutung für das Werden des Menschen ist Gegenstand detailierter psychopathologischer Untersuchungen namhafter Forscher und Autoren gewesen,[7] so daß auf diese nur im Rekurs verwiesen werden soll. Das faktische, vom Raumerleben nicht zu trennende Zeiterleben – wie ausgeführt – hat sich jedoch, vom ersteren getrennt, als fruchtbare Arbeitshypothese erwiesen, die Störungen des Zeiterlebens in den schizophrenen und zyklothymen Psychosen aufzuhellen.

Das Zeiterleben wird auf das In-der-Welt-Sein hin durch drei grundlegende Weisen sich darzustellen charakterisiert: 1.) durch das Erfahren, Erleiden von Veränderung als Vergänglichkeit und Trennung, 2.) durch den Ausblick auf das Mögliche, das die alles verändernde Zeit über den Konflikt sich ereigenen läßt (das Mögliche kann sowohl Anlaß von in der Zukunft sich entwerfender Hoffnung, von Wünschen wie auch von Furcht sein, es stellt die ständig präsente, faktische Entsicherung des In-der-Welt-Seins, der Welt selbst dar), 3.) durch das Bewirken von Veränderungen im Tun (Grundlage des Verantwortungsbewußtseins).[8]

Störungen im Zeiterleben stellen sich, bezogen auf das Erfahren seiner selbst als eines vergänglichen Individuums, wie folgt dar: Flucht in die Peripherie der Existenz (das „Man“), in Betrieb, Rummel, Hektik, Weltverbesserung; Flucht in exzessive Arbeit, Leistung: „Mein Beruf ist mir alles“. Eine Trieb- oder Antriebsrichtung wird zur ausschließlichen, nicht aus Abwehr gegen den gelebten Raum, sondern als Flucht vor der Zeit.

Die andere fundamentale Störung der Zeit gegenüber stellt sich z. B. in der „Torschlußpanik“ dar (in Verbindung z. B. auch mit den leibhaften Veränderungen der Menopause), in dem von agitierter Unruhe ergriffenen Bewußtsein der möglichen Existenzverfehlung angesichts des Lebensendes, in der melancholischen Fixierung auf den Tod und dem damit verbundenen, praktischen Lebens- und Entwicklungsstillstand, der Depression (s. nächsten Abschnitt).

Störung (Dekompensation) im Zeiterleben wird ferner durch jene Individuen verkörpert, deren Lebensweg unter dem Gesichtspunkt größtmöglicher Sicherung gegen den Einbruch des Möglichen ganz generell sich vollzieht. Der Lebensweg dieser auf Ratio, Vorausplanung und Sorge fixierten Menschen zeichnet sich durch zahlreiche Meidungen, durch Sich-Verschließen gegenüber den offenen Situationen (vgl. oben) aus, durch die Tendenz, dem Leben die Gestalt einer Buchhaltung mit immer sicheren Posten zu geben.

Die Sicherungstendenz des Menschen, ein in der Gattung tief verankertes Streben nach gleichgewichtig-stabilen Zuständen des Mit-Einander-Seins, das sich erst durch die Planung und Verwaltung des modernen Industriezeitalters im vollen Umfang verwirklichen möchte, ist nicht ohne Präsenz der möglichen, alles in Frage stellenden, umstürzenden Zeit denkbar.

Eine weitere Störung im Erleben der Zeit als Ursache möglicher, unerwünschter Veränderung wird durch die Individuen dargestellt, die Hals über Kopf, ohne jede Planung, von Situation zu Situation „in den Tag leben", sich von den Umständen treiben und bestimmen lassen, wie „Kork auf dem Wasser schwimmen". Sie erscheinen ebenso an die jeweiligen sozialen Umstände angepaßt, wie sie „haltlos" von diesen determiniert werden, sie aber auch stets auszunutzen wissen. Sie leben „mit der Zeit", vergehen gestaltlos an ihr, zeichnen sich durch diffuse Gestaltlosigkeit in den sozialen Bereichen, im Beruf oder in der Domäne der sog. persönlichen Bezirke aus.

Das dritte Mißverhältnis (Dekompensation) der gelebten Zeit gegenüber wird ferner durch jene Individuen dargestellt, die sich mit der von ihnen durchgeführten Handlung, ihrer Täterschaft, nicht identifizieren. Das aufwachsende Kind erfährt Verantwortung über Täterschaft im einfachsten Umgang mit Dingen – bevor es noch von Eltern oder Geschwistern zur Rechenschaft gezogen wird – erlebt im Handeln Verantwortung für Getanes oder noch zu Tuendes, löst Veränderungen aus und konstituiert sich damit in der Zeit (Veränderung = Bewegung). *Derjenige, der sich mit seiner Handlung nicht identifiziert, vermeidet Verantwortung.* Er konstituiert nicht mehr Zeit im Wissen über das Auslösen von Veränderungen durch Handeln, wenn er in die Umwelt eingreift, u. U. auch im Unterlassen eines notwendigen Handelns, *sondern die Zeit konstituiert ihn*, indem sie ihn, wie die Woge den Fels, zerreibt und „nichtet". Erst das Wissen um das Vermögen zur verantwortungsvollen Täterschaft mit allen daraus sich ergebenden Konsequenzen führt zur wachen Konfrontation des Individuums mit der Zeit, damit ihrer bewußten Begründung in der Verantwortung: sich mit bewirkten Veränderungen, mit seinem Handeln identisch zu wissen. Dieses Bewußtsein erlischt im Meiden der Verantwortung für erfolgte oder noch zu erwägende Eingriffe, gleichgültig aus was für Ursachen auch immer der Verlust des Verantwotungsbewußtseins sich ableitet. So hat die moderne Industriegesellschaft in der Entwicklung der zunehmenden Trennung und Diskrepanz zwischen Leistung, Arbeit hier, Verantwortung für diese dort das Verantwortungsvermögen des Individuums erheblich beeinträchtigt. Dieser Tendenz kommt wiederum das regressive (s. unten) Streben des Menschen auch in vorindustriellen Epochen, selbst in Ethnien, entgegen: Befehle zu empfangen, sich als ausführendes Werkzeug zu verdingen oder zu betätigen, ohne die Last der Verantwortung zu tragen. Die technische Welt, die im Individuum nur noch geneigt ist einen Unsicherheitsfaktor zu erblicken – „menschliches Versagen“ – führt zur graduellen Entbindung von jeder Verantwortung in der gelebten Zeit. Die Gefahr wird durch das Verantwortungsmeidende Verhalten des Menschen, seine regressive Neigung verstärkt, so daß sich hier die Zukunft einer zeitlos-gestaltlosen, amorphen Menschenmasse abzeichnet, die nur von wenigen Technokraten bestimmt und gelenkt wird. (Die Suchten und Drogenabhängigkeiten sind besonders dazu geneigt, den Zug zur Verantwortungslosigkeit im Aufgeben des Zeiterlebens, Ersatz desselben durch eine Pseudodauer zu verdeutlichen. S. unten.)

f) Die normierte Raum-Zeit-Einheit und ihr Gegensatz zum gelebten Raum

Die der Stabilisierung sowohl der zwischenmenschlichen Beziehung wie auch der sich entwickelnden Herrschaftsverhältnisse dienenden Normen visieren den Raum des Zusammenlebens unter dem Aspekt der Dauer an. Der Variabilität der über Einfühlung wirkenden Tugenden und Vorbilder soll der Raum – etwa der zehn Gebote des Pentateuch – dauerhafter Sollensvorschriften errichtet werden, die, als statische konzipiert, Grundlage humaner Ordnung wurden.

Ordnung,[9] Oberbegriff für die menschliche Beziehung koordinierenden Faktoren ist nicht ohne bestimmtes, vom Menschen und von den Sachgegebenheiten der Dinge determiniertes räumliches Zu-Einander zu denken: ob es sich um das Zu-Einander der Teile eines Hauses oder einer Maschine handelt oder um die Meidungsvorschriften im Umgang mit Verwandten und das „Du sollst keine anderen Götter haben neben mir“ – in jedem Fall werden Verhalten, damit Proportionen und Verhältnisse in ihrem Wirken zu einander „festgelegt“. Diese Festlegung verlangt räumliche Ortung, das „Du sollst“ verlangt, in einer bestimmten Situation, d. h. in der Veränderung der gelebten Raum-Zeit-Einheit sich in vorgeschriebener, spezifisch artikulierter Weise zu verhalten.

Die „repressive“ Funktion der Ordnung – von ihrer sozialisierenden jetzt ab gesehen (vgl. oben „Doppelbödigkeit“) – geht letztlich auf die entfremdete „Macht“ des anonymen Raumes von Normen und Sollensvorschriften zurück, die, über die Vorbilder und Tugenden hinaus, aus historischen Gründen das Zusammenleben der Menschen zunehmend bestimmten. Ordnung, Fleiß,

Sparsamkeit, die Trias der bürgerlichen Ordnung seit der Frührenaissance,[10] stellt die Ausweitung und Übertragung räumlich-abstrakter Proportionen auf das menschliche Mit-Einander dar. Diese Raum-Zeit-Einheit des entfremdeten Raumes moralischer Gebote gibt sich kund, wenn die Individuen ihnen entsprechend sich verhalten und bewegen, ihre Veränderungen im Mit-Einander innerhalb eines genormten Raumes vollziehen – z. B. im calvinistischen Genf, im Paris Robespierres –, der in der Veränderung auch ein zeitlicher ist. Dem auf Statik hinzielenden Raum der Normen steht die Veränderung aus Antrieben oder Wünschen der gelebten Raum-Zeit-Einheit gegenüber, die hier die spezifische Rolle der verändernden Zeit an den Gestalten der Sollensvorschriften übernimmt: Der Konflikt z. B. zwischen Pflicht und Neigung mag die Norm sprengen, sich als Einbruch des Möglichen ausweisen und drastische Veränderungen nach sich ziehen, die die bestehende Ordnung (Gestalt) in Frage stellen. Die gelebte Raum-Zeit-Einheit der Ein- und Entkörperung, die das affektive Mit- und Gegen-Einander der Menschen bestimmt, gerät dabei in Gegensatz zum anonym-abstrakten Raum der Normen, mit der Möglichkeit einer Veränderung des letzteren wie auch des ersteren.

Zusammengefaßt sei: der Raum der Sollensvorschriften legt menschliche Verhältnisse zueinander fest, er ist eo ipso ein Mißverhältnis, da er auf der Doppelbödigkeit des Appells an die sozialen Antriebe wie auch auf ihrer Repression fußt. Ihm steht die gelebte Raum-Zeit-Einheit von Ein- und Entkörperung gegenüber, die den ersteren entweder wandelt und verändert oder sich seiner determinierenden, starren Konfiguration beugt.

IX. Depressionen und Manie: Fundamentale Dekompensationen in Zuwendung und Abwendung

a) Zum Stand der jetzigen Depressions- und Manie-Forschung[1]

Den Stand der derzeitigen Untersuchungen über zyklothyme Psychosen haben *Hippius* und *Selbach* in einem bemerkenswerten Symposion (s. Anm.1) zusammengefaßt, auf das hier ausdrücklich verwiesen wird. Die Depression nicht weniger als die Manie werden zunehmend als „multikonditionale" (*Janzarik*) Vorgänge aufgefasst, bei denen biochemische (leibhafte) Prozesse mit konstitutionellen und emotionellen Faktoren zusammenwirken. Die hier vorgetragene These über die zyklothymen Psychosen entspricht dieser Auffassung prinzipiell, wenn sie sich auch bemüht, diese Dekompensation anthropologisch neu zu orten und zu bestimmen.

b) Zuwendung und Abwendung: Intentionale Fundamentalstrukturen der Lebewesen

Zuwendung und Abwendung wurden wiederholt in ihrer grundlegenden Bedeutung für das In-der-Welt-Sein des Menschen dargelegt. Sie sind darüber hinaus Selbstdarstellungen des Lebens, lebendiger Wesen, die ihre Intentionalität auf anderes sowohl zu lenken, wie auch wieder (in der Abwendung) zurückzunehmen vermögen, unabhängig von der sie bestimmenden biologischen Periodizität.

Die vorausgegangenen Abschnitte wiederholten die Ontogenese des menschlichen Subjektes, beginnend mit den leibhaften Vorgegebenheiten und ihren Mißverhältnissen, über das Wachen, die Zuwendung, über Wahrnehmen und Bewegen bis zu dem Sich-Verhalten im gelebten Raum und in gelebter Zeit, als ob das Werden des Subjekts sich in verschiedenen Phasen einer Entwicklung darstellen ließe. Keiner dieser Weisen des Sich-zur-Welt-Verhaltens jedoch – ob über Wachen oder über Wahrnehmen und Bewegen – ist jedoch ohne Zuwendung und Abwendung denkbar, in denen der Mensch als Teil des Lebens auf Welt zukommt, sich von ihr abwendet, wie Welt auf ihn zugeht oder sich von ihm abwendet. Die Verankerung beider Vorgänge in leibhaften Prozessen bedarf keiner erneuten Betonung. *Leib-Sein und Leib-Haben bedeutet sich zu- und sich abwenden können und müssen.*

Für den Menschen werden aufgrund seiner spezifischen Weise von In-der-Welt-Sein Zu- und Abwendung zu den Grundrichtungen, aus denen sich in der Zuwendung menschliches Da-Sein und menschliche Umwelt konstituieren, die andererseits in der Abwendung aufgehoben, in Frage gestellt oder vernichtet werden. Die Immanenz des Todes in der Abwendung – besonders in der radikalen des Suicids –, die des Lebens in der Zuwendung verweisen auf die Eigentümlichkeit menschlicher, über das Biologische hinausgehender Art von Zuwendung, die das In-der-Welt-Sein auf Zukunft gerichtet ebenso zu differenzieren (menschliche Umwelt) vermag, wie Abwendung mit der Möglichkeit des gewollten Todes Welt und sich selbst aufhebt.

Zuwendung und Abwendung jedoch bleiben, auch als spezifisch menschliche, im Grenzbereich affektiv-leibhafter Vorgänge verwurzelt, d. h. in den Antriebs- und Befindlichkeit bestimmenden leibhaften Vorgängen, deren Einfluß auf die mentalen Vorgänge geistiger Ortung, mit den Trübungen des Wachens oder der Aufmerksamkeit beginnend, ständig präsent und beobachtbar ist und selbst bei Sistieren der mentalen Vorgänge noch seinem Rhythmus weiter folgt. Der Senil-Demente oder der Imbezille, der durch organische Eingriffe veränderte Hirntraumatiker, selbst der seit Jahrzehnten erkrankte Anstaltsinsasse sind zumindest noch von Wachen und Schlaf abhängig, von diesen bestimmt, wobei die affektiv-emotionelle Zu- und Abwendung bei Dementen und Imbezillen noch nachweisbar ist. D. h. dem mentalen Vermögen der Begriffsbildung, des entfremdenden Denkens, der perspektivischen Festlegung des Subjektes in der Welt sind Zu- und Abwendung an der Schwelle zu der Ermöglichung jener Vorgänge vorgegeben, die, auch wenn sich nicht mehr geleistet werden, den Menschen noch als sich zu- und abwendendes Lebewesen sich darstellen lassen. Entsprechend treffen Mißverhältnisse in der Zu- und Abwendung auch das Apriori des perspektivischen Entwurfs in das Da-Sein, mit dem der Mensch über die biologisch-leibhaften Rhythmen von Zu- und Abwendung sich konstituiert. Die hier durchzuführende Einordnung der Depressiven in den Entwurf menschlichen In-der-Welt-Seins wird ihre engste Verschränkung mit den biologisch (leibhaften) affektiven Vorgegebenheiten ergeben, damit eine Bestätigung bisher gültiger psychiatrischer Lehrmeinungen über die Depression aus der Sicht der medizinischen Anthropologie, wenn auch über die Lehrmeinungen der Psychiatrie hinausgehend.

c) Depressives Syndrom und Abwendung

Das depressive Syndrom wird durch folgende Krankheitszeichen gebildet:

1. Von der Seite des Leibes: Durch die subjektiven Störungen der Befindlichkeit, die aus dem Leib aufsteigend registriert werden, wie Druck in der Magen- und Herzgegend, allgemeines Gefühl der Schwäche und Krankheit, hochgradige Erschöpfung, Reizbarkeit, „Fliegen und Zittern“ der

Glieder, subjektives Gefühl der „Lähmung“ oder Gelähmtheit, Schwindel, Ohrensausen, Nachlassen des Wachens und der Weltzuwendung, Verschwimmen der Wahrnehmung aufgrund zunehmender Gleichgültigkeit, Nachlassen in der Intensität der Bewegung, insbesondere gezielter Bewegungsabläufe, Schlafstörungen, die entweder durch „maßloses“ Schlafbedürfnis oder durch Einschlaf- und Aufwachstörungen sich auszeichnen.[2]

2. Von seiten der Antriebe, der Befindlichkeit, des Fühlens, Wünschens, Wollens und Denkens: Durch unruhige Antriebsgestimmtheit ohne eigentliches Ziel, oft mit Angst oder Ängstlichkeit verbunden (agitierte Depression), Nachlassen des gesamten Antrieberlebens, sowohl der Antriebe der Ein- wie der Entkörperung wie auch, der sozialen Antriebe. Abstumpfung, Apathie, Lustlosigkeit werden als Leere bemerkt und erlitten. (Der Depressive, zumindest in den Anfangsstadien seiner Erkrankung, vergleicht sein derzeitiges Befinden mit dem vorausgegangenen. Er leidet unter seiner Abstumpfung, Gefühls- und Antriebsverödung.) Die Befindlichkeit ist traurig, extrem niedergedrückt, alles erscheint dem Kranken hoffnungslos. Wünsche, selbst die nach Besserung, werden kaum oder nicht mehr geäußert, das Wollen ist erlahmt, die Denktätigkeit wird zunehmend undeutlich, verschwommen, das Präzisierungsvermögen der Begriffe läßt nach, der Denkablauf ist verlangsamt. In der überwiegenden Mehrzahl von Depressionen stehen Schuldgefühle, Selbstanklage und Selbstvorwürfe, oft mit hochgradig irrationalem Inhalt, im Vordergrund. Angst vor Verarmung, vor Verlust, vor Tod, hypochondrische Befürchtungen, Aussichtslosigkeit der Zukunft werden oft im Verein mit wahnhaften Befürchtungen des unmittelbar bevorstehenden Todes zum Ausdruck gebracht.[3] (*Kurt Schneiders* drei Ur-Ängste der Depressiven.[4])
3. Die mentalen Vorgänge des aufmerkenden Wachens, Festhaltens oder Loslassen von Welt und Selbstinhalten, weichen einem stumpfen, gleichgültigen Dahin-Dämmern, mit zunehmend auch monoton-stereotyp sich verändernden Gedankenabläufen. In den Denkinhalten überwiegt Negativismus, Welt- und Selbstabwertung in Verbindung mit Suicidabsichten. Die Selbstbewegtheit des Innen kommt zum fast völligen Stillstand. Mit ihr erlischt weitgehend die Kommunikation mit der Außenwelt, die sich häufig auf stereotype Klagen oder ein ängstliches sich an den Arzt- oder Verwandten Anklammern beschränkt.
4. Formen der Abwendung: Abwendung von In-der-Welt-Sein, „partieller Tod“. Die Abwendung ist nicht Folge der Depression, sondern die Depression selbst ist – in der Skala möglicher Formen von Abwendung – die über die Antwort auf Enttäuschung oder Widerstand (im obigen Sinne) hinausgehende Abwendung, *sie ist leibhaft-globale Abwendung von In-der-Welt-Sein,* die ihren sinngemäßen Abschluß im Suicid findet. Die Abwendung vollzieht sich von den Empfindungen leibhafter Erschöpfung und subjektiver Ermüdung bis zu dem Sistieren jeder Weise von Zuwendung auf die Welt hin. Sie ist *dekompensierte* Abwendung.

Ausschlaggebend für die Charakterisierung der Depression als Abwendung ist das graduelle Erlöschen der Weisen der Zuwendung. Hinter diesem Vorgang einen anderen Prozeß zu konstruieren, der das Aufhören der Zuwendung (z. B. Enttäuschungen) bedingt, diesen als Depression, jenen als Ursache zu kennzeichnen, würde die Möglichkeit, eine sich darstellende Krankheitseinheit wahrzunehmen, aufheben. Die beobachtbaren und geklagten Symptome wären nicht die Krankheit – Krankheit wäre die Konstruktion einer sich nicht mehr an den Krankheitszeichen orientierenden Theorie. Das „Leitsymptom" der Depression, *das Gefühl vitaler Erschöpfung,*[5] die sich als erschöpft erlebende Befindlichkeit, *ist bereits Abwendung*, wie des Gefühl vitaler Erschöpfung Abwendung in ihren weiteren Folgen für das In-der-Welt-Sein des Subjekts nach sich zieht.

d) Abwendung als Mißverhältnis zum In-der-Welt-Sein. Das Problem „Reaktion" und „Erkrankung"

Die Abwendung dokumentiert sich als dekompensiertes Mißverhältnis zum In-der-Welt-Sein, da sie über die periodisch bedingte Ab- und Zuwendung von Schlaf und Wachen hinausgeht, im Wachen stattfindet, der Depressive wachend der Welt abgewandt ist. In zahlreichen Fällen stehen Dauer des Leidens, Schwere und subjektives Erleben in keinem Verhältnis zum „psychologischen Grund" von Abwendung als Antwort auf Widerstand oder Widerfahrnis. Bzw. das Leben jedes Individuums birgt „Gründe" genug für Abwendung (auch sog. Strukturkonflikte des Innen u. a. Konflikte), ohne daß die oft periodischen, mit starker subjektiver Beeinträchtigung einhergehende Abwendung erfolgen müßte. Es erscheint zwar plausibel, wenn ein Individuum nach mehrjähriger KZ-Lagerhaft,[6] in der es sämtliche Angehörige verlor, an einer sog. chronisch-reaktiven Depression erkrankt. Jedoch ist es weniger plausibel, wenn ein anderes Individuum Jahrzehnte nach einem traumatischen Ereignis depressiv wird, die Depression auf dieses Vorkommen ,an dem es sich plötzlich schuldig glaubt, bezieht. Die erste geschilderte Depression wäre als „Antwort auf Widerfahrnis" im Zusammenhang des Ganzen einer im Lebensraum sich vollziehenden Entwicklung, der plötzlich in der Haft alles Verzweigende abgeschnitten wird, verstehbar, die zweite wohl kaum. Die Erkrankung als Folge einer Lagerhaft wäre eine „normale Antwort", die chronisch-reaktive Depression die gesunde „Reaktion" auf KZ-Lagerhaft und Verlust aller Angehörigen. Das vergleichbare Individuum jedoch, das ebenfalls jahrelang im KZ-Lager war, ebenfalls alle Angehörigen verlor, nach der Befreiung jedoch heiratete, eine Familie gründete, aktiver Unternehmer wurde, gesund blieb, müßte im Zusammenhang einer Interpretation, die Antworten plausibel auf Widerfahrnisse bezieht, abnorm veranlagt, bzw. krank sein.

Diese alltäglicher psychiatrischer Praxis entnommenen Beispiele verdeutlichen, daß Depressionen sich nicht generell und entsprechend „plausibel“ auf das Verhältnis von Widerfahrnis und Antwort zurückführen lassen. Wird diese Tendenz verfolgt, dann wird es nicht nur unverständlich, warum nicht auch das zweite Individuum nach Lagerhaft depressiv wird, sondern selbst von diesen extremen Beispielen abgesehen, wird der scheinbar verständliche Zusammenhang (die Plausibilität) zwischen Widerfahrnis und Antwort (Depression) unverständlich. „Plausibilität“ macht es dann auch verständlich, daß ein Patient, 20 Jahre nach einem Autounfall, an einer Depression erkrankt und sich in dieser auf den Autounfall bezieht. Ebenso erscheint plausibel, wenn ein depressiver Patient seine Erkrankung auf eine unglückliche Kindheit, einen autoritären Vater, eine dominierende Mutter usf. bezieht. M. a. W. scheinbar verständliche Zusammenhänge in der Entstehung krankhafter Abwendung sind nur bei einer geringen Zahl von Erkrankungen „plausibel“,[7] d. h. bewegen dann sich in der Richtung generell-naiven Verstehens einer Trauerreaktion (Depression) auf Widerfahrnis. *Die Depression stellt sich in jedem Fall als ein dekompensiertes Mißverhältnis zum In-der-Welt-Sein dar. Sie ist selbst im Gefolge von „Extrembelastungen“ eine unter möglichen Antworten des Individuums auf diese*, aber eine krankhafte, in der es sich von der Welt abwendet, ohne sich notwendigerweise abwenden zu müssen, da es noch über andere Möglichkeiten verfügt, auf Extrembelastungen zu reagieren.

e) Primäre anthropologische Mißverhältnisse und die Depression

Abgesehen davon, daß in einer anthropologischen Psychopathologie krankhafte Gestalten immer „multikonditional“ aus zahlreichen Bedeutungsbeziehungen erwachsen, sei nichtsdestoweniger die Multikonditionalität der leibhaften und subjektiven Faktoren für die zyklischen Gemütserkrankungen und die (schizophrenen) Psychosen noch einmal betont.[8]

Das Vermögen, auf Widerfahrnisse und äußere oder innere Extrembelastungen (wobei dieser Begriff ganz aus der Subjektivität des Belasteten zu verstehen ist) über die plausible Antwort von Trauer oder Erschöpfung in ein periodisches, u. U. chronisch-dekompensiertes Mißverhältnis zur Welt zu geraten, das von Abwendung zu dieser bestimmt ist, muß letztlich in der der humanen Kondition zugrunde liegenden Instinkt-(Antriebs-)Dysregulation zu suchen sein. Die spezifische Differenz des menschlichen Antriebslebens gegenüber dem der Tierarten (vgl. oben), liegt in seiner weitgehenden Ablösung von den signalgebundenen (Bild) Umweltsverschränkungen einerseits, der Möglichkeit des Antriebsüberschusses andererseits.[9]

Antriebsüberschuß: Die zunehmend durch die Sicherungsvorkehrungen und Planungen des Lebens im Industriezeitalter befriedigten Bedürfnisse nach Sicherheit, Ernähren, ausreichend sexueller Betätigung usf. erschöpfen nicht das biologische Antriebspotential, das dem grösseren Teil der vorindustriellen Menschheit ihren schweren Existenzkampf ermöglichte. Dieses nicht abgesättigte Antriebspotential – ob Fließbandarbeiter oder vorindustrieller Holzfäller – umgibt das Individuum als nicht ausgeloteter, schwer in den Griff zu bekommender, diffus-undeutlicher Hintergrund, es umgibt als diese Möglichkeit den Hintergrund des individuellen Handelns, u. U. seiner explosiven Aggressivität.

Ablösung der Antriebe von den relativ engen Umweltsverschränkungen derselben bei den Tierarten einerseits, Antriebsüberschuß andererseits tragen nicht nur zur Entstehung von Reflexion und willensbetonter Handlung bei, sondern bedingen, daß der Mensch als nach dem Sinn seines Woher, Warum, Wohin Fragender die Bühne der Evolution betritt. Mythen,[10] die die vorlogische Antwort auf diese Frage geben, hatten schon mit allergrößter Wahrscheinlichkeit der Neandertaler, mit Sicherheit der Cromagnon und Aurignacien, der Mensch der Jungsteinzeit ebenfalls. Der geschlossene Kreis von Antrieb und Umwelt-(Bild/Signal)-Verschränkung des Tieres macht es diesem überflüssig, nach dem „Sinn des Lebens" zu fragen, ganz abgesehen von seinen mangelnden morphologischen Voraussetzungen zu dieser Fragestellung. Sie ist jedoch für den Menschen, *dessen Antriebe die Frage nicht zu beantworten vermögen,* entscheidend. Sie ist entscheidend für seine Ortung, seine Stellung in der von ihm überschauten Welt. Die menschlichen Antriebe gewähren dem Individuum nur momentane Überbrückung der Kluft, die ihn von dem Nicht-Identischen trennt und erlauben lediglich kurzfristige Befriedigung (s. oben Teil I Kap. V). Die Erfahrung der Nicht-Identischen wird ihm ein weiterer Anlaß, Mythen zu erträumen, die ihm den Ursprung der Diskrepanz zwischen Identität und Nicht-Identischem darstellen und Hoffnung auf endgültige Überwindung derselben machen. Sie dienen wie jede Weltsicht der *Kompensation* der Diskrepanzen. Sein Fragen nach dem „Woher", „Warum", „Wohin", seiner Existenz, von den Antrieben der Ein- und Entkörperung, denen des sozialen Zusammen-Seins, des sozialen Mit-Einander-Seins nicht beantwortet, wird durch diese Antriebe, die auf unmittelbare Erfüllung abzielen, ebenso abgewiesen, *wie das reflektierte Fragen die Antriebe in ihrer Weltzuwendung erschöpft.*

Der auf die Antriebe nicht nur repressiv wirkende Charakter der Reflexion – des Fragens-, sondern diese geradezu „aushöhlend", tritt in der Diskrepanz „Geist" (Denken) und „Leben" (*Klages*) zum Vorschein.[11] „Von des Gedankens Blässe angekränkelt", charakterisiert *Shakespeare* den melancholischen Hamlet, dessen grüblerisches Fragen Triebe und Antriebe, damit spontane Entscheidungsfähigkeit ausgehöhlt und entleert haben (vgl. oben). Die zunehmende „Intellektualisierung" der Menschen innerhalb der Industrienationen führt graduell dazu, daß die spontane Beziehung zu den Antrieben, zu den Befindlichkeiten und Gefühlen nachläßt, die Abstraktion zunehmend Antriebe ausbrennt und sie erschöpft. Dieser Vorgang läuft parallel zu dem sog. „Antriebsüberschuß" – der einerseits keinen Gegenstand der Befriedigung mehr findet, andererseits in technisch-ökonomischen Gedankenbewegungen sich selbst leer wird.

M. a. W. *das Vermögen zur Depression liegt in der anthropologisch die Reflexion (das Fragen nach dem Woher, Warum, Wohin) bedingenden Dysregulation der Antriebe, der daraus resultierenden fundamentalen Mißverhältnisse des Menschen zum In-der-Welt-Sein, das ein reflektiertes und damit entfremdendes wird.* (Vgl. die Entfremdungserlebnisse der Depressiven).[12]

Diese Dysregulation an der Wurzel der menschlichen Existenz kann *nicht tief genug verankert* in den fermentativ-biochemischen Vorgängen auch der Antriebsregulation, der Regulation derselben ferner durch die entsprechenden Hirnzentren gesehen werden. *Sie ist als ständig latente Möglichkeit zur Abwendung von der Welt schlechthin präsent.*

Das Fragen nach dem „Sinn des Lebens", das Ausbleiben einer Antwort von seiten der antriebshaften Verschränkungen und Verknüpfungen mit der Umwelt, *muß nicht ausschließlich als wacher, (bewußter) Vorgang vorgestellt werden*, der er zweifellos auch sein kann, sondern der Mensch tritt als denkender Mensch, d. h. als Fragender sein In-der-Welt-Sein an, das seine rein antriebsbedingten Weisen der Zuwendung nicht beantworten. *Das Fragen bestimmt als Mögliches das Mensch-Sein.* Es ist jedem Individuum als Möglichkeit zu fragen immanent: wie das Ausbleiben der überfragten Antriebe nicht ständig vernommen werden muß, sondern ebenfalls als Möglichkeit, das Fragen nicht beantworten zu können, dem Mensch-Sein präsent ist.

Die Disposition zur Depression als dem Mensch-Sein anthropologisch immanente Möglichkeit wäre – vorläufig zusammengefaßt – vorgegeben durch

1. primären Identitäts- und Vertrauensverlust, der Voraussetzung für die Spaltung von Antrieben und Entstehung von Reflexionen ist;
2. Dysregulation der Antriebe im Sinne einer durch das Mensch-Sein konditionierten Möglichkeit zu vitalem Ungleichgewicht infolge des Vermögens zur Reflexion;
3. Zunehmende Diskrepanz zwischen Reflexion und Antrieb, da rein antriebsbestimmtes Verhalten auf Fragen keine Antwort erteilt;
4. Erschöpfung des fragenden Individuums, das ein antriebsbestimmtes Leben nicht erfüllt, durch Erschöpfung der Antriebe, „Aushöhlung" derselben durch die ermüdende, die Vitalität der Antriebe schwächende Reflexion.
5. Dekompensation der vorgegebenen Mißverhältnisse in der krankhaften Abwendung.

Auch hier wäre Abwendung – *Depression – nicht Folge des Ausbleibens von Antwort auf Fragen, sondern gleichzeitig (synchron) mit dem latentenhalbwachen oder bewußten (lauten) Vermögen zu fragen. Das Fragen bedeutet bereits Abwendung von der Spontanität einer rein antriebsbedingten Zuwendung zur Welt*, die sich vorläufig damit zufrieden gibt, keine Antwort zu erhalten, und „gesund" bleibt.

f) Antriebsüberschuß und Langeweile

Die Diskrepanz zwischen Antrieb und Reflexion ist ferner jenen Störungen des Antriebslebens der menschlichen Gattung an die Seite zu stellen, die oben als Antriebsüberschuß beschrieben wurden. Sie wird von dem Augenblick an beobachtet, in dem der Mensch, sei es durch entsprechende ökonomische Umstände, sei es durch eine besondere Gunst des Klimas und der Bodenbeschaffenheit (wie in einigen Gebieten des südpazifischen Ozeans) sein Antriebspotential nicht mehr in der Bewältigung des Alltags erschöpft, wie z. B. einem überwiegenden Jäger- und Sammler-Dasein (auch dort wird das Antriebspotential nur bedingt erschöpft, da Jagd und Sammeln saisonabhängig sind). Die mangelnde Absättigung elementarer Bedürfnisse nach Tätigkeit vermag nicht nur einerseits die allgemeine Reizbarkeit zu erhöhen, sondern vor allem zum Erleben der *Langeweile*[13] zu führen. Diese ist ein durchaus auch in Ethnien beobachtetes, keineswegs seltenes Phänomen, das nicht auf die Melancholie der sog. herrschenden bürgerlichen Klasse[14] als Dekadenz-Phänomen zu reduzieren ist, wenn Herrschaft sich auch gelegentlich mit dem Negotium verbunden hat und dazu disponiert.

In der *Langeweile* erfährt die Diskrepanz zwischen Reflexion und Antrieb eine Eskalation, da Langeweile als das „Nichts-mit-sich-und-der-Welt-anfangen-Können“ bereits einen Schritt in Richtung der Abwendung von der Welt vollzogen hat. Das Befragen der Antriebe, das Ausbleiben von Antwort, das „Wozu“ und „Warum“ bleibt in der Langeweile auffallend unbeantwortet „im Raum stehen“.

Der subdepressive, präpsychotische Charakter der Langeweile, besonders bei Kindern und Jugendlichen,[15] ist bekannt und bestätigt nur die hier dargelegten Zusammenhänge. Im Hinblick jedoch auf die primär-vorgegebene Dysregulation zwischen Antrieb und Reflexion erscheint die Langeweile als Folge derselben, sie ist sekundär und bereits einsetzende Abwendung von In-der-Welt-Sein.

g) Erschöpfung und Schuldgefühl

Die Befindlichkeit der Erschöpfung[16] wird mit Recht, insbesondere wenn sie persistiert, als wichtiger Hinweis (Leitsymptom) auf den Beginn einer Depression gewertet. Sie zählt, im Verlauf oder in der Folge innerer Erkrankungen ebenso beobachtbar, zu den leibnahen Störungen der Befindlichkeit, die ihrer zwielichtigen Rolle sowohl somatischen wie auch überwiegend innersubjektiven Ursprungs zu sein vermögen. Die Erschöpfung ist durch das Erleben des „Nicht-so-Können-wie-man-will-oder-möchte“ charakterisiert, d. h. durch eine Leibschranke, die über die Wahrnehmung der eigenen Ermattung die weitgehende Unfähigkeit zum Handeln anzeigt.

Von der subjektiven Seite zeichnet sich die Erschöpfung bereits – über die Langeweile hinausgehend – als allgemeines Gefühl der „Unlust, etwas zu tun", der Apathie, der Antriebslosigkeit aus. Auch die Denkvorgänge werden eintöniger, verlangsamt, das Wachen weicht zunehmend dem Da-Sein aus, ein Vorgang, der bereits in der Langeweile zu beobachten ist. *Die Erschöpfung steigert die in der Langeweile sich ankündigende Abwendung von der Welt.*

Ist deren biochemisch-physiologische Grundlage auch noch nicht aufgeklärt, so sei hier nichtsdestoweniger eine weitere These aufgestellt, die möglicherweise eines Tages ihre biochemische Verifizierung erfährt. Die den Organismus, das Leben kennzeichnenden Stoffwechselprozesse sind Auf- und Abbauvorgänge: Erschöpfung wird zunehmend registriert, wenn die Abbauvorgänge überwiegen, das Wachen zur Selbstintoxikation des Organismus führt. Sollte nicht das im Zusammenhang primärer und sekundärer Dysregulation der Antriebe (Langeweile) sich von der Welt abwendende Subjekt eine besonders niedrige „Reizschwelle" den eigenen Abbauprodukten gegenüber aufweisen, die z. B. durch die Beziehungen zwischen gestörtem Leberstoffwechsel und Depressionen einen Hinweis erfährt?[17] Die nur in den Ansätzen erforschte Biochemie der (depressiven) Erschöpfung würde durch die jetzt erfolgte anthropologische Bestimmung der Depression sich allerdings nicht als „Ursache" der Depression im monokausalen Sinne ausweisen, sondern vielmehr auf dem Hintergrund der depressiven Weltabwendung verständlich erscheinen. Die Bedingungen zu dem Erleben abnormer Erschöpfung würden in einer extremen Sensibilität (Durchlässigkeit) den eigenen Abbauvorgängen gegenüber liegen, die dem zur Depression Neigenden die Botschaft seiner ständigen Vergänglichkeit (Abbauprodukte) als biologisch-organismisches Wesen vermitteln. Diese „Botschaft" würde sowohl die Befindlichkeit der Erschöpfung substantialisieren (den somatischen Aspekt derselben), wie auch ihr subjektives Erleben von „Nicht-Können-wie-man-möchte" die Antwort auf nicht bewältigte Intoxikation wäre (s. hier die Verschränkung von Austausch und Kommunikation). In Erschöpfung und Depression erfährt der Kranke sich selbst als vergehenden Organismus und antizipiert das Sterben. Er registriert diesen Vorgang in der Befindlichkeit der Erschöpfung sowohl somatisch-leibhaft wie auch innersubjektiv.

Nicht von der Erschöpfung sind die Selbstvorwürfe, Anklagen und Schuldgefühle des Kranken zu trennen, deren Häufigkeit und universelle Verbreitung inzwischen auch statistisch verifiziert wurden.[18] Die von *Tellenbach*[19] erkundete enge Beziehung zwischen der Arbeits- und Leistungswelt der Depressiven und ihrer Erkrankung – einer Beziehung zur Leistung, die im Zuge der Weltabwendung durch die Krankheit weitgehend entfällt – trägt zweifellos zu den monotonen Selbstanklagen bei, daß sie, die Kranken, nicht mehr am normalen Arbeitsprozeß teilnehmen können und deshalb die Familie, der Gesellschaft oder Gott gegenüber schuldig sind. Diese „reaktive" Schuld sei hier von der primären getrennt, die den Depressiven generell und hochgradig irrational sich schuldig fühlen läßt, wie es wahrscheinlich überhaupt eine Depression ohne Schuldgefühle nicht gibt. (So wie die Erschöpfung die leiblich-innersubjektive Grundbefindlichkeit der Depressiven wiedergibt, so das Schulderleben die spezifisch subjektive Erlebnisweise.) Der innere Zusammenhang wird sichtbar, wird die Depression auch als eine Werdensstörung angesehen, die sich einerseits in den leiblichen Mißempfindungen der Erschöpfung manifestiert, andererseits ein Schulderleben dem Werden[20] gegenüber darstellt. Erschöpfung und Schuldgefühl wären jetzt als miteinander verschränkte Prozesse zu verstehen:

1. In der Spaltung der primären Identität entsteht Reflexion, die die lebendigen Vorgänge im Denken zergliedert, sie zur menschlichen Umwelt (Technik) fügt und damit Trennung des lebendigen In-Einander-Seins als „Urschuld" des Geistes, des Erkennens aufweist. In der Phylogenese der Gattung Mensch, wird dieser habitualisierte Vorgang nicht mehr mit „Schuld" oder „Schuldgefühl" verbunden. Erst in der Erschöpfung der Depression, im Nachlassen der Vitalität manifestiert sich diese „Urschuld" des Geistes durch den krankhaften Prozeß: der Depressive fühlt sich als „Geistträger" für die primäre Identitätstrennung verantwortlich, wie er sich auch als deren Opfer ahnt. In der Erschöpfung vermag die Vitalität, der Werdensprozeß der biologischen Aufbauvorgänge sich dem „Geist" gegenüber nicht mehr zu behaupten oder durchzusetzen, seine Präsenz (die des Geistes) – weitgehend sinnentleert, da ihm das Organ zum Handeln genommen ist – wird jedoch als blinde Schuld wahrgenommen. Diese klammert sich dann an die zunehmend einer intentionalen (sinnvollen) Gerichtetheit beraubten Inhalte, Bilder und Erinnerungsfragmente des Innen, um irrational und willkürlich einzelne herauszugreifen: die absurden, nur in geringem Kontakt mit dem Lebensweg stehenden Selbstvorwürfe der Depressiven.
2. Die durch das handelnde Eingreifen des Subjekts bedingten Veränderungen der Umwelt sind die Voraussetzung für die Entwicklung des Bewußtseins von Verantwortung: diese oder jene Veränderung bewirkt zu haben (vgl. oben). Das weitgehende Unterbleiben von Handeln in der Depression entbindet den Kranken nicht nur des u. U. riesenhaft ausgeweiteten Verantwortungsgefühls, das sich aber in erster Linie *negativ* als Versäumnis, Bilanz und generelles Versagen dokumentiert. Das Ausbleiben in der Krankheit von der im Lebensprozeß vorwaltenden Reziprozität von Handeln, Antwort der Welt auf dieses und einer Antwort des Subjektes wieder auf die der Welt, charakterisiert das *depressive Schuldgefühl als Negativ der Verantwortung*. Dem verantwortenden Handeln entbunden, faktisch von der Fürsorge der Umgebung abhängig, erlebt der Kranke Verantwortung als nicht vollzogene, nicht ausgeübte überwiegend im Schuldversagen.

Auch dieser Vorgang ist nicht ohne die Erschöpfung (der Vitalität) denkbar, die die Gegenseitigkeit von Handeln und Antwort der Welt auf diese gewährleistet.

h) Trauer und Angst in der Depression

Das Überwiegen des Gefühls (oder der Befindlichkeit, der Stimmung) der Trauer in der Depression, dürfte, nach dem Vorausgegangenen sowohl in der Abwendung von der Welt wie auch im Zeiterleben des Vergehens derselben und seiner selbst begründet sein. In der Trauer-Reaktion auf Verlust, sei es eines geliebten Menschen, sei es einer Arbeit, von Besitz oder Heimat antwortet der Betroffene mit Abwendung, *weil ihm die „Welt" etwas geraubt oder genommen hat,* sie sich damit von ihm abgewandt hat. Abwendung als Antwort auf Sich-abgewiesen-Fühlen, Abwendung von der Welt im Sinne des Abweisens derselben, sind bei der Reaktion auf Widerfahrnis – wozu auch persönliches Versagen und Selbstaufgabe zählen – ineinander übergehende Gefühlszustände. Wer Angehörige, Arbeit, Besitz in Gefahr weiß, wird noch versuchen zu retten, was zu retten ist. Erst nach Vollstreckung des Unvermeidbaren setzt die Trauer ein, die auch mit dem Erleben der Unfähigkeit eigenen Tuns verbunden ist und dessen mildere Form in der Resignation begegnet. *Das Scheitern,* im Verlust nicht weniger präsent wie im Versagen an einer Aufgabe oder an einer menschlichen Beziehung, *wird als Abweisung durch Abwendung der Welt von einem selbst erfahren,* es löst das analoge Verhalten aus: Da mich die Welt nicht liebt, sie mich abweist, weise ich sie ab.

Trauer ist Erleben der eigenen Abwendung von der Welt, wie auch Antwort auf sich abwendende Welt: eine in jedem Lebensabschnitt nachzuvollziehende Erfahrung. Im Unterschied jedoch zu der plausiblen Trauerreaktion, die der „Gesunde" durchaus ertragen kann, zeichnet die depressive Trauer sich durch die oben dargelegten Symptome 1.–4. (s. S. 348) aus. Die Trauererschütterung setzt sich hier in einer Weise fort, die den Wellen verglichen werden kann, die nach dem Wurf eines Steines in den Teich entstehen, wobei das Leitsymptom der Depression, die Erschöpfung, die pathologische Trauer von der des Gesunden maßgeblich unterscheidet. M. a. W. die pathologische Trauerreaktion trifft den Menschen besonders in seinem Bedürfnis auf die Frage „Wozu", „Warum", die keine Antwort erhält – womit der Gesunde sich abzufinden scheint. *Der miteinander verschränkte, sich aufspiralende Prozeß zwischen fragender Reflexion, ausbleibender Antwort, Erschöpfung, „Leerlauf des Geistes" und Schuld beginnt das Subjekt in seinen Sog zu ziehen.*

Das Zeiterleben des Vergehens – in der melancholischen Kontemplation präsent – ist als weiterer Zusammenhang, die Trauer zu verstehen, offenkundig. Sich vergehend, vergänglich zu wissen, ist Bestandteil allgemeiner, menschlicher Erfahrung. Sie hat sich in unzähligen, auch künstlerischen Dokumenten niedergeschlagen und ist nicht von der Erfahrung des Endes aller Dinge, dem Tod zu trennen. *Dies zu wissen – ist Trauer.* Der „Gesunde" lebt jedoch mit diesem Wissen, ohne darüber zu erkranken, indem er das Wissen um das eigene Vergehen in die „unendliche Ferne" verdrängt. Erst das Gewahr-Werden des Endes, sei es durch unmittelbare oder indirekte Konfrontation mit diesem, erweckt das Wissen um eigenes Vergehen, um die eigene Zeitlichkeit mit der möglichen Antwort von Trauer. Der auf dieses Wissen festgelegte Depressive, der sich vergehend weiß und sieht, vergeht faktisch, hat nicht mehr die Möglichkeit *auch* zu trauern, denn, dem Vergehen ausgeliefert, *muß* er trauern, *ist die Alternative zu dem „Auch" geschwunden.*

Die in der Depression nicht regelmäßig, aber häufig anzutreffende Angst[21] wird in ihrer spezifischen Bedeutung für das Krank-Sein weiter unten ausführlich diskutiert werden. Die sowohl grundlose Angst des Depressiven, nicht auf einen bestimmten Inhalt bezogen oder auf einen irrationalen, läßt sich im Zusammenhang der hier vertretenen Auffassung der Depression als multikonditionalem Geschehen verstehen. Es sind unmittelbare Antworten (Reaktionen), z. B. auf Wahninhalte (Angst zu Sterben, hingerichtet zu werden, zu verhungern, an einer unheilbaren Krankheit erkrankt zu sein), von den originären Ängsten (s. unten) zu trennen, da besonders die ersteren oft auch als frei fluktuierende Ängste in der agitierten Depression selten einen faßbaren Inhalt haben. Diese „freie" Angst dürfte auf die mit der Abwendung von der Welt sich grundlegend verändernde Beziehung zu dieser zurückzuführen sein, für die die in anderem Zusammenhang entwickelten, aber einprägsamen Begriffe der Entbergung und Entsicherung zutreffen.[22] Die Auslieferung an das mit der Weltabwendung sich anbahnende Ende auch der Beziehungen zu dieser, die drastische Veränderung der Weisen der Zuwendung, das Erlöschen und Sistieren derselben (Kommunikationsverlust), der Bruch in der Kontinuität des gelebten Raumes, der gelebten Zeit, der unaufhaltsam einsetzende Schrumpfungsprozeß der ganzen Person, das protrahierte „Sterben" werden von dem Depressiven mit panischer „freischwebender" Angst beantwortet. Diese Angst ist sowohl „Antwort" auf die einschneidenden Veränderungen seines Verhältnisses zur Welt, wie sie auch diese Veränderungen wiederum beschleunigt, zur Abkehr, Abwendung, Abweisung von Welt mit beiträgt und damit die Spirale der Krankheit in ihrer Entwicklung verhängnisvoll beschleunigt.

i) Die Zeit- und Raumproblematik in der Depression

Die Zeitthematik der Depression scheint durch die bereits erwähnten bahnbrechenden Arbeiten *Minkowskis*, *von Gebsattels*, *Straus'* und *Binswangers* erschöpfend untersucht und dargestellt worden zu sein. Nichtsdestoweniger seien hier in Ergänzung zu den genannten Autoren einige weitere Gesichtspunkte zur Diskussion gestellt.

Der Depressive, in seiner besonderen Affinität zur Vergänglichkeit (d. h. Beziehung zu, Angesprochen werden von Vergänglichkeit), die ihm das Bewußtsein der Leere und Sinnlosigkeit seines Lebens vermittelt, antwortet mit seiner Abwendung auf die vergehende Zeit, der er in verstärkter Weise sich ausgesetzt fühlt. Die Gleichzeitigkeit beider Vorgänge ist beachtenswert, denn der Depressive leidet nicht nur unter dem Vergehen und Wandel der sichtbaren Welt, *sondern er vergeht selbst in auffallender Weise.* Das Aufhören des Appetits, die Überempfindlichkeit gegen bestimmte Gerüche, Geräusche, das „Überdrüssig-Werden" von Anblicken der Welt überhaupt, das Erlöschen der sexuellen Bedürfnisse, der Antriebe allgemein, das Sistieren von Aufmerksamkeit und Weltzuwendung, die extrem reduzierte Kommunikation mit der Umwelt, schließlich das zunehmende Versagen der Stoffwechsel- und Kreislaufprozesse bei schwer, erfolglos behandelten Depressiven, deren sichtliche Abmagerung und Kachexie, zeichnen von der leibhaften Seite den Kranken als deutlich sich vergehend und verfallend markierende Gestalt. Dem entsprechen im subjektiven Erleben Verarmungs-, Kleinheits- und Nichtigkeitswahn, die Schrumpfung und Verkleinerung des Horizontes der gesamten Subjektivität, die Reduzierung der inneren Dynamik (innere Bewegtheit) auf monotone, stereotyp sich wiederholende Gedankengänge. Nicht zuletzt wirkt das Übergewicht der Schuld erdrückend: der Kranke kann sich ihrer nicht erwehren. Schon der Tagesbeginn wird von einer erheblichen Anzahl Depressiver mit dem Gefühl einer bevorstehenden, sie erdrückenden Last erlebt, demgegenüber sie sich „verkriechen", „immer kleiner machen möchten, um in einem Loch aus der Welt zu schlüpfen".

Diese sowohl leibhaften wie auch innersubjektiv erlebten *Schrumpfungsprozesse* – im Gegensatz zur „Zersplitterung" in der schizophrenen Psychose, vgl. unten – verdeutlichen, *daß die in der Depression vollzogene Weltabwendung die räumliche Gestalt im oben aufgewiesenen Sinne des erlebten Raumes der Zeit gegenüber nicht mehr aufrecht zu erhalten vermag.* Die Zeit verzehrt den Kranken, wie ihn im Volksmund der „Kummer" aufzehrt. Der Blick in die Zukunft trübt sich, die Zukunft entschwindet, wird undeutlich (Werdens-Stillstand), dafür wächst die meist schuldhaft – als Versäumnis – erlebte Vergangenheit. Vergehend hält den Depressiven nur noch die Vergangenheit.

Dem Schwund des Kranken an der Zeit der in der Fixierung auf die Vergänglichkeit selber vergeht, entspricht die Punktualisierung des erlebten Raumes. Der – wie *Tellenbach* zeigte[23] – überwiegende Bezug der Depressiven zu den anonym-ordnenden Faktoren des entfremdeten Raumes, ihr Fleiß, ihre Ordnungsliebe, ihr Leistungsstreben, ihre Anpassung an die jeweils relevanten Normen stellen sie – bei aller Skepsis Typifizierungen gegenüber – als eine Krankengruppe dar, die früh lernt, sich an die Dauer versprechenden Gesetze und Regeln (Richtungen) des Raumes von Ordnungsmächten zu halten. Die Schrumpfung, Punktualisierung dieses Raumes in der Krankheit zu einem leeren „Du sollst" und „Hättest Du", die in der Ordnung nur noch als formale Stereotypie wirkt, weist auf den Gestaltschwund, die Punktualisierung der Existenz hin, der sich das Zeiterleben ausschließlich in der Perspektive des Vergehens darstellt.

k) Die Irrelevanz der „auslösenden“ Faktoren.
Kompensierte und dekompensierte Abwendung

Das dekompensierte Mißverhältnis zum In-der-Welt-Sein, in das sich der von dieser Abwendende begibt, unterscheidet sich von der kompensierten Antwort auf Widerstand und Widerfahrnis, von der bewußten Abwendung in Askese und Weltflucht, durch das dem Willen entzogene Krankheitsgeschehen. Der Depressive kann „nichts dafür“ daß er krank ist, die Erkrankung ist kein Willkürakt, kein Vollzug zweckbetonter Planung, sie ist pathisch erfahrener Leidensweg. Die Möglichkeit zur krankhaft erlittenen Weltabwendung ist – das zu vermitteln ist ein zentrales Anliegen der vorliegenden Untersuchung – als Mögliches der anthropologischen Grundsituation, *die eo ipso ein Mißverhältnis ist*, immanent.

Jeder Mensch kann depressiv werden – wenige Menschen, zumindest in den Großstädten industrialisierter Länder, haben nicht Phasen von depressiven Verstimmungen erfahren.[24] Die erwiesene *leibhaft-konstitutionelle* Disposition zur Depression (Vererbung) darf darüber hinaus als besondere Affinität/Labilität angesehen werden, in der Zuwendung zu dekompensieren, krankhafte Abwendung „in Gang zu setzen“. Als Möglichkeit von In-der-Welt-Sein stellt die Depression eine unter vielen dar: die der Abwendung. *Die Multikonditionalität* oder Überdeterminierung *des depressiven Mißverhältnisses zur Welt wird manifest, wenn das Individuum die Grunddiskrepanzen, sei es der zwischen fragender Reflexion und Antrieb, der des Antriebsüberschusses und der Langeweile oder der, sich über leibhafte Abbauprodukte als spezifisch vergehend zu erfahren – im Horizont seines aufmerkenden Wachens einmal, vielleicht nur schattenhaft, bemerkt;* oder: wenn die Kontinuität des gelebten, in selbstverständlichen, gewohnten Bahnen dahingleitenden, über Identifikationen und weltanschauliche Konzepte kompensierten Lebens plötzlich unterbrochen wird und das an der Wurzel der Existenz liegende anthropologische Mißverhältnis in Form einer unheilbaren, lebenslänglichen Dekompensation die „Führung“ übernimmt. Der erstere Vorgang: das Bemerken der Diskrepanz, das Ausbleiben von Antwort, Langeweile und sich als leibhaft vergehend zu erfahren verändert bereits die Beziehung zur Welt und damit ihre Bedeutung, die vorher noch selbstverständlich, jetzt fragwürdig und zunehmend undeutlich wird. Über die sich wandelnden Beziehungen und Bedeutungen im Verhältnis zur Welt wird die Gestalt der Abwendung, die Schrumpfung, Einschnürung, Punktualisierung des Raum-Erlebens und der gesamten Kommunikation sichtbar. In dem Maß, in dem die Beziehung zur Welt gleichzeitig mit der Abwendung sich verändert, wird die Bedeutung der Welt negativ, schrumpft die in die Welt, über die Welt hinauswirkende Gestalt des Subjektes sowohl im leibhaften wie auch im innersubjektiven Sinn, Dekompensation wird sichtbar.

Das bewußtseinsnahe Bemerken der genannten anthropologischen Diskrepanzen vermag in jedem Konflikt des Alltags, in Konflikten des Rangs, der

Wohnung, der Familie bis zu dem innersubjektiven zwischen „Pflicht und Neigung“ auftreten, ebenso jedoch aus einem Zustand der „Langeweile“, der Erschöpfung nach einer inneren Krankheit oder einer übermäßigen Strapaze sich entwickeln. Sie ist jedoch kompensierte Abwendung, solange innerlich Wille und Reflexion die vollständige Dekompensation der Kommunikation (Abwendung) in Verbindung mit Weltsicht (Mythos, Glauben, Ideologie), menschlichem Mit-Einander und sozialer Position (Arbeit, Rolle) verhindern.

Dekompensierte Abwendung, die die Tiefe der Dysregulation des Antriebslebens trifft, zeichnet sich durch die Symptome der Erschöpfung, der irrationalen Schuld, der Riesenverantwortung, des weitgehenden Kommunikationsverlustes auf allen Ebenen, der Veränderung des Raum/Zeit-Erlebens, der chronisch-periodischen Gestaltschrumpfung aus. Mit dieser These *sei dem Streit um die „endogene“ oder reaktive“ Depression ein Ende gesetzt.* Es gibt nur *eine* krankhafte Abwendung, in der anthropologische Mißverhältnisse sichtbar werden. Während die eine jedoch – bei allen „fließenden Übergängen“ – noch kompensiert ist (s. oben), ist die andere dekompensiert. Der Unterschied ist klinisch in den meisten Fällen *nur rückschließend* diagnostisch, nach Kenntnis des Lebenslaufes, zu ermitteln. Die Auslösung der kompensierten oder dekompensierten Abwendung ist, auf mögliche Ursachen konstitutioneller, leibhafter, innerpsychischer oder traumatischer Art bezogen, irrelevant. Auslösung heißt im oben ausgeführten Sinne: *Gewahrwerden der anthropologischen Diskrepanzen*, ihre Unlösbarkeit zu registrieren, – keine „kompensierende“ Antwort zu finden, *wobei das Gewahrwerden der Diskrepanzen bereits eintretende Dekompensation ist*, in der sich Dysregulation der Antriebe und Reflexion gegenseitig negativ verstärken („Aufspiralen“).

l) Historische und gesellschaftliche Verhältnisse aus der Perspektive der Depressiven

Der Arbeitstag eines Behörden-Angestellten oder Fließbandarbeiters, eines Arztes oder Beamten im Industriezeitalter,[25] der eines Bauern, Soldaten, Handwerkers oder Kaufmanns in vorindustriellen Zeiten, auch der der sog. „herrschenden Klasse“ ist von jener weitgehend ereignislosen Monotonie geprägt, die zu Antriebsüberschüssen zu führen vermag. Das Mißverhältnis zwischen Antriebsüberschuß und stereotypen Arbeitstagen verleitet dazu, daß der seine Existenz irgandwann, irgendwo einmal befragende Mensch, nachdem er ohne Antwort blieb, z. B. den Vorgängen seines Alltags eine ihnen objektiv nicht zukommende, übertriebene Bedeutung beimißt. Die Ereignisse auf dem Schreibtisch erscheinen die Welt zu bewegen – der kleine Fachmann hält sich für den einzig kompetenten. Es entsteht der „Verhältnis-Blödsinn“, eine Erscheinung, die bis in die höchsten Gremien von Verwaltung, Wirschaft oder Wissenschaft zu verfolgen ist. M. a. W. eine überwiegende Anzahl von

Individuen erträgt die Bedingungen ihrer Existenz nur, wenn sie vermittels der in dieser Lebensweise nicht abgesättigten Antriebsüberschüsse einen zwar ausgleichenden, aber die faktische Nichttigkeit ihrer jederzeit auswechselbaren Existenz nur illusorisch verdeckenden „Größenwahn" entwickeln, der mitunter bereits manische Züge verrät.

Auf der anderen Seite erlaubt wiederum der Antriebsüberschuß und das „Nicht-Wissen-wohin-damit" die ideologische Manipulierung der Individuen, die in einigen Systemen (z.B. die Kirche) bemüht ist, ihnen Sinn und Ort ihres Tuns aufzuzeigen, die in anderen Systemen versucht, die Individuen mehr oder weniger skrupellos zu Zwecken der Konsolidierung von Herrschaftsverhältnissen mit einem entsprechenden weltanschaulichen (Propaganda) Selbstverständnis auszurüsten, das sie über die monotone Alltäglichkeit ihres Da-Seins hinaushebt.

Nicht zuletzt sind es die Weisen der Zuwendung zum Da-Sein selbst, die den Einzelnen einerseits in menschlichen Bindungen und Konflikten verstricken, ihn andererseits durch Geburt, Partnerwahl, Familiengründung, Aufzucht der Kinder und Tod schweigend im Rhythmus des lebendigen Geschehens aufgehen lassen, d. h. sein Da-Sein universell und monoton durch Werden,Fortpflanzung und Tod bestimmen.

Selbsttäuschender Ausgleich („Größenwahn"), ideologisch weltanschauliche Ortung (die auch schon in den Mythologemen der vorlogisch orientierten Menschheit zu beobachten ist), der Lebensrhythmus selbst und die geringe Variabilität in der Art der Lebenszuwendung ermöglichen es dem Individuum, seitdem es sich historisch ausgewiesen hat, die Fragwürdigkeit seines Da-Seins immer wieder hinzunehmen.

Die Fragwürdigkeit wird durch den pathisch erlittenen Lebensablauf verstärkt, der in überwiegenden Fällen auf Schrumpfung, Sklerosierung, Altersveränderungen und Tod hintendiert, d. h. *selbst eine im leibhaften Bereich angelegte Tendenz zum schrumpfenden Gestaltverfall aufzeigt.* Diese Perspektive des Lebenslaufes muß der historischen Menschheit schon sehr früh bewußt gewesen sein, jedenfalls vom Zeitpunkt an, in dem sie Alter, Krankheit und Tod als pathisch erlittene oder verhängte Ereignisse zur Kenntnis nahm, wenn auch ihre Jenseitsvorstellungen das definitive Ende nicht hinnahmen. Der aus derartigen Erfahrungen abzuleitende Pessimismus wurde ein nicht unverständlicher Bestandteil volkstümlicher Einsichten, Märchen, Legenden und Mythen. Die Jenseits-Vorstellungen[26] des homerischen Griechentums, die schattenhafte, sinnentleerte Existenz der Seelen in der Unterwelt, stellt das faktische Erleben und Erleiden der Depression als Zukunfts-Perspektive eines hochbegabten, schöpferischen Volkes dar. *Sophokles* („Ödipus auf Kolonos") formulierte die Worte:

> Nicht geboren zu sein – was ist
> Höhren Werts? Aber *lebst* du schon –
> Dort hin wieder, woher du kamst,
> schleunigst zu gehen, rate ich dir!

M. a. W. sowohl die wirtschaftlich-ökonomischen Bedingungen des größten Teiles der arbeitenden Menscheit – seit ihrer historischen Existenz – als auch der biologische Lebensablauf selbst zeigen Züge der Einförmigkeit, der Monotonie und Stereotypie, des Nachlassens weltzugewandter Dynamik, die die depressive Erkrankung, wie im Zeitraffer erblickt ausmachen. Die These liegt nahe, in der depressiven Dekompensation des In-der-Welt-Seins nur eine physiognomisch prägnantere, konzentriertere Gestalt zu sehen, die der biologischen Lebensbewegung, der wirtschaftlichen Verflochtenheit des Menschen, der Notwendigkeit, für die Lebenserhaltung zu arbeiten, bereits immanent ist. Allerdings muß auch hier gefragt werden, wie weit nicht Thesen dieser Art bereits Abwendung von der Welt voraussetzen. Zweifellos wird diese Abwendung vorausgesetzt, denn Denken ist Entfremdung, Entfremdung setzt Abwendung voraus und jede kritische Stellungnahme verlangt entfremdete Distanzierung gegenüber dem zu Kritisierenden.

m) Die krankhafte Weltzuwendung (Manie)[27] und das Problem des Maßverlustes

Die Abwendung von der Welt wäre möglicherweise weniger eindeutig, wenn dieses Mißverhältnis von In-der-Welt-Sein nicht durch seinen Gegenpol, die krankhafte Zuwendung zu der Welt, ergänzt würde, die seit *Kraepelin*, gemeinsam mit der pathologischen Abwendung, als eine Krankheit diagnostiziert wird. Die Manie, im phasischen Wechsel mit der Depression auftretend, aber auch allein zu beobachten, wurde im Vergleich zu ihrer weltabgewandten Schwester von der Psychiatrie eher stiefmütterlich behandelt, da sie – möglicherweise – nichts zu verbergen schien, die Depression dagegen vieles.

Ihre Symptomatik zeichnet sich in der sog. stillen Manie durch extremes Glücksgefühl, grenzenloses Selbstvertrauen, starke Kommunikationsfreudigkeit in der Sphäre der emotional-affektiven Weisen der Zuwendung aus, aber auch im Denken durch Ideenflucht, die sich häufig durch assoziative Wortverbindungen auszeichnet. In den lebhafteren Formen der manischen Weltzuwendung wird das Denken zunehmend diskoordiniert, stellt sich die Planung des Handelns, damit der Zukunft, in einem übergroßen Vertrauen in das eigene Willensvermögen dar, durch Bevorzugung auch großer, monumentaler Projekte bei gleichzeitiger Unstetigkeit und Unfähigkeit diese auszuführen. In der Sphäre der Selbstbewertung ist die Kritik stark reduziert.

Bei der agitierten Manie bietet sich das Bild enthemmter, losgelassener, kaum zu bändigender affektiver Gewalt, verbunden mit stürmischer Motorik: z. B. auf Tischen und Bänken des Krankensaales herumzutanzen, unmäßigem Rededrang und überwältigender Kommunikationsfreudigkeit, die aber bei der reizbaren Manie schnell in mißtrauisch, ängstlich-gespanntes

Verhalten umschlagen kann. Es überwiegen Größenideen bis zum Größenwahn, doch sind auch hier die sog. Mischformen z. B. rasch alternierender, manischer und depressiver Phasen beobachtet worden.

Die exaltierte Weltzuwendung des Manischen zeichnet sich eindeutig als solche ab. Seine Kommunikationsfreudigkeit erfaßt jedoch den anderen eigentlich nicht, sie geht „daneben", wie das *Binswanger* in einer detaillierten Studie aufgewiesen hat.[28] Die Affekte flammen „wie Strohfeuer" auf, verbrennen rasch, die Emotionen sind ohne Tiefe, der Redeschwall strotzt von Banalitäten, die verstärkten Antriebe, z. B. der Sexualität, zeichnen sich durch grobe Wahllosigkeit, Undifferenziertheit den Gegenständen ihrer Wahl gegenüber aus.

Das Mißverhältnis des Manischen zur Welt ist jedoch im Prinzip dasselbe, das den Depressiven charakterisiert. In beiden Zuständen wirkt das Maßerleben, dessen fundamentale Bedeutung für das In-der-Welt-Sein oben dargelegt wurde, nicht mehr ausgleichend auf die Beziehung zwischen Subjekt und Umwelt, die Antwort (Reaktion) des Subjekts auf Umwelt-Widerfahrnisse ist als Ausdruck stattgefundenen Maßverlustes unproportioniert. Für den Maßverlust krankhafter Zu- oder Abwendung muß bei der Manie nicht weniger als bei der Depression die anthropologisch fundierte Diskrepanz zwischen Antriebserleben und Reflexion, verantwortlich gemacht werden. Diese bewirkt hier Abwendung und Depression, dort Zuwendung und Manie. Wenn oben dargelegt wurde, daß das Bemerken der anthropologischen Diskrepanzen bereits Abwendung bedeutet, gleichzeitig mit Abwendung ist, bedarf diese These jetzt der Korrektur: *Das Gewahr-Werden oder die latente, aber immer wirkende Präsenz dieser Diskrepanzen vermag gleichzeitig mit aus den Proportionen (Maß) geratener (manischer) Zuwendung zu sein.* M. a. W. die manische Zuwendung ist nicht allein als Reaktion auf (oder Kompensation für) die Abwendung zu verstehen, wie das die herkömmliche Psychiatrie meint, sondern *beide Zustände decken das Mißverhältnis an der Wurzel der menschlichen Existenz, in dem Bereich fundamentaler Zuwendungen auf.* Das Gewahr-Werden dieser Diskrepanzen schließt die Möglichkeit (Alternative, s. oben) zur Abwendung nicht weniger als krankhaft gesteigerte Welt-Zuwendung mit ein. Jedoch gibt es über diese Alternativen hinaus keine weitere Möglichkeit krankhaften Verhaltens in den Bezirken, die Zuwendung und Abwendung fundieren, da Zuwendung und Abwendung schlicht die primären, nicht weiter ableitbaren Richtungen lebendigen Geschehens verkörpern. Aus diesem Zusammenhang wird verständlich, daß die pathologische Weltzuwendung, die Manie, ebenso wie die Depression sich aus Antriebsüberschuß, Langeweile, Erschöpfung, Konflikten, Widerfahrnissen, Pubertät, Geburt, Menopause, Senium zu entwickeln vermag.

Abwendung und Zuwendung, wie sie sich in Depression und Manie manifestieren, des differenzierteren, spezifischen Maßes, *von was* oder *von wem* die Abwendung erfolgt, auf was oder wen die Zuwendung geht, verlustig, zeichnen sich wie blinde Mächte aus, die nur noch formal Ab- und Zuwendung sind. Sie verrraten keine inhaltliche spezifische Intentionalität, stellen vielmehr nur noch die allgemeine dekompensierter Zu- oder Abwendung stereotyp dar. *Der Maßverlust dieses Mißverhältnisses liegt in dem Mangel spezifischer Intentionalität*: der Depressive quält sich mit Selbstvorwürfen irrationaler Natur, der Manische arbeitet an einem Projekt, das absurd ist. Weder die inhaltliche Intentionalität des Depressiven noch die des Manischen ist spezifische, gerichtete Intentionalität, über deren Beziehung sich eine Bedeutung erstellt, sondern es ist sinnentleerte Bedeutungs- und Beziehungslosigkeit, der der verantwortungsbewußte oder von einem eindeutigen Antrieb angesprochene Bezug zur Welt fehlt. Er fehlt, da das Subjekt an entdifferenzierte An- oder Zuwendung ausgeliefert ist, sein Maß nicht mehr durch – und umgekehrt – Intentionalität bestimmt wird, sondern von der entgleisten Rhythmik der Zu- und Abwendung determiniert, zu einem Unmaß geworden ist.

Auch dieser Prozeß ist nicht im Sinne von Ursache und Wirkung zu verstehen, sondern als gleichzeitiger, synchroner Vorgang gegenseitiger Abhängigkeiten. Dabei erhält im Hinblick auf das Ganze der Entwicklung des Subjektes die Phasenhaftigkeit von Zu- und Abwendung den Charakter auch einer Selbstregulation: über die Dekompensation von Zu- und Abwendung strukturiert sich periodisch wahrgenommene Zu- und Abwendung, denen es jedoch nicht gelingt, sinnvoll sich zu einem Kreis zu schliessen.

n) Einzelheiten zu den Weisen krankhafter Weltab- und Zuwendung

Die mit zunehmender Häufigkeit und Länge der Phasen beim Depressiven zu beobachtende Monotonie des Innen, die undifferenzierte Intentionalität lassen auch diesem die Welt zunehmend verschwommen-undeutlich erscheinen, lassen damit auch Wahrnehmen wie Bewegen sich krankhaft verändern. (Zunehmende Skotomisierung der Wahrnehmung, Einschränkung der Motorik bis zur weitgehenden Bewegungslosigkeit.)

Umgekehrt verschwimmt dem Manischen die Welt aus der Unfähigkeit, sie noch festzuhalten: Er „greift“ in der Aufgeblasenheit seines Befindens daneben, wie der Depressive sich festklammert, dem dabei die Welt entgleitet. Die Motorik des Manischen neigt zur Diskoordination. Seine Wahrnehmung wird unstet, schweifend, scheinbar allem geöffnet, aber nur Weniges genau, exakt registrierend.[29] Die Wirklichkeit des lebendigen Raumes in der oben dargelegten, komplexen Weise ihres Mit-Einanders und Zusammenwirkens wird für den Depressiven zur überwiegenden, ihn niederdrückenden Widerstandserfahrung, zu einem „Universum der Schuld“,[30] das ihn ausschließlich in die Abwehr treibt. Dem Universum der Schuld gegenüber bleibt ihm keine andere Möglichkeit als zu entschwinden, kleiner zu werden, zu schrumpfen, bis zur Auslöschung seiner selbst.

Die Wirklichkeit von Wirkung und Gegen-Wirkung, gegenseitiger Abhängigkeit, Austausch, Konflikt oder Begegnung ist für den Depressiven – phönotypisch gesehen – auf die einseitig erfahrende Wirkung von Welt, des Ausgeliefert-Sein an dieselbe und größten inneren Widerstand, bei geringsten Versuchen, handelnd in sie einzugreifen, beschränkt. Der Konflikt, Versäumtes nicht mehr nachholen zu können, die quälend erlebte Unentschlossenheit zum Handeln, die Entscheidungsunfähigkeit entbehren zwar nicht des subjektiven Leidens, aber ihre Intentionalität ist fragwürdig. (Vgl. oben.) Das Leiden (Konflikt) dem Versäumten gegenüber, die Schuld an dem Versäumten, sind nur bedingt ein echter Konflikt, da der Wunsch, das Versäumte zu verändern, so reduziert ist, daß von einem Konflikt zwischen Wunsch und Faktum (nicht nachzuholende Vergangenheit) kaum noch gesprochen werden dürfte. Deshalb wird auch Konflikterleben im Sinne einer Auseinandersetzung (vgl. oben) mit Wirklichkeit nicht unbedingt in der Depression nachzuweisen sein.

Das Raum- und Zeiterleben der Manie[31] entspricht ihrer expansiven, aufgeblasenen Gestalt, die scheinbar grenzenlos sich in die Zukunft ausdehnt, den Augenblick ignoriert wie auch die Vergangenheit, und für die Wirklichkeit weder als Wirkung noch als Widerstand noch als Gegenwirkung, Austausch oder Konflikt, geschweige Sich-Begegnen und Sich-Durchdringen im eigentlichen Sinne existiert (vgl. oben). Die Wirklichkeit ist die Uferlosigkeit totaler Wunscherfüllung: Ideal und Realität fallen zusammen, wie sie in der Depression auseinander gehen. (Weder das eine noch das andere ist Ursache im Sinne der causa movens von Zu- oder Abwendung, sondern Folge dieser Dekompensation). Der Manische übersieht die Wirklichkeit des Raum- und Zeiterlebens, selbst hart mit ihr konfrontiert, vermag er sie zu überspielen. Der Depressive erfährt die Realität nur im Sinne der „Not des Lebens". (Es ergibt sich die Frage, wieweit der psychoanalytische Realitätsbegriff der „Not des Lebens" nicht der depressiven Weltabwendung seines Inaugurators entspricht.) Dem sich vergehend erlebenden Depressiven gegenüber fühlt sich der Manische „unsterblich", dem punktuellen Raumerleben und der Entfremdung des ersteren gegenüber, ist der Manische von „Ozeanen von Raum und Zeit" umgeben.

o) Die Phasenhaftigkeit des Lebensweges

Die außerordentliche Verbreitung von Schwankungen der Ab- und Zuwendung, ohne daß die Dauer und Intensität derselben klinischer oder ärztlicher Behandlung bedürfen, ist auch statistisch erwiesen.[32] Diese Anfälligkeit für Schwankungen der Zu- und Abwendung ist dabei nicht auf die „Intellektuellen" oder „Schöpferischen" beschränkt, sondern umfaßt gleichermaßen die verschiedensten Bevölkerungsgruppen. Nichtsdestoweniger lassen die Selbsterfahrungen und Darstellungen von Künstlern und anderen Individuen, die kritisch zu sich selbst Stellung genommen haben und dies entsprechend niederlegten, die enge Beziehung zwischen manischen Phasen und z. B. künstlerischer Produktivität erkennen. Allerdings ergibt sich hier schon der einschneidende Unterschied, daß dem Manischen kein Kunstwerk gelingt und der Künstler, ist er manisch, in seinem Werk sehr schnell die formalen Gesetze überspielt. Der manische Wissenschaftler wird an seiner zunehmenden Nachlässigkeit in der Ausdrucksweise, im leitfertigen Aufstellen von Behauptungen, in gelegentlich noch geschliffen erscheinenden, aber doch inhaltsleeren Formulierungen sichtbar.

Die Verliebtheit[33] ist in ihrer Nähe zur Manie einerseits, zur Produktivität andererseits schon wiederholt charakterisiert worden, so daß sich hier eine erneute Darstellung erübrigt. Dennoch genügen diese drei Hinweise, um die Phasenhaftigkeit des Lebenslaufes im allgemein verbreiteten Auf und Ab seiner Gestimmtheit, Produktivität und Verliebtheit sichtbar zu machen. Zu- und Abwendung erscheinen aus dieser Perspektive nicht nur als Möglichkeiten, wie sich das Subjekt zu Zu- und Abwendung verhält, sondern Zu- und Abwendung verhalten sich zum Subjekt, das diesen ebenso ausgeliefert ist, wie es wachend Zu- und Abwendung vollziehen kann.

p) Zusammenfassung

Das folgende Schema soll die aufgezeigten, multikonditionalen Zusammenhänge in der Entstehung von Depression und Manie verdeutlichen: (S. 368)

Depression/Manie als multifaktorieller Vorgang

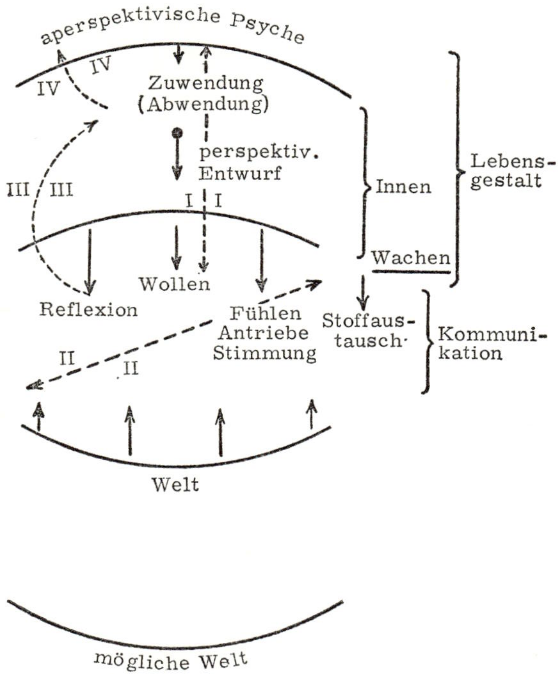

I ↕ Antriebsdysregulation: Grundlage von Reflexion } anthropologisches Mißverhältnis

---

II. - - - -: Identität mit Welt nur kurz erlebt, oder Antriebsüberschuß: Langeweile.

III. ↖- -↗: Reflexion, ohne Antwort, gegen Zuwendung, auch aus Langeweile.

IV. ↖- -↗: Zuwendung wird zu Abwendung (oder zur "Flucht nach vorn" in der Manie).

V. "Erschöpfung" = Aushöhlung der Vitalität (Antriebe, Fühlen, Stimmung) durch Reflexion.

VI. Reflexion wird als "Urschuld" des "Geistes" am Leben in irrationalen Schuldgefühlen registriert.

VII. Versagen im Handeln als "Riesenverantwortung".

VIII. Trauer: Welt abweisen und sich abgewiesen fühlen.

IX. "Gestaltschrumpfung" oder "Gestaltaufblähung" (Manie)

} Aus dem Mißverhältnis I entwickeln sich II-IX in gegenseitiger "negativer" Aufspiralung, die dekompensierte Abwendung (oder Zuwendung).

X. Das Mißlingen (Dekompensation) des perspektivischen Entwurfs in die Welt

(Die Psychosen, die sog. Schizophrenie)[1]

a) Abgrenzung und Definition der Psychosen

Wird sich der folgende Abschnitt mit der Thematik der Psychosen befassen, so seien diese gegenüber der fundamentalen Dekompensation von Ab- und Zuwendung (Depression/Manie) sowohl als einmaliges, sich nicht wiederholendes Ereignis wie auch als chronische, das Subjekt grundlegend verändernde Erkrankung, als weitgehend irreversibles Mißverhältnis abgegrenzt und diskutiert. D. h. es wird im Prinzip an der „klinischen Einteilung" der Psychose in zyklothyme Erkrankungen und an chronische Verläufe (Schizophrenie, Hebephrenie) festgehalten, wie sie sich seit *Kraepelin* und *Bleuler* eingebürgert hat. Die Symptomatik der hier zu untersuchenden chronischen Psychosen (Schizophrenien) sei mit *Kurt Schneider* in Symptome ersten und zweiten Ranges unterteilt, obwohl auch diese Unterteilung ebenso viel Kritik herausgefordert hat, wie sie auch im Hinblick auf sog. „blande" schizophrene Verläufe problematisch ist.

b) Zum derzeitigen Stand der Schizophrenieforschung

1955 charakterisierte *M. Bleuler* den damaligen Stand der Schizophrenieforschung mit folgenden Sätzen, die an Aktualität, fast 20 Jahre später, nichts eingebüßt haben dürften:[2]

> Der Stand der Schizophrenieforschung kann heute einfach zusammengefaßt werden: Persönliche Einflüsse der ursprünglichen Anlage, der Lebensgeschichte, körperlicher Eigenarten, der Stellung zu den Mitmenschen sind in ihrer Bedeutung für schizophrene Entwicklungen und die Behandlung Schizophrener bereits zu erkennen. Ob daneben auch unpersönliche, körperliche, oder psychische, vererbte oder erworbene Noxen bei einzelnen oder allen Schizophrenieformen eine Rolle spielen, bleibt erst zu beweisen.

c) Der Standpunkt der vorliegenden Untersuchung

Die vorliegende Untersuchung unternimmt es, gemeinsam mit den seit *Kraepelin*, *E.* und *M. Bleuler*, *K. Bumke* und *K. Schneider*, *K. Conrad*[3] und anderen unternommenen Bemühungen, die – in Anbetracht berechtigter und zahlreicher Zweifel – nur begrenzt als geglückt bezeichnet werden können,[4] in der chronischen (schizophrenen) Psychose noch (und wieder) einen einheitlichen Krankheitsvorgang[5] zu erblicken. Diese wird hier als mißglückter perspektivischer Entwurf auf die Welt hin interpretiert. Jedoch im entscheidenden Unterschied zu *Binswangers* Bemühungen, die Psychose aus dem jeweiligen individuellen Entwurf des Patienten zu verstehen, aus dessen „Verstiegenheiten oder Abwegigkeiten" eine individuelle Norm zu entwickeln,[6] wird hier der Versuch gewagt, *die Störung nicht aus dem persönlich gescheiterten Entwurf der Person zu erfassen, sondern aus dem Mißlingen räumlich-perspektivischer Fundierung derselben, d. h. die Psychose aus einem allgemein und universell anwendbaren Modell abzuleiten.*

d) Die Psychose als Mißverhältnis im perspektivischen Entwurf auf die Welt hin

In Zu- und Abwendung dem In-der-Welt-Sein gegenüber stellt der Mensch seine biologisch-leibhafte Existenz dar. Diese hat er mit Lebewesen überhaupt gemeinsam. In dem perspektivischen Entwurf auf Welt hin, der, aus der Tiefe des Innen kommend (s. oben), im perspektivischen Fixpunkt den jeweiligen Bezugspunkt und Standort des Individuums in der Welt ermöglicht, begründet sich damit Gliederung und Spaltung derselben in Außen und Innen, Vermittlung der Sinne zwischen beiden und Gliederung ferner von Raum und Zeit. Dieser perspektivische Entwurf ist dem logischen Denken vorgegeben, dem lebendigen Raum, und fundiert die lebendige Zeit im sozialen Mit- und Gegen-Einander. In ihm begründet sich Mensch-Sein anthropologisch gegenüber der tierhaften Umweltverschränkung. (Dieser Begriff des Entwurfs ist hier ausdrücklich der *Binswanger*schen Konzeption gegenübergestellt.)

Die leibhafte Voraussetzung für diese perspektivische Fundierung des Mensch-Seins ist die aufrechte Haltung (s. oben Teil I), die, erheblich über die der Anthropoiden hinausgehend, den Raum, die Zeit und ihre Gliederung in der oben aufgewiesenen Weise erst ermöglicht. Leibhaft-biologische Vorgänge sind auch hier die Vorbedingungen für die spezifische Weise menschlicher, d. h. perspektivischer Existenz. Sie erfahren durch letztere ihre Sinngebung, sind aber über diese perspektivische Sinngebung hinaus bereits sinnvoll vorgegeben – im möglichen Entwurf auf die Möglichkeiten der Welt hin.

In der Psychose ist das perspektivische Verhältnis zur Welt dekompensiert, es kommt nicht oder nur begrenzt zustande, da die Fixierung des Bezugs- und Endpunktes mißlingt. Dabei darf nicht übersehen werden, daß die perspektivische Festlegung zwar die Orientierung in Raum und Zeit ermöglicht, bei Wegfall derselben jedoch räumlich-zeitliche Koordinaten als leibhaft habitualisierte in der Psychose neben raum-zeitlicher Desorientierung fortbestehen können, es also Psychosen gibt, die räumlich/zeitlich voll orientiert sind, der perspektivische Entwurf des Kranken nichtsdestoweniger mißglückt ist. M. a. W. räumlich/zeitliche Orientierung als durch Wahrnehmen und Bewegung habitualisierte Einordnung in die Welt wird aufrechterhalten, wie auch die logische Abfolge der Gedanken in der Psychose zeitweise durchaus beobachtet wird, das Neben-Einander von Störung des perspektivischen Entwurfs und Beibehaltung leibhafter Orientierung die Psychose oft verwirrend kennzeichnet.

Diese fundamentale Dekompensation des perspektivischen Entwurfs soll jetzt die psychotische Symptomatik, ihre Entwicklung, in einem verständlichen Zusammenhang erscheinen lassen. Für die Symptome ersten Ranges, für den Wahn und für die Symptome zweiten Ranges soll dieses Misslingen, sich perspektivisch zu fassen, die schizophrene Entwicklung wie folgt charakterisieren.

e) Die Symptome ersten Ranges (*K. Schneider*)

„Gedankenlautwerden, Hören von Stimmen, die das eigene Tun mit Bemerkungen begleiten, leibliche Beeinflussungserlebnisse, Gedanken-Entzug, Gedanken-Beeinflussung, Gedanken-Austreibung, Wahnwahrnehmungen, sowie alle von anderen Gemachtes und Beeinflußtes auf dem Gebiet des Fühlens, Strebens (der Triebe) und des Wollens" werden von *Kurt Schneider* als schizophrene (psychotische) Symptome ersten Ranges bezeichnet.[7]

Gedankenlautwerden, Gedankenentzug und andere Gedankenbeeinflussungen, Gedanken-Austreibung:

Diese Denkstörungen zeichnen sich dadurch aus, daß der entfremdete Gedanke, der in der Welt als ganz und gar entfremdeter anwest, nicht mehr als eigener wahrgenommen wird, sondern als unwillkürlich zu hörender, von Fremden manipulierter sich über die nächste Umgebung oder die ganze Welt ausbreitet. Die im gesunden Denken, in jedem Urteil stattfindende Identifizierung mit dem Gedachten im Akt des Denkens ist in dieser Denkstörung aufgehoben. Es wurde oben dargelegt, wie im Denken, im Erkenntnis- und Urteilsakt die sich zeigende Welt und der feststellende Begriff gegenseitig sich durchdringen und wieder trennen, der über die primäre Identitätsaufhebung sich entwickelnde Begriff die Anwesenheit der radikal entfremdeten Welt im Innen bedeutet. In den soeben genannten Denkstörungen ist die Welt nicht mehr als entfremdete anwesend, sondern als nicht konsequent zu Ende geführter, als „steckengebliebener" Entfremdungsprozeß, ist *Welt real als die Gedanken bewirkende innerlich anwesend.*. Gelingt dem Imbezillen oder Debilen der zu leistende gedankliche Entfremdungsprozeß aufgrund mangelnden Vermögens zur Entfremdung nur partiell, so ist dieses Vermögen zur Entfremdung in der Psychose durchaus vorhanden. Seine Umsetzung jedoch in die für das distanziert-reflektierte Erkennen notwendige Entfremdung unterbleibt, weil die perspektivische Fixierung auf ein Jetzt und Hier synchron mit der primären Identitätsspaltung mißlingt. Wer perspektivisch seine Ortung geleistet hat, weiß, daß er selbst denkt – cogito, ergo sum – und nicht die Welt seine Gedanken macht.

Dabei soll nicht übersehen werden, daß Gedankenentzug, „Machen von Gedanken", Beeinflussung derselben, Bestandteil mythisch-vorprädikativen, auch frühkindlichen Erlebens[8] ist, in dem ebenfalls die Entfremdung des Begriffes noch nicht geleistet wurde. Erst in einer dialogisch im Umgang mit Zeug und Personen sich ereignenden Weltzuwendung erfährt der im vorprädikativen In-der-Welt-Sein Existierende die Entfremdung des Begriffs und seine alleinige Verantwortung für die Erzeugnug desselben. Nichtsdestoweniger bleibt für den in der vorprädikativen (vorlogischen) Welt Lebenden, das Kind, oder vergleichsweise auch für Angehörige von Ethnien das Grundverhältnis zum In-der-Welt-Sein intakt, da der Übergang von der vorlogischen zur logischen (entfremdeten) Erkenntnis ein fortlaufender, auch sozial im ganzen der Gruppe eingebetteter ist. Dieser Prozeß betrifft die leibhaft-affektive und von Willen beeinflußte Beziehung zur Welt gleichermassen.

In der Krankheit setzt der akute oder allmähliche Verlust der perspektivischen Existenzbestimmung ein, aus der das Individuum sowohl in seiner biologisch-leibhaften wie meistens auch sozialen Umweltverschränkung herausgleitet oder stürzt. *Die nicht geleistete Entfremdung, durch die Unfähigkeit zur perspektivischen Fixierung im Hier und Jetzt bedingt, läßt die eigenen Gedanken als fremd gemachte, von Fremden erzeugte, laut werden, die sie beeinflussende Außenwelt wird als eigene und gleichzeitig als fremde erfahren.*

In der Gedankenausbreitung wird das eigene Innen zum Außen, die Außenwelt zum Innen. Die mißglückte perspektivische Festsetzung registriert die Außenwelt zwar noch als eine durchaus außerhalb der Person anwesende, jedoch ist sie gleichzeitig ein vernehmbares, sich anmeldendes Innen geworden. Das in der normalen Entwicklung zum Innen werdende Außen (s. oben) behält in der Krankheit seinen „Außen-Charakter" bei, da die radikale Entfremdung zwischen Außen und Innen im begrifflichen Denken nicht geglückt ist, oder: der nur „mangelhaft" entfremdete Begriff behält, aufgrund dieser mangelhaften Entfremdung, „Außen-Charakter", der sich dem Kranken als von Außen gemachte Beeinflussung darstellt.

Da bei der Mehrzahl an chronischer Psychose Erkrankten die Entfremdung des Denkens und Begreifens in der Regel zeitlich *vor* dem Entstehen der Krankheit geleistet worden ist, Identitätsverlust und Entstehung der Reflexion Bestandteile der normalen Entwicklung des Kranken waren, die perspektivische Fixierung in der Welt vorher sich verwirklicht hatte, bleibt im Denken der habitualisiert gewordene Charakter von entfremdeter Welt präsent, wird die jetzt das Denken manipulierende Umwelt nach wie vor *auch* als entfremdet gedachte erfahren. Aber dieses Entfremdete kann nicht mehr zum radikal Fremden, damit zum eigenen Bestandteil begrifflichen Vermögens erhoben werden. In der mangelnden perspektivischen Behauptung gelingt es nicht oder nur partiell, die fremde Umwelt als fremd zu erfahren, das

Eigene als Eigenes. (Vgl. oben: Außen und Innen.) *Vielmehr wird das eigene subjektive Innen zum Fremden, die Umwelt zur Eigenen – ohne jedoch ihren als fremd und eigen habitualisiert erfahrenen Charakter dabei zu verlieren,* was die Doppelbedeutung und Zwielichtigkeit der Phänomene der Gedankenbeeinflussung und Gedankenausbreitung verständlich macht.

Ist jedoch nicht Manipulation von Gedanken, Gedankenbeeinflussung, Ausbreitung von Gedanken (z. B. über Massenmedien) ein Bestandteil alltäglicher Existenz des modernen Menschen? Von dem einfachen Befehl an eine Person bis zur Befehlsgewalt über Völker und Staaten mit entsprechendem Apparat zur Durchführung der Anordnungen verbunden, von dem beeinflußenden Gespräch mit einer oder mehreren Personen bis zur Beeinflussung ganzer Gruppen, bis zu der propagandistischen Manipulation von Menschen durch Rundfunk und Fernsehen besteht ein innerer Zusammenhang zwischen der krankhaft empfundenen Manipulation und der der alltäglichen Existenz. Für die reale „Manipulation" ist jedoch der Austausch zwischen dem Manipulierenden und dem Manipulierten notwendig: gegenseitige Beeinflussung. *Dieser Austausch* – Bestandteil von Kommunikation und der Wirklichkeit – *entfällt* (partiell oder weitgehend) bei dem Kranken. Seine als Manipulation erfahrenden Gedanken-, Trieb- und andere Beeinflussungserlebnisse stehen nicht im Prozeß des zwischenmenschlichen Austausches, gleichgültig, wieweit dieser manipulativ-aufklärerisch, verdummend oder aufhetzend wirken soll. *Für das Verständnis der Beeinflussungserlebnisse,* jetzt auch des Wünschens, der Antriebe, des Wollens, *ist jedoch auch die mangelnde perspektivische Fixierung des Individuums im räumlichen Hier und zeitlichem Jetzt ausschlaggebend.* Die in dieser Festlegung begründete Trennung zwischen Hier und Da, Jetzt und Einst, läßt nicht zu, daß das Außen überwiegend als Innen erlebt wird, das Innen als Außen – wie in der Psychose. Die Trennung der in der Tiefe des aperspektivischen Innen verarbeiteten Erlebnisqualitäten der Antriebe, Wünsche oder Gefühle, ihre Bezogenheit auf Innen und Außen, wurden im Lebensablauf habitualisiert. Erst in der agitierten, blühenden Psychose oder bei chronischer Entwicklung derselben verblaßt diese Habitualisierung – bei den letzteren u. U. für immer. M. a. W. die manipulativ erlebte Innen- oder Außenwelt ist *nicht* Ausdruck für den primären Kommunikationsverlust des „Schizophrenen", der, *weil er die Außenwelt nicht mehr adäquat, Willen und Planen folgend, zu manipulieren vermag – sich jetzt manipuliert erlebt, sondern der Kommunikationsverlust folgt aus dem Mißlingen des perspektivischen Entwurfs.* Aus dem Kommunikationsverlust wiederum ergibt sich die Möglichkeit, die Fremdbeeinflussung kompensatorisch als „Autokommunikation" zu interpretieren. Da der Austausch mit der Umwelt aufgrund des mißglückten perspektivischen Entwurfes nur noch fragmentarisch, u. U. gar nicht mehr vollzogen wird, muß der Kranke unter dem Erlebnis, manipuliert zu werden, mit sich selbst kommunizieren. Der Theorie, die die Fremdbeeinflussungserlebnisse des Psychotikers auf primäre Kommunikations- und Vertrauensstörung zurückzuführen sich bemüht,[9] kann aus dieser Darstellung folgend nicht zugestimmt werden.

Die weiteren Denkstörungen, die in der akuten und chronischen schizophrenen Psychose zu beobachten sind – die allerdings nicht präzise von Denkstörungen bei zyklothymen Psychosen zu trennen sind –, werden, *Zeignarik*[10] u. a. Autoren folgend, in Störungen des Vermögens zur Verallgemeinerung und zur Abstraktion eingeteilt, ferner in solche des logischen Denkverlaufs, die sich durch Sprunghaftigkeit und Ziellosigkeit in der Folgerichtigkeit des Urteils auszeichnen, im „Abgleiten" von den Themen sich dann bis zur Zerfahrenheit und dem schizophrenen „Denk- und Wortsalat" verfolgen lassen. Es gelingt dem Kranken nicht nur nicht die Verallgemeinerungen, zu vollziehen, d. h. von dem einzelnen, benannten Gegenstand zu seiner Allgemeinheit vorzudringen (die Mutter: die Mütter), noch vermag sein Abstraktionsvermögen mathematische oder technische Zusammenhänge zu verstehen. D. h. hier zeigt sich die Entfremdungsleistung des Denkens analog zum Debilen geschwächt und nur noch begrenzt nachweisbar.

In dem Mißverhältnis zu den logischen Regeln, bei sonst verfügbarer, aber unlogisch angewandter Begrifflichkeit, weist sich dagegen der Einbruch des aperspektischen Hintergrundes in die Ordnung der Gedankengänge aus. Das im Vermögen zur Entfremdung geschwächte Denken, das sich früher durch den kontinuierlichen, habitualisierten, daher nicht mehr bewußten Willensakt der Fluktuation des Innen, den aufsteigenden Bildinhalten gegenüber zu behaupten vermochte, gerät in den Sog derselben unter Verlust seiner logischen Struktur. Von Bildinhalten bestimmt, lediglich die Form sprachlicher Begrifflichkeit bewahrend, erscheint dieses Denken mitunter eigentümlich tiefsinnig, zwielichtig und geheimnisvoll, variiert es Inhalte, die der aperspektivischen-bildhaften Sinngebung entstammen, wobei jedoch die Identifizierung des Kranken mit seinen Aussagen dubios bleibt. Was oft als vermeintlich mystisches Glaubensbekenntnis sich drapiert, kann mit dem nächsten Satz durch eine Banalität wieder aufgehoben, ja nie gesagt worden sein.

f) Das Verhältnis zum Aperspektivischen und das Mißverhältnis der Weisen der Zuwendung zum In-der-Welt-Sein

Auch die jetzt erörterten, einschneidenden Veränderungen in der Subjektivität des Kranken werden unter dem Gesichtspunkt des Unvermögens, sich perspektivisch zu fixieren, verständlich. Wie dieses Unvermögen zur räumlich-zeitlichen Ordnung Grund der Denkstörung ist, so ermöglicht es dem sich nicht ortenden und zeitigenden Subjekt nicht, die Schranke des Wachens (vgl. oben) zwischen aperspektivischem Hintergrund und dem In-der-Welt-Sein zu errichten (vgl. unten: Halluzinationen); bzw. erfährt diese Schranke immer wieder Durch- und Einbrüche in ihrer trennenden Funktion. *In dem Maß, in dem der aperspektivische Hintergrund des Innen zum Vordergrund der Existenz wird, tritt die perspektivische Seins-Weise in den Hintergrund*: D. h. die Doppeldeutigkeit der „schizophrenen Existenz", die einerseits räumlich/zeitlich voll orientiert sein kann, andererseits manifest in der blühenden Psychose von ihrer aperspektischen Bilderwelt determiniert wird, beruht auf der Veränderung des subjektiven, der Welt zugewandten Wachens zum aperspektischen Hintergrund der Existenz, der zunehmend oder vorübergehend die „Führung" übernimmt.[11] Nicht weniger wird die im Verlauf chronisch rezidivierender Psychosen (Schizophrenien) immer wieder festgestellte, oben erwähnte mangelnde Identifikation mit dem Gesagten, die reduzierte Kommunikationsfähigkeit dem eigenen emotionalen Erleben (Fühlen) gegenüber aus der nicht geleisteten perspektivischen Festlegung verständlich. *Denn die mißglückte perspektivische Fixierung impliziert mißglückte Zuwendung zur Welt. Diese erlebt einerseits das Innen als bedrohlich, „besitzergreifend", registriert es andererseits wie sich zeigendes Außen* (Halluzination, Gedankenentzug usf.). Damit „verrücken" die Weisen der Zuwendung, da der Kranke nicht mehr weiß, wem oder was er sich noch zuwendet (ist es das Außen/Innen oder das Innen/Außen ?) und in dieser existentialen „Verrückung" eine allgemeine Abwendung von der Welt vollzieht. Dieses häufig zu beobachtende Endstadium der chronischen Psychose[12] wird durchaus von „blühenden", expansiven, explosiven Anfangsstadien der Erkrankung eingeleitet, in deren Verlauf dann der Kranke zunehmend sich von der Welt zurückzieht. Die katatonen Endstadien sind hier grundsätzlich von den zyklothymen, schweren depressiven Formen von Abwendung zu unterscheiden. Letztere entstehen im Bereich der Mißverhältnisse von Zuwendung und Abwendung, erstere aus dem mißglückten perspektivischen Entwurf der Existenz in die Welt.

g) Mißverhältnisse in Wahrnehmen und Bewegen (Das Problem der Halluzination)

Der mißglückte perspektivische Entwurf des Subjektes in die Welt *läßt das Innen* – als Gedankenausbreitung z. B. – *wie das Außen wie sich zeigende Welt erscheinen. Das Außen wird in Gedanken-Beeinflussungen, Beeinflussungen auch der anderen Weisen von Zuwendung, als Innen wahrgenommen*, trotz Beibehaltung des habitualisierten Vermögens, prinzipiell gleichzeitig zwischen Außen und Innen unterscheiden zu können. Die gesunde Vermittlung der Sinne zwischen Außen und Innen, die Aufhebung von Außen und Innen in der vollzogenen Wahrnehmung, setzt die perspektivische Festlegung von Innen und Außen ebenso voraus, wie die volle Verfügbarkeit über das Denken im Wachen von dieser Festlegung abhängt.

Die besonders im Senium[13] zu beobachtende Schwierigkeit, nach dem morgendlichen Aufwachen seinen „Standort" zu beziehen (d. h. sich in die

Welt zu entwerfen), ist auch dort mit gelegentlichen Sinnestäuschungen und Wahrnehmungen verbunden, analoge Vorgänge lassen sich auch in der Kindheit nachweisen.[14] Die in der Halluzination gestörte, grundlegende Vermittlung der Sinnesorgane ist nicht zu trennen von einem Mißverhältnis auch im Bewegen und Wahrnehmen, da auf die Halluzination oft eine ebenso inadäquate Bewegungsantwort oder sprachliche Reaktion erfolgt. Entscheidend ist jedoch, daß die den Sinnesorganen (vgl. oben) eigene Aktivität im Vollzug des Wahrnehmungsaktes *durch Störung der Vermittlerfunktion* die Rezeption der sich zeigenden Welt immer wieder unterbrochen wird, die eigene Aktivität (Halluzination) zeitweise überwiegt. *Die volle „Welthaftigkeit" der Halluzination,*[15] ihr realer, von der wirklichen Sinneserfahrung für den Kranken kaum zu unterscheidender Gehalt *wird aus der Anwesenheit der sich zeigenden Welt im Innen verständlich,* einer Anwesenheit, die jedoch den vollen Bildcharakter der aperspektischen Psyche und der als Bild erscheinenden Außenwelt (vgl. oben) darstellt. (Die Beziehung zwischen dem Traumerleben und der Halluzination ist von der Psychiatrie schon lange konstatiert worden.[16]) D. h.: Nicht nur das Überwiegen der eigenen Aktivität der Sinnesorgane über ihre Vermittlung zwischen Innen und Außen charakterisiert die Halluzination, sondern ihr höchst realer, aber der aperspektischen Traumwelt entstammender bildhafter Charakter. Auch hier wird durch das Mißlingen des perspektivischen Entwurfes die nur mangelhaft geleistete Koordination von Innen und Außen zum Anlaß, daß der aperspektivische Hintergrund des Innen von den Sinnesorganen Besitz ergreift und einzelne, unterschiedliche (visuelle, auditive, taktile, olfaktive u. a.) Halluzinationen bewirkt. Ohne annähernd zu behaupten, daß mit dieser These – im Zusammenhang der nicht vollzogenen perspektivischen Festlegung – das außerordentlich komplexe Phänomen der Halluzination gelöst sei, sollen lediglich hier Determinanten zum Verständnis dieses Mißverhältnisses angeführt werden:

1. Mangelnde Begrenzung zwischen Innen und Außen infolge nicht eindeutig-deutlicher Bestimmung des perspektivischen Fixpunktes.
2. Das Innen tritt als aperspektisches Bilderleben (Halluzination) in den Horizont des Wachens.
3. Unterbrechung und Mißverhältnis der Vermittlerfunktion der Sinnesorgane.
4. Eigenaktivität der Sinnesorgane überwiegt ihre rezeptive Tätigkeit: Die Eigenaktivität vermittelt dem Wachen die Bilder des aperspektivischen Innen und der mit diesen Bildern verbundenen Erlebnisse.

h) Der Wahn[17] und der sog. Realitätsverlust

Den Wahn bestimmen wir, den Ausführungen *Hubers* folgend:[18]

Der (echte) Wahn wird von *Lunn*[19] definiert als eine auf krankhafter Grundlage entstandene, unabhängig von anderen psychopathologischen Symptomen auftretende unrichtige Idee, der vom Patienten absoluter Wahrheitswert beigelegt wird, von *Bash*[20] als ein für seinen Träger ebenso keines Beweises bedürftiger wie unwiderlegbarer evidenter Glaube, der sich für die Umwelt als irrtümlich erweist. Nach dieser Definition von *Bash*, derzufolge der Wahn der „reinsten Intuition" entspricht und auf eine irrationale Erkenntnisfunktion zurückgeführt wird, ist der Wahn zwar in der Regel, doch nicht ausschließlich Merkmal der Psychose. Ein Grundmangel dieser und ähnlicher Bestimmungen, die den Wahn als Irrtum oder krankhaften Glauben, allgemein als das erkenntnismäßige Verfehlen einer von der besonnenen Umwelt nachprüfbaren Realität hinstellen, liegt für *Matussek*[21] in der unbemerkten Gleichsetzung von dinghafter und personaler Realität, in der Vernachlässigung der von der kategorialen (*M. Scheler, N. Hartmann*) wie von der existentiellen Ontologie (Heidegger) aufgewiesenen Grundphänomene menschlichen Daseins, wonach die Wahrheit personalgeistiger Qualitäten, von Vertrauen, Glaube, Liebe sich zunächst nicht aufgrund nachweisbarer Eigenschaften des betreffenden Menschen objektiv erkennen läßt.

Die für die traditionelle Psychopathologie geläufige Auffassung besagt, daß das Schizophrene des Wahns mit seinem Primärcharakter, seiner psychologischen Unableitbarkeit steht und fällt, die echte Wahnwahrnehmung z. B. nach *Kurt Schneider* ausnahmslos, also auch in körperlich begründbaren Psychosen ein schizophrenes Formalsymptom darstellt, wahnähnliche (paranoide) Reaktionen dagegen im psychotischen und nichtpsychotischen Seelenleben vorkommen.

Entsprechend unterscheidet die vorliegende Untersuchung auch zwischen den psychologisch noch in gewissen Grenzen inhaltlich verständlichen Wahnaussagen, ohne dabei dessen formale Wahn-Qualität zu übersehen, und dem sich jedem interpretativen Verständnis entziehenden, nur noch in Symbolen sich anzeigendem Wahngeschehen. (Zu dem ersteren gehört der sensitive Beziehungswahn, zu dem letzteren die Wahnform, die z. B. aus der Form eines Pflastersteins den bevorstehenden Weltuntergang ableitet.)

Conrad hat das Wahngeschehen als Gestaltentwicklung darzustellen sich bemüht und dabei erhebliches Gewicht auf die emotional-affektiven, dem Wahn vorausgehenden Prodromalstadien mit ihrer eigentümlichen Wahnstimmung gelegt.[22] In den von ihm gesehenen Fällen betont er die Irrelevanz der sog. auslösenden Faktoren, das Ausbleiben z. B. irgendwelcher Konflikte vor Eintreten der Erkrankung. Seine Konzeption berührt sich mit der hier vorgetragenen und von der gestaltpsychologischen Position beeinflußten Auffassung, die im Krankheitsgeschehen übergeordnete Ganzheiten, Gestalten oder Proportionen (Felder) erblickt, die den Ablauf entsprechend bestimmen. Allerdings wird hier im Unterschied zu *Conrad* von Anfang an die wertende Kategorie Verhältnis/Mißverhältnis einbezogen.

An dem Ausmaß des Wahnes, der entweder als „abgekapselter" ohne nennenswerte Beeinflussung der Persönlichkeit sich lebenslänglich behaupten kann, oder als manifester zeitweise die ganze Person mit einbezieht, wird der sog. „Realitäts- oder Wirklichkeitverlust" des Psychotikers bestimmt.

Der Wahn ist Anzeichen dafür, daß der Kranke die objektiven Gegebenheiten seines In-der-Welt-Seins nicht mehr in ihrem Zu- und In-Einander zu erkennen in der Lage ist, die sich zeigende Welt sich ihm anders darstellt als dem Gesunden. Dabei ist jedoch zu beachten, daß ein dauernder Schwund der Wirklichkeit der sich zeigenden Welt nur in den psychotischen Verläufen zu beobachten ist, die mit zunehmender, irreversibler Chronifizierung, sog. Versandung und Verblödung einhergehen. Global von einem Realitätsverlust in der Schizophrenie zu sprechen ist falsch, da die Realität im oben aufgezeigten Sinne zwar nicht vollständig, aber doch in entscheidenden Aspekten für den Kranken noch vorhanden ist.

Es ist nicht nur die Wirklichkeit des Essens, Trinkens, Sich-Ankleidens usf., in der zahlreiche „Psychotiker" leben, sondern auch die von Gesprächen, gelegentlicher Lektüre, vor allem aber auch die Möglichkeit, einer geregelten Arbeit nachzugehen, die sachgerechten Umgang mit dem Zeug, Zuwendung zu dem Stoff der Arbeit verlangt. Es ist auch die gelegentliche Wirklichkeit des Zwischenmenschlichen, selbst der erotisch-sexuellen Kommunikation,[23] die bei aller unvorhersehbarer Abruptheit des Kranken immer wieder, wenn auch kurzfristig, verfügbar ist, insbesondere wenn er, wie Beobachtungen der letzten zwei Dezennien erwiesen haben, in seinem altgewohnten Milieu, z. B. in seiner Familie belassen wird.[24]

Der mangelnde Realitätsbegriff der Psychiatrie,[25] um den sich zu bemühen die meisten Forscher es nicht für notwendig befanden, der provisorisch gezimmerte, am Reflexmodell aufgebaute Realitätsbegriff der Psychoanalyse haben es der Forschung praktisch unmöglich gemacht, präzise auszusagen, wie „der Schizophrene" noch in der „Wirklichkeit" lebt, wieweit er sich von derselben entfernt hat, er Wirklichkeit meidet oder ihr nur unter Vorbehalten noch zu begegnen vermag. Die umfassende Untersuchung über „die Wirklichkeit des Schizophrenen" steht noch aus, die diese Wirklichkeit als vielgliedrige von Wirken/Gegen-Wirken, Konflikt, Austausch (vgl. oben) in der Psychose aufzeigt. Die „Welt einzelner Kranker" wurde von *Binswanger*, *Kuhn* u. a. zwar detailliert aufgewiesen und der Verlust an „Welthaftigkeit" innerhalb der verschiedenen Da-Seins-Entwürfe sichtbar gemacht. Diesen Welten ist Beschränkung, Einengung auf die Wahninhalte, zunehmender Verlust des Austausches mit der Umwelt gemeinsam; der sog. Autismus des Kranken, der sich in der Allgemeinheit des krankhaften Befindens noch für etwas besonderes hält, tritt als deutliche Kontur schizophrener Existenzen immer wieder hervor. Aber trotz Reduzierung, Einschnürung, Abkapselung der Existenz ist der Kranke noch in der Welt, nimmt er zu Wirken Stellung, vermag er im Einzelfall zu begegnen, leidet er unter Konflikten – und die „Wirklichkeit des Schizophrenen" wird erst darstellbar, wenn ein verständlicher, umfassender Wirklichkeitsbegriff entwickelt ist, wie es die vorliegende Untersuchung unternahm.

Der vom Vergiftungswahn Heimgesuchte[26] meidet bestimmte oder alle Nahrung, und doch gelingt es ihm mit dem Arzt über seine Ängste zu sprechen, mit diesem gemeisam zu speisen, d. h. in Kommunikation zu treten, die mit einer anderen Person, der Ehefrau oder Verwandten unterbleibt. Der paranoide, weitgehend kommunikations- und kontaktunfähige Kranke arbeitet sorgfältig in der Anstalts-Bibliothek, kommt Aufträgen und Wünschen ohne Schwierigkeiten entgegen, unterhält sich mit den Benützern der Bibliothek über belanglose Dinge, aber auch über weltanschauliche Fragen. Er erscheint in diesem Bereich „wirklichkeitsangepaßt und unauffällig". Der massiv Halluzinierende unterbricht sein Rede- und Antwort-Gebahren auf energischen Zuruf zumindest kurzfristig, er begrüßt den Arzt, d. h. er ist auf Wirkendes und Gegen-Wirkung trotz seines Halluzinierens noch „eingestellt". Beispiele dieser Art, jedem Psychiater geläufig, könnten beliebig vermehrt werden, um zu erweisen, daß ein globaler Realitätsverlust in der Psychose nur in den seltensten Fällen nachweisbar sein dürfte, das Wort „partiell" (partieller Realitätsverlust) jedoch höchst unbefriedigend ist.

Ist Kommunikation über Begegnung, Sich-Durchdringen, Verstehen mit einem akuten oder chronisch psychotischen Mensch möglich? Rundweg wird diese Frage weder verneint, aber auch nicht bejaht werden, da vor allem die Gegenseitigkeit der Begegnung, der Austausch mit dem Kranken beeinträchtigt ist. Der Arzt vermag dem Kranken zu begegenen, wieweit der Kranke jedoch dem Arzt begegnet, ist fragwürdig. Einfühlung und Erkenntnis lassen auch von seiten des Arztes manches inhaltlich beim Kranken „nachvollziehbar" erscheinen, jedoch bleibt das Verständnis für eine große Anzahl von Aussagen der sog. Schizophrenen limitiert (uneinfühlbar). M. a. W. in der akuten oder chronischen Psychose (Schizophrenie) ist zumindest die Möglichkeit des Kranken, sein Gegenüber einfühlend noch als ein „Du" wahrzunehmen, erheblich reduziert, das Vermögen des Arztes, sich in ihn hineinzuversetzen, ebenfalls nur in Grenzen zu verwirklichen.[27]

Die Kommunikation mit dem Kranken wird auf die gelegentlich animalisch-sympathetische beschränkt bleiben (mit dem Kranken essen, ihn ankleiden, ihn fürsorglich streicheln, mit ihm spazieren gehen usf.). Sie dürfte sich je nach der Schwere des Falles im Verlaufe der weiteren Beziehung zwischen Arzt und Krankem in Wirkung und Gegenwirkung erschöpfen, da die Wirkungen im Umgang mit dem Kranken zu ganz und gar nicht voraussehbaren Gegenwirkungen zu führen vermögen: Ein ersthaftes Wort ruft Gelächter, eine Umarmung, eine freundliche Gebärde eine Suada von Beschimpfungen hervor. Sind Sich-Begegnen und Sich-Durchdringen darüber hinaus im Umgang zwischen Arzt und Krankem fragwürdig, so scheinen nichtsdestoweniger z. B. im Gespräch mit dem „Schizophrenen" Ebenen gemeinsamer Kommunikation in sachlichen, familiären oder ideologischen Bezirken aufzutauchen.[28] Diese reißen jedoch ebenso plötzlich wieder ab, wie sie sich im Gespräch anboten, ohne daß für diese abrupte Veränderung des Gespräches der Kranke einen plausiblen Grund anzugeben vermag. M. a. W. die Kommunikation ist fragmentarisch, „zersplittert" im Unterschied zum Depressiven und dessen generell geschrumpfter Kommunikationsmöglichkeit.

Die religiös-ekstatischen Erlebnisse vieler Kranker, das gemeinschaftsbildende Moment dieser Erlebnisse, unzählige Male in der Geschichte beobachtet, im heutigen Indien nicht weniger nachweisbar[29] als in der ideologischen Gruppenbildung politischer Elemente, weist die Schizophrenie als soziale Kraft aus, die, je nach vertretener Ideologie, ebenso konstruktiv zu wirken vermag wie destruktiv, in jedem Fall aber „wirkt", Wirkung und Gegenwirkung erzeugt. Diese Möglichkeiten berücksichtigend, da es ferner bei einer großen Anzahl von Kranken nicht möglich ist, einen generellen Wirklichkeitsverlust zu konstatieren, läßt den vorläufigen Schluß zu, daß die mißglückte perspektivische Festlegung Wirklichkeit nicht allgemein entschwinden läßt, sondern sich diese dem Kranken, metaphorisch gesprochen, um den Grad „verrückt" zeigt, wie es dem Kranken nicht geglückt ist, die perspektivische Dimensionalität von subjektiven Bezugs- und objektivem Fixpunkt zu fassen. Der Kranke tendiert dieser mißglückten Fixierung entsprechend dazu, in der Wirklichkeit sich „zwei-" oder „ein-dimensional" auszurichten (s. oben). Es fehlt ihm im gelebten Raum die „Richtung auf das Du", den anderen – wenn diese auch herzustellen ist, wie die Psychotherapie erwies[30] –, wogegen die Dimensionen der Sachbezogenheit häufig aufrecht erhalten sind. Diese Richtung auf das Du,[31] der personale Bezug, von der existentialen Festlegung der Perspektive nicht zu trennen, ist undeutlich-verhüllt, das personale Mit-Einander kann aus der primären Unfähigkeit, Perspektive zu beziehen, nicht hergestellt werden.

Nichtsdestoweniger bleibt der unpersönliche, aber auf Personen bezogene Raum der Anordnungen, Gesetze, Sitten und Gewohnheiten in zahlreichen Fällen unangefochten bestehen. Bei anderen wiederum wird er in Frage gestellt, der Stationsarzt z. B. mit „Heil Hitler" begrüßt, ohne daß jedoch hinter diesem oft sinnentleerten Verhalten eine Auseinandersetzung mit den „Ordnungsmächten" stattgefunden hätte.

Welche Stellung nimmt der Wahn in der psychotischen Beziehung zur Wirklichkeit ein? Die Beziehung zur Wirklichkeit und ihren verschiedenen Dimensionen hängt von der Bedeutung des Wahns für den Kranken und seine Welt ab, wie umgekehrt die Bedeutung der Wirklichkeit von der Beziehung des Kranken zu seinem Wahn bestimmt wird. Ist es ein abgekapselter, isolierter Wahn, dessen Bedeutung für den Kranken minimal ist, wird die Beziehung zur Wirklichkeit relativ aufgefächert und vieldimensional sein. Umgekehrt schwindet die Beziehung zur Wirklichkeit in dem Maße, in dem der Wahn floriert und von dem Kranken Besitz ergreift. Aus dem Beziehungsschwund generell erwachsen die Kommunikationsreduzierungen. In jedem Fall ist das Verhältnis zur Welt dekompensiert, da „Anteile des Innen" des Kranken nicht mehr in austauschender Bewegung mit der Welt stehen (Abkapselung) oder das In-der-Welt-Sein nach dem Bild des Wahns verstanden wird.

Die im allgemeinen sich, zumindestens während langer Perioden erhaltende Wahngewißheit, die durch kein Argument in das Wanken zu bringende Überzeugung eines Eifersuchts-, Vergiftungs-, Verfolgungs-, Dermatozoen- oder Größenwahns ist mit Recht mit einer Glaubensgewißheit zu vergleichen, die analog im Bereich weltanschaulich-ideologischer Bindungen zu beobachten ist.[32] Daß der Wahn nicht auf einer Urteils- oder Denkstörung beruht, wurde vielfach nachgewiesen.[33] Wird die anthropologische Grundkondition des Menschen beachtet, seine aus dem Verlust der unmittelbaren Umweltbeziehung der Tierarten sich ergebenden relative Richtungs- und Orientierungslosigkeit in einer zunehmend fragend erlebten Welt, erscheint das historische, allgemein und ubiquitär wirkende Bedürfnis nach weltanschaulicher Orientierung verständlich (s. oben). Diese hat, von der mythisch-vorlogischen Welt bis zur Aufklärung und den technischen oder sozialistischen „Mythen" tiefgreifende Wandlungen erfahren. Die Tatsache jedoch, daß der Mensch ohne einen „Glauben an irgend etwas" kaum in der Welt zu sein vermag, hat auch das „aufgeklärte" Industriezeitalter nicht geändert. Domestizierung,[34] Instinkt-Dysregulation verlangen weltanschauliche Orientierung, wie die anthropologischen Diskrepanzen den Menschen überhaupt für das Fragen und die Transzendenz konditionieren. Bei Mißlingen der perspektivischen Fixierung der eigenen Existenz, bricht nicht nur die Erfahrung der Orientierungs- und „Hauslosigkeit" mit Macht durch – die sich in den von *Conrad* dargelegten Vorstadien der Verunsicherung, der Unruhe, der „Wahnstimmung" kundgibt –, sondern damit auch *ein verstärktes Bedürfnis, in der aus den perspektivischen Fugen brechenden Welt einen Halt zu finden. Zutt* und *Kulenkampff* sprachen in diesem Zusammenhang von dem „Standverlust" des Wahnkranken.[35] Allerdings wird hier die Ansicht vertreten, *daß die Wahngewißheit* – z.B. in der Paranoia – *Ersatz für den Verlust der perspektivischen Fixierung und ihrer Orientierungsmöglichkeiten ist.* Standverlust durch Überwältigung der entgrenzend erfahrenden Welt dagegen folgt aus dem Verlust der perspektivischen Festellung, gleichzeitig bietet der Wahn neue, wenn u.U. auch lediglich negative Form von Gewißheiten. Der Wahn gewinnt aus dieser Sicht den Charakter der unbezweifelbaren Glaubensgewißheit, den Ersatz für die nicht mehr zu leistende Öffnung auf richtungweisende „weltanschauliche" Gehalte, die, gleichgültig welcher Provenienz, dem Individuum die durch Antriebe und Instinkte nicht mehr geleistete Orientierung vermitteln. Dabei ist es durchaus möglich, daß vorhandene, weltanschauliche Bindungen – z.B. religiöser Natur – in entsprechend verunstalteter, in der Perspektive verzerrter Form zu Bestandteilen der Wahnsysteme werden, die, entsprechend aufgebauscht, nicht zu Unrecht den Vergleich mit der ihrer Wahrheit selbstgewissen idealistischen Philosophie und ihren Nachfolgern hervorriefen.[36]

Besonders in den Wahnsystemen zeigt sich das Bedürfnis nach weltanschaulicher Konsolidierung nicht nur des Kranken, sondern auch des Gesunden in vergleichbaren ideologischen Systemen an.[37] Die Wirklichkeit wird jetzt zunehmend zum Spiegel des Wahnsystems, zur Bestätigung desselben, so daß es nicht mehr in Frage gestellt zu werden vermag. Es entwickelt sich die hochgradig solipsistische-autistische, im Wahn eingekerkerte schizophrene Existenz, in der die Wirklichkeit von Wirkung, Gegen-Wirkung, Austausch, gegenseitiger Abhängigkeit, Konflikt und Begegnung nur noch den individuellen Wahn des Subjekts bestätigt.

Wie aber ist die Wahngewißheit zu verstehen, die keinerlei Beziehung mehr auf weltanschauliche oder andere Inhalte der persönlichen Existenz hat, eben jene, die aus der Form eines Pflastersteins den bevorstehenden Weltuntergang ableitet? Aus der oben dargelegten Verschiebung zwischen dem Hintergrund und dem weltzugewandten Wachen des Subjektes werden im Gefolge der mangelnden perspektivischen Fixierung die aperspektivischen Bildinhalte analog zum Traumerleben wie Erfahrungen des Wachens erlebt, die die gesamte subjektive Orientierung in ihren Bann schlagen.

Über die durch den Insinktverlust bedingte Desorientierung des Menschen hinausgehend, disponiert der primäre Identitätsverlust generell – nicht weniger als bei den fundamentalen Störungen der Zu- und Abwendung – zum Wahn. *Dieser erfüllt jetzt die Funktion, die Illusion der Einheit mit der Welt vorzuspiegeln.* Die Einheit wird im Größenwahn positiv erfahren, im Verfolgungs-, Vergiftungs- oder Eifersuchtswahn negativ, aber ob positiv oder negativ, die Beglückung der Allmacht oder das Erleiden der Verfolgung wird total und global in der illusionär (wahnhaft) gewonnenen Einheit mit der Welt aufrechterhalten. D. h. die Wirklichkeit wird im Wahn mit dem Subjekt identisch, da Außen und Innen, nicht zuletzt durch die darniederliegende Vermittlung der Sinnesorgane, weitgehend vertauschbar werden. Die nicht vollzogene perspektivische Festlegung ermöglicht, im Wahn die real nicht existierende Identität mit der Welt herzustellen, die in der Depression nur als nichtvorhandene trauernd registriert und in der Manie „überspielt“ wird. In den pathisch-erleidend erfahrenen Formen des Wahns (Vergiftung, Verfolgung usf.) bestimmt die als bedrohlich-feindselig erlebte Welt die Identität mit ihr durch Überwältigung, in dem positiv erlebten Wahn (Größenwahn, Erfinderwahn) wird die Welt in der von Wunsch und Antrieb bestimmten Identität absorbiert.

Zusammengefaßt ergab dieser Abschnitt die folgenden Einsichten für die Wahnproblematik:

1. Mißglückte perspektivische Ortung der Existenz im Jetzt und Hier des In-der-Welt-Seins.
2. Verschiebung des Verhältnisses von Außen zu Innen, das Außen wird als Innen, jedoch als „Gemachtes“ erlebt, das Innen wird in der Halluzination oder in magischer Gedankenausbreitung und magischer Omnipotenz zum Außen, vom aperspektivischen Bilderleben (Traum) konditioniert.
3. Verschiebung des aperspektivischen Hintergrundes in den Vordergund des Wachens und umgekehrt. Die Auswirkung dieser Umkehrung auf die Weisen der Zuwendung liegt in der zunehmenden Tendenz zur Weltabwendung bei zahlreichen Kranken.
4. Im Denken (Urteilen, Erkennen) gelingt es dem Kranken zwar noch, die Entfremdung und Feststellung des Begriffes durchzuführen, aber die Um-

kehrung von Außen und Innen läßt den Gedanken als von „Außen" gemachten erleben – oder das Außen wird zum Innen in der Gedankenausbreitung.

5. Die anthropologisch nicht vorgegebene Identität – nach Aufhebung der primären – wird durch die Wahngewißheiten ersetzt, im negativ erlittenen Wahn ist die Identiät des Kranken von der Welt absorbiert, im positiven die Welt von der Identität des Kranken.
6. Das kranke Individuum wird durch diese Vorgänge in die isoliert-solipsistische Existenz der chronischen Psychosen gedrängt.
7. Trotz dieser fundamentalen, vor allem auch das Denken (s. oben) mit einbeziehenden Veränderungen des Verhaltens zur Wirklichkeit bleibt diese, wie aufgezeigt, noch immer mögliches Feld des konkreten In-der-Welt-Seins des Kranken. Er ist nicht wie der an einer inneren oder anderen organischen Krankheit Leidende der Welt entrückt, bis auf die schwere, stuporös-katatone Psychose – sondern „verrückt".[38] D. h. er steht in einer Beziehung zur Wirklichkeit, in Austausch mit dieser, wenn deren Bedeutung, damit die Gestalt des Verhältnisses zu ihr sich durch die ausbleibende perspektivische Fixierung verwandelt, „zersplittert" hat.

i) Beziehungen, Bedeutungen und die Gestalten der Psychose

Durch das Mißglücken der perspektivischen Fixierung findet die Zentrierung des Menschen auf seine mögliche Lebensgestalt hin nicht oder nur unvollständig statt. Zentrierung heißt: den Fix- und Endpunkt der Perspektive für eine Gestalt festzusetzen, die ein Verhältnis – der Beziehung und Bedeutung übergeordnet, wie auch von diesen determiniert – zum jeweiligen, individuellen In-der-Welt-Sein hat. Die Schrumpfung, Verödung, Verdörrung der Gestalt des Depressiven in seinem Verhältnis zum In-der-Welt-Sein ist noch Gestalt, wenn auch eine, die im Begriff ist, zugrunde zu gehen.

Die sich „normalerweise" im Felde sozialer Wirklichkeiten bewegenden Individuen stellen zum Gesamt der Gesellschaft wechselnde Gestalten dar, die das Verhältnis derselben zueinander, mit- und gegeneinander zu entziffern erlauben. In der auf sichtbare Gestalt hingeordneten Welt erscheint der in akuter Psychose Verstrickte in der Verschiebung seines perspektivischen Entwurfes von Innen nach Außen, Außen nach Innen, von Wachen gegen Hintergrund, im pathischen Erleiden von Qual oder Beseligung, im Überwiegen der Eigenaktivität der Sinnesorgane über die Rezeption, entweder gestaltlos oder zersplittert. Gestaltlosigkeit erweckt das amorph erscheinende „Durch-Einander" von Innen und Außen, das in der floriden Psychose Strukturen vermissen läßt. Zersplittert erscheint es jedoch, wenn aus dem amorphen Zustand sich die inkohärenten, nicht zentrierten Beziehungen zur Umwelt niederschlagen und die Struktur der Psychose, ihr immanentes System sich abzuzeichnen beginnt. Gestaltzersplitterung sei deshalb des Verhältnis von

Beziehung und Bedeutung des Kranken zur Welt und zu sich selbst in der sich bereits spezifisch strukturierenden Psychose genannt – ohne daß damit etwas über ihre weitere Progression ausgesagt ist. Gestaltauflösung träfe für die floride, noch amorph sich zeigende Psychose zu.

Das Endstadium der chronisch-progredient verlaufenden Psychose, das zunehmend auf Abkapselung der Person hinzielt, sich durch die häufig geschilderte Versandung des Gefühlslebens, das Erlöschen der Willenstätigkeit, das nachweisliche Nachlassen des Denkvermögens auszeichnet, sei, um metaphorisch die Morphologie der Destruktion anzusprechen, schlicht als „Restsplitter" oder „Splitter" bezeichnet. Der chronische Kranke, nach ein oder mehreren Jahrzehnten perspektivisch „verrückten" Da-Seins, ist in seiner reduzierten Form nur noch ein „Splitter" seiner gesunden Möglichkeiten. Der Splitter hat keine Eigensexistenz mehr, er ist von Baum oder Glas abgesplittert – sein Material verrät lediglich noch die Zugehörigkeit zu einer gewesenen Gestalt.

Liegt bei der Depression das Hauptgewicht der Gestaltveränderung auf der durch zunehmende Abwehr bedingten Schrumpfung, die jedoch, im allgemeinen reversibel, sich wieder auffüllen und zu wachsen vermag, bei der Manie auf der sich uferlos gestaltenden Gestaltausweitung, die, ebenfalls reversibel, wieder zu schrumpfen vermag, so entfällt in der Mehrzahl der Fälle chronischer Psychosen die Möglichkeit weiterer Veränderung. Der Splitter wächst nicht mehr, treibt keine Sprossen, sondern zerfällt nur noch im Prozeß der Auflösung in weitere Splitter. „Verrückung" im Sinne des perspektivischen Mißverhältnisses des Kranken zur Welt, „Zersplitterung" und „Splitter" zeichnen psychotische und chronisch psychotische Gestalten in ihrem Verhältnis zum In-der-Welt-Sein aus.

k) Zum Problem der Ich-Deformation, Ich-Anachorese (*Winkler*),[39] Ich-Schwäche

Die vorliegende Untersuchung hat von dem Begriff des „Ich", ohne an dessen Wirken besonders im Erkenntnis-(Urteils-)Akt zu zweifeln, aus den oben bereits angeführten Gründen nur begrenzt Gebrauch gemacht (s. oben Teil I). Daß letztlich das Ich die perspektivische Fixierung aus der Tiefe in die Welt hinein vollzieht, liegt im Bereich des Möglichen der hier vorgetragenen Anschauungen. Der grundlegende Unterschied Theorien gegenüber, die mit Instanzen arbeiten wie mit dem Ich oder dem Es, liegt jedoch in dem hier durchgeführten Versuch, psychopathologische Dekompensationen des Menschen im Verhältnis zum In-der-Welt-Sein aufzuweisen, für die es keine spezifischen Instanzen – außer der sichtbaren Welt, dem Subjekt, das in das Innen und aperspektivische Innen (Psyche) aufgegliedert wurde – bedarf. Der Begriff des Ich, seiner Schwäche, Deformation, seines Zerfalls, der immer substantialisiert angewandt wird, läßt darüber hinaus nicht genügend Unterscheidungsmöglichkeiten gegenüber weniger eingreifenden Mißverhältnissen wie z. B. den sog. „Neurosen“ offen. Die „Ich-Schwäche“ der Psychoanalyse z. B., da sie das mit dem Ich verbundene Vermögen zum Wollen weitgehend außer Acht läßt, krankt selbst an der Schwäche extremer Verschwommenheit, wenn sie von einer Ich-Schwäche in der Affektübewältigung, im Traum, bei Konzentrationsstörungen, Depressionen, Psychopathien, Suchten, Perversionen, bei Neurosen überhaupt spricht und damit diesen Begriff infolge seiner „Aufblähung“ praktisch unbrauchbar macht. (Die zahllosen Abwehrmechanismen, die z. B. dem Ich zugesprochen werden, können ad libitum vermehrt werden, läßt man sich selbst nur auf den ausschließlich der Libido gegenüber eingeschränkten Begriff der Ich-Abwehr ein.) Die Mehrzahl von „Ichen“ in den Suchten (*Glover*), der Zerfall, die Spaltung des Ich lassen sich schon in der „normalsten Alltäglichkeit“ nachweisen, deren antilogische Struktur oben aufgezeigt wurde. Die antilogische Struktur des Subjektes verträgt einen substantialisierten Ich-Begriff, der bei Krankheit zerfällt, bei Gesundheit intakt bleiben soll, nur als heuristische Metapher, über die jedoch der vorliegende Entwurf hinauszielt. *Ohne die Möglichkeit eines Ich-Zerfalls in der Psychose in Abrede zu stellen, wird er hier jedoch nicht als Grund, sondern als Folge einer mißlungenen perspektivischen Ortung angesehen.*

l) Die angeblich gesellschaftliche Bedingtheit der „Schizophrenie“

Neuere Autoren, soziologisch „geschult“, bemühen sich, die schizophrene Erkrankung als Sonderfall schizophrener gesellschaftlicher Verhältnisse darzulegen.[40] Die isoliert-solipsistische Existenz des Anstaltsinsassen sei nicht von der einer beliebigen Zahl Zeitgenossen zu unterscheiden, deren gesellschaftliche, durch die Produktionsverhältnisse bedingte Position als Verwaltungsangestellte, Fließbandarbeiter, Eisenbahnschaffner, Zuckerbäcker oder Hochschullehrer sie in analoge menschliche und berufliche Isolation drängt. Die Diskrepanzen zwischen den Zielen etwa einer demokratischen Gesellschaft und ihrer doppelten Moral, Repression, ihrer Rivalitätskämpfe und ihres Leistungsstrebens einerseits, ihren Ansprüchen auf Chancengleichheit, Gerechtigkeit und gegenseitiger Verbindlichkeit andererseits die – gespaltene Realität dieser Gesellschaft wird als „schizophren“ bezeichnet. Zahlreiche „schizophrene“ Züge der Gesellschaft werden diagnostiziert, dieser großzügig die Diagnose „schizophren“ ausgestellt – als ob es jemals historisch eine Gesellschaft gegeben hätte, die auf Grund der anthropologischen Diskrepanzen (Mißverhältnisse) nicht „schizophren“ war. Ohne in Abrede zu stellen, daß die derzeitige Gesellschaft durch die Kombination von Technik, Industrie und Naturwissenschaft als technisch determinierte dem Individuum und seinen Entfaltungsmöglichkeiten einerseits feindlich gegenüber steht, andererseits sich jedoch der Individuen in besonderer Weise wieder annimmt (materielle Sicherheit, Hygiene, Schutz usf.), d. h. zahlreiche „schizophrene Züge“ aufweist, steht der hier vertretene Standpunkt im Gegensatz zu den pauschalen Urteilen der Soziologen und ihrer Adepten.

Weil das Individuum sowohl sich selbst wie auch die jeweilige Gesellschaft, zu der es gehört, repräsentiert, ist es, was sein auf die Welt gerichtetes Da-Sein anbetrifft, bereits „gespalten“, denn es ist einzelnes wie auch allgemeines zugleich (vgl. oben). Weil das Subjekt im letzten antilogischen fundiert ist, ist die Gesellschaft nicht aus einer „Vielzahl“ von Subjekten aufgestockt, sondern als Gleichzeitigkeit von Allgemeinem im Individuellen und umgekehrt antilogisch strukturiert. Weil das Individuum und die Gesellschaft anthropologische „Mangelwesen“ mit „sozialem Kompensationsvermögen“ sind, sind sie in ihrer historischen Darstellung mit Mängeln behaftet, es sei, daß die Trobriand-Insulaner als Ideal einer gesunden Gesellschaft angesehen werden (bei Ignorierung allerdings ihrer Träume und Ängste, d. h. ihres Unbewußten). Welche Maßstäbe darüber hinaus angelegt werden, um eine Gesellschaft als krank, die andere möglicherweise als gesund zu bezeichnen, wird der nächste Abschnitt ergeben.

Der akut oder chronisch Psychotische – hätte ihn konkret einer derjenigen erlebt, der seinen Zustand mit dem eines eingekastelten Verwaltungsangestellten vergleicht – mit seiner soeben aufgewiesenen, erkrankten Grundstruktur, ist nicht der besonders zugespitzte Sonderfall einer schizophrenen Gesellschaft, sondern in der Unmöglichkeit, perspektivisch Fuß zu fassen, wird er „verrückt“. *Die Gesellschaft jedoch, gleichgültig welcher Relevanz und Entstehung, zeichnet sich durch ihren hochgradigen Perspektivismus aus, der in Normen, Regeln, Gewohnheiten, in Orts- und Rollenbestimmung des Einzelnen abzulesen ist,* der immer wieder mit Richtungsanweisungen die vorgegebene, relative anthropologische Richtungslosigkeit des Individuums beeinflußt. Die Gesellschaft, in zunehmender Rationalisierung begriffen, hat jedoch für das Aperspektivische keinen Raum mehr, das den Kranken überwältigt und zum Vordergrund seiner Existenz im Wahn zu werden vermag. Die Isolierung, Versandung, Verödung des chronisch Kranken, seine mögliche Demenz sind nicht die Isolierung, Veränderung, Verödung des Arbeiters oder Angestellten, die selbst bei zunehmender milieubedingter Debilität über ihr Vermögen zu denken, fühlen oder wollen, wird es wieder erweckt, noch verfügen, die darüber hinaus meistens in festen menschlichen Bindungen leben, kommunizieren, dem phasenhaften Wandel ihrer Befindlichkeit ausgesetzt sind und bei aller sozial bedingten Be- und Einschränkung Zuneigung und Vertrauen zu entwickeln vermögen.

Wenn maßgebliche Autoren für die Paranoia die mangelnde Ich-Du-Beziehung des Kranken verrantwortlich machen,[41] so muß hier einerseits der Einwand erhoben werden, daß die Funktionalisierung des Einzelnen in der Industriegesellschaft eine befriedigende Ich-Du-Beziehung kaum noch zuläßt, die Paranoia möglicher Bestand jeder rivalisierenden Soziätät ist, daß keinesfalls jedoch alle Angehörigen der Industriegesellschaft paranoid sind. Andererseits ist das Erleben der Paranoia formal-qualitativ nicht ausschließlich auf eine Störung der Ich-Du-Beziehung zurückzuführen, auf mangelndes Vertrauen, erhöhte Selbst-Ungewißheit usf., sondern es stellt, wie betont, vielmehr eine Wende in der gesamten Beziehung zur Umwelt dar, die mit psychologischen Kategorien einer gescheiterten Ich-Du-Beziehung nicht ausreichend zu erfassen ist. Die psychologischen Veränderungen sind sekundär.

Diese Gesichtspunkte sollten genügen, um die nur relativ richtig „angepeilte" These, die Gesellschaft sei schizophren, der „Schizophrene" eigentlich gesund, zu entkräften, andererseits jedoch der „Schizophrenie" vergleichbare Prozesse in der Gesellschaft, wie die von Spaltung, Verdrängung, Isolierung nicht in Abrede zu stellen.

m) Die Irrelevanz der „auslösenden" Faktoren

Zahlreiche Krankengeschichten akuter und chronisch verlaufender Psychosen scheinen den Zusammenhang der Erkrankung mit Konflikten und Widerfahrnissen des Lebensweges evident zu machen.[42] Ebenso viele lassen einen derartigen Zusammenhang vermissen, und es bedarf zusätzlicher Hypothesen, um die Zusammenhänge zu konstruieren.[43] Andererseits ist das Auftreten von Psychosen im Gefolge von Intoxikationen, Erschöpfung (Stress), endokrinen Umstellungen in der Pubertät, Menopause, im Senium, in der progressiven Paralyse, in der Folge von hirnorganischen Veränderungen erwiesen. D. h. *auch leibhafte Deformationen werden vom Subjekt mit dem Verlust der perspektivischen Fixierung beantwortet.* Für Therapie und Prognose der Erkrankung von relativer Bedeutung, ist es für die Gestalt der Krankheit (Zersplitterung) irrelevant, ob die Veränderung innerhalb der Subjektivität durch mögliche Konflikte, eine Verwandlung der Beziehung zum In-der-Welt-Sein, damit eine verwandelte Bedeutung derselben hervorruft, dadurch die perspektivische Fixierung in ihrem Griff auf die Welt sich lockert und sich „verrückt", oder ob diese Veränderung durch leibhaft-biochemische Vorgänge ausgelöst wird. Abgesehen von der Irrelevanz dieser Problematik für die Gestalt der Psychose, ist in jedem Fall das „Wie" des Zustandekommens einer Psychose, d. h. der perspektivischen Verrückung des Subjekts noch ganz ungeklärt. Ihr Ereignis ist bei Intoxikationen und hirnorganischen Veränderungen mit gewisser Wahrscheinlichkeit vorauszusagen, bei Widerfahrnissen, Belastungen, Konflikten keineswegs. *Die mißglückte perspektivische Fixierung wird stets erst n a c h Eintreten derselben bemerkt, ihre Ortung in verständliche Zusammenhänge eines zu dieser Verrückung führenden Lebensweges ist immer eine mögliche Rekonstruktion, aber keine verbindliche Aussage.*

n) Die sog. Mischformen zyklothymer und anderer Psychosen

Die klinische Realität kennt zahlreiche als Mischformen zyklothymer und schizophrener Psychosen bekannte Krankheitsverläufe,[44] die der diagnostischen Einordnung oft erhebliche Schwierigkeiten bereiten und zu diskrepanten Interpretationen führen. Lassen sich diese Mischbilder aus der hier dargelegten Konzeption verstehen?

Die Struktur des In-Einanders der Subjektivität läßt im Prinzip alle nur denkbaren Möglichkeiten der Verbindung zwischen Zu- und Abwendung, perspektivischem Entwurf, Bewegen und Wahrnehmen, Raum/Zeit-Erleben, Beziehung zum anderen oder sich selbst zu. Im mißglückten perspektivischen Entwurf werden sämtliche Weisen der Zuwendung, vom Wachen bis zu spezifischen Urteilen oder Willensimpulsen, betroffen, was analog von der fundamentalen Störung in Zu- und Abwendung festgestellt werden muß, die alle Bereiche möglichen So-Seins mit umgreift. Als Störungen von Da-Sein betreffen die Psychosen die gesamte Subjektivität, wogegen Störungen des So-Seins Störungen der Weisen der Zuwendung sind, die, obwohl sie ohne vorgegeben anthropologische Mißverhältnisse nicht möglich sind, nicht ohne weiteres auch die Da-Sein fundierenden Elemente der Existenz gravierend mit einbeziehen. (Aus einer „Neurose" kann nur in seltensten Fällen eine Psychose werden,[45] die Psychose ist jedoch immer bereits eine „Neurose", würde in der Sprache der traditionellen psychoanalytischen Lehrmeinungen formuliert werden.)

Eine Störung in Zu- und Abwendung im Zusammenhang biologisch-organismischer, auch kosmischer Periodizität ist jedoch dem perspektivischen Entwurf vorgegeben, Dekompensierungen in Zu- und Abwendung sind fundamentalere Störungen als die des perspektivischen Entwurfs. Aus dem perspektivischen Entwurf begründet sich zwar die Existenz des Menschen als eines kognitiven Wesens, aber erst in der Evolution relativ spät. Zuwendung und Abwendung sind dagegen der Bestandteil der gesamten, dem Menschen vorausgegangenen Entwicklungsgeschichte. Die zeitlich-chronologische Vorgegebenheit von Zu- und Abwendung schließt jedoch nicht mit ein, daß Störungen derselben auch eo ipso zu einer Dekompensation des perspektivischen Entwurfes führen, auch wenn Zu- und Abwendung als fundametalere Weisen von In-der-Welt-Sein angesehen werden müssen. *Dem Auftreten von Mischformen kann lediglich rückschließend entnommen werden, d*aß sowohl fundamentale Störungen der Zu- und Abwendung den perspektivischen Entwurf zu dekompensieren vermögen, wie umgekehrt eine Dekompensierung des perspektivischen Entwurfes auf Zu- und Abwendung sich auswirkt. Daß hier bei der Ermöglichung von Mischformen auch leibhaft-selektierende Prozesse (Austausch) wirken, wird als selbstverständlich vorausgesetzt, etwa bei der „Kombination" manisch-depressiver und schizoider Eltern und anderer im Erbgang vorausgehender Blutsverwandten[46].

Das folgende Schema soll die Psychose als multifaktorielles Geschehen versinnbildlichen:

Die Psychose als multifaktorielles Geschehen

A) geglückter perspektivischer Entwurf:

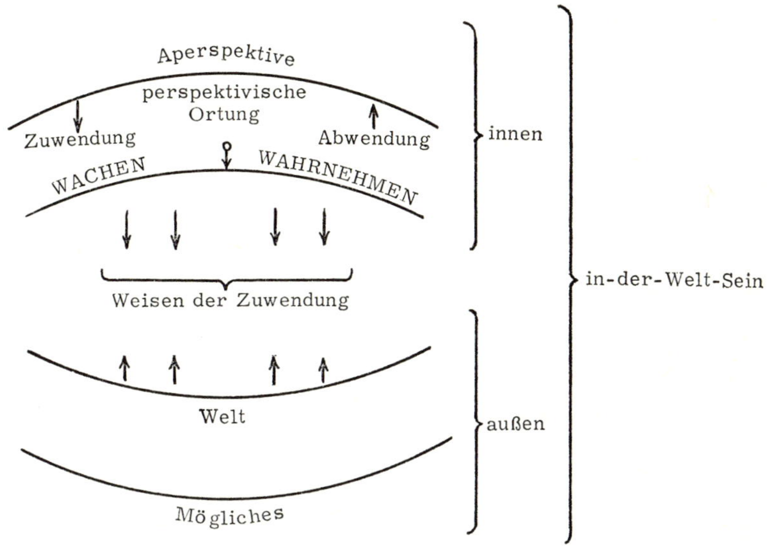

B) (mißglückter perspektivischer Entwurf)

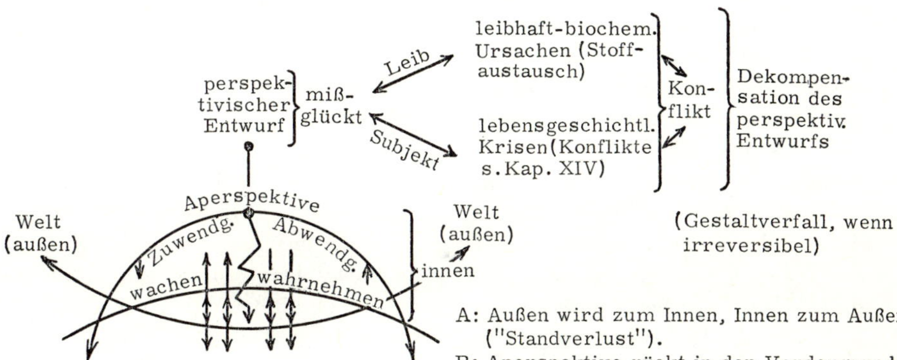

A: Außen wird zum Innen, Innen zum Außen. ("Standverlust").
B: Aperspektive rückt in den Vordergrund ("Blühende Psychose").
C: Eigenaktivität der Sinnesorgane überwiegt (Halluzinationen).
D: Entfremdung im Denken wird nicht mehr geleistet (Denkstörungen).
E: Wahn: Ersatz für perspektivische Ortung.

XI. Dekompensationen menschlichen Mit-, Gegen-, In- und Aus-Einander-Seins

a) Zur Typologie der Dekompensationen

Im folgenden wird der Versuch gemacht, chronisch dekompensierte Typen, d. h. Individuen zu beschreiben, die in ihrer Lebensgestalt und Lebensentwicklung dauernd wechselnden langjährig oder auch während Perioden in ihren Kommunikationsmöglichkeiten auf verschiedenen Ebenen möglichen Austausches extrem eingeschränkt sind. Sie beeinflussen durch entsprechende gesellschaftliche Kompensierung, „Pufferung" (s. unten) und Selektion das Mit-, Gegen- und Aus-Einander menschlichen Zusammen-Seins einseitig. *In diesen chronisch dekompensierten Individuen manifestieren sich spezifisch anthropologische Diskrepanzen,* d. h. ihre Dekompensation ist nicht etwa allein hereditär, milieu- oder reagibel bedingt, sondern *Konstitution, Umwelt oder Reagibilität bringen bestimmte anthropologische Mißverhältnisse zum Vorschein, die zu chronischen Dekompensationen disponiert sind.*

*Die manifesten Mißverhältnisse oder chronischen Dekompensationen sind Strukturkonfklikte des Innen (*s. oben Teil I), die die jeweilige Verfassung des Subjektes in *einseitiger* Richtung auf Welt hin bestimmen, die Weisen der Zuwendung einschränken oder wertgemindert die jeweilige Lebensgestalt sich am „Rande des Verfalls" nur zu halten vermag. Den Einschränkungen der Weisen der Zuwendung entsprechend sind die Ebenen der Kommunikation reduziert, stellt sich auch damit Krankheit, d. h. Dekompensation dar. Bei den drei determinierenden Grundfaktoren menschlichen In-der-Welt-Seins, dem leibhaften, umweltbedingten und reagiblen, sei noch einmal ausdrücklich auf die Bedeutung des letzten, der Reagibilität verwiesen (s. Teil I, S. 21, Phantasie). Sie entspricht nur in Grenzen der psychoanalytischen Reaktionsbildung, die mit diesem Begriff bestimmte, nicht unbedingt voraussehbare Reaktionen des Ich auf die Umwelt anvisiert, die über die zu erwartende Antwort hinaus gehen. Das Individuum ist in der Reaktionsbildung nicht allein passiv geprägt, sondern reagiert vermittels der Phantasie aktiv gegen die Umwelt oder auch gegen innere Impulse, wie das auch die psychoanalytische Interpretation des zwangsneurotischen Rituals (Zwangsimpulse) z. B. impliziert. *Die Reagibilität* im hier vorgetragenen Sinne *meint jedoch den vollen Umfang der Phantasie* und ihre Möglichkeiten, leibhafte und umweltbedingte Grenzen zumindest zu überspielen, das Individuum in einer Weise zu entwickeln und zu prägen, die nicht den vorgegebenen leibhaften oder sozialen Verhältnissen entspricht.

Diesen anthropologischen Mißverhältnissen entsprechend – z. B. der Identitätsproblematik, der Diskrepanz zwischen Reflexion und Antrieb – werden *die dargestellten Typen phänomenologisch reduktiv, d. h. idealtypisch im Unterschied zu den gängigen Typologien gewonnen.* Aus der Darstellung dieser Typen wird sich die ihnen übergeordnete *Hintergrund- bzw. Lebensgestalt* von *Selbstbehauptung* und *Anpassung* abzeichnen, damit die Lebensbewegung derselben, ihre „Dynamik“ verständlich machen. Dabei übersieht der Verfasser keineswegs die Grenze jeder, auch phänomenologisch gewonnenen Typologie, bzw. *muß durch den Typus das Individuum ebenso immer wieder in Frage gestellt, ja negiert und aufgehoben werden, wie das Individuum im Typus bestimmte „typische“, allgemeine Eigenschaften aufzeigt, über die es sich als „typisch und allgemein“ erweist.*

Nach der Darstellung der chronisch dekompensierten Gestalten menschlichen Mit- und Gegen-Einander-Seins (Psychopathologie menschlicher Beziehungen) soll die akute Dekompensation, die Konflikt- und Spezifitätsproblematik sichtbar gemacht werden.

Die Darstellung erleichternd, sollen die aufgezeigten anthropologischen Mißverhältnisse und die ihnen zugehörigen Typen chronischer Dekompensation stichwortartig vorweggenommen werden.

b) Erster Überblick über die anthropologischen Mißverhältnisse und die sie manifestierenden Typen

1. Der Verlust der primären Identität, des primären Vertrauens und der Notwendigkeit, beide durch handelnden Weltbezug zu ersetzen (Typen: Identitätslabilität, Identitätsstarre, s. S. 392).
2. Die Aufspaltung der menschlichen Subjektivität in aperspektivisches Innen und perspektivischen Raum- und Zeit-Bezug, in die Gegensätze von Reflexion und Antrieb, Willen, Befindlichkeiten und Trieben, in ikonoklastische und ikonoplastische Strukturen des Innen, ihre Konflikte und Gegensätze. Typen: ikonoklastischer Intellektueller, blinder Täter, der Gehemmte, der generell Antriebs-, Reflexionsdisoziierte usf., s. S. 395.
3. Die Diskrepanz zwischen der aus dem Vertrauensverlust sich ergebenden irrationalen Erwartungshaltung, der Idealbildung und der Realität, ihrem Einfluß auf das Handeln, auf Verhalten der Gruppen wie auch des Einzelnen. Typen: negativistischer Typus, naiv-karitativer Typus, überangepaßter Typus, Träumer, Resignierter, s. S. 398.
4. Das durch den weitgehenden Instinktverlust bedingte Umweltverhältnis im Vergleich zum Tier ist sowohl Voraussetzung der Erstellung der menschlichen Umwelt von „Zeug“ wie auch eines durch Reflexion auf die Umwelt gerichteten Handelns. Es ist Voraussetzung humaner Kultur wie auch

der Bedingung von Repression und Manipulation der eigenen und der anderen Person. *Es bedingt die tendenzielle Maßlosigkeit des menschlichen Antriebes und seiner Dysregulationen*, aber auch der Dysregulationen von Wünschen, Fühlen und Befindlichkeiten. Typen: einseitig Antriebsbestimmte, Antriebsfluktuation, Wunschversagung, omnipotente Wunscherfüllung, Gefühlsverödung, Gefühlsüberschwang usf., s. S. 401.

5. Die Errichtung von Normen – aus der anthropologischen Grundsituation heraus – und deren Doppelcharakter von richtungsweisender Orientierung, Unterstützung der sozialen Antriebe und genereller Unterdrückung des Antriebslebens. Typen: generell antriebs- – triebgestörtes Verhalten zu Normen und Ordnungsfaktoren, s. S. 401.
6. Die Perzeption des Möglichen, der Zeit und der Notwendigkeit der Abwehr gegen den Einbruch möglicher (irrationaler) Veränderungen. (Die Angst- und Zwangskrankheit, die Hysterie, das Problem der Sexualverdrängung.)
7. Im über den Leib gewonnenen Maß gewinnt das Subjekt eine primäre Orientierungsmöglichkeit in seinem Verhalten der Welt gegenüber, die jeder Orientierung vorgegeben ist, aber schon in frühester Kindheit durch die Orientierungsnotwendigkeiten der jeweiligen Sozietäten relativiert wird. Nichtsdestoweniger verfügt der Mensch über Möglichkeiten der „Selbstregulation", selbst wenn Mißverhältnisse und Krankheit als Bestandteil derselben angesehen werden (z. B. die Phasen manischer und depressiver Zu- und Abwendung) (s. die Korrektiva menschlichen Verhaltens auf S. 443).

c) Dekompensationen der Identitätsbestimmung und des primären Vertrauensverlustes

Die Identifizierung[1] des aufwachsenden Menschen mit seinen Eltern und deren sozialen und Geschlechts-Rollen oder anderen, primären Pflegepersonen geht in Ethnien[2] und geschlossenen Kulturen – d. h. Verbänden kulturellen Gepräges, die jedoch so gut wie in keinem Austausch mit anderen stehen – relativ nahtlos in die überlieferten Traditionen, Sitten und Gebräuche über. Jede Kultur betont diesen Übergang der Identifizierung des Individuums mit den Normen lebender und sie übermittelnder Pflegepersonen. Hier liegt bekanntlich eine Wurzel der Ahnenverehrung, der außerordentlichen Rolle, die Abstammung und Herkunft des Einzelnen seit eh und je spielten.

Das Individuum und seine individuellen Erwartungen, Ansprüche und Einsichten haben jedoch dem Kollektiv gegenüber zurückzustehen. Auf eine möglichst lückenlose Identifizierung haben auch nach Revolutionen Völker über neu errichteten Traditionen und Normen – deutlich zu beobachten im napoleonischen Frankreich, im sozialistischen Rußland und China – bewußt wieder zurückgegriffen. Identifikation mit Vorbildern verleiht dem Individuum in seiner jeweiligen Gesellschaft Richtung, Zielsetzung und Lebenssinn. Sie ermöglicht die Planung des Lebensweges von vorneherein anders als in einer Gesellschaft aufgelöster Identifikationsmöglichkeiten, die keine Vorbilder mehr zu vermitteln vermag. Identifizierung bedeutet deshalb, über die mit den jeweiligen Pflegepersonen hinauszielende, sich mit den sozialen Rollen der Zeitgenossen, ihrer jeweiligen gesellschaftlichen Bedeutung zu identifizieren, mit den von diesen Menschen vermittelten Werten, Sinngebungen und Zielsetzungen. Je stärker die Identifizierung der Person mit den übergeordneten Idealen auch des Kollektivs ist, aber auch mit seinen Ahnen, der Tradition, dem Beruf, je mehr festigt sich das primär verlorene Vertrauen in neuer Identitätsfindung, je stärker wird das Selbstvertrauen.

Dabei ist auch die Identifizierung mit der Leistung, der Arbeit in ihrer Bedeutung als Kompensation (Ausgleich) für den primären Vertrauensverlust von erheblicher Bedeutung. Gelingt es dem Individuum in der industriellen Gesellschaft, sich noch mit seiner Arbeit und sozialen Rolle zu identifizieren, d. h. den täglichen Umgang mit dem zu bewältigenden „Stoff" emotionell und mental als voll absättigend und befriedigend, als Erfüllung zu erleben, ist seine Identifizierung stabil.

Die Identifizierung mißlingt oder ist labil, wenn z. B. die sekundäre Identifizierung mit dem eigenen Leib aufgrund organischer Deformierungen oder leibfeindlicher Einstellung der Umgebung mißlingt, die vermittelte soziale und Geschlechtsrolle der Erziehungspersonen auseinanderfällt: z.B. dominierende Mutter in männlichem Beruf, nachgiebiger Vater in weiblicher Rolle:[3] wenn ferner in der Kindheit Erziehungspersonen häufig wechseln[4] oder wenn die Gesellschaft durch Veränderungen der ökonomischen, geographischen oder klimatischen Bedingungen, durch den Einbruch historischer Ereignisse und Auseinandersetzungen in eine Krise ihrer Identität fällt. Änderungen interner Herrschaftsverhältnisse, Öffnung anderen Gruppen oder Kulturen gegenüber, verstärkte, kritische Reflexion der Individuen (sog. Selbstständigkeit) vermag ebenfalls, verbunden mit Brüchen in der Tradition, Verschleierungen in der jeweiligen sozialen Situation, mit der Errichtung von Pseudo-Traditionen anstelle der Kontinuität, identitätsauflösend zu wirken.

Labile Identität bedeutet, daß das Individuum innerhalb seiner Gruppe zunehmend desorientiert wird, das Handeln nicht auf die Zukunft bezogen erfolgt, sondern von den Bedürfnissen des Augenblicks bedingt ist. Das in der Identität gewonnene Selbstvertrauen weicht mißtrauischer Unsicherheit, die Beziehung zur Leistung ist nicht mehr eindeutig positiv. Die überlieferten Werte verblassen, erschöpfen sich. *Die Möglichkeiten, sich mit jemandem oder etwas zu identifizieren, werden undeutlich,* die Diskrepanz zwischen Erwartung und dem vermittelten Ideal nimmt zu, gleichzeitig findet eine zunehmende Diskrepanz zwischen Beruf (sozialer Rolle) und Geschlechtsrolle statt, beide verschwimmen zusehends. Diese historisch-ökonomischen und durch andere Faktoren bedingte Identitätslabilität (Identitätsdiffusion nach *E. Homburger-Erikson*[5]) ist durch die Identitätskrisen zu ergänzen, denen das Individuum sowohl von seiten seines leibhaften In-der-Welt-Seins wie auch als Folge selbstständiger Reflexion ausgesetzt ist. Pubertät, Menopause, Senium sind Identitätskrisen leibhafter Provenienz. Glaubenskriege, Diskordanzen, Abspaltungen, Sektenbildungen sind Folgen von Identitätskrisen Einzelner oder ganzer Gruppen. Nach dem Sinn von Sein zu fragen, in dieses geworfen zu sein, ist die existentiale Identitätskrise.[6] Sich in der Beziehung zum Partner, sei es in der Ehe oder in einer anderen Bindung, Konflikten der Wahl ausgesetzt zu erleben, der Möglichkeit z. B. oder Unmöglichkeit von verlangter gegenüber verwirklichter Zuneigung, vermag auch zu Identitätskrisen zu führen.[7]

Zu weitgehendem Identitätsverlust, Errichtung einer Pseudo-Identität im Wahn führen die Dekompensationen von Zu- und Abwendung und die mißglückte perspektivische Fixierung im Da-Sein (chronische Psychose).

Der Gestalt der Identität gelingt, was die morphologische Gestalt realisiert: die gelebte, räumlich-perspektivische Einheit des Subjekts gegen und über die Zeit hinaus aufrechtzuhalten; sie ist ohne das Gedächtnis nicht zu denken (s. oben Teil I). Die Gefahr der gefundenen Identität ist Erstarrung, Sklerosierung, Aushöhlung, die ein „Windstoß“ zerbröckelt. Identitätssklerosierung präsentiert sich in unflexibler Identifizierung mit Amt, Rolle, Titel, Beruf: der mit seinem Amt und Titel identifizierte Beamte, der bei Entzug derselben dekompensiert, zusammenbricht. Die *Identitätssklerosierung* stellt sich in entsprechend starrer Weise bei mit Normen, Gesetzen, Konventionen weitgehend identischen Personen dar, nicht weniger bei Stammespersonen und Häuptlingen, die in Ritus und Zeremoniell aufgegangen sind, deren Alltag die rigiden, überlieferten Verhaltensformen nicht mehr zu überspielen vermag. Aber auch der ausschließlich mit seiner Leistung, seinem Werk, mit seiner Gruppe, Nation, Familie Identifizierte, der Ideologe, der Chauvinist, Familienapostel oder Fanatiker stellen Extreme der Identitätsstarre dar. Aus der überlieferten oder gefundenen Identität werden die Beziehungen zum anderen, zur Umwelt, ihre Bedeutung bestimmt. Der Sohn, der sich mit dem Vater und dessen sozialer Rolle identifiziert, wird in Fortsetzung derselben die Beziehung zu der Umwelt sich aneigenen, die auch für den Vater von Bedeutung war: nicht weniger die mit der Mutter sich identifizierende Tochter.

Für den in den Traditionen der Arbeiterklassen Aufgewachsenen sind die Beziehungen zur Umwelt, die Bedeutung derselben, weitgehend aus dem kollektiven Verhalten der sog. Klassenzugehörigkeit bestimmt, nicht weniger gilt das z. B. für den Angehörigen des Oberhauses des englischen Parlaments oder einen Priester der Kirche.

Aus dem primären Mißverhältnis (Konflikt) des Identitätsverlustes erwächst die Möglichkeit und Notwendigkeit, Identität als Grundrichtung der Orientierung des Handelns zu finden, d. h. ein Verhältnis (Gleichgewicht) zum In-der-Welt-Sein zu stiften, das Kontuinität umschließt. Dekompensierungen der primären Identität, des primären Vertrauensverlustes werden zur Grundlage der genannten sekundären Identitätsgestalten, die bis in die jede Identität gefährdende und auflösende Industriegesellschaft hinein von eminenter Bedeutung für Existenz, So-Sein und Bestand der Sozietäten und Individuen ist. Aus dem Mißverhältnis des Identitätsverlustes entwickelt sich über sekundäre Identitätsbildung das relativ geregelte Zu- und Mit-Einander im Austausch stehender, *mit sich identischer Gestalten*, sei es ganzer Gruppen, sei es der von Individuen. Dieses Verhältnis, das in seinem Zu-Einander auch hierarchischer Gliederungen[8] das primäre Maß des leibhaften Umgangs und seines hierarchischen Aufbaus – der ersten Identifizierung des Menschen mit seinem Leib – wiedergibt, ist ein über anthropologische Diskrepanzen sich erhaltendes, Gleichgewicht (*Kompensation*) erstrebendes Verhältnis sekundärer Identifikationen. Die Extreme der Identitätsstörung seien zusammengefaßt:

1. Identitätslabilität (Diffusion): bei mangelnder oder nicht stattgefundener Vermittlung von Vorbildern, rollengestörte Beziehungen zur Arbeits- und Sachwelt, zu Personen und Ideologien.
2. Identitätssklerosierung: bei mangelnder Flexibilität identitätsvermittelnden Faktoren gegenüber und starrem Festhalten an der einen, durch Überlieferung zum Bestandteil der Existenz gewordenen Rolle, Sache, Person – oder durch „freie" Wahl derselben.

d) Aus der gespaltenen Subjektivität sich entwickelnde, dekompensierte Mißverhältnisse

Dem Mißverhältnis des in aperspektivisches Bildgeschehen, Befindlichkeiten, Fühlen, Antriebe einerseits gespaltenen Subjektes, das andererseits in Reflexion und Willen sich zu den Bild- und Triebinhalten des Innen bereits in der Aufmerksamkeit repressiv-ikonoklastisch verhält, entsprechen die Typen, die generell ausgezeichnet sind durch das extreme Überwiegen einer Weise der Zuwendung gegenüber anderen: z. B. des reflektierenden, ikonoklastischen Denkens und Wollens gegenüber der ikonoplastischen Tendenzen der Triebe, des Wünschens oder des Fühlens.

1. Bei dem Typus des „ikonoklastischen Intellektuellen" wird die Einheit mit der Welt (Identität) überwiegend im Erkennen erreicht, und es entwickelt sich der Typus der Philosophen, der Puritaner und Weltverbesserer:

Der Philosophen, da diese tendieren, das In-der-Welt-Sein, insbesondere in der idealistischen Philosophie, ausschließlich als Bewußtseinsakt anzusehen; der Weltverbesserer, denn diese bemühen sich über die Theorie, d. h. über die Reflexion, ihr – gleichgültig ob begründetes oder unbegründetes – Mißbehagen an der Welt aufzuheben; der Puritaner, nicht nur weil diese Ikonoklasten (Bilderstürmer) sind, es zu allen Zeiten waren, sondern weil sie mit dem abstrakt-anonymen „Geist des Gesetzes" identifiziert, diesem geneigt sind, ihre Möglichkeiten in der Welt zu sein aufzuopfern.

In der Zwangskrankheit wird dieser Typus wieder auftauchen, in weniger extremer Gestalt ist er das Erzeugnis auch der naturwissenschaftlichen Schulung, sind der naturwissenschaftliche Techniker, der Ingenieur, Physiker oder Chemiker typisch für die an der bilderfeindlichen, ikonoklastischen Reflexion dekompensierenden Individuen. Der ikonoklastische Wissenschaftler – nicht weniger als der blinde Täter – zeichnen sich vielfach durch Verlust der Beziehung zum aperspektivischen Innen aus, wie das bereits *C. G. Jung* für das extrovertierte und extrem rational gepolte Subjekt aufzeigte. Einseitige Entwicklung der Reflexion führt zum (vgl. oben) Verlust der Bewegtheit des Innen, zu mangelndem Austausch über Gefühle, Antriebe, Befindlichkeiten, zu überwiegend starren, ikonoklastischen Strukturen. Es führt zu Identitätssklerosierung und Schrumpfung des gelebten Raumes. Das Zeiterleben ist besonders durch Fixierung auf die Vergänglichkeit und die Vergangenheit des Individuums akzentuiert. Im Wahrnehmen neigt dieser Typus zu Skotomisierung der sich zeigenden Welt zugunsten intellektuell geprägter Projektionen, nur das wahrzunehmen oder zu sehen, was dem System entspricht. In der Bewegung ist die Ausdrucksbewegung limitiert, die Beziehung zum Leib oft feindlich-repressiv oder sekundär über intellektuelle Reflexion wiedergewonnen. In Zuwendung und Abwendung überwiegt die Abwendung der Umwelt gegenüber, die Introversion – deshalb steht der ikonoklastische Intellektuelle dem Depressiven nahe.

2. Als „blinder Täter“ sei der Typus charakterisiert, der in der Spaltung zwischen Antrieb und Bilderwelt einerseits, Reflexion und Wollen andererseits den willensbetonten, handelnden Menschen repräsentiert, bei dem jedoch die Willensausbildung auf Kosten der anderen Weisen der Zuwendung die Lebensgestalt bestimmt. Leistung und Können, aber auch machtbetonte (Einkörperung) Expansion determinieren diesen Typus auf Kosten einer differenzierten Reflexion und eines differenzierten Erlebens der Triebe, des Fühlens und Wünschens. Der Typus ist von der Zuwendung zur Welt hin geprägt, im Raumerleben eindimensional auf manipulatorische Beherrschung desselben ausgerichtet, im Zeiterleben neigt er zum verantwortungslosen-zeitverleugnenden Tun. Im Wahnehmen strebt er auf Erweiterung des Wahrnehmungshorizontes zugunsten der Expansion, seine lebhaft-forcierte Motorik verrät die voluntaristische Haltung seiner Existenz. (Vgl. die „Führertypen“ des Dritten Reiches.) Die Beziehung zum Leib ist positiv-wertgetönt, oft „sportlich“ orientiert.

Beide Dekompensationen können außer wiederholten, seit frühester Kindheit mit Scheitern verbundenen Widerstandserfahrungen als Antwort auf diese sich entwickeln, sie entstehen aber auch durch entsprechende Umweltbedingungen und leibhafte Vorgegebenheiten (Austausch): Das überintellektualistische Milieu, in dem Eltern oder Pflegepersonen die Weisen ihrer Weltzuwendung betont reflektieren und rational steuern, oder ein Milieu, das ausgesprochen formal orientiert (Gesetzesmilieu), weltanschaulich-religiös geprägt ist, setzt sich im Ungleichgewicht der dort aufwachsenden Kinder im

Verhältnis zu Denken und zum Handeln fort. Es neigt dazu, den ikonoklastischen Intellektuellen zu formieren. Aber auch für die jeweilige Beziehung der Kinder zu den einzelnen, u. U. in Reflexion und Handeln unterschiedlich eingestellten Eltern („intellektuelle" Mutter/Vater, antriebsbetonter Vater/Mutter), den daraus resultierenden, unterschiedlichen Identifikationen und Spannungen, genügt bereits ein Elternteil, um zu Dekompensationen der geschilderten Art beizutragen. Ein Milieu dieser Art vermag ferner den „blinden Täter" als Reaktion nicht weniger zu entwickeln als den ikonoklastischen Intellektuellen, wobei jedoch in jedem Fall ein anthropologisches Mißverhältnis durch entsprechende Konflikte die Führung in der Lebensgestalt übernimmt. Umgekehrt vermag das ausgesprochen unreflektiert-unintellektuelle, kleinbürgerliche oder sog. Arbeitermilieu aus zunehmender Selbstbehauptung des Aufwachsenden gegenüber dieser Umgebung den in Reflexion und Handeln gestörten Typus, oft besonders fanatischer Prägung – sei es in Richtung der alles aufzehrenden Reflexion oder der sich an das Handeln bedenkenlos ausliefernden Täterschaft – zu erzeugen. Nicht zuletzt ist die leibhaft ererbte Kondition – ob über mehrere Generationen akademische oder bäuerliche Vorfahren – auf die Beziehung des Kindes zur Welt von Einfluß, so daß die Bedeutung derselben entweder der einer überwiegend reflektiert-intellektuellen Konzeption entspricht oder sich das Gegenteil einer intellektuellen Weltauffassung, eine antriebsbetonte-spontane (u. U. haltlos-triebhafte) entwickelt.

3. Der gehemmte Typus zeichnet sich durch zunehmende Abwendung von der Welt, Hemmung, Einschnürung, Schrumpfung und Reduzierung des gelebten Raumes, zunehmenden Stillstand in der Zeit aus. Die Bewegung ist in ihren Ausdruckmöglichkeiten eingeschränkt, auch das Sprechen ist unsicher-skandierend. Er neigt zum Stottern. Die Wahrnehmung ist unsicher, fixiert sich gerne an bestimmte Gegenstände, weniger um diese zu erkunden und zu beobachten, als sich an sie anzuklammern. Die Reduzierung aller Weisen von Zuwendung ist häufig mit einer überwiegend leibfeindlichen Einstellung verbunden. Die Individuen verharren im ikonoklastisch-ikonoplastischen Strukturkonflikt zwischen hemmender Reflexion und spontaner Antwort der Triebe, des Wünschens oder Fühlens. Hemmung ist Ausdruck des Aufeinanderprallens von Reflexion („Geist") und Antrieb („Leben"), sie ist ein die Lebensgestalt prägender Strukturkonflikt: die gehemmte Dekompensation.

4. Der Typus der dissoziiert-auseinanderfallenden Weisen von Zuwendung umfaßt jene „chronisch gespannten" Individuen („erethischen Psychopathen"), bei denen die Strukturgegensätze des Innen *nicht* wie beim Gehemmten zu einer zunehmenden Weltabwendung führen, sondern die einerseits immer wieder aufeinanderprallende Umwelt-Konflikte erzeugen, sich andererseits durch hochgradige Unsicherheit – aufgrund der inneren Diskrepanzen –, ständige Nervosität, innere Zerrissenheit und Zerfahrenheit der Aufmerksamkeit, aber auch der Wahrnehmung auszeichnen. Antrieb und Re-

flexion stehen einander diametral gegenüber. Wille gegen Befindlichkeit, Befindlichkeit gegen Reflexion, Reflexion gegen Fühlen, Fühlen gegen Wollen. Die innere Zerrissenheit des Typus läßt sie der Welt sich einmal stärker reflektiert, dann wieder betont triebhaft zuwenden. Der irrational-unbestimmte Charakter zeichnet sie als launisch-wetterwendische Person aus. Die Wahrnehmung ist dem entsprechend hier stärker eingeschränkt, dort wieder diffus geöffnet. Die Bewegung dieses Typus in der Welt hebt sich einmal durch stärkeres Zupacken ab, erscheint dann wieder schlaff und uninteressiert. Die Beziehung zum Leib ist auch wechselnd einmal positiv, dann wieder negativ geprägt. Der Raum wird hektisch in seiner Vieldimensionalität erprobt, bei Widerstand rasch gemieden. Im Zeiterleben überwiegt – wie beim blinden Täter – die Tendenz, sich der Verantwortung im Handeln zu entziehen.

e) Dekompensationen zwischen Erwartung, Ideal und Realität

Diesem ebenfalls aus dem primären Identitätsverlust erwachsenen Mißverhältnis hat die Neoanalyse, insbesondere *K. Horney* und *H. Schultz-Hencke,* erhebliche Bedeutung für die Entstehung „neurotischen" Fehlverhaltens beigemessen.[9] Es sind die negativistischen, immer unzufriedenen Kritiker und Nörgler, denen nichts recht zu machen ist, da sie an dem von ihrem „Riesenerwartungen" gespeisten Ideal die Umwelt wie auch ihr eigenes In-der-Welt-Sein abwertend messen. (Die Riesenerwartung kann Folge von sowohl extrem verwöhnender als auch autoritärer Erziehung sein.)

Den auf die Ferne des Ideals hinstrebenden Individuen verbindet sich Theorie und Praxis über die aus ihrem chronischen Mißmut stammende Gewaltanwendung, Realität faktisch aufzuheben, zu vernichten und den Boden damit für das Reich der Zukunft, des Ideals, zu bereiten. Idealismus einerseits und Gewalttätigkeit andererseits zeichnen die Deformation aus, deren geschichtliche Bedeutung jedoch nicht unterschätzt werden darf, hat sich doch die Diskrepanz zwischen Erwartung, Ideal und Wirklichkeit als Antriebsmoment zumindest der technisch-sozialen Entwicklung der Gattung Mensch erwiesen.

Abweisung, Negativismus, Aggressivität[10] treten im Gefolge wiederholter Enttäuschungen auf, wie sie sowohl für Riesenerwartungen und überspitzte Ideale zutreffen als sie auch ohne diese Konstellation sich einzustellen vermögen. Sie sind ohne den primären Identitätsverlust nicht denkbar. So steht der Negativist in den Weisen seiner Zuwendung dem ikonoklastischen Intellektuellen nahe, jedoch überwiegt bei dem ersteren die die Lebensgestalt prägende Einstellung (s. oben) der Unzufriedenheit, die Abwendung von der Welt bevorzugt, den Raum meidet, in der Zeit auf das Erleben der Vergänglichkeit– im Gegensatz zur Utopie – sich fixiert. In Wahrnehmen und Bewegen ist entweder relative Ausgewogenheit beider zu beobachten oder, geht es um die Realisierung der Riesenerwartungen, stellt sich hektische, verstärkte Aktivität ein. Die Tendenz zur Leibfeindlichkeit überwiegt, obwohl auch diese – wie bei den Ikonoklasten – über die Reflexion artifiziell zurückgenommen wird. Die Beziehung zu den Antrieben/Trieben ist manipulativ-einseitig (einkörpernde Triebe werden in den „Dienst der Sache“ gestellt), Fühlen und Wünschen treten, von den Riesenerwartungen abgesehen, zurück, sie sind unterdrückt, verblaßt und durch die einseitig negativistische Reflexion überschattet.

Diesen dekompensierten Typen anthropologisch vorgegebener Mißverhältnisse sind jene Individuen gegenüber zu stellen, die in der hingebenden Verwirklichung an ferne Ziele diese in naiv-fürsorglichem Glauben, in selbstaufopfernder Tätigkeit zu verwirklichen suchen. Nicht weniger als der überangepaßte Typus sucht der caritativ-fürsorgliche die Diskrepanz zwischen Erwartung, Ideal und Realität durch extreme Anpassung an die Umwelt, tätiges Miteinbeziehen derselben in Ideale und weltanschauliche Überlieferungen zu überwinden. Sowohl der überangepaßte wie der caritativ-überfürsorgliche Typus leben tendenziell in der Richtung verstärkter Weltzuwendung, im Erschließen des gelebten Raumes, und neigen zu überstarkem, positivem Zeiterleben durch ein gelegentlich abnorm gesteigertes Verantwortungsgefühl: sich für alles und alle verantwortlich zu wissen. Auf der anderen Seite neigen beide Typen zu blindem, übereifrigem Tun, das in erster Linie von der Angst motiviert wird, die verlorene Identität möglicherweise durch fürsorglich-zuneigendes Handeln nicht wiederherstellen zu können. Beide Typen werden im menschlichen Mit- und Gegen-Einander besonders problematisch, wenn sie ihrer Motivation weitgehend blind ausgeliefert sind. Ist dies jedoch nicht der Fall, zählen sie zu den wertvollsten Typen menschlichen Mit-Einander-Seins, da sie durch ihr Verhalten im Gegen-Einander menschlichen Zusammenlebens die Typen der ikonoklastischen oder antriebsbestimmten Einkörperung wirksam zu „puffern“ (kompensieren) vermögen.

Die Entstehung dieser gegensätzlichen Typen, des Negativisten und des Überangepaßten, ist ebenso wenig eindeutig auf monokausale Zusammenhänge zurückzuführen wie bei den vorausgegangenen. Eine verwahrloste Umwelt, in der beide Eltern schwer arbeiten müssen, die Kinder ohne Fürsorge aufwachsen, vermag die Diskrepanz zwischen Erwartung und Ideal einerseits, Realität andererseits zu schüren, wie sie auch von vorneherein eine resignativ-passive Einstellung vermitteln kann. Eine Gruppe oder ein Staat, der die Propagierung bestimmter Ideale auf seine Fahne geschrieben hat, wird ebenso Überangepaßte unter seine Funktionäre zählen können, wie er auch Idealisten (Negativisten) hervorbringt, die das propagierte System als nicht mit den vertretenen Forderungen koinzidieren sehen und zu seinem eventuellen Sturz beitragen. Erziehungspersonen (Lehrer), die, selber in ihren Erwartungen enttäuscht, dieses Bewußtsein den ihnen Anvertrauten weitergeben, mögen die der Enttäuschung zugrunde liegende Diskrepanz ebenso erfolgreich vermitteln, wie auch das Gegenteil (Überanpassung aus

Protest gegen den Lehrer) bewirken. Die „Wohlstandsgesellschaft", die gerade in ihren angesehensten, wohlhabendsten Familien radikale Idealisten (Negativisten) hervorbringt, beweist damit, daß materielles Wohlergehen, Zuwendung und Fürsorge dem Individuum nicht ausreichen, sondern daß es eine generelle Orientierung verlangt, daß seine Erwartungen über die der Geborgenheit und Sicherheit hinauszielen und nach dem Sinn von Da-Sein fragen. Bleibt die Antwort aus, verbinden sich Enttäuschung, Ideal, Negativismus und Gewalttätigkeit zu bekannten Erscheinungen.

Dem Typus des negativen, weltabgewandten und des positiven, weltzugewandten Idealisten, die beide aus der Diskrepanz zwischen Erwartung, Ideal und Wirklichkeit leben, sei zur Verdeutlichung ein „gesunder" Typus gegenübergestellt, für den es die aufgezeigten Diskrepanzen praktisch nicht mehr gibt. Dieser Typus, der an die Zukunft, sich selbst, seine Umwelt keine übertriebenen Erwartungen stellt, dessen Wünsche nicht in unerreichbarer Ferne liegen, der gegenwarts –, weniger zukunftsbezogen lebt, findet sich überwiegend in den Bevölkerungsanteilen, die ihr Leben mit schwerer Arbeit fristen müssen. D. h. sowohl in bäuerlichem als auch im Arbeitermilieu werden Individuen angetroffen, die sich von früh an mit ihrer Lebenswirklichkeit abgefunden haben, die weder sich noch ihre Umgebung mit überspannten Forderungen chronischer Unzufriedenheit oder hektisch-caritativer Tätigkeit tyrannisieren. Sie sind als „gesund" zu bezeichnen, da die vorgegebenen Mißverhältnisse bei ihnen zu keinen auffallenden Dekompensationen geführt haben, sie generell unter die gesellschaftlich kompensierten Mißverhältnisse zu zählen sind. (Vgl. unten.)

Auch in geschlossenen Ethnien, denen der Ausblick auf die Güter der Weißen noch versperrt war, fanden sich Rollenidentität mit gegenwartsnaher Einstellung ohne auffallende Diskrepanz zwischen Erwartung, Ideal und Realität.[11] Dies schließt zwar die Möglichkeit nicht aus, daß vielleicht „jeder z. B. Medizinmann oder Häuptling werden möchte", dürfte aber im allgemeinen nicht zur treibenden Motivation geworden sein.

Zu den apathisch-resignierten Individuen gehören jene, bei denen das Gefälle zwischen Erwartung, Ideal und Realität erloschen ist. Es sind abgestumpfte, dumpf dahinbrütende Typen, deren Weisen der Zuwendung, die Gleichgültigkeit dem gelebten Raum oder der gelebten Zeit gegenüber sich auf eine weitgehend eindimensionale Existenz beschränkt haben. *Die Reduzierung des Horizontes über Wahrnehmen und Bewegen, die Gleichgültigkeit dem Leib gegenüber, zeichnen sie als die dritte Dekompensation aus, die die apathisch-resignative ist.*

Die vierte Dekompensation wird durch den *weltabgewandten Träumer* gekennzeichnet. Dieser Typus – wiederholt auch Gegenstand der Literatur geworden – hat mit dem apathisch-resignativen die generelle Abwendung von der Welt gemeinsam, unterscheidet sich jedoch von diesem durch seine Phantasie, die ihm die gelebten Räume und die dauernde Zeit in ständiger Verwandlung vermittelt. Gesellschaftlich meistens als „unbrauchbar" qualifiziert, nur selten mit den herrschenden Vorbildern identifiziert oder die Erwartungen des jeweiligen Kollektivs erfüllend, ist er der Prototyp des Außenseiters, dem die alles ermöglichende Phantasie gibt, was ihm die Diskrepanz zwischen Erwartung, Ideal und Realität verwehrt. Wie der gehemmte Typus meidet er den gelebten Raum, sind seine Weisen der Zuwendung auf wenige Sektoren reduziert, sind Wahrnehmen und Bewegen sparsam, die Ausdrucksbewegung verhalten, ist seine Beziehung zum Leib meistens indifferent, eher leibfeindlich. Im Unterschied jedoch zum Gehemmten, und dessen Gefahr, unproduktiv zu versanden, ist der Träumer produktiv, wenn es auch eine selbstzentrierte (egozentrische) ganz unkommunikative Weise der Produktivität ist.

f) Dekompensationen in den Weisen der Zuwendung (Triebe, Wünschen, Fühlen) und gegenüber den Normen (Kritik der psychoanalytischen Triebtheorie)

Wie oben ausgeführt, ist in der historischen Menschheit keine Gruppenbildung irgendwelcher Art bekannt, von Zeiten völliger aber immer nur vorübergehender Anarchie abgesehen, in denen Normen nicht von Bedeutung gewesen wären, Ordnung – gleichgültig wie entstanden – nicht das Zusammenleben der einzelnen geprägt und bestimmt hätte.

Der Gegensatz zwischen gesellschaftlich bedingten Normen einerseits, Antrieben andererseits, wurde in seiner Bedeutung für Gesundheit und Krankheit von der Psychoanalyse *Freuds* gesehen, wenn auch einseitig auf die Unterdrückung der Sexualität und der Aggression bezogen. Dieser Auffassung der Psychoanalyse seien hier drei Fakten gegenüber gestellt:

1. Die Doppelbödigkeit der Norm (im Sinne von Sollens-Forderung), die einerseits in Gesetzen oder Bestimmungen soziales Verhalten fordert (z.B. Nächstenliebe), sie in ihrer spontanen Zuwendung jedoch wieder unterdrückt, aber jedenfalls nicht so ausschließlich repressiv ist, wie es die Psychoanalyse darstellt. (Ihre Thesen haben dann *W. Reich*, *H. Marcuse* u. a. radikalisiert.)[12]
2. Keine historisch nachweisbare Gesellschaft hat generell alle Antriebe „unterdrückt" oder deren Ausleben unterbunden, sondern nur selektiv, d.h. die de-facto-Realität der jeweiligen Gesellschaften ist immer eine selektiv Triebe fördernde oder unterdrückende.
3. Antriebe vermögen zu Normen zu werden (vgl. oben), Normen zu Antrieben, d.h. der angeblich unterdrückte Antrieb, der „Knecht" wird durch entsprechend historisch-soziale Veränderungen zum „Herrn".

Die einseitig auf die Unterdrückung der Sexualität (Verdrängung) und der Aggression ausgerichtete Theorie *Freuds*, die am Modell der viktorianischen Gesellschaft sich gebildet hat, sei durch ein weiterentwickeltes Modell abgelöst, das sich im Hinweis auf die eben aufgezeigten 3 Punkte bereits abzeichnet. Der dualistischen Triebslehre *Freuds* wird hier eine anthropologische, pluralistische gegenübergestellt; der einseitig Triebe (z. B. Sexualität) unterdrückenden Gesellschaft, eine, die faktisch zahlreiche Antriebe zuläßt und in der die Norm selbst zum Ausdruck antriebsbedingter Konstellationen wird.

Eine Gesellschaft, in der Rivalität und Machtstreben im Vordergrund stehen, wird den Erfolg im Ausleben entsprechender Antriebe in diesem Bereich menschlicher Einkörperung zur Norm erheben, diese Norm wird die Legislative, die Exekutive und auch die Psychiatrie, ihre Diagnostik, ihre Therapie, ihre Unterscheidung von gesund und krank beeinflussen.Der Norm des Machtzuwachses stehen jedoch die Normen der Kritik dieses Machtzuwachses ebenso gegenüber, wie sie die pluralistische Gesellschaft *noch* auszeichnet. Wird die Promiskuität zur Norm erhoben – auf diesem Wege befindet sich die moderne Industriegesellschaft zumindest der kapitalistischen Länder –, so wird nicht nur der monogam Liebende und Lebende für abnorm gehalten, sondern diese Norm wird die Monogamie ebenso unterdrücken, wie vorher die Monogamie die Promiskuität nicht zuließ. M. a. W. „Gesellschaft und Triebunterdrückung" sind komplexe, mit einander verschränkte, real dialektisch umschlagende Prozesse, die nur im beschränkten Einzelfall auf den Nenner: Unterdrückung der Sexualität = Neurose gebracht werden können.

Die hier zur Diskussion und Untersuchung stehenden anthropologischen Mißverhältnisse der Weisen von Zuwendung, speziell der Antriebe und Triebe, sind in der Tatsache begründet, daß a) jeder „Teil der sich zeigenden Welt" zum Bild (Signal, Auslöser, Objekt) für einen Antrieb und dann Trieb zu werden vermag; b) das Mögliche der universell-pluralistischen Antriebsdisposition des Menschen jedoch durch die Faktizität der Möglichkeiten eine Einschränkung, damit „Frustrierung", Einengung, Unterdrückung erfährt. Diese Selektion „möglicher Antriebe" gegenüber den begrenzten Möglichkeiten ihrer jeweiligen Befriedigung sei die *„ontologische"* genannt. Ferner haben die Sozietäten in ihrem historischen Verlauf das „Mögliche" der Antriebe immer nur – von ihren klimatischen, ökonomischen, sozialen und anderen Bedingungen abhängig – selektiv befriedigt, diese Selektion zur Norm erhoben (Schulung der Aggression bei Jägern, des Dominierens und Unterwerfens von Tieren bei Nomaden, Viehzüchtern usf.). Die für das Überleben einzelner Sozietäten norwendige *soziale* Selektion (gegenüber der „ontologischen") weicht zunehmend im Industriezeitalter der Möglichkeit, sehr viel mehr Triebe zu befriedigen als nocht etwa vor 150 Jahren. Andererseits wird diese Befriedigung wieder mit Restriktion erkauft, die spezifisch für die industrielle Gesellschaft sind. Sicherheit, Geborgenheit, Besitz, Chancengleichheit, Machtexpansion, Leistungsstreben, soziale Fürsorge, Psychologie als Weg zum einfühlenden Verständnis der anderen, vielfältige Möglichkeiten erotischer Befriedigung, Ausleben der Aggression bei Sport veranstaltungen, werden durch den Arbeitsalltag, die Monotonie, Stereotypie, das Nachlassen der Befriedigung durch Leistung usf. begrenzt. Die hier einerseits anthropologisch fundierte, andererseits gesellschaftlich-historisch sich abzeichnende Entwicklung impliziert als Mißverhältnis, damit als dekompensierenden, zur Veränderung drängenden Konflikt a) die Diskrepanz zwischen „möglichem“ Antriebs- und Triebpotential, seiner faktisch durch das In-der-Welt-Sein und die leibhaften Bedingungen des Individuums begrenzten Befriedigung; b) die Diskrepanz zwischen Befriedigung einerseits und Unterdrückung andererseits der sozial bedingten, selektiven Antriebe; c) die – z. Zt. noch unauflösbare – Diskrepanz zwischen ontologisch-leibhaften und sozial bedingter Triebbefriedigung, die zu erheblichen Dekompensationen zu führen vermag.

Diesen unaufhebbaren Mißverhältnissen der möglichen Triebansprüche und ihrer möglichen, aber stets reduzierten Befriedigung stehen jene Deformierungen (Dekompensationen) der Antriebsarten gegenüber, die familiär-gesellschaftlich bedingt und in einzelnen Fällen korrigierbar sind. Es sind folgende:

1. *Eine ausschließliche oder überwiegende Antriebsrichtung determiniert den Lebensweg und die Lebensgestalt,* die möglicherweise mit bestimmten gesellschaftlichen Normen übereinstimmt. Unter den Trieben der Einkörperung sind es Streben nach Besitz (Habsucht, Raffgier *Fromms* „hortende Einstellung“), extremes Rivalisieren, Streben nach Macht (Einfluß, gesellschaftlich, politisch oder ökonomisch untermauert), ausschließlich augenblicksbedingter Konsum, den anderen ausbeutende Sexualität oder Überwiegen von Aggression (Sadismus, Don-Juanismus, Nymphomanie).

Unter den Trieben der Entkörperung sind es die zur Selbstaufgabe, Selbstverlöschung führenden, die *pseudo-karitativen, pseudo-liebevollen* oder *pseudo-einfühlenden Einstellungen,* die in der Hingabe an den anderen oder das andere (Sache) nicht so sehr diese als sich selbst suchen.

Deformationen der sozialen Triebe sind jene, in denen „Vermengungen“ z. B. des Beschützens oder „Fürsorgens“ mit Dominieren, der Protektion mit Manipulation, der Zuneigung mit Rücksichtslosigkeit gepaart beobachtet werden, oder in denen der asozial-egozentrische Anteil überwiegt.

2. *Extreme Fluktuation der Antriebe/Triebe bei mangelnder Möglichkeit, die Beziehung zum Bild des Triebes prägend zu fixieren (generelle Antriebslabilität).* Sie ist verbunden mit einer diffus-undeutlichen, antriebsbestimmten, fluktuierenden Intentionalität, bei gleichzeitiger Desorientierung. Im Raum der Normen und in der gelebten Zeit überwiegt wieder die Tendenz, sich dem Zeit- und Verantwortungsbewußtsein zu entziehen. Diese Individuen vermögen keine Bedeutungskonstanten in menschlichen Beziehungen zu gewinnen, sie können Bindungen im allgemeinen nur kurzfristig eingehen, Verpflichtungen nicht nicht nachkommen, sind zu Suchten disponiert, der Tendenz nach in menschlichen Beziehungen unzuverlässig und nicht unbedingt vertrauenswürdig. Unter diese Kategorie fallen die sog. haltlosen und triebhaften Psychopathen (s. unten), aber auch die sog. Asozialen, die, ohne ihre auch milieugeschädigte Verfassung zu übersehen, augenblickshaft-konsumierend-egozentrisch leben.

3. Diesen zwei prinzipiellen Dekompensationen des Antriebserlebens und der Antriebsrichtung stehen jene gegenüber, die aufgrund leibhafter Disposition, milieubedingten Einflusses oder antagonistischer Reaktion auf das Milieu (Reagibilität) sich durch eine *partielle Unterdrückung von Antrieben auszeichnen*, die u.U. sozial oder ethisch positiv „wertbesetzt" ist. Zu den ersteren zählen z.B. Unterdrückung (und Frustierung) des Geltungsstrebens, des Ehrgeizes, des Besitz- und Machtstrebens, der Bedürfnisse zu rivalisieren, des Leistungsstrebens (Einkörperung), wenn diese Eigenschaften von der jeweiligen Gesellschaft geschützt und gefordert werden. Nicht weniger gehören dazu Frustierung und Repression des einfühlenden Verstehens, der Zärtlichkeit, der Zuneigung (Entkörperung), der sozialen Antriebe nach Geborgenheit, Behausung, nach innerer wie äußerer Sicherheit. Zu der Frustierung vitaler Bedürfnisse zählt ferner die faktische Unterdrückung der Sexualität, nicht weniger des Bedürfnisses nach motorischem Ausleben elementarer Antriebsunruhe bei Kindern (Im-Zimmer-Herumrennen oder Toben), darüber hinaus die Frustierung von Nahrungsaufnahme oder extrem selektiver Zuteilung derselben.

Die vorausgegangenen Ausführungen dürften verdeutlicht haben, daß diese partielle Deformation (Dekompensation) der Antriebsgestalten generell Bestandteil menschlicher Existenz ist, da das historisch-menschliche Mit-Einander (die Gesellschaft) keine Sozietät bis jetzt kreiert hat, die die *ontologische*, *leibhafte* und *soziale* Selektion der Triebe aufzuheben in der Lage gewesen wäre. Schlägt sich die Dekompensation möglicherweise in leibhafter Funktions- und Dysregulationsstörungen nieder, so spiegelt sich in der Erkrankung das anthropologische Mißverhältnis zwischen dem die Faktizität von Befriedigung immer übersteigendem Antriebspotential und seiner soziologischen bzw. bereits ontologischen selektiven Vereinseitigung („Frustierung") wider.

Was für den Antrieb/Trieb an Mißverhältnissen aufgezeigt zu werden vermag, gilt auch für das Wünschen, jene spezifisch humane Fähigkeit, Antriebe/Triebe in bildhaft (Wunschvorstellungen) orientierter Suspension (Schwebezustand) zu belassen, die möglicherweise Individuum und Lebensweg weitgehend prägen (wie: „sein ganzes Leben stand unter dem Wunsch zu fliegen", Dirigent oder Chirurg zu werden, sie wünschte sich immer den „verstehenden, liebevollen Mann").

Die extreme Dekompensation, keine Wünsche mehr zu hegen, wird in den chronischen Formen pathologischer Abwendung (Depression) bei den hochgradig gehemmten Individuen, aber auch im Senium – dort als Ausdruck euphorischer Resignation – vorgefunden. (Wie sich das Verhältnis der akut und chronisch Psychotischen zum Wünschen stellt, ist noch nicht genügend geklärt, zumal im Wahn die Wunscherfüllung[13] oft realisiert ist.)

Die Fähigkeit zu wünschen wird entstellt, läßt die Zuwendung zu, die Kommunikation mit der Welt nach, wird der Umgang mit Wirklichkeit gemieden. Sie wird zunehmend limitiert und selektioniert: wenn nur noch rational und sachlich gerechtfertigte Wünsche zugelassen (erlaubt) werden.

Der Wunsch ist, wie ausgeführt, teilweise Antriebserfüllung: je intensiver und ausgedehnter die Phantasietätigkeit ist, desto größer die Wahrscheinlichkeit, das Antriebspotential innerhalb dieser abzusättigen. Wunscherfüllung liegt schon in der Artikulation des Wunsches selbst, in seinem Vermögen, das Erwünschte bildhaft zu konstellieren. Deshalb ist die Erschöpfung des Wunsches auch ein bemerkenswertes, gesellschaftliches Phänomen des Industriezeitalters, da die unbeschränkten Konsummöglichkeiten zumindest die auf das Materielle gerichteten Wünsche absättigen, der „wunschlos Glückliche" aber der Verarmte ist. Differenzierung der Wünsche, Phantasien, Tagträume, Intensitäten derselben sind für die Kommunikation unerläßliche Bestandteile, die aber gerade durch die Kommunikation die Grenze ihrer Erfüllbarkeit erfahren.

Der Verarmung der Wünsche, das Unvermögen, diese zu bilden und zu artikulieren, die damit verbundene Meidung und Abwendung von dem gelebten Raum, findet ihr Gegenteil in der kontinuierlichen Artikulation von Wünschen, im Erleben, diese aber faktisch nicht absättigen zu können, die Absättigung wiederum durch Omnipotenzvorstellungen, Phantasien und manische Befindlichkeit, generelle Antriebsenthemmung auszuleben. Individuen dieser Prägung – von der manischen Phase bei Depressiven, der enthemmten Debilität, der asozialen, egozentrischen Triebenthemmung zu unterscheiden, obwohl letzterer sehr nahe stehend – sind ausnehmend ikonoplastisch, reflexions- und einsichtsfeindlich, vom aperspektivischen Bilderstrom unmittelbar beeinflußt (spontanes Ausdrucksverhalten), und reichen in ihrer Beeinflußbarkeit und Suggestibilität an den hysterischen Typus (s. unten). Ihr Infantilismus – wird dieser Begriff wertnegativ benutzt – liegt in ihrem mangelnden Unterscheidungsvermögen zwischen der faktischen Möglichkeit, Wünsche abzusättigen, und ihren egozentrischen Allmachtsphantasien. Der gelebte Raum dieser Personen, ihre gelebte Zeit, sind die des immer wieder kommunikationsfreudig, oberflächlich herausgestellten Wünschens und Begehrens, ohne den ontologischen und gesellschaftlichen Lernprozeß der Begrenzung und Selektion vollziehen zu können.

Die fühlende Zuwendung und ihre anthropologisch bedingten Dekompensationen, soweit diese auch zur Dekompensation neigt, wird ebenfalls durch extreme Bewegungen gekennzeichnet. Sei es durch die der Gefühlskälte, Leere, Unfähigkeit zu fühlen, wie sie wahrscheinlich psychotischen Endzuständen, sicher den Depressionen zukommen, oder die des Gefühlsüberschwanges, der sentimentalen Verstiegenheit, des submanischen, u. U. lebensbegleitenden euphorischen Gefühlsüberschwanges.

Das Fühlen wurde oben als noch nicht entfremdetes, Bei-sich- und Beider-Welt-Sein definiert, beides lebendig erlebend und miteinander vermittelnd. Das Fühlen ist zugleich Wahrnehmung von Außenwelt wie seiner selbst, es zeigt die Befindlichkeit und Verfassung des In-der- Welt-Seins an und die Art und Weise der Anteilnahme an der sich zeigenden Welt, in der sowohl das Subjekt sich in der Antwort darstellt, wie die Welt durch das Subjekt hindurch tönend antwortet. Das Gefühl nimmt abwendend und sich zuwendende Welt und das eigene Innen wahr, ist jedoch Wahrnehmung, Ab- oder Zuwendung und die Verfassung des Innen gleichzeitig wiedergebender Modus von In-der-Welt-Sein.

Dekompensationen des Fühlens betreffen dieses sowohl als Wahrnehmungsorgan der sich zeigenden Welt, der eigenen Subjektivität und ihrer Verfassung gegenüber, wie gleichzeitig fühlende Ab- und Zuwendung, Trauer oder Freude, Wärme oder Kälte, Sich-Öffnen oder Sich-Verschließen, Beglücken oder Verzweifeln als Weisen von In-der-Welt-Sein in Mitleidenschaft gezogen werden. Dekompensationen beeinträchtigen deshalb das Fühlen in seiner Selbstdarstellung und in seiner die Welt wahrnehmenden Funktion. Das Fühlen erblindet, erkaltet, verstummt, stumpft ab, analog zu der ikonoklastischen, zwangshaften oder resignativ-apathischen Dekompensation, analog aber auch zu dem Typus der „blinden Täterschaft". Im anderen Extrem nimmt der im Fühlen gestörte Typus über das faktisch Gegebene hinaus irreale Zusammenhänge wahr (Projektion), er spürt Atmosphäre, die nicht vorhanden ist, er läßt sich zu ekstatischer Bilderschau hinreißen, die, weniger Selbst- oder Weltwahrnehmung als vielmehr schillerndem Schaum vergleichbar, das Fühlen seiner wahrnehmenden Funktion entbunden und zum Erzeugnis eigener Selbstbezogenheit und omnipotenter Wunscherfüllung gemacht hat.

Das sentimental-schwülstige „Im-eigenen-Gefühl-Schmoren" zählt zu den weiteren Deformationen des Fühlens ebenso wie die in Massenversammlungen zu beobachtenden, manipulativ hergestellten Gefühlsekstasen des Außer-Sich- und Außer-der-Welt-Seins.

Sowohl in der Erblindung des Fühlens als Wahrnehmungsorgan in der Beziehung zu sich selbst und zu der Welt wie auch in dem „Gefühlsüberschwang" werden Extreme der Dekompensation des Fühlens sichtbar. Die Gefühlserblindung und – abstumpfung ist jedoch nicht nur im Verlauf der schweren Störungen von Zu- und Abwendung, von mißglückter perspektivischer Fixierung zu beobachten. Sie ist Bestandteil der reflektiert-rationalen, willenszentriert-sachlichen Einstellung nicht weniger als der von blinder Täterschaft und der einseitigen Triebentwicklung. (Vgl. oben). Bei den letzteren Typen ist die vermittelnde Funktion des Fühlens zwischen Trieb und Denken weitgehend abhanden gekommen. Auch die Individuen, die sich unreflektiert, naiv über die Welt ausbreiten (omnipotente Wunscherfüllung), die Typen pathologischer Enthemmung, sind keineswegs gefühlsbezogener. Unter diesen Personen ist die vom Fühlen bestimmte Wahrnehmung nicht weniger abgestumpft als die der Depressiven oder negativistischen Intellektuellen.

Die Möglichkeiten, fühlend wahrzunehmen, die Gefühle zu vermitteln, über das Gefühl zu kommunizieren, sind dagegen als wichtige Kriterien eines ausgewogenen Verhältnisses zur Welt anzusehen.

Dekompensationen der Antriebe, des Wünschens und des Fühlens Normen und Sollens-Forderungen gegenüber sind nachweisbar:

1. wenn eine gesellschaftlich anerkannte Norm (z. B. Ausbildung zum Fischer oder Jäger in entsprechenden Ethnien) sich unterdrückend auf Antriebe, Wünsche und Fühlen auswirkt, die Frustrierung derselben eine leibhafte und soziale Dekompensation erzeugt. Oder: wenn in einer von Rivalität, Ehrgeiz und Mißtrauen bestimmten Sozietät ein Individuum dieser Norm sich widersetzt, da seine Bedürfnisse nach Phantasie, Spiel, aber auch sich zuneigender Geborgenheit keinerlei oder nur fragmentarische Befriedigung finden;
2. wenn Sollensforderungen gesetzlicher und ethischer Art in Diskrepanz zu Wunsch, zu Wünschen, Antrieben, Fühlen treten, wenn die Forderung „Du sollst nicht töten“ oder die Forderung den Nächsten zu lieben, den Besitz oder die Ehefrau des anderen zu achten, mit diametral entgegengesetzten Trieben kollidiert. Z. B. mit dem Bedürfnis, den Nächsten nicht zu lieben, sondern ihn beseitigen zu wollen, mit dem Verlangen, mit der Ehefrau des anderen in ein Verhältnis zu treten, das die Beteiligten aufgrund anderweitig eingegangener Verpflichtungen (Norm) in Konflikte stürzt. Die Sexualität, die „wie eine Furie“ durch bestehende Bindungen fährt, gegen Normen und Sollensforderungen sich richtet, ist in ihren Auswirkungen ein typisches Beispiel für den Konflikt zwischen Normen, Sollensforderungen, Pflichten einerseits, Trieben und Wünschen andererseits. Die Dekompensation aus den sich hier ergebenden Konflikten vermag alle Weisen des In-der-Welt-Seins des Menschen zu treffen. D. h. von Zu- und Abwendung, von dem perspektivischen Entwurf (Psychose) bis zu den Störungen im gelebten Raum (Meidungen oder reaktiv-hektische Expansion) oder in der gelebten Zeit (extrem zeitbewußt oder zeitnegierend), bis zu Wahrnehmen, Bewegen, von der Beziehung zum Leib bis zu den unmittelbaren Dekompensationen im beruflich-sozialen Bereich, bis zum Zusammenbruch einer Weltanschauung oder der Destruktion zwischenmenschlicher Beziehungen.
3. Die Personen, die mit den jeweiligen Normen und Sollens-Forderungen weitgehend erstarrt identifiziert sind (vgl. oben), stehen in ihren Wandlungsmöglichkeiten in einem dekompensierten Mißverhältnis zu den Wandlung verlangenden Möglichkeiten des In-der-Welt-Seins (Notwendigkeit des Konflikts). Die Geschichte hat hier von Gesetzpharisäern bis zu Inquisitoren, Puritanern, Politkommissaren und Funktionären genügend Beispiele dieses Typus aufgezeigt, der bei weitgehender Gefühlsabstumpfung, Verlust der Triebdifferenzierung, Einengung des Horizonts des Wünschens und des Wollens sich als dekompensiert qualifiziert.
4. Ein weiteres dekompensiertes Mißverhältnis Normen und Sollens-Forderungen gegenüber wird durch jene Individuen gelebt, die entweder nicht in der Lage sind, den einfachsten Sollens-Forderungen – z. B. einer geregelten Arbeitszeit – zu folgen und als Landstreicher oder extravagante Bo-

hemiens ihre Existenz fristen. Ferner bei jenen, die sich jeder Norm – die als Anforderung erlebt wird – gegenüber in wacher oder halbwacher Dauerauflehnung befinden, darüber hinaus diese Dauerauflehnung zur Lebenseinstellung erheben – und bei genügender Intelligenz auch rechtfertigen.

5. Diffizileren Störungen im Bereich der Norm, der Anforderung und der Ordnung wird bei der Zwangsneurose zu begegnen sein, die weiter unten erörtert wird.

Die Genese der dargelegten Mißverhältnisse des Antriebserlebens, den Wünschen, dem Fühlen und den Normen gegenüber ist, wie die der vorausgegangenen, multikonditional. Von dem unauflösbaren anthropologischen Mißverhältnis zwischen dem Möglichen der Antriebe und ihrer faktischen Realisierung (ontologische Selektion), zwischen Antriebsüberschuß und jeweils relativ sozialer Selktion sind jene zu unterscheiden, die dieses Mißverhältnis verstärken, den Konflikt intensivieren. Dazu zählen: leibhafte Vorgegebenheit des Antriebsverhaltens, das z. B. antriebsschwache Individuen aus einer entsprechend stigmatisierten Generationsreihe hervorgehen läßt, die sich konfliktlos Normen und Sollens-Forderungen anpassen, die in Wünschen und im Fühlen zu keinen extremen Bewegungen in der Lage sind, die gehemmt erscheinen, es aber nicht sind. Bei diesem Typus ist im allgemeinen jeder Versuch einer „Antriebserweckung“ oder „Antriebsstimulierung“ erfolglos. Die antriebsstarken, vitalen Individuen, aus entsprechenden Familien stammend, mögen ebenfalls komplikations- und problemlos in den Anforderungen der jeweiligen Sozietät aufgehen. Ihr Potential leben sie beruflich oder sexuell aus, sie identifizieren sich mit den Normen der Gesellschaft weitgehend positiv und stehen in keinerlei auffallendem Mißverhältnis (Dekompensation) ihrer Umwelt gegenüber. Dieses würde sich erst einstellen, wenn sich z. B. der Antriebsschwache „massiven“ Anforderungen aussetzt, die antriebsbedingten, intensiven Einsatz verlangen: wenn er zum Leistungssportler oder Vertreter sich ausbilden möchte. Umgekehrt würde die antriebsstarke, vitale Persönlichkeit, zu einem Beruf der Einkehr und Stille gezwungen, in ein Mißverhältnis zu diesem und damit zur weiteren Umgebung der mit diesem Beruf verbundenen Individuen treten und möglicherweise dekompensieren. Die Extreme der Antriebsgehemmtheit oder manisch gefärbten Antriebsexpansion mögen über Identifizierung mit Erziehungspersonen und hereditären Strukturen übernommen werden. Sie können jedoch auch als Typen gegensätzlicher Reagibilität auftreten:

So wird eine antriebsstarke, „dominierende“, extrovetierte Mutter möglicherweise in ihren Töchtern oder Söhnen als Abwehr gegen ihr eigenes Verhalten introvertiert-intellektuelle, gehemmte Kinder mit entsprechender Leistungseinstellung fordern. Aber das Gegenteil dieser Entwicklung liegt über Identifizierung mit der Mutter ebenfalls in Rahmen möglicher Entwicklung.

Die Abstumpfung des Fühlens, die Erblindung der fühlenden Selbst-

und Fremdwahrnehmung, die Schrumpfung des Horizontes von Wünschen und Phantasien, die Stereotypisierung der Reflexion, die Automatisierung des Wollens, sind darüber hinaus allgemeine Vorkommnisse des Industriezeitalters und seiner Lebensbedingungen. Es dürfte jedoch nur in den seltensten Fällen möglich sein, präziser zu determinieren, ob das hereditär bestimmte, milieubedingte, soziale oder subjektiv (Reagibilität) antwortende Verhalten ausschlaggebend für die geschilderten, zu Dekompensation neigenden Mißverhältnisse geworden ist.

g) Selbstbehauptung und Anpassung als übergeordnete Gestalten von Zuwendung

Die Wirklichkeit des Mit-, In- und Gegen-Einanders ist die von gegenseitiger Abhängigkeit, von Wirken und Gegenwirken, von Austausch, Konflikt, Sich-Durchdringen und Sich-Begegnen. Sie ist die in Raum und Zeit sich entwerfende und kann auf Grund ihres räumlich/zeitlichen Inne-Seins, ihres zeitlichen Ablaufs nie die totale, global erfaßbare Wirklichkeit darstellen: räumliches Jetzt schließen die globale Perzeption der Wirklichkeit in ihren verschiedenen Arten, wirkend sich zu verwirklichen, aus. Dieser „ontologische Selektion" entspricht die sozial-historisch bedingte des Umgangs mit der Wirklichkeit (vgl. oben).

Das In-Einander von Gesellschaft, Familie und Individuum wird das auf, dem Möglichen nach, universalen Wirklichkeitsbezug (totales In-der-Welt-Sein) angelegte Neugeborene schon durch die Art des allerersten Umgangs mit diesem zum Bestandteil einer seinen Wirklichkeitsbezug einschränkenden Gruppe machen. Global wird die Selektion durch Identitäts- und primären Vertrauensverlust und das Widerfahren von Abweisung, das Ausüben von Abweisung gesetzt.

Spezifisch hängt die Selektion von der Weise der Einstellung und Zuwendung zu dem Neugeborenen und der Art des Milieus davon ab, wie es in seiner Wahrnehmung, den Bewegungen, in den Weisen der Zuwendung geprägt wird – und wie es, nicht nur als passiv geprägtes Objekt, auch von Anfang an „gegenzuprägen" vermag, Reagibilität zeigt (von der leibhaften Konstitution abgesehen).

Entscheidend für den späteren Lebensweg, die mögliche Entwicklung von dekompensierten Mißverhältnissen ist die in frühester Kindheit eingeschlagene Richtung von Zuwendung (Zuneigung) oder Abwendung (Abweisung), die in den Dekompensationen krankhafter Zu- und Abwendung, in Depression und Manie, ihre Extreme darstellt. Die über Identitäts- und Vertrauensverlust erfahrene Abweisung, das Vermögen, sich selbst abwendend, abweisend und sich verschließend zu erfahren, ist Selbstbehauptung, ohne die menschliche Existenz nicht denkbar wäre, die als Voraussetzung auch für das Da-Sein von Gestalt oben dargestellt wurde.[14]

Als schlichtes Sich-Behaupten hat sie den Charakter sowohl von Abwehr, Abweisung, Abwendung, aber auch den der sich einkörpernden Antriebe, später den willensbetonter Planmäßigkeit. Selbstbehauptung ist darüber hinaus Grundlage auch der zu Reflexion führenden Entfremdungsprozesse, des festhaltenden, zupackenden, verändernden Handelns nicht weniger als des aufmerkenden, feststellenden Wahrnehmens, des Vermögens, „Nein“ zu sagen, das, wie *R. Spitz*[15] aufwies, schon latent in den ersten Tagen nach der Geburt sich abzeichnet.

Der Notwendigkeit der Selbstbehauptung steht jene der Anpassung gegenüber, die Voraussetzung des Lernprozesses, des Umgangs mit den Dingen des Sich-Einstellens auf diese und die Pflegepersonen ist, aber auch des Aufwachsens in einer Gruppe und der Notwendigkeit, sich den Gepflogenheiten, Normen und Sollens-Forderungen derselben anzuschließen – oder Gefahr zu laufen, generelle Abweisung (Liebesentzug) zu erfahren und damit das in jeder Gruppe leidvolle Außenseiterschicksal[16] zu erleiden.

Mögliche Abweisung zu vermeiden, Angst vor dieser und Angst vor Strafe, werden zu richtungprägenden Bildern, die den Lebensweg des Subjekts im Sinne stärkerer u. U. Überanpassung oder stärkerer Selbstbehauptung ausformen und die ubiquitär festzustellen sind.

Selbstbehauptung und Anpassung sind jedoch nicht allein Antworten auf Widerfahrnisse des Identitäts- und Vertrauensverlustes, sondern in der Antriebsstruktur des Menschen selbst verankert: Die Antriebe der Einkörperung sind auch solche der Selbstbehauptung – bis zur Eskalation der Aggressivität –, die der Entkörperung solche des sich einfühlend-pathischen Anpassens.

Von den Grundstrukturen der Weisen triebhafter Zu- und Abwendung wie auch von der möglichen Antwort auf Widerfahrnis ausgehend, werden zwei Grundgestalten menschlichen Verhaltens sichtbar, die in den oben dargestellten dekompensierten Mißverhältnissen, krankhaften Deformationen sich ausprägen. *Die eine Gestalt ist phänotypisch die sowohl sich abschliessende wie auch sich einkörpernd zugreifende, an expansivem Wachstum zunehmende der Selbstbehauptung. Sie ist Naturgestalt,* im Pflanzen- und Tierreich vorgebildet, die sowohl sich eingrenzend wie auch sich ausbreitend wächst, bei der die lebensnotwendige Anpassung (z. B. an Klima, Bodenbeschaffenheit), immer im Dienst sich weiter fort entwickelnder Gestalten steht. Bei den Tierarten ist die Anpassung (z. B. im Erlernen des Fliegens) keine an Normen oder Sollens-Forderungen, sondern eine im Instinkt vorgegebene sog. „Auslösung von Erbkoordinaten“ Anpassung und Selbstbehauptung sind dort als mögliche Gegensätze weitgehend aufgehoben, das instinkthaft vorgezeichnete Lernen ist Selbstbehauptung und Anpassung zugleich.

Der Naturgestalt sich abschließender, zugreifender, werdender und wachsender Selbstbehauptung, steht jene der *Anpassung* gegenüber, *die die sich öffnende Vertrauenshaltung des primären Vertrauens wieder aufnimmt.* Anpassung, aus welchen Konstellationen auch immer sie erfolgt, ist immer ein Vertrauens-, möglicherweise ein Unterwerfungsakt an das oder diejenigen, denengegenüber es gilt, sich vertrauend oder gezwungen anzupassen. Über die Anpassung und die z. B. damit sich einstellende Zuwendung zu

Pflegepersonen oder der Gruppe wird Sekundärvertrauen in Form von Anerkennung, sozialen Prämien u. a. m. vermittelt.

Der sich öffnenden-einfühlenden Gestalt der Anpassung steht die der Hingabe an eine Sache oder Person nahe (entkörpernde Antriebe), ferner die der „freischwebenden Aufmerksamkeit", der sich aufschließenden Zuwendung, des Vermögens, verstehend auf den anderen einzugehen, – aber auch diejenige die sich Sach- und Zeugzusammenhängen probierend-experimentierend anpaßt, sie damit in ihren Wirkzusammenhängen durchschaut.

In der einfühlend-verstehenden Anpassung, in der Gestalt des Offen-sich-Verströmens, wird ein spezifischer Zug des Humanen sichtbar, das nicht auf Macht, Einkörperung, Besitzergreifung aus ist, ein Zug, der über die naturhafte Selbstbehauptung – wer wird vom Tier einfühlendes Verstehen erwarten? – hinausgeht und ein Hauptanliegen z. B. der christlichen Religion und ihrer Bilder wurde: Mutter und Kind, in gegenseitiger Zuneigung, vereinen Einfühlung und Anpassung, der Gekreuzigte als extreme Möglichkeit von Selbstaufgabe und Verzicht. D. h. Sich-Öffnen in der Hingabe an eine über die Person hinausweisende Idee wird zum Sinnbild des Lebens erhoben; der Opfergedanke wird zum leitenden Symbol der Gesellschaft.

Beide Gestalten, die naturhafte der Selbstbehauptung und die der Anpassung, stellen in den aufgezeigten Extremen Typen ihrer krankhaften Dominierungen und Dekompensationen als Möglichkeiten von Selbstbehauptung und Anpassung dar. Die Selbstbehauptung z. B. wird in der unflexiblen Identitätsbestimmung zur erstarrten Maske, zur Karikatur ihrer Möglichkeiten, die bei minimaler Gefährdung droht aus der Erstarrung in das Gegenteil der Auflösung umzuschlagen (der im Dienst ergraute, aber auch erstarrte Berufssoldat wird bei plötzlicher Rangaberkennung – Identitätsverlust – zusammenbrechen). Der ikonoklastische Intellektuelle ist in seiner Selbstbehauptung nicht weniger zementiert und abgeschlossen, abgekapselt, entsprechend gefährdet als der blinde Täter oder jener Typus, der einer einseitigen Antriebsrichtung in seinem Leben folgt. Der Negativist und der (generell) Gehemmte wie der in der Allmacht seines Wünschens Befangene oder von Gefühlsräuschen Getragene sind ebenfalls Gestalten der Selbstbehauptung. Zu diesen zählt ferner der Typus, der Sollens-Forderungen und Normen gegenüber die Protesthaltung nicht aufzugeben vermag, nicht weniger als derjenige, dessen Selbstbehauptung über die Anpassung an die Sollens-Forderungen seiner Gesellschaft sich als Inquisitor, Gestapo-Beamte oder Polit-Kommissar darstellt. Dabei wird sichtbar, daß die Gestalt der sich abschließenden, zugreifenden, wachsenden Selbstbehauptung in den Extremen blinder willens- oder antriebsbetonter Täterschaft sich ebenso ausdrückt wie in der der Welt gegenüber sich gebrochen-entfremdet erfahrenden Reflexion des Negativisten. Sie ist dem Gehemmten präsent als die perpetuierte Diskrepanz zwischen Reflexion und Antriebserleben, zwischen Wunsch nach Selbstbehauptung und der Sorge zu scheitern. Endlich zählt auch die chronische antikonformistische Haltung zu der Gestalt der Selbstbehauptung, wie ferner die großen historischen und gegenwärtigen Schreibtisch-Täter der Legislative, die Sadisten der Exekutive auch extreme Beispiele des „Willens zur Macht“ (im psychologischen Sinne) sind.

Diesen Gestalten stehen jene der sich öffnend-einfühlenden Anpassung gegenüber, die in ihren Dekompensationen: a) der Indentitätsfluktuation und Labilität, b) der zunehmenden, generellen Dissoziation der „Weisen der Zuwendung“, c) der Instabilität der Antriebe bei manisch-euphorischer Stimmungslage, d) in der Anpassung an gesellschaftliche Normen eine partielle oder generelle Unterdrückung von Antrieben, Einstellungen und Haltungen leidvoll erfahren, die e) aktiv-fürsorgend, aber extrem angepaßt die Welt verändern wollen, f) resignativ-apathisch sich in ihr „Schicksal“ ergeben haben und g) generell überangepaßt den „anderen“ oder „der Sache“, aber nicht sich selbst leben.

In weiterer wertnegativer Steigerung sind jene Typen der Selbstaufgabe und Selbstverleugnung zu beobachten, die in diesem Vorgang „verlöschen“, ausbrennen, deren hingebungsvolle (karitative) Tätigkeit mit einem weitgehenden Verlust eigener Individualität verbunden ist. Ferner zählen zu den krankhaften Figuren der Anpassung auch jene Individuen, deren Fühlen und Wünschen „verdorrt“ und „erloschen“ ist, die, wie z.B. jene ausgebrannten Individuen übersteigerter Selbsthingabe, als Endgestalten der Überanpassung gelten dürfen.

Der partiell in den Weisen seiner Zuwendung Gehemmte ist in seiner Stellung zwischen versuchter Selbstbehauptung und dem Wunsch nach Anpassung mit gleichzeitigem Bedürfnis sich nicht anzupassen, weder eindeutig der Selbstbehauptung noch der Anpassung zuzuordnen. Enthemmt, wird der Gehemmte sich plötzlich entwickeln, differenzieren und über die Anpassung hinausgehend sich behaupten. Die Anpassung hat für ihn den Charakter zu leistender Unterwerfung, widerwillig zu leistenden Verzichts. Sie wird deshalb Anlaß zur Hemmung – aus Widerstand gegen die Unterwerfung wird die Hemmung lebenslänglich beibehalten, vermag sie eines Tages von ausgebrannter, apathischer Resignation, von mißtrauischer Feindseligkeit, von stilisierter Identifikation (Charakter) abgelöst werden.

Für die Folgen einer von diesen gegensätzlichen Gestalten überwiegend bestimmten Lebensentwicklung ist festzuhalten, daß z.B. die Gestalt der sich schließend-einkörpernden Selbstbehauptung in der expansiven Ausbreitung blinden Handelns, im Erleben omnipotenter Wunschpräsenz, im Gefühlsrausch sich der Welt zuwendet, dabei diese Vorgänge

a) überwiegend subjektbezogen,
b) subjektbereichernd,
c) subjektdehnend erlebt.

D.h. die geschlossene Form der Selbstbehauptung, auch bei scheinbarem Umschlag in sich der Welt öffnender Expansion, bleibt in der Beziehung auf das Subjekt bestehen, auf diese zentriert, sie ist egozentrisch. *Die Beziehung der sich zeigenden Welt auf das Subjekt hin wird vom Subjekt einkörpernd-egozentrisch konzipiert.* Umwelt bedeutet für die Individuen dieses Typus in erster Linie etwas, wenn sie ihnen Zuwachs, Einkörperung, Ausdehnung vermittelt. M. a. W. die Gestalt der Selbstbehauptung bezieht Welt egozentrisch auf sich selbst, gleichgültig ob in negativistischer Abkapselung der Welt gegenüber oder in „weltfroher" Expansion.

Umgekehrt ist die Gestalt der sich öffnenden Anpassung allozentrisch,[17] von sich selbst absehend, auf die Welt bezogen. Welt bedeutet ihr Welt „als solche", nicht als ausschließlich im Bezug auf die der Welt sich zuwendende Person, sondern um der Welt selbst willen. In dieser sich öffnenden Zuwendung, die weitgehendes Absehen von sich selbst bedingt, liegt bereits der Keim zu deren Verfall, der von der Identitätsfluktuation bis zum Gefühlsschwund, bis zur Resignation und Apathie führt: auch in den Endzuständen des primär sich anpassenden Weltbezugs bleibt in der resignierten Abwendung Welt negativ präsent. Transformationen der einen Gestalt in die andere können nicht nur das – nicht immer erwünschte – Ergebnis einer psychotherapeutischen Behandlung sein, sondern stellen sich im Erleben von Widerfahrnissen ein, die z. B. den egozentrisch Sich-selbst-Behauptenden durch ein tragisches Schicksal zu einem der Welt sich aufschließenden, einfühlenden Menschen umwandeln. Umgekehrt lassen anhäufende Enttäuschungen den Allozentriker zum Egozentriker werden. Aber auch leibhaft bedingte Krisen, chronische Erkrankungen, Pubertät, Menopause, Senium lassen plötzlich die nahezu entgegengesetzte Gestalt – die ja als mögliche nur durch ihren Gegensatz ist – hervorbrechen. Nicht weniger werden ökonomische, berufliche oder klimatische Veränderungen, Auflösung oder Eingehen von menschlichen Bindungen (Ehen) in ihrer gestaltverwandelnden Wirkung (durch ihre Konfliktbezogenheit) beobachtet. Religiöse Erweckungen, Erschütterungen nach einem selbstaufhellenden Gespräch, die Begegnung mit einer bedeutsamen Persönlichkeit vermitteln analoge, nicht immer voraussehbare Gestaltstransformationen.

aa) Selbstbehauptung und Anpassung im sog. Ödipuskomplex

Die Entdeckung des sog. Ödipuskomplexes zählt zu den weitestreichenden *Freuds*. Im Rahmen der vorliegenden Untersuchung wird er jedoch eine von *Freud* sich unterscheidende Interpretation erfahren. Mit anderen Autoren lehnen wir allerdings das Vorhandensein eines spezifisch sexuellen Bedürfnisses beim Kleinkind (vor der Geschlechtsreife!), mit dem gegengeschlechtlichen Elternteil verkehren zu wollen, ab[18] – wie es der dubiose *Freud*sche Terminus einer libidinösen Fixierung impliziert. „Undeutlich" sich zum gegenteiligen Elternteil angezogen zu fühlen – von den Eltern nicht weniger provoziert[19], darf als Zuwendung auf der Basis der entkörpernden, sympathetischen Antriebe angesprochen werden, die zu Bindungen und den allerdings häufig aus Bindungen resultierenden Lebenskomplikationen zu führen vermögen.

Die aus der ödipalen Situation resultierende Rivalität des Sohnes mit dem Vater um die Zuneigung der Mutter, der Tochter mit der Mutter um die Zuneigung des Vaters, die aus dieser Situation generell abgeleitete Tendenz, den Sexualtrieb zu unterdrücken („Primärprozeß" und „Sekundärprozeß" in der psychoanalytischen Terminologie[20]), da dessen Objekt nicht erreichbar ist, ist mit den vorausgegangenen Darlegungen nicht vereinbar. Die Rivalität als Bestandteil von Selbstbehauptung findet in der ödipalen Situation – wird sie überhaupt als solche in der Kindheit erfahren – nur einen unter zahlreichen weiteren Anlässen sich zu messen, sich zu behaupten, durchzusetzen – oder aufzugeben. Anlässe dieser Art findet das Kind zahlreiche in seiner Entwicklung bis zum 3./5. Lebensjahr – das Alter, in dem sich das Gewahrwerden der ödipalen Sympathien und Antipathien ereignen soll –, im Umgang mit den Dingen und dem Zeug bis zu dem mit Personen, insbesondere mit älteren und jüngeren Geschwistern. Ebenso findet das Kind zahlreiche Anlässe – aus der dargestellten anthropologischen Situation verstehbar –, Kontinuität (Dauer) und Dikontinuität (Trennung) mit Personen zu erfahren, denen es sich sympathetisch-einfühlend anpaßt. D. h.: *Abweisung durch Vater oder Mutter aufgrund von Geschlechterrivalität ist nur eine mögliche Form von Abweisung (Diskontinuität), die das Kind erlebt,* die aber *Freud* zum ausschließlichen, sexuell betonten Modell für alle spätere Zuwendung und Abweisung erhebt.

Die wachsende Zu- und Abneigung des Kindes mag zwischen dem 3. und 5. (6./7.) Lebensjahr einen ersten, spezifisch ausgeprägten Höhepunkt erfahren, bei dem differenzierte Antipathie und Sympathie von Bedeutung werden, die jedoch keineswegs sich auf den gegen- oder gleichgeschlechtlichen Elternteil beschränken müssen. Die Entdeckung des sog. negativen Ödipuskomplexes, der weiblich anmutenden Zuneigung des Sohnes zum Vater, der männlich anmutenden der Tochter zur Mutter, die *Freud* zu beobachten glaubte,[21] trifft die Konzeption der Einmaligkeit des Ödipuskomplexes darüber hinaus zentraler, als es *Freud* und seinen Schülern angenehm sein dürfte.

Nicht nur wird eigentlich das einmalige Vorkommnis frustrierter Beischlafwünsche der Kinder einem Elternteil gegenüber (der lebenslänglich die Richtung der Sexualität bestimmen soll) durch den negativen Ödipuskomplex aufgehoben, die Gleichzeitigkeit beider Vorkommnisse macht darüber hinaus der Logik in einem System Schwierigkeiten, das auf Rationalität des seelischen Apparates ausgeht. Dieses Dilemma, Anlaß zu zahllosen Hypothesen,[22] ist keines, *wenn von der Gleichzeitigkeit einkörpender Selbstbehauptung und entkörpernder Zuneigung des Kindes gegenüber seinen Pflegepersonen Kenntnis genommen wird.* D. h. der vielbeschriebenen Ambivalenz der Triebe von Liebe und Haß folgend, kann das Kind dem Erwachsenen gegenüber sich sowohl rivalisierend selbstbehaupten wie zuneigend anpassen. Die Zuweisung dieser Grundeinstellung zu männlichen oder weiblichen Sexualrollen ist historisch-gesellschaftlich bedingt und sekundär, ihre Relevanz beschränkt sich auf die Kulturkreise, in der das Bild der Frau und Mutter überwiegend angepaßt-einfühlend gesehen wird, das des Mannes selbstbehauptend, leistungsstark und rivalisierend (für die Mehrzahl der historischen und gegenwärtigen Gesellschaftsformen trifft dieses Bild allerdings zu).

Der sog. positive und negative Ödipuskomplex sind bestenfalls als Knotenpunkte der Grundantriebe von Einkörperung und Entkörperung, Selbstbehauptung und Anpassung zu sehen, in dem diese, von der leibhaften Vorgegebenheit der relativen Antriebsstärke oder -schwäche und der jeweiligen Umgebung abhängig, in engere, personale Beziehung zu den deutlicher wahrgenommenen, sich deutlicher abzeichnenden Eltern treten. Die aus dieser Bindung entstehenden Identifikationen des Kindes, oft mit beiden Partnern oder mehreren Erziehungspersonen, die aus diesen resultierenden Identifikationskonflikte – als Konflikte entgegengesetzter Elternimagines – tragen dann erheblich zu dekompensierten Mißverhältnissen und zu Mißentwicklungen bei.

Einer Frustrierung des sexuellen Begehrens durch die ödipale Situation, einer daraus abzuleitenden generellen Theorie der Sexualverdrängung wird hier nur bedingt und in seltenen Fällen dann bereits als einer pathologisch zu bezeichnenden zugestimmt; sie sollte nur dann konstatiert werden, *wenn faktisch ein dem Erwachsenen entsprechendes Sexualbegehren- und erleben in der Kindheit nachgewiesen worden ist.* Die kindliche Sexualverdrängung ist weit mehr (vgl. unten) Folge einer generellen Leibfeindlichkeit der Umgebung, die auch die Sexualität mit einbezieht, aber nicht spezifisch an den Ödipuskomplex gebunden ist. Das ubiquitäre Vorkommen von Inzestwünschen im Traum weist lediglich auf das mögliche Vorkommen derselben innerhalb der aperspektivischen Struktur des sog. Unbewußten hin, besagt aber nichts über die Faktizität dieser Wünsche, d. h. ihrer faktisch ins Auge gefaßten Realisierung.

Die Selbstbehauptung des Sohnes dem Vater gegenüber, dem Bedürfnis, es diesem „gleichzutun" – ist der Vater noch merkbar präsent und nicht in der „vaterlosen Gesellschaft" (*Mitscherlich*) entschwunden –, vermag bei Unverständnis und Intoleranz des letzteren sich zu versteifen, spröde, unnachgiebig, zunehmend abgekapselt und sich allen Anforderungen widersetzend zu werden. Die Mißentwicklung einer der oben aufgezeigten Gestalten beginnt sich abzuzeichnen. Ebenso bahnt sich das überangepaßte Mißverhältnis an, wenn – aus Angst – die Selbstbehauptung weitgehend aufgegeben, der „Trotz gebrochen" und ein einfühlend-angepaßtes Individuum „erzogen" wird.

Aber der tolerante, verstehende Vater kann die gegenteilige Reaktion verstärkter Selbstbehauptung, Aggressivität seines Sohnes hervorrufen, die wie *Freud* theoretisch aufgezeigte, mit besonderen Schuldgefühlen verbunden sei, da es (vereinfacht dargestellt) schwerer ist, einem sympathisch empfundenen Vater gegenüber sich aggressiv zu behaupten als einem autoritär, antipathisch empfundenen.[23]

Die analoge Problematik wird im Mutter/Tochter-Verhältnis beobachtet, ferner in der Beziehung des Kindes zu beiden Eltern, denen gegenüber es – keineswegs im Schema das Ödipuskomplexes, wohl aber Selbstbehauptung und Anpassung folgend – sich wechselnd angepaßt oder selbstbehauptend verhält, wobei auch konstitutionelle Affinitäten, nichtrationale auflösbare Anti- und Sympathien von Gewicht sind. M. a. W. unabhängig *wie auch* abhängig von der Art und Weise des Umgangs der Eltern oder Pflegepersonen[24] mit ihren Kindern, gehen diese mit den Erwachsenen um. Eine tolerante einfühlend-verstehende, von beiden Eltern geübte Einflußnahme auf das Kind vermag ebenso das Mißverhalten pathologischer Selbstbehauptung wie eine analoge, zunehmend einfühlend-verständnisbereite Einstellung zu erzeugen. Eine intolerante, leibfeindliche, „autoritäre" Umgebung wird zur Entwicklung ähnlicher Individuen beitragen, wie überangepaßt-antriebslabile Typen als Antwort auf die erfahrenen Einwirkungen sich zu entwickeln vermögen. Gegensätzlich eingestellte Eltern, die, wiewohl meistens beobachtet wird, in einen mehr dominierenden strengen, sich stärker behauptenden Anteil, einen anderen, nachgiebigeren, angepaßten zerfallen, diese Aufsplitterung auch mit „verkehrter" sozialer Rollenverteilung (dominierende Mutter, nachgiebiger Vater) verbunden ist, vermag ebenso Identitätsverunsicherung oder (reaktiv) Identitätsstilisierung und Erstarrung nach sich zu ziehen.[25]

Daß die Verknotung mit den Erziehungspersonen in der sog. ödipalen Phase oft – aber keineswegs immer – von erwiesener Lebensbedeutung wird, die dort geknüpfte Beziehung zu den Eltern die Bedeutung späterer Beziehungen zu anderen Personen maßgeblich mitbestimmt, hängt, über das Dargestellte hinausgehend, mit der Verschränkung von biologisch-leibhafter Entwicklung und sozialen Gegebenheiten zusammen. Die irreale Erwartung des Kindes, mit den Eltern oder einem Elternteil die verlorene Identität wiederherzustellen, in der es die entsprechende Person ausschließlich „für sich haben", „verschlucken", „aufessen"[26] möchte, erfährt eine biologische Grenze: das Kind kann mit dem (physisch) um vieles überlegenen Erwachsenen nicht dauernde Identität halten. Der leibhaften Unmöglichkeit, diesen Wunsch zu verwirklichen, entspricht die soziale Unmöglichkeit, da die Faktizität der materiellen Situation es den Eltern nicht gestattet, pausenlos mit dem einen Kind zusammen zu sein (was unübersehbare andere Mißentwicklungen gäbe). Die biologische und die soziale Grenze fallen in dieser Phase zusammen, *d. h. gesellschaftliche Bezogenheit und leibhafte Vorgegebenheit sind an der Erfahrung von Grenze, Verzicht, Widerfahrnis und Widerstand, die die sog. ödipale Phase als entscheidende Möglichkeit der Weiterentwicklung mit sich bringt, gleichermaßen beteiligt.* Das gleichzeitige In-Einander von sozialer Faktizität, das Leben bestimmenden Normen und der biologischen Entwicklung wird sichtbar. So wie diese Faktoren zusammenwirken (mit-einander) und ineinanderwirken, vermögen sie auch gegeneinander zu stehen, wie das die Thematik von Abhängigkeit (Bindung) und Selbständigkeit vermittelt.

Der hier vertretene Standpunkt der („orthodoxen“) psychoanalytischen Theorie gegenüber sei resümiert:

1. Selbstbehauptung und Anpassung sind als Weisen ubiquitärer, anthropologisch-biologisch begründeter Zuwendung (Kommunikation) der sog. Ödipusphase vorgegeben.
2. Sie bestimmen im reziproken Mit- und Gegen-Einander zu den Eltern das Verhältnis des Kindes zu diesen – und umgekehrt.
3. Dieses Verhältnis ist Teil der allgemeinen, über Anpassung und Selbstbehauptung sich darstellenden Lebensbewegungen, es hat nur im Einzelfall spezifisch sexuellen Charakter, ist von Abweisung (Selbstbehauptung/Rivalität) und Zuwendung (Anpassung) im überwiegenden Falle bestimmt.
4. Die besondere Verknotung des Antriebslebens in der ödipalen Phase hängt mit der spezifischen Differenzierung des Trieblebens des Kindes in diesem Alter zusammen, daß es für beide Eltern gleichermaßen Anziehung wie Abstoßung empfindet. Darüber hinaus erfährt es die biologische und soziale Realität gegenüber seinen Wünschen und Trieben, soweit diese die Eltern zum Bild ihrer Befriedigung wählen.
5. Eine leibfreundliche oder leibfeindliche Umgebung ist weit mehr ausschlaggebend für in dieser Phase einsetzende „Sexualverdrängung“, wobei jedoch der spezifische Charakter der infantilen Sexualität gegenüber der des Erwachsenen betont werden muß.

bb) Die Problematik von Selbständigkeit und Abhängigkeit

Die die Wirklichkeit konstituierende gegenseitige Abhängigkeit der wirklichen Dinge und Personen ist ein Faktor von eminent sozialer Bedeutung, der das Mit-Einander der Personen in ihrer jeweiligen Gruppe oder Gesellschaft determiniert. In der Zuwendung auf den anderen hin, in der Abwendung von ihm, impliziert Zuwendung bereits Da-Sein von Welt, Da-Sein des anderen, ist sie abhängig von der Existenz beider. In einer Welt gegenseitiger Abhängigkeiten können das leistungsbezogene Handeln und die Reflexion die Bedeutung der Selbständigkeit für das Individuum bekommen.

Der sich der Herstellung eines Werkzeugs hingebende Frühmensch oder Angehörige einer Ethnie wird, auch wenn ein Teil der Arbeit in Gemeinschaft ausgeführt wird, doch über größere Strecken mit dem zu bearbeitenden Zeug allein gelassen, wie es auch der handwerklichen Produktion eigentümlich ist. Der Hersteller eines Schuhs, eines Tisches, eines Topfes ist gegenüber dem herzustellenden Ding allein. Gelingen oder Mißlingen hängt von seinem Geschick, seiner Erfahrung, auch von seiner momentanen Disposition und Befindlichkeit ab. Ist er in der Lage, die Silexspitze allein zu bearbeiten und zu schärfen, den Tisch allein zu entwerfen und herzustellen, ist er der Arbeit gegenüber selbständig geworden, so vermag er mit dem Zeug „alleine fertig zu werden", was dem Meister und Gesellen in den mittelalterlichen Zünften mit Brief und Siegel bescheinigt wurde.

Das Selbstvertrauen, das die selbständig vollbrachte Leistung mit sich bringt, entspricht dem Selbstvertrauen des Jägers, der allein das Wild erlegte, oder jenem des Siegers im Agon und seinem Triumph. Das „Besser-Können", ein Zeug seiner Bestimmung gerechter werdend herzustellen als der andere, es schneller und geschickter anzufertigen, damit Bewunderung – aber auch Neid – der anderen Angehörigen des Stammes oder der Familie zu erregen, sind Vorgänge, die universell zu beobachten sind.

Der (relativen) Selbständigkeit der Leistung gegenüber entspricht jene, in der das Individuum vor Entscheidungen gestellt wird, die Möglichkeit zu diesen wie auch ihre Folgen gegeneinander abwägt, letztlich gezwungen ist, sie alleine zu fällen – mag das Individuum auch bei Freunden und Bekannten sich Rat holen und in der Entscheidung durchaus gängigen Normen folgen. Nichtsdestoweniger ist es im Fällen der Entscheidung mit sich und dem allein, dem gegenüber entschieden werden muß – wobei es hier um die Bestimmung des Tages gehen mag, an dem der Hausbau begonnen werden soll, um eine geringfügige Veränderung an einem angefertigten Zeug oder um eine, die in die personalen Bereiche von Verwandten und Sippenangehörigen eingreift. Das Kollektiv, die jeweilige Gesellschaft erleichtert die Entscheidung, indem sie Richtlinien entwirft, wie in analogen Situationen sich das Individuum XYZ entschieden hat, nichtsdestoweniger muß die Entscheidung letztlich als selbständiger Akt gefällt werden.

In der menschheitsgeschichtlich sehr viel jüngeren, kritischen Reflexion und dem Zweifeln althergebrachten Orientierungen gegenüber, der Entstehung des (relativ) selbständig-autonomen Denkens – in der Antike nicht zu trennen von der Vorstellung der Autonomie der Polis[27] – zeichnet sich die Möglichkeit selbständigen, auch gegen bestehende Gesetze und Gewohnheiten gerichteten Denkens und Handelns ab. Auf diese ist die sog. autonome Gewissensentscheidung zurückzuführen, die dann, in der Ethik seit *Kant*, das neuzeitliche Denken maßgeblich mit beeinflußt hat.[28]

Selbständigkeit im zweckbezogenen Handeln, in der Entscheidung und im kritisch-reflektierenden Denken markieren das Individuum als einmaliges gegenüber seiner Gruppe. Sie entwickeln sich, zunehmend seit der Neuzeit und dem industriellen Zeitalter zu einem konflikterzeugenden Problem. Einerseits sind sog. emanzipatorische Tendenzen zu beobachten, die besonders die z.B. biologisch-soziale Rolle der Frau als Mutter im Begriff sind zu verändern, andererseits sind ebenso starke Tendenzen am Werk, die die Preisgabe erworbener Autonomie verhüllt oder unverhüllt fordern und die Rückkehr in das autoritäre-dirigistische Kollektiv verlangen. Die „Flucht vor der Freiheit" (*Fromm*) einerseits (Freiheit im Sinne kritischer Autonomie), die Schwächen der idealistischen Definition des freiheitlich-autonomen (bürgerlichen) Individuums seit *Kant* und *Fichte* andererseits, haben als schwer zu konkretisierende Forderung zu der herrschenden Verwirrung beigetragen.

Sich einer Leistung alleine auszusetzen bedeutet – nicht nur für den Frühmenschen, sondern auch für das den Stuhl bezwingende Kind – ein gewisses Ausmaß an Ängstlichkeit vor möglichem Scheitern zumindest anfänglich zu überwinden und sich dem Plan entwerfenden Wollen, dem Handeln zu überlassen, der nicht immer voraussehbaren Willkür allerdings auch des Zeugs: Stein, Holz, Bronze oder Eisen – wird an die Materialen der Frühmenschheit gedacht.

„Nichts" leisten zu wollen aus Angst vor Widerfahrnissen oder vor Widerholung von bereits erlittenen Mißerfolgen kommt dem Bedürfnis nach Abhängigkeit entgegen, dem Bedürfnis nicht nur des Kindes, Anforderungen, Aufgaben – z.B. die Schularbeiten – von den Erwachsenen ausführen zu lassen. Bei diesen wiederum sind Individuen hinlänglich bekannt, die Entscheidungen selbst geringster Art möglichst nur unter Mitwirkung anderer zu fällen bereit sind, oder die größte Schwierigkeit haben, eine Selbständigkeit erfordernde Arbeit auszuführen. Die Beziehung des Individuums zur selbständig zu leistenden Arbeit ist zwiespältig, wie das besonders an neurotischen Arbeitsstörungen der letzten Dezennien sichtbar wird.[29] Bei diesen steht das Ausmaß der ständig wachsenden Anforderung gegen die Angst, ihnen nicht gerecht zu werden (oft aus einer übertriebenen Anspruchshaltung sich selbst gegenüber, vgl. oben), und gegen die Angst, sich im Rivalisieren exponieren zu müssen, in Konflikt mit einem entsprechend intensiven Bedürfnis, in entscheidungsloser, nicht fordernder Abhängigkeit zu verharren.

Die aus der Arbeit abzuleitende Möglichkeit des Menschen zu selbständigen, nicht vorgeprägten, auch zu neuen Entdeckungen (Erfindungen)[30] führenden Leistungen verbindet sich sozial mit Rollen, die größere Selbständigkeit verlangen und darüber hinaus über die Antriebe der Einkörperung (Selbstbehauptung) sich darstellen. Selbständige Rollen werden in Ethnien – bei bereits rudimentärer Gleiderung in eine in verschiedene Tätigkeiten differenzierte Arbeitsteilung – bei Handwerkern, bei auf bestimmtes Wild spezialisierten Jägern oder Sammlern bestimmter Pflanzenarten, bei Fischern, Stammesältesten und Häuptlingen vorgefunden. Ihre Ausübung ist mit einem größeren Maß auch stilisierter Sebstbehauptung verbunden, Identitätsfindung (Vorbild für die anderen), was auch für die Industriegesellschaft noch zutrifft. Selbständigkeit etwa des Berufs, der Entscheidungsmöglichkeit sind mit Durchsetzungsvermögen, Können und einer Erfüllung der Norm verbunden, die die Gesellschaft geschaffen hat, um das Individuum ein Minimum an Selbständigkeit ausüben zu lassen.

Die Tendenz zur Anpassung und Überanpassung ist mit Abhängigkeit von Dingen oder Personen verschränkt, denen sich das Individuum anpaßt. Zwischen einkörpernden Antrieben, Selbstbehauptung und Selbständigkeit, zwischen Entkörperung, Anpassung und Abhängigkeit liegt der Unterschied einer generellen, vom Antrieb determinierten Gestalt (Richtung) auf das Leben hin: Einkörperung oder Entkörperung sind durch grundverschiedene Antriebsgestalten gekennzeichnet.

Bei der Selbstbehauptung liegt das Schwergewicht in der Abwehr gegen und das Überwinden von Widerfahrnissen, die der Selbstbehauptung sich in den Weg stellen mögen, bei vorübergehendem Verzicht auf Identitätswiederherstellung im Tun, wenn die Auseinandersetzung dies nicht oder noch nicht zuläßt. Die Gestalt der Selbstbehauptung ist eine Kampfgestalt.

Bei der Anpassung liegt der Akzent auf prinzipieller Unterwerfung, Unterordnung unter das oder den als stärker Wahrgenommenen, mit dem Bedürfnis, Identität beizubehalten oder diese um jeden Preis wiederherzustellen. In der Selbständigkeit ist über die Selbstbehauptung hinaus der sozial wichtige Schritt in die Arbeit und kritische Reflexion getan, bei der Abhängigkeit wird dieser Schritt nur unvollständig oder gar nicht vollzogen.

Das Bedürfnis nach Abhängigkeit, Anleitung, Unterordung, verbunden mit dem nach Schutz, Geborgenheit und Sicherheit, ist den Antrieben der Entkörperung, speziell dem sog. „Regressionstrieb“[31] innerhalb dieser zuzuordnen. Die zu Dekompensation neigenden Mißverhältnisse zwischen Streben nach Selbständigkeit oder nach Abhängigkeit (Regression) sind nicht nur häufig angetroffene innere Konflikte – die besonders bei Leistungs- und Arbeitsstörungen auftreten –, sondern auch schwelender Konfliktstoff sachbezogener und persönlicher Bereiche, insbesondere innerhalb von Ehen[32] in der heutigen Industriegesellschaft.

Wurde oben dargelegt, daß in der sog. ödipalen Phase das Soziale und Biologische koinzidieren, so steht in der ehelichen Bindung und ihren verschiedenen institutionalisierten Formen das Soziale häufig gegen das Biologische-Leibhafte – z. B. um den Kindern das Aufwachsen zu ermöglichen, oder die Partner andererseits aus Gründen zunehmender wirtschaftlicher Selbständigkeit die eheliche Verbindung wieder aufzuheben bemüht sind.

Die historische Menschheit hat diese Probleme sehr verschieden zu lösen versucht. Die für die derzeitige Bevölkerung der Erde überwiegende monogame Ehe scheitert, wenn sie scheitert, immer *auch* an den Gegensätzen beider gleichzeitig nach Selbständigkeit und Selbstbehauptung strebender Partner und an der Angst – nicht vor der Selbständigkeit, sondern vor der gegenseitigen Abhängigkeit. Die Erfahrung, daß Abhängigkeit die Verletzbarkeit erhöht und eine ungenügende Vertrauensbasis darstellt, insbesondere wenn die Abhängigkeit auch wirtschaftliche Folgen hat, die die Frau zu ihrem Nachteil zu spüren bekommt, tragen zu einer die Ehe nicht begünstigenden Entwicklung bei.

Der Konflikt zwischen Streben nach Selbständigkeit und Abhängigkeit, zwischen Selbstbehauptung und Anpassung, wirkt jedoch nicht nur auf persönliche Bindungen wie die Ehe sprengend, sondern auch auf Gruppen und sogar Staatsbildungen. Zu den Ursachen[33] der Reformation und Französischen Revolution zählt das emanzipatorisch sich entwickelnde, kritische Denken des Abendlandes in Verbindung mit einer wirtschaftlich nach größerer ökonomischen Unabhängigkeit strebenden Schicht („Klasse“). Dieses Denken unterschied Sein-sollende-Verhältnisse (Ideal) von faktisch vorhandenen, seine Umsetzung in die Praxis erfolgte in den Revolutionen vermittels von Gewaltanwendung. Die Emanzipation des Bürgertums hat andererseits die „aufgeklärte“, „demokratische“ oder „sozialistische“ Gesellschaft des Industriezeitalters in nicht weniger Widersprüche verwickelt, als sie antike oder mittelalterliche Staatenbildungen schon aufwiesen.[34] Dem Bedürfnis nach Abhängigkeit und Anpassung kommt die Technik und die Konsummöglichkeit außerordentlich entgegen – dem nichts selbständig zu leisten die Fließbandarbeit oder jede Tätigkeit, die durch Druck auf einen Knopf, eine Maschine oder den Computer in Gang setzt. Im Gegensatz dazu stehen exzessive Leistungs- und Arbeitsanforderungen, werden das Leistungsprinzip (oder die Parteizugehörigkeit), nicht aber die menschliche Qualifikation rücksichtslos angewandt. Diese Widersprüche zeigen jedoch dem Kenner anthropologisch fundierter Mißverhältnisse nichts Neues an, daß *die Gesellschaft im Auseinander-Sein der Individuen die gleichen Widersprüche sowohl zu perpetuiren geneigt ist, wie sie sie aufzuheben sich bemüht – und sich damit selbst aufzuheben Gefahr läuft.*

cc) Das süchtige In-der-Welt-Sein

Die Sucht,[35] von zahlreichen Autoren als Depressionsäquivalent, besonders wenn sie periodisch auftritt, angesehen,[36] von der Gewöhnung durch ihre leibhafte Verankerung und quälende Entziehungserscheinungen bei Abgewöhnung, aber auch durch Destruktion des Organismus gekennzeichnet, stellt wohl ein anthropologisch-psychopathologisches Phänomen ersten Ranges dar, dem ein Buch, aber nicht der Unterabschnitt eines Kapitels zu widmen wäre.

Daß sie im Rahmen der Abhängigkeitsproblematik untersucht wird, liegt auf der Hand, da wenige Erscheinungen eine krankhafte Abhängigkeit so deutlich dartun wie die Abhängigkeit des Süchtigen von seinem Mittel. Das Mißverhältnis, in das hier die leibhaften Bedingungen geraten, wird durch die Autodestruktion und völlige Dekompensation des Organismus veranschaulicht, der an dem Stoff, ohne den er nicht mehr zu leben vermag, zugrunde geht.

Mit den Mißverhältnissen von Ab- und Zuwendung, der Depression und Manie, hat die Sucht die Abwendung von der sich zeigenden Welt, von der Kommunikation mit dieser gemeisam – obwohl hier bereits ein wesentlicher Unterschied zu den genannten Mißverhältnissen zu verzeichnen ist, wenn Drogen vorzugsweise in Gemeinschaft oder allein eingenommen werden. Schon der sehr unterschiedlich aufgenommene Alkohol[37] (alleine oder in Gesellschaft), der auch in den Phasen des chronisch sich entwickelnden

Abuses noch unterschiedlich konsumiert wird, läßt *keine eindeutige Korrelation Abwendung-Sucht-Depression* zu. Der Depressive kapselt sich ab, ist überwiegend allein depressiv, Gesellschaft dient ihm zum Klagen, aber in der Depresssion ist er zunehmend isoliert.

Die allein oder gemeinschaftlich betriebene Abwendung von der Wirklichkeit des In-der-Welt-Seins durch die Sucht – auch hier muß vom Nikotinabusus abgesehen werden, der Hinwendung und Konzentration auf die Welt verstärkt, wie auch von den süchtigmachenden Weckmitteln – hat nachweislich durch Rausch und auch Sucht erzeugende Mittel schon in der Jungsteinzeit[38] stattgefunden. Es gibt keine Ethnien, in der nicht irgendeine Form von suchtfördernden Rauschgiften in Gebrauch wären. Die Bedeutung dieser Süchte, die mit Weltabwendung, Euphorie, seligem Dahindämmern, Trübung des Wachens, dann zunehmender mangelnder Koordination von Wahrnehmen und Bewegung, weitgehender Skotomisierung der Persönlichkeit auf das Suchtmittel (Einschränkung) einhergehen, dürfte in der Konstituierung der Raum-Zeitlichkeit der Dauer beruhen. Der Süchtige begibt sich in eine Welt *vor* der Festlegung durch den perspektivischen Entwurf, vor der Aufnahme spezifischer Ab- und Zuwendung. Er ist in dieser Existenz jeder Tat, Verantwortung, Veränderung und ihrer Folgen entbunden und *stellt in der Identität mit der illusionär-halluzinierten Welt das primäre Vertrauen wieder her.* Dazu gehört die Erweckung, Evozierung der aperspektivischen Bildinhalte ebenso wie die der Gefühle der Entrückung, Verzückung, Beseligung, der Empfindung gottähnlicher Omnipotenz. Diese Faktoren unterscheiden m. E. die Sucht zentral von der Depression oder der Manie, wird davon abgesehen, die Sucht generell als Depressionsfolge anzusehen: weil das Leben deprimierend ist, ergibt man sich einer Droge. Die spezifische Struktur der Abwendung, wie sie für die Depression und Manie (Zuwendung) oben herausgearbeitet wurde. ist nicht für die Sucht nachweisbar. Darüber hinaus: wieviele Fälle sind bekannt, in der eine klinisch nachgewiesene Depression durch eine Sucht abgelöst wurde?[39]

Bei der Sucht handelt es sich um eine zwar dosierte, aber doch unbestreitbare Gewaltanwendung, die räumlich-zeitlich begrenzte und veränderbare Welt durch materielle Vermittlung aufzuheben. Da es dem Süchtigen gelingt, an dem perspektivischen Entwurf in die Welt zu rütteln, dieser bei chronischer Intoxikation zunehmend in Frage gestellt wird, ist der Übergang der Sucht in akute oder auch langsam sich anbahnende Psychosen, in aus diesen wiederum folgende Persönlichkeitsveränderungen verständlich und häufig beobachtet. Dagegen sind die für die Depression typischen Themen der Erschöpfung und des Schuldgefühls, der Trauer um die verlorene Welt, der suicidalen Einschrumpfung, bei der Sucht im allgemeinen nur in ihren Endzuständen nachweisbar. Die Entwicklung geht erst in den letzten Verfallsstadien in die von veränderten Psychosen oder chronischen Depressionen analoge Figuren des allgemeinen Persönlichkeitsabbaus über.

In der illusionären Erwartung, zeitlose Dauer zu erleben, im Verschwimmen, Verlöschen, Untertauchen des Subjekts in einer zunehmend anonymen, allgemein sich abzeichnenden Aperspektive von Wunschbildern, erweist sich das süchtige Individuum als eines, das von der Welt, in die es sich hineinbegeben hat, abhängig wird, zumal auch dem Leib diese veränderte Bedeutung/Beziehung seinem Bedürfnis nach raum/zeitlicher Aufhebung, seiner biologischen Strukturen entspricht. M. a. W. die süchtige Abhängigkeit des Leibes von der Droge scheint der anthropologischen Überlegung ein Hinweis zu sein, daß hier das Leben selbst, die intrazellulären und biochemischen Vorgänge sich der notwendigen Zeitigung und Gestalt-Werdung ihrer Strukturen zugunsten der fiktiven, von der Sucht versprochenen Dauer entledigen. Dort dürfte auch der zentrale Unterschied der Sucht zur Gewöhnung liegen, daß in der letzteren (z. B. bei Haschisch oder Marihuana) der Leib die verwandelte Bedeutung/Beziehung des Subjekts der Welt gegenüber nicht teilt, wohl aber bei den Suchten bedingenden Drogen und beim Alkohol. Der protrahierte Suicid des Süchtigen, dem die Angst und Verzweiflung der Depressiven abgeht, vollzieht sich im (geheimen) Einverständnis mit dem Leib, dessen durch die Intoxikation bedingte Veränderung seiner biochemischen Prozesse sich mit der Beziehungs- und Bedeutungsveränderung des In-der-Welt-Seins des Subjekts verschränken. Oder: ebensowenig wie die Erlebnisse z. B. in den ekstatisch-verzückten Formen der Psychose ohne entsprechende biochemische Veränderungen denkbar sind, wird auch die euphorische Glückserfahrung des Süchtigen in ihrem entscheidenden Charakter, außerhalb der räumlich-zeitlichen Strukturen des perspektivischen Entwurfes heraustreten zu können, durch Veränderungen der biochemischen Abläufe mitbedingt.

Von dieser, der Welt sich abwendenden Sucht sind jene durch Weckamine und verwandte Stoffe bedingten Abhängigkeiten zu trennen, die verschärfte, intensivierte Weltzuwendung, Erhöhung der Konzentration, der Spannkraft bedingen und die in erster Linie als Zivilisationsfolgen aufzufassen sind. Sie weisen mit der weltabgewandten Sucht auf eine verwandte Struktur der diese Mittel anwendenden Individuen hin, die hier ihrem Bedürfnis nach euphorischer Selbstauslöschung nachgeben, dort es mit Weckmitteln bekämpfen. Letztere zeigen jedoch in erster Linie die generelle Deformierung des zunehmend in einer Leistungswelt befangenen Menschen auf, der, den Leistungsanspruch verinnerlichend, diesen mit Hilfe an die Leistung ihn verankernder Drogen erfüllt: D. h. im Grunde genommen leistungsabgewandt ist.

Die Erweckung der Süchtigkeit darf nur multikonditional verstanden werden. Gerade die Untersuchung an süchtigen Jugendlichen der Jetztzeit erweist, wie irrelevant in den meisten Fällen das Milieu oder die Familienkonstellation letzten Endes ist.[40] Ob dominierende oder verwöhnende Mütter, anwesende, strenge oder abwesende, nachgiebige Väter, ob „orale Abhängigkeiten“ und andere psychoanalytische Diagnosen für die Sucht als ausschlaggebend angesehen werden – sie vermag jeden Jugendlichen zu treffen; darüber hinaus jeden Menschen zu affizieren, da das Bedürfnis, sich in die beseligende Dauer außerhalb raum-zeitlicher Strukturen zu begeben, eine der anthropologisch fundierten Möglichkeiten ist, die aus der raum-zeitlich begrenzten Struktur des perspektivischen Entwurfs stammen. So wird auch die Süchtigkeit – zumindest in der Jetztzeit – überwiegend durch sog. „Zufälle" geweckt: Bekanntschaften, Neugier, Arbeitsunlust, mangelhafte erotische Beziehungen, Frustrierungen oder Verwöhnungen.

h) Primärer Identitätsverlust, Ideal, Erwartung und ihre Beeinflussung des Mit- und Aus-Einander-Seins

In der sich selbst behauptenden, zur Selbständigkeit (je nach gesellschaftlich-historischer Situation) strebenden Person wird der primäre Identitätsverlust ausgeglichen durch folgene Faktoren:

1. „Flucht nach vorne". Im „Nicht-zur-Kenntnis-Nehmen" der verlorenen Identität wird blinde Täterschaft oder eine ausschließliche Triebkomponente zur bestimmenden Antriebsgestalt des Lebensweges, um über „blindes Handeln" (Handeln als Selbstzweck) letzlich Identität wiederherzustellen.
2. In der irrealen Idealforderung an sich und die Umwelt (Negativismus), von Riesenerwartungen gespeist, wird die Identitätssuche in die unerreichbare Ferne (Vergangenheit oder Zukunft) entworfen, die Gegewart entwertet.
3. In der Identifizierung mit den von der Familie (Eltern) und der jeweiligen Gesellschaft vermittelten Möglichkeiten der Identifikation wird Identitätsverlust ausgeglichen – bis zum möglichen, durch Konflikte verursachten Zusammenbruch der Identifizierung.
4. Identifizierung mit Normen erfolgt aus kritischer Prüfung derselben, aus (emotioneller) Überzeugung, oder manipulativ-zweckbetonten Gesichtspunkten. Sie wird zur Gestalt der Selbstbehauptung.
5. In der ikonoklastischen Distanzierung von der sich zeigenden Welt wird der Identitätsverlust durch Erkenntnisprozesse ausgeglichen.
6. In der Hemmung überwiegt die Unentschiedenheit möglichen, neuen Identifikationen gegenüber.
7. Die überwiegend angepaßten und Abhängigkeit suchenden Individuen hoffen Identität wiederzufinden durch:
   a) Über-Anpassung, um nicht die Möglichkeit einer sich ergebenden Identifikation zu verlieren. Hierzu zählt auch das bewundernd-projizierende Verhalten, im anderen mehr zu sehen, als zu sehen ist: Anteilnahme, Bewunderung, die das eigene Selbstbewußtsein durch Partizipieren aufbläht.
   b)Identitätsauflösung bei identitätslabilen Personen ruft Überanpassung hervor – der mit keinem und nichts Identische ist zu extremer Anpassung an „alles" bereit.

c) In aktiv-karitativer Tätigkeit erfolgt Anpassung (Identifizierung) an ein gegenwartsbezogenes Ideal.

d) Im Unterdrücken einzelner, Aufgeben ganzer Wunsch- und Triebrichtungen erfolgt Anpassung an relevante Normen, um durch Anpassung an dieselben Identität herzustellen.

e) Anpassung erfolgt in der Resignation, in der Gefühlsverödung, an die Tatsache, daß der Identitätsverlust grundsätzlich nicht mehr aufzuheben ist. Dies gilt auch für den weltfemden Träumer.

f) Im Glauben an omnipotente Wunscherfüllung wird Identität mit dem Gewünschten erwartet.

g) Im Gefühlsrausch ersetzt dieser die Identität.

Die generelle Bedeutung der Diskrepanz von irrationaler Erwartung, Ideal und Realität – anthropologischer Mißverhältnisse – liegt in der Tendenz, prinzipiell nicht aufhebbare Mißverständnisse zu bedingen, bei aller positiven Gestalt-Werdung insbesondere auch von personalen Beziehungen. (S. unten) Es ist keineswegs ungerechtfertigt, von einem möglichen Mißverständnis an der Wurzel jedes personalen Umgangs zu sprechen. Die Tendenz im anderen immer mehr zu sehen, als er ist und zu geben vermag, dementsprechend immer enttäuscht zu werden, reproduziert die primäre Mutter/Kind-Beziehung durch das ganze Leben hindurch. Sie ist besonders in der Jugend zu beobachten. Im Alter überwiegt die resignative Enttäuschung, der Verzicht, sich mit dem Nicht-Identischen abfinden zu müssen. Korrespondieren jedoch Erwartung und Erfüllung, besteht die Gefahr, daß der die Erwartung Erfüllende zum Rivalen wird, wenn das Bedürfnis nach Selbständigkeit geweckt wird. Oder es erfolgt aus Angst vor dem, der die Erwartung erfüllt hat, Überanpassung an diesen und untergründiger Haß – aus Überanpassung. Erfüllt er die Erwartung dagegen nicht, resultieren daraus Genugtuung und das Bewußtsein möglicher Überlegenheit.

i) Übersicht: Die aus den anthropologischen Mißverhältnissen sich ergebenden dekompensierten Typen

1. Identitätsstörung:
   a) Identitätslabilität
   b) Identitätsstarre
2. Dissoziation von Reflexion/Antrieb:
   a) ikonoklastischer Intellektueller
   b) blinder Täter
   c) gehemmte Deformation
   d) generelle Dissoziation in den Weisen der Zuwendung
3. Diskrepanz zwischen Ideal/Erwartung/Realität:
   a) Negativisten
   b) naiv-fürsorgliche Täter

c) Überangepaßte
d) Resignierte
e) Träumer

4. Dekompensationen in den Weisen der Zuwendung und gegenüber Normen:
   a) einseitige Antriebs-/Triebbestimmte
   b) generelle Antriebsfluktuation
   c) Wunsch/Triebversagung
   d) omnipotente Wunscherfüllung
   e) Gefühlsverödung/-verarmung
   f) Gefühlsüberschwang
   g) generell antriebsgestörtes Verhalten Normen gegenüber (überangepaßte oder einseitig sich auflehnend).

aa) Mischformen der Typen, Kompensation und Dekompensation[41]

Jede Typologie ist bemüht, das undeutlich sich abzeichnende der wahrgenommenen Gestalten deutlich werden zu lassen, sie ist besonders geeignet, Adäquatheit und Schwäche der perspektivischen Abhängigkeiten der Wahrnehmung und der Erkenntnis des Wahrgenommenen darzustellen. Dies wird in Anbetracht der zahlreichen möglichen „Mischformen" der anthropologisch bedingten Mißverhältnisse sichtbar, die den Anschein erwecken, daß die Mischformen das Bild sich zeigender Individuen bestimmen, nicht jedoch die Typen. Nichtsdestoweniger ist die Möglichkeit der „Mischungen" begrenzt, obwohl, wie sogleich zu zeigen ist, Mischformen auch durchaus als „gesunde" imponieren. Der ikonoklastisch-negativistische Typus ist zu einer Mischgestalt mit dem Manisch-Antriebslabilen ebensowenig in der Lage, wie in der herkömmlichen Psychopathologie der Fanatiker sich kaum mit dem haltlosen Psychopathen zu „mischen" vermag. „Mischungen" sind z. B. überwiegend unter einseitig antriebsbestimmten Typen und den antriebslabilen, dissoziierten zu beobachten: Der „Karrierist" oder Geltungssüchtige, dessen Grundintentionalität von dieser Antriebsgestalt der Selbstbehauptung determiniert ist, vermag gleichzeitig auch haltlos-antriebslabil zu sein. Der vom Wunschdenken geprägte Typus neigt ebenfalls eher zur Antriebslabilität als zur ikonoklastischen Weltverneinung. Der blinde Täter wird sich mit dem in Gefühlsräuschen Schwelgenden „mischen", nicht jedoch mit dem apathisch-resignativen Typus. Mit dem letzteren wird sich dagegen der Negativist verbinden. Der Resignierte stellt eine Gestalt dar, zu der sich der Negativist, aber auch der Wunschträumer hinentwickeln kann. Der aktiv-karitative Idealist wird sich mit dem von omnipotenter Wunscherfüllung Getriebenen verbinden, kaum jedoch mit dem von einer ausschließlichen Triebgestalt bestimmten noch mit dem negativistisch-ikonoklastischen oder dem intellektuell bestimmten Typus.

Die Dominanz (Hintergrund) der Selbstbehauptung als Lebensgestalt schließt weitgehend die der Anpassung aus: Es sind gegensätzlich sich darstellende Strukturen, die nur geringe Interferenz erlauben, wie z.B. der „Karrierist“ aus Gründen der Karriere sich anpassen mag, aber nur um sein Ziel zu erreichen. Diese Gegensätzlichkeit wird durch die der unterschiedlichen Struktur von Denkakten und Antrieben, von Fühlen und Wollen verstärkt, deren Überwiegen im einzelnen Typus aufgrund der Spezifität ihrer Struktur die übrigen Weisen der Zuwendung nur „am Rande“ zuläßt. M. a. W. die Typologie ist bei aller, durch den Lebensprozeß selbst und das *perspektivische Wahrnehmen* bedingten Unschärfe in der Gegensätzlichkeit von Strukturen, Gestalten des In-der-Welt-Seins befangen.

Diese aus gegensätzlichen Strukturen (Gestalten) sich ergebenden Begrenzungen dürften den Typus jedoch nicht als statisch feststehendes Gebilde vermitteln, der zu Veränderungen, Dekompensierungen und Wandlungen innerhalb der von der Dominanz der *Lebensgestalt* (s. oben) geprägten Möglichkeiten nicht mehr in der Lage wäre. Darüber hinaus steht dem Typus – d.h. dem dieser Gestalt in seinem Verhalten untergeordneten Individuum – die Möglichkeit der Kompensation zur Verfügung: Wenn der Antriebsdissoziierte sich wie ein rigider Puritaner verhält, der ikonoklastische Negativist wie ein Antriebsdissoziierter, wenn der Apathisch-Resignierte sich warmherziger gibt bzw. euphorisch-manisch gestimmt erscheint, wenn der extrem Antriebsgehemmte sich als kommunikationsfreudiger Karrierist zeigt. Bei der Kompensation für bestimmtes, vom Individuum als mangelhaft empfundenes Verhalten – in diesem Mangelerleben spiegelt sich auch das gesellschaftliche Urteil (Norm) und Vorurteil – wird durch anderes, meist gegensätzliches Verhalten, das gesellschaftlich als akzeptabler angenommen wird, ein Ausgleich geschaffen. (Darauf beruht *Adlers* Theorie der Kompensation für Minderwertigkeitskomplexe). D. h. auch hier strebt der deformierte Typus über sein Maßerleben zu einem Ausgleich, weil er sich deformiert erlebt und weiß, obwohl dieser Ausgleich dann unter Belastungen (inneren und äußeren Widerfahrnissen) besonders gefährdet ist und zu Dekompensationen neigt. Die Labilität der kompensierenden, deformierten Typen gegenüber erhöhten Belastungen dürfte aus dem Mißverhältnis, der Disharmonie zweier verschiedener, miteinander rivalisierender Gestalten zu verstehen sein: Jener die die eigentliche dominierende Lebensgestalt ist mit der, zu der das Individuum sich selbst prägt, zu der es sich habitualisiert oder gezwungen wird.

Das dem Bedürfnis nach Ausgleich für erlebte Mängel der Deformierung zugrunde liegende Maßempfinden vermag den Ausgleich zwischen Hintergrund und kompensierender Gestalt aufrecht zu halten, die der subjektiven Belastbarkeit entspricht, die bei Zusammenbruch derselben immer erst nachträglich in ihrem Ausmaß zu erkennen und zu rekonstruieren ist. Die Autoren, die den Begriff der psychischen Kompensation oder Dekompensation im oben aufgezeigten Sinne anwandten, haben nicht die Abhängigkeit von Kompensation und Dekompensation von dem für den Entwurf des Menschen fundamentalen Maßbewußtsein wahrnehmen können, *das selbst in der Kompensierung von Deformationen noch eine Selbstregulation aufrechterhält.*

Die Beziehung der häufigst angetroffenen Mischformen zum unten Dargestellten, nur idealtypisch zu ermittelnden Gesunden ist folgende: Die „Mischformen" zeichnen sich generell dadurch aus, daß die anthropologischen Diskrepanzen (Mißverhältnisse) die Kommunikation einseitig versperrend, sich bei diesen nicht manifestieren. D. h. die Gestalt der Mischformen ist auf mehreren Ebenen zu kommunizieren in der Lage. So ist der Intellektuelle, überwiegend manisch-euphorisch Gestimmte, u. U. Antriebs-Dissoziierte auf zahlreichen Ebenen kommunikationsfähig: Der animalisch-sympathetischen, der von Wirkung und Gegenwirkung, der der Konflikte, u. U. auch der des sich gegenseitigen Durch-Dringens. Der karitative Idealist in Verbindung mit dem weltabgewandten Träumer oder Überangepaßten ist ebenfalls eine kommunikationsfähige „Mischgestalt". Der phasisch Aphatisch-Resignierte, dann wieder intellektuell-euphorisch der Welt Zugewandte, würde ebenfalls das Spektrum von Mischformen ergänzen, die zumindest auf mehreren Ebenen zu kommunizieren im Stande sind.

bb) Lebensgestalt und Typen

Als Lebensgestalt wurde das im perpektivischen Entwurf einmalig in seiner Grundintentionalität sich darstellende, übergeordnete Ganze des Subjekts definiert, das jedoch den konkreten Möglichkeiten des Lebens gegenüber Hintergrundcharakter hat (Leben: Umwelt, Konstitution, Reagibilität). Der Begriff der *Lebensgestalt* soll im weiteren Verlauf der Untersuchung synonym mit *Hintergrundsgestalt* benutzt werden. Die Hintergrunds- oder Lebensgestalt stellt sich über die Auseinandersetzung mit der Welt, in gegenseitiger Abhängigkeit mit dieser, sich spezifisch als Charakter, als Gestalt der Selbstbehauptung oder Anpassung dar. Im Ineinander der Weisen der Zuwendung bestimmt sie als Hintergrundgestalt Triebe, Denken, Wollen, Wünschen, Fühlen. (Bei „selbständigem" oder „angepaßtem" Denken wird sich das Denken z. B. der Prägung dieses Typus entsprechend einstellen, diesem unterordnen, obwohl das Mögliche des Innen, der aperspektivische Hintergrund der Person immer über den Typus hinauszielt und ihn latent auf andere Existenzformen verweist.) Der Typus (vgl. das über die Mischformen Gesagte) ist zwar anthropologisch-ontogenetisch, leibhaft und sozial-selektierte Struktur, sein innerer Horizont umschreibt jedoch stets das Mögliche gegenüber den faktisch selektierten Möglichkeiten.

Die Lebensgestalt teilt sich im Verlauf ihrer weiteren Differenzierung (Selektierung) – hier sehr simplifiziert und schematisch aufgezeigt – in die Möglichkeiten des Lebensweges unter dem „Zeichen" z. B. der Anpassung oder der Selbstbehauptung. Die Konditionierung dieser Möglichkeiten ist überdeterminiert und wird darüber hinaus zum Charakter, bzw. zum Typus, indem sich die aufgezeigten anthropologischen Diskrepanzen der Gestalt „bemächtigen", die Gestalt wiederum über Anpassung oder Selbstbehauptung mit dem ihr entgegenkommenden „Material" an Milieu, Reagibilität, Konstitution den Typus erzeugt.

Im In-, Mit-, Gegen- und Aus-Einander menschlichen In-der-Welt-Seins entsteht die typische Gestalt, die immer eine einseitige ist gegenüber den globalen Möglichkeiten des Innen.

Als Lebensgestalt wird die Dominante „Sebstbehauptung" oder „Anpassung" (Hintergrund) im Lebensweg variabel und situationsbedingt angesprochen. Beide Vorgänge sind in der Einheit der Gestalt begründet und verkörpern die Einheit intentional-mentaler Zuwendung auf Welt hin, auf Identitätsstabilisierung, letztlich auf „Selbstfindung".

Die Gestalt ist als Sebstbehauptung (Hintergrund) oder Anpassung weder ausschließlich vom Trieb noch ausschließlich vom „Geist" determiniert, sondern *leibhafte* Intentionalität: Als unsichtbare Intentionalität (Multi-Intentionalität) ist sie stets auf Sichtbares bezogen.

Als Unterdominanten von „Selbstbehauptung und Anpassung", „Untergestalten", treten die Charaktere und Typen in Erscheinung, die Mischformen, ihre Beziehungen zu und untereinander, die in ihrem Zusammenschluß ebenfalls ganzheitlichen Prinzipien folgen (s. unten), und die „Psychopathen".

Lebensgestalt" bezeichnet – in der Folge von primären Identitätsverlust – *die Dominante der Lebensrichtung*, die, wird sie im Verfolgen einzelner Lebensläufe gewonnen, ebenfalls der perspektivischen Wahrnehmung unterliegt. Sie macht Undeutliches deutlich, verdeutlicht, was primär erscheint: Selbstbehauptung oder Anpassung, oder was kompensatorisch das eine durch das andere ersetzt und damit zu den Mischformen beiträgt. Je mehr das Detail der Lebensgestalt, die einzelne Situation, das Erlebnis, das prägende oder formende Ereignis in den Mittelpunkt einer Untersuchung gerät, um so mehr verschwindet die Hintergrundsgestalt im Undeutlichen. Erst die Synthese zwischen Hintergrundsgestalt und Einzelheiten des Lebensweges erschließen die Lebensgestalt des Individuums.

cc) Kommunikation und innere Bewegung bei den aufgezeigten Gestalten und Typen

Die dargestellten Typen zeigen Dekompensationen anthropologischer Mißverhältnisse, die sich durch erhebliche, wenn auch auf Grund der Struktur der Subjektivität nicht in Zahlen darstellbare Reduzierungen der Möglichkeit zu kommunizieren auszeichnen. Die Kommunikation ist sowohl durch die limitierte Entfaltung der einzelnen Weisen der Zuwendung begrenzt, wie auch auf eine oder wenige Ebenen des Austausches eingeschränkt. Daß bei der Einschränkung der Kommunikationsmöglichkeiten sowohl leibhaft vorgegebene, umweltbedingte wie auch aus der individuellen Reagibilität sich ableitende Faktoren maßgeblich sind, die zu der Manifestierung eben dieser Mißverhältnisse führen, sei in Erinnerung gebracht.

Den Hintergrundgestalten von Selbstbehauptung und Anpassung folgend, lassen sich Richtlinien einseitiger Kommunikation wie folgt verdeutlichen:

Für die von der Selbstbehauptung überwiegend geprägten Typen stehen die Ebenen von Wirkung/Gegenwirkung und die des Konfliktes (Konflikterzeugung) im Vordergrund der Kommunikation. Wirkung/Gegenwirkung werden durch das Überwiegen des intellektuell-technischen, manipulatorischen Umgangs mit der Umwelt bedingt, der sich entweder auf praktisch-pragmatische Arbeit (Handwerker, Unternehmer) beschränkt, oder bei den Ikonoklasten und negativistischen Typen sich mentale Durchdringung der sich zeigenden Welt überwiegend unter dem Aspekt der pragmatischen Orientierung vollzieht, nicht jedoch um der Welt oder Sache willen. Die manipulativ-intellektualistische Beziehung zur Umwelt umschließt auch Personen, deren Bedeutung im Rahmen einer auf Wirkung/Gegenwirkung ausgerichteten Einstellung gesehen wird (sog. Ausbeutung). Zu dieser Kategorie gehört der „blinde Täter“ nicht weniger als der Identitätserstarrte, aber auch der ausschließlich von einer Antriebsrichtung (z. B. Ehrgeiz) beherrschte Typus. Der in der Wunscherfüllung sich omnipotent Wähnende sieht im Umgang mit der Welt ebenfalls in erster Linie eine Möglichkeit, egozentrische Wünsche, meistens der Einkörperung, zu realisieren und seine Bemühungen entsprechend rational-planend auf Wirkung und Gegenwirkung auszurichten. Konflikterzeugend wirken die genannten Typen, da die begrenzte Kommunikation ihnen nur erlaubt, den oder das andere aus dem Blickwinkel des Machtkampfes, des Entweder-oder – mit gelegentlichen Kompromissen – zu sehen. Ihre überwiegend leibfeindliche Einstellung trägt zur Reduzierung ihrer Kommunikationsmöglichkeiten auf der animalisch-leibhaften Ebene bei.

Die Weisen der Zuwendung in den von der Selbstbehauptung geprägten Typen zeigen sich entweder in *einseitigem Wuchern der mental-intellektuellen Prozesse* (Ikonoklasten, Negativisten, Identitätsstarre) oder im *Überwiegen einseitig einkörpernder Triebe* (blinde Täter, einseitig Antriebsbestimmte), *selbstbezogener Wünsche und selbstbezogenen Fühlens* (omnipotente Wunscherfüllung, Gefühlsüberschwang).

Im Gegensatz zu diesen Kommunikationseinschränkungen *überwiegt bei der überangepaßten Dekompensation die animalisch-sympathetische, einfühlend in oder an andere sich „verströmende“ Tendenz*, bei Neigung zu Austausch (karitativ-angepaßter Typus, Identitätslabilität, Antriebsfluktuation, u. U. auch der Typus der Antriebsdissoziation in der Phase erhöhter Anpassung an die Umwelt), mit wenig Konfliktpotential – eine Tendenz, die nicht primär auf Wirken/Gegenwirken eingestellt ist. Das Extrem dieses Typus wird durch die manisch-euphorische Antriebsdissoziation oder -fluktuation wiedergegeben, die durch ihre Überanpassung scheinbar außerordentliche Kommunikationsfähigkeit vortäuscht, bei der jedoch anteilnehmendes, den anderen wahrnehmendes, ihn gar durchdringendes Vermögen nicht nachweisbar ist, die Kommunikation sich als oberflächlicher Pseudoaustausch erweist. Die Weisen der Zuwendung dieser Typen liegen tendenziell in der Betonung des Fühlens, der Befindlichkeiten, des Wünschens, weniger im rational-intellektuellen Bereich, dessen Beherrschung aufgrund der mit ihm verschränkten Entfremdung generell ein stärkeres Maß an Selbstbehauptung verlangt. Das schließt jedoch keineswegs aus, daß es überangepaßte, überängstliche Intellektuelle gibt mit allerdings mangelnder Kommunikation im animalisch-sympathetischen Bereich.

Die Bewegungen des Innen der gegensätzlichen Typen stellt sich bereits in den einseitig manifestierten Weisen der Zuwendung dar. Für die Typen der Selbstbehauptung in Richtung der stärkeren mentalen Prägung (ikonoklastische Intellektuelle, Negativisten) wird sich das Innen durch konfliktträchtige Spannungen zwischen ikonoklastischen Strukturen des Denkens und Wollens gegen die der Antriebe, des Wünschens und Fühlens abzeichnen. Die aperspektivischen Bildinhalte neigen zum Verdorren, Verblassen, Verdämmern, die „repressiv/rigiden" Strukturen der Begriffsbildung überwiegen. Von diesem Typus unterscheidet sich der weltabgewandte Träumer, bei dem Kommunikation zwischen ikonoklastischen und bildhaften Strukturen des Innen sich vollzieht, mit Überwiegen allerdings des aperspektivischen Bildinhaltes über die intellektuelle Formierung. Im blinden Täter, den einseitig Antriebsdominierten, treten die ikonoklastisch-mentalen Strukturen zugunsten einer „Vergewaltigung" des Innen durch einkörpernde Triebe – auch der Sexualität – zurück. Aber auch das differenziertere Wünschen und Fühlen, die schwankenden Befindlichkeiten unterliegen einer Zurückdrängung einseitiger Antriebsbestimmtheit. Beim Typus dagegen der omnipotenten Wunscherfüllung und übermäßigen Gefühlsbetonung zeichnet sich das Innen durch extreme Bewegungen in Richtung der manisch-depressiven Phasenhaftigkeit, des Auf und Ab, des Durcheinanders, der Turbulenz einander widersprechender, zur Einsicht drängender, der Einsicht wiederum widersprechender Gefühle und Wünsche aus, bis eine Gefühls- oder Wunschrichtung, die andere zurückdrängend, dann die Lebensrichtung und die Lebensgestalt dieses Typus überwiegend prägt.

Bei den ausschließlich von der Anpassung geprägten Typen der Identitätslabilität, Fluktuation oder Dissoziation der Antriebe, der fürsorglichen Überanpassung, zeichnen sich manifeste Konfliktübergänge von Wirken und Gegenwirken, intensivem Austausch, Sich-Durchdringen in den Strukturen des Innen ab, die die gesteigerte Fluktuation desselben bestimmen. Es werden nicht wie bei den Typen der Selbstbehauptung ganze Antriebsanteile ausgeblendet – mit der entsprechenden Vergangenheit verbunden – und dadurch ein gefährliches Gefälle zwischen Überwuchern einseitiger ikonoklastischer Strukturen und unterdrückter ikonoplastischer Bildfluktuation erzeugt, sondern die stärker zur Dekompensation neigende Fluktuation des In-Einander des Innen läßt diese Typen auch entsprechend beeinflußbar, generell weniger „strukturiert", emotionell-affektiv determiniert erscheinen als die der Selbstbehauptung. Der Gehemmte, der Träumer, der Apathisch-Resignierte zählen zu den Typen, die in den Weisen ihrer Zuwendung – wenn auch aus verschiedenen Konfigurationen – weltabgewandt sind, deren Kommunikationsebenen kaum sichtbar sich darstellen, sondern sich andeutungsweise, fragmentarisch äußern und überwiegend auf Sachgebiete (Wirkung/Gegenwirkung) bezogen sind. Das Innen des Apathisch-Resignierten gleicht sich in seiner Verschüttung dem Erloschenen des Depressiven an. Der Träumer verfügt über das „weiche" Innenleben, das entweder von tiefen Konfliktspannungen getragen wird oder „dahin plätschert", in jedem Fall jedoch die überwiegende Prägung durch die aperspektivische Bildwelt erfährt. Auch der Gehemmte ist oft ein Träumer, allerdings stoßen bei ihm die kognitv-volitiven Strukturen mit den ikonoplastischen, den gesamten Typus strukturierend, zusammen, ohne daß es zu einem differenzierteren Austausch von Wirken/Gegenwirken und Sich-Durchdringen kommt.

Die (typische) Lebensgestalt bestreitet nicht nur die Weisen der Zuwendung und die Ebenen der Kommunikation, sondern auch die Beziehung zur Vergangenheit, die sog. Verdrängung. Die Theorie der Verdrängung wurde bereits in ihrem Anspruch auf optimale Erklärung psychopathologischer Zustände zurückgewiesen. Daß Vergangenheit entschwindet, nicht mehr Bestandteil des Wachens ist, ist nicht allein auf das Erleben unlustbetonter oder peinlicher Erinnerungen zurückzuführen (vgl. oben), sondern ist Folge des umfassenden Austausches zwischen dem Vermögen, sich perspektivisch in Raum und Zeit zu orten, und dem aperspektivischen Hintergrund der Existenz. Die Beziehung zur Vergangenheit, bei Berücksichtigung der individuellen Variabilität der Typen, bleibt dennoch eine *typische* Beziehung zur Vergangenheit, unabhängig von ihrem betont wertpositiven oder wertnegativen Erleben. D. h. die Beziehung zur Vergangenheit ist sowohl unter dem Aspekt der Beziehung zur gelebten Zeit zu sehen, wie auch unter dem des sich in der Zeit, in seinem Verhältnis zur Zeit typisch ortenden Individuums, seiner typischen Lebensgestalt. Die Hintergrundsgestalt der Selbstbehauptung, weniger vergangenheitsbezogen und eher befähigt, auch negative Widerfahrnisse abzuschütteln, wird generell einen schwierigeren Weg zurückzulegen haben, Vergangenheit zu evozieren, als die der Anpassung. Letztere ist in ihrer überwiegenden Öffnung auf den anderen/das andere auch der Vergangenheit stärker zugewandt. Weniger „verdrängend", lebt sie aufgrund der stärkeren Fluktuation ihres Innen auch intensiver mit und in der Vergangenheit als die sich abkapselnde, zentrifugal-egozentrisch orientierte Gestalt der Selbstbehauptung.

Ob es Korrelationen zwischen den zentralen Störungen des perspektivischen Entwurfs (Psychosen, Schizophrenien) und denen der Zu- und Abwendung (Zyklothymie) mit den hier dargelegten Typen gibt, wird die Zukunft entscheiden, die die hier phänomenologisch gewonnenen Typifizierungen zunehmend mit der klinischen Wirklichkeit konfrontieren muß, diese an der klinischen Wirklichkeit ebenso korrigiert, wie die klinische Wirklichkeit durch die Typologie Struktur gewinnt. Da weder eine Überschneidung mit den Typen *Kretschmers* und *Sheldons* erstrebt wird – der negativistische

Ikonoklast würde dem Schizothymen nur teilweise entsprechen, die anderen Typen der Selbstbehauptung weder diesem, noch die der Anpassung den Zyklothymen – wird der Kliniker in den unterschiedlichen Formenkreisen der sog. Schizothymie und Zyklothymie alle hier dargestellten Typen verstreut wiederfinden. D. h. eine spezifische Beziehung des Typus etwa zur zyklothymen oder schizothymen Psychose wird nicht antizipiert.

Jeder Psychotherapeut wird die Beobachtungen aus seiner Praxis bestätigen können, wie sehr viel schwerer der rigide, „festgefahrene" Intellektuelle und der „blinde Täter" ihre Vergangenheit zu evozieren vermögen als der identitätslabile oder antriebsdissoziierte Typus. Die Gehemmten und Apathisch-Resignierten vermögen ebenfalls nur mühsam die Horizonterweiterung zum Aperspektivischen in der Behandlung zu vollziehen – im Unterschied zum weltabgewandten Träumer und dessen dichterer Beziehung zu der aperspektivischen Bilderwelt.

Wie im einzelnen Vergangenheit evoziert wird, sie hier „blitzartig" erfaßt, dort mühsam errungen ist, aus dem Vergessen auftaucht, aufleuchtet, um sofort wieder zu verflackern oder zu verdämmern, bleibt einer phänomenologischen Deskription vorbehalten, die es noch wagt, gegen den Dogmatismus der Verdrängung als hauptsächlichen Motor psychopathischer Zustände aufzubegehren.

dd) Zum Problem der psychopathischen Typen[42]

Die Abgrenzung der psychopathischen Typen gegenüber den sog. Neurosen und Neurotikern hat in einer klärenden Untersuchung *W. Bräutigam* durchgeführt, indem er sowohl auf die, diesen gestörten Individuen vorgegebene, in zahlreichen Fällen nachgewiesene hereditäre Belastung wie auch auf die begrenzte Möglichkeit, sie therapeutisch zu beeinflussen, ihre „Therapieresistenz", verwies.[43] *Häfner* stellte in einer tiefschürfenden Monographie vom daseinsanalytischen Gesichtspunkt den jeweiligen Entwurf der Psychopathen einleuchtend als einen unabdingbar-schicksalhaften Verlauf dar.[44]

Die klinische Psychiatrie sieht sich mit einer Anzahl von offensichtlich zu Dekompensationen neigenden Individuen konfrontiert, deren Störungen schwer faßbar sind, undeutlich-verschwimmend, darüber hinaus auch situationsbedingt, deren hereditäre Belastung, nicht immer nachweisbar, neben dem Einfluß der Umgebung (asoziales Milieu) auch nicht unbedingt überbewertet werden darf. Sie neigte dazu, die gesellschaftlich-historische Relevanz der Psychopathien zu übersehen, von denen keineswegs ausschließlich mit *Kurt Schneider* gesagt werden darf, daß sie entweder unter sich leiden oder die Umgebung unter ihnen leidet[45] – eine Definition, die aus der sozialkritischen Perspektive nicht mehr tragbar ist.

Die Herausforderung und „Züchtung" bestimmter gestörter Individuen innerhalb der Industriegesellschaft ist typisch für diese, wie darüber hinaus jede Sozietät ihre extremen stilisierten „psychopathischen“ Typen geformt und geprägt hat, die nachweisbar krankhafte Züge aufweisen: der Asket, der Krieger, die Prostituierte, der Bettler u. a. m. z. B. des Mittelalters. Die auf dem Konkurrenzprinzip fußende Industriegesellschaft legt nahe, daß z. B. im groben Durchschnitt die besten Chancen der materiellen Entwicklung das hypomanisch-euphorische Individuum mit einer überwiegenden Antriebsrichtung (Ehrgeiz, Raffgier usf.) hat, und sich die Frage sogleich erhebt, ob dieser Typus, den die Norm fordert, dann noch als psychopathisch zu bezeichnen wäre. Der gemütskalte Psychopath ist ebenso zum Gangster prädestiniert wie, je nach Lebensumständen, zum Parteifunktionär, Staatsmann oder Manager. Der Hochstapler nicht weniger als der Pseudologe werden in „besten“, auch akademischen Gesellschaftskreisen angetroffen, innerhalb dieser ihnen Stand und Titel erlaubt, was sie in einer minder einflußreichen Stellung oder in längeren Anstaltsaufenthalten verbergen müßten. Der willensschwache Psychopath – der sich mit dem von uns dargestellten Überangepaßten weitgehend deckt – ist ebensosehr das Produkt gesellschaftlich-historischer Bindungen: der Arbeitnehmer und untergeordnete Verwaltungsangestellte werden in ihren geringen Möglichkeiten, Entscheidungen zu fällen und Verantwortung zu tragen, geradezu zur Willensschwäche erzogen – wie eine ausschließlich auf Konsum orientierte Sozietät die Haltlosigkeit fördert.

Diese sozialkritischen Bedenken gegenüber dem überwiegend konstitutionell ausgerichteten Begriff der psychopathischen Persönlichkeiten oder seiner Definition (s. oben) werden durch den Persönlichkeitskult der Industrienationen, und der sog. sozialistischen Staaten unterstrichen. In beiden sind die heroischen Gestalten der Geschichte in der überwiegenden Anzahl psychopathische Persönlichkeiten im Sinne der herkömmlichen Psychiatrie, die der Jugend als nachzueifernde Ideale übermittelt werden.

Wenn andererseits jedoch an einer hereditären Belastung die sog. Psychopathien, ihrer im Lebensweg häufig nachweisbaren sozialen Dekompensierungen (Definition: s. S. 279), ihrer geringen therapeutischen Beeinflußbarkeit festgehalten werden muß, erhebt sich die Frage, ob diese Individuen, bei aller Unterschiedenheit untereinander – etwa des Hochstaplers vom willensschwachen Psychopathen – nicht in ihrer menschlichen Kommunikation eine Grundstörung, ein fundamentales Mißverhältnis aufweisen, das ihnen die Entwicklung verschiedener Gestalten kommunikativer Beziehungen nicht ermöglicht. *Den psychopathischen Typen kann im allgemeinen weder Vertrauen geschenkt werden, noch ist ihnen Verantwortung im größeren Umfang zuzumuten,* bzw. wird beides getan, bleibt in der überwiegenden Anzahl von Fällen die Enttäuschung diesem Personentypus gegenüber nicht aus.

Die Frage erhebt sich, ob die Grundstörung der psychopathischen Typen sich nicht in der Fundamentalstruktur von Vertrauen und Verantwortung anzeigt,[46] die, wie schon aus dem primären Identitäts- und Vertrauensverlust ersichtlich, keineswegs immer beim sog. „Normalen" vorausgesetzt werden kann. *Das Maß des Nicht-vertrauen- und Nicht-verantworten-Könnens ist bei den Psychopathen jedoch zu einem „Unmaß" geworden.* Die enge Verschränkung zwischen Vertrauen und Verantwortung mit dem In-der-Welt-Sein begründenden, raum-zeitlichen Kategorien, würde die Entwicklung der These dahin nahelegen, daß der psychopathische Typus der klassischen Psychiatrie an einem Mißverhältnis nicht nur von Vertrauen und Verantwortung leidet – er zwar leicht geneigt ist, zu vertrauen, ihm aber nicht vertraut noch Verantwortung überlassen werden kann –, *sondern an einem Mißverhältnis darüber hinaus seiner raum-zeitlichen Perzeption und deren Verschränkung mit Verantwortung und Vertrauen.* Das Mißverhältnis zu der raum-zeitlichen Perzeption würde sich in der relativen Unveränderbarkeit seiner Gestalt abzeichnen, die weder durch die herkömmlichen Therapien noch durch Appell an Gewissen und Ethos, an die Sollen-Forderungen räumlich-zeitlicher Ortung beeinflußt werden kann. *Es mangelt dem psychopathen die raum-zeitliche Orientierung, die primär nicht von Vertrauen zur Welt, Verantwortungsbewußtsein gegenüber der von der eigenen Person erwirkten Verdrängung zu trennen ist.* Diese leibhaft-vorgegebene Orientierung ermöglicht es dem „Gesunden", sich als möglicherweise ethisch verhaltendes Individuum in die Welt zu entwerfen. Der perspektivische Entwurf in die Welt, der in der Psychose mißlingt, bedeutet, daß überhaupt das „Fußfassen" innerhalb der Welt fehlgeht, daß Zuwendung, Abwendung, Handeln und Wahrnehmen und die Weisen der Zuwendung sich nicht zu orten vermögen. Dieser Entwurf ist die Voraussetzung überhaupt für die raum-zeitliche Perspektive und Festlegung des eigenen Standpunktes in der Welt, wobei es auf dieser Ebene ganz gleichgültig ist, was für ein Standpunkt dem In-der-Welt-Sein gegenüber gewählt wird. Die Störung dagegen im fundamentalen Bereich von Vertrauen und Verantworten betrifft nicht etwa die raum-zeitliche Orientierung und ihre Störung bei organischen Erkrankungen, noch die des genannten perspektivischen Entwurfs, *sondern die Verschränkung, Verbindung, Verknotung mit einer „moralischen" Orientierung in der Welt, die die Beeinflussung durch ethisch-sittliche Normen (Verantwortung, Vertrauen) überhaupt erst ermöglicht.* Raum-zeitliche Orientierung, Richtungsaufnahme als notwendiges Apriori für die Orientierungsmöglichkeit durch Normen scheint sich bei den psychopathischen Typen generell in einem Mißverhältnis zum In-der-Welt-Sein zu befinden, daher ihre über die „Norm" herausgehende Begrenztheit, Vertrauen zu geben, zu empfangen und Verantwortung auf sich zu nehmen.

Abgesehen von dieser These, die im einzelnen noch zu verifizieren wäre, aber im Gesamt der vorliegenden Untersuchung die psychopathischen Typen anthropologisch als nur sehr bedingt zu Verantwortung und Vertrauen disponiert zu diagnostizieren erlaubt, bleibt das Faktum bestehen, daß an der Wurzel dieser Störung eine auffallende Dissonanz wie Konsonanz mit den jeweiligen gesellschaftlichen Normen zu beobachten ist – eine Konsonanz, insofern die psychopathischen Typen häufig herrschende Normen der jeweiligen Gesellschaftsordnung verabsolutieren, bei einer leibhaft konstitutionell-hereditär bedingten Vorgegebenheit der Psychopathie der Leib die Vorbedingung für die Verabsolutierung gesellschaftlich relevanter Normen stiften würde. Der Fanatiker (Selbstbehauptung, Negativismus) reicht sich mit dem Willensschwachen (Überangepaßten) die Hand, der eine zieht im gefolge des anderen mit – Bilder, wie sie jede Sozietät alltäglich vermittelt. Die verabsolutierte Konsonanz der Psychopathen mit bestimmten gesellschaftlichen Normen, zu der auch die erwähnte Heroisierung einzelner Individuen zählt, steht im Mißverhalten, in Dissonanz zu ihrer faktischen Kommunikationsfähigkeit, die, wie *Kurt Schneider*, *Bräutigam*, *Häfner* u. a. beobachteten, sich stets an der Oberfläche bewegt, oder die, wie es z. B. für den Fanatiker zutrifft, nicht den anderen, das Du perzipieren, sondern immer nur in die Richtung der jeweiligen Ideologie sehen, der andere als Funktion derselben „akzeptiert" oder abgelehnt wird.

Bei der *Undeutlichkeit* (vgl. deutlich/undeutlich oben Teil I, Kap. II) des Begriffs der psychopathischen Typen, den erwähnten Schwierigkeiten, sie abzugrenzen, den zahlreichen Querverbindungen zu „Neurosen", „Psychosen", manisch-depressiven Psychosen und zur Sucht (der sog. haltlose Psychopath tendiert zweifellos zur Süchtigkeit), würde sich eine Korrespondenz zwischen den hier aufgezählten Typen und den Psychopathen der Psychiatrie in folgendem ergeben:

1. Der Fanatiker: die intellektuell/negativistische Dekompensation.
2. Der Haltlose: die dissoziiert-irrationale Dekompensation des Antrieberlebens, die extreme Trieb- und Stimmungsfluktuation.
3. Der Willensschwache: die überangepaßte Dekompensation.
4. Der Gemütskalte: die Dekompensation der Gefühlsverödung, entweder mit Negativismus oder Resignation gepaart.
5. Der Geltungssüchtige, der Hochstapler, der Pseudologe: die Dekompensationen, die sich durch Überwiegen einer ausschließlichen Antriebsrichrichtung auszeichnen.

Der erethische Psychopath würde zwischen der dissoziierten-antriebsenthemmten und dem Überwiegen einer ausschließlichen Triebdeformation stehen.

Eine psychologische Genese der von uns aufgeführten Typen über den Zusammenhang der anthropologisch fundierten Mißverhältnisse hinausgehend, auf die psychopathischen Typen anzuwenden, diese als Reaktion auf ... oder Folgen von ... zu interpretieren, erscheint, bei aller Multikonditionalität möglicher und wahrscheinlicher Entstehung nicht möglich – *mit Ausnahme des Hinweises auf eine primäre Störung in der raum-zeitlichen, Verantwortung und Vertrauen fundierenden Entwicklung der Person.* Die Extreme der von uns herausgearbeiteten Typen entstehen aus der Struktur grundsätzlicher anderer, dargelegter Mißverhältnisse, sie sind aus diesem Grunde korrigierbar (in Grenzen, flexibel), sie sind zu Du-Gestalten (vgl. unten) und zwischenmenschlichen Beziehungen bei aller Problematik noch in der Lage, die dem psychopathischen Typus, aufgrund seiner primären Störung im Bereich von Vertrauen und Verantwortung, mangeln. Zweifellos liegen hier noch zahlreiche Fragen und Probleme im Dunkel, deren weitere Aufhellung notwendig und wünschenswert ist.

XII. Folgen der aufgezeigten Mißverhältnisse für die Gestalten des Mit-Einander-Seins

(Zur Psychopathologie menschlicher Beziehungen)[1]

In dem von Wirkung und Gegenwirkung – um mit der einfachsten Komponente des Zusammenhangs von Wirklichkeit zu beginnen – determinierten In-der-Welt-Sein der Subjekte wird dieses In-der-Welt-Sein von den verschiedenen Weisen der sich darstellenden Gestalten der Selbstbehauptung geprägt. Die Wirkung, die diese Gestalt auslöst, erweckt Anpassung an sie, Unterwerfung oder Gegenwirkung, d. h. ebenfalls zunehmende Selbstbehauptung bis zur möglichen Auflösung der einen Gestalt. So wird der mit einer Ideologie, Person, Sache oder sozialen Rolle Identifizierte den, dessen Identiät labil ist, anziehen, in seinen Bann schlagen, ihm möglicherweise analoge Identifizierung vermitteln. Der andere, von dem ersten „geprägt" und beeinflußt, jetzt mit jemandem oder etwas identisch geworden, hat an Selbstbehauptung gewonnen, übt Gegenwirkung auf den ersteren aus, schwächt diesen möglicherweise in seiner Identität, stellt ihn in Frage, erschüttert ihn, bis dieser sich wiederum dem ersteren anpaßt oder beide in dauerndem Kampf (Konflikt) verharren. (Mit-und Gegen-Einander von In-der-Welt-Sein.)

In einer Liebesbeziehung wird der eine Partner (A) von dem anderen (B) angezogen. Als der sich stärker hingezogen Fühlende ist er zur Anpassung bereit. Nach erfolgter erotisch-sexueller Vereinigung, Wiederholung derselben, läßt die Anziehung auf den Partner A möglicherweise nach, umgekehrt wird jedoch A stärker angezogen, gerät in Abhängigkeit von B, der sich bereits abwendet. Die Wirkung von B auf A und von A auf B schlägt in Gegenwirkung um, aus Schwäche (Anpassung, Abhängigkeit) wird Stärke, Selbstbehauptung – und umgekehrt.

Diese beiden alltäglich zu beobachtenden Vorkommnisse, durch zahlreiche andere zu ergänzen, vermögen jedoch auch anders zu verlaufen, z. B. daß die Partner sich in einer gegenseitigen Abhängigkeit verstricken, die wirtschaftlich-ökonomisch, beruflich-sozial, ideologisch oder erotisch-sexueller Natur ist, wobei die Trennung dieser verschiedenen Bezirke bereits konstruiert ist, da sie faktisch undeutlich ineinander übergehen. Gegenseitige Abhängigkeiten können sich aus ökonomisch-wirtschaftlichem Druck ergeben, sie können emotionell, ideologisch, aber auch „freiwillig" eingegangen werden. Eine typische „Konfliktbeziehung“ (Kampfgestalt) entwickelt sich, in der Streit und Versöhnung im Gleichgewicht zueinander stehen, wenn Abhängigkeit und Selbstbehauptung des Miteinander-Seins wiederholt wechseln, der eine Partner sich gegen den anderen auflehnt, an Gewicht innerhalb der Beziehung zunimmt, aber z. B. bei einem erneuten erotischen Zusammensein von dem ersteren verstärkt abhängig wird. Diese Art der „Kampfgestalt“ ist wiederholt in ehelichen Verbindungen zu beobachten, wobei die Geschlechterrolle häufig irrelevant ist, sowohl der Mann wie auch die Frau sich zwischen den Polen erneuter Selbstbehauptung und Unabhängigkeit gegen z. B. sexuell empfundene Abhängigkeit bewegen. Die Momente der Abhängigkeit sind jedoch keineswegs auf die Erotik, das sexuelle Miteinander-Sein beschränkt, sondern umfassen auch die übrigen, soeben aufgeführten Bezirke. Aus der Konfliktbeziehung (Kampfgestalt) vermag sich im zeitlichen Ablauf auf beiden Seiten Indifferenz und Resignation zu entwickeln, die Beziehung kann sich auflösen, die Partner können auseinandergehen.

Treibende Kräfte, d. h. zur Einkörperung tendierende Triebe, die drängend erlebt werden und in der Beziehung zu Personen oder zur Welt sich gestalten, bestimmen relativ als Gestaltete (Selbstbehauptung, Selbständigkeit) das noch relativ Ungestaltete (Anpassung, Abhängigkeit). Die Selbstbehauptung vermittelt auf jeden Fall Gestalt, mag sie eine deformierte, ikonoklastisch-negativistische sein, mag sie die Darstellung eines überwiegenden, ausschließlichen Triebes verkörpern, sie ist der Gestalt, die z. B. durch Antriebsdissoziation gekennzeichnet ist, überlegen, wirkt auf diese stabilisierend, identitätsbildend und -fördernd. Über das bloße Gegen- und Mit-Einander von Antrieben der Einkörperung und Entkörperung, von Selbstbehauptung und Anpassung hinausgehend, entwickelt sich gegenseitiges Geben und Nehmen von Gestaltetem. So entsteht aus der Kampfgestalt möglicherweise Trennung, Indifferenz, Aggression, Identitätsverlust, möglicherweise aber auch personale Begegnung, Sich-Durchdringen und Sich-Verstehen. Abhängigkeitsbeziehungen, einschließlich der sog. sexuellen Hörigkeit, zeichnen sich durch die Tendenz des manipulativen Mißbrauchs des Schwächeren durch den Stärkeren (Abhängigeren) aus, das sado-masochistische Paar stellt diese Gestalt besonders deutlich dar.

Die Vorgegebenheit der übergeordneten Gestalt bestimmt als Lebensgestalt nicht nur das Einzelwesen, sie trifft für jede menschliche Beziehung, für menschliches Mit-Einander als Gestaltetes oder Ungestaltetes generell zu. Idealtypisch sei die Gestalt einer Beziehung als gesunde beschrieben, in der *gegenseitiger Austausch* in sozial-beruflicher, sachlicher, weltanschaulicher und erotischer Weise sich mit dem Wachstum der Beziehung, d. h. der Differenzierung und Konsolidierung derselben findet. Diese Beziehung kann sich jedoch nur annähernd verwirklichen, wenn die Partner Einsicht in die Fundamentalstruktur gegenseitiger Abhängigkeit der im Leben sich bildenden und wieder auflösenden Figuren haben, d. h. wenn ihre Abhängigkeit nicht zum Grund und Anlaß der Destruktion der Gestalt durch Rivalität, Abwertung der Sexualität, Egozentrismus (Kampfgestalt) wird, sondern gegenseitiger Vertiefung im Wissen um diese Fundamentalstruktur des Lebens sich ausdifferenziert, zur gemeinsamen Gestalt sich konsolidiert.

Andere Möglichkeiten von Gestaltbildungen in menschlichen Beziehungen wären die reinen Sachbeziehungen, die sich z. B. unter beruflichen Bedingungen, über Informationsaustausch, Wirken und Gegenwirken, Geben und Nehmen auf rein rational-zweckmäßiger Ebene darstellen. In der Mitte zwischen der idealtypischen Gestalt gegenseitigen Sich-Durchdringens und gegenseitiger Differenzierung einerseits, der rationalen Sachbeziehungen andererseits stünden die symbiotischen Abhängigkeitsgestalten. Diese werden durch die Mutter/Kind-Beziehung, aber auch Geschwister-Beziehungen und eheliche Bindungen dargestellt, wie sie Familien innerhalb ganzer Gesellschaften, kleinerer Sozietäten, Gruppen in größeren Gruppen verkörpern, bei denen die gegenseitige Abhängigkeit mit einem weitgehenden Verlust innerer Selbstständigkeit und inneren Spielraums erkauft wird, die deshalb an symbiotische Verwachsungen verschiedener Individuen zu einem Organismus erinnern. Zu der symbiotischen Gestalt gehören auch die Hörigkeitsbeziehungen sado-masochistischer oder sexueller Natur, die beide oder mehrere Partner zueinander verketten und die die Konflikt-(Kampf-) Gestalt der immer wieder versuchten, aber immer wieder scheiternden Selbständigkeit gegen die Abhängigkeit möglicherweise bedingt (vgl. oben). Die Konflikt- oder Kampfgestalt – es sei an das Modell der Beziehung Erde/Mensch erinnert – zeichnet sich durch den perpetuierten Durchgang zwischen Trennung der Gestalt und Wiederherstellung des Getrennten aus, sie kann einem sich teilenden oder wieder vereinenden Kreis verglichen werden, oder der Zellteilung und Karyokinese. Zu dieser Gestalt zählen z. B. auch Beziehungen – von der dargestellten abweichend –, die die Provokation von Zuwendung oder Abweisung immer wieder, sei es von einem, sei es von beiden Partnern ausgehend, erzwingen wollen mit der stereotypen Frage „Liebst Du mich noch“ oder der Feststellung „Du liebst micht nicht mehr“. Stößt die (unbewußt) gesuchte Abweisung oder die der Erwartung nicht korrespondierende Antwort nur auf milde Bejahung, u. U. Gleichgültigkeit, wird das Fazit des „Nicht-mehr-Geliebt-Werdens“ bestätigt und entsprechend gehandelt. Aber auch bei einer, dem Partner oft nicht bewußten, untergründigleibfeindlichen Einstellung, die von dem anderen registriert, undeutlich wahrgenommen wird, entwickeln sich Kampfbeziehungen der Art, daß aus der Leibfeindlichkeit des einen der andere provokatorisch abgewiesen wird, er bestraft wird, weil er den einen leiblich „glücklich macht“. Der andere, dem die Leibfeindlichkeit seines Partners nicht deutlich ist, mißversteht dieses Verhalten, fühlt sich als „nicht geliebt“ und die Beziehung treibt u. U. ihrem Ende zu. Kampfgestalten (Konfliktbeziehungen) dieser Art stellen sich durch stereotype Kreisfigurationen dar, die, unterscheidlich motiviert, entweder Menschen betreffen, die lebenslänglich in dieser Konfiguration beharren, oder die, durch was für Umstände auch immer bedingt, sich im oben geschilderten Austausch und Durchdringungsprozeß zu steigern vermögen. Im letzteren Fall entsteht aus der Kreisgestalt eine aufsteigende Spiralbewegung, die mit progressiver Durchdringung, Austausch und Differenzierung der Gestalt verbunden ist. („Gestaltblüte" oder „Wachstumsgestalt"). Gelingt es nicht, die Konflikt- und Kampfgestalt zu einer Wachstumsgestalt zu verwandeln, bleibt die Konflikt-(Kampf-)Gestalt im Kreis des stereotypen Machtkampfes befangen.

Die in einer Partnerschaftsbeziehung verbundenen Individuen vermögen jedoch *gleichzeitig* in anderen Beziehungsgestalten ihren gelebten Raum, ihre gelebte Zeit zu verwirklichen. In Kampfgestalt stehende Individuen einer spezifischen Bindung hier, vermögen sich dort – z. B. beruflicher Ebene – durch reine Sachbeziehungen (Sachgestalten) auszuzeichnen, auf der Ebene anderer personaler Bindungen durch Begegnung und Austausch. M. a. W. das Individuum muß in der ganzen Verschiedenheit seiner Beziehungen („Kommunikationsebenen") gesehen werden, die möglicherweise zahlreiche, miteinander nicht unbedingt korrespondierende Gestalten seiner raumzeitlichen Darstellung miteinbeziehen; bzw. das Individuum ist nur in der gänzlichen Vereinsamung, ohne die Du-Gestalt, ein Einzelwesen, das jedoch selbst in der Form isolierter Eigengestalt sich noch in Abhängigkeit von dem gesamten gesellschaftlichen Miteinander befindet.

Es kann z. B. ein Individuum beobachtet werden, daß in seinen Sachbeziehungen scheitert, in zunehmende Isolierung und Abkapselung getrieben wird, dort wiederum in Hörigkeits- und Abhängigkeitsbeziehungen sich verfängt, weder zu Austausch noch zu Begegnung mit dem anderen, dem Du durchzudringen vermag, die „Du-Gestalt" ihm verschlossen bleibt. Dann wiederum werden Individuen bemerkt, die sachliche Beziehungen rational durchzugestalten vermögen, den Sachbeziehungen dabei weitgehend folgen, von diesen geprägt werden, aber in der Du-Beziehung, die auf Begegnung hin veranlagt ist, versagen. Andere Individuen wiederum vermögen sich, auch in Sachbeziehungen, nur durch Kampfgestalten darzustellen, wieder andere sind in ihren Partnerschaftsbeziehungen durch Kampfgestalten gekennzeichnet, aber folgen in den Sachbeziehungen den durch die Sache bedingten Faktoren.

Dieser Fülle zu registrierender Möglichkeiten der Du-Gestalten sei phänotypisch (idealtypisch) die *„gesunde"* resümierend noch einmal gegenüber zu stellen, *die nicht nur zur Durchdringung, Begegnung und Austausch in der Lage sein sollte, sondern in deren Selbstbehauptung sich Sach- und auch Konfliktbeziehungen zu kombinieren vermögen.* D. h. die gesunde Du-Gestalt ist eine, die im Wachstum sich öffnet und sich wieder schließt (sich anpaßt und sich selbst behauptet) und damit auf die morphologisch-funktionelle, fundamentale Vorgegebenheit naturhafter Gestalten auch für die menschlichen Beziehungen hinweist. Der idealtypisch Gesunde verfügt über die Möglichkeit in den verschiedensten Beziehungen, von Sachbeziehungen zu symbiotischen Beziehungen, zu Beziehungen von Austausch und Sich-Durchdringen, zu leben; sein Gestalthorizont (mögliche, von ihm zu lebende Gestaltbeziehungen) ist ebenso flexibel wie ausgedehnt.

Die fundamentale *Bedeutung* der Gestalten des Mit-Einander-Seins oder der Du-Beziehung liegt in dem durch sie begründeten Wechsel der Beziehung zur Welt generell, in der Bedeutung der Welt nicht für das Individuum, sondern für die Beziehung. Hier öffnet sich die Perspektive noch nicht abzusehender Forschungsmöglichkeiten der sog. Sozialpsychologie, wenn es gelingt, nicht allein den „Daseinsentwurf" des einzelnen, sondern den einer Partnerschaftsbeziehung oder einer Sachverbindung und ihrer möglichen Kombinationen darzustellen. Dem in symbiotischer Abhängigkeit lebenden Paar zeigt sich die Welt weitgehend analog, sei es als eine, in die beide sich expansiv zunehmend hineinbewegen, sei es als eine, aus der sie sich zurückziehen. Wird die symbiotische Beziehung zu einer Konfliktgestalt, so erscheint Welt dem selbständigen Partner anders, vielleicht verlockender, vielleicht bedrohlicher als dem abhängigen, doch wird es Momente geben, in denen Welt beiden wieder analog sich zeigt, abhängig auch von der Art und Weise ihres gemeinsamen Mit- oder Gegen-Einanders im Verhältnis zur Welt. Der Austausch über die Welt zwischen den Partnern, Gespräche über andere Personen, Sachbezüge usf. vermitteln Welt in sehr unterschiedlicher Weise, ihre Beziehung zu dieser, ihre Bedeutung für die Partner und doch ist es „eine Welt, in und über die beide sich austauschen". Nicht wenig anders stellt sich Welt in Sachgestalten oder in ausschließlichen Kampfbeziehungen (Gestalten) dar, in denen die Partner von der gleichen Welt in verschiedener Sprache reden, das Mißverständnis sich u. U. chronisch-anhaltend etablieren kann, weil, trotz verschiedener Sprache, noch über einunddieselbe Welt geredet wird, das „In-derWelt-Sein" als Regulativ die Trennung, Isolierung, den Gestaltzusammenbruch und -verfall noch verhindert.

Die Begegnung im sachlichen, sozialen, ideologischen, erotisch-personalen Bereich der aufgeführten Typen verschiedener „Deformation" von Selbstbehauptung und Anpassung im menschlichen Zusammensein bedingt einen erheblichen Teil der dekompensierten Mißverhältnisse, Mißverständnisse und Mißgestalten der mitmenschlichen Realität. Die Errechnung der Möglichkeiten von Begegnung der verschiedenen aufgeführten Typen miteinander ginge in vielstellige Zahlen bei z. B. 18–20 Typen unterschiedlicher Deformationen. Daraus ergäbe sich eine Kombinatorik menschlicher Begegnungsmöglichkeiten und ihrer Folgen für die Gestalt der jeweiligen Beziehungen, Gestalten, in denen die Kampfbeziehung, der Austausch, die symbiotische oder die Sachbeziehung schematisiert sich konstruieren ließen. Begegnungen dieser Art sind ein Bestandteil des Alltags, wenn z. B. der ikonoklastisch-negativistische Typus mit dem überangepaßten oder resignativ-apathischen zusammentrifft, wenn der Antriebsdissoziierte, Submanische den Gehemmten findet oder der von einer einseitigen Triebrichtung Geprägte sich jenem zuneigt, der in der Omnipotenz der Wunscherfüllung lebt.

XIII. Die sechs Korrektiva anthroprologischer Mißverhältnisse und ihrer Dekompensationen

a) Das Maßerleben

Das über den Leib gewonnene Maßerleben des Kindes, des aufwachsenden Menschen wurde als eine fundamentale anthropologische Norm im ersten Teil dargestellt, die Voraussetzung jeder Ordnung, Norm, jedes ethischen Verhaltens, jeder Korrektur und Kritik ist. Selbst in der Dekompensation von Zu- und Abwendung (Zyklothymie) ist eine Kompensation durch die Phasenhaftigkeit der Erkrankung zu erblicken. In der Dekompensation des perspektivischen Entwurfs (schizoide Psychose) ist das Maßerleben nicht völlig ausgelöscht, solange das Individuum noch über Wahrnehmen und Handeln mit der Umgebung korrespondiert, kommuniziert, auch wenn die Bedeutung der Umgebung sich, dem Grad der Psychose entsprechend, inhaltlich weitgehend verändert hat.

In den aufgezeigten dekompensierten Mißverhältnissen (Typen) wird das Maßerleben durch die Kompensation der einzelnen Typen sichtbar (vgl. oben) – findet keine Kompensierung statt, *liegt das Maß in den aus dem Typus und seinen Handlungen sich ergebenden Folgen für dessen Lebensentwicklung: Jedem wird im Lebensweg das zugeteilt, was er als Typus antizipiert und entsprechend gestaltet*, was er als Typus aus der Umwelt, seinen Lebensweg bestimmend, „auswählt“. Der Negativist wird im Umgang mit Welt das erfahren und erleben, was seinem Typus entspricht, die Welt wird auf ihn entsprechend antworten und ihn mit seinem Maß, dem negativistischen, messen. Daß dieses Maß im Verhältnis zu dem des „Gesunden“ (s. unten) ein extrem begrenztes, eingeschränktes ist, das Maß des Gesunden sich im Prinzip durch den sehr viel weiteren Horizont von Umgangsmöglichkeiten mit der Wirklichkeit auszeichnet, schließt nicht aus, daß das Verhalten des dekompensierten Typus zur Umwelt, Verhalten der Welt zu diesem einem beiden immanenten Maßempfinden entspricht.

Das Ausgeführte gilt ebenso für den Gehemmten oder den Haltlos-Antriebsdissoziierten, für den blinden Täter wie für den karitativ Überangepaßten, deren Lebensweg weitgehend der Lebensgestalt entsprechend verläuft und sich nach dem bemißt, wie sie auf ihrem Lebensweg, der Dominanz ihres Typus folgend, sich verhalten werden.

„Jedem das Seine", oder „Jedem nach seinem Maß", darf für den Umweltsbezug (Umgang) der Lebengestalt der Typus festgestellt werden.

Dieses idealtypisch und der perspektivischen Wahrnehmung entsprechend *undeutlich* gesehene Verhältnis des menschlichen Maßes zum Mit- und In-Einander-Sein stellt jedoch mögliche, – auch gesellschaftliche – Veränderungen des einmal geprägten Typus nicht in Frage, vielmehr wurde oben die Verschränkung von Maß und Konflikt (Veränderung) aufgezeigt.

b) Die sozialen Antriebe

In den sozialen Antrieben der Fürsorge, des Beschützens, des Mitleidens, des spontanen Helfens, des dem anderen sich verstehend Zuneigens, der belehrenden Anleitung, aber auch der erotischen Anziehung – obwohl diese durchaus antisozial auf die Gruppe und die Gesellschaft zu wirken vermag – verfügt das Subjekt über Möglichkeiten, die oben dargelegten, aus den anthropologischen Mißverhältnissen stammenden Diskrepanzen zu überbrücken, u. U. sie auszugleichen. Geben und Nehmen, den sozialen Antrieben immanent – in der Einkörperung überwiegt das Nehmen, in der Entkörperung das Geben, die sozialen Antriebe stellen eine Verschmelzung beider Antriebsrichtungen dar –, tendieren innerhalb der letzteren zu einem Gleichgewicht. Das beschützte Kind nimmt den Schutz an, beantwortet ihn mit wachsender Zuneigung. Der Kranke beantwortet die Hilfe mit Dankbarkeit, der mitfühlend angeleitete Schüler wird besser lernen als der hart angepackte und sich dem Stoff und dem Lehrer entsprechend anders aufschließen. Allerdings bezieht diese rein phänotypische Darstellung die Reaktionsmöglichkeiten derjenigen nicht mit ein, die z. B. auf Hilfe, Fürsorge, Schutz oder Geborgenheit mit verstärkter Abhängigkeit, dann wiederum Auflehnung gegen dieselbe, Entwicklung einer Kampfbeziehung antworten. Nichtsdestoweniger stellen die sozialen Antriebe Regulationsmöglichkeiten menschlichen Mit-Einanders dar, die auch von den ethisch hochstehenden Religionen des Buddhismus und Christentums frühzeitig erkannt und entsprechend institutionalisiert wurden (etwa im Vergleich zu Ethnien, in denen Hilfe bei Unglück keineswegs selbstverständlich, sondern sogar verpönt zu sein vermag, der vom Unglück Betroffene von bösen Geistern verfolgt und entsprechend tabuiert ist[1]).

c) Die gesellschaftlichen Korrekturen

Gesellschaftlichen Korrekturen, die möglichen Mißverhältnisse menschlicher Beziehungen zu beeinflussen, wird bereits bei Naturvölkern begegnet, oft in erheblich rigider Form. Festgelegte Umgangsweisen zwischen Verwandten und Clan-Angehörigen, spezifische Arten, Tanten, Cousinen, Onkel oder Großeltern anzureden, zu begrüßen, mit ihnen in Austausch zu treten, komplizierte Zeremonielle des Umgangs stellen Versuche dar, die Konflikte und damit die Möglichkeiten der Auflösung der Gruppe zu limitieren, sie vor letzteren zu schützen. Dazu zählen auch die Meidungen und Tabuisierungen, die dazu beitragen sollen, der jeweiligen Gruppe Stabilität, ein Mindestmaß an Sicherheit, Unterkunft und Ernährung zu gewähren, ferner die gemeinsamen Spiele, um z. B. Generationsgegensätze zu überbrücken.[2]

Die im Gesetz verankerte Institutionalisierung dessen, was der einzelne darf und was er nicht darf, ist seit der Antike aus der Entwicklung Europas nicht zu eliminieren, bei aller Verschränkung auch mit einkörpernder Herrschaft. (Der Raum der Herrschaft ist nur in den seltensten Fällen allein der der brutalen Willkür, er ist immer auch ein Raum der Gliederungen, Hierarchien, Trennungen, Organisierungen, Staffelungen, Aufteilungen und der Verwaltung). Dabei verfügte besonders die christliche Religion mit der Drohung einer ewigen Strafe im Jenseits über ein wirksames Mittel sozialer Korrekturen (was nicht ausschließt, daß diejenigen, die diese Mittel handhabten, von seiner Wirkung sich nicht betroffen fühlten).

Reale Strafe: ob extreme Ein- und Beschränkung der Person in ihrem Wirkungsraum, bis zur Vernichtung derselben, wurde in der Entwicklung der abendländischen Rechtsprechung[3] zu einem weiteren, einschneidenden, jedoch keineswegs immer wirksamen Mittel, soziale Korrekturen auszuüben und der befürchteten Anarchisierung der Gesellschaft, blieben die Individuen sich selbst überlassen, vorzubeugen.

Es ist hier nicht der Ort, diese historische Entwicklung sozialer Korrekturen aufzuzeigen, die dann, zunehmend im Zeitalter der Aufklärung, die stabilisierte Institutionalisierung sozialer Antriebe in Krankenhäusern, Pflegeanstalten usf. förderte, in der die Gesetzgebung Sicherheit, Unterkunft, Existenzminimum des einzelnen – wie z. B. seine Altersversorgung – sicherstellte.

Nichtsdestoweniger bleibt der Doppelcharakter der Institutionen durchgängig sichtbar: Sie sollen Sicherheit, Schutz, Stabilität, Ordnung vermitteln, verlangen aber gleichzeitig Unterwerfung des einzelnen unter dieselben, d. h. Unterordnung von Antrieben: z. B. der Erotik in der institutionalisierten monogamen Ehe, der Rivalität in hierarchisch gestaffelten Verwaltungs- oder Dienstleistungsbetrieben, die eine fast automatische Beförderung des einzelnen nach Kalenderablauf vorsehen, damit der Rivalisierung entgegenzutreten versuchen. Sie verlangen aber gleichzeitig Unterordnung der Person unter das Ganze des Dienstgefüges, wer sich ihm aber „verkauft", gewinnt materielle Sicherheit bis an sein Lebensende.

Die Korrektur der Antriebe der Einkörperung durch das Gesetz einerseits, die Institutionen andererseits, ist ferner nicht ohne negativen Einfluß auf die anthropologischen Mißverhältnisse zu beobachten. Zwar wird mit der beruflichen Sachbeziehung etwa unter Wissenschaftlern und Angestellten oder Arbeitern eines chemischen Großbetriebes eine relativ konfliktfreie Ebene der Beziehungen ermöglicht. Die Sachbeziehung unterstützt jedoch das reflektiert-ikonoklastische Vermögen des Menschen einseitig zu ungunsten der ikonoplastischen Antriebe, des Fühlens und der Befindlichkeiten, es züchtet ikonoklastisch-reflektierte Individuen mit möglicher Entwicklung zu Negativisten oder blinden Tätern.

Die Institution der monogamen Ehe in Europa und in den von ihm beeinflußten Ländern und Kontinenten stellt das bekannteste Beispiel für den Doppelcharakter der Institution dar. Die Ehe[4] soll einerseits der Frau und den Kindern materielle Sicherheit, Schutz, sog. soziale Anerkennung vermitteln, ökonomische und materielle Interessen mit weltanschaulichen und dem Bedürfnis nach anhaltender Dauer der Beziehung verbinden, sie wird andererseits auf Grund der Vielzahl der in dieser Bindung zu vereinenden Ebenen der Anlaß zu kaum übersehbaren Konflikten.

Die Doppelbödigkeit der Institution schließt jedoch nicht aus, daß eine Aufhebung aller Institutionen in der technisch-verwalteten Welt absurd ist, die einfachsten Vorgänge materieller Versorgung, der Müllabfuhr oder der Stromversorgung nicht ohne differenzierte, vielfältige Arbeitsprozesse denkbar ist.

d) Individuum, Familie, Gesellschaft: das regulierte Mißverhältnis

Über die eben dargestellten, allerdings stets doppelbödigen Versuche der Gesellschaft hinausgehend, die latente, durch die anthropologischen Mißverhältnisse bedingte Stabilitätsgefährdung zu korrigieren, stellt die „Pufferung" der Mißverhältnisse durch die Wechselwirkung zwischen Individuum, Familie und Gesellschaft einen erheblichen Regulationsfaktor dar. Dieser soll an einigen Beispielen – schematisiert – kurz ausgeführt werden:

Die Brüder A und B, im Altersunterschied von 2 Jahren, wachsen in einem sozial gut angepaßten, mittelbürgerlichem Milieu – gesichertes Einkommen, Einfamilienhaus usf. – auf. Der Vater repräsentiert in typischer Weise eine richtungweisende, leistungsgeprägte, aber nicht überfordernde und nicht hart durchgreifende Autorität. Die der Mutter ist ebenfalls ausgeprägt, jedoch tendiert die Beziehung der beiden Ehepartner überwiegend auf Austausch und Durchdringung, nicht auf Konflikt oder Kampf. Die Mutter ist den Söhnen warmherzig zugetan, tolerierend und verständinisvoll.

Sohn A – mit dem Bruder B rivalisierend, da er sich klüger, leistungsfähiger glaubt – entwickelt sich zunehmend in Richtung des reflektiert-ikonoklastischen Intellektuellen mit erheblichen Ansprüchen an sich selbst, guten Zeugnissen, aber mangelndem Kontakt zu den eigenen Emotionen, den Antrieben, mit Gefahr der Dissoziierung derselben. Die Gestalt der Selbstbehauptung verwirklicht sich hier über Intelligenz, Leistung, Durchsetzungsvermögen bei geringer Kontaktfähigkeit und sich zunehmend abschwächender Emotionalität (Fühlen). Diese Mißentwicklung in Richtung einseitiger, ikonoklasischer Weltsicht wird jedoch innerhalb der Familie durch die den Sohn unterstützende Einstellung beider Eltern ausgeglichen, es kommt hier zu keinen nennenswerten Konflikten, da seine Entwicklung auch den sozialen Maßstäben beider Eltern entspricht. Sohn und Eltern verhalten sich konform zueinander (Austauschbeziehung mit Entwicklung, Wachstumsgestalt, keine Konfliktbeziehung). Nach Abschluß eines Studiums als Physiker wird A Hochschulassistent und heiratet eine im Typus der Mutter ähnelnde Frau, die allerdings im Unterschied zur Mutter berufstätig bleibt.

Die Entwicklung A's steht für viele analog und zeigt, wie Mißverhältnisse in der Strukturierung der Persönlichkeit – ikonoklastisch, leistungsbetonte Weltsicht – durch sozialen Ausgleich, Anerkennung innerhalb der Familie, Unterstützung durch dieselbe und auch durch den Ehepartner durch Rollenidentität („er geht in seinem Beruf auf"), problemlos in der Gesellschaft aufgehen, nicht innerhalb derselben dekompensieren. A wäre außerordentlich erstaunt, wenn man ihn einen „Neurotiker" nennen würde, obwohl er durchaus „neurotische Züge" – von seinem Typus abgesehen –, wie Geltungsstreben, relativ geringe Toleranzschwelle anderen gegenüber, Kontaktschwäche und möglicherweise autoritäres Verhalten, zeigt.

Der jüngere Bruder B, in seiner leibhaft-athletischen Verfassung dem Großvater (Landwirt) ähnlich, zeigte sich, im Unterschied zu seinem Bruder, von frühester Kindheit an motorisch aktiver, eingreifender, extrovertierter, was sich auf seine Schulleistungen ungünstig auswirkte – bis auf den Sport – und ihn in Konflikt mit dem Vater, gelegentlich auch mit der Mutter brachte. Seine Entwicklung, bei Beibehaltung größerer Kommunikationsfähigkeit als der Bruder – Neigung zu impulsiverem, spontanem Handeln, intensiverem Kontakt mit eigenen Gefühlen und Befindlichkeiten – drängte ihn in Richtung des „blinden Täters". Tatsächlich schloß er die Schule nicht ab, sondern wurde Auslandsvertreter eines größeren Unternehmens, bei dem er rasch, zum Teil abenteuerlich, avancierte. Auch hier, bei einem wenig reflektiererten, zunehmend von *einer* Antriebsrichtung bestimmtem Typus, temperamentvollen, spannungsgeladenen Menschen, der eine zum Bruder ganz gegenläufige Entwicklung einnahm, ergänzt sich soziale Entwicklung (Gesellschaft), Einfluß der Familie auf ihn wechselseitig in der Pufferung möglicher Mißverhältnisse, vor allem durch die Berufswahl. Diese ermöglichte B, seine in der Auseinandersetzung mit der Familie, der Schule und auch seiner Veranlagung gewonnenen charakterlichen Tendenzen (Lebensgestalt) adäquat sozial auszuleben.

Die unübersehbare Möglichkeit dieser Wechselwirkungen werden anschaulich, wenn die Familienverhältnisse beider Brüder oder ihr Werdegang, ihre Partnerwahl weniger ausgeglichen sich darstellten: Wenn A anstatt Physiker hätte Vertreter werden müssen, B aber Physiker geworden wäre; wenn A eine launisch-reizbare, anspruchsvolle Frau geheiratet, mit der er in einer Kampfbeziehung hätte leben müssen, wenn B sich an eine gehemmte, introvertierte, ihn belastende, zu Depressionen neigende Frau gebunden hätte; wenn ferner der Vater rigider, autoritärer den extrovertiert-expansiven Bruder in einen Beruf gezwungen, der seinen Bestrebungen und Möglichkeiten entgegen aber denen des Vaters entsprochen hätte, wenn die Mutter kühler, weniger warmherzig den Söhnen gegenüber gestanden, – sie sie vielleicht auf der einen Seite damit weniger an sich gebunden, auf der anderen Seite aber auch zunehmend frustriert hätte. Noch anders hätte sich die Konstellation der Brüder ergeben, wenn die Mutter z. B., wie es häufig beobachtet wird, mit dem älteren ein „Bündnis" *gegen* den Vater geschlossen oder wenn sie von vorneherein den jüngeren Bruder dem älteren vorgezogen hätte. Ob die aus diesen Konstellationen sich dann ergebenden Mißverhältnisse im sozial-beruflichen Leben der Brüder in eine ausgleichende Pufferung gemündet hätten, die sie vor Dekompensationen bewahrte, ist fraglich. Sichtbar wird jedenfalls, wie die sozial-gesellschaftliche Entwicklung mögliche, in der Familie entstehende Mißverhältnisse kompensiert. Beispiele dieser Art ließen sich in Abwandlung bekannter, täglich in der Praxis auftauchender Fälle rekonstruieren: Wie sähe die mögliche Entwicklung des Individuums bei einem Einzelkind, bei drei Schwestern oder einem jüngeren Bruder in den verschiedensten Umgebungen aus, unter sehr verschieden reagierenden und sich verhaltenden Eltern? – so z. B. bei einer Tochter aus dem Arbeitermilieu, die durch den Umgang mit Mädchen aus bürgerlichen Kreisen sich unter erheblichen Konflikten von ihrer Umgebung emanzipiert, nach Absovierung des Abendgymnasiums jedoch in ihrer Ausbildung scheitert. Sie muß Verkäuferin werden, heiratet innerhalb dieser sozialen Schicht, wird Mutter von 2 Mädchen, entwickelt sich zu einem enttäuscht-apathisch, resignierten Typus, der aber innerhalb seiner Welt nicht „dekompensiert", sondern die in ruhiger-mütterlicher Weise ihre Töchter betreut, diese wiederum auf die höhere Schule schickt und jetzt von ihnen erwartet, was sie selbst nicht leisten konnte. Die aus dieser Erwartungshaltung sich ergebenden, möglichen (aber nicht notwendigen) Fehlentwicklungen der Töchter wurden von Autoren wie z. B. *H. E. Richter* u. a. aufgezeigt.[5]

Was hier als Mißverhältnis erscheint, ist dort sozial „verkraftet", vielleicht verschleiert, tritt es erst an Kindern, Kindeskindern, an Partnern oder im Umgang mit Berufskollegen auf – wenn z. B. der Bruder A im Falle der ersten, günstigen Entwicklung in seinem Beruf ein gefürchteter Kritiker seiner Kollegen wird, der es darauf anlegt, diese immer in ihre Grenzen zu verweisen.

Über das soeben Festgestellte hinaus sollen diese wenigen Beispiele und ihre Variationen nur aufzeigen, wie Mißverhältnisse und Mißentwicklungen der oben dargestellten Typen in entsprechenden sozialen Verhältnissen am Platze scheinen, kompensiert sind, weil die sozialen Verhältnisse bereits Ausdruck anthropologisch fundierter Mißverhältnisse und historisch-gesellschaftlicher Mißentwicklungen darstellen. M. a. W. Individuum, Familie und soziale Mißverhältnisse haben die Tendenz, sich als Mißverhältnisse untereinander zu regulieren und zu „puffern", um damit größere Instabilität und einen Einbruch des Möglichen zu vermeiden. Diese Pufferung wird durch die leibhafte Konstitution, die familiäre Konstellation, das beruflich-soziale Aus-Einander der Individuen im gesellschaftlichen So-Sein gewährleistet, das ebensoviel Konflikte, damit Bewegungen, wie auch mögliche Gleichgewichtszustände vermittelt.

Das Verhältnis zwischen Individuum, Familie (Gruppe, in der das Kind aufwächst) *und Gesellschaft stellt in der historischen Perspektive den Versuch dar, Mißverhältnisse durch Mißverhältnisse auszugleichen und zu kompensieren, wobei diese Mißverhältnisse sich durch Gestaltinterferenz gegen-*

seitig verstärken, abschwächen oder aufheben, wie resümierend noch an folgenden Beispielen aufgezeigt werden soll:

Verstärkung des Mißverhältnisses findet dann statt, wenn z. B. eine von Selbstbehauptung überwiegend in den verschiedenen Weisen ihrer Zuwendung geprägte Gestalt (vgl. Typus A) in Situationen persönlich – beruflicher Abhängigkeit gezwungen wird, die verstärkte Anpassung verlangen, bzw. wenn ein negativistisch-ikonoklastischer Typus als Lehrer tätig „Weltstoff" vermitteln soll oder der gleiche Typus mit einer ebenfalls ikonoklastisch-negativistischen Partnerin verbunden ist, die z. B. als Kindergärtnerin tätig ist. In einer solchen Lebenssituation werden die Konflikte möglicherweise zur Dekompensierung (vgl. unten) führen, ohne sich in neue Gestalten zu differenzieren; wenn ferner der „blinde Täter" oder der einseitig triebgeprägte Typus von Situationen bestimmt werden, die ihrer Lebensgestalt entgegengesetzt sind: der eine gezwungen ist, sich der Wissenschaft zuzuwenden, der andere sich an einen Partner bindet, der tätiges Sich-um-ihn-Kümmern erwartet; oder wenn der von der Omnipotenz seines Wunschlebens beherrschte Typus plötzlich in einem sachlichen Funktionärskreis sich behaupten muß. Die dann möglicherweise einsetzenden Dekompensierungen der Gestalt, ihre Auflösung und rapider Verfall, entsprechen der abnormen Erlebnisreaktion der klassischen Psychiatrie, der akuten Depression, des „Nervenzusammenbruchs" der Angstzustände, aber auch einbrechender psychosomatischer und psychotischer Symptomatik. *Daß* Analoges sich ereignet, besteht Gefahr und Möglichkeit, wenn der überwiegend angepaßte Typus in Lebenssituationen beruflicher Art, in Partnerbeziehungen, in ideologische Auseinandersetzungen gerät, wenn ihn Widerfahrnisse treffen, die von dem sich selbst behauptenden Typus bewältigt würden, ihn, den angepaßten, jedoch zu Dekompensierung und Gestaltauflösung treiben. Nicht weniger wird der Identitätslabile, euphorisch Antriebsenthemmte gefährdet, wenn er die Erwartung und Anforderung konzentrierter Arbeitsleistung erfüllen soll, sei es in introvetierter Bibliotheksarbeit oder in der Tätigkeit am Reißbrett, in Partnerschaftsbeziehungen oder in zwischenmenschlicher Kommunikation, oder wenn gar eine Überzeugung von ihm verlangt wird. Zur Dekompensierung würde der fürsorglich-idealistisch tätig Angepaßte neigen, wenn er sich plötzlich zu Fließbandarbeit gezwungen sähe, wenn er überwiegend eine durch Druckknöpfe gesteuerte Tätigkeit ausüben sollte oder in möglicher Bindung an einen Partner sich dem egozentrisch-einseitigen antriebsbestimmten Typus ausliefern würde. Die daraus erwachsende Verstärkung der Mißverhältnisse würde unterbleiben, es fände ein Gestaltausgleich statt, wenn die aufgezählten Typen umgekehrt in Lebenssituationen sich verklammerten, die ihrer Gestalt entsprächen: wenn der ikonoklastisch-Introvertierte Wissenschaftler wird, wenn der euphorisch Antriebsdiffuse als Vertreter in Spirituosen bzw. wenn der fürsorglich Angepaßte in einer entsprechenden kirchlichen Organisation arbeitet. Analog würden ihre Partnerschaftsbeziehungen nicht zu Gestalts- oder Identitätsbedrohung, zu möglicher Gestaltauflösung führen, sondern im Austausch über die vorhandenen Gestalten sich verstärken: wenn z. B. Selbstbehauptung mit/gegen Selbstbehauptung zur Gestaltsdifferenzierung sich steigert, wechselnde (situationsbedingte) Anpassung (Rollenaustausch) sich mit Anpassung verbindet, wenn Anpassung und Selbstbehauptung in Richtung der oben geschilderten idealtypischen Verhältnisse zu gegenseitiger Durchdringung sich ergänzen. D. h. *wenn die Beziehung nicht durch mögliche Inflexibilität der Gestalt (Selbstbehauptung) ausschließlich geprägt, sondern Gestaltwandel über Ergänzung zur gemeinsamen Gestalt sich entwickelt.*

e) Das Erfahren von Maß und Selbstregulation in der psychoanalytischen Behandlung (Psychotherapie)

Zu den wichtigsten Errungenschaften der psychoanalytischen Therapie, gleichgültig welcher Schule, zählt ihre – mehr oder weniger – methodisch durchgeführte Erhellung des Subjekts, seine Konfrontation nicht nur mit der Vergangenheit, sondern mit dem Horizont seiner realen Möglichkeiten, Begabungen, Weisen der Zuwendung, seiner verschiedenen Gewichtsverteilung im gelebten Raum, in der gelebten Zeit. Das Bild, das Herkommen, Tradition, Beruf, zwischenmenschliche Beziehungen, Rang und leibhafte Disposition des Analysanden vermittelt – daß dieser sich für etwas hält, was er nicht ausschließlich ist –, dieses Bild vermag die psychoanalytische Behandlung tiefgreifend zu verändern. Das Verhältnis des Subjekts zu sich selbst – ihm durch das Vermögen zur Reflexion vorgegeben – wandelt sich, indem des Subjekt „realitätsgerechter" wahrzunehmen und zu handeln beginnt – realitätsgerechter nicht im ausschließlichen Sinne der „sozialen Anpassung", sondern in der Weise, daß der Wirklichkeitsbezug der aufgezeigten Aspekte des gelebten Raumes, der gelebten Zeit weltbezogener (globaler) für das Subjekt selbst wird. Die Meidungen, die den gelebten Raum und die gelebte Zeit einschränken, werden geringer und weniger intensiv erlitten.

Konfrontation bedeutet Konfrontation mit der Faktizität des Wahrhaften, das Bestandteil der Selbstwahrnehmung ist, Decouvrierung, Enthüllung von Illusionen und Beschönigungen, mit denen der eingeschränkte Raum des Gehemmten oder der expansive des Ungehemmten wirklichkeitsungerecht verhangen war. Dabei wird auch die Faktizität der realen sozialen Situation den Erwartungen, Wunschvorstellungen und illusionären Verbrämungen gegenüber gestellt und nicht zuletzt die Frage nach den möglichen Zusammenhängen der jeweiligen Mißentwicklung aufgeworfen.

Als *realdialektischer* Prozeß[6] vermittelt die antrophologisch orientierte psychoanalytische Behandlung durch Konfrontation mit dem jeweiligen Gegenteil oder Extrem des Mißverhaltens und der Mißentwicklung – die der Kranke tunlichst selbst durchzuführen hat – ein Maß, das als Mitte zwischen Gegensätzen den Blick auf die gesunde Möglichkeit lenkt, so daß z. B. der ikonoklastische Negativist sich mit der Möglichkeit antriebs-diffuser Identitäts- und Ideallosigkeit konfrontiert als einer der Möglichkeiten seines Innen, umgekehrt der Identitätslabile sich mit der Möglichkeit stilisierter Identitätsfindung auseinandersetzt. Der der seine Selbstbehauptung im Gefühlsrausch findet, wird die Möglichkeit nüchterner Distanzierung entdecken, der resignativ Apathische die der oberflächlichen Antriebseuphorie oder das omnipotent sich wähnende Wunscherleben. M. a. W. das mögliche Maß des Menschen, seine Selbstregulation, wird im Prozeß des Durchgangs durch die extrem gepolten Möglichkeiten der Subjektivität des Menschen gefunden, die sowohl Selbstverständnis wie auch Selbstveränderung impliziert. Verläuft die Therapie als emotionelle Erfahrung, nicht als intellektuelles Salongespräch, sondern als ein die innere Existenz aufrüttelndes und aufhellendes Erleben, wird sie darüber hinaus auch Ausgewogenheit, Sicherheit und Ruhe vermittelnde Kur.

Die oben aufgewiesenen Typen möglicher Deformierung – die weit davon entfernt sind, erschöpfend zu sein, aber Richtlinien weisen sollen – sind als latente Möglichkeiten jedem Menschen immanent, bedingt aus dem das In-der-Welt-Sein strukturierenden Gegensatz von Möglichem und Möglichkeiten. Die Verwirklichung dieser deformierten Möglichkeiten ist sowohl Bestandteil anthropologischer Mißverhältnisse, die nicht auflösbar sind, wie auch die Folge von konstitutioneller Veranlagung, von Umwelteinfluß und möglicher Reaktion (Reagibilität) auf diese. Im Rahmen einer psychoanalytischen Therapie werden die extremen Typen als Möglichkeiten – bis zu einem gewissen Grade – von dem Individuum nacherlebt und erfahren: Sieht dieses sich und die Welt z. B. extrem reflektiert, perfektionistisch, von Riesenerwartungen erfüllt an oder ernüchtert, apathisch-resignativ, um zwei der Extreme zu nennen, in denen der Analysand sich zu bewegen vermag. Beziehung zur Welt, Bedeutung derselben werden aus festgelegten zu im Prozeß innerer Erfahrung sich wandelnden *Möglichkeiten. Zwischen diesen Gegensätzen, ihren Möglichkeiten, das Maß der Mitte zu finden, ist der Sinn einer anthropologisch orientierten und fundierten Therapie, liegt der Schlüssel zur Selbstregulation.*

Damit setzt die analytische Therapie nicht nur das delphische „Erkenne dich selbst“ fort, sondern führt in der Abbreviatur einer Behandlung die Lebensmöglichkeiten vor, die sonst das Bild einer dysregulierten, zu Dekompensation neigenden Selbstregulation aufweisen: Wenn der Gehemmte, durch unvorhersehbare Lebensumstände oder eine plötzliche manische Phase enthemmt wird und damit den Zyklus von dem einen Gegensatz zum anderen durchläuft, wenn der ikonoklastisch Fixierte durch Krankheit, Erschütterung oder beruflichen Wandel zunehmend ikonoplastisch wird, wenn physische Krankheit und Dekompensation den „blinden Täter“ (Infarkt!) zur Veränderung seiner Lebenseinstellung anhält oder der zwanghafte Karrierist scheitert – um dann eine andere Lebensgestalt auszudifferenzieren und zu entwickeln. In diesen letzteren Fällen sind *Krankheit, Mißverhältnis, Dekompensation Bestandteil der Regulierung von Lebensprozessen des individuellen In-der-Welt-Seins, die nicht wie soziale Antriebe oder Institutionen ausgleichend korrigieren, sondern im Mißverhältnis einen Moment in der Bewegung zum „rechten-Verhältnis", zum Maß darstellen.* Diese Bewegung wird in der psychoanalytischen Behandlung von Gegensatz zu Gegensatz gehend durchlaufen, in einem Zeitraum, der nur ein Bruchteil des möglichen Lebensweges beinhaltet und das Subjekt die Erfahrung machen läßt, trotz unauflösbarer anthropologischer Mißverhältnisse in seiner Struktur mit diesen Maß halten, leben zu können. D. h. die psychoanalytische Behandlung vermag nicht etwa die oben aufgezeigten anthropologischen Mißverhältnisse aufzuheben, wohl aber die aus diesen Mißverhältnissen sich entwickelnden Dekompensationen und ihre ein- oder entgrenzende Wirkung auf die Beziehung zum In-der-Welt-Sein abmildern, verändern, lenkbar machen.

Das In-Frage-Stellen des Selbstbildes und vorhandener oder gewesener Beziehungen, zu den Eltern z. B. ihrer entsprechend sich wandelnden Bedeutungen, entsprechend des Wandels der Beziehung zu diesen, das Aufdecken von Impulsen und Intentionen der aperspektivischen Bereiche darf jedoch nicht zu der häufig von Psychoanalytikern und ihren Popularisierungen gemachten Fehlkonzeptionen führen, daß der Analysand „eigentlich" seinen Vater hasse, mit der Mutter Geschlechtsverkehr ausüben möchte, seinen Bruder ermorden, seinen Vorgesetzten kastrieren, belügen oder bestechen will.[7] *Das Aufzeigen der Möglichkeiten des Innen und seiner Intentionalität auf die sichtbare Welt: Eltern, Geschwister, Kollegen, das Mit-Einander der Menschen ist stets nur eine Möglichkeit unter anderen, aber nicht die „eigentliche", die nun etwa beweisen soll, daß XY ihre Mutter nicht liebe, sondern hasse.*

Die Entdeckung des Traumes und seiner Bedeutung für die aperspektivische Bilderwelt generell ist sowohl von *Freud* wie auch von *Jung* dahingehend überschätzt worden, daß beide und ihre Anhänger glaubten, nun habe man auch den „eigentlichen", unzensierten oder kollektiven Spielraum der menschlichen Natur in den Griff bekommen. Die verständliche Faszinationen durch das „Unbewußte" ließ beide Forscher übersehen, daß hier *ubiquitäre (universelle) Möglichkeiten des Mensch-Seins auftauchen,* zu deren Verwirklichung der Abgrund zwischen dem aperspektivischen Innen und dem im perspektivischen Entwurf sich konstituierenden Subjekt überbrückt werden muß. So werden die Beziehungen von XY zu ihrer Mutter *in der Vielfältigkeit ihrer Möglichkeiten Bestandteil* wachsender Zur-Kenntnisnahme derselben; als differenzierte Beziehungen gehen sie weit über die üblichen Ambivalenzen von Zu- oder Abneigung hinaus und es wird die wechselnde Gestalt einer Beziehung sichtbar, die sich in der Analyse höchst wandelbar darstellt, ihre Bedeutungen wechselnd entwirft, die aber alle gleichwertig „eigentlich" sind.

Im Ausschöpfen der Bedeutungen, die solche Personen für den Analysanden haben oder hatten, durch die Konfrontierung mit seiner Multiintentionalität diesen Figuren gegenüber, wird nur in grober Vereinfachung u. a. auch der Gegensatz von Lieben und Hassen durchlaufen.

Trotz Multiintentionalität des Innen, trotz Auftauchens und Verschwindens der verschiedensten Aspekte etwa der Beziehung zu sich selbst, zur sich zeigenden Welt und zu Personen, die in einer Bedeutungs-Beziehung zum Analysanden stehen, wird ferner die Selbstverborgenheit des Subjekts, der nicht auslotbare Grund des eigenen aperspektivischen Möglichen als geahnter, nur begrenzt gewusster Bestandteil der Existenz nie aufgehoben. *Die Bewegung der Analyse vollzieht sich am und über dem Rand des eigenen Abgrunds.*

Das Durchlaufen der Gegensätze und Schattierungen der Möglichkeiten des Möglichen des eigenen Innen im Verhältnis zur Welt sollte durch das aktuelle Verhalten des Subjekts in der analytischen Behandlung sichtbare Gestalt annehmen, indem es die Möglichkeiten seines Verhaltens dem Therapeuten gegenüber demonstriert. Dieser Vorgang geht über die sog. Übertragung[8] hinaus, nicht nur weil nicht ausschließlich die Beziehungen zu Vater oder Mutter und anderen relevanten Erziehungspersonen wiederholt werden, sondern weil Beziehung überhaupt als mögliche, noch offene, den verschiedensten Einflüssen zugängliche, sich anbietet: im Sich-gehen-Lassen, im Abweichen von den habitualisierten „Marken“ und auch Masken der sozialen Rolle darf sich der Analysand, dem Kind vergleichbar, öffnen.

„Abwehr“, „Widerstand“, differenzierte Termini der psychoanalytischen Behandlung, aber bei *A. Freud* ausschließlich auf die Abwehr (libidinöser) Impulse limitiert,[9] sind wesentlich fundamentalere Vorgänge der Abweisung und Abwendung nicht allein libidinöser Triebe, sondern Abwehr des Möglichen und seiner Möglichkeiten überhaupt, sind Abwehr vor allem auch gegen Einsicht in sich aufdrängende Zusammenhänge des Lebensweges. *Abwehr ist Abwehr in erster Linie von Wahrheit.* Wahrheit wird hier schlicht als das Wahr-Zu-Nehmende, als faktische oder mögliche Vorkommnis von Absichten, Einstellungen, Haltungen, Impulsen und aperspektivischer Bilder des Innen bezeichnet, das im Erkenntnisakt mit dem „So ist es“ (Urteil) festgelegt wird. Abwehr von Einsicht und „Wahrheit“ kommt dem Streben nach Abhängigkeit und Anpassung des Individuums entgegen, das, über die zentrale Selbstverborgenheit hinaus, auch in der Verborgenheit seiner eigentlichen Multiintentionalität verharren möchte.

Ohne die Sonderbedeutung der „Abwehrmechanismen“ in einzelnen Fällen zu unterschätzen, in denen ihre Beziehung auf Nicht-zur-Kenntnis-Nehmen der Sexualität tunlichst beschränkt bleiben sollte, ist der hier veränderte und erweiterte Begriff der Abwehr als Abweisung, Sich-Verschließen, Nicht-zur-Kenntnis-nehmen-Wollen, als Abweichen von ... der umfassendere, sowohl seiner Herkunft als auch seiner Anwendung nach. Darüber hinaus soll nicht verschwiegen werden, daß Begriffe wie „Introjektion“ oder

„Projektion" aus einer Konzeption stammen, die von der Cartesischen Spaltung zwischen Subjekt und Objekt ausgeht und, ist diese Spaltung einmal akzeptiert, die größten Schwierigkeiten hat, das Außen in das Innen zu „introjizieren", umgekehrt das Innen nach außen zu „projizieren".

Abwehr gegen Einsicht in mögliches und faktisches So-Sein multiintentionaler Impulse, insbesondere auch des Handelns, ist darüber hinaus beim Menschen aller Brechungen, Kulturen und historischer Schichtungen anzufinden. Es ist zutreffend von *Freud* (*Nietzsche* entlehnt) als Rationalisierung, Rechtfertigung bezeichnet worden, insbesondere von Handlungen durch wechselnde ideologische Konzepte. Dazu zählt bekanntlich nicht allein die Begründung, warum etwas unterlassen wird – insbesondere einer erotischen Handlung –, sondern auch die Rechtfertigung von Tun allgemein, sowohl dessen, das überwiegend aus einkörpernden Antrieben sich ableitet: Besitzstreben, Macht- und Raffgier, aber auch aggressives Tun, so wie es kaum eine Massen- oder Einzelexekution in der Geschichte gegeben hat, die nicht ihre ideologische, politische und auch religiöse Rechtfertigung fand. In dem Phänomen der Rationalisierung, in der Sprache *Hegels* und *Marx'* des „falschen Bewußtseins" (das sich, der dialektischen Bewegung folgend, inzwischen auch derjenigen bemächtigt hat, die über das wahre Bewußtsein zu verfügen glaubten) tritt ein entscheidendes Phänomen des Humanen in Erscheinung: das Wissen um Verantwortung ganz allgemein der sich zeigenden Welt gegenüber. Seine Grundlegung in der frühen Kindheit durch den handelnden Umgang des Aufwachsenden mit Dingen und Personen wurde oben aufgewiesen und an anderer Stelle auch in seinen ethnischen und historischen Verflechtungen untersucht und belegt.[10] Rationalisierung, Rechtfertigung weist den Menschen als ein um seine Verantwortung im Tun wissendes Wesen aus, das auch in der Verzerrung des falschen Bewußtseins sich noch als verantwortlich darstellt: ein Vorgang, für den die Verhaltensforschung in der Tierwelt wohl keine Parallele aufzuweisen vermag. Die Auflösung des falschen Bewußtseins, das sich in der Wahrheit nicht geringer weiß als das richtige, erfolgt in der Analyse ebenfalls im Durchgang durch die Multiintentionalität bewegender Bilder und Impulse, die erst im Gesamteinblick die Differenzierungen des „Was und Warum" des Handelns ermöglicht. *Das „wahre" Bewußtsein unterscheidet sich hier von dem falschen durch den Horizont einander sich durchaus in Frage stellender „Motivationen" des Handelns, die das „falsche Bewußtsein" einseitig für bare Münze nimmt.* Verantwortung, im Durchgang durch den multiintentionalen Horizont des sich dem Außen zuwendenden Innen gewonnen, wird in der Behandlung von den Vorstellungen und Deformationen einseitiger Blickrichtungen gelöst.

f) Der Idealtypus des Gesunden

Wie oben ausgeführt wurde, zeichnet sich die „Du-Gestalt" des Gesunden durch die Möglichkeit aus, in verschiedenen Beziehungen existieren und auf mehreren Ebenen kommunizieren zu können. Der „Gesunde" – den es, aufgrund der anthropologischen Mißverhältnisse in der Realität nur als mögliche Annäherung gibt – stellt sich in der Kommunikation mit der sich zeigenden Welt und den Personen durch Flexibilität zwischen dem Vermögen zur Selbstbehauptung und Anpassung dar, durch das Vermögen, das Maß der Mitte zwischen einkörpernden Antrieben, ihren Extremen und denen der Entkörperungen gefunden zu haben. In sozialen Antrieben vermag er sich Du-zugewandt zu verhalten, ohne dem anderen zu verfallen oder ihn manipulieren zu wollen. Er ist weder „haltlos" seinen Trieben ausgeliefert, noch unterliegt sein Leben einer einseitigen Triebrichtung. Er ist in der Lage, der sozial und von der Struktur des In-der-Welt-Seins bedingten Selektion der Antriebe zu folgen, d. h. er vermag zu verzichten, ohne über den Verzicht resignativ zu vereinsamen. Er ist weder einseitig intellektuell vom Leben abgewandt, noch einseitig willensbezogen. Willen, Handeln und in die sich zeigende, wahrgenommene Welt einzugreifen, korrespondieren für ihn miteinander. Sein Handeln läßt er nicht von (idealen) Erwartungen leiten, mit denen er sich selbst und seine Umwelt stets zu deren ausschließlichem Nachteil kritisiert. Er ist sich der Grenzen der Verwirklichung jedes Ideals bewußt, wie er auch weiß, daß eine Wiederherstellung der verlorenen, primären Identität nicht möglich ist, daß jede Identitätssuche den Charakter des Wahns hat: Identität, als das mit sich selbst Gleiche nur in der Logik, nicht aber im Leben vorgefunden wird. In der Zuwendung zur Welt über Wünschen und Fühlen ist er weder im Glauben an die Omnipotenz seines Wünschens befangen, noch hat er alle Wünsche resignativ-apathisch aufgegeben, aber er weiß seine Wünsche mit der jeweiligen gesellschaftlichen Realität in Übereinstimmung zu halten und nicht zu wünschen, „was unmöglich ist". Im Fühlen ist er intensiv in der Lage, sich selbst wie auch die Welt und den anderen zu erfühlen, wahrzunehmen, sich dem Fühlen zu überlassen, ohne jedoch in Gefühlsschwelgerei zu versinken. Seine Befindlichkeiten sollten kontrollierbar sein, er sollte sich aber von ihnen nicht völlig unbeeinflußt halten, da sie Bestandteil seines erlebenden In-der-Welt-Seins sind. Er weiß um die Möglichkeit des Möglichen, seiner irrationalen Einbrüche, ohne es zu fürchten oder sich in vorsorgend übertrieben-ängstlicher Weise dagegen schützen zu wollen. Zu- und Abwendung der Welt und den Menschen gegenüber erfolgen im Einklang mit der sich zeigenden Welt und der fühlenden Wahrnehmung derselben, d. h. durchaus auch von Sympathie und Antipathie geleitet, ohne daß diese sein Handeln und Erkennen ausschließlich bestimmten, vielmehr stimmen sie sich mit seinem Urteilsvermögen ab.

Die Normen und die auf diesen fußende Gesellschaft sieht er in ihrer historischen Relativität, in ihrer Doppelbödigkeit, um an Verbesserungen der jeweiligen gesellschaftlichen Zustände im Sinne der Vermittlung humanen Spiel- und Entfaltungsraumes mitzuwirken. Er sieht aber auch die von der Struktur des In-der-Welt-Seins oder durch die primären anthropologischen Mißverhältnisse bedingten Grenzen von „Weltverbesserung". Er weiß, daß weder er selbst noch der andere ohne Bezugnahme auf ein absolut verbindliches Sittengesetz existieren können, das die Grundprinzipien humaner Verständigung: Vertrauen und Verantwortung zusammenschließt.

Seine Beziehung zur Leistung wird durch das Wissen um die Notwendigkeit derselben in der derzeitigen Verfassung des In-der-Welt-Seins bedingt. Er bemüht sich, in der Leistung sich selbst zu verwirklichen, damit an der Verbesserung der Gesellschaft zu arbeiten, und er wird sich nie zu einem ausschließlich mit der Leistung identifizierenden Individuum entwickeln.

Wie es einen gelebten Raum ohne Meidungen nicht gibt, eine gelebte Zeit nicht ohne das Bewußtsein der Veränderung und der Vergänglichkeit des Da-Seins, so wird sein gelebter Raum, seine gelebte Zeit ein Zeitraum des erfüllenden Augenblickes.

Seine Beziehung zum Leib, zum Eros ist freundlich und wertpositiv. Er weiß, daß die positive Beziehung zum Leib eine Beziehung zu der zeugend-schöpferischen „Da-Seins-Macht" ist, die ihm, über das Vermögen Maß zu halten, Produktivität, Phantasie und Differenzierung menschlicher Beziehungen auch im Spiel ermöglichen.

XIV. Dekompensation und Konflikt

(Die psychoanalytische Konstruktion)

Die Bedeutung des Konflikts als eine die Wirklichkeit von In-der-Welt-Sein konstituierende Determinans, Voraussetzung für Gestaltwandlung und Entwicklung, wurde wiederholt dargelegt.[1] Der Wirklichkeit des In-der-Welt-Seins global entsprechend kann in einer von Wirkung und Gegenwirkung, gegenseitiger Abhängigkeit, Streben nach Austausch (Gleichgewicht) bei gleichzeitigem Streben nach Ungleichgewicht (Konflikt) bestimmten Welt möglicherweise alles mit allem in Konflikt treten. Dies wurde für die Bewegtheit des Innen und seiner Bedingungen – den Konflikt – aufgewiesen, aber es trifft auch für das Leben der Organismen nicht weniger als für das Miteinander-Sein der Menschen zu. Die gründlichen Untersuchungen, die hervorragende Forscher über das Wesen des Konflikts geleistet haben, übersahen die Tatsache, daß Wirklichkeit als werdende nicht ohne Konflikt zu sein vermag.

Die Unterscheidung zwischen innersubjektiven Struktur- und Antriebskonflikten (s. oben), insbesondere den Konflikten zwischen Ideal, Erwartung und Realität und den *exogenen Konflikten, die das Aus-Einander der Gesellschaft im In-Einander des Individuums darstellen,* führt bei den letzteren zu folgenden Konflikten:

a) der individuellen/Partnerschaftsbeziehungen,
b) innerhalb der Familien oder analoger Gruppen,
c) der beruflichen Situation,
d) zwischen Beruf, Rolle und Berufsideal,
e) Rangkonflikten,
f) Sach(Zeug-)Konflikten,
g) weltanschaulich-ideologischen Konflikten,
h) tragischen Konflikten.

Diese Aufteilung exogener – *aber immer auch innerlicher* – Konflikte darf nicht darüber hinwegtäuschen, daß es in jedem Falle nur *eine* konfliktbestimmte Wirklichkeit gibt.

Der *tragische* Konflikt als nicht aufzulösender oder veränderbarer Konflikt[2] unterscheidet humanes (personales) In-der-Welt-Sein von dem anderer Lebewesen oder auch von den Konflikten, die sich, wohin auch der Blick gewandt wird, ubiquitär darstellen: von der Küche, in der Schwiegertochter und Schwiegermutter zusammenwirken sollen, bis zu den Spitzen der Partei oder Finanz-Bürokratie. Der tragische Konflikt, Gegenstand nicht nur der großen Dichter, sondern von alltäglicher Provenienz, zeichnet sich durch das Gewahr-Werden einer ausweglosen Konfliktsituation aus: die Ehefrau, die ihrem Manne zugeneigt ist, und die aus dieser Zuneigung heraus einer eigenen Begabung nicht genügend zu leben vermag, sich für die Ehe und das beschränkte Hausfrauen-Dasein entscheidet, im Bewußtsein, daß diese Entscheidung ihr nicht nur wahrscheinlich nie gedankt wird, sondern daß die Situation auch keine andere mehr zuläßt; der gewinnend-sympathische Künstler, der aufgrund einer latenten Anpassungshaltung viele Menschen für sich einnimmt, im Unvermögen jedoch, diesen – ihren Erwartungen entsprechend, die er unbeabsichtigt weckt – „Gegenliebe zu erweisen", dann in besonders intensiver Weise Hass und Abneigung auf sich zieht und zuletzt vereinsamt. Auch dieser tragische Lebenskonflikt erwächst aus einer Gestalt, für die das Individuum nur bedingt verantwortlich ist. M. a. W. der tragische Konflikt ist lediglich begrenzt „selbst verschuldet", er erwächst aus den Situationen des Lebensweges, die zu Entscheidungen veranlassen, deren unaufhebbare Folgen dem, der sich entschieden hat, bewußt und für ihn damit tragisch sind.

Das Unausweichliche tragischer Lebenssituationen war *Äschylos*, *Sophokles* und *Euripides* bereits einsichtig. Sie allerdings sprachen noch von den von Göttern verhängten Schicksalsbedingungen, die, in unsere Sprache übersetzt, besagen: ein nicht zu differenzierendes In-Einander von leibhafter Vorgegebenheit, Umwelt, Reaktion auf diese, Lebensweg und diesem entspringende tragische Konfliktsituationen, die der Mensch in aller Wachheit durchleidet, ohne sie zu lösen, machen die Erfahrung des Ausgeliefert-Seins an das eingrenzende Da-Sein aus (die Daseins-Mächte: die Götter). Der tragische Konflikt, der als eigene Kategorie der Wissenschaft von der Psyche, insbesondere der Psychoanalyse, noch nicht in seiner Reichweite aufgegangen ist, neigt – dies sei als Hypothese hingestellt – vielleicht zu besonders infausten Dekompensierungen, die sich in chronischen Krankheiten, in Suchten aber auch möglicherweise in der Auslösung von Depressionen niederschlagen, wenn sie deren Sphäre leibhaft vorgegebener Zu- und Abwendung erreichen.[3] Andererseits sei erinnert, daß die „Verkraftung" tragischer, lebenslänglicher Konfliktsituationen durchaus von der gesamten Disposition des Individuums abhängt, seines individuellen In-der-Welt-Seins, das sich bekanntlich nicht voraussagen läßt – ganz zu schweigen von der produktiven Wandlung, zu der tragische, lebenslängliche Konfliktsituationen hinzuführen vermögen.

Wie verhält sich der Konflikt zu den aufgezeigten chronischen und akuten Dekompensationen?

Nachdem die Dekompensation in ihrer Bedeutung für leibhaftes und psychisches Kranksein oben bereits definiert wurde, sei noch einmal resümiert: akute Dekompensation tritt ein, wenn die die Lebensgestalt im relativen Gleichgewicht tragenden Kräfte der leibhaften Vitalität, der Zu- und Abwendung, des perspektivischen Entwurfs in die Welt, wenn die Weisen der Zuwendung und die das Gleichgewicht von Wahrnehmen und Handeln aufrechterhaltenden Faktoren der leibhaften Regulation plötzlich auseinanderfallen, die sie mitkonstituierenden Konflikte manifest werden (s. oben Teil II, Kap. I). In der akuten Dekompensation wird das Verhältnis zwischen genen oder endogenen Belastung zu einem untragbaren Mißverhältnis: Es zeigt sich in jedem Fall das Symptom als Ausdruck nicht mehr regulierter, antagonistischer Kräfte. Ursachen der akuten Dekompensation sind folgende:

a) Leibhaft bedingte Dekompensation: somatische Krankheit als Konflikt zwischen Leib und Umwelt (exogene Noxen) oder innerleibliche Dysregulation als gestörter, dekompensierter Stoffaustausch (endogene Noxen).

b) Konstitutionell bedingte Dekompensationen: „schwache Konstitution“ im oben definierten Sinn, Dekompensation, die bei exogener Belastung auftritt. Aber auch Strukturkonflikte des Innen, Konflikte auf den Ebenen a) -h) (S. 457) in Wechselwirkung mit Strukturkonflikten können zu Dekompensationen führen, die leibhaft-konstitutionell vorgegeben sind.

c) Umweltbedingte Dekompensationen: bei Diskrepanz zwischen Zumutungen der Umwelt und irrationalen Erwartungen ihr gegenüber, dem Unvermögen, Zumutungen der Umwelt adäquat zu beantworten (Widerfahrnisse, Frustrierungen). Hier treten die sozialen/beruflichen/zwischenmenschlichen/erotischen Dekompensationen auf, die den konfliktauslösenden Situationen a) -h) (S. 457) zuzurechnen sind.

d) „Endogen“ bedingte Dekompensationen durch die den anthropologischen Mißverhältnissen zugrunde liegenden Strukturkonflikte: Sie prägen die aufgeführten Typen (vgl. oben) und stehen darüber hinaus in ständiger Korrespondenz mit den Konfliktbezirken a) -h).

e) Die Konflikte der Ebenen a) -h) befinden sich in kontinuierlicher Kommunikation und Wechselwirkung mit (1) leibhaft, (2) konstitutionell, (3) Umweltbedingt und (4) mit durch Strukturkonflikte bedingten Dekompensationen. Beispiel: Der an einer Tuberkulose Erkrankte verliert durch lange Arbeitsunfähigkeit seine Anstellung. Er gerät dadurch in einen Rang- oder Partnerkonflikt, der wiederum auf die Strukturkonflikte seines Innen zurückwirkt, so daß er sich von einem „blinden Täter“ zu einem introvertiert-enttäuschten Typus graduell verändert.
Ein „ikonoklastischer Negativist“ gerät in einen weltanschaulichen Konflikt, über den er leibhaft dekompensiert. Im Laufe dieser Dekompensation (Krankheit) treten beruflich/zwischenmenschliche Konflikte auf, in denen er sich jedoch wieder behauptet, seine leibhafte Disposition sich zunehmend stabilisiert, ohne daß jedoch der auslösende weltanschauliche Konflikt aufgehoben wurde. Es fand vielmehr eine Konfliktverschiebung mit anschließender Kompensation statt.
Konfliktvariationen sind deshalb zwischen allen Ebenen a) -h) (s. S. 457), ferner den soeben aufgezählten Dekompensationsmöglichkeiten (1)–(4) möglich.

f) Jeder dekompensierende Konflikt, gleichgültig ob leibhaft oder innersubjektiv bedingt, betrifft die unmittelbare oder weitere Umgebung des Dekompensierten. Dabei können vielfache Kettenreaktionen auftreten mit entsprechenden sozialen Folgen: Erwerbslosigkeit führt zu innerfamiliären Konflikten, diese disponieren zu einer letal verlaufenden Infektionskrankheit. Der Betroffene stirbt, mit allen daraus sich ergebenden Konsequenzen für seine Familie. M. a. W. *Jede Dekompensation ist immer auch ein soziales Ereignis.*

Der Konflikt als notwendiger Bestandteil des Werdens, d. h. der Gestaltveränderung, drängt das in Konflikt stehende Subjekt auf Selbstbehauptung bzw. Anpassung gegenüber den endogenen (Strukturen) oder exogenen Konflikt auslösenden Faktoren, bevor eine veränderte Form des Austausches (Stoffe), oder der Kommunikation sich wiederherstellt. Bei Strukturkonflikten des Innen, z. B. zwischen Denken und Antrieb, setzt sich entweder die eine oder andere Struktur durch, d. h. behauptet sich oder paßt sich das Subjekt dem Antrieb oder dem Begriff gegenüber an. In ständiger Wechselwirkung mit den Konfliktebenen a) -h) kann z. B. bei einem Rangkonflikt dieser mit einem Normen-/Antriebskonflikt korrespondieren: Wird der erstrebte Rang nicht erreicht, muß das Individuum sich entweder den gegebenen Verhältnissen anpassen, seine Norm diesen entsprechend korrigieren und den Antrieb (Einkörperung, Ehrgeiz) unterdrücken. Oder es wird, weiterhin von den Antrieben der Einkörperung motiviert, versuchen, sich durchzusetzen und die gegebenen Umstände seinen Normen – u. U. Antrieben – zu unterwerfen.

Der Kompromiß (*Pongratz*' Synthese von Konflikten[4]) bietet sich zwischen im Konflikt stehenden Bedeutung-Beziehungen häufig an. Er bedeutet, daß weder Selbstbehauptung noch Anpassung ausschließlich dominieren und den Konflikt entsprechend „lösen", sondern daß sowohl der Selbstbehauptung wie auch der Anpassung entsprochen wird, das Maß der Mitte Austausch und Kommunikation zwischen beiden impliziert. Das gilt für Strukturkonflikte des Innen und die aus diesen resultierenden „Mischungen", z. B. zwischen Begriff und Bild – in der die gegensätzlichen Strukturen beider ineinander übergehen, verfließen, dann sich wieder konturieren – nicht weniger als für die exogenen/endogenen Konfliktsituationen a) -h) S. 457 und a) -f) S. 459.

So besagt der Kompromiß im Ehekonflikt, daß über Selbstbehauptung oder Anpassung hinaus Geben und Nehmen ein neues Gleichmaß stiften. Im Rang- oder ideologischen Konflikt, im Freundschafts- oder erotischen Konflikt wird im Kompromiß von den antagonistischen Partnern, Situationen oder Strukturen ein Gleichmaß von Geben und Nehmen erstrebt: z. B. „Abbau" überspitzter Ansprüche und Erwartungen, Aufwertung einer negativ diskriminierten Realität usf. Im Kompromiß stellt sich zwischen Konflikten heterogen-antagonistischer Kräfte homogenes Gleichmaß wieder her (s. oben Teil I, III). Der „Regulator" der Konflikte ist auch hier Austausch, Geben und Nehmen. Die dekompensierende Gewalt des Konflikts ergibt sich stets aus Mangel möglicher Regulation durch Austausch. Die Dekompensation ist, je nach der Reaktion des leibhaft (Organismus) in der Welt anwesenden Subjekts, Durchgangs- oder Endstadium (Gestaltverfall, Tod).

Die „Mischformen“ zwischen chronischer und akuter Dekompensation stellen jene Kranke dar, die bei Einhaltung bestimmter Regeln oder Verhaltensweisen nicht akut dekompensieren – solange sie sich an eine „Regel“ (Regulation) halten. Das gilt für den Leberkranken und seine Diät nicht weniger als für die chronisch Angstkranke, die ihre Wohnung nicht mehr verläßt, dort aber einer Tätigkeit nachgeht.

Die Psychoanalyse geht davon aus, daß der Mensch an bewußten, noch mehr an unbewußten, d. h. nicht einmal subjektiv mit Leidensdruck erfahrenen Konflikten erkrankt. Die erste Entdeckung, die *Freud* an in Hypnose versetzten Patientinnen zu machen glaubte, schien zu beweisen, daß hier verdrängte Sexualität gegen die sozial unterdrückende Realität stand, d. h. ein Konflikt zwischen Trieb und Norm an der Wurzel der Krankheitszeichen lag.

Im Verlauf ihrer weiteren Entwicklung hat die Psychoanalyse zahlreiche mögliche Konflikte und deren Entwicklung innerhalb von Individuen aufgedeckt, die diesen weitgehend unbewußt sind, sie dennoch in ihrer Befindlichkeit und in ihren Handlungen bestimmen sollen. Neurose wurde als Konflikt zwischen Ich und Es definiert,[5] die Universalität des Ödipuskomplexes proklamiert. Mit der Wahrnehmung jedoch der Ubiquität typischer Konfliktkonstellationen entfiel die Möglichkeit, die Spezifität[6] verschiedener neurotischer Symptome mit diesen Konfliktkonstellationen in Verbindung zu bringen. Im Gegensatz wiederum zu diesem Ergebnis psychoanalytischer Bemühungen stand ihr Bestreben, *monokausal* bestimmte Neurosenformen eben auf spezifische Konflikte oder auf aus Konflikte stammende Fehlentwicklungen zurückzuführen: wie die Paranoia des Senatspräsidenten Schreber auf Abwehr von Homosexualität oder die Pferdephobie des kleinen Hans auf dessen Ödipuskomplex. Die zahlreichen psychoanalytischen Krankengeschichten benutzen *scheinbar* spezifische Störungen innerhalb des „libidinösen“ Bereiches, um neurotische Symptome kausal aus diesen abzuleiten. Die Darstellungen kranken zum größten Teil daran, daß sie weitgehend *willkürlich* das Material zugunsten einer konstruierten, die Krankheit erklären sollenden These anwenden, unter Aussiebung, Beugung und Vermeidung anderer Konfliktmöglichkeiten der Individuen, die nachweisbar von diesen auch erlitten und durchgemacht worden sind.[7] Das Vorbild zu diesem pseudowissenschaftlichen Verfahren gab *Freud*, obwohl er die Überdeterminierung und Multikonditionalität der neurotischen Symptome selber schon erkannt hatte. Er interpretiert die Paranoia als Abwehr gegen die Homosexualität,[8] ohne jedoch den daraus sich ergebenden, verhängnisvollen Generalisierungen entgegen zu treten, die nun jeden Verfolgungswahn auf verdrängte Homosexualität absurderweise zurückführen möchten. (Eine Untersuchung von über 300 in den letzten 6 Dezennien publizierten Krankengeschichten, die vor der Publikation steht, wird die Faktizität der hier vorgetragenen Kritik erweisen.)

Das Dilemma, in das die Psychoanalyse sich mit ihrem von der klinischen Medizin längst überholten Standpunkt monokausler Erklärungen hineinbegeben hat, ist insbesondere deshalb eines, weil die Ubiquität und Universalität der aus der Entwicklung des Individuums stammenden Konflikte – z. B. des sog. „Ödipuskomplexes“ – weitgehend als erwiesen gelten darf. D. h. daß hier eine allgemeine Verbreitung quantitativ limitiert wahrgenommener Konflikte besteht, dort scheinbar eine kaum zu übersehende Anzahl von „Neurosen“, Psychosen, Psychopathien, psychosomatischer Erkrankungen usf., die in kausale Verbindung zu bringen auf den ersten Blick schon aus der Diskrepanz zwischen begrenzten Konfliktsituationen und einer Fülle von manifesten neurotischen und anderen Erkrankungen unmöglich erscheint. Daraus wiederum folgt, *daß der Zusammenhang zwischen Konflikt und Krankheit keineswegs evident ist, sondern die kausal gefaßte Relation zwischen ubiquitär limitierten Konflikten, unbewußten Konfliktmöglichkeiten, akuten und chronischen Dekompensationen nichts weiter besagt, als daß beides gleichzeitg vorkommt, die Relation aber unverbindlich ist.*

Soll die Relation evident erscheinen, erfolgt eine willkürliche Konstruktion, *die die anderen, für das jeweilige Krankheitsgeschehen ebenso relevanten Konflikte und Konfliktmöglichkeiten ausgeklammert.*[9] Wird darüber hinaus an der Konzeption des „Neurotikers“ und der „Neurose“ festgehalten, zeigt sich, daß der Gesunde mindestens die gleiche Anzahl von nicht bewältigten Konflikten aufweist, womit die psychoanalytische Beweisführung noch problematischer wird, muß sie doch, um halbwegs schlüssig zu bleiben, die Existenz des „Gesunden“ bezweifeln. Ist dieser Schritt jedoch einmal vollzogen, so *entfällt jede evidente Korrelation zwischen Krankheit und Konflikt*, bzw. die Korrelationen erhalten durchweg einen willkürlichen Charakter.

Aus diesem Sachverhalt wurde hier die Konsequenz gezogen, allgemein anthropologisch fundierte Mißverhältnisse aufzuzeigen, *in Konflikten erfolgende Veränderungen* (auch Kompromisse), *aus diesen wiederum erfolgende Verwandlungen als notwendigen Bestandteil von In-der-Welt-Sein zu sehen. Krankheit ist gegenüber der Veränderung oder Verwandlung, die zu neuer Gestalt/Regulation führt, akute oder chronische Dekompensation, oder* sie zeigt sich als ein sozial kompensiertes Mißverhältnis (s. unten) an. M. a. W. aus der Ubiquität der Konflikte als notwendigem Bestandteil von Dasein – die die Psychoanalyse aufdeckte – wird die Schlußfolgerung gezogen, *daß monokausale Determinationsreihen nicht zu ermitteln sind, dem Konflikt jedoch seine oben aufgeführte Bedeutung für Dekompensationen durchaus zugesprochen wird.*

Das von der Psychoanalyse und verwandten Bestrebungen angewandte Verfahren der biographischen Methode,[10] d. h. die Liste möglicher Konflikte aus der innerdynamischen oder exogenen Sphäre mit akuten Krankheitsformen innerer bzw. psychiatrischer Symptomatik in Zusammenhang zu bringen, konnte darüber hinaus nur feststellen, *daß Konflikte erst nach*

Eintritt der Dekompensation aufgewiesen werden und sich dann weiterer theoretischer Aufschlüsselung anboten. *Dieses Verfahren unterläuft jedoch die Kriterien wissenschaftlicher Methodik, Voraussagen zu machen.* Es ist nicht möglich, nach „Kenntnis" eines Individuums, seiner latenten Konflikte und Probleme, mit an „Sicherheit grenzender Wahrscheinlichkeit" vorauszusagen, daß dieses Individuum unter einer beliebig konstruierten Situation akut dekompensiert. Bei diesem ausschließlich auf subjektiv erlebte, u. U. auch „unbewußte" Konflikte eingestellten Verfahren wird darüber hinaus die Möglichkeit übersehen, daß innerorganismische Konflikte – Störungen im Stoffaustausch – Bestandteil der Wirklichkeit sind, die als „nackte Realitäten" eine von subjektiv erlebten Konflikten unabhängige Sprache sprechen.

So vermag eine akute Kreislaufdekompesation (Störung im Stoffaustausch), die die Beziehung des Kranken zur Welt, ihre Bedeutung für ihn verändert, zwar leibhaft auf eine dem Kranken nicht bewußte Konfliktsituation hinweisen, dadurch, daß sie sein In-der-Welt-Sein konkret verändert und er, in der Krankheit, sich seines Konfliktes „bewußt" wird. Umgekehrt kann ein durchlittener Konflikt die Beziehung zur Umwelt, damit ihre Bedeutung, einschneidend verändern. Die so veränderte Umwelt wirkt wiederum auf den Organismus ein, so daß dieser möglicherweise dekompensiert (Austauschstörung). Die jetzt wiederum veränderte Bedeutung der Umwelt hebt den Konflikt auf, aber die organismische Dekompensation bleibt bestehen. Die oben ausgeführte Verbindung zwischen Konflikt, veränderter Beziehung, Bedeutung und Gestaltswandel wird sichtbar.

Folgendes Beispiel möge die dargelegte Auffassung verdeutlichen: Die Hausfrau CL versucht die außerehelichen Beziehungen ihres Mannes aus Überzeugung und Liebe zu diesem zu akzeptieren. Es tritt eine akute Kreislaufdekompensation bei kompensiertem, schon vorher bestandenem Vitium auf. Die Patientin wird in die Klinik gebracht, ihr Mann beginnt, sich ihr wiederum verstärkt zu widmen, eine klare Aussprache festigt die Situation. Trotzdem bleibt die Dekompensation noch längere Zeit bestehen. Im Konflikt hat sich die Bedeutung der Umwelt für die Patientin zunehmend zu einer apathisch-resignativ hingenommenen verändert, obwohl sie scheinbar „fröhlich und guten Mutes" erschien. Unter der Dekompensierung ihres Vitiums wird ihr die Welt entrückt (vgl. oben), sie wird bettlägerig. Bedeutung und Beziehung zur Welt verblassen, bis die Welt – in Form ihres Mannes, der Ärzte, der Krankenschwester, der sie besuchenden Freundinnen, Bekannten usf. – sich ihr verstärkt zuneigt und damit ein erneuter, wertpositiv empfundener Bedeutungswandel der Umwelt eintritt. Die durch die Dekompensierung bedingte Bettlägrigkeit und ihr Einfluß auf die Beziehung der Patientin zur Umwelt wandelt sich, die „Erkrankung" weicht, die Patientin beginnt, wieder aktiv am Leben teilzunehmen – aber ihr dekompensiertes Vitium zwingt sie weiterhin, Bettruhe zu halten.

Dieses Beispiel, das die Leib-Seele-Einheit bei Beziehungs- und Bedeutungswandel der Welt für das Subjekt, des Subjekts nicht weniger für die Welt (wenn das Individuum z. B. pflegebedürftig wird) und seine Verbindung zu möglichen Konflikten illustriert, soll vor allem den durch eine Dekompensation bedingten Wandel der Beziehung des Subjekts zur Welt, der Veränderung der Bedeutung der Welt für das Subjekt, dokumentieren. M.

a. W. in jeder Dekompensation von kompensierten Mißverhältnissen tritt immer ein Beziehungswandel des Subjekts zur Welt, eine veränderte Bedeutung der Welt für das Subjekt ein, *gleichgültig, ob die Dekompensation durch bewußte Konflikte, unbewußte Konflikte oder nur innerorganismische Veränderungen* (Infektionskrankheiten, dekompensiertes Vitium, Gallenkolik usf.) *oder als Reaktion auf Klimawechsel, meteorologische Veränderungen, Vergiftung bedingt wird* (Stress). Da sie darüber hinaus stets multikonditional determiniert ist, die dargestellten Vorgänge besonders in ihrer *Subjektivität des Erlebens sich im Bereich des Innen und des Möglichen, d. h. des Undeutlichen ereignen, die Wahrnehmung eines Konflikts immer rückwirkend erschlossen wird,* kann die Frage nach dem Warum einer akuten Dekompesation jetzt wie folgt beantwortet werden: *Akute Dekompensationen stellen den Einbruch des nicht voraussagbaren Möglichen in chronisch dekompensierte, sozial kompensierte (Miß-)Verhältnisse oder auch in Kompromisse durch nicht voraussehbaren Beziehungs- und Bedeutungswandel dar.* In der Dekompensation erfolgt ein Beziehungswandel des Subjekts zu seinem In-der-Welt-Sein (Krise), eine Veränderung der Welt für das Subjekt. *Ob der Einbruch des Möglichen, der Dekompensation aus innerorganismischen oder z. B. klimabedingten Veränderungen erfolgt, die primär keinen Hinweis auf z. B. mögliche Konflikte enthalten, aber nicht weniger Beziehungen und Bedeutungen verändern, ob aus exogenen oder innersubjektiven Strukturkonflikten, ist irrelevant.* Relevant ist lediglich a) die Prognose des Bedeutungs- und Beziehungswandels für das Subjekt und b) die Prognose der möglichen leibhaften Alteration. Zu a) ist zu ergänzen: Prognose der Entwicklung des Subjektes: ob auf dem Lebensweg die geformte Gestaltung sich löst, neue Differenzierungen in der veränderten Beziehung zur Welt entstehen, ob noch nicht gewonnene Gestalt sich verwirklicht, ob definitive Auflösung (Tod) eintritt, oder ob der akute Beziehungs- und Bedeutungswandel nur den Charakter einer „regenerativen Gestaltauffrischung" hat: wenn z. B. nach einer banalen Infektionskrankheit, Entrückung im Fieber, der Kranke nach Überwindung der Krankheit und deren weitgehender Gestaltauflösung sich in die habitualisierten Lebensverhältnisse zurückbegibt. Das letztere Vorkommnis dürfte auf dem Lebensweg der meisten Individuen wohl das häufigste sein.

Wird jedoch die psychoanalytische Theorie ihrer monokausal-mißverständlichen Erklärungsversuche enthoben, wird der Gang einer psychoanalytischen Behandlung als Horizonterweiterung der Subjektivität in die aperspektivischen Bildzusammenhänge angesehen, ergibt sich die Möglichkeit, die Aetiologie der chronischen und akuten Dekompensationen auf ihre anthropologische Struktur hin zu präzisieren. Der Irrtum der psychoanalytischen Krankheitskonstruktion lag in dem Versuch, stereotyp auftauchende „Grundkonflikte" (z. B. Ödipuskomplex, verdrängte Homosexualität, Kastrationsangst u. a. m.) mit einem oder mehreren Symptomkomplexen in Verbindung zu bringen. *Erst die zunehmende Erweiterung des Horizonts möglicher Kon-*

stellationen – immer zahlreichere Konflikte wurden durch die Psychoanalyse im Verlauf ihrer Entwicklung selbst aufgedeckt, vor allem auch durch die Komplexpsychologie (*C. G. Jung*) und die Neoanalyse (*Adler*, *Rank*, *Horney*, *Fromm*, *Schultz-Hencke* u. a.), dann durch die Konfliktpsychologie allgemein – *erwies, daß jedes Subjekt zu einer außerordentlichen Variabilität von Konflikten disponiert ist.* Diese Variabilität übersteigt bei weitem die psychoanalytischen „Grundkonflikte", soweit es bei diesen sich auch um das stereotype Klischee der Konflikte zwischen Sexualität/Aggression gegen die repressive Norm handelt. M. a. W.: Über die anfänglichen Entdeckungen von *Freud* hinausgehend, zeigte sich, *daß der Mensch über ein nicht abzusehendes Potential möglicher Konfliktskonstellationen,* vergangener, gegenwärtiger und auch zukünftiger verfügt, die in ihrer annähernden Totalität sichtbar zu machen der vorliegenden Untersuchung nicht möglich sein wird.

Die Situation veränderte sich entsprechend dahingehend, daß nicht mehr eine Fülle möglicher psychopathologischer Symptome auf wenige Konflikte reduziert wurde, sondern umgekehrt *die Konfliktkonstellationen des Innen, insbesondere auch des Unbewußten, bei weitem die psychopathische Symptomatik überboten. Mögliches und Möglichkeiten an Konflikten übertrafen die Realität möglicher Dekompensationen,* andererseits blieb jedoch eine weitgehende Analogie der Konfliktmöglichkeiten unter den einzelnen Individuen und Typen erhalten. Trotz dieser Entwicklung blieb jedoch das psychoanalytische Verfahren weiterhin bestehen, monokausale Konstruktionen aufrechtzuerhalten, obwohl sich die Psychoanalyse in der psychoanalytischen Behandlung von dem Gegenteil ihrer Konstruktionen überzeugen mußte.

Ob ein zu den dargestellten Typen chronischer Dekompensation gehöriges Individuum im Gewahr-Werden seiner Beschränkungen sich in Behandlung begibt oder ein Patient, der in einem der Sektoren seiner Existenz oder in seinem leibhaften Verhalten akut dekompensiert, ob ein Patient wegen Störungen des sexuellen Verhaltens, extremer Stimmungslabilität, überwiegend depressiver Befindlichkeit, wegen Süchtigkeit oder Arbeitsstörungen sich einer psychoanalytischen Therapie unterzieht – *er durchläuft in dieser die Konfliktmöglichkeiten seiner Beziehung zur Welt in Vergangenheit (Kindheit), Gegenwart und Zukunft.* D. h. er erfährt (vgl. oben) – und sollte es erleben –, daß seine Beziehung z. B. zu den Eltern die einer sich abwendenden Selbstbehauptung wie auch die einer sich zuwendenden Anpassung gleichzeitig war, daß diese Art der Beziehung u. U. mit Übernahme der jeweils gesellschaftlichen, männlich und weiblich gehaltenen Rolle Hand in Hand ging. Er erlebt das Ausmaß abgründiger Aggressivität, die Intensität seiner einkörpernden Antriebe, aber auch die, einfühlend im anderen selbst zu verlöschen. Seine Beziehungen zu den anthropologischen Grundkonstanten von Wahrnehmen und Bewegen, Zuwendung und Abwendung, Umgang mit Menschen oder Dingen, die Beziehung zur Reflexion, zu Raum und Zeit, zur Wirklichkeit im oben aufgeführten Sinne werden ihm in ihrer konflikthaften Verstrickung ebenso bewußt, wie in diesen wechselnden Beziehungen jeweils die Bedeutung seines In-der-Welt-Seins sich verschieden darstellt. So durchläuft die an Frigidität (Orgasmusunfähigkeit)[11] leidende Patientin das Spektrum ihrer möglichen Beziehungen zum Mann: von dem Bedürfnis, diesen zu entmannen, bis zu dem, sich ihm selbsverlöschend hinzugeben (Masochismus). Sie erlebt die Angst vor diesem Bedürfnis wie die Abwehr gegen dasselbe, sie erfährt die Intensität ihrer Wünsche, mit dem Mann ausschließlich zu rivalisieren. Sie gewinnt Einsicht in ihre Vateridentifikation, die sie hinderte, die weibliche Geschlechtsrolle zu übernehmen – oder in eine Mutteridentifikation, die sie dazu trieb, sich im Orgasmus zu verlieren, wobei sie in diesem Erleben jedoch von ihrer reflektiert-intellektualistischen Einstellung wieder gehindert wurde. Nicht weniger Möglichkeiten der Beziehungen und ihrer veränderbaren Bedeutungen zur Welt, zu Mann oder Frau, deren vielfältige und „zersplitterte" Bedeutung würden sich bei den Potenzstörungen, in den sexuellen Perversionen des Transvestitismus oder der Homosexualität zeigen, bei den Zwangs- oder Angstkrankheiten, bei den Typendekompensationen und den Psychosen. *Das Spektrum der die Lebensgestalt bestimmenden, konkreten, sichtbaren Fakten ist jedoch gegenüber dem unbegrenzten Möglichen des aperspektivischen Hintergrundes und seiner Konfliktkonstellationen begrenzt.* Jedes Individuum, abhängig allerdings von der unterschiedlichen Fähigkeit, seine aperspektivischen Hintergründe z. B. in einer psychotherapeutischen Behandlung zu evozieren, verfügt aufgrund seiner Struktur des In-der-Welt-Seins, über analoge Konfliktmöglichkeiten, die sich aus dem Möglichen des Konflikts als Bestandteil der Lebensentwicklung ergeben. *Die an Frigidität leidende Frau weist in ihrem aperspektivischen Horizont (Hintergrund) auf ubiquitäre Möglichkeiten zu Konflikten, die bei der „gesunden" Frau nicht weniger nachzuweisen wären*, nicht weniger bei einem Zwangskranken oder einer Asthmatikerin. Art und Weise der jeweiligen Therapie[12], Länge, Intensität des Erlebens, Abwehr (im oben erwähnten, umfassenden Sinne) und die Beziehung zum Therapeuten bedingen die wechselnde Möglichkeit, den aperspektivischen Hintergrund und seine Konstellationen zu erwecken. Ob sich hier die frigide Patientin – analog zu jeder beliebig anderen – mit einem überragend dominierenden Vater identifiziert, der Impotente mit einer beherrschenden Mutter oder umgekehrt, ob bei nicht vorhandenem oder verachtetem Elternteil eine reaktive, mit dem Gegenbild erfolgende Identifizierung stattgefunden hat, ist nur kennzeichnend für die realdialektischen, aus konkreten Gegensätzen hin und her schwingenden Möglichkeiten des Innen, das von diesen Gegensätzen determiniert ist. Der Gang durch die Therapie bedeutet, die gegensätzlich aus Konflikten strukturierten Möglichkeiten des Innen zu erfahren.

Jede Fixierung auf einen Ausschnitt aus dem Spektrum wechselnder Möglichkeiten – z. B. bei der Frigidität auf die Identifizierung mit der beneideten männlichen Rolle, bei männlichen Sexualstörungen mit der weiblichen, der dominierenden Mutter usw. – *führt in die monokausale Konstruktion. Daß aus dem Horizont der Möglichkeiten von Beziehungen und Bedeutungen, ihrer Konflikte, einige wenige „regulierte" oder dekompensierte Mißverhältnisse den Lebensweg bestimmen, liegt an der oben dargelegten Struktur der durch das In-der-Welt-Sein bestimmten Reduzierungen faktisch sichtbar* (gestalteter) *Konfliktmöglichkeiten des Innen durch die ontologische, leibhafte und soziale Selektion zu wenigen Gestalten der faktischen Dekompensation.*

Warum z. B. die Patientin XYZ eine reflektiert-negativistisch-intellektualistische Gestalt der Selbstbehauptung dem In-der-Welt-Sein gegenüber einnimmt, diese Gestalt mit einer faktischen Dekompensierung im erotisch-sexuellen Bereich, einer Frigidität, einhergeht, läßt sich aus den dargelegten Einflüssen verstehen, *die alle ausschließlich den Charakter des Möglichen und perspektivisch Undeutlichen haben,* wie ihn das Innen auszeichnet:

A) Ermöglicht wird die Dissoziation zwischen intellektualistisch-reflektiert-distanzierter Einstellung zur Welt und emotioneller Zuwendung primär durch das anthropologische Mißverhältnis von Reflexion den emotionell-antriebsbestimmten Bereichen des Menschen gegenüber – eine Folge des primären Identitätsverlustes. Daß diese Beziehung zur Welt die Lebensgestalt für die Pat. XYZ wird, sie nicht eine andere ergreift, z. B. eine der Anpassung (wie bei zahlreichen „angepaßten" aber frigiden Prostituierten), kann durch leibhafte Vorgegebenheit bedingt sein (z. B. seit Generationen Akademikerfamilie), kann nicht weniger auch als Reaktion gegen ein betont emotionell-antriebsbestimmtes Milieu sich entwickeln, gegen einen antriebsbestimmten, aber überangepaßten Elternteil, gegen Geschwister, gegen eine Schulklasse, gegen einen Lehrer usf. Die Entwicklung dieses Typus vermag im Zusammenhang einer leibfeindlichen, gegen die Sexualität gerichteten Tendenz innerhalb der Umgebung der Patientin entstehen, nicht weniger jedoch gegen ein betont leibfreundliches Milieu sich entwickeln. (Vgl. z. B. die Häufigkeit der Frigidität in Skandinavien.)

B) Die Dekompensierung des sexuellen Vermögens als Beispiel einer „Symptomwahl" wäre demnach zurückzuführen auf folgende *mögliche* Faktoren:

a) ein konstitutionell-hereditär überliefertes Versagen,
b) ein frühkindliches oder auch später eingetretenes, möglicherweise wiederholtes, angstauslösendes Widerfahrnis (z. B. Vergewaltigung) als Erfahrung (Einbruch) des irrational Möglichen,
c) Phantasien (Reagibilität, s. oben), die als Präsenz des Möglichen die Beziehung zur erotisch-sexuellen Sphäre, zum Mann, sei es als Reaktion auf ein leibfreundliches Milieu es zu einem leibfeindlichen, furchterzeugenden machen, sei es daß die Phantasien ohne unmittelbaren Anlaß der aperspektivischen Bilderwelt entspringen und z. B. die sichtbare freundliche Welt der Pflegepersonen in eine bedrohliche umwandeln. (Siehe z. B.

die Untersuchungen von *Melanie Klein* über die frühkindlichen Phantasien,[13])

d) Phantasien und situative Konfrontierungen mit „Traumen" stellen insbesondere als sog. Zufälle die in hohem Maße von unvorhergesehenen, irrationalen Faktoren mitbestimmte Lebensentwicklung und ihren Einfluss auf die Lebensgestalt dar.

e) Ein akuter Konflikt auf den Ebenen sexuell-erotischer Partnerschaft (Kränkung, Rivalität) oder auf den Ebenen a) -h) (s. S. 457) führt, bei Vorgegebenheit der Faktoren A) und B) a-d möglicherweise zur Auslösung der Dekompensation. Diese Möglichkeit gewinnt an Wahrscheinlichkeit, wenn

f) eine fundamentale Störung innerhalb der Weisen von Zu- und Abwendung zugunsten der Abwendung (Depression) vorliegt.

g) Aus den Möglichkeiten des inneren Konflikthorizontes entsteht auf diese weise eine leibhafte Gestalt (Lebensgestalt), die die Zwiespältigkeit dem Mann wie der eigenen Geschlechtsrolle gegenüber besonders abhebt. Zu den Punkten A) und g) ist zu ergänzen, daß die oben aufgeführten Typen (A) zu Dekompensationsinterferenzen (Verstärkungen) neigen, insofern der sich verschließende, selbstbehauptende, sein In-der-Welt-Sein überwiegend reflektiert oder einseitig triebhaft ausgerichtete Typus in seiner Wahrnehmungsmöglichkeit dem anderen gegenüber, damit in seiner auch erotisch-sexuellen Zuwendung, eingeschränkter ist als der sich einfühlend-öffnend-angepaßte.

Zusammenfassend läßt sich zu dem Problem der chronischen und akuten Dekompensation, zu der sog. Spezifitätsfrage folgendes sagen:

1. Die Lebensbewegung (Dynamik des Lebens) wird von dem primären Identitäts- und Vertrauensverlust und dem „existentiellen" Bedürfnis des Menschen, diese über die Weisen der Zuwendung aufzuheben, bestimmt. Zuwendung und Abwendung, Anpassung und Selbstbehauptung ergeben sich als übergeordnete Hintergrundgestalten, von den Antrieben der Ein- und Entkörperung determiniert, den Identitätsverlust durch die eine oder andere Weise von In-der-Welt-Sein auszugleichen. Mit Selbstbehauptung und Anpassung wird die Enttäuschung (Frustrierung) über den erfahrenen Identitätsverlust beantwortet, *mit diesem ist der Konflikt zwischen der einen oder anderen Hintergrundsgestalt an die Wurzel der Lebensbewegung selbst gesetzt.*
2. Es vermag, den Möglichkeiten des Innen und dem uneingeschränkten Möglichen der aperspektivischen Psyche in der Auseinandersetzung mit der sich zeigenden Welt entsprechend, *alles mit allem zwischen Innen und Außen in Konflikt zu treten, Gegenstand von Selbstbehauptung oder Anpassung (s. oben) zu werden.* Die Möglichkeit zum Konflikt liegt in der zeitlichen Strukturierung des Da-Seins (s. oben), sie wird durch die Gegensätzlichkeit realdialektischer Faktoren[14] motiviert.
3. In der Entwicklung der übergeordneten Lebensgestalt sind als chronische

Dekompensationen die oben aufgeführten Typen zu beobachten, die sich als Antwort auf den primären Identitäts- und Vertrauensverlust figurieren. Ihre spezifische Gestalt ergibt sich aus den drei zentralen Bestimmungen menschlichen In-der-Welt-Seins, der leibhaften Vorgegebenheit, der Umwelteinflüsse und der individuellen Reagibilität (Phantasie).

4. Die „Mischformen" der aufgezeigten Typen entsprechen weitgehend den „Gesunden", d. h. sie stellen sozial und in der Beziehung zu sich selbst „kompensierte Mißverhältnisse" dar, da auch sie die anthropologischen Diskrepanzen austragen müssen.
5. Zu akuten Dekompensationen mit spezifisch psychopathologischer Symptomatik kommt es, wenn
   a) der nach der Hintergrundgestalt von Selbstbehauptung oder Anpassung sich entwickelnde Typus,
   b) die inneren Konfliktmöglichkeiten (Strukturkonflikte) über situative oder die lebensgeschichtliche Konflikte a) -h) (s. S. 457) die Hintergrundgestalt der Anpassung oder Selbstbehauptung zu sprengen drohen. (Der Konflikt ist dann nicht mehr Bestandteil der Regulation, sondern macht Regulation und Gestalt unmöglich.)
6. Akute Dekompensationen besagen daher immer, daß die Hintergrundgestalt (Selbstbehauptung/Anpassung) in ihrer morphologischen Figur, ihrem Bildgehalt auf die Welt hin durch Vernichtung gefährdet ist.
7. Die *spezifische Art der jeweiligen Dekompensation* (Spezifität der Erkrankung) *innerhalb des Bereiches der Psychopathologie ist nach dem Modell der Frigidität lediglich nach Kann-Bedingungen des Möglichen zu bestimmen*, d. h. die
8. Patientin XYZ kann trotz Hintergrundgestalt der Selbstbehauptung, trotz reagibler sexuell-erotischer Phantasien, sexueller Traumen oder Partnerkonflikte eine andere Gestalt der Kommunikationsstörung mit dem Partner (Mann) entwickeln: z. B. verstärkte berufliche Rivalität, „Männervernichtende Nymphomanin", Bindungsunfähigkeit, lesbisches Verhalten – ohne dem Mann gegenüber frigide zu sein –, sie kann sich zu einer den Mann unterdrückenden, tyrannisiernden Ehefrau usf. entwickeln. Ebenso kann sie jedoch an der vitalen Fundierung von Zuwendung und Abwendung (Depression, Manie), in ihrem perspektivischen Entwurf (Psychose) getroffen werden, sie kann angsthaft, zwangshaft oder hysterisch reagieren. Ebenso vermag sie – bei entsprechender Mischform z. B. von ikonoklastischer Selbstbehauptung mit einer antriebslabilen, stimmungseuphorischen Komponente – keine dieser Gestalten zu entwickeln, sondern weiterhin ein sozial „kompensiertes Mißverhältnis" darstellen, d. h. gesund erscheinen. Oder sie reagiert, bei entsprechend leibhafter Disposition, mit einer Amenorrhoe, einer generalisierten Alopecie, mit einer Asthmaerkrankung.
9. Daraus ergibt sich für *die Spezifität der Symptomatik, daß die Gestalt der sich zeigenden Dekompensation das Deutlich-Sichtbare gegenüber*

dem Undeutlich-Unsichtbaren der Möglichkeiten des Innen, seiner Konflikte darstellt. Da jede Dekompensierung erst nach Auftreten derselben zur Kenntnis genommen wird, stellt die Frage nach dem Warum der Symptomatik eine vom Beobachter auf das Gesamt der sich darbietenden Erscheinungsbilder entworfene Figur dar, die, von der begrenzten, sichtbaren Symptomatik ausgehend, das Unsichtbar-Mögliche im Zusammenhang mit der sichtbaren Erscheinung der Dekompensation in einen Sinnzusammenhang, in eine übergeordnete Gestalt zu bringen versucht. Diese Gestalt stellt eine Auswahl der sich anbietenden Konfliktmöglichkeiten und der faktischen Gegebenheiten des Lebenszusammenhanges dar. *Sie ist ein aus der Kooperation (Kommunikation) zwischen Arzt und Patient sich ergebendes Sinnganzes, das im einzelnen Fall verständlich, d. h. sinnvoll erscheint.*

10. Der auf diese Weise konkret gewonnenen Gestalt entsprechen von der Seite des Kranken fraglos sich zeigende (objektive) Strukturen, insbesondere die Hintergrundgestalten und Typen (Lebensgestalten), die vielleicht eine Affinität zu bestimmten Symptomkonfigurationen haben (so die Frigidität zur Selbstbehauptung, die Impotenz zur Überanpassung). *Die Spezifität jedoch des konkreten In-der-Welt-Seins als Depressive, als Nymphomanin, als Karrieristin, als dominierende Ehefrau usf. stellt stets die begrenzten Möglichkeiten des In-der-Welt-Seins zu den unbegrenzten des aperspektivischen Hintergrunds, zu den zahlreichen Möglichkeiten des Innen dar.*

11. Die Dekompensierung – das Symptom oder der dekompensierte Typus – ist konkrete, sichtbare Antwort auf die Fülle möglicher Konflikte und möglicher Widerfahrnisse, die am Ende der Entwicklung stehen, die mit dem primären Identitäts- und Vertrauensverlust begann. Im Symptom (Dekompensation) zeigt sich die konkrete Welt als verfallend sich auflösend, aus den Fugen geratend, es ist in jedem Fall Übergangserscheinung zu endgültigem Verfall- oder auch zur Gestaltmetamorphose und Regeneration.

12. Diese Ausführungen ermöglichen jetzt eine präzisere Definition des Gesunden in seiner Beziehung zur Selbstbehauptung und Anpassung: *als Gesunde zeichnen sich die Mischformen extremer Typen ab, die flexibel zwischen Selbstbehauptung und Anpassung mit der Welt wie mit sich selbst umgehen.*

13. Zusammengefaßt ergibt sich die *Auswahl des spezifischen Symptomes oder Symptomkomplexes aus der Diskrepanz zwischen dem Möglichen der aperspektivischen Psyche – das in seinem perspektivischen Entwurf in die Welt erst Zeit, damit Konflikte ermöglicht –, den Konfliktmöglichkeiten des Innen und dem konkret-sichtbaren In-der-Welt-Sein aufgrund folgender selektiver Faktoren:*
    a) ontologische Selektion (Mögliches/Realität)
    b) leibhafte Selektion (Konstitution, Disposition)

c) soziale Selektion (Sozietäten und Realisierungsbedingungen der Weisen von Zuwendung)
d) Selektion durch die Hintergrundgestalten der Selbstbehauptung oder Anpassung.
e) Selektion durch die Typen (chronisch-dekompensierte Gestalten) oder auch „gesunde" Mischformen zwischen Selbstbehauptung und Anpassung
f) Selektion durch Phantasie und wechselnde, situativ bedingte Lebensveränderungen, auch Widerfahrnisse, Traumen, Zufälle
g) Selektion durch Konflikte mit der Umwelt, ihre Verschränkung mit entsprechend inneren Konfliktmöglichkeiten.

Von der übergeordneten Gestalt (Hintergrundsgestalt) der Selbstbehauptung oder Anpassung ausgehend, wird der sich selbst Behauptende von den Störungen der Abwendung, der depressiven Verstimmung, des Negativismus, der einseitigen Triebrichtungen, der Egozentrizität des Wünschens und Fühlens, der einseitig-manipulativen Kommunikation überwiegend bestimmt werden. Umgekehrt ist der Angepaßt-sich-Einfühlende oder Überangepaßte zur (haltlosen) Trieblabilität disponiert, zur Kontaktoberflächlichkeit (Manie), zu Unterwürfigkeit, Pseudologie aus Anpassung, zum alles versprechenden, wenig haltenden Individuum. Die Zwangskrankheit wäre z. B. der ersten Gestaltdeformation, die sog. Hysterie und der hysterische Typus der zweiten Gestaltdeformation zuzuschreiben. Auch eine Zuordnung (Affinität) psychosomatischer Dekompensationen zu den beiden übergeordneten Gestalten ist möglich: die des Infarktes (Ehrgeiz, Selbstbehauptung) zum ersten Typus, des Asthmas (Abhängigkeitsproblematik) oder der Amenorrhoe zum zweiten Typus, die aber aufgrund der noch sehr umstrittenen innersubjektiven Struktur der psychomatischen Krankheiten hier nur angedeutet werden kann.

Es wäre das Ziel einer spezifisch anthropologischen Krankheitslehre, die aus dem Hintergrund der Lebensgestalten sich abzeichnenden Affinitäten zu bestimmten Krankheitsbildern und psychopathischen Störungen noch näher aufzuzeigen, deren Darstellung der Zukunft vorbehalten bleibt.

XV. Zur Problematik der psychosomatischen Medizin

(Grundsätzlich neue Erwägungen)

Die psychosomatische Medizin hat in ihren namhaften Vertretern[1] sich bemüht, Krankheitssyndrome wie das Ulcus pepticum, das Asthma, die cardiovasculären Regulationsstörungen, die Allergien, die Pubertätsmagersucht, die Regulationsstörungen des weiblichen Zyklus mit

a) bestimmten Kindheitstraumen (z. B.: vergebliches Schreien als Kleinkind; das Asthma als unterdrücktes Schreien),

b) bestimmten Konfliktkonstellationen (z. B. Ehrgeiz gegen unbewußtes Abhängigkeitsstreben beim Ulcus)

monokausal in Verbindung zu bringen. Daß dieses Bemühen, eindeutige Zusammenhänge aufzuweisen, nur sehr bedingt glückte[2], wird wohl nicht in Abrede zu stellen sein. Als geglückt darf es angesehen werden, daß im Bemühen um die Aufhellung psychogenetischer Strukturen der jeweilige klinische Symptomkomplex eine – allerdings vorwissenschaftliche – Interpretation erfuhr, die zumindest eine Krankheitsgestalt, wenn auch undeutlich, sichtbar werden ließ. D. h. die Sprache des Leibes, der sich vorsprachlich auch in der Krankheit kundtut, wurde zu verstehen versucht[3]. (Daß sich hier Affinitäten, d. h. Bedeutungsbeziehungen zu den chronischen Dekompensationen (Typen) ergeben, sei darzustellen der besagten, zukünftigen Untersuchung vorbehalten.) Als nicht geglückt muß der Nachweis der psychischen Ätiologie innerer Krankheiten im monokausalen Sinne angesehen werden, der, insbesondere bei *F. Alexander* und seinen Anhängern – nach dem oben kritisierten psychoanalytischen Modell –, einen oder einige spezifische Konflikte kausal unter den möglichen Konflikten für *ein* Krankheitsgeschehen verantwortlich machen wollte[4]. Die jeweils getroffene Konfliktauswahl stellt in ihrer Einseitigkeit stets eine verfälschende Konstruktion dar, obwohl das Vorhandensein eines, jedoch nicht spezifischen Konfliktes (Ehrgeiz gegen Abhängigkeit z. B.) unter anderen Konflikten bei dem kranken Individuum nicht in Abrede gestellt werden soll.

Im Unterschied zu den Thesen der bisherigen psychosomatischen Medizin sei hier folgendes festgehalten:

Als chronische oder akute Dekompensation ist jede Krankheit ebenso ein psychosomatisches wie somatopsychisches Geschehen. Die „psychosomatische Medizin“ betont lediglich die innersubjektiven Konfliktmöglichkeiten und ihre Dekompensationen. Hier jedoch wird dem leibhaft-organismischen Konflikt (gestörter Stoffaustausch) eine der möglichen subjektiven Kommunikationsstörung und ihren Folgen adäquate Bedeutung zugemessen. Dies entspricht der aufgezeigten, universellen Bedeutung der Konflikte. *Der innersubjektive Konflikt figuriert nur als eine unter der unübersehbaren Vielzahl möglicher Konflikte und ihrer zu Gestaltveränderung führenden Tendenz.* Die innerorganismisch entstandenen Gestaltveränderungen – z. B. ein Tumor – aus einem noch ungeklärten, aber jedenfalls biologischen Mißverhältnis (gestörter Stoffaustausch), die exogene Gestaltveränderung (Stress) bedingen in jedem Fall einen Beziehungs- und Bedeutungswandel der Welt für das Subjekt und umgekehrt. *Unter diesem Beziehungs- und Bedeutungswandel, der Gestaltveränderung, der Kommunikationsbeeinträchtigung, stellt die psychogenetische Ätiologie nur eine unter vielen Bedingungen dar*; führt sie nachweislich zu einer akuten oder chronischen Dekompensation, dann bedingt sie *nach* Eintreten der somatischen Gestaltveränderung (z. B. die psychogene Angina, die Bedeutung der Tuberkulose bei Ver- und Entlobungen usf.) entsprechendem Beziehungs- und Bedeutungswandel des In-der-Welt-Seins. Dieser unterscheidet sich in nichts von der überwiegend somatozentrischen oder somatisch bedingten Krankheit und ihren „psychischen“ Folgen für das Individuum.

Psychosomatische Medizin als Versuch, somatisch greifbare Krankheiten auf Kindheitstraumen oder spezifische Konfliktsituationen ausschließlich zurückzuführen – wobei die Bedeutung dieser Faktoren als Bestandteile eines multikonditionalen Geschehens nicht in Abrede gestellt werden soll –, bedarf der notwendigen Ergänzung durch die somatische Medizin und die aus ihr sich ergebenden Konsequenzen für die Welt des Kranken, seine Subjektivität.

Kommunikationsbeeinträchtigung oder Kommunikationsverlust kann zu somatischer Gestaltveränderung (Krankheit) führen. Das ist die bisherige Auffassung der psychosomatischen Medizin. Aber somatische Gestaltveränderung aus endogen-organismischen Konflikten führt ebenfalls zur Kommunikationsstörung oder Kommunikationsverlust: Das ist die hier vertretene Auffassung, *für die es nur eine Krankheit gibt: die gestörte oder nicht mehr vorhandene Kommunikation, der gestörte, dekompensierte Stoffwechsel,* gleichgültig aus welcher Ätiologie.

XVI. Das Mögliche und seine mißlungene Bewältigung

(Die Angst- und Zwangskrankheiten, die sogenannte Hysterie)

a) Die Angstkrankheit (Phobie und freie Angst)

aa) Stand der jetzigen Erforschung der Angstkrankheit[1]

Die genaue Symptomatologie der Angstkrankheit – nicht weniger als die des Zwanges – hat seit *C. Westphal*[2] keine nennenswerten Fortschritte mehr zu verzeichnen. In der Ätiologie der Angst, die für *Westphal* und die damalige Psychiatrie im wesentlichen konstitutionell bedingt war, stehen sich heute folgende Theorien gegenüber:

1. die Angst-Krankheit wird in enger Verbindung zur (endogenen) Depression als ebenfalls endogen bedingte Störung der Vitalität aufgefaßt (*Lopez-Ibor*).[3]
2. Angst wird – in Anlehnung an *Kierkegaard* und *Heidegger* und auch *Sartre*[4] – als Erfahrung von Da-Sein aufgefaßt, bzw. Da-Sein wird in der existentialistischen Interpretation primär über Angst vor diesem wahrgenommen; Angst ist eine Grunderfahrung wie auch -bedingung von In-der-Welt-Sein.
3. Angst wurde von *Freud* erst als Folge verdrängter Sexualität (Coitus interruptus) interpretiert, dann als Nachwirkung traumatisierender Kindheitserlebnisse, insbesondere der Kastrationsangst. Seine Angstinterpretation läuft auf die Abspaltung des eigentlichen Angstaffektes von der angsterzeugenden Vorstellung hinaus: der Angstaffekt bleibt, jedoch die Vorstellung wird verändert. Der kleine Hans hat nicht vor dem Vater Angst, sondern vor dem Pferd. Auf diese Weise vermag der kleine Hans – hier wird die vom Zweckmäßigkeitsdenken bestimmte Theorie *Freuds* sichtbar – mit dem Vater zusammenzusein, ohne vor ihm Angst zu haben, dagegen lokalisiert sich die Angst auf die vor Pferden, die er wesentlich seltener sieht. In der letzten Phase der analytischen Theorie wurde die Angst als vom Ich ausgelöstes Warnsignal vor der Überwältigung durch (libidinöse aber auch aggressive) Triebe angesehen, d.h. nicht als unmittelbare Folge von Verdrängung, sondern als Abwehr gegen innere (Trieb) oder äußere Gefahren, die dann erst zur Verdrängung führen sollten.
4. In der neoanalytischen Richtung wurde Angst sowohl als Folge partieller Unterdrückung von Trieben, z.B. expansiver Motorik (*Schultz-Hencke*), wie als Folge von unterdrückter Aggression, letzten Endes aber im Zu-

sammenhang einer Sicherheit, Zuneigung und Geborgenheit vermissenden Kindheitssituation gesehen.[5]

5. Die Anthropologie der Angst hat insbesondere *von Gebsattel* in der Darstellung eines Falles genereller „Psychasthenie" als multikonditionales Geschehen, letztlich im Ganzen einer Werdens-Differenzierung und Reifungsstörung der Person dargestellt.[6] *Gebsattel* hat bei der Angstkrankheit den gestörten Bezug des Patienten zur Zukunft herausgearbeitet: die Erwartungsangst, die Angst vor dem Erröten, vor dem Examen, dem Versagen generell: Bei den Phobien (Platzangst, Angst vor Aufenthalt in geschlossenen Räumen, Höhenschwindel, Angst vor Reisen, Autofahren, Flugzeug-Reisen, irgendwelchen Veränderungen) geht die Angst auf scheinbar konkrete, zu meidende, zukünftige Situationen aus. Sie nimmt mögliche Katastrophen vorweg, wie auch insbesondere die Phobiker, deren Phobien sich an psychische oder vegetativ-leibhafte Krisen und Traumen anschließen, die Wiederholung der Angstsituation befürchten.
6. *C. Kulenkampff* und *H.E. Richter* u. a.[7] haben die sog. „Herzangst" und die Angst, die durch vegetative Krisen die Beziehung zum „tragenden Leib" erschüttern, untersucht und bei diesen die Traumatisierung durch unerwartete, krisenhafte Zustände der leibhaften Verfassung nachweisen können, die den Kranken sekundär in hypochondrischer Weise an den Leib, an mögliches Versagen der lebenserhaltenden Funktion fixieren.

bb) Die Angst und das Mögliche

Menschliches In-der-Welt-Sein verläuft am Rand möglicher Einbrüche – wie sie oben dargestellt wurden –, die sehr verschiedener Art sein können. Sie mögen sich als nicht zu beherrschende Konfliktspannung anzeigen, als Überwältigung durch einen sich anknüpfenden Trieb (Sexualität, Aggression) und dessen Folgen, als erdrückendes Pflichtbewußtsein, dem nicht nachzugeben unheilvoll erscheint – um nur an einige Quellen innersubjektiver Einbrüche des Möglichen zu erinnern, die in der Angstkrankheit zu beobachten sind.

Die Möglichkeiten innerer Einbrüche in die habitualisierten Gewohnheiten werden durch die äußeren Realgefahren ergänzt. Zweifellos ist Angst eine naturgegebene Antwort auf Bedrohung, die das Individuum schützen soll. Ob die äußeren Einbrüche generell aus der Zukunft auf einen zukommend sich ereignen mögen, ob sie in der Gegenwart der ängstlich-lauernden Beobachtung des Pulsschlags und Antizipation möglichen Todes sich darstellen oder im Durchlaufen der Erinnerung an angstvoll-schreckhafte Erlebnisse: *in jedem Fall liegt der Angst die dem Individuum einwohnende Vorwegnahme des Möglichen zugrunde* – eines Möglichen, das jedoch nicht Gegenstand erwünschter Hoffnung, sondern gefürchteter Bedrohung ist. Das Mögliche ist aber die mit Sicherheit voraussagbare Gewißheit des Sterbens, die als Angst vor Vernichtung in der Angst immer anwesend ist und mit dem faktischen Vernichtungsgefühl des Angstanfalles sich verbindet. M. a. W. in dem Einbruch des Möglichen wird immer das unausweichliche Sterben-Müssen mit einbezogen: „Da-Sein als Sein zum Tode" (*Heidegger*).

Wenn *O. Rank* in extrem simplifizierender Weise die Angst vor Wiederholung des Geburtstraumas, gegen den Wunsch in die Geborgenheit des Mutterleibes zurückzukehren, als Grundkonflikt des Angstkranken darstellt, später in subtilerer Weise die Angst als die vor einer geistigen Wiedergeburt interpretiert, deren Notwendigkeit dem Kranken sich aufdrängt, so hat er doch damit auf das Moment der *Trennung* in der Angstkrankheit hingewiesen.[8] Angst ist nicht nur Angst vor dem Möglichen, sondern auch Angst vor Trennung. (In diesem Sinne wäre auch die Kastrationsangst als Angst vor Trennung von dem Gliede aufzufassen, vorausgesetzt, daß eine spezifische Identifikation mit diesem nachweisbar wäre.)

Trennung als primäre Erfahrung der Aufhebung von Identität und von Dauer bedeutet faktisch Sterben, den Schritt in die Zeitlichkeit des Da-Seins zu tun, wobei nur die Vorspiegelungen der in der Sucht gewonnenen Erlebnisse die Illusion verschaffen, diesen Schritt nicht tun zu müssen. In der Angst vor der Möglichkeit des Sterbens, vor dem Einbruch des Irrational-Möglichen überhaupt, in der Angst vor Vernichtung, dreht sich der Angstkranke im Kreis um das Erleben von Trennung als Vernichtung. Die erhebliche Bedeutung, die die Bezugspersonen für die Angstkranken haben, an die sich diese anklammern, mit denen sie gemeinsam befähigt sind, einige Schritte über die Straße zu gehen, oder in deren Begleitung sie das Examen zu bestehen glauben, wird aus der Trennungsangst ersichtlich: Die Bezugsperson vermittelt die Illusion der Identitätsherstellung. (Auch die von der Psychoanalyse behauptete, allerdings häufig auch bei anderen Erkrankungen vorkommende Abhängigkeitsstruktur des Angstkranken,[9] ihr Infantilismus, weist auf die Trennungs- und Todesthematik.)

Die Wahrnehmung der Vergangenheit als sich ereignet habende, nicht zu überwindende Trennung, die der Zukunft als Wiederholung von Trennung durch den Einbruch des Möglichen, des Sterbens, die der Gegenwart mit dem überwiegenden Aspekt des Schutzes gegen diese Einbrüche, lassen die Angstkrankheit als Mißgestalt menschlichen Da-Seins erscheinen, *das sich nicht gegen die Faktizität der Zeit zu stemmen, sich dieser nicht zu erwehren vermag, das angstvoll der Zeit und dem Vergehen ausgeliefert ist. Der gefürchtete Einbruch des Möglichen ereignet sich für den Angstkranken in jedem Angstanfall*, je nach Häufigkeit erleidet er mehrfache Vernichtung – bis zum faktischen Kreislaufkollaps und Bewußtseinsverlust.

Während jedoch der Depressive den Verlust des Lebens, die Vergänglichkeit, seine Auslieferung an die Zeit trauernd oder resigniert wahrnimmt, steht der Angstkranke aufgrund seines spezifischen Mißverhältnisses von In-der-Welt-Sein, das nicht primär Zuwendung und Abwendung betrifft, *in gleichzeitiger Abwehr gegen die Auslieferung an das Mögliche wie auch gegen das Erleiden dieses Möglichen im Angstanfall.* Er erleidet im Angstanfall die Gestaltvernichtung durch die Zeit, die das Mögliche aller Möglichkeiten ist, und Gestaltregeneration, wenn es ihm gelingt, die den Angstanfall auslösenden Situationen zu meiden oder den Angstzustand zu „überstehen".

Diese Situationen sind räumlicher Art: Felder, Plätze, Straßen, Hohlwege, Zimmer, gefüllte Theater, Türme (Höhenangst), Massenveranstaltungen, Kurssäle, in denen sich die Weite des Raumes (Felder, unbedeckter Himmel) oder seine Enge und Dichte (kleines Zimmer, Massenveranstaltungen) in besonderer Weise bemerkbar machen. Der Raum wird expansiv oder implantiv erlebt, in beiden Situationen als bedrohlich, löst er Angst aus. Der Raum hat für den Kranken seine sonst ikonoklastisch erfahrene, orientierende Kraft verloren. Es sind nicht mehr die Erde, der der Kranke selbstverständlich sich anvertraut, der Himmel, der sich wie eine schützende Kuppel über ihm wölbt, die vertrauten Straßen und Plätze, die ihn an erwünschte Orte führen oder von zu meidenden abhalten, die ihm sagen, wohin er gehen und wo er bleiben soll. Der Kinosaal mag einstürzen, ein Feuer ausbrechen, ein „Herzanfall" auftreten und er nicht mehr rechtzeitig zum Arzt gelangen. Der Raum bindet und fesselt ihn, entläßt ihn nicht: Die Bewegungsmöglichkeit und damit auch die Distanzierung zu ihm, der nicht nur Richtung weist, sondern demgegenüber der Gesunde zu entscheiden vermag, welche der Richtungen einzuschlagen ist, ist dem Kranken genommen. Die Konstanz des Raumes, die als unproblematisch von dem Gesunden wahrgenommen und erlebt wird, Grundlage des sich der Welt immer wieder öffnenden Vertrauens ist, der Raum, der dieses Öffnen ermöglicht, ist fragwürdig geworden. *Der sich unendlich ausdehnende, durch Weite überwältigende oder der schrumpfende, durch Enge einschnürende Raum hat Zeitcharakter bekommen. Er ist sowohl die unendlich sich verflüchtigende, alles ermöglichende Zeit und die zum Augenblick, zum Jetzt sich einschnürende, die ihre Signatur dem Raum verliehen hat* und hiermit auf die eigentliche Struktur dieser Krankheit verweist: *Der daseiende Raum, Grundlage aller Gestalt, wird selbst zum Symbol der Verflüchtigung.* In der Angstkrankheit wird der Raum zur Zeit deformiert, er, die Grundlage der Konstanz und der Ordnung des Zu-Einanders der Dinge, wird zur dämonisch-pulsierenden Fratze der Vergänglichkeit. Damit wird der Einbruch der irrationalen Mächte, der Trennung und des Sterben-Müssens gewährleistet; die Panik, die diese Weltveränderung hervorruft, wird verständlich, denn dem Angstkranken ist tatsächlich der Boden, d. h. der gelebte Raum unter den Füßen weggezogen.

Die Ätiologie der Angstkrankheit ist, wie auch für die anderen Dekompensationen, von relativer Bedeutung nur für Prognose und Therapie dieser Störungen, über die die Meinungen unterschiedlich sind. Trotz nachweislich erfolgreich behandelter Angstkranker[10] hat diese Dekompensation noch immer den Charakter einer lebenslänglichen Deformation. Die Mißgestalt der Angstkrankheit, in der sich die anthropologische Möglichkeit der Trennung vom erlebten Raum und der erlebten Zeit verwischt, der Raum erschüttert wird und Zeitkonfiguration annimmt, kann sowohl durch dispositionell-hereditäre Momente (Vitalangst) wie durch Struktur- und Triebkonflikte des Innen und durch zur Dekompensation führende Milieuverhältnisse, Reagibilität ferner des Individuums, in Erscheinung treten. Die Möglichkeit zur Angstkrankheit ist jedem Individuum – im oben dargelgten Sinne – immanent,[11] ihre Gestalt bietet sich als konkrete Antwort auf die Unfähigkeit an, die räumlich/zeitliche Struktur zu trennen, indem Raum für den Kranken zeitliche Konfiguration annimmt.

Eine leibhaft psychische Disposition zur Angstkrankheit läßt sich bedingt beobachten, wenn die Ängstlichkeit bis in die Kindheit zurückzuverfolgen ist. Die auf Trennung besonders heftig reagierenden, nur ungern sich allein aufhaltenden Kinder, diejenigen, die in der Dunkelheit schon über starke Angst klagten oder Anzeichen derselben zeigten, scheinen für die Entwicklung einer späteren Angstkrankheit disponiert zu sein, obwohl diese Ängste auch wiederum sehr verbreitet sind und sich damit die Möglichkeit zu zahlreichen anderen Gestaltkompensationen kundtut. Die Erschütterung durch eine überraschende vegetaive Krise[12] mag die genannten Mißverhältnisse, die die Angstkrankheit bedingen, ebenso hervorrufen, wie der Verlust eines nahestehenden Menschen, berufliches Versagen oder Nachwirkungen einer Infektionskrankheit. Relevant ist lediglich, daß die Therapie die Erhaltung der „Immunität“ gegen die auslösenden Momente wiederherstellt, die präzise raum-zeitliche Trennung sich habitualisiert.

cc) Die Bedeutung der Angst allgemein für die Ätiologie von dekompensierenden Mißverhältnissen

Eine überwiegende Anzahl Forscher auf dem Gebiet der Neurosenentstehung neigten dazu, in dem Erlebnis der frühkindlichen Angst eine Hauptdeterminante der Entstehung sog. Neurosen oder neurotischer Entwicklungen zu sehen.[13] Dem ist insofern zuzustimmen, als auch die vorliegende Untersuchung der Angst vor dem Möglichen ein Verhalten des Menschen (nicht weniger von Lebewesen überhaupt) sieht, der in seiner Geworfenheit in das Da-Sein, nach Verlust des primären Vertrauens, der primären Identität, dem Da-Sein nur noch bedingt vertrauen kann, und vor dem Einbruch des Möglichen ständig auf der Hut sein muß. Angst ist Bestandteil des menschlichen In-der-Welt-Seins. Alle aufgezeigten anthropologischen Mißverhältnisse *und die aus diesen resultierenden Dekompensationen sind mögliche Ursachen von Ängsten, wobei jedoch das Vermögen zur Reflexion,* Voraussicht, zum Gewahr-Werden damit des Möglichen als zu fürchtenden Einbruch *zu den angsterzeugenden Dominanten der menschlichen Entwicklung gehören.* Angstfrei ist nicht einmal der Imbezille oder Demente, die zumindest noch zu erschrecken sind. Angstfreiheit als soziale Utopie setzt eine andere Struktur des In-der-Welt-Seins voraus, eine, in der sich tatsächlich das

Mögliche nicht mehr zu ereignen vermag: die durch und durch geplante, organisierte, rationalisierte, auf- und verteilte Welt – des „eindimensionalen Menschen“.[14]

Weshalb bei der täglichen Konfrontierung mit dem Möglichen nicht jedermann angstkrank ist, liegt ebenso in der Habitualisierung an eine Welt scheinbarer Sicherung wie im „Sich-tragen-lassen vom Lebensstrom“, die den Einbruch des Möglichen auf ein Minimum reduziert, die Reflexion auf diese möglichen Einbrüche ausschaltet: M. a. W. *Verdrängung von möglicher Angst ist ein lebens- und existenznotwendiger Faktor.* Erst die Dekompensierung der Habitualisierungen, der Einbruch in den dahinfließenden Lebensstrom durch die im ersten Teil aufgezeigten Möglichkeiten exogenhistorischer Natur oder die im zweiten Teil beschriebenen Einbrüche pathologischer Art lassen Angst manifest werden. In ihrer Darstellung realisiert sich eine unter anderen möglichen Gestalten von In-der-Welt-Sein, die sich durch die mangelnde Spezifizierung zwischen räumlichen und zeitlichen Faktoren, durch das Verschwimmen von Raum und Zeit, das Übergehen von räumlichen Grenzen in den zeitlichen Fluß des In-der-Welt-Seins auszeichnet.

b) Die Zwangskrankheit

aa) Zum Stand der augenblicklichen Forschung[15]

Die deskriptive Symptomatologie der Zwangskrankheit hat ebenfalls wenig neue Gesichtspunkte seit den entsprechenden Darstellungen *C. Westphals* erbracht.[16] Auch heute stehen sich im Prinzip eine mehr psychologisch-psychoanalytische Interpretation der Zwangskrankheit und eine konstitutionell orientierte gegenüber; die letztere kann sich mit gutem Grund auf die nach organischen Hirnerkrankungen auftretenden Zwangssymptome berufen. In der psychoanalytischen Interpretation *Freuds* und seiner Schüler ist die sog. anale Symptomatik der Zwangskrankheit (Trotz, Ordnung, Sparsamkeit) als eine die gesamte Persönlichkeitsentwicklung beeinflussende Trias herausgearbeitet worden.[17] Diese übernimmt der Patient als Reaktionsbildung gegenüber Bedürfnissen, sich zu verschmutzen, einzukoten oder den Kot (Sparsamkeit) nicht herzugeben, von einer bereits besonders auf Ordnung, Sparsamkeit und Sauberkeit eingestellten Umgebung. Der Kranke wird von einem sog. sadistischen „Über-Ich“ tyrannisiert, das sich als Reaktion auf Wünsche und Bedürfnisse der analen Phase bildet. Auf der anderen Seite wurden die Zwangssymptome als Abwehrformen gegenüber sexuellen Impulsen interpretiert, so z. B. ein Einschlafzeremoniell als Wiederholung des beobachteten elterlichen Beischlafs, das sich im wesentlichen in seinen vom Affekt, analog zur Angstkrankheit, verschobenen Inhalten auf die Unterdrückung von Inzestphantasien bezieht.[18]

In den neoanalytischen Schulen wird dem Bemühen begegnet, die spezifische Gehemmtheit des Zwangscharakters auf Hemmung insbesondere der Aggression – expansiv/motorische Impulse (Triebe) – in der Kindheit zurückzuführen. Untersuchungen über die Persönlichkeit des Zwangskranken fehlen auch hier nicht, die seine enge, aber gestörte Beziehung zur Ordnung, Genauigkeit, Skrupulosität beschreiben, und die im wesentlichen als Reaktionsbildungen der Hemmung gegenüber antagonistisch empfundenen Trieben interpretiert werden.[19]

V. von Gebsattels Arbeiten über die Welt des Zwangskranken zeigen die enge Beziehung desselben zu dem Toten, Erstarrten, Abgestorbenen einerseits, seine Abwehr gegen Niedergang, Krankheit, Fäulnis oder Verwesung durch Meidung seines Kontaktes mit diesen Stoffen andererseits:[20] Er ist ebenso von Verfall und Tod fasziniert, wie er sich dagegen wehrt.

bb) Der Zwang und die Angst vor dem Ausbleiben möglicher Veränderung

Ob die Beziehung des Kranken zur Ordnung, seine Genauigkeit (Kontrollzwänge), Skrupulosität, Pedanterie oder die seiner Abwehr gegen Verschmutzung, Staub und Bakterien, ob die Zwangsrituale oder Zwangsimpulse in den Vordergrund gestellt werden – *sie alle folgen aus dem Zweifel*: ob eine Handlung in bestimmter Weise durchgeführt worden sei, ob eine Verschmutzung vermieden werden konnte, ob sie stattgefunden hat, ob der Eintritt der möglichen Katastrophe, der Bedrohung durch entsprechende Rituale verhindert werden konnte.

Der sich auf das Mögliche eines nicht korrekt durchgeführten (fehlerhaften) Arbeitsvorganges beziehende Zweifel, oder der, der auf mögliche, kaum zu behebende, mikroskopische Beschmutzung, auf Fortnehmen eines Steines von der Straße, um Unfälle zu verhüten, bezogen ist, *drückt die Ungewißheit und damit Angst aus, daß das befürchtete Mögliche bereits eingetreten ist.* Der Zweifel setzt Gegenkräfte (Abwehr) in Bewegung, das möglicherweise eingetretene Mögliche eines nicht korrekt durchgeführten Arbeitsvorganges, durch „Nacharbeit" (Kontrollzwänge) zu eliminieren. Wer den Zwangskranken kennt, seine Symptomatik sich immer wieder hat darstellen lassen, wird auch den an Zwangsimpulsen leidenden, der sich nicht in der Nähe von Messern aufzuhalten vermag – im Zweifel, er könnte damit einen Mord ausführen – nicht von dem Kernsymptom des Zweifels freisprechen. Denn der von Zwangsimpulsen „Besessene" ist im Zweifel, ob er die Tat nicht doch bereits ausgeführt hat oder ausführen wird.

Wurde der Angstkranke in seiner Angst vor dem Einbruch des Möglichen als überwiegend zeitbezogen verstanden, so ist der Zwangskranke stets unsicher, daß das Mögliche des Befürchteten sich nicht schon *ereignet* haben könnte. Sein Kampf gilt der Beseitigung des möglicherweise eingetretenen Übels, der Abwehr oder Verhinderung desselben (Rituale). Ist der Angstkranke in seinem gelebten Raum potentieller und realerlebter Vernichtung ausgesetzt, sein raum/zeitliches Orientierungsvermögen durch das Bewußtsein der Kontinuität des Raumes und der sich zeigenden Welt in der Antizipation möglicher Vernichtung erschüttert, *so hat der Zwangskranke das Ereignis des Einbruchs des Möglichen in seinen Befürchtungen bereits eintreten lassen. Der Zweifel hält ihn dazu an, sich vom Gegenteil, dem Nichteingetretenen-Möglichen zu überzeugen*, d.h. davon daß Veränderung doch stattfand, daß Schmutz oder Fehler beseitigt sind.

Dies ist jedoch nur ein Aspekt der Zwangskrankheit, dem ein gegenteiliger entspricht: Für den Zwangskranken verwischen sich in seinem Verhältnis zur gelebten Zeit, zum gelebten Raum durch *Überwiegen der räumlichen Strukturen seines Welterlebens die zeitlichen, bestimmen räumliche Konfigurationen zum Nachteil der Zeit ihn zunehmend.* Das ist nicht nur als „Werdens-Störung" dokumentiert und aufgezeigt worden. Die enge, jedoch angsterfüllte Beziehung des Kranken zu Schmutz, Tod und Lebensstillstand zeigt die faktische Beherrschung seines Da-Seins durch stillstehende räumliche Konfigurationen an, die letztlich durchgehend auf den möglichen Tod bezogen sind. (Wie auch die Tötungs- und Mordimpulse des Zwangskranken das Ende des individuellen Lebens im Blick haben.) Darüber hinaus vermag er aber die Beziehung zum gelebten Raum, als dem eines von Orten verschiedener Intensität und Dichte des Erlebens gekennzeichneten, nicht aufrechtzuerhalten. *Der Raum wird zum Alptraum zu erfüllender, aber an der Realität nur immer wieder mangelhaft verwirklichter perfektionistischer, extremer Ordnungs- und Sollens-Forderungen, er* wird zum Chaos. Das Ansammeln von Gegenständen , das Vollstopfen von allen erdenklichen Behältern mit möglichen und unmöglichen Dingen, reduziert den gelebten Raum, engt ihn ein, verwandelt ihn in die jeder faktischen Ordnung spottende Rumpelkammer – die Behausung vieler Zwangskranker.

Festhalten ferner an Vorurteilen und Normen, mangelnde Kombination mit Fühlen und Wünschen, negativistische Grundeinstellung, Überintellektualisierung prägen ferner in zahlreichen Fällen das Bild des Kranken, dessen Persönlichkeit von dem starren Raum abstrakter, insbesondere moralischer Orientierungen, perfektionistischer, steriler Ordnung verändert wird, selbst erstarrt und sklerosiert.[21] Wenn der Zwangskranke wiederholt auf die Straße zurückkehren muß, um sich davon zu überzeugen, daß er den dort liegenden Stein beiseite gerollt hat, um damit ein Unglück zu verhindern, wenn er einen Arbeitsvorgang zum wiederholten Male nachprüft, um einen vielleicht gemachten Fehler zu entdecken und zu annullieren, sich zum 55ten Male die Hände wäscht, so sind Stein, Fehler, Bakterien Sinnbilder des bereits eingetretenen, möglichen Endes, das er noch – mit letzter Kraft – zu vermeiden erhofft, *indem er sich vom Gegenteil zu überzeugen versucht. Das mögliche Ende wird über die Bilder von Unglück (Tod), Fehlern (die dem Unglück gleichkommen), Bakterien (Krankheit) und die Katastrophe verhindern sollende Rituale antizipiert. Sich fast gestorben wissend, möchte sich der Kranke doch immer wieder vom Gegenteil, seines Lebens, überzeu-*

gen. Er muß nachprüfen, daß das Unglück nicht eingetreten ist, der Fehler nicht geschah, das Messer keine Blutspuren zeigt.

Abgesehen von der zunehmenden Verhaftung an die erstarrten Dimensionen nicht mehr des gelebten, sondern des *normierten* Raumes durch den Schwund der zeitlichen, auf die Zukunft gerichteten Dimension, ist der Zweifel (das zentrale Symptom des Zwanges) selbst der wichtigste Beweis für die hier dargelegte These. Zweifel bedeutet für den Zwangskranken, ob eine befürchtete oder durchgeführte Veränderung auch wirklich eingetreten ist. Befürchtete Veränderung: der unterlaufene Fehler in der Arbeit, das Schmutzteilchen, das am Brief hängen geblieben ist, der Impuls, jemandem Schaden zuzufügen. Durchgeführte Veränderung: der Stein, der aus dem Weg geräumt, die Hände, die gewaschen wurden (Schmutzbeseitigung), der Gashahn, der zugedreht ist. *Mit dem Zwang die vollzogene Veränderung zu prüfen, muß sich der Zwangskranke davon überzeugen, daß die Zeit noch geht, er noch an der gelebten Zeit teil hat. Der Kranke bringt damit zum Ausdruck, daß er durch den Zwang, nach Veränderungen zu sehen, sich zeitweise noch aus der Umklammerung des Raumes zu lösen vermag. Die Abwehr gegen den Einbruch des Möglichen, das bereits als eingetreten angenommen wird, ist gleichzeitig ein Sich-Überzeugen davon, daß es noch nicht eingetreten, daß noch Veränderung, Zeit, Wandel möglich ist.*

Ist es in diesem Zusammenhang verwunderlich, daß die nach dem Mittelalter sich entwickelnde europäische Ontologie, von *Descartes* ins Leben gerufen, mit dem Zweifel begann, *ob es Etwas*, d. h. Veränderliches, gibt, und die bejahende Antwort in dem innerweltlich punktuell-räumlichen Ich des „Ich denke" fand?

Wie der Angstkranke an dem Verlust seiner räumlichen Strukturierung im Da-Sein leidet, die Zeit für ihn mit der Erwartung des befürchteten, ihn möglicherweise vernichtenden Endes identisch ist, so wird der Zwangskranke durch die Angst beherrscht, daß er den Zugang zur verändernden, mit der Veränderung „alles ermöglichenden" Zeit verliert, diesen Zugang auch tatsächlich einbüßt. Es wäre demnach nicht die Angst vor dem Einbruch des Möglichen, die den Zwangskranken quält, sondern *die Angst, den Zugang zu der Veränderung ermöglichenden Zeit zu verlieren*, er der Gefangene des Raumes wird.

Die Gestalt dieser Krankheit, für die als anthropologisch fundiertes Mißverhältnis die Raum/Zeit-Trennung verantwortlich ist, in der die Kontur der Zeit sich zugunsten des Raumes verwischt, ist, wie für die Angstkrankheit, eine Möglichkeit mißgestalteten In-der-Welt-Seins (Dekompensation). Dabei dürfte die „Disposition" zur Zwangskrankheit hereditär-konsitutionell ebenso von Bedeutung sein wie die Beeinflussung durch ein zwangshaft-starres Milieu oder ihre Entstehung als Reaktion auf eine verwahrlost-chaotische Umgebung, die wenig Orientierung vermittelt. Die Dekompensation – z. B. aus übertriebener Ordnungsliebe und Pedanterie zur manifesten Zwangskrankheit – vermag unter innerer wie äußerer Konfliktbelastung ebenso in

Erscheinung zu treten, wie sie nach chronischen Krankheiten, längerem „Stress", beruflichem oder persönlichem Versagen auftritt. Nichtsdestoweniger muß bei dieser scharf umschriebenen Erkrankung, die schon aus ihrer Symptomatik auf die enge Beziehung zum Raum hinweist, eine oft weit in die Kindheit zurückzuverfolgende, besondere Affinität zu den Ordnungsfaktoren zu bemerken sein.

c) Die Hysterie

aa) Zum Stand der gegenwärtigen Hysterieforschung[22]

Der Hysteriebegriff, wie ihn *Freud* noch von *Charcot* und *Janet* übernahm, hat in hundert Jahren erhebliche Wandlungen durchlaufen, die zu seiner faktischen Auflösung geführt haben. Daß das annähernde Aussterben der großen hysterischen Erkrankungen, wie sie noch zu *Freuds* Zeit florierten, mit den Veränderungen auch ihrer Interpretation in Verbindung steht, ist nicht ausgeschlossen, jedenfalls tendieren zahlreiche Autoren dazu, der Hysterie als Krankheit jeden Eigenwert abzusprechen, andere wiederum sehen sie im Zusammenhang mit vegetativen diencephalen Fehlregulationen, wieder andere lassen nur noch den hysterischen, d. h. infantil-labilen, triebhaft bestimmten Charakter zu.

Wenn auch die hysterischen Massenepidemien der Zeit *Charcots* möglicherweise den Massenepidemien vegetativer Dysregulation und Schlafstörungen gewichen sind, diese selten gewordene, nicht mit organischen Veränderungen des Sensomotoriums einhergehende Dekompensation im medizinischen Sprachgebrauch als „funktionelle Störung" eingedrungen ist,[23] so ist ihre Ätiologie nach wie vor unklar, insbesondere seitdem *Freuds* Thesen von der Verursachung der Hysterie durch sexuelle Traumata, durch den Ödipuskomplex oder die verdrängte Sexualität sich nicht für die Hysterie als spezifisch relevant erwiesen haben.

bb) In der Hysterie wird das Unmögliche möglich

Hysterische Persönlichkeiten, deren Typologie sich mit dem hier Dargestellten, des Überanpassungsbereiten, Dissoziiert-Antriebsfluktuierenden, Infantilen decken würde, der zur Dramatisierung neigt, oft stimmungslabil-exzentrisch, von starkem Geltungsbedürfnis beherrscht wird, ist eine der aus anthropologischen Mißverhältnissen sich ergebende Deformation menschlichen In-der-Welt-Seins, die, durch die wiederholt aufgezählten Faktoren determiniert, sich entsprechend manifestiert. Dekompensiert, zeichnet sie sich durch jene hysterisch-funktionellen Störungen aus, an denen *Freud* die kathartische Methode und die überraschenden Symptombesserungen erprobte und erfuhr. *In ihrer Dekompensation spielt sie* – der *demonstrative Charakter* der hysterischen Symptombildung weist darauf hin – *mit der Verwirklichung des Möglichen, das dem Kliniker und Anatomen unmöglich er-*

scheint: der faktischen Unfähigkeit, z. B. ein Bein zu bewegen, zu sehen, zu hören, einen Arm zu heben, ohne daß eine Veränderung irgendwelcher Art im organischen Gewebe nachweisbar wäre.

Das Unmögliche – hier wird es Ereignis, kann von der Hysterie gesagt werden, die damit das Mögliche ermöglicht. Was in der Angstkrankheit Angst vor Auslieferung an die mögliche Zeit ist, in der Zwangskrankheit der Zwang, sich noch von der Präsenz der verändernden Zeit zu überzeugen, wird in der Hysterie zur Verwirklichung des Möglichen. Zu verstehen ist dieser Vorgang allein durch die Plastizität des Leibhaften, seiner (spezifisch humanen) Prägsamkeit, verstärkt durch den infantil-antriebslabilen Charakter der Hysteriker, die den Leib dem inneren, aperspektivischen Bild, das sie von diesem haben, annähern und ihn entsprechend zu deformieren vermögen.[24]

Das autogene Training[25] basiert in seiner Realisierung auf der gleichen Plastizität und Beeinflußbarkeit des Leibes, analog zu stigmatisierten oder durch sog. Autosuggestion hervorgerufenen Veränderungen auch der Yogis, bei denen sich der Leib flexibel dem inneren Bild unterwirft.[26] Daß dieses innere Bild dem Hysterischen oft nicht im Wachen greifbar, daß es Bestandteil des aperspektivischen Innen ist, spricht nicht gegen seine, auf Äußeres bezogene Wirksamkeit – da ja das Innere generell auf Außen sich bezieht und umgekehrt. In diesem Bild, von dem aus enge Beziehungen zu dem sog. Körperschema (*Schilder*)[27] bestehen, *sieht der Hysterische sich im Bezug auf seine über Bewegung und Wahrnehmung erfolgende Kommunikation mit der Umwelt verstümmelt*, ist ihm die Umwelt ebenso fragmentiert, wie er sich ihr gegenüber nur fragmentarisch zu verhalten vermag. Sein verstümmeltes Ausdrucksvermögen – sich nicht sensomotorisch wie der Gesunde zu vermitteln – gibt konkret das Bild wieder, das er von sich und seinem Leib hat. Die Deformationen seines leibhaften In-der-Welt-Seins betreffen die primäre Kommunikation zwischen Subjekt und Welt: den Arm zu heben, zu gehen, zu sehen, zu sprechen oder zu hören, Grundfunktionen, innerhalb derer der Hysterische versagt. Sich in dieser Weise seelisch reduziert zur Schau zu stellen (zu demonstrieren), entspricht dem häufigen, relativ undifferenzierten Persönlichkeitsaufbau der Hysteriker, der an die „Primitivreaktionen“ erinnert,[28] wobei auch hier die leibhaft-konstitutionelle Vorgegebenheit die Darstellung des Bildes, das der Kranke von sich hat, ermöglicht.

Bei der Hysterie wären demnach folgende Faktoren zu berücksichtigen, die dieses Krankheitsbild zwar ermöglichen, jedoch sich überwiegend im Bereich eben des Möglichen bewegen:

1. Die „hysterische“, oben geschilderte Persönlichkeitsstruktur als leib-seelische Disposition. (Es sind jedoch auch zwangshaft-anankastische Typen mit hysterischer Symptomatik beobachtet worden.)[29]
2. Die Dekompensierung durch die wiederholt aufgezählten Determinanten möglicher Dekompensierung.

3. In der Dekompensierung demonstriert sich der Kranke, seinem relativ primitiven Persönlichkeitsniveau entsprechend, als in Wahrnehmen und Bewegen reduziert.
4. Mit dieser Verstümmelung realisiert er das „Unmögliche“: organisch krank zu sein, ohne organische Läsionen aufzuweisen.

XVII. Eros, Sexualität und die Möglichkeiten sexuellen Sich-Verhaltens und Dekompensierens

a) Der „Mythos“ der verdrängten Sexualität

Das Gebäude der Psychoanalyse *Freuds* fußt auf der Hypothese, daß die in der Kindheit, insbesondere in der ödipalen Phase verdrängte Sexualität (Primärprozeß gegenüber dem Sekundärprozeß) Anlaß späterer Neurosen, Fehlentwicklungen, aber auch von Psychosen und manisch-depressiven Verstimmungen sei. Darüber hinaus werden auch kulturelle Errungenschaften des Menschen, historische Entwicklungen, die Mannigfaltigkeit der sich zeigenden Welt in ihrem Austausch mit dem Menschen nach dem Schema von Primär- und Sekundärprozeß, d. h. von verdrängter Sexualität und den verschiedenen Formen der Abwehr ihr gegenüber, später auch nach dem Muster der verdrängten Aggression, interpretiert.

Daß diese Hypothesen nur langsam und widerwillig von der Wissenschaft aufgenommen wurden, in der heutigen Zeit dagegen zunehmend begrüßt werden, dürfte mit der veränderten Einstellung generell der Sexualität gegenüber in Zusammenhang stehen, die fraglos im viktorianischen Zeitalter *Freuds*, zumindest in der klein/großbürgerlichen Gesellschaft Wiens sexualfeindlich war. Das Verdienst *Freuds* liegt in der Aufdeckung eines Lebens- und Existenzfaktors von entscheidender Bedeutung, dessen Beitrag zur Intensivierung und Beglückung des Lebens, zur Steigerung der positiven Vitalwerte erheblich ist.

In der Konzeption *Freuds* haben die ödipale Phase und das Inzesttabu bei jedem aufwachsenden Kind, gleichgültig ob in einem der Sexualität gegenüber toleranten oder intoleranten Milieu, die Verdrängungen und Abwehr der auf die gegengeschlechtlichen Elternteile gerichteten Sexualimpulse zur Folge. Verdrängung der Sexualität ist Bestandteil der normalen Entwicklung. Abgesehen von der Schwierigkeit der Hypothesenbildung, aus einer ubiquitär normalen Entwicklung das Abnorme abzuleiten, müssen dieser Theorie folgende Fakten gegenübergestellt werden:

1. Das Kind verfügt noch nicht über eine dem Erwachsenen vergleichbare Sexualität, da seine Keimdrüsenfunktion die spezifische Qualität des Geschlechtstriebes nicht zuläßt, diese erst in der Pubertät sich einstellt (vgl. oben).
2. Die Sexualität des Kindes ist eine Vorsexualität erotischer Natur (*Freud*: das Kind ist polymorph pervers), bei der diffus-undeutliche Erlebnisse des Angenehmen unter Berührungen und Erregungen von Körperzonen, bestimmten Bewegungen usf. mobilisiert werden. Diese Empfindungen werden z. B. durch das sich an den Erwachsenen Ankuscheln, Drücken,

Streicheln, Liebkosen lassen geweckt und intensiviert. Sie bleiben jedoch im Bereich des *Diffus-Erotischen,* haben noch keinen ausgeprägten Triebcharakter, sondern übergeordneten, einfühlenden Antriebscharakter und sie sind weitgehend auf alle in der Umgebung des Kindes belebten und nicht belebten Dinge übertragbar.

Die sog. Sexualität des Kindes hat den Modus sich öffnender, sowohl einfühlender wie auch einkörpernder (besitzergreifender) Erotik, deren Befriedingungsmöglichkeiten, der Vielzahl der von ihr einbezogenen „Gegenstände der Befriedigung“ (Bilder, „Signale“) entsprechend, relativ unbegrenzt sind. Kommt das Kind in seiner liebevollen Zuwendung den Eltern oder anderen Pflegepersonen gegenüber zu kurz, hat es, abgesehen von dem eben erwähnten Milieu, trotzdem noch zahlreiche andere Möglichkeiten, sich der Welt erotisch zuneigend zu nähern. Das hat keineswegs den Charakter einer „Ersatzbefriedigung“, sondern ist positiv erfüllender Bestandteil des kindlich-egozentrischen Welterlebens.

3. Der sog. Ödipuskomplex, in seiner oben dargelegten biologisch-sozialen Verknotung, ist eine *Widerstandserfahrung des Kindes unter anderen,* die im Prinzip besagt, daß es nicht so kann, wie es möchte. Aber weder „kann es“ wie der Erwachsene, *noch möchte es wie dieser, da ihm der eigentliche Sexualtrieb und die dem Geschlechtsakt zukommende adäquate Vorstellung noch verschlossen sind.* Die Persistenz inzestuöser Wünsche im Unbewußten der Menschheit sagt nichts weiter aus, als *daß im aperspektivischen Bereich des Möglichen u. a. auch der Inzestwunsch möglich ist.* Das Schwergewicht der gesamten Entwicklung der Menschheit und des Individuums auf die Verdrängung und Kontrolle der Inzestwünsche zu legen, entspricht weder den ethnischen noch historischen Tatsachen,[1] sondern ist bestenfalls ein Ausdruck der persönlichen Fixierung *Freuds* an den nicht vollzogenen Inzest, in Verwechslung jedoch der kindlichen Sexualität mit der des Erwachsenen, der Rückübertragung der Erwachsenen-Sexualität auf das Kind.
4. Eine „Verdrängung“ der kindlichen Sexualität zu behaupten ist nur angezeigt, wenn das Kind in einer extrem *leibfeindlichen* Umgebung aufgewachsen ist (vgl. oben), die weitgehend jede Form leibhafter Zuwendung zu Personen, Zeug, Natur, Spielgefährten unterdrückt und bestraft. Die kindliche Zuwendung ist zwar natürlicherweise primär auf die Mutter (oder ihre Ersatzpersonen) bezogen, dann auf den Vater oder die „Väter“ in der „vaterlosen Gesellschaft“.[2] Die Art dieser Zuwendung, ihr Doppelcharakter (Selbstbehauptung, Anpassung) ist jedoch bereits vorgeprägt durch die Erfahrung primären Vertrauens- und Identitätsverlustes, durch die Erfahrung auch primärer Abweisung und die Entwicklung des Vermögens, selbst abweisend sich zu verhalten (s. oben). *Es ist nicht möglich angesichts der komplexen und sehr unterschiedlichen Weisen der Zuwendung,* die mögliches In-der-Welt-Sein und seine Entwicklung konstituieren, *die Sexualität zur ausschließlichen Grundlage der Weisen der Zu-*

wendung (auch des Denkens) zu machen, sie menschliches So-Sein einseitig bestimmende zu interpretieren. Dieser Problematik ist sich *Freud* bewußt gewesen, indem er den Zwitterbegriff der „Libido" aufnahm, den er einerseits als Geschlechtstrieb definiert, der dann aber auch „Interesse" (Zuwendung) bedeuten sollte. Störungen der Zuwendung, der Kommunikation mit der Welt, Mißverhältnisse derselben liegen jedoch schon in den Diskrepanzen der anthropologischen Fundierung von Mensch-Sein. Jedes Kind wird in einem relativen Mißverhältnis zu seiner Umgebung geboren, das in der oben geschilderten Weise von Anfang an ein mit den anthropologischen Mißverhältnissen des Kindes sich ausgleichendes oder dekompensierendes ist. Art und Weise der Zuwendung und Abwendung in der Umgebung, die das Kind aufnimmt, beeinflussen und prägen spätere Zu- und Abwendung des Kindes, seine Kommunikation mit der Welt. Selbstbehauptung und Anpassung, Selbständigkeit und Abhängigkeit, vermögen aber nicht den primären Identitäts- und Vertrauensverlust wiederherzustellen, dessen Gewahr-Werden an der Wurzel menschlicher Zuwendung überhaupt liegt. (Vgl. oben).

Die Prägung vermag jedoch auch Gegenprägung (hier als Reagibilität bezeichnet) hervorzurufen, um damit die relative Selbständigkeit des Menschen gegenüber seiner Umgebung von Anfang an zu dokumentieren: d. h. selbst ein leib-freundliches Milieu kann u. U. durchaus zu leibfeindlichen Reaktionen des Kindes führen und umgekehrt (s. oben).

5. Bei der eo ipso sich „automatisch" ereignenden Konstellation des Ödipuskomplexes in der Entwicklung des Kindes müßte die Sexualität nicht nur des sog. Neurotikers, sondern die des Erwachsenen generell verdrängt und entsprechend „gestört" sein. (Das ergibt sich aus der Hypothese ebenfalls der Trennung von Primär- und Sekundärprozeß.) Daß dem jedoch nicht der Fall ist, der „Neurotiker" in vielen Fällen sowohl a) hinsichtlich des Bedürfnisses nach der Häufigkeit des Geschlechtsaktes, b) in dem Vermögen, diesen über längere Zeit auszudehnen, c) einen oder mehrere Orgasmen gemeinsam mit dem Partner zu erleben, von dem sog. „Durchschnittsindividuum" sich nicht unterscheidet, kann aus den zahlreichen statistischen Untersuchungen, insbesondere von *Kinsey* u. a. erschlossen werden.[3] Die auf den Sexualakt begrenzten Störungen der Impotenz, Frigidität, mangelnder Orgasmusfähigkeit bei erhaltener Potenz oder Erregbarkeit, sind im Verhältnis zu der Anzahl von Menschen, die ein im Durchschnitt als normal zu bezeichnendes Geschlechtsleben führen, gering – nur bei den ersteren dürfte von einer faktisch gestörten, d. h. verdrängten Sexualität die Rede sein.

Die Verdrängung der sog. Sexualität in der Kindheit (Trennung von Primär- und Sekundärprozeß) *wird demnach nicht generell von einer im späteren Leben des Erwachsenen sich einstellenden Störung der Sexualität gefolgt*, wenn auch die Untersuchungen über sog. Neurotiker, die eine „normale Sexualität" haben (Faktoren a)–c) sind erfüllt) im Unterschied zu solchen, die an Störungen auf diesem Sektor ihrer Zuwendung leiden, noch in keiner Weise genügend durchgeführt worden sind. Wird also die Sexualität des Erwachsenen im Durchschnitt durch die Verdrängungen der infantilen Sexualität nicht allgemein betroffen, reagieren ferner zahlreiche „Neurotiker" auch sexuell im Bereich der Norm (es sei, daß generell der Erwachsene in der modernen Industriegesellschaft seinen Geschlechtstrieb nicht genügend entfalten und ausleben kann), so erhebt sich die Frage, *wann und wo überhaupt in der Realität des erwachsenen Individuums von einer verdrängten Sexualität gesprochen werden kann.*

6. Einen Maßstab zu gewinnen, was im einzelnen Fall als Verdrängung der Sexualität, im anderen als „normale" Auslebung derselben bezeichnet werden soll, dafür liefert die Psychoanalyse weder methodisch noch theoretisch die notwendigen Voraussetzungen.[4] Bei Klärung der mit dieser Frage verbundenen Probleme, Berücksichtigung banalster Tatsachen, wie der, daß z. B. ein Mensch in keiner Weise sich sexuell „frustriert" fühlt oder glaubt, den Geschlechtstrieb zu verdrängen, der nur einmal im Jahr Geschlechtsverkehr hat, ein anderer jedoch, trotz täglich mehrfachem Ausleben der Sexualität, sich noch zu kurz gekommen glaubt, wird die Subjektivität der Erfahrung des einen, der sich voll befriedigt fühlt, mit der des anderen, der sich frustriert glaubt, kaum auf einen Nenner zu bringen sein. Dabei müßten auch die Schwankungen des Triebpotentials berücksichtigt werden, die z. B. in ihrer Periodizität bei Frauen von Bedeutung sind. „Verdrängt" die sonst „triebschwache" Frau ihre Sexualität, wenn sie z. B. vor Eintritt der Periode besonders erregbar ist?
7. Wie aber stand es mit den von *Freud* beschriebenen hysterischen Patientinnen? Litten sie an „zu wenig" Sexualität, oder war ihre Sexualität durch die sog. Traumata der Kindheit und deren phantasievolle Ausschmückung gestört? Was war darüber hinaus im Jahre 1880 „zu wenig" Sexualität, wenn Anlage, Disposition, Reagibilität und Umgebung der damaligen Patientinnen und Patienten berücksichtigt werden? Lassen sexuelle Phantasien – der hysterischen Patientinnen – auf verdrängte Sexualität schließen, oder liegt einfach ein Überschuß an erotischem Bedürfnis vor, der sich produktiv in Phantasien äußert? *Was für Kriterien gibt es, faktisch die „verdrängte Sexualität" zu ermitteln,* d. h. jenes Individuum, das tatsächlich an ständig frustrierter Sexualität leidet? (Sieht man vielleicht von Fällen extremer Askese bei „erotischer Disposition" ab, wobei schon das Kriterium einer stärkeren erotischen Disposition problematisch ist.)
8. Muß nicht ferner bei *Freuds* damaligen Patientinnen berücksichtigt werden, daß sie den Arzt mit ihren Darbietungen ebenso zu verführen suchten, ihm das Material lieferten, dessen er bedurfte – und hier eine fatale Gegenseitigkeit Pate einer „Wissenschaft" wurde? Wer klärt heute darüber auf, ob diese Patientinnen nicht darüber hinaus einfach an mangelnder Zuwendung von seiten ihrer Männer litten, dabei aber sexuell durchaus

den *Kinsey* entsprechenden „durchschnittlichen" Geschlechtsverkehr ausübten? Und, ist schon die tatsächliche Verdrängung der Sexualität generell schwer nachzuweisen, welche Kriterien benutzte *Freud*, diese „Verdrängung" unter Beweis zu stellen, außer den sog. Träumen, sexueller Phantasien und Reminiszenzen seiner Patientinnen?

9. Dies fundamentalen Fragen wurden von der Psychoanalyse nicht genügend kritisch erörtert. Anstatt sich ihrer Aufhellung zu widmen, geriet sie in den Bann einer extrem spekulativen „Wissenschaft", die sich z. B. hypothetisch mit einem vermutlichen, „unabhängigen" Ich-Kern in der Kindheit befaßt, diffizile Abwehrmechanismen ersinnt, die sich samt und sonders gegen die Sexualität richten – auch bei Menschen, die zum überwiegenden Teil ein durchschnittlich normales Sexualleben führen. Wer projiziert, introjiziert, verneint, rationalisiert, negiert nicht in seinem alltäglichen Verhalten – und zählt doch zu jenen, die ein durchschnittlich „nicht verdrängtes" Sexualleben führen? (Ganz abgesehen von jenen Individuen, die sich der modischen Promiskuität in hohem Maße ergeben, ihre angeblich gegen die Sexualität gerichteten Abwehrmechanismen aber in keiner Weise aufgeben.)
10. Abwehrmechanismen, so tönt die Lehre, beziehen sich auf die infantile Sexualität, den Primärprozeß, die faktische des Erwachsenen wird nicht davon berührt – d. h. es wird von einer „Libido" gefabelt, die als *primär* Verdrängtes faktisch überhaupt nicht nachweisbar ist, obwohl der Begriff dieser Libido aus Beobachtungen der – bereits „verdrängt" sein sollenden – Sexualität abgeleitet wird (der des Kindes).
11. Ohne zu unterstellen, daß die gesamte Theorie der Sexualverdrängung – das scheinbar plausibelste Stück der psychoanalytischen Theorie – der Ausdruck von *Freuds* biographisch bedingter, sensitiv-paranoid anmutender Beschäftigung mit der Sexualität wäre, bleibt das Faktum bestehen, *daß die generelle „Verdrängung" der Sexualität*, nach den vorausgegangenen Ausführungen, *nie präzise, von wenigen Einzelfällen extrem leibfeindlicher Erziehung abgesehen, erwiesen worden ist – der Natur der Sache entsprechend auch gar nicht erwiesen werden kann.*

Es ist der Psychoanalyse nicht geglückt, a) die deutlich von der Sexualität des Erwachsenen unterschiedene, undeutliche Sexualität des Kindes eindeutig im Zusammenhang der ödipalen Phase als verdrängt darzustellen, obwohl die Bedeutung von traumatisch-atmosphärischen Einwirkungen auf die Form kindlicher Sexualität nicht unter-(noch über-)schätzt werden soll; b) Kriterien für „verdrängte Sexualität" zu erarbeiten, die verdrängte Sexualität insbesondere der Erwachsenen in Korrelation mit sog. Neurosen zu bringen; c) zu erklären, wie eine in der Kindheit generell geschädigte Sexualität eine im Durchschnitt von 80% (*Kinsey*) ausreichend funktionierende Sexualität ermöglicht (funktionierend: Korrelation zwischen Bedürfnis, Intensität des Erlebens, Häufigkeit und Dauer des Aktes und gemeinsamen Orgasmus). d) Nicht zuletzt ist es nicht zu verstehen, daß bei zunehmend sozial akzeptierter Promiskuität die der Sexualität gegenüber bestehenden Abwehrmechanismen weiter in der zwischenmenschlichen Kommunikation aufrechterhalten bleiben.

Eine Theorie, die in entscheidenden Fundierungen bereits, wird sie kritisch befragt, auseinanderfällt, dürfte sich wohl nur deshalb halten, da sie Weltanschauungsersatz geworden ist, Pseudowahrheiten vermittelt.

b) Zuwendung, Sexualität und der Leib

Nehmen in der Pubertät die Keimdrüsen ihre Funktion auf und damit der Leib die spezifische Weise sexueller Zuwendung zum anderen Geschlecht, verhält sich der Mensch als Naturwesen. Er hat die Sexualität und ihr Erleben – höchstwahrscheinlich – mit den Säugetieren gemeinsam, wenn auch für die Gattung Mensch die periodische Regulierung des Geschlechtstriebes und die Empfängniszeiten weitgehend dysreguliert sind. Der Mensch ist, je nach Disposition, Situation und Beeinflussung, zur Durchführung des Geschlechtsaktes im Prinzip immer in der Lage. Der Verlust der instinktiven Regulation des Geschlechtstriebes – auf dem Hintergrund verlängerter Kindheit und Pubertät zu sehen – hat diese Weise der Zuwendung seit historischen Zeiten der kulturellen Beeinflussung ausgesetzt, in erster Linie aus der Fürsorge um die Nachkommenschaft, dann im Zusammenhang unterschiedlich sich differenzierender Geschlechterrollen und endlich um der Pflege und Kultivierung des Geschlechtsaktes selbst, im Dienste der Steigerung seines Erlebens. *Die menschliche Sexualität begegnet immer als ein kulturell-gesellschaftliches Phänomen, oder die Naturhaftigkeit der Sexualität ist für die Gattung der Hominiden immer auch einer Kulturtatsache gewesen,* die sehr unterschiedlich gehandhabt wurde, d. h. sie sich als Natur zum Menschen verhält, der gegenüber der Mensch sich aber auch in bestimmter Weise verhalten kann. *Der Mensch dürfte von Anfang an in zwiespältigem Verhältnis zu seiner Sexualität gestanden haben, die ihn einerseits zu Spontanhandlungen antreibt, andererseits wurde dieses Handeln durch die Zeugung von eminent sozialer-kultureller Bedeutung.*

Das anthropologisch vorgegebene Grundverhältnis des Menschen zur Sexualität[5] stellt sich in der spezifischen Weise des Geschlechtstriebes dar, der in seiner Vereinigung von Einkörpern und Sich-Einfühlen zu den sozialen zählt, d. h. der Geschlechtstrieb selbst ist in seiner Beziehung auf den anderen als Leib sozial, zielt auf Geben und Nehmen, auf Sich-Durchdringen, Austausch, und Begegnung. Er vermag sich aber ebenso *asozial* auszuwirken, wenn die gegenseitige Geschlechtsanziehung sich den bestehenden sozialen Gegebenheiten nicht anpaßt, er asozial und konflikterzeugend wirkt, (z. B. bestehende Bindungen durchbricht).

Bindungen entstehen aus sozialen Gegebenheiten (Normen), aus Zuneigung und Anziehung (leibhaft-antriebsbestimmt), aus Gewohnheiten (Habitualisierungen), aus ökonomisch-materiellen Motivationen. Die Institution der Monogamie versucht z. B. diese eine Bindung bestimmenden Faktoren zu vereinen.

Mögliche soziale Folgen des Geschlechtstriebes (Nachkommen) sind nicht von der Einbettung desselben in die historische Entwicklung der Menschheit zu trennen, von seiner Verfassung als Kultur- und Naturprodukt. Auch bei primitivsten Sammler- und Jägerstämmen unterliegt die Sexualität verbindlichen Regeln.[6] Wer gegen diese verstößt, verstößt gegen grundlegende Normen des jeweiligen Verbandes.

Wird das erotische, dann spezifisch das sexuelle Erleben[7] interpretiert, so drückt sich im ersteren (Eros) eine besonders leibzentrierte, bis zur Ekstase (Orgasmus) sich steigernde Weltzuwendung und partnerorientierte Zuneigung aus. Bei der letzteren (Sexus) ist die Zuwendung weitgehend mit dem Geschlechtstrieb identisch und auf die diesen vermittelnde Organe eingeschränkt. In der ausschließlich sexuellen Zuneigung entbehrt der Orgasmus zunehmend seines ekstatischen, zeit- und raumaufhebenden partnerbezogenen Charakters, er wird „mechanisiert" und als solcher Gegenstand auch naturwissenschaftlicher Forschung (*Masters* und *Johnson*).[8]

Die erotische Weltzuwendung ist die umfassendere. Sie ist fraglos bereits dem Kind zugänglich, liegt in dem auf Zuwendung zur sich zeigenden Welt orientierten Leib, wohingegen der Sexualtrieb den durch die Keimdrüsen bereits eingeschränkteren Anteil der sich zuwendenden Erotik verkörpert.

c) Dekompensationen der erotisch/sexuellen Zuwendung. Die Leibfeindlichkeit und die Perversionen

Die anthropologischen Mißverhältnisse innerhalb der erotisch/sexuellen Zuwendung werden durch folgende, aus der vorausgegangenen Darstellung sich ergebende Momente bedingt:

a) Aus der Struktur des Triebes selbst, der sowohl ein biologisch-leibhaftes wie auch soziales Phänomen ist. Als biologisch/leibhaftes Phänomen vermag er sofortige Befriedigung, gleichgültig wie, verlangen, als soziales ist er von Zustimmung oder Ablehnung des oder der Partner abhängig. Als soziales Phänomen vermag er sowohl über die Zuneigung – schon in einfachsten Ethnien nachweisbar – zu Bindungen und Nachkommenschaft zu führen, wie auch vorhandene Bindungen zu sprengen, neue zu stiften.

b) Neben und über den primären Vertrauens- und Identitätsverlust hinaus liegt das Anliegen der Vereinigung mit dem Partner in der Antriebsrichtung des erotisch/sexuellen Begehrens. Stärker und deutlicher markiert als in den übrigen Trieben durch das pathische Moment der Leidenschaft,[9] hebt sich das erotisch/sexuelle Erleben durch entsprechend leichtere Enttäuschbarkeit, damit mit stärkerer Identitätssuche verbunden, ab. In besonderer Weise auf die Identität mit dem Partner ausgerichtet, führt das Scheitern dieser Identitätssuche auch in besonderer Weise zu Frustrierung, Resignation und Verbitterung.

c) Die Vereinigung des erotisch/sexuellen Triebes aus der Vereinigung von ein- und entkörpernden Antrieben führt zu möglichen weiteren Mißverhältnissen. Überwiegt die einkörpernde Tendenz, im Zusammenhang auch mit entsprechend gesellschaftlich ausgerichteter Orientierung der Antriebe (Einkörperung), wird sie mit Besitz und Herrschaftsansprüchen, Unterdrückung und „Ausbeutung" des Partners oder sachbezogener (manipulatorischer) Zuwendung zu diesem verquickt. Überwiegt die Einfühlung in den anderen, vermag weitgehende Selbstaufgabe, Selbstauslöschung und hochgradige Unterwürfigkeit erfolgen mit den daraus sich ergebenden Konsequenzen für die Partnerschaftsbeziehung (vgl. oben das über die Gestalt dieser Beziehung Gesagte). Der Sadismus ist eine aus der Einkörperung sich ergebende Weise verstärkter Verbindung aggressiver (in der Erotik notwendig vorgegebener Tendenzen, da der Koitus Eindringen, d.h. einen partiell aggressiven Akt voraussetzt) Triebe mit erotischen Trieben, der Masochismus folgt aus den Weisen der entkörpernden Einfühlung.

d) Die für die oben dargestellten Weisen triebhafter Zuwendung des Wünschens, Fühlens und der Befindlichkeit (erotische Stimmung) charakteristischen Gegenstrukturen der Reflexion, des Wollens und Planens (ikonoklastisch) treffen auch für das erotisch-sexuelle Antriebserleben zu. Diese Strukturgegensätze tragen wesentlich zu der Mißgestaltung erotischer Beziehungen bei, seiner technisch-institutionell bedingten Anonymisierung und Destruktion. (Der Impotente oder die Frigide denken an ihre Störung: sind der Sexualität reflektiert zugewandt, was in seiner repressiven Wirkung die spontane Entfaltung der Sexualität zusätzlich verunmöglicht.) *Die destruktive Anonymisierung der Sexualität ist nicht nur Folge der historischen Entwicklung der Gattung Mensch, sondern liegt in der zentralen Diskrepanz zwischen Reflexion und Wollen gegenüber Antrieb und Fühlen begründet, die die Vorgegebenheit jeder „Verdrängung" ausmachen.*

e) Der erotisch/sexuelle Trieb vermag ferner in Gegensatz zu anderen Trieben zu treten, es entstehen Triebkonflikte z.B. zwischen Besitzstreben, Ehrgeiz, Eifersucht, Rivalität einerseits, sexuell-erotischem Begehren andererseits, die die Sexualität ebenso steigern, wie sie sie auch zum Verlöschen bringen können. In der Eifersucht stehen z.B. weniger das erotisch/sexuelle Bedürfen dem Partner gegenüber im Vordergrund, als vielmehr Angst, diesen zu verlieren. Diese spezifische, aus der Eifersucht stammende Angst vermag sowohl die Sexualität zu steigern, wie sie – von der Situation jeweils abhängig – auch unter der Eifersucht weitgehend zurücktreten kann.

f) Die Fluktuation und Inkonsistenz, die Labilität der erotischen Zuwendung, die durch Institutionen oder auch durch auf Gewöhnung beruhende Bindungen abgefangen werden soll, stellt häufig ein Mißverhältnis zu den aus dem erotisch/sexuellen Bedürfen gerichteten Erwartungen auf Dauerhaftigkeit einer Beziehung dar.

g) *Die leibfeindliche Einstellung*, die sowohl aus dem wiederholt aufgezeigten zwiespältigen Verhalten des Menschen seinem Leib gegenüber hervorgeht, als auch Folge der spezifischen Umgebungen des Menschen ist, die von der puritanisch-asketischen Prägung verschiedener religiöser Systeme bis zu der technisch-versachlichenden Industriewelt der Moderne zu beobachten ist, die als Bodensatz in der kleinbürgerlichen Erziehung mitschwingt und in der großbürgerlichen Toleranz mit gesellschaftlichen Repressionen bezahlt wird, *betrifft sekundär stets die Sexualität.* In den die Annalen der psychoanalytischen Literatur und die Gruselgeschichten der bürgerlichen Romanwelt anfüllenden „repressiven" Erziehungsmethoden, der Tabuisierung der Sexualität, ihrer Ächtung und Ahndung, findet sich immer eine Unterdrükkung des im Eros anwesenden Leibes. Dieser steht dem „Geist" im Wege, ist der Kerker der Seele, muß verhüllt, zugedeckt, bekleidet werden, ist Träger von Eros und Sexualität, aber auch der sieben Todsünden. *Sexualfeindlichkeit, Sexualverdrängung entstehen auf dem Boden allgemein ikonoklastischer Leibfeindlichkeit.*[10]

h) Die möglichen Einstellungen dem Leib gegenüber wurden oben ausgeführt wie auch ihre Folgen für das In-der-Welt-Sein, so daß sich eine weitere Darstellung erübrigt.

Zu den möglichen Mißgestalten des erotischen Verhaltens zählen generell die Störungen der Zuwendung, der Kommunikation überhaupt (vgl. oben), ferner die spezifischen Störungen der Sexualität, die u. U. in Impotenz oder Frigidität sich manifestieren, endlich die Perversionen.

i) Der in seinem perspektivischen Entwurf auf Welt hin mißglückte Psychotiker ist in seiner erotisch/sexuellen Zuwendung[11] ebenso gestört wie der Depressive oder Manische, sei es, daß der erstere überhaupt radikal sexual- und leibfeindlich wird, sei es, daß er sich sexuell manipuliert oder beeinflußt fühlt. Nicht weniger erlischt bei der Mehrzahl der Depressiven die erotische Zuwendung, während sie bei dem Manischen kosmisch-überwältigenden, aber auch anonym-unpersönlichem Charakter aufweisen kann.

Die aus dem anthropologischen Mißverhältnis sich ergebenden Typen stellen ihre jeweilige Gestalt auch in ihrem spezifisch erotisch/sexuellen Verhalten dar. Die der egozentrischen Selbstbehauptung und ihrer verschiedenen Spielarten tendieren dazu, die uneinfühlsame, sich bemächtigende, von den einkörpernden Tendenzen der Sexualität überwiegend geprägte Haltung einzunehmen, der sachlich-manipulatorische Aspekt überwiegt im Umgang mit dem Partner. Umgekehrt bevorzugt der überangepaßte, in Abhängigkeitsverhältnissen stehende Typus die Selbstaufgabe und Selbstauslöschung in seinen erotisch/sexuellen Beziehungen. Bei dem ikonoklastisch-negativistischen Typus wird das sexuelle Verhalten in seinen spontanen Ausdrucksmöglichkeiten oft durch die reflektierte Einstellung gestört, unterbunden, oder die durch die Reflexion entstandene Hemmung wird artifiziell überspielt. Bei dem resigniert-apathischen Typus tritt die erotisch/sexuelle Zuwendung generell zurück, für den in omnipotenten Wunschvorstellung Lebenden bewahrt sie überwiegend egozentrisch-infantile Züge, wird sie oft mit masturbatorischen Praktiken verbunden. In der antriebshaft-dissoziierten Dekompensation kann sie auf Bindungsunfähigkeit rekurrieren, wenn der Partner ähnliche Struktur zeigt, zu Hemmung nicht weniger wie zu wahlloser Promiskuität führen. Wie jedoch die aufgeführten Typen sowohl situative Veränderungen – innerhalb Grenzen – erlauben, Partnerbeziehungen gegensätzlicher Typen die Struktur (Gestalt) der beteiligten beeinflussen, so zeichnet die idealtypische Darstellung nicht nur typische Verhältnisse, sondern sie überzeichnet sie auch. M. a. W. der konkreten Veränderbarkeit des erotisch/sexuellen Verhaltens muß ein größerer Spielraum bewahrt bleiben.

k) Bei den Potenz- und Frigiditätsstörungen – die näher aufzugliedern hier nicht der Ort ist –, die Dekompensierungen unter der Belastung nicht weniger von Konflikten wie auch von dispositionell und milieubedingten Konstellationen darstellen (s. oben), wird letztlich der leibhafte Bezug zum Partner unterbrochen, der *Partner als Leib wird nicht adäquat wahrgenommen* (Dekompensation auf der animalisch-leibhaften Ebene).

Die Multikonditionalität der sexuellen Dekompensationen steht nicht hinter der anderer Dekompensationen zurück, ausschlaggebend ist die manifeste Dekompensierung, die *eine* der Möglichkeiten und Ebenen gestörter Kommunikation betrifft und darstellt: die erotisch/sexuelle.

In den Perversionen, die Gegenstand bereits zahlreicher anthropologischer gischer Untersuchungen waren und sich mit den Namen *von Gebsattel, Straus, Boss* verbinden,[12] *zeigen sich einerseits Eros und Sexualität in ihrer generell aus der Natur ihrer diffus-undeutlichen Antriebsbestimmung abzuleitenden, unspezifischen Weise an, sich jeden Anteil der sich zeigenden Welt zum Bild (Auslöser) ihrer erotisch/sexuellen Zuwendung zu machen. Andererseits werden aus der unspezifischen möglichen Weltzuwendung für den Fetischisten, Transvestiten oder Voyeur bestimmte, einzelne Bilder, den „Auslöser-Signalen" der Tierwelt vergleichbar, ausgewählt, um das erotisch/sexuelle Erleben zu stimulieren und zu realisieren.*

In gehobener erotischer Antriebsverfassung vermag auch für den nicht pervers Empfindenden fast jeder Gegenstand der sich zeigenden Welt Anlaß zu verstärkter erotisch/sexueller Erregung zu werden. Ein Strumpf stimuliert das erotische Bedürfnis nicht weniger als die Möglichkeit zu baden. So reagiert der sexuell nachweislich Frustierte auf beliebige Gegenstände der sich zeigenden Welt u. U. mit einer Verstärkung seines Antriebserlebens bis zur Auslöschung desselben im Orgasmus. *Die primär unspezifische Antriebsstruktur des erotischen Bereiches ermöglicht dem Individuum, daß es jedes mögliche Bild der sich darstellenden Welt zum Anlaß des erotisch/sexuellen Bedürfnisses gestalten kann, die erotische Beziehung zum Bild diesem eine erotische Bedeutung verleiht.*

In der Perversion, in der ein mögliches Bild der sich zeigenden Welt dann zur überwiegend-ausschließlichen Triebbefriedigung wird, bezieht sich diese

Einschränkung und Verarmung auf den diffusen, spezifisch humanen, erotischen Antriebsbereich. Diese Verarmung der Kommunikation ist die Voraussetzung für den Signal-/Auslösecharakter der Sexualität des Fetischisten, Exhibitionisten oder Voyeurs. Wenn der Transvestit im Umkleiden sich *gleichzeitig* männlichen und weiblichen Geschlechts fühlt, er den Orgasmus im Gleichklang weiblich/männlicher Rollen (und bei Selbstbetrachtung im Spiegel) erfährt, dann liegt hier zwar gegenüber dem faktischen, auf unterschiedliche Rollen beschränkten Geschlechtsakt eine Überlegenheit vor – die Überlegenheit der Gleichzeitigkeit von männlich und weiblich –, *die aber zur Unterlegenheit wird*, da sich der Transvestit im imaginären, entsprechend wirklichkeitsfernen, verarmten, leibfeindlichen Spiegelkabinett seiner Phantasien bewegt. Ihm fehlen Partnerbeziehung und der entsprechende Austausch, die Durchdringung mit dem anderen innerhalb der Kommunikation entfällt. Auch der Exhibitionist, der Fetischist und Voyeur stellen die Verarmung des Eros und der Kommunikation auf ein dem Tierreich vergleichbares Auslöser-Verhalten dar: das Glied zu zeigen (Exhibitionist) wie die Winkerkrabbe ihre Schere, ein Ersatzglied (Fetisch) oder eine Ersatzvagina als mechanisiertes Symbol vieldeutiger Sexualität zum Auslöser zu benutzen, ist den künstlichen Auslösern analog, mit denen die Verhaltensforschung operiert.

Das in den Perversionen auffallende, primitive Bild-Auslöser-Verhalten der tierischen Vorfahren wurde allerdings in Anlockung und Verführung auch innerhalb der Bereiche sog. normaler Sexualität nie ganz ausgelöscht. Die humane Kultur hat schon in den primitivsten Ethnien eine unübersehbare Anzahl von Mitteln, Bildern und „Signalen“, Worten, Gesten und Zeichen entwickelt, vermittels derer die erotische Erregung von Partner zu Partner erzielt werden soll, d. h. menschliche Sexualität stellt sich immer wieder als kulturellgestaltete Einheit von Natur *und* Kultur dar.

In diesem Sinne wäre auch die Homosexualität eine Verarmung im Vergleich zur Heterosexualität, die Bisexualität allerdings in noch nicht abzusehender Zukunft möglicherweise die vollkommenste Gestalt menschlicher Beziehungen, wenn sie die Vielfältigkeit des Sich-Durchdringens, der personalen Kommunikation mit der erotischen verbindet.

d) Das Problem der Liebesfähigkeit

Die Frage, ob der Mensch von „Natur“, aufgrund seiner anthropologischen Disposition liebesfähig sei, muß bejaht werden, da die Liebe Bestandteil – oder je nach ihrer Bedeutung in der Lebensgestalt – auch übergeordnete Gestalt der Weltzuwendung ist, die sozialen Antriebe nicht ohne sich dem oder der anderen zuneigenden „Liebe“ denkbar wären.

Daß die Liebesfähigkeit, nicht weniger als Eros und Sexualität, sowohl durch die Struktur des In-der-Welt-Seins wie durch die institutionelle Selektion der die humene Existenz notwendigerweise einschränkenden Faktoren oft frühzeitig enttäuscht wird, sie dem an sie gerichteten Anspruch auf dauernde Zuneigung nicht gerecht zu werden vermag, gehört zu den alltäglich beobachtbaren Vorkommnissen. Die Inkonsistenz der Liebesfähigkeit ist jedoch ebenso wie der Eros nicht ausschließlich Folge von Enttäuschungen, sie ist auch in der Fluktuation und Periodizität des menschlichen Antriebslebens begründet (s. o.). D. h. bemüht sich eine Person um Liebesfähigkeit, wird sie sich zu dieser nur hinentwickeln, wenn sie immer wieder über den Appell an Einsicht und Wollen sich liebesfähig „erhält". An diesem Punkt wird die Bedeutung der Sollens-Forderung deutlich („Du sollst Deinen Nächsten lieben"), die dort einzuspringen hätte, wenn über die Fluktuation und Inkonsistenz auch der sozialen Antriebe die verläßliche Dauerhaftigkeit z. B. einer Zuneigung sich entwickeln sollte.

Die Fähigkeit zu lieben sei in diesem Zusammenhang als das Vermögen definiert, den anderen durchdringend in seiner Existenz zu erfahren, einfühlend an dieser teilzunehmen, über die erotisch/sexuelle Zuwendung hinausgehend, auch den möglichen Kern seines humanen So-Seins zu erfassen.

M. a. W. Liebesfähigkeit in dieser Definition wie auch als Weise einer spezifischen Zuwendung der sozialen Antriebe dürfte generell der „Natur" des Menschen mitgegeben sein. Sie unterliegt jedoch wie jede Weise der Zuwendung stärkerer Fluktuation einerseits, wird andererseits in ihrer Spontaneität durch struktur- und selektionsbedingte (soziale) Faktoren deformiert. Sie dürfte als Erfüllung eines Anspruchs auf konstante Zuwendung nur über Einübung und Erziehung zu realisieren sein. Im Unterschied zur erotisch/sexuellen Zuwendung liegt die Bedeutung der Liebesfähigkeit ferner in ihrem Vermögen, die Person unabhängig von ihrer Erscheinung und ihrer leibhaften Verfassung zu akzeptieren, zu tolerieren und darüber hinaus einfühlend zu verstehen. Die erotisch/sexuelle Zuwendung ist dagegen von dem leibhaften So-Sein der Person, ihrer Art, ihrem Charakter – ihrem Aussehen – abhängig. Die Liebesfähigkeit geht über diese Abhängigkeiten – z. B. über die leibhafte Verfassung des Partners – hinaus, in der nur dem Menschen zukommenden Möglichkeit der Selbstüberwindung: Jemanden zu lieben, auch wenn die erotische Verbindung längst abgeblaßt ist, oder jemanden zu lieben, auch wenn dieser in der Art und Weise seines So-Seins nicht unbedingt liebenswert erscheint.

XVIII. Die Gesellschaft: Das kompensierte Mißverhältnis

(Siehe auch Teil I, Kap. I und Teil II, Kap. XIIId)

Die wiederholt aufgezeigten anthropologischen Mißverhältnisse bedingen die „Weltoffenheit“ des Menschen, seine Möglichkeit, sein In-der-Welt-Sein zu bestimmen und zu orten, wie sie auch Voraussetzung von Dekompensation und Krankheit sind. Die Diskussion, ob der Mensch nach *Kant* aus „so krummem Holze“ gemacht sei, daß ihn – sinngemäß – keine Gesellschaftsordnung „gerade“ zu biegen vermag, es nur Annäherungen an idealtypische Vorstellungen gibt – oder ob der Mensch ein „Mangelwesen“ bezüglich seiner Instinkte sei oder von Natur gut, jedoch durch Herrschaftsverhältnisse deformiert, wird in der vorliegenden Untersuchung im Sinne des Sowohl-als-auch beantwortet. Die spezifischen Weisen humaner Zuwendung und ihre Folgen sind nicht ohne die vorausgegangene Identitätsspaltung („Mangelwesen“) denkbar, die menschliche Umwelt nicht ohne Entfremdung. Herrschaft wäre nicht möglich, wenn der Mensch nicht auch durch Wollen und Planen Dingen („Zeug“) oder Personen seinen Willen aufzwingen könnte, Ordnung und Herrschaft (Machtausübung) sind historisch immer wieder miteinander verschränkt.

Die vorausgegangenen Ausführungen legten den Schluß nahe, daß aufgrund der anthropologischen Diskrepanzen die menschliche Gesellschaft analog widersprüchlich sei. Was für das Individuum gelte, würde auch für das Kollektiv zutreffen. Diesen Schluß erlaubt jedoch die vorliegende Konzeption nicht ohne weiteres, sofern er von einer Trennung Individuum/ Gesellschaft ausgeht. Vielmehr wird hier die unauflösbare Verschränkung, die Gleichzeitigkeit in Raum und Zeit von Individuum und Gesellschaft postuliert, ihres Mit-/Gegen-/Aus- und In-Einander-Seins. Diese Verschränkung ist es jedoch, die in ihrer antilogischen Struktur – das Individuum ist gleichzeitig Gesellschaft und Einzelnes, die Gesellschaft gleichzeitig Einzelner und Gesellschaft – allen ökonomischen, psychologischen, und ideologischen Diskrepanzen vorgegeben ist und als latenter Konfliktstoff das Ferment nicht nur jeder historischen Veränderung, sondern auch von Austausch generell darstellt.

Im Austausch – Tauschprinzip – wird, wie ausgeführt, eine menschliche Sozietäten, im Unterschied zum Tier, fundierende Kategorie sichtbar. Die Voraussetzung des Tauschprinzips ist Mangelerleben hier, Überfluß dort,

d. h. das Gewahrwerden von Unterschieden und damit Konfliktmöglichkeiten. Jedoch besagt das Tauschprinzip, daß die Konflikte nicht über Raub, Diebstahl oder Gewalt auszutragen sind, sondern durch Geben und Nehmen. Über das Erleben ungleichgewichtiger Zustände (Maßerleben!) von Mangel und Fülle realisiert sich das Tauschprinzip. Es vermittelt als Norm zwischen dem Drang, einen Mangel durch Gewalt – z. B. – zu beheben und der Möglichkeit, auf diese zu verzichten, dem Verzicht entsprechend über Tausch einen Mangel zu beheben. Das Tauschprinzip als Institution setzt bei den Partnern die Bereitschaft zum Geben, zum Teilen voraus, damit zum Konflikterleben zwischen Mangel und Fülle, Verzichten, Aufschieben und Abwarten. Es fordert das Wahrnehmen ungleichgewichtiger Zustände und die Stiftung von Geben und Nehmen zu einem die Gruppe untereinander, diese mit anderen Gruppen einigenden Prinzip. *Das individuell verschieden erlebte Gegen-Einander von Mangel und Fülle im In-Einander des Innen* (der eine leidet mehr, der andere weniger z. B. an Hunger) *und das Aus-Einander der gesellschaftlichen Regel des Tauschprinzips begründen sich in Wechselwirkung gegenseitig.* Die Regel ist dem Individuum innerlich präsent, sie wirkt möglicherweise gegen den Trieb, Mangel durch Gewalt, nicht aber durch Tausch zu beheben, repressiv, wie im Aus-Einander der Gesellschaft die Regel das mögliche Gegen-Einander der Individuen zu einem Mit-Einander formt.

Dieses Modell stellt die Gleichzeitigkeit aus dem menschlichen Mit-Einander sich entwickelnder Normen – Tauschprinzip – und diskrepantem Konflikterleben einerseits dar, andererseits verdeutlicht es die Vorgegebenheit antilogischen In-, Mit-, Gegen- und Aus-Einander-Seins jeder Sozietät. Das Modell ließe sich erheblich weiter differenzieren und wäre auf jede Gesellschaftsform ubiquitär anwendbar.

Wurde oben das Verhältnis als das Sich-Zueinander-Verhalten von Proportionen oder Regulationen definiert, so ist das Mißverhältnis ein Sich-nicht-Zueinander-Verhalten aufgrund mangelnder Proportionen oder Regulationen. Das mögliche Sich-nicht-Zueinander-Verhalten (Mißverhältnis) in der menschlichen Sozietät liegt nicht allein in psychologischen (Identitätsverlust) oder ökonomischen (Arbeitsteilung) Determinanten, *sondern eben in der antilogischen Gleichzeitigkeit der Prozesse des In-Einander- und Aus-Einander-Seins im Mit-Einander*, die z. B. im Tauschprinzip aufeinander abgestimmt werden. Über dieses Aufeinander-Abstimmen, bei dem das Tauschprinzip aus einem möglichen Gegen-Einander ein Mit-Einander macht, *wird jedoch das Tauschprinzip selbst disproportioniert und in das Gegenteil dessen verkehrt, das es ursprünglich erstrebte.* Die Pervertierung dieses Prinzips insbesondere durch größere gesellschaftliche Aggregationen, in der Individuen gegeneinander wie Zahlen verrechnet werden (nicht erst seit dem sog. Kapitalismus), in der der Geld- oder Leistungswert menschliches So-Sein fast ausschließlich bestimmt, ist z. B. durch die Liebesforderung der christlichen Religion kaum berührt worden, obwohl diese bereits eine Überwindung des Tauschprinzips anvisiert: mehr zu geben als zu nehmen. Die historische Pervertierung eines entscheidenden humanen Prinzips – gegenüber dem Tierreich – zu einem antihumanen, zeigt nicht nur die Doppelbödigkeit der Norm wieder auf, sondern bestätigt, daß durch das Tauschprinzip kompensierte Mißverhältnisse z. B. an den Antrieben der Einkörperung, die eben das Tauschprinzip kompensieren soll, wieder aufbrechen (dekompensieren). M. a. W. die die Mißverhältnisse kompensierenden Faktoren – wie z. B. das Tauschprinzip – unterliegen ebenfalls dem Prozeß zeitlicher Verwandlung, da sie aus der antilogischen Struktur entstanden sind, die auszugleichen sie bestimmt schienen.

Gesellschaft: Das kompensierte Mißverhältnis besagt, wie an dem Modell des Tauschprinzips aufgezeigt wurde, daß

a) an der Wurzel und in der Gleichzeitigkeit anthropologisch/gesellschaftlichen In-der-Welt-Seins Diskrepanzen und Dysregulationen (Konflikt als Ausdruck von Zeit und Veränderung) sichtbar werden, die
b) kompensatorische Regulationen entwickeln, in denen mögliches Gegen-Einander zum Mit-Einander in der Einheit von Gesellschaft und Individuum, sowohl Außen wie Innen (im Subjekt) wird;
c) diese Kompensation wieder zum Anlaß von neuen Mißverhältnissen wird: am Tauschprinzip aufgezeigt;
d) die zunehmend dekompensierten Mißverhältnisse wieder neue Entwürfe, sie zu kompensieren, bilden.

Rückblick und Ausblick

In den vorausgegangenen Ausführungen stellte sich Krankheit als Unvermögen dar, mit der Welt über die verschiedenen Weisen der Zuwendung und auf den unterschiedlichen Ebenen des In-der-Welt-Seins zu kommunizieren. Störung, Dekompensation, Mißverhältnis zeigten sich als Verknotungen im Austausch mit der Welt an, in denen der Konflikt, das treibende Movens von Veränderung, nicht mehr Teil von Kompensation, Regulation und Gestalt ist, sondern sich als Antagonismus von in Widerstreit befindlichen Bedeutungsbeziehungen manifestiert.

Fundamentale Dekompensationen in der Zuwendung auf Welt hin wurden in Zuwendung und Abwendung überhaupt (Zyklothymie) und im perspektivischen Entwurf auf Welt hin (schizothyme Psychosen) sichtbar. Andere Dekompensationen wiederum stammten aus den anthropologischen Diskrepanzen menschlicher Existenz, andere wiederum entstanden aus den Konfigurationen der menschlichen Beziehungen, ihres Gegen- und Mit-Einanders, nicht zuletzt aus den Dekompensationen kompensiert erscheinender gesellschaftlicher Verhältnisse.

In den dargestellten Dekompensationen kamen ätiologische Einheiten verschiedener Gestalten von Verfall zum Vorschein, die, bei aller Neigung zu „Mischbildungen", weitgehend konstante und historisch nur geringfügig variable Konfigurationen darstellen. Ihr Erscheinen entzieht sich jeder monokausalen Interpretation und ist stets als *Verschränkung der drei prinzipiellen Determinanten des In-der-Welt-Sein, der leibhaften, umweltbedingten und individuell reagiblen (Phantasie) zu verstehen.* Störungen im Verhalten dieser Grundkomponenten zur Welt und zueinander sind Störungen des Austausches auf der leibhaften Ebene oder der der Kommunikation (Beziehungs- und Bedeutungsaufnahme), die in ständiger Verschränkung und Wechselwirkung mit- und untereinander stehen.

Das „Bild des Menschen", das hinter der hier vorgetragenen Konzeption steht, ist, wie der Titel der Untersuchung selbst, sein Entwurf in die Welt, der, bei aller aufgewiesenen Konstanz prägender Konfigurationen, größte Variabilität zuläßt. Der Gang der Untersuchung ist dieser Entwurf des Menschen in die Welt, ist seine Onto- und Phylogenese, sein Werden, sein Verharren – und sein Vergehen. Krankheit ist nicht sinnloser Zufall, sondern der Einbruch des Möglichen über den Konflikt, der sich hier als leibhafter Befund darbietet (Dekompensation im Austausch), dort als Auseinanderfallen des menschlichen Mit-Einander-Seins. *Krankheit ist möglicher, aber nicht notwendiger, dennoch unausweichlich erscheinender Bestandteil des Werdens von Lebewesen und ihrer vielfältigen Verschränkungen.*

Zweifellos ließ der Gang durch den Entwurf noch viele aufgeworfene Fragen unbeantwortet. Er öffnet damit den Ausblick auf weitere Untersuchungen, deren Gegenstände vornehmlich die Psychopathologie menschlicher Beziehungen (Kommunikationsstörungen) in weiterer Ausführung, Konkretisierung und Präzisierung der Darlegungen des Kapitels XIII und die Verschränkungen zwischen Entfremdung, Krankheit und Gesellschaft sein werden.

ANMERKUNGEN

Anmerkungen zu Seite 1–7

Vorwort

[1] *Popper, K.:* Logik der Forschung, Tübingen 1966.

[2] *Holzkamp, K.:* Wissenschaftstheoretische Voraussetzungen kritisch-emanzipatorischer Psychologie, Soz. Psych. Zs.I (1 u. 2), 1970.

[3] Entnommen aus *Kisker, K. P.:* Dialog der Verrücktheit, Den Haag 1970.

[4] *Lepenies, W.*, u. *Nolte, H.:* Kritik der Anthropologie, München 1971.

[5] *Brand, G.:* Die Lebenswelt. Eine Philosophie des konkreten Apriori, Berlin 1971.

[6] *Boss, M.:* Grundriß der Medizin, Bern 1971.

TEIL I

Kapitel I: Das Mögliche

[1] Zur Psychologie der Handlung s. *Bergius, R.*, in: Handbuch der Psychologie, Bd. 1: Allgemeiner Teil, Teilbd. 1, Göttingen 1966, S. 9ff. – *Parsons, T.*, und *Shils, E. A.:* Toward a General Theory of Action, New York 1952. – *Thomae, H.:* Persönlichkeit, Bonn 1955. – *Ders.:* Die Motivation menschlichen Handelns, Berlin 1969. – *Kussmann, Th.:* Bewußtsein und Handlung, Bern 1971. – *Remane, A.:* Die biologischen Grundlagen des Handelns, Wiesbaden 1951. – *Gottschaldt, K.:* Der Aufbau des kindlichen Handelns, Leipzig 1954. – *Klages, L.:* Der Geist als Widersacher der Seele, Bd. 1, Leipzig 1929, 4. Aufl. Bonn 1960. – *Vernon, M. D.:* Human Motivation, Cambridge 1969. – *Toman, W.:* Motivation, Persönlichkeit, Umwelt, Göttingen 1968.

[2] *Hertwig, R.:* Lehrbuch der Zoologie, 14. Aufl. Jena 1902. – *Grassé, P. P.:* Traité de Zoologie, Tome IV, Paris 1961. – *Eibl-Eibesfeldt, I.:* Grundriß der vergleichenden Verhaltensforschung, München 1967.

[3] *Tinbergen, N.:* Instinktlehre, Berlin 1964. – *Lorenz, K.:* Verhaltenslehre, 2 Bde., München 1965/66. – *Chauvin, R.:* Le Comportement social chez les animaux, Paris 1961. – *Burkhardt, D., et al.:* Signals in the Animal World, London 1967. – *Wickler, W.:* Stammesgeschichte und Ritualisierung, München 1970. – *Elton, S.:* The Pattern of Animal Communities, London 1966. – *Thorpe, W. H.:* Learning and Instinct in Animals, London 1956. – *Buytendijk, F. J. J.:* Traité de Psychologie Animale, Paris 1956. – *Etkin, W., et al.:* Social Behaviour and Organization among Vertebrates, Chicago 1964. – *Portmann, A.:* Das Tier als soziales Wesen, Zürich 1953. – *Tolman, E. C.:* Purposive Behavior in Animals and Men, New York 1932.

[4] Gegebenheit wird als Vor-handenes und Zu-handenes im Sinne *Heideggers* verstanden. *Heidegger, M.:* Sein und Zeit, Tübingen 1953.

[5] *Buytendijk, F. J. J.:* Allgemeine Theorie der menschlichen Haltung und Bewegung, Berlin 1956.

[6] *Stephan, H. v.:* Das Verkehrsleben im Altertum und Mittelalter, Goslar 1966.

[7] *Schultz-Wittuhn, G.:* Von Archimedes bis Mercedes. Frankfurt/M. 1952.

[8] *Uexküll, J. v.:* Umwelt und Innenwelt der Tiere, Berlin 1921. – *Ders.:* Theoretische Biologie, Berlin 1928. – S. auch oben Anm. 3.

[9] *Gray, J.:* How Animals Move, Edinburgh 1954. – *Schmidt, H.:* Der Flug der Tiere, Frankfurt 1960. – *Jacobs, W.:* Fliegen, Schwimmen, Schweben, Heidelberg/Berlin 1938.

[10] *Gehlen, A.:* Urmensch und Spätkultur, Bonn 1964. – *Febure, L.,* und *Brandel, F.:* Epochen der Menschheit (Der Mensch der Urzeit), Düsseldorf 1960. – *Werth, E.:* Grabstock, Hacke und Pflug, Ludwigsburg 1954. – *Hahn, E.:* Die Entstehung der Pflugkultur, Berlin 1909.

[11] *Beier, W.,* und *Dörner, E.:* Probleme der Raumflugmedizin, Stuttgart 1961. – *Busby, D. E.:* Space Clinical Medicine, Dordrecht 1968.

[12] Zur Anamorphose s. *Woltereck, R.:* Ontologie des Lebendigen, Stuttgart 1942.

[13] S. oben Anm. 11.

[14] Zur Problematik des Fortschritts s. *Burck, E.:* Die Idee des Fortschritts, München 1963. – *Baran, Paul A.:* Unterdrückung und Fortschritt, Frankfurt 1969.

[15] *Zischka, N.:* Befreite Energie, Düsseldorf 1953.

[16] *Landström, B.:* Vom Einbaum zum Atomboot, Gütersloh 1961. – *Schreiber, H.:* Vom Einbaum zum Düsenklipper, Würzburg 1962.

[17] S. oben Anm. 7. – *Kamm, W. D.:* Entwicklung des Kraftfahrzeuges, Berlin 1937.

[18] *Jewkes, I.,* und *Sawers, D.:* The Sources of Invention, New York 1958.

[19] S. *Werth, E.,* op. cit.

[20] *Jünger, F. G.:* Die Perfektion der Technik, Frankfurt/M. 1946. – *Spengler, O.:* Untergang des Abendlandes, Bd. 1, München 1923, Kap. VI.

[21] *Lab, A.:* Handbuch der Unfallbegutachtung, Stuttgart 1961.

[22] *Dombrowski, H.:* Warum Unfälle? Braunschweig 1935. – *Mittenecker, E.:* Psychologische Unfallforschung, Wien 1962.

[23] *Clauser, G.:* Lehrbuch der biographischen Analyse, Stuttgart 1963. – *Kretschmer, E.:* Mehrdimensionale Diagnostik und Therapie, Stuttgart 1958. – *Argelander, H.:* Das erste Interview in der Psychotherapie, Darmstadt 1970. – *Meerwein, F.:* Die Grundlagen des ärztlichen Gespräches, Bern 1969. – *Wyss, D.:* Lehrbuch der medizinischen Psychologie und Psychotherapie für Studierende, Teil II, Göttingen 1971.

[24] *Murdock, G. P.:* Social Structure, New York 1949. – *Lowie, R. H.:* Primitive Society, London 1960. – *Lévi-Strauss, C.:* Anthropologie Structurale, Paris 1958.

[25] *Lowie, R. H.:* The Origine of the State, New York 1962. – *Bailey, F. G.:* Political Systems and the Distribution of Power, London 1965. – *Firth, R., et al.:* Institutionen in primitiven Gesellschaften, Frankfurt/M 1968.

Zur Theorie der Staatenbildung s. auch *Durkheim, E.:* Division du Travail Social, Paris 1960. – Ferner die geschichtlichen Theorien von *Hegel, Marx* und *Engels, Toynbee, J. Burckhardt* und die moderne soziologische Literatur von *Max Weber:* Wirtschaft und Gesellschaft, 2 Bde., Tübingen 1956, bis zu den Untersuchungen von *T. Parsons* sowie *Elias, N.:* Über den Prozeß der Zivilisation, Bern 1969. – *Bottomore, T. B.:* Elite und Gesellschaft, München 1966. – *Jeaggi, U.:* Die gesellschaftliche Elite, Bern 1960. – *Dreitzel, H. P.:* Elitebegriff und Sozialstruktur, Stuttgart 1962. – S. außerdem *Mühlmann, W. R.:* Staatsbildung und Amphiktyonien in Polynesien, Stuttgart 1938.

[26] *Ganshof, F. L.:* Feudalism, London 1964. – *Bühler, J.:* Die Kultur des Mittelalters, Leipzig 1931. – *Bérubé, C.:* La Connaissance de l'Individuel au Moyen Age, Paris 1964.

[27] S. *Lowie, R. K.*, op. cit.

[28] *Daraul, A.:* History of Secret Societies, New York 1961. – *Fortune, R. F.:* Sorcerers of Dobu, London 1963. – *Allen, M. R.:* Male Cults and Secret Initiations in Melanesia, Melbourne 1967.

[29] *Grönbech, W.:* Kultur und Religion der Germanen, Darmstadt 1961.

[30] *Dreitzel, H. P.:* Die gesellschaftlichen Leiden und das Leiden an der Gesellschaft. Vorstudien zu einer Pathologie des Rollenverhaltens, Stuttgart 1968. – *Beck, R.:* Grundformen sozialen Verhaltens, Stuttgart 1954. – *Mannheim, K.:* Mensch und Gesellschaft, Darmstadt 1958. – *Ogburn, W.:* Kultur und sozialer Wandel, Neuwied 1969.

[31] *Kretschmer, W.:* Zur Entwicklung des Situationsbegriffs in der Psychiatrie, Medizinische Welt 3 (12/13), 1969.

[32] Der Begriff der „Beziehung" wird schrittweise in den folgenden Abschnitten definiert werden.

[33] Zum Problem der Intelligenzvererbung s. *Oerter, R.:* Moderne Entwicklungspsychologie, Donauwörth 1971. – *Eysenck, H. J.:* Heredity, Race and Intelligence, London 1971. – *Allport, G. W.:* Gestalt und Wachstum der Persönlichkeit, Meisenheim 1970.

[34] Zur Homosexualität s. *Bräutigam, W.:* Formen der Homosexualität, Stuttgart 1967. – *Giese, H.:* Der homosexuelle Mann in der Welt, Stuttgart 1958. – *Kempe, R.:* Studien zur männlichen Homosexualität, Stuttgart 1954. – *Bergler, E.:* Counterfeit – Sex, New York 1958. – *Doucet, F. W.:* Homosexualität, München 1967. – *Freund, K.:* Homosexualität, Reinbek 1969 (s. dort Lit.).

[35] *Straus, E.:* Vom Sinn der Sinne, Berlin/Heidelberg 1956.

[36] *Husserl, E.:* Erfahrung und Urteil, Hamburg 1948.

[37] *Metzger, W.:* Die Entwicklung der Erkenntnisprozesse, in: Handbuch der Psychologie, Bd. 3, Göttingen 1959. – *Stirnimann, F.:* Psychologie des neugeborenen Kindes, Zürich 1940. – *Werner, H.:* Einführung in die Entwicklungspsychologie, München 1959. – *Stern, W.:* Psychologie der frühen Kindheit, Leipzig 1927. – *Carmichael, L.:* Manual of Child Psychology, London 1965.

[38] *Spitz, R. A.:* Die Entstehung der ersten Objektbeziehungen, Stuttgart 1957. – *Ders.:* Vom Säugling zum Kleinkind, Stuttgart 1967. – *Gesell, A.:* L'Embryologie du Comportement, Paris 1953. – *Descoeudres, A.:* Le Developpement de l'Enfant de deux à sept ans, Neuchatel 1957. – *Piaget, J.:* La Construction du Réel chez l'Enfant, Neuchâtel 1963. – *Glover, E.:* On the early Development of Mind, New York (I. U. P.). – Gardner, *R. W., et al.:* Cognitive Control, New York (I. U. P.). – *Walcher, D.*, und *Peters, D.:* Early Childhood, the Development of Self-Regulatory Mechanisms, London 1971.

[39] *Metzger, W.:* Erkenntnisprozesse, op. cit. – *Hebron, M. E.:* Motivated Learning, London 1966. – *Munn, N.:* Learning in Children, in: *Carmichael, L.*, op. cit. – *White, S. E.:* The Learning Theory Tradition and Child Psychology, in: Manual of Child Psychology, New York 1970. – *Bühler, K.:* Abriß der geistigen Entwicklung des Kindes, Leipzig 1935. – *Koffka, K.:* The Growth of Mind, London 1952.

[40] *Bühler, Ch.:* Kindheit und Jugend, Leipzig 1931. – *Remplein, H.:* Die seelische Entwicklung des Menschen im Kindes- und Jugendalter, München 1958. – *Gesell, A.:* Jugend, das Alter von 10–16, Bad Nauheim 1958. – *Winnicott, D. W.:* The Maturational Processes and the Facilitating Environment, London 1965. – *Saul, L. J.:* Emotional Maturity, Montreal 1960. – *Steuer, W.:* Reife, Umwelt und Leistung der Jugend, Stuttgart 1965. – *Spranger, E.:* Psychologie des Jugend-

alters, Heidelberg 1953. – *Kiell, N.:* The Universal Experience of Adolescence, New York (I. U. P.). – *Lorand, A. S., et al.:* Adolescents, New York 1961.

[41] *Ferenczi, S.:* Contributions to Psycho-Analysis, 2 Bde., London 1952.

[42] *Klein, M.:* The Psychoanalytic Study of the Child, London 1945.

[43] *Uslar, D. v.:* Der Traum als Welt, Pfullingen 1969.

[44] *Jung, C. G.:* Wandlungen und Symbole der Libido, Zürich 1971. – *Schaltenbrand, G.:* Zeit in nervenärztlicher Sicht, Stuttgart 1963. – *Durand, G.:* Les Structures Anthropologiques de l'Imaginaire, Paris 1963. – *Federn, P.:* Ich-Psychologie und Psychosen, Bern 1956.

[45] *Freud, S.:* Ges. Werke, Bd. II, London 1952.

[46] *Aeppli, E.:* Traum und Deutung, Zürich 1943. – *Binswanger, L.:* Ausgewählte Vorträge und Aufsätze, 2 Bde., Bern 1947/55. – *Fromm, E.:* The Forgotten Language, London 1952. – *Boss, M.:* Der Traum und seine Auslegung, Bern 1955. – *Jung, C. G.:* Wandlungen, op. cit. – *Caillois, R.*, und *Grunebaum, G. E. v.:* De Rêve et les Sociétés Humaines, Paris 1967. – *Jones, R. M.:* The New Psychology of Dreaming, London 1970. – *Schultz-Hencke, H.:* Lehrbuch der Traumanalyse, Stuttgart 1949. – Über die Beziehung des Traumes zu den vier Elementen s. *Bachelard, G.:* Psychoanalyse des Feuers, Stuttgart 1959. – *Ders.:* L'Eau et les Rêves, Paris 1956. – *Ders.:* L'Air et les Songes, Paris 1959. – *Ders.:* La Terre et les Rêveries de la Volonté, Paris 1958.

[47] *Freud, S.:* Ges. Werke, Bd. 2, op. cit.

[48] *Freud, S.:* Ges. Werke, Bd. 2, op. cit.

[49] *Kerenyi, K.:* Die antike Religion, Zürich 1970. – Dodds, E. *R.:* The Greeks and the Irrational, Berkeley 1963. – *Otto, W. F.:* Die Götter Griechenlands. Frankfurt/M. 1948. – *Burckhardt, J.:* Griechische Kulturgeschichte, 4 Bde., Darmstadt 1962. – *Simon, E.:* Die Götter der Griechen, München 1969.

[50] *Jung, C. G.:* Wandlungen, op. cit. – Ders.: Psychologie und Alchimie, Zürich 1944.

[51] Märchen der Gebrüder *Grimm*, (Insel Verl.) 2 Bde. o. J.

[52] *Goethe/Novalis:* Die Märchen, Dornach o. J.

[53] Literatur zur Mythologie s. Wyss, D.: Strukturen, op. cit., insbes. *Frazer, Frankfort, Eliade, van der Leeuw, Caillois, Bachelard, Durand* und *W. F. Otto.* – Ferner *Dumézil, G.*: The New Comparative Mythology, Berkeley 1966. – *Ders.:* Mythe et Epopée, Paris 1968. – *Jensen, A. E.:* Mythos und Kult bei Naturvölkern, Wiesbaden 1960. – *Müller, W.:* Weltbild und Kult der Kwatiulk-Indianer, Wiesbaden 1965. – *Lévi-Strauss, K.:* L'Homme nu, Paris 1971.

[54] S. Anm. 49.

[55] *Ovid:* Metamorphosen, Leipzig 1898.

[56] *Freud, S.:* Ges. Werke, Bd. II, op. cit.

[57] Definition der „Befindlichkeit" bei *Heidegger, M.:* Sein und Zeit, op. cit. – Ferner *Bollnow, O. F.:* Vom Wesen der Stimmungen, Frankfurt/M. 1956.

[58] S. *Eibl-Eibesfeldt, I.*, op. cit.

[59] *Hellpach, W.:* Einführung in die Völkerpsychologie, Stuttgart 1954. – *Hobhouse, L. T., et al.:* The Material Culture and Social Institutions of the simpler peoples, London 1965. – *Evans-Pritchard, E. E., et al.:* The Institutions of Primitive Society, Oxford 1967. – *Radcliffe-Brown, A. R.:* Structure and Function in Primitive Society, London 1968. – *Radin, P.:* Gott und Mensch in der primitiven Welt, Zürich 1953.

[60] *Jung, C. G.:* Symbole, op. cit.

[61] *Spencer, B.*, und *Gillen, H.:* The Native Tribes of Central Australia, London 1898. – *Elkin, A. P.:* The Australian Aborigines, Sydney 1966.

[62] *Kardiner, A.:* The Psychological Frontiers of Society, New York 1945. – *Ders.:* The Individual and His Society, New York 1939.

[63] S. Teil I, Kap. I, Anm. 30 und 65. – Ferner *Evans-Pritchard, E. E.:* Social Anthropology, London 1969. – *Kroeber, A. L.:* Anthropology, New York 1948. – *Kluckhohn, C.:* Anthropology and the Classics, Rhode Island 1961.

[64] *Koenig, O.:* Kultur und Verhaltensforschung, München 1970. – *Roe, A.*, und *Simpson, G. G.:* Evolution und Verhalten, Frankfurt/M. 1969.

[65] *Sargent, S. S., et al.:* Social Psychology, New York 1966. – *Argyle, M.:* Social Interaction, London 1969. – *Strauss, A. S.:* Spiegel und Masken, Frankfurt/M. 1968. – *Durand-Dassier, J.:* Structure et Psychologie de la Relation, Paris 1969. – *Watzlawick, P., et al.:* Menschliche Kommunikation, Bern 1969. – *Macnab, P.:* Estrangement and Relationship, London 1965.

[66] *Graf, O.:* Managerkrankheit, Köln 1953. – *Hochrein, M.:* „Unternehmerkrankheit", Stuttgart 1953.

[67] *Davidson, B.:* Vom Sklavenhandel zur Kolonialisierung, Hamburg 1966. – *Finley, M. I.:* Slavery in Classical Antiquity, Cambridge 1960.

[68] *Arendt, H.:* Macht und Gewalt, München 1970; s. auch Anm. 71. – *Jouvenel, B. de:* Du Pouvoir, Genf 1945. – *Straub, J. A.:* Vom Herrscherideal in der Spätantike, Darmstadt 1964. – *Guardini, R.:* Die Macht. Versuch einer Wegweisung, Würzburg 1965. – *Schneider, R.:* Formen der Macht, Nürnberg 1953. – *Segerstedt, T.:* Gesellschaftliche Herrschaft als soziologisches Konzept, Neuwied 1967. – *Dumont, L.:* Homo Hierarchicus, London 1966. – *Canetti, E.:* Masse und Macht, Hamburg 1960. – *Bailey, F. G.:* Political Systems and the Distribution of Power, London 1965. – *Freyhold, M. v.:* Autoritarismus und politische Apathie, Frankfurt/M. 1971. – *Russel, B.:* Power, London 1938.

[69] S. *Wickler, W.*, op. cit.

[70] S. *Toynbee, A. J.:* A Study of History, I–XII, London 1971. – *Arendt, H.*, op. cit.

[71] *Rudin, J.:* Fanatismus, Olten/Freiburg 1965. – *Hoffer, E.:* Der Fanatiker, Hamburg 1965. – *Kracauer, S.:* Von Caligari bis Hitler, Hamburg 1958. – *Bychowski, G.:* Diktatoren, München 1965. – *Ahrendt, H.:* Elemente und Ursprünge totaler Herrschaft, Frankfurt/M. 1955. – *Künzli, A.:* Karl Marx, Wien o. J. (Ein Psychogramm). – *Bullock, A.:* Hitler, London 1959. – *Deutscher, I.:* Stalin, Stuttgart 1962. – *Mayer, G.:* Radikalismus, Sozialismus und bürgerliche Demokratie, Frankfurt/M. 1969. – *Dohrenwend, B. u. B.:* Social Status and Psychological Disorder, New York 1969. – S. auch die Biographien über *Lenin (L. Fischer), Napoleon, Friedrich den Großen (R. Augstein), über Robespierre, Calvin,* die römischen Cäsaren u. a.

[72] *Wirth, A.:* Es gibt keinen jüdischen Wohnbezirk in Warschau mehr, Neuwied 1960.

[73] *Treher, W.:* Hegels Geisteskrankheit, Emmendingen 1969 (dort genauer Nachweis über Marx' diesbezgl. Aussage).

[74] *Lessing, T.:* Geschichte als Sinngebung des Sinnlosen, Darmstadt 1962. – *Klages, L.:* Geist als Widersacher der Seele, Bd. 1, op. cit.

[75] *Clemens, D. S.:* Yalta, New York 1970. – *Weidenfeld, W.:* Jalta und die Teilung Deutschlands, Andernach 1969. – *Conte, A.:* Die Teilung der Welt, Jalta 1945, Düsseldorf 1965. – *Stettinius, E. R.:* Roosevelt and the Russians, London 1950. – *Die Konferenzen von Malta und Jalta.* Department of State USA. Dokumente vom 17. Juli 1944 bis 3. Juni 1945, Düsseldorf 1957. – *Die offiziellen Jalta-Dokumente des U. S. State Department.* Vollst. Ausgabe, Wien/München 1955. – *Teheran, Jalta, Potsdam.* Die sowjetischen Protokolle von den Kriegskonferenzen der „Großen Drei", Köln 1968. – *Claus, M. W.:* Der Weg nach Jalta, Heidelberg 1952.

[76] *Descartes, R.:* Méditations, Paris 1965.

[77] *Kant, I.:* Die drei Kritiken, in: Ges. Werke, Darmstadt 1971.

[78] *Weizsäcker, C. F. v.:* Zum Weltbild der Physik, Leipzig 1945.

[79] *Heisenberg, W.:* Das Naturbild der heutigen Physik, Reinbek 1965.

[80] *Dobzhansky, Th.:* The Biological Basis of Human Freedom, New York 1956.

[81] *Heberer, G.:* Der Ursprung des Menschen, Stuttgart 1969. – *Grosser, O.* und *Politzer, G.:* Grundriß der Entwicklungsgeschichte des Menschen, Berlin 1953. – *Grahmann, R.:* Urgeschichte der Menschheit, Stuttgart 1952. – *Montagu, A. M. F.:* An Introduction to Physical Anthropology, Springfield 1960. – *Ders.:* Culture and the Evolution of Man, New York 1962. – *Lasker, G. W.:* Physical Anthropology and the Origin of Man, New York 1963. – *Portmann, A.:* Vom Ursprung des Menschen, Basel 1944. – *Bilz, R.:* Die unbewältigte Vergangenheit des menschlichen Geschlechts, Frankfurt/M. 1967; s. auch *Ders.:* Paläanthropologie, 2 Bde., Frankfurt/M. 1970/71.

[82] Lit. bei *Portmann, A.:* Zoologie und das neue Bild des Menschen, Hamburg 1956. – *Ders.:* Um das Menschenbild, Stuttgart 1966.

[83] S. Teil I, Kap. I, Anm. 12–16.

[84] S. Handbuch der Pflanzenphysiologie, Bd. 3, Berlin/Heidelberg 1956, S. 247ff. – *Gessner, F.:* Wasserspeicherung, Berlin/Heidelberg 1956.

[85] Zur Entelechie s. *Conrad-Martius, H.:* Der Selbstaufbau der Natur, Hamburg 1944.

[86] *Heidegger, M.:* Sein u. Zeit, op. cit.

[87] Handbuch der gesamten Arbeitsmedizin, Bd. 1: Arbeitsphysiologie, hrsg. von *G. Lehmann,* Stuttgart 1962. – *Lehmann, G.:* Praktische Arbeitsphysiologie, Stuttgart 1962. – *Stegemann, J.:* Leistungsphysiologie, Stuttgart 1971.

[88] S. *Wyss, D.:* Strukturen, op. cit., Kap. II und hier Teil I, Kap. IV und V.

Kapitel II: Beziehung und Bedeutung

[1] Über frühestkindliche Wahrnehmung s. Teil I, Kap. I, Anm. 37–39.

[2] *Bach, P., Collins, C. C., et al.* (Hrsg.): The Control of Eye Movements, New York 1971. – *Koella, W.:* Gleichgewichtsorgan und Augenmuskelsystem, Zürich 1950.

[3] S. *Wyss, D.:* Strukturen, op. cit.

[4] S. Teil I, Kap. I, Anm. 38.

[5] *Jovanovic, U. J.:* Der Schlaf, München 1969.

[6] *Metzger, W.:* Gesetze des Sehens, Frankfurt/M. 1954. – *Piaget, J.:* Les méchanismes perceptifs, Paris 1961.

[7] *Buytendijk, F. J. J.:* Psychologie des Animaux, Paris 1928. – *Burkhardt, D., et al.:* Signals in the Animal World, London 1967. – *Eibl-Eibesfeldt, I.,* op. cit.

[8] *Schneider, H.:* Lehrbuch der Physiologie, Heidelberg/Berlin 1971. – *Stevens, Ch. T.:* Neurophysiologie, München 1969.

[9] S. Teil I, Kap. I, Anm. 37–39.

[10] *Masters W. H.,* und *Johnson, V. E.:* Die sexuelle Reaktion, Reinbek 1970.

[11] Zum Problem meßbarer Intensitäten: Handbuch der Psychologie, op. cit. Bd. I S. 526ff.

[12] *Pratt, K. C.:* The Neonate, in: Carmichael, L., op. cit.

[13] *Williams, M.:* Brain Damage and the Mind, Harmondsworth 1970. – *Nielsen, H. H.:* Psychologische Untersuchungen bei zerebralparetischen Kindern, Berlin 1970. – *Bläsig, W.,* und *Schomberg, E.:* Das zerebralparetische Kind, Stuttgart 1968.

[14] *Pick, H. L.,* und *A. J.:* Sensory and Preceptional Development etc. in: *Car-*

michael, P., op. cit. (Die Diskussion zu diesem Problem ist noch nicht abgeschlossen.)

[15] S. *Burkhardt, D., et al.*, op. cit. – *Eibl-Eibesfeldt, I.*, op. cit. – Lorenz, K., op. cit. – *Tinbergen, N.*, op. cit.

[16] S. *Eibl.-Eibesfeldt, I.*, op. cit.

[17] *Eibl-Eibesfeldt, I.*, op. cit. und *Portmann, A.:* Das Tier als soziales Wesen, op. cit. – *Remane, A.:* Sozialleben der Tiere, Stuttgart 1971. – *Bastock, M.:* Courtship: a Zoological Study, London 1967.

[18] *De Vere, Irven:* Primate Behavior, New York 1965.

[19] *Hediger, H.:* Wild Animals in Captivity, London 1950. – *Zimen, E.:* Wölfe und Königspudel, München 1971. – *Ewer, R.:* Ethnology of Mammals, 1968. – *Hinde, R. A.:* Animal Behaviour, London 1970.

[20] *Guggisberg, C. A. W.:* Kleine Erdgeschichte, Bern 1964. – *Depéret, Ch.:* Die Umbildung der Tierwelt (palaeontologisch), Stuttgart o. J.

[21] *Cloudsley-Thompson, J. L.:* Animal Conflict and Adaptation, New York 1965.

[22] *Bachelard, G.:* La Poétique de l'Espace, Paris 1964. – *Francastel, P.:* La Figure et le Lieu, Paris 1967. – *Charon, E. J.:* Du Temps de l'Espace et des Hommes, Paris 1962. – *Bang*, V.: L'Epistémologie de l'Espace, Paris 1964. – *Kaufmann, P.:* L'Experience Emotionelle de l'Espace, Paris 1969.

[23] Zur Definition des „Zeugs" s. *Heidegger, M.:* Sein und Zeit, op. cit.

[24] *Segall, M., et al.:* The Influence of Culture on Visual Perception, New York 1966. – *Blake, R. R.*, und *Ramsey, G.:* Perception, New York 1951. – *Bruner, J. S.*, und *Goodman, C. C.:* Value and Need as Organizing Factors in Perception, Journ. abnorm. soc. Psychol. 42, 1974 33–44. – *Postman, L., et al.:* Personal Values as Selective Factors in Perception, Journ. abnorm. soc. Psychol. 43, 1948, 142–144. – *Bruner, J. S.*, und *Postman, L.:* An Approach to Social Perception, in: *Dennis, W. (Hrsg.):* Current Trends in Social Psychologie, Pittsburgh 1948. – *Bruner, J. S.:* Personality Dynamics and the Process of Perceiving, in: *Blake, R. R.*, und *Ramsey, G. V.* (Hrsg.): Perception, an Approach to Personality, New York 1951. – *Ders.* und *Tagiury, R.:* The Perception of People, in: *Lindzey, G.* (Hrsg.): Handbook of Social Psychology, Vol. II, Cambridge 1954. – *Levine, R., et al.:* The Relation of the Intensity of a Need to the Amount of Perceptual Distortion, Journ. Psych. 13, 1942. – *Frenkel-Brunswik, E.:* Intolerance of Ambiguity as an Emotional and Perceptual Personality Variable, Journ. Pers. 18, 1949. – *Graumann, C. F.:* Die Motivationen der Wahrnehmung in neueren amerikanischen Untersuchungen, Zs. exp. angew. Psychol. 3, 1956.

[25] *Häberlin, P.:* Das Ziel der Erziehung, Zürich 1925. – *Hönigswald, R.:* Studien zur Theorie pädagogischer Grundbegriffe, Darmstadt 1966. – *Gerner, B.:* Personale Erziehung, Darmstadt 1965.

[26] *Barth, P.:* Die Geschichte der Erziehung in soziologischer und geistesgeschichtlicher Beleuchtung, Darmstadt 1967.

[27] S. *Elkin, A. P.:* The Australian Aborigines, op. cit. – *Homburger-Erikson, E.:* Childhood and Society, New York 1952.

[28] *Driver, H. E.:* Indians of North America, Chicago 1969. – *Mead, M.:* Mann und Weib, Zürich 1955. – *Dies.:* Anthropology, Bd. 1, New York 1964. – *Seligman, C. G.:* The Veddas, Cambridge 1911. – *Radcliffe-Brown, A. R.:* The Andaman Islander, Cambridge 1933. – *Malinowski, B.:* Argonauts of the Western Pacific, London 1953. – Trilles, *R. P.:* Les Pygmées de la Foret Équatoriale, Paris 1932.

[29] *Clarks, G.:* The Stoneage Hunters, London 1967.

[30] Zum Avunculat s. *Lévi-Strauss, C.:* Anthropologie, op. cit. – *Malinowski, B.:* The Sexual Life of Savages, 2 Bde., London 1929.

31 *Barth, P.*, op. cit. – *Driesch, J. v. d.*, und *Esterhues, J.*: Geschichte der Erziehung und Bildung, 2 Bde. (Calvinismus), 6. Aufl. Paderborn 1967.

32 *Homburger Erikson, E.*: Childhood, op. cit.

33 *Bandura, A.*: Social Learning through Imitation, Nebraska 1962. – *Ders.* und *Walters, R. H.*: Social Learning and Personality Development, New York 1967. – *Miller, N. E.*, et al.: Social Learning and Imitation, New Haven 1941. – *Guillaume, P.*: L'Imitation chez l'Enfant, Paris 1968.

34 Zur Identifizierungsproblematik s. *Hesnard, A.*: Psychoanalyse du Lien Interhumain, Paris 1957. – *Jacobson, E.*: The Self and the Objekt World, New York 1964. – *Homburger Erikson, E.*: Identität und Lebenszyklus, Frankfurt/M. 1968.

35 Zur Nachahmung bei Tieren s. *Burton, M.*: Die Kindheit der Tiere, Hamburg 1957. – *Thorpe, W. H.*: Learning and Instinct in Animals, New York 1966.

36 S. Teil I, Kap. I, Anm. 9. – Ferner *W. Craig:* Observations on young Doves..., Journ. Anim. Behav. 2 (4), 1912.

37 *Eibl-Eibesfeldt, I.*, op. cit. – *Kummer, Hans:* Soziales Verhalten einer Mantelpavian-Gruppe, Bern/Stuttgart 1957.

38 *Marrou, R.*: L'Histoire de l'Education dans l'Antiquité, Paris 1960.

39 *Barth, P.*, op. cit. – *Arnytage, W. H. G.*: Four hundred Years of English Education, Cambridge 1964.

40 S. *Homburger Erikson E.*: Childhood, op. cit. – *Driver, H.*: Indians of North America, op. cit.

41 *Spencer, B.*, und *Gillen, H.*, op. cit.

42 *Thurnwald, R.*: Grundfragen menschlicher Gesellung, Berlin 1957. – *Kluckhohn, C.*: Anthropology and the Classics, op. cit. – *Durkheim, E.*: L'Education Morale, Paris 1963.

43 S. *Tinbergen, N.*, op. cit. – *Lorenz, K.*, op. cit.

44 Beispiel bei *Eibl-Eibesfeldt, I.*, op. cit.

45 *Metzger, W.*: Gesetze des Sehens, op. cit.

46 *Husserl, E.*: Erfahrung und Urteil, op. cit. – *Ders.*: Phänomenologische Psychologie, Den Haag 1962.

47 Zur Definition der Komplementarität s. *Weizsäcker, V. v.*: Der Gestaltkreis, Stuttgart 1946.

48 Zum Signalisieren von Tieren s. *Eibl-Eibesfeldt, I.*, op. cit. – *Burkhardt, D., et al.*, op. cit.

49 *Husserl, E.*: Cartesianische Vorlesungen, Den Haag 1950.

50 *Merleau-Ponty, M.*: Phénoménologie de la Perception, Paris 1945.

51 *Zimmer, E.*: Umsturz im Weltbild der Physik, München 1968.

52 *Chauchard, P.*: Précis de Biologie Humaine, Paris 1966.

53 S. die genannten ethnologischen Untersuchungen Teil I, Kap. I, Anm. 61 und Kap. II, Anm. 28. – Ferner *Driver, H. E.*: Indians of North America, Chicago 1969. – *Lévi-Strauss, Cl.*: Tristes Tropiques (Bororos), Paris 1955. – *Chance, Norman A.*: The Eskimo of North Alaska, New York 1966. – *Mühlmann, W.*: Rassen-Ethnien-Kulturen, Neuwied 1964.

54 *Burckhardt, J.*, op. cit. – *Dodds, E. R.*, op. cit.

55 *Friedländer, L.*: Sittengeschichte Roms, Wien 1934.

56 *van der Leeuw, G.*: Phänomenologie der Religion, Tübingen 1956. – *Lévy-Bruhl, L.*: La Mentalité Primitive, Paris 1922. – *Eliade, M.*: Traité d'Histoire des Religions, Paris 1964.

57 *Lévy-Bruhl, L.*: Mentalité primitive, op. cit. – *Lévy-Strauss, Cl.*: La Pensée Sauvage, Paris 1962.

58 *Stirnimann, F.*: Das Kind und seine früheste Umwelt, Basel 1947. – *Piaget, J.*: La Formation du Symbole chez l'Enfant, Neuchatel 1964.

[59] *Boas, F.:* The Mind of Primitive Man, New York 1961. – *Ferenczi, S.:* Stages in the Development of the Sense of Reality, in: op. cit. Bd. 1. – *Isaacs, S.:* The Psychological Aspects of Child Development, London 1935. – Die Gleichsetzung des Denkens der sog. Primitiven und der Kinder findet sich sowohl in der Psychoanalyse wie in der Gestaltpsychologie. S. auch *Wertheimer, M.:* Drei Abhandlungen zur Gestalttheorie, Darmstadt 1963.

[60] *Stirnimann, F.:* Frühe Umwelt, op. cit.

[61] Zu ihnen zählen alle hier aufgeführten Kinder- und Jugendpsychologen; s. Teil I, Kap. I, Anm. 37–39.

[62] *Kulenkampff, C.:* Erblicken und Erblickt-Werden, Nervenarzt 27 (2), 1956.

[63] *Foucault, M.*: Les Môts et les Choses, Paris 1966.

[64] *Paracelsus, Th.:* De Signatura Rerum, in: Sämtliche Werke, hrsg. von K. Sudhoff, München 1923–1933.

[65] *Pevsner, N.:* Wegbereiter moderner Formgebung, Hamburg, rororo-Band 873.

[66] *Stewart, D. K.:* The Psychology of Communication, New York 1969 – und Kap. IV, Anm. 23

[67] S. Teil I, Kap. I, Anm. 3.

[68] *Korn, K.:* Sprache in der verwalteten Welt, Frankfurt/M. 1958. – *Sternberger, D., et al.:* Aus dem Wörterbuch des Unmenschen, München 1962.

[69] *Simonis, W.:* Zerstörung des biologischen Gleichgewichts, Stud. Generale 24, 1971, 218–230. – *Carson, R. L.:* Der stumme Frühling, München 1970. – *Aebi, H.:* Der Mensch im technischen Zeitalter und seine Umwelt, Bern 1970. – *Olschowy, G.:* Belastete Landschaft – Gefährdete Umwelt, München 1971.

[70] S. *K. P. Kiskers* Kritik an dem Hegelschen Modell in: Medizin in der Kritik, Stuttgart 1971. – *Holz, H. H.:* Herr und Knecht bei Leibniz und Hegel, Neuwied 1968.

[71] S. *Koffka, K.*, op. cit. – *Bühler, K.*, op. cit. – Ferner *Fantz, R. L.:* The Origins of Form Perception, Sc. American 204, 1961. – *Ders.:* Visual Perception and Experience in Early Infancy, in: *Stevenson, H. W., et al.:* Early Behavior, New York 1967. – *Graefe, O.:* Über visuelle Formwahrnehmung im Säuglingsalter, Psychol. Forsch. 27, 1963. – *Lauvendeau, M.*, und *Pinarc, A.:* The Development of the Concept of Space in the Child, New York (I. U. P.).

[72] *Bertalanffy, L. v.:* Allgemeine Systemtheorie, Dt. Univ. Zt. 12, 1957. – *Ders.:* Das biologische Weltbild, Bern 1949/50. – *Rotschuh, K. E.:* Theorie des Organismus, Berlin 1959. – *Träger, L.:* Einführung in die Molekularbiologie, Stuttgart 1969. – *Wieland, Th.*, und *Pfleiderer, G.:* Molekularbiologie, Frankfurt/M. 1967.

[73] *Bachelard, G.:* La Poètique, op. cit.

[74] *Oldekop, E.:* Le Principe de Hiérarchie dans la Nature, Paris 1933. – *Schilder, P.:* Das Körperschema, Berlin 1923. – *Buytendijk, F. J. J.:* Allgemeine Theorie, op. cit. – *Ey, H.:* La conscience, Paris 1963 (s. dort insbes. *Jacksons* Untersuchungen zum hierarchischen Aufbau des Zentralnervensystems). – *Rhyer, R.:* La Conscience et le Corps, Paris 1970.

[75] *Bachelard, G.:* L'Air et les Songes, Paris 1948.

[76] S. *Wyss, D.:* Strukturen, op. cit.

[77] S. *Tinbergen, N.:* Instinktlehre, op. cit.

[78] *Steinbacher, G.:* Kindheit eines Schimpansen, Zs. Tierpsych. 4, 1941. – *Kellog, W. N.* und *L. A.:* The Ape and the Child, New York 1933.

[79] *Dollard, J.*, und *Miller, N. E.:* Frustration und Aggression, Weinheim 1970. – *Lückert, H. R.:* Konfliktpsychologie, München 1957. – *Rosenzweig, S.:* An outline of Frustration Theory, in: *Hunt, J. M.:* Personality an Behavior Disorders, New York 1944. – S. auch Teil I, Kap. V, Anm. 17.

[80] *Hilgard, E. R.*, und *Bower, G. H.:* Theories of Learning, New York 1966. –

Lewin, K.: Field Theory and Learning, in: Psychology of Learning, New York 1942. – S. auch *Koffka, K.*, op. cit. – *Bühler, K.*, op. cit.

[81] Zur Definition des kindlichen Egozentrismus s. *Piaget, J.:* Réel, op. cit. – *Stern, W.:* Psychologie der frühen Kindheit, Heidelberg 1965.

[82] Zur reziproken Eltern-Kind-Beziehung, insbes. auch zur Rollenproblematik, s. *Richter, H.E.:* Eltern, Kind und Neurose, Stuttgart 1963 und die dort angegebene Literatur. – Ferner: *Stein, L.M.:* Influence on parent Behavior, London 1967. – *Kaiser, J.:* Jugendliche Delinquenten in rollentheoretischer Sicht, Stuttgart 1970. – *Züblin, W.:* Das schwierige Kind, Stuttgart 1967. – *Bergler, R.:* Kinder aus gestörten und unvollständigen Familien, Weinheim 1955. – *Destunis, G.:* Die Schwererziehbarkeit und die Neurosen des Kindesalters, Stuttgart 1961. – *Arnold, L.:* Und sie erkannten, daß sie nackt waren, Göttingen 1972. – *Dührssen, A.:* Psychogene Erkrankungen bei Kindern und Jugendlichen, Göttingen 1965. – *Freud, A.:* Psychoanalytic Treatment of Children, London 1946.

[83] *Scheidt, W.:* Naturkunde des Denkens nach Beobachtungen an Kindern, München 1970. – *Bühler, Ch.:* Über Gedankenentstehung, Zs. Psychol. 80, 1918. – *Rothacker, E.:* Genealogie des menschlichen Bewußtseins, Bonn 1966. – *Metzger, W.:* Erkenntnisprozesse, op. cit. – *Köhler, O.:* Sprache und unbenanntes Denken, Paris 1956. – *Werner, H.* und *Kaplan, B.:* Symbolformation, New York 1964. – *Wygotsky, L.S.:* Denken und Sprechen, Berlin 1964. – *Klix, F.:* Untersuchungen zur Begriffsbildung, Zs. Psychol. 173, 1967. – *Wallon, H.:* Les Origines de la Pensée chez l'Enfant, 2 Bde., Paris 1945. – *Piaget, D.:* La Naissance de l'Intelligence chez l'Enfant, Neuchâtel 1964.

[84] *Stern, C.:* Grundlagen der menschlichen Erblehre, Berlin 1955. – *Storch, O.:* Sonderstellung des Menschen in Lebensspiel und Vererbung, Wien 1948. – *Thoday, J.M.*, und *Parkes, A.S.:* Genetic and Environmental Influence on Behaviour, Edinburgh 1968. – Ferner Teil I, Kap. I, Anm. 80.

[85] S. *Wyss, D.:* Strukturen, op. cit.

[86] S. *Husserl, E.:* Erfahrung und Urteil, op. cit. – *Heidegger, M.:* Sein und Zeit, op. cit. – Ferner *Kunz, H.:* Die anthropologische Bedeutung der Phantasie, 2 Bde., Basel 1946 (die wichtigste Untersuchung zur Anthropologie des Erkennens). – *Hönigswald, R.:* Die Grundlagen der Denkpsychologie, Darmstadt 1965.

[87] S. oben Anm. 83.

[88] *Lévi-Strauss, Cl.:* La Pensée Sauvage, op. cit.

[89] *Kant, I.:* Die drei Kritiken, op. cit.

[90] *Husserl, E.:* Erfahrung und Urteil, op. cit.

[91] Zur Theorie der Symbolentstehung s. *Phillips, J.H.:* Psychoanalyse und Symbolik, Bern 1962. – *Kubie L. S.:* Neurotic Disturbances of the Creative Process, Kansas 1958. – *Silberer, H.:* Zur Symbolbildung, Jb. f. psa. u. psychopath. Forschung IV, 1912, S. 607. – *Ders.:* Phantasie und Mythos, Jb. f. psa. u. psychopath. Forschung II, 1910, S. 541. – *Holt, R.R.:* Motives and Thought, New York 1967. – *Lorenzer, A.:* Kritik des psa. Symbolbegriffes, Frankfurt/M. 1970 (s. dort Lit.). – *Jones, E.:* The Theory of Symbolism, in: Coll. Papers on Psychoanalysis, London 1950. – *Rank, O.*, und *Sachs, H.:* Die Bedeutung der Psychoanalyse für die Geisteswissenschaften, Wiesbaden 1914. – *Piaget, J.:* La Formation du Symbole chez L'Enfant, Neuchâtel 1964. – S. ferner die Werke von *Cassirer, Durand, Bachelard* und *Jung, C. G.:* Wandlungen und Symbole, op. cit.

[92] S. Teil I, Kap. II, Anm. 24. – Ferner *Schachtel, E.:* Metamorphosis, London 1963.

[93] *Minkowski, E.:* Traité de Psychopathologie, Paris 1968.

[94] *Cassirer, E.:* Philosophie der symbolischen Formen, Darmstadt 1964.

[95] *Eliade, M.:* Traité d'Histoire des Religions, op. cit.

[96] *Durand, G.:* L'Imagination Symbolique, Paris 1964. – *Ders.:* La Structure, op. cit. – *Charon, E. J.:* Du Temps, op. cit. – *Grize, J.* et al.: L'Epistémologie du Temps, Paris o. J. – *Fink, E.:* Zur ontologischen Frühgeschichte von Raum-Zeit-Bewegung, Den Haag 1957.

[97] Zu der Beziehung Mond/Zeit/Vegetation siehe *Eliade, M.:* Traité d'Histoire des Religions, op. cit.

[98] *Lèvi-Bruhl, L.:* La Mentalité Primitive, op. cit.

[99] *Wyss, D.:* Strukturen, op. cit.

[100] S. *Wyss, D.:* Strukturen, op. cit.

[101] *Scheler, M.:* Wesen und Formen der Sympathie, Frankfurt/M. 1948. – *Stein, E.:* On the Problem of Empathy, Den Haag 1964. – *Bergson, H.:* L'Evolution Créatrice, Paris 1966. – *Lipps, Th.:* Vom Fühlen, Wollen und Denken, Leipzig 1907. – *Klages, L.:* Geist als Widersacher, op. cit., Bd. I. – *Konczewski, C.:* La sympathie, Paris 1951.

Kapitel III: Das Wirkliche

[1] *Merleau-Ponty, M.:* Phänomenologie der Wahrnehmung, Berlin 1969.

[2] *Köhler, W.:* Die physischen Gestalten in Ruhe und im stationären Zustand, Braunschweig 1920. – *Ders.:* The Place of Value in a World of Facts, New York 1938. – *Ders.* und *Held, R.:* The Cortical Correlate of Pattern Vision, Science 110, 1949. – *Lashley, K. S., et al.:* An Examination of the Electrical Field Theory of Cerebral Integration, Physiol. Review 58, 1951.

[3] *Wellek, A.:* Ganzheitspsychologie und Strukturtheorie, Bern 1955.

[4] *Metzger, W.:* Gesetze des Sehens, Frankfurt/M. 1954. – *Köhler, W.:* Über unbemerkte Empfindungen und Urteilstäuschungen, Zs. Psychol. 66, 1913. – *Werner, H.:* Über Strukturgesetze und deren Auswirkung in den sog. geometrisch-optischen Täuschungen, Zs. Psychol. 94, 1924. – *Wertheimer, M.:* Exp. Studien über das Sehen von Bewegung, in: Drei Abhandlungen zur Gestalttheorie, Darmstadt 1963. – *Piaget, J.:* Les Mécanismes Perceptifs, Paris 1961.

[5] *Straus, E.:* Vom Sinn der Sinne, op. cit. – *Plessner, H.:* Die Einheit der Sinne, Bonn 1965.

[6] S. *Wyss, D.:* Strukturen, op. cit.

[7] *Spitz, R.:* Hospitalism, The Psa. Study of the Child 1, 1946, und 2, 1947. – *Plant, J. S.:* Personality and the Cultural Pattern, New York 1937.

[8] Zur Mutter-Kind-Beziehung s. *Schottländer, F.:* Die Mutter als Schicksal, Stuttgart 1961. – *Biermann, G.:* Handbuch der Kinderpsychotherapie, Bd. 2, München 1969, Kap. 12/13. – *Sandler, A., et al.:* Inconsistency in the Mother as a Factor in Character Development, The Study Psa. of the Child 12, 1957. – *Hellman, J., Friedman, O., et al.:* Simultaneous Analysis of Mother and Child, ebd. 15, 1960. – *Hellman, J.:* Sudden Separation and its Effect, ebd. 17, 1963. – *Kris, E.:* Data in Psa. Perception on the Mother-Child Relation, ebd. 17, 1962. – *Robertson, J.:* Mothering etc., ebd. 17, 1962. – *Rubinfine, D.:* Maternal Stimulation etc., ebd. 17, 1962. – *Mahler, M. S.:* Thoughts about Development and Individuation, ebd., 18, 63, S. 30. – *Pine, F.,* und *Furer, M.:* Studies of the Separation-Individuation-Phase, ebd. 18, 1963.

[9] *Stutte, H.,* und *Koch, H.:* Charakteropathien nach frühkindlichen Hirnschäden, Heidelberg/Berlin 1970. – *Lempp, R.:* Frühkindliche Hirnschädigung und Neurosen, Bern 1970. – *Wewetzer, K. H.:* Das hirngeschädigte Kind, Stuttgart 1959.

[10] *Descoudres, A.:* Le Developpement, op. cit.

[11] Zu Lernen und Leistung s. *Gottschaldt, K.:* Der Aufbau des kindlichen Handelns, Zs. angew. Psychol. Beih. 68, Leipzig 1954. – *Heckhausen, H., et al.:* Anfänge

und Entwicklung der Leistungsmotivation I. u II., Psychol. Forsch. 26 und 28, 1962 und 1965. – *Ders.:* Hoffnung und Furcht in der Leistungsmotivation, Meisenheim a. Gl. 1963. – *Müller, A.:* Die Entwicklung des Leistungs-Anspruchsniveaus, Zs. Psychol. 162, 1958. – *Hoppe, F.:* Erfolg und Mißerfolg, Psychol Forsch. 14, 1930. – *Lewin, K.:* Die psychologische Situation bei Lohn und Strafe, Leipzig 1931. – *McClelland, D. C., et al.:* The Achievement Motive, New York 1953. – *Stolz, L. M.:* Influences on Parent Behavior, London 1967.

[12] Zu Technik und Regression s. *Adorno, Th. W.:* Prismen, Frankfurt/M. 1955.

[13] S. oben Anm. 11.

[14] *Piaget, J.:* Réel, op. cit. – Ferner *Kaufmann, P.:* Espace, op. cit. – *Bachelard, G.:* Espace, op cit. – *Laurendeau, M.*, op cit. – *Pinarc, A.*, op cit. – *Binswanger, L.:* Grundformen und Erkenntnis menschlichen Daseins, 4. Aufl. München 1964. – *Bollnow, O. F.:* Mensch und Raum, Stuttgart 1963. – *Dürkheim, Graf:* Untersuchungen zum gelebten Raum, München 1932.

[15] *Piaget, J.:* Réel, op. cit. – *Laurendeau, M., et al.:* La Pensée Causale, Paris 1968.

[16] *Piaget, J.:* Réel, op. cit. – *Koch, M.:* Die Frage des Sinnes der Entwicklung, in: Handbuch der Psychologie, Bd. III, Göttingen 1959, S. 597. – *Metzger, W.:* Erkenntnisprozesse, op. cit.

[17] Zu Schlaf und Wachen s. *Diamond, E.:* Schlafen – wissenschaftlich, Hamburg 1970. – *Jovanovic, U. J.*, op. cit. – *Bünning, E.:* Die physiologische Uhr, Heidelberg/Berlin 1963. – *Harker, J.:* The Physiology of Diurnal Rhythmus, Cambridge 1964. – *Aschoff, J.:* Circadian Clocks, Amsterdam 1965. – On the Nature of Sleep. Ciba Foundation Symposium, London 1961. – Schlafverhalten bei Mensch und Tier, 2 Bde., Konstanz 1964 und 1965. – *Straus, E.:* Psychologie der menschlichen Welt, Heidelberg/Berlin 1960. – *Baust, W.:* Ermüdung, Schlaf, Traum, Frankfurt/M. 1971.

[18] *Diels, E.:* Die Vorsokratiker, Berlin 1960.

[19] *Jung, C. G.:* Psychologie und Alchemie, Zürich 1944. – *Eliade, M.:* Forgerons et Alchimistes, Paris 1956.

[20] *Nietzsche, F.:* Gesammelte Werke, hrsg. von K. Schlechta, München 1960.

[21] *Scheler, M.:* Die Wissensformen und die Gesellschaft, Bern 1960. – *Ders.:* Schriften zur Soziologie und Weltanschauungslehre, Bern 1963.

[22] *Gehlen, A.:* Der Mensch ,Bonn 1950. – *Ders.:* Urmensch und Spätkultur, Bonn 1964. – *Ders.:* Anthropologische Forschung, Hamburg 1963.

[23] *Freud, S.:* Ges. Werke, Bd. II, op. cit.

[24] *Jung, C. G.:* Wandlungen, op. cit.

[25] *Freud, S.:* Ges. Werke, Bd. II, op. cit.

[26] *Freud, S.:* Ges. Werke, Bd. X, London 1949. – Zur Einführung des Narzißmus s. *Fenichel, O.:* The psa. Theory of Neurosis, London 1955.

[27] S. *Bertalanffy, L. v.:* Das biologische Weltbild, op. cit. *Woltereck, R.:* Allgemeine Biologie, Stuttgart 1942. – *Goldstein, K.:* The Organism, New York 1939.

[28] *Kühnelt, W.:* Grundriß der Ökologie, Stuttgart 1970.

[29] *Portmann, A.:* Das Tier als soziales Wesen, op. cit. – S. auch Teil I, Kap. I, Anm. 3 und Kap. 2, Anm. 7.

[30] *Grzimek, B.:* Delphine helfen kranken Artgenossen, Säugetierkdl. Mitt. 5.

[31] Über das Tauschprinzip in Ethnien s. die genannten Arbeiten von *Cl. Lévi-Strauss.* – Ferner *Ders.:*Les Structures Élémentaires de la Parenté, Paris 1949. – *Mauss, M.*, und *Hubert, R.:* Le Don, in: Mauss, *M.:* Œuvres, 3 Bde., Paris 1968–70.

[32] *Seuß, W.:* Das Buch vom Geld; Freiburg 1970. – *Simmel, G.:* Philosophie des Geldes; München/Leipzig 1920. – *Desmonde, W. H.:* Magic, Myth and Money, New York 1962. – *Schacht, J.:* Die Totenmaske Gottes, Salzburg 1967.

[33] *Spitz, R.:* Die ersten Objektbeziehungen, op. cit. et al.

[34] *Kühnelt, W.: Ökologie, op. cit.* – *Milne, L. J.* und *M.:* Das Gleichgewicht in der Natur, Hamburg, Berlin 1965.

[35] Zur Anthropologie der Begegnung s. Guardini, R., und *Bollnow, O. F.:* Begegnung und Bildung, Würzburg 1953. – *Buber, M.:* Die Schriften über das dialogische Prinzip, Köln 1954 (insbes. Urdistanz und Beziehung). – *André, H.:* Annäherung durch Abstand, Salzburg 1957. – *Schulze, F.:* Der Mensch in der Begegnung, Nürnberg 1956. – *Bohnsack, F., et al.:* Das Problem der Begegnung, München 1969. – *Gerner, B.:* Begegnung ein anthropologisch-pädagogisches Grundereignis, Darmstadt 1969. – *Böckenhoff, J.:* Die Begegnungsphilosophie, ihre Geschichte, ihre Aspekte, Freiburg 1970. – *Gebsattel, V. von:* Prolegomena einer medizinischen Anthropologie, Göttingen 1954. – *Michel, E.:* Ehe. Eine Anthropologie der Geschlechtsgemeinschaft, Stuttgart 1950. – *Buytendijk, F. J. J.:* Das Menschliche, Stuttgart 1958 (.S 60ff.). – *Polak, P.:* Zum Problem der noogenen Neurose in: Handbuch der Neurosenlehre und Psychotherapie, Bd. 3, 1957, S. 667. – *Binswanger, L.:* Acta psychotherapeutica, 3. Suppl., 1955, S. 311-16. – *Frühmann, E.:* Anthropologie der Person und analytische Psychotherapie, in: Handbuch der Neurosenlehre und Psychotherapie, Bd. 3, 1957.

[36] *Merleau-Ponty, M.:* Le Visible et L'Invisible, Paris 1964.

[37] S. Teil I, Kap. II, Anm. 20.

[38] Über Gestalt und Regulationsprinzip s. *Weinhandl., F.* (Hrsg.): Gestalthaftes Sehen, Darmstadt 1967, 178–225.

[39] *Ballauf, Th.:* Das Problem des Lebendigen, Bonn 1952. – *Bavink, B.:* Ergebnisse und Probleme der Naturwissenschaften, Zürich 1954.

[40] *Hertwig, R.:* Lehrbuch der Zoologie, op. cit.

[41] Zur Affektdarstellung bei Tieren s. *Eibl-Eibesfeldt, I.*, op. cit. – *Wickler, W.*, op. cit.

[42] Zu evolutiven Hemmungen s. *Lorenz, K.:* Das sogenannte Böse, München 1965.

[43] *Zimen, E.:* Wölfe und Königspudel, op. cit.

[44] *Merleau-Ponty, M.:* Le Visible, op. cit.

[45] *Strehle, H.:* Mienen, Gesten und Gebärden, München 1954. – *Guilhot, J.:* La Dynamique de l'Expression et de la Communication, Paris 1962.

[46] *Köhler, W.:* The Place of Value, op. cit.

[47] Kritik des Ordnungsbegriffs der Gestalttheorie bei *Straus, E.:* Vom Sinn der Sinne, op. cit.

[48] Zum Problem des Isomorphismus s. Teil I, Kap. III, Anm. 2.

[49] *Guggisberg, C. A. W.:* Erdgeschichte, op. cit.

[50] *Pfahler, A.:* Der Mensch und seine Vergangenheit, Stuttgart 1950.

[51] Zur Überlieferung in staatl. Traditionen s. *Weber, M.:* Wirtschaft und Gesellschaft, op. cit. – *Mayer-Tasch, P. C.:* Autonomie und Autorität, Neuwied 1968. – *Mannheim, K.:* Mensch und Gesellschaft, op. cit. – *Ogburn, W. F.:* Kultur und sozialer Wandel, op. cit. – *Fortes, M.*, und *Evans-Pritchard, E. E.:* African Political Systems, London 1969. – *Firth, R., et al.:* Institutionen in primitiven Gesellschaften, op. cit. – *Segerstedt, T. T.:* Gesellschaftliche Herrschaft als soziologisches Konzept, Neuweid 1967.

[52] Zur Vermittlung von Gewohnheiten s. *Corell, W.:* Pädagogische Verhaltenspsychologie, München 1965. – *Funke, G.:* Gewohnheit, Bonn 1962.

[53] *Barth, P.:* Erziehung, op. cit.

[54] S. *Toynbee, A. J.:* Study of History, op. cit.; s. dort auch zu Überlagerungstheorien.

[55] Der Klassenkampf als Motor der Geschichte (Konflikt) ist für die marxistische Geschichtsauffassung kennzeichnend. Zusammenfassung bei *Fetscher, I.:* Der Marxismus, 3 Bde., München 1965.

[56] *Altheim, F.:* Niedergang der Alten Welt, Frankfurt/M. 1952.

[57] *Haller, J.:* Geschichte des Papsttums, 3 Bde., Hamburg 1965.

[58] *Mommsen, Th.:* Römisches Strafrecht, Berlin 1899. – *Hoebel, A.E.:* The law of primitive Man, Harvard 1967. – *Seagle, W.:* Weltgeschichte des Rechts, München 1958. – *Weber, M.:* Rechtssoziologie, Neuwied 1960.

[59] *Friedländer, L.:* Sittengeschichte Roms, op. cit.

[60] *Feldhaus, F.M.:* Die Technik der Antike und des Mittelalters, Potsdam 1931.

[61] *Buytendijk, F.J.J.:* Allgemeine Theorie, op. cit. – *Schrenk, M.:* Entwicklungsstufen der aufrechten Haltung, Nervenarzt 31 (4), 1960. – *Straus, E.:* Psychologie der menschlichen Welt, op. cit.

[62] Zusammenfassung des Realitätsbegriffs von *Freud* bei *Rapaport, D.:* Die Struktur der psa. Theorie, Stuttgart o. J. – *Wyss, D.:* Die tiefenpsychologischen Schulen, 4. Aufl., Göttingen, 1972.

[63] Zum Konflikt s. Teil II, Kap. I.

[64] *Lückert, H. R.:* Konflikt-Psychologie, München 1957. – *Aeppli, H.:* Lebenskonflikte, Zürich 1942. – *Guthrie, E.R.:* The Psychology of Human Conflict, New York 1938. – *Horney, K.:* Our Inner Conflicts, New York 1952. – *Kraus, St.:* Der seelische Konflikt, Stuttgart 1933. – *Thomae, H.:* Der Mensch in der Entscheidung, Bonn 1960. – *Sherman, M.:* Mental Conflicts and Personality, Greenwich 1938. – *Pongratz, L.J.:* Psychologie menschlicher Konflikte, Göttingen 1961. – *Kalmar, J.:* Anti-Pensée et Monde des Conflicts, Neuchâtel 1967. – *Swingle, P.:* The Structure of Conflict (Social Psychology), New York 1970. – *Brückner, P.:* Konflikt und Konfliktschicksal, Bern 1963.

[65] *Cloudsley-Thompson, J.L.:* Animal Conflict and Adaption, op. cit. – *Hinde, R.A.:* Animal Behaviour, London 1970. – *Thorpe, W.:* Learning und Instinct in Animals, op. cit.

[66] *Bastock, M.:* Courtship, op. cit.

[67] S. Anm. 65.

[68] *Schwanitz, F.:* Entstehung und Evolution der Kulturpflanzen, München 1967.

[69] S. Teil I, Kap. III, Anm. 31.

[70] *Webster, H.:* Taboo, California 1942.

[71] *Thurnwald, R.:* Die menschliche Gesellschaft in ihren ethno-soziologischen Grundlagen, Berlin/Leipzig 1931. – *Malinowski, B.:* The Dynamics of Culture Change, New Haven/London 1961. – *Boas, F.:* The Mind of Primitive Man, op. cit.

[72] S. Teil I, Kap. III, Anm. 27. – *Chauchard, P.:* Biologie, op. cit. – *Rotschuh, K.E.:* Theorie des Organismus, op. cit.

[73] *Guggisberg, C.A.W.:* Erdgeschichte, op. cit.

[74] S. Teil I, Kap. III, Anm. 31, insbes. *Mauss, M.*, op. cit.

[75] Zur Definition des Antilogischen s. *Weizsäcker, V.v.:* Anonyma, Bern 1946.

[76] S. *Hertwig, R.:* Lehrbuch der Zoologie, op. cit.

[77] *Bernard, Cl.:* Leçons sur les Phénomènes de la Vie Communs aux Animaux et aux Vegetaux, Paris 1966. – *Pictet, A.:* Les Equilibres Naturels de Vie, Brüssel 1938. – *Milne, L.J.:* Das Gleichgewicht, op. cit. – *Kühnelt, W.:* Grundriß der Ökologie, op. cit. – *Menninger, K.:* Das Leben als Balance, München 1968.

[78] Hierzu und zum Folgenden s. Zusammenfassung und Literatur bei *Wyss, D.:* Die tiefenpsychologischen Schulen, op. cit.

[79] Hierzu und zum Folgenden s. *Jung, C.G.:* Wandlungen, op. cit. – *Ders.:* Das Ich und seine Beziehung zum Unbewußten, Darmstadt 1928. – Ferner: *Jacobi, J.:* Komplex, Archetypus, Symbol, Zürich 1957. – *Jung, C.G.:* Von den Wurzeln des Bewußtseins, 3 Bde, Zürich 1954. – *Ders.:* Symbolik des Geistes, Zürich 1948.

[80] Zu Bewußtseinstrübungen s. Teil. II.

[81] *Metzger, W.:* Erkenntnisprozesse, op. cit. – *Thomae, H.:* Entwicklungspsychologie der Motivation, in: Handbuch der Psychologie, Bd. 3, op. cit. – *Carmichael, L.:* Child Psychology, op. cit. „volition", S. 820–822. – *Arnold, W.:* Person, Charakter, Persönlichkeit, Göttingen 1969, S. 148.

[82] *Schaltenbrand, G.:* Allgemeine Neurologie, Stuttgart 1968.

[83] S. *Klages, L.:* Geist als Widersacher, Bd. 1 und 2, op. cit. – *Jung, C. G.:* Wandlungen, op. cit. – *Durand, G.:* L'Imagination Symbolique, op. cit. – *Ders.:* Structures, op. cit. – *Bachelard, G.:* La Poétique de la Rêverie, Paris 1963. – *Ders.:* L'Eau, op. cit. – *Ders.:* La Terre, op. cit. – *Ders.:* L'Air, op. cit.

[84] Handbuch der Neurosenlehre und Psychotherapie, Bd. 2, München 1959, S. 553.

[85] *Adorno, Th. W.:* Negative Dialektik, Frankfurt/M. 1968.

[86] S. Teil I, Kap. I. Anm. 36.

[87] *Straus, E.:* Vom Sinn der Sinne, op. cit.

[88] *Klages, L.:* Geist als Widersacher, Bd. I, op. cit.

[89] *Kattsoff, L.:* Physical Science and Physical Reality, Den Haag 1957.

[90] *Berg, H.:* Atmosphäre und Wetter, Stuttgart 1953.

[91] S. *Heberer, G.:* Ursprung des Menschen, op. cit. – *Lasker, G.:* Human Evolution, op. cit. – *Portmann, A.:* Vom Ursprung des Menschen, op. cit. – *Gehlen, A.:* Der Mensch, op. cit.

[92] S. *Burckhardt, J.:* Kultur der Renaissance in Italien, Köln o. J. – *Vasari, G.:* Künstler der Renaissance, Wiesbaden o. J. – *Dürer, A.:* Vier Bücher über menschliche Proportionen, Zürich 1969.

[93] *Montagu, A. M. F.:* An Introduction to Physical Anthropology, Springfield 1960.

[94] *Straus, E.*, in: Psychologie der menschlichen Welt, op. cit. – *Schrenk, M.:* Entwicklungsstufen, op. cit.

[95] *Kassner, R.:* Von den Elementen menschlicher Größe, Wiesbaden o. J. – *Ders.:* Physiognomik, Wiesbaden 1951. – *Popitz, Fr.:* Die Symbolik des menschlichen Leibes, Stuttgart 1956. – *Kepler, J.:* Weltharmonik, Darmstadt 1970. – *Cassirer, E.:* Individuum und Kosmos in der Philosophie der Renaissance, Darmstadt 1969. – *Euklid:* Die Elemente, Darmstadt 1962. – *Lie, S.:* Über die Grundlagen der Geometrie, Darmstadt 1967. – *Dürer, A.*, op. cit. – *Reidemeister, K.:* Das exakte Denken der Griechen, Darmstadt 1970.

[96] *Leroy-Gourhan, A.:* Le Geste et la Parole, 2 Bde., Paris 1965. – *Harrer, H.:* Ich komme aus der Steinzeit, Berlin 1963.

[97] Handbuch der Gesamten Arbeitsmedizin, Bd. I: Arbeitsphysiologie, hrsg. von *G. Lehmann*, München 1961. – *Wewetzer, K.:* Das hirngeschädigte Kind, op. cit.

[98] *Birkmeyer, W.:* Hirnverletzungen, Wien 1951. – *Christian, P.*, und *Derwort, A.:* Vom Wertbewußtsein im Tun. Zur Psychophysik der handwerklichen Bewegungen bei Gesunden und Hirngeschädigten, Stuttgart 1948.

[99] *Hess, W. R.:* Die Motorik als Organisationsproblem, Biol. Zbl. 61, 1941, S. 546. Ferner *Walcher, D.*, und *Peters, D.:* Early Childhood, op. cit.

[100] Definition des „Gestells" bei *Heidegger, M.:* Vorträge und Aufsätze, Pfullingen 1954.

Kapitel IV: Innen und Außen

[1] *Spiegelberg, H.:* The Phenomenological Movement, Den Haag 1965.

[2] *James, W.:* The Varieties of Religious Experience, London 1960. – Zusammenfassung ferner bei *van der Leeuw, G.:* Phänomenologie der Religion, op. cit., und *Binswanger, L.:* Grundformen und Erkenntnis, op. cit.

[3] *Descartes, R.*, op. cit.

[4] *Kronenberg, M.:* Geschichte des deutschen Idealismus, München 1909.

[5] *Husserl, E.:* Cartesianische Meditationen, op. cit.

[6] *Jung, C. G.:* Von den Wurzeln des Bewußtseins, op. cit.

[7] *Bergson, H.:* L'Evolution Créatrice, op. cit. – *Ders.:* Matière et Memoire, Paris 1960.

[8] *Merleau-Ponty, M.:* Phénoménologie de la Perception, op. cit. – *Weinhandl, F.:* Gestalthaftes Sehen, op. cit.

[9] Zur Erscheinungsweise des Heros s. *van der Leeuw, G.:* Phänomenologie der Religion, op. cit. – *Eliade, M.:* Traité d'Histoire des Religions, op. cit. – *Scharer, R.:* Le Héros, le Sage et l'Évènement, Paris 1964. – *Frazer, J. G.:* The Mystical Origin of Kings, London 1968. – *Breysig, K.:* Die Entstehung des Gottesgedankens und der Heilbringer, Berlin 1905. – *Ehrenreich, P.:* Götter und Heilbringer, Zs. f. Ethn. 38, 1906. – *Frankfort, H.:* Kingship and the Gods, Chicago 1948.

[10] S. Anm. 8.

[11] *Schneider, M.:* Einführung in die Physiologie des Menschen, 16. Aufl. Berlin/Heidelberg 1971.

[12] Zur Eigenaktivität der Sinnesorgane s. die in den vorausgegangenen Abschnitten angegebenen gestaltpsychologischen Untersuchungen, ferner *Straus, E.:* Vom Sinn der Sinne, op. cit. (Hinweis auf *J. v. Müllers* Theorie der spezifischen Energie der Sinnesorgane und die physio-psychologischen Theorien, die Wahrnehmung als nervöse Eigenerregung hypostasieren).

[13] *Freud, S.:* Ges. Werke, Bd. II, op. cit. – Ferner *Wells, H. K.:* Pavlov and Freud, London 1960.

[14] Darstellung und Kritik der mechanistischen Wahrnehmungstheorien bei *Reenpää, Y.:* Allgemeine Sinnesphysiologie, Frankfurt/M. 1962. – *Ders.:* Wahrnehmen, Beobachten, Konstituieren, Frankfurt/M. 1967.

[15] *Robinson, R. J.* (Hrsg.): Brain und Early Behaviour, London 1969. – *Elliott, H. Ch.:* The Shape of Intelligence, London 1970.

[16] S. *Klages, L.:* Die Sprache als Quell der Seelenkunde, Zürich 1948.

[17] S. bei *Wellek, A.:* Das Problem des seelischen Seins, op. cit.

[18] *Pfänder, A.:* Phänomenologie des Willens, München 1963. – *Ricoeur, P.:* Le Volontaire et l'Involontaire, 3 Bde., Paris o. J.

[19] *Heidegger, M.:*Erläuterungen zu Höderlins Dichtung, Frankfurt 1963.

[20] *Lévi-Strauss, Cl.:* La Pensée Sauvage, op. cit. – *Moscovici, S.:* Essai sur l'Histoire Humaine de la Nature, Paris 1968.

[21] *Wewetzer, K. K.:* Das hirngeschädigte Kind, op. cit. – *Harbauer, H., et al.:* Lehrbuch der speziellen Kinder- und Jugendpsychiatrie, Heidelberg/Berlin 1971. – *Lempp., R.:* Frühkindliche Hirnschädigung und Neurose, Bern 1964.

[22] *Spiegelberg, H.:* The Phenomenological Movement, op. cit.

[23] Zur Anthropologie des Selbstverständnisses, des Verstehens und der Sprache s. *Munz, H.:* Relationship and Solitude, London 1964. – *Maine de Biran:* Journal Intime, Ed. Plon, Paris o. J. – *Ders.:* Œuvres Choisies, Paris 1942. – *Mounier, E.:* Traité du Caractère, Paris 1947. – *Marcel, G.:* Etre et Avoir, Paris 1934. – *Ders.:* Le Mystère de l'Etre, Paris 1968. – *Sullivan, H. S.:* The Interpersonal Theory of Psychiatry, New York 1953. – *Chastaing, M.:* L'Existence d'Autrui, Paris 1951. – *Bachelard, G.:* Essai sur la Connaissance Approchée, Paris 1970. – *Merleau-Ponty, M.:* Phénoménologie de la Perception, op. cit. – *Calame-Griaule, G.:* Ethnologie et Language, Paris 1965. – *Derrida, J.:* L'Ecriture et la Différence, Paris 1967. – *Ders.:* De la Grammatologie, Paris 1967. – *Whorf, B. L.:* Sprache, Denken, Wirklichkeit, Reinbek 1963. – *Schmidt, S.:* Sprache und Denken als sprachphilosophisches Problem von Locke bis Wittgenstein, Den Haag, 1968. – *Wygotski, L. S.:* Denken und Sprechen, Stuttgart 1969.

[24] Zum Problem introspektiver Bilderschau s. die fundamentalen Untersuchungen von *E. R. Jaensch;* ferner *Jaensch, E. R.:* Studien zur psychologischen Ästhetik, Langensalza 1929. – Zusammenfassende Übersicht bei *Leuner, H.:* Die experimentelle Psychose, Berlin/Heidelberg 1962. – *Ders.:* Experimentell katathymes Bilderleben, Zt. psychother. u. med. Psych. 5, 1955. – *Brüne, W.:* Eidetische Phänomene und ihre willkürliche Beeinflußbarkeit, Düsseldorf 1956. – *Richardson, A.:* Mental Imagery, London 1969. – *Desoille, R.:* Marie-Clotilde, Paris 1971. – *Huxley, A.:* The Doors of Perception, London 1954. – *Ders.:* Hell and Heaven, London 1955. – S. auch Teil II.

[25] *Bollnow, O. F.:* Mensch und Raum, op. cit. – *Claesges, U.:* E. Husserls Theorie der Raumkonstitution, Den Haag 1964.

[26] *Sartre, J. P.:* L'Être et le Néant, Paris 1945.

[27] Zur Introspektion, Meditation und Mystik s. *van der Leeuw, G.,* op. cit. – *Kunz, H.:* Phantasie, op. cit. – *Jung, C. G.,* op. cit. – *Eliade, M.,* op. cit. – Außerdem die Untersuchungen von *K. v. Dürckheim* über den Zen-Buddhismus sowie *Suzuki, D. T.:* Leben aus Zen, München 1955. – Ferner die aus dem indischen Raum stammenden Anregungen von *ramakrishna, Krishna Murti* und *Vivekananda.* Zum „Herzstillstand", psychologischen Tod s. *Husemann, F.:* Vom Sinn und Bild des Todes, Dresden 1938 (Beispiele).

[28] *Haider, M.:* Ermüdung, Beanspruchung, Leistung, Wien 1962. – *Schmidtke, H.:* Die Ermüdung, Bern/Stuttgart 1965.

[29] *Scholibo, Th.:* Probleme der Pharmakopsychiatrie, Stuttgart 1966. – *Kranz, H.:* Pharmakopsychiatrie und Psychopathologie, Stuttgart 1967.

[30] S. Anm. 28.

[31] Zum Problem des Stress s. *Cannon, W. B.:* Bodily Changes in Pain, Hunger, Fear and Rage, New York 1929. – *Engel, G.:* Psychological Development in Health and Desease, Philadelphia 1962. – *Dunbar, F.:* Emotions and Bodily Changes, New York 1938. – *Grinker, R.,* und *Spiegel, J. P.:* Men under Stress, New York 1945. – *Janis, I. L.:* Psychological Stress, New York 1958. – *Lacerus, R. S.:* Psychological Stress and the Coping Process, New York 1966/67. – *Levi, L.:* Psychological and Physiological Reaction and Stress, Stockholm 1967. – *Langner, Th. S.:* Life, Stress and Mental Health, London 1963. – *Rutt, G. E.:* Psychological and Psychophysiological Indices of Stress, in: *Burns, N., et al.* (Ed.): Unusual Environments and Human Behavior, New York 1963. – *Selye, H.:* The Physiology and Pathology of Exposure in Stress, Montreal 1950. – *Ders.:* The Stress of Life, New York 1956. – *Wolff, H. G.:* Life-Stress and Bodily Disease, New York 1960. – *McGrath, J. M.:* Social and Psychological Factors in Stress, New York 1970.

[32] *Weininger, O.:* Bewußtsein als Verhängnis, Leipzig/Wien 1922.

[33] In grundsätzlich anderer Weise wird der Begriff des Aperspektivischen von *J. Gebser* verwandt (Ursprung und Gegenwart, Stuttgart 1966). – Vgl. auch das Labyrinthische und seine Symbolik bei *Jung, C. G.:* Wandlungen, op. cit., und *Kerényi, K.:* Labyrinthstudien, Zürich 1950.

[34] *Foppa, K.:* Lernen, Gedächtnis, Verhalten, Köln 1965. – *Graumann, C. F.* (Hrsg.): Denken, Köln 1969. – S. auch Handbuch der Psychologie, Göttingen 1965.

[35] *Brand, G.:* Die Lebenswelt, Berlin 1970.

[36] Eine Zusammenstellung der behavioristischen, psychoanalytischen, tierpsychologischen und personalistischen Triebtheorien findet sich in *Wyss, D.:* Strukturen der Moral, op. cit. – Ferner bei *Klages, W.:* Der menschliche Antrieb, Stuttgart 1967.

[37] *Nippold, W.:* Die Anfänge des Eigentums bei den Naturvölkern, s'Gravenhagen 1954.

[38] Zur Theorie der Empathie (Einfühlen) s. *Stein, E.*, op. cit. – *Bergson, H.*, op. cit. – *Hesnard, A.*, op. cit. – *Scheler, M.*, op. cit. (Sympathie).

[39] Zur Beziehung Bild/Antrieb s. *Kunz, H.:* Phantasie, op. cit. – *Klages, L.:* Geist als Widersacher, op. cit., Bd. 1. – *Lersch, Ph.:* Der Aufbau der Person, München 1964.

[40] Zu Triebklassifizierungen s. *Klages, W.:* Der menschliche Antrieb, op. cit. – *Lorenz, K.*, und *Leyhausen, P.:* Antriebe tierischen und menschlichen Verhaltens, München 1968.

[41] *Lorenz, K.:* Verhaltenslehre, Bd. I, op. cit.

[42] S. zu den personalistischen Triebkonzeptionen (*M. Scheler, Ph. Lersch, E. Mounier, McDougall* u. a.) die Zusammenfassung bei *Wyss, D.:* Strukturen, op. cit., insbesondere *Rothacker, E.:* Die Schichten der Persönlichkeit, Bonn 1948.

[43] *Scheler, M.:* Wesen und Formen der Sympathie, op. cit.

[44] Destruktuion und Identität hat die Psychoanalyse, Freuds Anregungen folgend, mit dem Begriff des Oralen verbunden. S. *Abraham, K.:* Clinical Papers and Essays on Psychoanalysis, London 1955. – Ferner *Fenichel, O.:* Problems of Psychoanalytic Technique, New York 1961. – *Glover, E.:* On the Early Development, op. cit.

[45] Zum Problem des Willens s. *Pfänder, A.*, op. cit. – *Ricoeur, P.*, op. cit. – Ferner *Kirchhoff, R.:* Zur Phänomenologie des Wollens, 21. Kongress der Deutschen Gesellschaft für Psychiatrie, Göttingen 1958. – *Lindworsky, J.:* Der Wille, Leipzig 1923. – *Kunz, H.:* Phantasie, op. cit.

[46] *De Vere, I.:* Primate Behaviour, op. cit.

[47] *Christoffel, H.:* Trieb und Kultur, Basel 1954. – *McClelland, D. C.:* Motivation und Kultur, Bern 1967.

[49] Zur Phänomenologie des Fühlens und Gefühls s. *Strasser, S.:* Das Gemüt, Freiburg 1956. – *Keilhacker, M.:* Entwicklung und Aufbau der menschlichen Gefühle, Regensburg 1950. – *Krueger, F.:* Das Wesen der Gefühle, Arch. ges. Psych. 65, 1928. – *Wellek, A.:* Das Problem des seelischen Seins, Zs. angew. Psych. u. Charakterkunde 61, 1941. – *Lersch, Ph.:* Der Aufbau der Person, op. cit. – *Bollnow, O. F.:* Das Wesen der Stimmungen, op. cit.

[50] Zur Phänomenologie des Erlebens s. *Conrad, Th.:* Zur Wesenslehre des psychischen Lebens und Erlebens, Den Haag 1968. – *Scheidt, W.:* Die Entstehung der menschlichen Erlebnisse, München 1962.

[51] Zur Theorie der Affekte s. *Jaspers, K.:* Allgemeine Psychopathologie, Heidelberg/Berlin 1946. – *Löwenstein, R., et al.:* Drives, Affects, Behavior, New York 1953. – *Greenacre, Ph.:* Affective Disorders, New York 1953. – *Schachtel, E.:* Metamorphosis, op. cit. – *Murray, H. H.:* Personality, Nature and Environment, New York 1948. – *Allport, G. W.:* Gestalt und Wachstum in der Persönlichkeit, op. cit. – *Dumas, G.:* La Vie Affective, Paris 1948. – *Schur, M.:* Drives, Affects, Behavior, 2 Bde, New York 1965.

[52] S. oben Anm. 38.

[53] *Paulcke, W.:* Die Ur-Anfänge der Bildschrift in der Alt-Steinzeit; Stuttgart 1923. – *Klages, L.:* Die Sprache als Quell der Seelenkunde, Zürich 1948.

[54] S. *Lévi-Bruhl, L.:* Mentalité, op. cit.

Kapitel V: Die antilogische Grundverfassung des Subjektes

[1] Zur Definition von Denken s. auch *Graumann, C. F.:* Denken, op. cit. – Zur Definition von Willen, Antrieb, Motivation s. Handbuch der Psychologie, Bd. 2, 2, Göttingen 1965.

[2] Zur fundamentalen Kritik des Behaviorismus s. *Merleau-Ponty, M.:* La Structure du Comportement, Paris 1953. – *Straus, E.:* Vom Sinn der Sinne, op. cit.

[3] *Heraklit:* Fragmente, übers. v. G. Burckhardt, Wiesbaden o. J.

[4] Zu primärer Enttäuschung, Identitätsverlust s. *McDevitt, J. B.*, und *Settlage, C. F.* (Ed.): Separation-Individuation (M. S. Mahler), New York (U. I. P.).

[5] Zur Problematik der Trennung und Spaltung, des primären Identitäts- und Vertrauensverlusts s. ferner: *Klein, M.:* Die Psychoanalyse des Kindes, op. cit. – *Dies.:* Collected Papers, op. cit. – *Neumann, E.:* Ursprungsgeschichte des Bewußtseins, Zürich 1949. – *Spitz, R.:* The First Year of Life, op. cit.

[6] Zu Trennung und Erleben des Bösen s. *Durand, G.*, op. cit. – *Cassirer, E.*, op. cit. – *Neumann, E.*, op. cit.

[7] S. Anm. 5, 6, und 8.

[8] S. Teil I, Kap. II, Anm. 82. – *Rank, O.:* Das Trauma der Geburt, Wien 1924. – *Ders.:* Will Therapy, Truth and Reality, New York 1945.

[9] S. *Remane, A.:* Das soziale Leben der Tiere, op. cit. – *Burton, M.:* Die Kindheit der Tiere, op. cit. – *Gräser, L.:* Familie in Tieren, München 1957.

[10] *Durand, G.*, op. cit. – *Neumann, E.*, op. cit.

[11] *Spitz, R.:* Nein und Ja, op. cit. – *Brackbill, Y.:* Research in Infant Behavior, Baltimore 1965.

[12] S. Teil I, Kap. I, Anm. 37–38.

[13] S. Teil I, Kap. III, Anm. 62.

[14] S. Teil I, Kap. I, Anm. 37.

[15] S. Teil I, Kap. III, Anm. 64.

[16] S. Teil I, Kap. II, Anm. 83.

[17] *Palas, R.:* Die Frustration in persönlichkeitspsychologischer Bedeutung, Helsinki 1954. – *Dollard, J., et al.:* Frustration und Aggression, op. cit. – *Sears, R. S., et al.:* Frustration und Aggression, Weinheim 1970. – *Rosenzweig, S.:* An Outline of Frustration Theory, in: *Hunt, J. M.:* Personality Disorders, New York 1944.

[18] *Harbauer, H., et al.:* Lehrbuch der speziellen Kinder- und Jugendpsychiatrie, op. cit., S. 242ff. – *Bay, F.:* Sprache und Denken, Dt. Med. Wochenschr. 87, 1962. – *Panse, F.:* Sprache als Bewegung, Arch. Psychiatrie u. Neurol. 185, 1950. – *Goldstein, K.:* Language and Language Disturbance, New York 1960. – S. auch Teil I, Kap. II, Anm. 13.

[19] *Mackensen, G.:* Die Psychomotorik blinder Kinder, Stuttgart 1956. – Ferner *Appenzeller, H.:* Einblicke in die Welt des Blinden, Zürich 1951. – *Steinberg, W.:* Vom Innenleben blinder Menschen, München 1955. – *Schumann, H. J. v.:* Räume der Blinden, Basel 1959. – *Frohn, W.:* Untersuchungen über das Denken der Taubstummen, Arch. ges. Psychol. 55, 1926.

[20] S. Teil I, Kap. II, Anm. 83.

[21] Zum Begriff der Ikonoklasten, d. h. „Bilderstürmer“, s. *Durand, G.:* Imagination, op. cit.

[22] S. Teil I, Kap. II, Anm. 34.

[23] *Schultz-Hencke, H.:* Der gehemmte Mensch, Stuttgart 1940. – *Ders.:* Lehrbuch der analytischen Psychotherapie, Stuttgart 1951.

[24] S. *Abraham, K.:* Collected Papers, op. cit. – *Glover, E.:* On the Early Development, op. cit.

[25] S. Teil I, Kap. III, Anm. 7.

[26] S. Teil I, Kap. IV, Anm. 9. – *Driver, H. E.:* Indians of North America, op. cit. – *Eggan, F.:* The American Indian, London 1966.

[27] *Briffault, R.:* The Mothers, London 1959. – *Dieterich, A.:* Mutter Erde, Berlin 1925. – *Pestalozza, U.:* L'aratro e la donna nel mondo religioso mediterraneo, Rendiconti 76, 1942–43.

[28]S. Teil I, Kap. IV, Anm. 9.

[29] S. *Wyss, D.:* Marx und Freud, Göttingen 1969.

[30] *Jäger, G. W.:* Die Theologie der frühen Griechen, Berlin 1953.

[31]S. Teil I, Kap. 2, Anm. 82.

[32] *Manual, Fr. E.:* Wunschtraum und Experiment, Freiburg 1970. – *Neusüss, A.* (Hrsg.): Utopie – Begriff und Phänomen, Neuwied 1968.

[33] Zur Soziologie und Anthropologie der Normen s. Teil I, Kap. I, Anm. 24, 25, 30 und 59. – Ferner *Mead, G. H.:* Mind, Self and Society, Chicago 1934. – *Gehlen, A.:* Urmensch und Spätkultur, op. cit. – *Huizinga, J.:* Homo ludens, Hamburg 1956. – *Sherif, M.:* Psychology of Social Norms, New York 1966.

[34] *Maihofer, W.:* Vom Sinn menschlicher Ordnung, Frankfurt/M. 1950. – Hobhouse, T.: Morals in Evolution, London 1951. – *Durkheim, E.:* Les Formes Elèmentaier de la Vie Religieuse, Paris 1925. – *Bergson, H.:* Les Deux Sources de la Morale et de la Religion, Paris 1951. – *Laszlo, E.:* Essential Society, Den Haag 1963. – *Ders.:* Individualism, Collectivism and political power, Den Haag 1963. – *Whitehead, A. N.:* Religion in the Making, New York 1926. – *Spiegelberg, H.:* Gesetz und Sittengesetz, Zürich 1935. – *Reinach, A.:* Die apriorischen Grundlagen des bürgerlichen Rechts, in: Gesammelte Schriften, Halle 1921. – Zusammenfassende Literatur s. *Wyss, D.:* Strukturen, op. cit.

[35] S. Teil I, Kap. I, Anm. 24, 59, 62. – *Radin, P.:* Gott und Mensch in der primitiven Welt, Zürich 1953.

[36] S. Teil I, Kap. II, Anm. 31.

[37] Zum Verhältnis von Wollen und Norm s. *Wyss, D.:* Strukturen, op. cit.

[38] *Piaget, J.:* Construction du Réel, op. cit.

[39]S. oben Anm. 32.

[40] Zur Phänomenologie des Gewissens s. *Wyss, D.:* Strukturen, op. cit. – Ferner *Stocker, H.:* Das Gewissen, Bonn 1925. – *Jung, C. G.* in: Das Gewissen, Zürich 1954. – Das Gewissen als Problem, Hrsg. v. *Petrilowitsch, N.*, Darmstadt 1966. – *Scholl, R.:* Das Gewissen des Kindes, Stuttgart 1956. – *Benda, Cl.:* Gewissen und Schuld, Stuttgart 1970. – *Jankelevitch, V.:* La mauvaise Conscience, Paris 1966.

[41] *Homer:* Ilias: Zeus legt Hektors Schicksal auf die Waage.

[42] Zur Axiologie, insbes. *M. Scheler, N. Hartmann* u. a. Lit. s. b. *Wyss, D.:* Strukturen, op. cit., S. 97ff.

[43] Zum Problem des Maßerlebens und Messens s. *Wyss, D.:* Strukturen, op. cit.

[44] Zum gelebten Raum s. *Binswanger, L.:* Grundformen, op. cit. – *Bergson, H.:* L'Evolution, op. cit. – *Merleau-Ponty, M.:* Perception, op. cit. – S. auch Teil I, Kap. II, Anm. 31.

[45] Zum Problem der Vorbilder und Tugenden s. *Wyss, D.:* Strukturen, Kap. IV und Literaturangaben.

[46] S. *van der Leeuw, G.:* Religion, op. cit. – *Dawson, Ch.:* Die Religion im Aufbau der abendländischen Kultur, Düsseldorf 1953.

[47] *Sweezy, P. M.:* Der Sozialismus, München 1970. – *Laidler, H. W.:* History of Socialism, London 1968.

[48] Zur Literatur des „Über-Ich" s. *Fenichel, O.:* Psychoanalytic Theory of Neurosis, op. cit. – *Nunberg, H.:* Allgemeine Neurosenlehre, Bern 1932.

Kapitel VI: Die Selbstbewegung des Innen

[1] Zu Herbart S. Wyss, D.: Schulen, op. cit., 3. Aufl., S. 44.

[2] *Freud, S.:* Ges. Werke, Bd. I, London 1952.

[3] S. oben Anm. 1.

[4] S. auch *Dorer, M.:* Historische Grundlagen der Psychoanalyse, Leipzig 1932. – *Bernfeld, S.:* Freuds Earliest Theories and the School of *Helmholtz,* Psa. Quart. XIII (3), 1944.

[5] Zusammenfassung s. *Straus, E.:* Vom Sinn der Sinne, op. cit.

[6] S. Teil I, Kap. IV, Anm. 51.

[7] S. *Bergson, H.,* op. cit. – *Klages, L.,* op. cit. – *Durand, G.,* op. cit. – *Bachelard, G.,* op. cit.

[8] S. *Klages, L.:* Sprache als Urquell, op. cit.

[9] Zusammenfassung und Literatur bei *Wyss, D.:* Schulen, op. cit.

[10] S. Teil I, Kap. I, Anm. 44–47.

[11] *Kunz, H.:* Phantasie, op. cit.

[12] S. Teil I, Kap. II, Anm. 101.

[13] *Alsen, V.:* Euphorie, Heidelberg 1960.

[14] *Freud, S.:* Das Ich und das Es, in: Ges. Werke, Bd. XIII, London 1955.

[15] *Freud, A.:* Das Ich und die Abwehrmechanismen, London 1950. – Ferner s. *Hartmann, H.:* Essays on Ego Psychology, London 1964.

[16] *Freud, S.:* Jenseits des Lustprinzips, Ges. Werke, Bd. XIII, London 1955.

[17] Von einem „archaischen“ Über-Ich spricht *de Boor, Cl.* in: Zur Psychosomatik der Allergie, insbesondere des Asthma bronchiale, Stuttgart 1965.

[18] *Fenichel, O.:* Theory, op. cit.

[19] *Freud, S.:* Das Ich und das Es, op. cit.

[20] *Hartmann, H.,* op. cit. – Ferner *Göppert, H.:* Das Ich, München 1960.

[21] Zusammenfassung s. *Wyss, D.:* Schulen, op. cit.

[22] S. oben Anm. 19 und 20.

[23] Über die von Freud abweichenden Grundsätze der Neoanalyse s. *Wyss, D.:* Schulen, op. cit.

[24] Die Abhängigkeit der Instanztheorie *Freuds* von den anatomischen Vorstellungen *Meynerts,* s. *Dorer, M.:* Historische Grundlagen, op. cit.

[25] *Freud, S.:* Das Ich und das Es, op. cit.

[26] *Hartmann, H.:* Ich-Psychologie und Anpassungsproblem, Stuttgart 1960 und oben Anm. 20.

[27] Zur Psychologie der Einstellung s. *Allport, C. W.:* Attitude, in: Handbook of Social Psychology, ed. Murchison, New York 1967. – *Edwards, A. L.:* Techniques of Attitude Scale Construction, New York 1957. – *Graumann, C. F.:* Die Dynamik von Interessen, Wertungen und Einstellungen, in: Handbuch der Psychologie, Bd. 2, Göttingen 1965. – *Rosenberg, M. J., et al.:* Attitude Organization and Change, London 1966. – *Roth, E.:* Einstellung als Determination individuellen Verhaltens, Göttingen, 1967.

[28] *Zutt, J.:* Die innere Haltung, in: Auf dem Wege zu einer anthropologischen Psychiatrie, Berlin/Heidelberg 1963.

[29] *Hume, D.:* Untersuchungen über die Prinzipien der Moral, Hamburg 1962.

[30] Über die Beziehung zwischen Zeit und Verantwortung s. *Wyss, D.:* Strukturen, op. cit., Kap. I und II.

[31] Zusammenfassende Literatur über das Unbewußte und dessen Entwicklung in den psa. Schulen s. *Wyss, D.:* Schulen, op. cit. – Ferner: *Mac Intyre, A.:* Das Unbewußte, Frankfurt/M. 1968. – *Kanzer, M. (Ed.):* The Unconscious Today, New York (I. U. P.). – *Schur, M.:* The Id and the Regulatory Principles of Mental Functioning, 2 Bde., New York 1967. – *Jung, C. G.:* Das Ich und das Unbewußte, Darmstadt 1928. – *Ricoeur, P.:* L'Inconscient, Paris 1966.

[32] Zum Problem der Wissenschaftlichkeit der Psychoanalyse s. *Jaspers, K.:* Allgemeine Psychopathologie, op. cit. – Ferner *Binswanger, L.:* Ausgewählte Vorträge und Aufsätze, op. cit. – *Wyss, D.:* Schulen, op. cit.

[33] S. *Kisker, K.P.:* Dialogik der Verrücktheit, op. cit. – *Kalmar, J.:* Anti-Pensée, op. cit.

[34] *Bachelard, G.:* La Dialectique de la Durée, Paris 1964. – Ferner *Wyss, D.:* Strukturen, op. cit., Kap. I.

[35] *Haeuptner, G.:* Über die Zeitkonserve und das Problem des Revenant, Psyche 3, 1950, S. 34.

[36] *Haeuptner, G.:* The Freudian Wich.

[37] Zur zeitlichen Struktur des Lebens s. vor allem *Minkowski, E.:* Le Temps Vecu, Neuchâtel 1965.

[38] Zum Problem der Phantasie s. *Kunz, H.:* Phantasie, op. cit. – Ferner: *Vetter, A.:* Die Erlebnisbedeutung der Phantasie, Stuttgart 1950. – *Seiffert, A.:* Wesensart des Phantasierten, Meisenheim 1964. – *Varendonck, H.:* Über das vorbewußte phantasierende Denken, Leipzig 1922. – *Katzenberger, H.:* Der Tagtraum, München 1969. – *Marcuse, H.:* Triebstruktur und Gesellschaft, Frankfurt/M. 1968.

[39] S. *Lévi-Strauss, Cl.:* Anthropologie Structurale, op. cit. (die dortige Beschwörungsszene).

[40] S. *Weinhandl, F.:* Gestalthaftes Sehen, op. cit. – *Wellek, A.:* Ganzheitspsychologie und Strukturtheorie, Bern 1955.

[41] Zur Psychologie des Gedächntnisses s. *Adams, J.A.:* Human Memory, New York 1967. – *Wallon, H.:* Les Mécanismes de la Mémoire, Paris 1951. –*Weinschenk, C.:* Das unmittelbare Gedächtnis als selbständige Funktion, Göttingen 1955. – *Adams, A.E.:* Informationstheorie und Psychopathologie des Gedächtnisses, Berlin/Heidelberg 1971. – *Katzenberger, L.F.:* Auffassung und Gedächtnis, München 1967. – *Wieck, H.H.:* Zur Psychologie und Psychopathologie der Erinnerungen, Stuttgart 1955.

[42] Zeugnisse darüber in *Husemann, G.:* Vom Sinn und Bild des Todes, Basel 1936.

[43] Die Beziehungen zwischen Gesellschaft, Individuum und Krankheit ist einer in Vorbereitung befindlichen Untersuchung vorbehalten, deshalb wird hier von einer Literaturübersicht zu diesem Thema abgesehen.

[44] Man vergleiche die unterschiedlichen Definitionen der „Gesellschaft“ bei *Weber, M.*, op. cit. – *Durkheim, E.*, op. cit. – *Marx, K.*, op. cit. – *Mannheim, K.*, op. cit.

[45] *Marx, K.:* Das Kapital, Bd. III, Berlin 1957.

[46] *Marx, K.*, op. cit.

[47] Zit. bei *Wyss, D.:* Marx und Freud, op. cit.

[48] S. *Arnold, W.*, op. cit. – *Allport, W.*, op. cit. – *Thomae, H.*, op. cit. – *Lersch, Ph.*, op. cit.

Teil II

Kapitel I: Krankheit und Gesundheit

[1] *Virchow, R.:* Handbuch der speziellen Pathologie und Therapie, Würzburg 1854.

[2] *Krehl, L. v.:* Pathologische Physiologie, Heidelberg/Berlin 1921. (Den Hinweis verdanke ich *M. Schrenk).*

[3] *Schneider, B.:* Versuch einer medizinischen Kybernetik, Meth. Inform. Med. 5 (3), 1966.

[4] *Arnold, O. H.:* Herz- und Kreislaufstörungen bei Infektionskrankheiten, Handbuch der Inneren Medizin, Bd. IX, 4. Aufl. 1955, S. 560.

[5] *Christian, P.,* und *Mechelke, K.:* Vegetative Herz- und Kreislaufstörungen, Handbuch der Inneren Medizin, op. cit. S. 704.

[6] *Koller, S.:* Problematik der Normalwerte in der Medizin, Meth. Inform. Med. Suppl. 3, 1968. – *Collen, M. F.:* Aspects of Normal Values in Medicine, Annals of the New York Academy of Science, 1969.

[7] Handbuch der Inneren Medizin, op. cit., Bd. IX.

[8] *Koller, S.,* op. cit., und *Collen, M. F.,* op. cit. – Documenta. *Geigy:* Wissenschaftliche Tabellen, 6. Aufl. Basel 1960, S. 549.

[9] Zum Begriff der psycho-physischen Norm s. *Bally, G.:* Der normale Mensch, Zürich 1952. – *Kunz, H.:* Zur Frage nach dem Wesen der Norm, Psyche 8, 1954/55. – Ferner *Buytendijk, F. J. J.:* Prolegomena einer anthropologischen Physiologie, Salzburg 1967. – *Boss, M.:* Grundriß der Medizin, op. cit. – Eine Untersuchung über den Begriff der Norm in der Psychiatrie und in der inneren Medizin wird von *L. Gerich, H. Huppman* und dem Verf. vorbereitet.

[10] Aus *Keidel, W.:* Lehrbuch der Physiologie, Stuttgart 1965.

[11] S. *Büchner, F. et al.:* Handbuch der allgemeinen Pathologie, Berlin 1969.

[12] Zum Begriff des „heilen Menschenbildes" siehe *Popitz, H.:* Der entfremdete Mensch, Frankfurt/M. 1968. – Ferner Teil I, Kap. V, Anm. 32.

[13] *Börner, H.:* Pflanzenkrankheiten und Pflanzenschutz, Stuttgart 1971. – *Appel, O.:* Hdb. der Pflanzenkrankheiten, Berlin/Hamburg 1962. – *Wetzel, R.,* und *Rieck, W.:* Krankheiten des Wildes, Hamburg/Berlin 1962. – *Frauchiger, E.:* Seelische Erkrankungen bei Mensch und Tier, Bern 1953. – *Hammer L.:* Geistes- und Seelenkrankheiten bei Tieren, Berlin 1928.

[14] *Tackenberg, K.:* Der Neandertaler und seine Umwelt, Bonn 1956.

[15] S. oben Anm. 13.

[16] *Guggisberg, C. A. W.:* Kleine Erdgeschichte, op cit.; *Depéret, Ch.:* Umbildung der Tierwelt, op. cit.

[17] *Löwith, K.:* Das Individuum in der Rolle des Mitmenschen, Darmstadt 1962.

[18] Zum Thema „Tragender Leib" s. *Zutt, J.:* Auf dem Wege zu einer anthropologischen Psychiatrie, op. cit.

[19] Zur Anthropologie der Krankheit s. *Plügge, H.:* Vom Spielraum des Leibes, Salzburg 1970. – *Ders.:* Wohlbefinden und Mißbefinden, Tübingen 1962. – *Tournier, P.:* Medicine de la Personne, Neuchâtel 1963. – *Seemann, W. F., et al.:* Krankheit als psychisches Phänomen, Stuttgart 1964. – *Pflanz, M.:* Sozialer Wandel und Krankheit, Stuttgart 1962. – Ferner Arzt im Irrsal der Zeit. Festschrift für V. v. Weizsäcker, Göttingen 1956. – *Weizsäcker, V. v.:* Pathosophie, Göttingen 1955. – *Ders.:* Klinische Vorstellungen, Stuttgart 1943. – *Ders.* und *Wyss, D.:* Zwischen Philosophie und Medizin, Göttingen 1956 (dort weitere Literatur). – *Michel, E.,* und *Sborowitz, A.:* Der leidende Mensch, Darmstadt 1960. – *Kütemeyer, W.:* Die Krankheit in ihrer Menschlichkeit, Göttingen 1963.

[20] Zum Begriff der Krise (Entscheidung) in der Krankheit s. *Weizsäcker, V. v.:* Der Gestaltkreis, op. cit. – *Ders.:* Pathosophie, op. cit. – *Ders.:* Körpergeschehen und Neurose, Stuttgart 1947. – *Ders.:* Fälle und Probleme, Stuttgart 1947.

[21] S. Teil I, Kap. I, Anm. 81 und 82; Kap. II, Anm. 69; Kap. III, Anm. 22. – Zur Toleranz- und Frustrationsgrenze – Belastbarkeit – von Individuen s. *Rosenzweig, S.:* Différences des réactions a la frustration entre adolescents et adolescentes, Revue de Psychologie Appliquée 19 (2), 1969, S. 91–10. – *Kramer, Y.,* und *Rosenblum, L. A.:* Responses to frustration in one-year-old infants, Psychosom. Med., 32 (3), S. 243–257. – *Griffith, A. E.:* The measurements of selected ego functions and appendices, Diss. Abstr. Int. 30 (9-B), 1970, S. 4371. – *Muthayya,*

B. C., und *Lalithambal, R.:* A case for Verbal-Frustration-Test, Journ. Psychol. Researches 12 (1), 1968, S. 48–50. – *Landrum, J. R.:* Effects of frustration tolerance training on young institutionalized retarded children, Diss. Abstr. Int. 29 (4-A), 1968, S. 1131–1132. – *David, W. J.:* GSR study of frustration in retarded and avarage boys. Am. Journ. Mental Deficiency 73 (3), 1968, S. 379–383. – *Burgess, M. M., Reivich, R. S.*, und *Silverman, J. J.:* Effects of frustration and aggression on physiological arousal level in depressed subjects, Perceptual and Motor Skills 27 (3, Pt. 1), 1968, S. 743–749. – *Devi, G. A.:* A study of sex difference in reaction to frustrating situations, Psychol. Studies 12 (1), 1967, S. 17–27. – *Hug, J. J.*, und *Amsel, A.:* Frustration theory and partial reinforcement effects: the acquisition – extinction paradox, Psychol. Review 76 (4), 1969, S. 419–421. – *Weiss, S. J.*, und *Monahan, J.:* Matched-subject comparison of the toleration and exhaution methods of extinguishing avoidance behavior, Proceedings of the 77th Annual Convention of the American Psychological Association 4 (Pt. 1), 1969, S. 87–88.

[22] *Jung, R.:* Neurophysiologie und Psychophysik, Berlin 1961.

[23] *Buytendijk, F. J. J.:* Über den Schmerz, Bern 1948. – *Auersperg, Prinz A.:* Schmerz und Schmerzhaftigkeit, Berlin 1963.

Kapitel II: Leibhaftes In-der-Welt-Sein und seine Dekompensationen

[1] Zu angeborenem und erworbenem Schwachsinn s. *Weygandt, W.:* Der jugendliche Schwachsinn, Stuttgart 1936. – *Ders.:* Über Idiotie, Halle 1906. – *Benda, C. E.:* Die Oligophrenien, in: Psychiatrie der Gegenwart, Bd. 2, Berlin/Göttingen/Heidelberg 1960. – *Pfeifer, J.:* Kindlicher Schwachsinn, Almanach für Neurologie und Psychiatrie, München 1967. – *Poeck, K.:* Zur Erbpathologie und Psychiatrie der Oligophrenien, in: Psychiatrie der Gegenwart, Bd. 2, op. cit. – *Clarke, A. M., et al.:* Mental Subnormality, in: *Eysenck, E.*, (Hrsg.): Handbook of Abnormal Psychology, New York/London 1970. – *Prehm, H. J., et al.:* The Mentally Retarded, Review of Educational Research 1969. – *Zazzo, R.:* Les Débilités mentales, Paris 1969. – *Jorswick, E.:* Zum Stand der psychologischen Theorienbildung der geistigen Behinderung, Praxis der Kinderpsychologie und Kinderpsychiatrie 1969 (Übersicht über die wichtigsten Theorien der letzten 30 Jahre unter verschiedenen Aspekten).

[2] S. Teil I, Kap. II, Anm. 84. – *Dobzhansky, Th.*, op. cit.

[3] Zur Definition der Intelligenz s. *Jaspers, K.:* Allgemeine Psychopathologie, op. cit. – Ferner *Graumann, C. F.:* Denken, op. cit. – *Dockrell, W. B., et al.:* On Intelligence, London 1970. – *Heiss, R.:* in Handbuch der Psychologie, Bd. 6, Göttingen 1964. – *Anastasi, N.:* Psychological Testing, New York 1962. – *Meili, R.:* Lehrbuch der psychologischen Diagnostik, Bern 1961.

[4] Der Vergleich zwischen Tier und Schwachsinnigem findet sich bei *Jaspers, K.:* Allgemeine Psychopathologie, op. cit.

[5] S. oben Anm. 1.

[6] Anschauungen der älteren Psychiatrie zur Frage des Schwachsinns s. *Jaspers, K.:* Allgemeine Psychopathologie, op. cit.

[7] Zu Intelligenzmessungen in Ethnien s. *Boas, F., et al.:* General Anthropology, Boston/New York/London 1965. – *Ders.:* The Mind of Primitive Man, op. cit.

[8] Zu Intelligenzmessungen bei Arbeitern s. *Estes, B. W.:* Influences of Socioeconomic Status on Wechsler etc., Journ. Consult. Psych. 17, 1953, und 19, 1955.

[9] Vgl. *Altmann, D.:* Harnen und Koten bei Säugetieren, Wittenberg 1969. – *Stemmler-Morath, C.:* Die Koprophagie, eine Gefangenenerscheinung bei den Anthropomorphen, Zool. Gart. 9, 1937.

[10] Über die Beziehung der prähistorischen Menschheit zum Schmutz s. *Leroi-Gourhan*, Bd. 2, op. cit.

[11] Zur Toleranz- und Frustrationsgrenze bei Debilen s. *Mac Millan, D. L.:* Motivational Differences: Cutural-familial Retardates etc. Am. Journ. Mental Deficiency 74, 1969. – *Zazzo, R.*, op. cit. – Ferner Teil I, Kap. II, Anm. 79.

[12] Zum Problem der Konstitution s. Teil I, Kap. I, Anm. 33 u. 81; Kap. II, Anm. 84. Zusammenfassung bei *Christian, P.:* Das Personenverständnis im modernen medizinischen Denken, Tübingen 1952. – Vgl. ferner *Pfaundler, M. v.:* Biologische Allgemeinprobleme der Medizin, Heidelberg 1947. – *Saller, K.:* Allgemeine Konstitutionslehre, Stuttgart 1950. – *Zeller, W.:* Konstitution und Entwicklung, Göttingen 1952. – *Thoday, J. M., et al.:* Genetic and Environmental Influences on Behaviour, Edinburgh 1968. – *Koch, G.:* Probleme der Erb- und Konstitutionsforschung seelischer Störung, in: *Meyer, H. H.* (Hrsg.): Seelische Störungen, Frankfurt/M. 1969.

[13] Zusammenfassung bei *Jaspers, K.:* Allgemeine Psychopathologie, op. cit.

[14] *Baeyer, W. v., et al.:* Psychiatrie der Verfolgten, Heidelberg/Berlin 1962. – *Gottschick, J.:* Psychiatrie der Kriegsgefangenschaft, Stuttgart 1963.

[15] *Gruhle, H. W.:* Die Schizophrenie, Handbuch der Geisteskrankheiten, Bd. IX, Berlin 1932.

[16] Zur Pubertät s. Teil I, Kap. I, Anm. 40. – Ferner *Schenk-Danziger, L.:* Entwicklungspsychologie, Wien 1970. – *Busemann, A.:* Krisenjahre im Ablauf der menschlichen Jugend, Ratingen 1953. – *Hetzer, H.:* Kind und Jugendlicher in der Entwicklung, Hannover 1960. – *Hofstätter, P. R.:* Tatsachen und Probleme einer Psychologie des Lebenslaufs, Zs. angew. Psychol. 53, 1937. – *Landis, P. R.:* Adolescence and Youth, London 1952. – *Moers, M.:* Die Entwicklungsphasen des menschlichen Lebens, Ratingen 1953. – *Petzelt, A.:* Kindheit, Jugend, Reifezeit, Freiburg 1958. – *Muchow, H. W.:* Sexualreife und Sozialstruktur der Jugend, Hamburg 1963. – *Ders.:* Jugend und Zeitgeist, Hamburg 1964. – *Ders.:* Jugend im Zeitenwandel, Hamburg 1964. – *Nolte, E.:* Pubertät, Weinheim 1957. – *Lorand, A. S., et al.:* Adolescents, New York 1961. – *Langen, D., et al.:* Die Pubertät als kritisches Stadium, München 1967. – *Hirsch, E. A.:* The Troubled Adolescent, New York (I. U. P.). – *Young, F. W.:* Initiation Ceremonies, Indianapolis/New York/Kansas City 1965. – *Easson, W. M.:* The Severely Disturbed Adolescent, New York (I. U. P.).

[17] *Portmann, A.:* Biologische Fragmente zu einer Lehre vom Menschen, op. cit. – *Gehlen, A.:* Der Mensch, op. cit.

[18] S. Teil I, Kap. II, Anm. 78.

[19] *Mead, M.:* Mann und Frau, op. cit.

[20] Zum Problem des Spieles, insbes. des Kinderspiels s. Teil I, Kap. I, Anm. 38–40. – Ferner *Bally, G.:* Vom Ursprung und den Grenzen der Freiheit des Spiels bei Mensch und Tier. Zürich 1944. – *Scheuerl, H.:* Beiträge zur Theorie des Spiels, Kleine Pädagogische Texte, Weinheim 1966. – *Burger, E.:* Einführung in die Theorie des Spiels, Berlin 1959. – *Buytendijk, F. J. J.:* Wesen und Sinn des Spiels. Das Spielen des Menschen und der Tiere als Erscheinungsform der Lebenstriebe, Berlin 1934. – *Hoffmann, L.:* Vom schöpferischen Primitivganzen zur Gestalt, München, 1943. – *Rüssel, A.:* Das Kinderspiel, op. cit.

[21] *Bleuler, M.:* Endokrinologische Psychiatrie, Stuttgart 1954. – *Meng, H.:* Psyche und Hormon, Bern 1960.

[22] S. *Bleuler, M.*, op. cit.

[23] S. *Bleuler, M.*, op. cit. – *Thiemann, E.:* Die affektiven Psychosen, Stuttgart 1960. – *Labhardt, F.:* Die schizophrenieähnlichen Emotionspsychosen, Heidelberg 1963.

[24] Zur Psychopathologie des Seniums s. *Bronisch, F. W.:* Die psychischen Störungen des älteren Menschen, Stuttgart 1962. – *Larsson, T., et al.:* Senile Dementia, Kopenhagen 1963. – *Haase, H. J.:* Amnestische Psychosyndrome im mittleren und höheren Lebensalter, Berlin/Heidelberg 1959. – *Grünthal, E.:* Zur Psychiatrie hirnorganischer Störungen, Basel 1965. – *James, E., et al.:* Handbook of Aging and the Individual, Chicago 1959. – *Müller, C.:* Die Psychiatrie des Alters, Basel 1970. – *Vischer, A. L.:* Seelische Wandlungen beim alternden Menschen, Basel/Stuttgart 1961.

[25] *Janzarik, W.:* Schizophrene Verläufe, Berlin/Heidelberg 1968.

[26] *Larsson, T., et al.:* Senila Dementia, op cit. – *Grünthal, E.:* Zur Psychiatrie, op. cit. – *James, E., et al.:* Handbook, op. cit.

[27] Vgl. *Schindler, A.:* Ludwig van Beethoven-Biographie, Bonn 1949 (Über das zwanghafte Rechnen beim alten Beethoven).

[28] *Kretschmer, E.:* Körperbau und Charakter, Berlin 1951.

[29] *Sheldon, W.:* The Varieties of Human Physique, Darien/Conn. 1970.

[30] Stellungnahmen, Kritik und Bestätigung der Kretschmerschen Typenlehre. Zusammenfassung bei *Jaspers, K.:* allgemeine Psychopathologie, op. cit.

[31] S. die Zusammenfassung bei *Jaspers, K.:* Allgemeine Psychopathologie, op. cit.

Kapitel III: Waches Bei-der-Welt-Sein, seine Störungen und Dekompensationen

[1] Zur Psychopathologie der Bewußtseinstrübungen s. *Bleuler, M.:* Lehrbuch der Psychiatrie, Heidelberg 1969. – *Bumke, O.:* Lehrbuch der Geisteskrankheiten, München 1942. – *Schulte, W.,* und *Tölle, R.:* Psychiatrie, Berlin 1971. – *Haug, K.:* Die Störungen des Persönlichkeits-Bewußtseins, Stuttgart 1936.

Kapitel IV: Die Zuwendung/Abwendung. Ihre Störungen im Verhältnis zum In-der-Welt-Sein

[1] *Binswanger, L.:* Melancholie und Manie, Pfullingen 1960.

Kapitel V: Dekompensationen und Störungen im Wahrnehmen und Sich-Bewegen

[1] S. Teil I, Kap. II, Anm. 13 und Kap. III, Anm. 9. – *Gromska, J.:* Organic Aspects in the Etiology of Motor Neuroses in Children, Pol. Med. Journ. 7 (5), 1968. – *Wunnerlich, A.:* Vergleichende Untersuchung an hirngeschädigten und hirngesunden Kindern etc., Acta paedopsych. 36, 1969. – *Heck, E. T.:* A Description of Some Learning Characteristics of Minimally Brain Damaged Children, Diss. Abstr. Int. 30, 1969. – *Fisher, L.:* Attention Deficit in Brain Damaged Children, Am. Journ. of Mental Deficiency 74, 1970. – *Pope, L.:* A Study of Motor Activity in Brain Injured Children, Diss. Abstr. Int. 30, 1969.

[2] Hierzu und zum Folgenden s. Teil I, Kap. II, Anm. 24. – *Schachtel, E.:* Metamorphosis, op. cit. – Über die Beeinflussung der „Neurose“ durch Wahrnehmungsstörungen s. auch die Untersuchungen über sog. „hysterische Blindheit“, ferner *Katz, D.:* Der Aufbau der Tastwelt, Leipzig 1924.

[3] *Kulenkampff, C.:* Blicken und Erblicktwerden, op. cit.

[4] Über die veränderte Wahrnehmung in der Manie und in der Depression s. *Häfner, H.:* Über Wahrnehmungs- und Bedeutungsstrukturen und ihre Beziehung zur emotionellen Einstellung, Zs. exp. u. angew. Psychol. 1, 1953.

[5] *Buytendijk, F. J. J.:* Menschliche Haltung, op. cit.

[6] *Schultz-Hencke, H.:* Der gehemmte Mensch, op. cit.

[7] Zur psychoanalytischen Projektionstheorie die Werke von *Fenichel, O.*, op. cit. – *Nunberg, H.:* Allgemeine Neurosenlehre, Bern 1932. – *Grünewald, E.:* Die personale Projektion, München/Basel 1962.

[8] Zum Problem der „psychasthenischen Überempfindlichkeit" s. *Baeyer, W. v.:* Erschöpfung und Erschöpftsein, Nervenarzt 32, 1961. – *Bochnik, H. J.:* Faktoren der nichtpsychotischen Erschöpfungs- und Versagenszustände, Forum der Psychiatrie 2, 1961. – *Bürger-Prinz, H.:* Die Problematik der Überforderungs- und Versagenszustände, Jb. d. ärztl. Fortbildg., Regensburg 1966.

[9] Patient M. N., beim Ref. in Behandlung 1971.

Kapitel VI: Störungen und Dekompensationen des in der Welt seienden Subjetes gegenüber dem aperspektivischen Innen

[1] *Adorno, Th. W.:* Dialektik der Aufklärung, Frankfurt/M. 1970. – *Kisker, K. P.:* Medizin in der Kritik, Stuttgart 1971.

[2] *Jung, C. G.:* Die Beziehungen zwischen dem Ich und dem Unbewußten, op. cit.

[3] *Binswanger, L.:* Drei Formen mißglückten Daseins, Tübingen 1956.

Kapitel VII: Das Verhalten zum eigenen Leib und seine Störungen

[1] Zur Anthropologie des Leibes s. die Zusammenfassung bei *Christian, P.:* Zur Phänomenologie des leiblichen Daseins, Salzburg 1958. – Ferner *Maier, W.:* Zum Problem der Leiblichkeit bei J. P. Sartre und Merleau-Ponty, Tübingen 1964. – *Podlech, A.:* Der Leib als Weise des In-der-Welt-Seins, Bonn 1956. – *Peursen, C. A. van:* Leib – Seele – Geist, Gütersloh 1959. – *Zutt, J.:* Auf dem Wege, op. cit.

[2] S. *Kunz, H.:* Phantasie, op. cit.

[3] S. Teil I, Kap. I, Anm. 59.

[4] *Webster, H.:* Taboo, California 1940. – *Frazer, J. G.:* The Golden Bough, London 1911. – *Radcliffe-Brown, A. R.:* Tabu, Cambridge 1940.

[5] Zu kriegerischen Ethnien s. die Untersuchungen von *Thurnwald, R.*, und *Mead, M.*, sowie *Benedict, R.:* Patterns of Culture, Boston 1934; *Homburger Erikson, H.:* Childhood and Society, op. cit.

[6] *Jaeger, G. W.:* Paideia, 3 Bde., Berlin 1928. – *Marrou, R.:* Histoire de l'Education, op. cit.

[7] *Lader, G. A.:* Hypochondrial Syndroms, Amsterdam 1966.

[8] Zum Problem der Askese s. *van der Leeuw, G.:* Phänomenologie der Religion, op. cit., § 43ff.

[9] Zur Askese und Isolierung in Ethnien s. insbes. *Crawley, W.:* The Mystic Rose, New York 1960. – Ferner Teil I, Kap. II, Anm. 27 u. 28.

[10] Zum Drogengebrauch in der Jungsteinzeit s. *Febure, L.*, und *Brandel, F.:* Der Mensch der Urzeit, op. cit. (dort Lit.).

[11] *Eliade, M.:* Le Chamanisme, op. cit. – *Langen, D.:* Archaische Exstase und asiatische Meditation, Stuttgart 1963.

[12] *Boss, M.:* Indienfahrt eines Psychiaters, Bern 1963.

[13] Zum Problem des *Narzißmus* s. *Fenichel, O.*, op. cit. – Nunberg, H., op. cit. – Ferner *Joffe, W. G.*, und *Sandler, J.:* Über einige begriffliche Probleme im Zusammenhang mit dem Studium narzißtischer Störungen, Psyche 21, 1967. – *Schumacher, W.:* Bemerkungen zur Theorie des Narzißmus, Psyche 24, 1970. – *Freeman, Th.:* The Concept of Narcissism in Schizophrenic States, Int. Jour. Psa. 44, 1963. – *Lichtenstein, H.:* The Role of Narcissism in the Emergence and Maintenance of a Primary Identity, Int. Journ. Psa. 45, 1964. – *Rosenfeld, H. A.:*

On the Psychopathology of Narcissism, ebd. – *Eisnitz, A. J.:* Narcissistic Objekt Choice, Self Representation, Int. Journ. Psa. 50, 1969. – *Lampl de Groot, J.:* Masochismus und Narzißmus, Int. Zs. Psa. und Imago 23.

Zur *Hypochondrie* s. *Fischer-Homberger, E.:* Hypochondrie, Bern 1970. – *Hansen, J.:* Hypochondrie und Antrieb, Stuttgart 1969. – *Lader, G. A.,* op. cit. – *Sattes, H.:* Die hypochondrische Depression, Halle 1955. – *Ruffin, H.:* Leiblichkeit und Hypochondrie, Nervenarzt 30, 1959.

[14] *Zutt, J.:* Der ästhetische Erlebnisbereich und seine krankhaften Abwandlungen, in: Auf dem Wege, op. cit.

[15] Von den hier vorgetragenen Ansichten über den Narzißmus unterscheidet sich *Lacan, J.:* Écrits, Paris 1966.

[16] *Bergson, H.:* Évolution, op. cit. – *Klages, L.:* Vom kosmogonischen Eros, Zürich 1948.

[17] *Barth, P.:* Geschichte der Erziehung, op. cit.

[18] S. den „Raum der Liebe" bei *Binswanger, L.:* Grundformen und Erkenntnis menschlichen Daseins, op. cit.

[19] *Richter, G.:* Kouroi, Archaic Greek Youth, London 1960.

Kapitel VIII: Störungen und Dekompensationen im Verhältnis zum gelebten Raum

[1] *Schaltenbrand, G.:* Neurologie, op. cit.

[2] Zu „gelebter Raum" s. Teil I, Kap. II, Anm. 22.

[3] Zu „gelebte Zeit" s. Teil I, Kap. II, Anm. 96; ferner *Minkowski, E.:* Le Temps Vécu, op. cit., und *Gebsattel, V. E. v.:* Prolegomena, op. cit.

[4] S. *Wyss, D.:* Strukturen, op. cit.

[5] *Marcuse, H.:* Der eindimensionale Mensch, Neuwied 1969.

[6] Vgl. dazu die „eindimensionalen" Typen *E. Fromms* in: Man for Himself, New York 1947.

[7] S. oben Anm. 3.

[8] S. *Wyss, D.:* Strukturen, op. cit., Kap. I u. II.

[9] S. Teil I., Kap. I, Anm. 25 und 68; Kap. III, Anm. 51; Kap. V, Anm. 34.

[10] Bei *Sombart, W.:* Der Bourgeois, Berlin 1913.

Kapitel IX: Depression und Manie: Fundamentale Dekompensationen in Zuwendung und Abwendung

[1] Wichtigste Literatur zu den zyklothymen Erkrankungen: *Hippius, H.,* und *Selbach, H.:* Das depressive Syndrom, Berlin/Wien 1969. – *Winokur, G., Clayton, P. J.,* und *Reich, Th.:* Manic depressive illness, Saint Louis 1969. – *Janzarik, W.:* Dynamische Grundkonstellationen in endogenen Psychosen, Berlin/Göttingen/Heidelberg 1959. – *Binswanger, L.:* Melancholie und Manie, Pfullingen 1960. – *Labhardt, F.:* Die schizophrenieähnlichen Emotionspsychosen, Heidelberg 1963. – *Dörner, K.,* und *Winzenried, F. J.:* Die Wahninhalte phasischer Psychosen, Stuttgart 1964. – *Kütemeyer, W.:* Körpergeschehen und Psychose, Stuttgart 1953. – *Thiemann, E.:* Die affektiven Psychosen, Stuttgart 1960. – *Bürger-Prinz, H.:* Psychopathologische Bemerkungen zu den Zyklischen Psychosen, Nervenarzt 21, 1950. – *Ewald, G.:* Die biologischen Grundlagen von Temperament und Charakter und ihre Bedeutung für die Abgrenzung des manisch-melancholischen Irreseins, Zs. Neurol. 84, 1923. – *Gebsattel, V. E. v.:* Zur Frage der Depersonalisation (1937), in: Prolegomena, op. cit. – *Ders.:* Die Störungen des Werdens und des Zeiterlebens im Rahmen psychiatrischer Erkrankungen, in: Prolegomena, op. cit. – *Häfner, H.:* Die existentielle Depression, Arch. Psychiatrie u. Zs. Neurol. 191,

1953/54. – *Kolle, K.:* Die endogenen Psychosen, das delphische Orakel der Psychiatrie, München 1955. – *Ruffin, H.:* Melancholie, Dtsch. Med. Wschr. 1957, S. 1080. – *Schneider, K.:* Die Schichtung des emotionalen Lebens und der Aufbau der Depressionszustände, Zs. Neurol. 59, 1920. – *Ders.:* Zur Differentialdiagnose der Depressionszustände, Fortschr. Neurol. 23, 1955. – *Weitbrecht, H. J.:* Zur Psychopathologie der zyklothymen Depressionen, in: Festschrift für K. Schneider, Heidelberg 1947. – *Ders.:* Zur Typologie depressiver Psychosen, Fortschr. Neurol. 20, 1952. – *Ditfurth, H. v.:* Die endogene Depression als Folge der Störung einer vegetativen Beziehung zur Umwelt, Basel/New York 1960.

[2] S. *Hippius, H.*, und *Selbach, H.*, op. cit.: S. 154 *(Pfeiffer, W. M.)*, S. 461 *(Wieck, H. H.)* und S. 512 *(Spiegelberg, U.)*.

[3] S. *Weitbrecht, H. J.:* Zyklothyme Depression, op. cit. – *Schneider, K.:* Zur Differentialdiagnose, op. cit.

[4] *Schneider, K.:* Die Aufdeckung des Daseins durch die zyklothyme Depression, Nervenarzt 21, 1950. – *Lopez-Ibor, J. J.:* La Angustia Vital, Madrid 1950.

[5] S. *Hippius/Selbach*, op. cit., *S.* 5, 154, 174, 453.

[6] S. *v. Baeyer, W.*, *Kisker, K. P.*, *et al.:* Psychiatrie der Verfolgten, op. cit.

[7] *Jaspers, K.:* Kausale und „verständliche“ Zusammenhänge zwischen Schicksal und Psychose, Zs. Neurol. 14, 1913.

[8] Zur Multikonditionalität s. *Janzarik, W.:* Dynamische Grundkonstellationen, op. cit. – *Weitbrecht, H. I.:* Endogene Psychose und Lebenskrise, Nervenarzt 25, 1954.

[9] Zum Antriebsüberschuß s. Eibl-Eibesfeldt, I., op. cit. – Teil I, Kap. I, Anm. 81. – Ferner *Gehlen, A.:* Der Mensch, op. cit.

[10] S. Teil I, Kap. I, Anm. 53.

[11] Vgl. *Häberlin, P.:* Geist und Trieb, op. cit.

[12] S. *Petrilowitsch, N.:* Zur Psychopathologie und Klinik der Entfremdungsdepression, Arch. Psychiatrie u. Zs. Neurol. 194, 1955/56. – Zum Problem der Dysregulation der Antriebe s. *Ploog, D.:* Endogene Psychosen und Instinktverhalten, Fortschr. Neurol. 26, 1958. – *Ditfurth, H. v.:* Die endogene Depression, op. cit.

[13] Zur Psychologie der Langeweile, S. *Fenichel, O.*, Imago XX, 1934.

[14] *Lepenies, W.:* Melancholie und Gesellschaft, Frankfurt/M. 1969.

[15] *Dührssen, A.:* Psychogene Erkrankungen, op. cit.

[16] S. oben Anm. 5.

[17] Über Leberstoffwechsel und Depression s. *Hippius, H.*, und *Selbach, H.*, op. cit., S. 510.

[18] Zur statistischen und transkulturellen Verbreitung von Selbstvorwürfen s. *Hippius, H.*, und *Selbach, H.*, op. cit., S. 144–156 (Pfeiffer, W. M.).

[19] *Tellenbach, H.:* Melancholie, Berlin/Heidelberg 1961.

[20] S. *Minkowski, E.*, op. cit., und Gebsattel, V. E. v., op. cit. (Zeiterleben).

[21] Zum Verhältnis von Depression und Angst s. *Lopez-Ibor, J. J.:* La Angustia Vital, op. cit.

[22] *Kulenkampff, C.:* Entbergung, Entgrenzung, Überwältigung als Weisen des Standverlustes, Nervenarzt 26, 1955.

[23] *Tellenbach, H.:* Melancholie, op. cit.

[24] *Herlich, C.:* Santé et Maladie, Paris 1969. – *Strotzka, H.:* Sozialpsychiatrie, op. cit. – *Pflanz, M.:* Sozialer Wandel und Krankheit, Stuttgart 1962. – *Shepherd, M.:*Min or mental illness in London, Brit. Med. Journ. 1, 1964.

[25] *Jacoby, H.:* Die Bürokratisierung der Welt, Neuwied/Berlin 1969. – *Croner, F.:* Die Angestellten in der modernen Gesellschaft, Wien 1954. – *McClelland, D.:* The Achieving Society, New York 1961.

[26] *Rohde, E.:* Psyche, Leipzig o. J. (Kröner).

[27] *Zeh, W.:* Zur Psychopathologie der zyklothymen Manie, Fortschr. Neurol. 24, 1956 (Lit.).

[28] *Binswanger, L.:* Melancholie und Manie, op. cit.

[29] Zur Wahrnehmung beim Depressiven bzw. Manischen s. *Häfner, H.:* Über Wahrnehmungs- und Bedeutungsstrukturen, op. cit. – *Thiemann, E.:* Die affektiven Psychosen, op. cit.

[30] *Hesnard, A.:* L'Universe Morbide de la Faute, Paris 1950.

[31] *Binswanger, L.:* Manie, op. cit.

[32] *Binswanger, L.:* Manie, op. cit.

[32] S. *Herlich, C.*, op. cit.

[33] S. *Zutt, J.:* Auf dem Wege, op. cit. – *Ditfurth, H. v.:* Die affektiv-vegetative Kommunikation, Nervenarzt 28, 1957.

Kapitel X: Das Mißlingen des perspektivischen Entwurfs in die Welt

[1] Zusammenfassende Übersicht über den Stand der jetzigen Schizophrenieforschung bei *Bellak, L.*, und *Loeb, L.:* The Schizophrenic Syndroms, New York 1969. S. ferner *Baruk, H.:* La Désorganisation de la Personnalité, Paris 1952. – *Benedetti, G.:* Der psychisch Leidende und seine Welt, Stuttgart 1964. – *Bilz, R.:* Psychotische Umwelt, Stuttgart 1962. – *Binswanger, L.:* Schizophrenie, Pfullingen 1957. – *Bleuler, M.:* Die schizophrenen Geistesstörungen, Stuttgart 1971. – *Coppen, A.*, und *Walk, A.:* Recent Developments in Schizophrenia, Ashford 1969. – *Jacobson, E.:* Psychotic conflict and reality, New York 1967. – *Minkowski, E.:* Traité de Psychopathologie, Paris 1966. – *Pankow, G.:* Dynamische Strukturierung in der Psychose, Bern/Stuttgart 1957. – *Pauleikoff, B.:* Atypische Psychosen, Basel/New York 1957. – *Pohlen, M.:* Schizophrene Psychosen, Bern 1969. – *Rosenfeld, H.:* Psychotic states, London 1965. – *Scharfetter, Ch.:* Symbiotische Psychosen, Bern/Stuttgart/Wien 1970. – *Schneider, K.:* Beiträge zur Psychiatrie, Wiesbaden 1948. – *Schrappe, O.:* Die ätiologische und pathogenetische Bedeutung nichtendogener Faktoren für die Schizophrenie, Stuttgart 1959. – *Schultz-Hencke, H.:* Das Problem der Schizophrenie, Stuttgart 1952. – *Sechehaye, M.-A.:* Die symbolische Wunscherfüllung, Bern/Stuttgart 1955. – *Storch, A.:* Wege zur Welt und Existenz der Geisteskranken, Stuttgart 1965. – *Sullivan, H. St.:* Clinical studies in psychiatry, New York 1956. – *Wyrsch, J.:* Die Person des Schizophrenen, Bern 1949.

[2] *Benedetti, G., Bleuler, M., et al.:* Entwicklung der Schizophrenielehre seit 1941, Darmstadt 1960.

[3] *Bleuler, M.:* Lehrbuch der Psychiatrie, op. cit. – *Bumke, O.:* Lehrbuch der Geisteskrankheiten, op. cit. – *Schneider, C.:* Die schizophrenen Symptomverbände, Berlin 1942. – *Schneider, K.:* Psychiatrie heute, Stuttgart 1955. – *Conrad, K.:* Die beginnende Schizophrenie, Stuttgart 1958.

[4] *Jaspers, K.:* Allgemeine Psychopathologie, op. cit.

[5] *Kisker, K. P.:* Dialogik der Verrücktheit, op. cit.

[6] *Binswanger, L.:* Schizophrenie, Pfullingen 1957.

[7] *Schneider, K.:* Primäre und sekundäre Symptome bei der Schizophrenie, Fortschr. Neurol. 25, 1957.

[8] *Lévy-Bruhl, L.:* La Mentalité Primitive, op. cit. – *Zusammenfassung bei Wyss, D.:* Strukturen, op. cit.

[9] *Sullivan, H. St.:* The Interpersonal Theory of Psychiatry, New York 1953. – *Baeyer, W. v.:* Der Begriff der Begegnung in der Psychiatrie, Nervenarzt 26, 1956.

[10] *Zeignarik, B.:* Die schizophrenen Denkstörungen, Berlin 1961.

[11] *Bilz, R.:* Psychotische Umwelt, Stuttgart 1962. – *Kisker, K. P.:* Der Erlebniswandel des Schizophrenen, Berlin/Heidelberg 1960.

[12] *Janzarik, W.:* Schizophrene Verläufe, Berlin/Heidelberg 1968.

[13] S. Teil II, Kap. II, Anm. 24.

[14] S. Teil I, Kap. I, Anm. 38 u. 39; Kap. II, Anm. 71.

[15] *Faure, H.:* Hallucinations et Réalité Perceptive, Paris 1969 (dort weitere Literatur). – *Reimer, F.:* Das Syndrom der optischen Halluzinose, Stuttgart 1970.

[16] Insbes. in der französischen Psychiatrie.

[17] S. die zusammenfassende Untersuchung (bis 1963) von *Huber, G.:* Wahn, Fortschr. Neurol. Psych. 32, 1964. – Ferner *Pauleikoff, B.:* Über die seelische Struktur Wahnkranker, Arch. Psych. u. Zs. Neurol. 196, 1957/58. – *Hofer, G.:* Der Mensch im Wahn, Basel/New York 1968. – *Schneider, K.:* Über den Wahn, Stuttgart 1952. – *Bauersfeld, K.-H.:* Wahn, Welt, Geld, Bern 1969. – Binswanger, *L.:* Über den Wahn, Pfullingen 1965. – *Marcotty, T.:* Begegnung mit dem Wahn, München 1965. – *Minkowski, E.:* Traité de Psychopathologie, op. cit. – *Steck, H.:* Die Psychopathologie des Wahns, Schweiz. Arch. Neurol. 67/1951.

[18] *Huber, G.:* Wahn, op. cit.

[19] *Lunn*, Paranoid States, Nord. Med. 49, 1953.

[20] *Bash, K. W.:* Lehrbuch der allgemeinen Psychopathologie, Stuttgart 1955.

[21] *Matussek, P.:* Wahrnehmung, Halluzination und Wahn, in: Psychiatrie der Gegenwart, Bd. I/2, Berlin/Heidelberg 1963.

[22] *Conrad, K.:* Die beginnende Schizophrenie, op. cit.

[23] *Miller, H. B.*, et al.: An Exploratory Comparison of Sex Role-Related Behaviors in Schizophrenics and Nonschizophrenics, Developmental Psychology 1 (5), 1969. – *Schorch, E.:* Die Sexualität in den endogen-physischen Psychosen, Stuttgart 1966.

[24] *Anders, E.*, und *Kulenkampff, C.:* Der Verrückte in der Gesellschaft, Stuttgart 1969. – *Bateson, J., Lidz, W., et al.:* Schizophrenie und Familie, Fankfurt/M. 1969.

[25] S. *Kiskers* Kritik in: Dialogik der Verrücktheit, op. cit.

[26] *Kulenkampff, C.:* Über den Vergiftungswahn, Nervenarzt 26, 1955.

[27] S. *Sullivan, H. St.:* Interpersonal Theory of Psychiatry, op. cit. – *Laing, R. D., et al.:* Interpersonelle Wahrnehmung, Frankfurt/M. 1971.

[28] *Baeyer, W. v.:* Begegnung, op. cit. – Elrod, N.: Das Problem des Sich-kennen-Lernens in der chronisch schizophrenen Situation, Jb. Psychol. Psychoth. 8, 1961. – *Laing, R. D.:* The Devided Self, Middlesex 1970. – *Ders.:* Self and Others, London 1969.

[29] *Boss, M.:* Indienfahrt, op. cit.

[30] *Benedetti, G.*, und *Müller, C.:* Psychotherapie der Schizophrenie, Basel 1960. – *Rosen, J. N.:* Psychotherapie der Psychosen, Stuttgart 1964. – *Sechehaye, M. A.:* La Réalisation Symbolique, Bern 1953. – *Wyss, D.:* Die psychotherapeutische Behandlung einer halluzinatorisch-paranoiden Schizophrenie, Nervenarzt 29, 1958. – *Ders.:* Vorläufiger Bericht über die Psychotherapie einer katatonen Schizophrenie, Schweiz. Arch. Neurol. Psych. 88 (2), 1961.

[31] *Baeyer, W. v.:* Begegnung, op. cit.

[32] *Braun, P.:* Die religiöse Wahnbildung, Tübingen 1906. – *Weinschenk, C.:* Über die Natur und die Bedeutung der subjektiven Gewißheit beim Wahn etc., Schweiz. Arch. Neurol. 75, 1955. – *Häfner, H.:* Der echte Wahn und die „Verrücktheit“ in der Politik, Stud. Gen. 20, 1967.

[33] S. *Huber, G.:* Wahn, op. cit. – *Sattes, H.:* Über die Erkenntnis im Wahn, Nervenarzt 24, 1953.

[34] *Schulze, H.:* Der progressiv domestizierte Mensch und seine Neurosen, München 1964.

[35] *Kulenkampff, C.:* Entbergung, Entgrenzung, op. cit. – *Zutt, J.:* Über den Stand des in Erscheinung stehenden Menschen, Nervenarzt 30, 1959. – *Ders.:* Das paranoide Syndrom in anthropologischer Sicht, Berlin/Heidelberg 1958.

[36] *Treher, W.*, op. cit.

[37] *Gabel, J.:* Ideologie und Schizophrenie, Frankfurt/M. 1967.

[38] *Kisker, K. P.:* Dialogik der Verrücktheit, op. cit.

[39] *Glover, E.:* On the Early Development of Mind, London 1956. – *Laing, H. D.:* Self and Others, op. cit. – *Winkler, W. Th.:* Zum Begriff der „Ich-Anachorese" etc., Arch. Psychiatr. u. Zs. Neurol. 192, 1954.

[40] *Siirala, M.:* Die Schizophrenie des Einzelnen und der Allgemeinheit, Göttingen 1961. – *Dörner, K.:* Bürger und Irre, Frankfurt/M. 1969. – Insbes.: *Laing, R. D., op. cit.*

[41] Z. B. *Baeyer, W. v.:* Begegnung, op. cit.

[42] *Binswanger, L.:* Schizophrenie, op. cit.

[43] S. die Kritik *Conrads* an *Binswanger* in: Die beginnende Schizophrenie, op. cit.

[44] Zum Thema zyklothymer und schizophrener „Mischformen" s. *Bleuler, M.:* Lehrbuch der Psychiatrie, op. cit. – *Mentzos, St.:* Mischzustände und mischbildhafte phasische Psychosen, Stuttgart 1967. – *Huber, G.:* Schizophrenie und Zyklothymie, Stuttgart 1969. – *Labhard, K.:* Aufteilung der endogenen Psychosen, Berlin 1957. – *Angst, J.:* Zur Ätiologie und Nosologie endogen depressiver Psychosen, Heidelberg 1966. – *Leonhardt, F.:* Die schizophrenieähnlichen Emotionspsychosen, op. cit.

[45] *Ernst, K.:* Die Prognose der Neurosen, Göttingen 1956. – *Ders., et al.:* Ergebnisse der Verlaufsforschung bei Neurosen, Berlin 1968 (dort weitere Lit.). – *Schulte, W.*, und *Dölle, R.:* Psychiatrie, Berlin 1971.

[46] *Bleuler, M.:* Die schizophrenen Geistesstörungen, op. cit.

Kapitel XI: Dekompensationen menschlichen Mit-, Gegen-, In- und Aus-Einander-Seins

[1] S. Teil I, Kap. II, Anm. 34. – Zur Identifizierung s. ferner *Klein, E. B.*, und *Gould, L. J.:* Alienations and Identification in College Woman, Journ. of Personality 37 (3), 1969, S. 468–480. – *Bush, G.:* Transference, Countertransference and Identification in Supervision, Contemp. Psa. 5 (2), 1969, S. 158–162. – *Jorgensen, E. C.*, und *Howell, R. J.:* Changes in Self, Ideal-Self Correlations from Ages 8 through 18, Journ. Soc. Psychol. 79 (1), 1969, S. 63–67. – *Lym, D. B.:* Sex-role and Parental Identification, in: *Bergman, R.*, (Ed.): Children's Behavior, 1969, S. 267–281. – *Morgenthaler, F.:* Introduction to panel on disturbances of male and female identity as met with in psychoanalytic practice, Int. Journ. Psa. 50 (1), 1969, S. 109–112. – *Klages, W.*, und *Czernik, A.:* Identifikationserlebnisse und ihre Vorbedingungen, Psychiatria Clinica 1 (3), 1968, S. 129–142. – *Crites, K. R.:* Interpersonal concerns as a function of perceived parental identification in group psychotherapy, Int. Journ. Group Psychoth. 19 (4), 1969, S. 441–447. – *Masler, E. G.:* The interpretation of projective identification in group psychotherapy, Int. Journ. Group Psychoth. 19 (4), 1969, S. 441–44. – *Feinstein, H.:* An Application of the Concept of Identification for the Historian, Juorn. Hist. Behav. Sciences, 6 (2), 1970, S. 147–150. – *Ball, M. K.:* Identification with parents and others as predictors of mental health, Diss. Abstr. Int. 30 (6-B), 1969, S. 2901. – *Berman, S.:* Alienation: An Essential Process of the Psychology of Adolescence, Journ. Am. Acad. Child Psychiatry 9 (2), 1970, S. 233–250. – *Dana, R. H.*, und *Handzlik, A. L.:*

Clinical judgement as fantasied identification, Psychol. Reports 26 (2), 1970, S. 437–438. – *Nobers, D. R.:* The effects of father absence and mother's characteristics on the identification of adolescent white and Negro males. Diss. Abstr. Int. 29 (4-B), 1968, S. 1508–1509. – *Gewirtz, J. L.*, und *Stingle, G.:* Learning of generalized imitation as the basis for identification, Psychol. Review 75 (5), 1968, S. 374–397.

[2] Zur Identifizierung in Ethnien s. *Mead, M.:* Mann und Weib, op. cit. – *Homburger Erikson, E.:* Childhood and Society, op. cit.

[3] Zum Rollenkonflikt s. Teil I, Kap. I, Anm. 30. – Ferner *Bychowski, G.:* Panel Discussions: Disturbances of Male and Female Identity etc., Int. Journ. Psa. 51, 1970. – *Meiss, M. L.:* The Oedipal Problem of a Fatherless Child, The Psa. Study of the Child 7, 1952. – *Sprince, M. P.:* The Development of a Preoedipal Partnership etc., The Psa. Study of the Child 17, 1962. – *Thomas, R., et al.:* The Search for a Sexual Identity etc., The Psa. Study of the Child 18, 1963. – *Sperling, M.:* The Analysis of a Boy with Transvestite Tendencies, The Psa. Study of the Child 19, 1964.

[4] Zum Wechsel von Erziehungspersonen, Einfluß desselben auf das Kind s. Teil I, Kap. II, Anm. 82. – Ferner die zahlreichen Untersuchungen über das Aufwachsen von Heimkindern, die hier nicht im einzelnen referiert werden sollen, insbes. *Aichhorn, A.:* Verwahrloste Jugend, Bern 1954. – *Freud, A.*, und *Burlingham, D.:* War and Children, London 1942. – *Dies.:* Infance without Families, London 1944. – *Pappenheim, E.*, und *Sweeney, M.:* Separation Anxiety in Mother and Child, The Psa. Study of the Child 7, 1952. – *Provence, S.*, und *Ritvo, S.:* Effects of Deprivation on Institutionalized Infants, The Psa. Study of the Child 16, 1961. – *Rochlin, G.:* The Dread of Abandonment, The Psa. Study of the Child 16, 1961. – *Mahler, M. S.:* On human Symbiosis, the Vicissitudes of Individuation, New York (I. U. P.).

[5] *Homburger Erikson, E.:* Identität und Lebenszyklus, op. cit.

[6] S. *Gebsattel, V. E. v.:* Prolegomena, op. cit., und *Frankl, V. E.:* Der unbewußte Gott, Wien 1949.

[7] Zu Scheitern und Neurose s. *Lagache, D.:* La Psychologie de l'Echec, Paris 1950.

[8] Zu Hierarchie s. Teil I, Kap. II, Anm. 74.

[9] *Horney, K.:* Neurosis and Human Growth, New York 1950. – *Schultz-Hencke, H.:* Der gehemmte Mensch, op. cit.

[10] S. Teil I, Kap. II, Anm. 79; Kap. V, Anm. 17.

[11] *Lévi-Strauss, Cl.:* Tristes Tropiques, op. cit.

[12] *Robinson, P.:* The Sexual Radicals, London 1969.

[13] *Richter, H. E.:* Zur Methodologie des genetischen Wahnverstehens, Mschr. Psychiatr. Neurol. 132, 1956 (Lit.). – *Kretschmer, E.:* Der sensitive Beziehungswahn, Berlin/Heidelberg 1966.

[14] S. Teil I, Kap. V, Anm. 4–6.

[15] S. *Spitz, R.:* Nein und Ja, op. cit. – Teil I, Kap. I, Anm. 38.

[16] Zur Außenseiterproblematik s. *Adorno, Th. W.:* Der autoritäre Charakter, Frankfurt/M. 1968. – *Graumann, C. F.* (Hrsg.): Handbuch der Psychologie, Bd. 7: Sozialpsychologie, Göttingen 1968. – *Maccoby, et al.:* Readings in Social Psychology, New York 1958.

[17] S. *Schachtel, E.*, op. cit.

[18] Zu Autoren, die den Oedipuskomplex ablehnen, s. *Wyss, D.:* Schulen, op. cit.

[19] Über von Eltern provozierten Ödipuskomplex s. Teil I, Kap. II, Anm. 82.

[20] *Freud, S.:* Ges. Werke, Bd. II (Traumdeutung), op. cit.

[21] *Freud, S.:* Das Ich und das Es, op. cit.

[22] Weitere Untersuchungen zum negativen Ödipuskomplex s. *Fenichel, O.:* Psa. Theory, op. cit. – *Nunberg, H.*, op. cit.

[23] *Freud, S.:* Das Ich und das Es, op. cit.

[24] S. Teil I, Kap. II, Anm. 82.

[25] S. Teil I, Kap. I, Anm. 30, und Teil II, Kap. IX, Anm. 3.

[26] S. Teil I, Kap. IV, Anm. 42 und 44.

[27] *Burckhardt, J.:* Griechische Kulturgeschichte, op. cit.

[28] S. Teil I, Kap. V, Anm. 40. – Ferner *Wyss, D.:* Strukturen, op. cit., Kap. VI.

[29] *Ziolko, H.-U.:* Psychische Störungen bei Studenten, Stuttgart 1969 (dort weitere Lit. über Arbeitsstörungen). – *Dörner, K.:* Hochschulpsychiatrie, Stuttgart 1967. – *Möller, M. L.:* Zur Psychodynamik der Prüfungsangst, Diss. Berlin 1967. – *Frankl, V. E. Gebsattel, V. E. v., et al.* (Hrsg.): Handbuch der Neurosenlehre und Psychotherapie, Bd. IV, Berlin 1959.

[30] S. *Jewkes, I.*, und *Sawers, D.:* Invention, op. cit.

[31] Zur Definition der Regression, des Regressionstriebes s. *Fenichel, O.*, op. cit. – *Wyss, D.*, Schulen, op. cit. – Ferner *Scharl, A. E.:* Regression and Restitution in Object Loss, The Psa. Study of the Child 16, 1961. – *Nagera, H.:* On Arrest in Development, Fixation and Regression, The Psa. Study of the Child 19, 1964. – *Arlow, J. A.:* Conflict, Regression and Symptom Formation, Int. J. of Psa. 44, 1963. – *Balint, M.:* Therapeutische Regression, Urform der Liebe und die Grundstörung, Psyche 21, 1967. – *Frijling-Schreuder, E. C. M.:* Die Verwendung der Regression im Dienst der Anpassung, Psyche 21, 1967. – *Alexander, F.:* Zwei Formen der Regression und ihre Bedeutung für die Therapie, Psyche 9, 1955.

[32] *Greene, B. L.:* The Psychotherapies of Marital Disharmony, New York 1965. – *Heigl-Evers, A.:* Geben und Nehmen in der Ehe, Stuttgart 1961. – Heigl-Evers, A., und *Heigl, F.:* Gelten und Geltenlassen in der Ehe, Stuttgart 1963. – *Dies.:* Lieben und Geliebtwerden in der Ehe, Stuttgart 1969. – *Michel, E.:* Ehe, Stuttgart 1948.

[33] S. Teil I, Kap. V, Anm. 47. – Ferner *Habermas, J.:* Theorie und Praxis, Neuwied 1969.

[34] S. Teil I, Kap. I, Anm. 26.

[35] *Staehelin, J. E.:* Nichtalkoholische Süchte, in: Psychiatrie der Gegenwart, op. cit., Bd. II. – *Ladewig, D.:* Neuere Suchttrends bei Jugendlichen, Schweiz. med. Wochenschrift 99 (21), 1969, S. 781–783. – *Schulte, W.:* Zur Persönlichkeit und Behandlung des Süchtigen bzw. Drogenabhängigen, Pharmaz. Zt. 1949. – *Ders.:* Die Sucht als psychotherapeutisches Problem. Festvortrag, Tübingen 1963. – *Schrappe, O.:* Gewöhnung und Süchte, Nervenarzt 39, S. 337–350. – *Cameron, D. C.:* Youth and drugs, A world view, Journ. Am. Med. Ass. 206 (6), 1968, S. 1267–1271. – *Schrappe, O.:* Vegetativum und Sucht, Medizinische Welt 1968 (3), S. 165–169. – *Bloch, R.:* Sucht und Todestriebe, Bern 1966 (Med. Diss. Basel 1965). – *Thiemann, E.:* Gewohnheit oder Sucht? Künstliches Wohlbefinden mit und ohne Drogen, Frankfurt/M. 1970. – *Gabriel, E.:* Die Süchtigkeit. Psychopathologie der Sucht, Hamburg 1962.

[36] *Laubenthal, F:* Sucht und Mißbrauch, Stuttgart 1964.

[37] *Bilz, R.:* Trinker, Stuttgart 1959. – *Block, M. A.:* Alcoholism, Oxford 1965.

[38] S. Teil II, Kap. VII, Anm. 10.

[39] S. oben Anm. 36.

[40] S. oben Anm. 35. Ferner *Wanke, K., et al.:* Empirische Untersuchungen zum Rauschmittelmißbrauch etc., in: Perspektiven der heutigen Psychiatrie, Berlin/Heidelberg 1971. – *Süllwold, F.:* Empirische Untersuchungen über die Sorgen und Probleme von Jugendlichen etc., Psychol. Rundschau 10 (1), 1959.

[41] Zur Kompensation/Dekompensation s. *Adler, A.:* Individualpsychologie, Wien

1923 und *Jung, C. G.:* Beziehungen, op. cit. Der Begriff der Kompensation und Dekompensation ging dann in die neoanalytischen Schulen ein. Zusammenfassung bei *Wyss, D.:* Schulen, op. cit.

[42] *Schneider, K.:* Die psychopathischen Persönlichkeiten, Wien 1950. – *Tölle, R.:* Katamnestische Untersuchungen zur Biographie abnormer Persönlichkeiten, Heidelberg 1966. – *Earl, C. J. C.:* Subnormal Personalities, London 1961. – *Petrilowitsch, N.:* Abnorme Persönlichkeiten, Basel 1960.

[43] *Bräutigam, W.:* Reaktionen, Neurosen, Psychopathien, Stuttgart 1968.

[44] *Häfner, H.:* Psychopathen, Berlin/Heidelberg 1961.

[45] *Schneider, K.:* Die psychopathischen Persönlichkeiten, op. cit.

[46] Zu Vertrauen und Verantwortung s. *Wyss, D.:* Strukturen, op. cit., Kap. I.

Kapitel XII: Folgen der aufgezeigten Mißverhältnisse für die Gestalten des Mit-Einander-Seins

[1] Zur Kommunikation s. Teil I, Kap. I Anm. 65, und Kap. II, Anm. 66. – Ferner *Rattner, J.:* Psychologie der zwischenmenschlichen Beziehungen, Olten 1969. – *Caruso, I. A.:* Die Trennung der Liebenden, Bern 1968. – *Buber, M.:* Das Problem des Menschen, Heidelberg 1954. – *Sullivan, H. St.:* The Interpersonal Theory of Psychiatry, op. cit.
Zur Kommunikation auf der leibhaft-animalischen Ebene s. Teil I, Kap. IV und V, und *Ditfurt, H. v.:* Die affektiv-vegetative Kommunikation, op cit.

Kapitel XIII: Die sechs Korrektiva anthropologischer Mißverhältnisse und ihrer Dekompensationen

[1] *Lévy-Bruhl, L.:* Mentalité, op. cit. (dort Beispiele).

[2] Über Spiele zur Überbrückung von Generationsgegensätzen s. *Lévi-Strauss, Cl.:* Anthropologie, op. cit.

[3] S. Teil I, Kap. III, Anm. 58.

[4] Zur Geschichte der Ehe s. *McLennan, J. F.:* Primitive Marriage, Chicago/London 1970 (1865). – *Crawley, E.:* The Mystic Rose, op. cit. – *Günther, H. F. K.:* Formen und Urgeschichte der Ehe, Göttingen 1951. – *Westermarck, E. A.:* The History of Human Marriage, 3 Bde., London 1921.

[5] S. Teil I, Kap. II, Anm. 82.

[6] *Wein, H.:* Realdialektik, op. cit.

[7] Was der Patient „eigentlich“ möchte, ist in der Psychoanalyse die Erfüllung seiner infantilen Sexualität: s. auch *Freud, S.:* Jenseits des Lustprinzips, Ges. Werke, Bd. XIII, op. cit.

[8] Zur Theorie der Übertragung s. die Zusammenfassungen bei *Wolstein, B.:* Transference, New York 1954. – *Racker, H.:* Transference and Countertransference, New York (I. U. P.) – Ferner *Fenichel, O.:* op. cit. – *Nunberg, H.:* op. cit. – *Wyss, D.:* Schulen, op. cit. – *Loch, W.:* Voraussetzungen, Mechanismen und Grenzen des psychoanalytischen Prozesses, Bern/Stuttgart 1965.

[9] *Freud, A.:* Das Ich und die Abwehrmechanismen, op. cit.

[10] *Wyss, D.:* Strukturen, op. cit.

Kapitel XIV: Dekompensation und Konflikt

[1] S. Teil I, Kap. III, Anm. 64.

[2] S. *Pongratz, L.:* Konflikte, op. cit. – *Jaspers, K.:* Über das Tragische, München 1958.

[3] Über Konflikt und chronische Erkrankung s. *Mitscherlich, A.:* Krankheit und Konflikt, Frankfurt/M. 1966. – *Loch, W.:* Die psychoanalytische Krankheitslehre, Stuttgart 1971.

[4] *Pongratz, L.:* Konflikte, op. cit. (*P.* spricht von einer Synthese der Konflikte im Unterschied zum Kompromiß des Verfs.)

[5] *Freud, S.:* Das Ich und das Es, op. cit.

[6] *Alexander, F.:* Psychosomatische Medizin, Berlin 1971. – *Ders.:* Psychosomatic Specifity, Chicago 1968.

[7] Eine vergleichende Untersuchung an über 200 psa. Krankengeschichten ist zu diesem Thema in Vorbereitung.

[8] *Freud, S.:* Ges. Werke, Bd. VIII, op. cit.

[9] Vgl. *Richter, H.E.:* Herzneurose, Stuttgart 1969, und die dortige Konstruktion monokausaler Spezifität.

[10] S. Teil I. Kap. I, Anm. 23.

[11] *Schumann, H.J.v.:* Liebesunfähigkeit bei Frauen und ihre Behandlung, München 1969. – *Stourzh, H.:* Die Anorgasmie der Frau, Stuttgart 1962. – *Fleck, L.:* Die Beurteilung der orgastischen Kapazität der Frau etc., Psyche 23, 1969. – *Caprio, F.S.:* Die Homosexualität der Frau, Rüschlikon/Zürich 1958. – *Ellis, A.,* und *Sagarin, E.:* Nymphomanie, München 1967.

[12] S. *Loch, W.:* op. cit.

[13] *Klein, M.:* Psychoanalyse des Kindes, op. cit.

[14] S. *Wein, H.,* op. cit.

Kapitel XV: Zur Problematik der psychosomatischen Medizin

[1] Da die psychosomatische Medizin Gegenstand einer in Vorbereitung befindlichen Untersuchung des Verfs. ist, wird hier von einer Literaturdarstellung abgesehen.

[2] *Muchielli, D.:* La Médicine Psychosomatique, Paris 1961 (dort ausführliche Literaturangaben).

[3] *Weizsäcker, V.v.:* Klinische Vorstellungen und Pathosophie, op. cit.

[4] *Eichfelder, J.:* Kritik der psychosomatischen Untersuchungsergebnisse F. Alexanders, Diss. Würzburg (im Druck).

Kapitel XVI: Das Mögliche und seine mißlungene Bewältigung

[1] *Bitter, W.:* Die Angstneurosen, Bern 1948. – *Ders.:* Angst und Schuld, Stuttgart 1953. – *Bjerre, P.:* Unruhe, Zwang, Angst, München 1955. – *Ditfurth, H.v.:* (Hrsg.): Aspekte der Angst, Stuttgart 1965. – *Fischer, W.F.:* Theories of Anxiety, New York/Evanston/London 1970. – *Goldstein, M.J.:* The Experience of Anxiety, New York 1963. – *Gray, J.A.:* Angst und Streß, München 1971. – *Kielholz, P.:* Angst, Bern 1967. – *Levitt, E.:* The Psychology of Anxiety, New York 1968. – *Panse, F.:* Angst und Schreck in klinisch-psychologischer und sozialmedizinischer Sicht, Stuttgart 1952. – *Stein, M., et al.:* Identity and Anxiety, New York 1960. – *Walther, W.:* Die Angst im menschlichen Dasein, München 1967.

[2] *Westphal, C.:* Über Angst und Zwangsneurosen, Zusammenfassung in: Gesammelte Abhandlungen, Berlin 1892.

[3] *Lopez-Ibor, J.J.:* La Angustia Vital; op. cit.

[4] *Kierkegaard, S.:* Der Begriff der Angst, Jena 1923. – *Heidegger, M.:* Sein und Zeit, op. cit. – *Sartre, J.P.:* L'Etre et le Néant, op. cit.

[5] In der Neoanalyse bei *Rank, O., Horney, K., Fromm, E.,* und *Sullivan H. St.;* Lit. bei *Wyss, D.:* Schulen, op. cit.

[6] *Gebsattel, V. E. v.:* Prolegomena, op. cit.

[7] *Kulenkampff, C., et al.:* Über das Syndrom der Herzphobie, Nervenarzt 31, 1960. – *Ders.* und *Bauer, A.:* Herzphobie und Herzinfarkt, Nervenarzt 33, 1962. – *Richter, H. E.:* Herzneurose, op. cit.

[8] *Rank, O.:* Das Trauma der Geburt, op. cit. – *Ders.:* Will Therapy, op. cit.

[9] Zur Abhängigkeit der Phobiker s. *Richter, H. E.:* Herzneurose, op. cit.

[10] Zur Prognose der Angst- und Herzneurosen s. *Richter, H. E.:* Herzneurose, op. cit.

[11] Zur Rolle der Angst generell bei Neurosenentstehung s. *Wyss, D.:* Schulen, op. cit.

[12] Über Angst und Vegetativum s. *Delius, L.:* Psychovegetative Syndrome, Stuttgart 1967. – *Hess, W. R.:* Psychologie in biologischer Sicht, Stuttgart 1968. – *Ders.:* Das Zwischenhirn, Basel 1954.

[13] S. oben Anm. 15.

[14] *Marcuse, H.:* Der eindimensionale Mensch, op. cit.

[15] Zusammenfassende Literatur über den Zwang und die Zwangsneurosen bei *Lopez-Ibor, J. J.:* Las Neurosis, Madrid 1966, Kap. 9. – *Fenichel, O.*, op. cit. – *Nunberg, H.*, op. cit. – *Loch, W.:* Krankheitslehre, op. cit. – Ferner *Petrilowitsch, N.:* Zur Charakterologie der Zwangsneurotiker, Halle 1956. – *Göppert, H.:* Zwangskrankheit und Depersonalisation, Basel 1960. – *Salzman, L.:* The Obsessive Personality, New York 1968.

[16] *Wetsphal, C.:* op. cit.

[17] Über den „analen" Charakter der Zwangskrankheit s. *Freud, S.:* Ges. Werke Bd. VII, op. cit.

[18] S. die Krankengeschichte des sog. Ratten- und Wolfsmanns bei *Freud, S.:* Ges. Werke, Bd. VII und VIII, op. cit.

[19] *Schultz-Hencke, H.:* Der gehemmte Mensch, op. cit. – Ders.: Lehrbuch der analytischen Psychotherapie, op. cit.

[20] *Gebsattel, V. v.:* Prolegomena, op. cit.

[21] S. oben Anm. 15, *Petrilowitsch, N.*, op. cit. – Salzman, L., op. sit.

[22] Literatur zur Hysterie bei *Arse, D. W.:* Hysteria, American Handbook for Psychiatry, New York 1959. – *Lopez-Ibor, J. J.:* Las Neurosis, op. cit., Kap. 10. – Ferner: *Fenichel, O.*, op. cit. – *Loch, W.:* Krankheitslehre, op. cit.

[23] S. *Kretschmer, E.:* Hysterie, Reflex und Instinkt, Stuttgart 1958.

[24] Ebd.

[25] *Schultz, I. H.:* Das autogene Training, Stuttgart 1956.

[26] *Avalon, Sir A.:* Kundalini-Yoga, München 1928.

[27] *Schilder, P.:* Das Körperschema, op. cit.

[28] Über Hysterie und Primitivpersönlichkeit s. *Tölle, R.:* Katamnesische Untersuchungen, op. cit. – *Earl, C. J. C.:* Subnormal Personalities, op. cit. – *Petrilowitsch, N.:* Abnorme Persönlichkeiten, op. cit.

[29] *Fenichel, O.:* The Psa. Theory, op. cit.

Kapitel XVII: Eros, Sexualität und die Möglichkeiten sexuellen Sich-Verhaltens und Dekompensierens

[1] *Lévi-Strauss, Cl.:* Le Totemisme Aujourd'hui, Paris 1962.

[2] *Mitscherlich, A.:* Die vaterlose Gesellschaft, München 1963.

[3] *Kinsey, A. C.:* Das sexuelle Verhalten des Mannes, Berlin 1955; *ders.:* Das sexuelle Verhalten der Frau, Berlin 1956. – *Ford, C. S.*, und *Beach, F. A.:* Formen der Sexualität, Reinbeck 1969. – *Schelsky, H.:* Soziologie der Sexualität, Reinbek 1955. – *Masters, W.*, und *Johnson, V.:* Die sexuelle Reaktion, op. cit.

[4] *Reich, W.:* Die Funktion des Orgasmus, Köln 1969.

[5] *Evola, J.:* Metaphysik des Sexus, Stuttgart 1962 (dort auch wietere Literatur zum Thema Sexualität/Erotik). – *Bounoure, L.:* L'Instinct Sexuel, Paris 1956. – *Bataille, G.:* L'Érotisme, Paris 1957.

[6] *Crawley, E.:* The Mystic Rose, op. cit. – Ferner *Malinowski, B.:* The Sexual Life, op. cit. – *Ders.:* Sex and Repression in Savage Society, London 1953.

[7] S. das Kap. „Le Corps Sexué" in *Merleau-Ponty, M.:* Phénoménologie de la Perception, op. cit., sowie *Sartre, J. P.:* Der Leib, Stuttgart 1956.

[8] *Masters, W.*, und *Johnson, V.:* Die sexuelle Reaktion, op. cit.

[9] *Plessner, H.:* Trieb und Leidenschaft, Merkur 25, 1971.

[10] *Klages, L.:* Vom kosmogonischen Eros, op. cit.

[11] Anm. Teil II, Kap. XVI, Anm. 7.

[12] *Boss, M.:* Vom Sinn und Gehalt sexueller Perversionen, Bern 1954 (mit zusammenfassender Lit. über die Perversionen). – *Gebsattel, V. v.:* Prolegomena, op. cit. – *Straus, E.:* Psychologie der menschlichen Welt, op. cit. – Ferner *Aulagnier-Spairani, Cl., et al.:* Le Désir et la Perversion, Paris 1967. – *Simon, W., et al.:* Sexuelle Außenseiter, Reinbek 1970. – *Giese, H.:* Die sexuelle Perversion, Frankfurt/M. 1967. – *Schultz, I. H.:* Organstörungen und Perversionen im Liebesleben, München 1966. – Zum Transvestitismus s. *Bürger-Prinz, H.*, und *Giese, H.:* Zur Phänomenologie des Transvestitismus bei Männern, Stuttgart 1966. – *Burchard, J. M.:* Struktur und Soziologie des Transvestitismus und Transsexualismus, Stuttgart 1961.

NAMENVERZEICHNIS